신학도를 위한

서양철학사

윤병운 지음

리빙북

머리말

이 책은 본래 철학을 잘 모르지만 신학을 위해 철학을 공부해야 하는 신학대학원 입시생들의 입시 준비와 신학 준비작업에 도움을 주기 위한 의도 아래 쓰였다. 그러나 이 책은 철학 입문자(入門者)들이나 철학사에 관한 기초적인 지식을 얻고자 하는 초학도(初學徒)들을 위한 철학사이기도 하다.

이 책은 사실상 2001년판『서양철학사』(리빙북)의 개정증보판의 성격을 띠지만, 책의 제목을『신학도(神學徒)를 위한 서양철학사』로 고쳐서 다시 새롭게 출판하는 것은 지난번의『서양철학사』에 비해 상당 부분의 내용들이 첨삭되었고 부분적으로는 완전히 새롭게 쓰였으며 신학 관련 내용들이 적지 않게 추가되었기 때문이다.

이 책의 기초가 된『서양철학사』(삼광출판사) 초판이 나온 것은 1995년이다. 저자는 모태에서부터 기독교 가정에서 자라 철학을 전공한 후 1990년부터 강의를 하기 시작했다. 철학을 전공하면서 그것이 얼마나 신학에 중요하고 필요한지를 절감했다. 그리고 신앙의 논리만을 내세우며 반합리적, 반지성적인 태도를 취하는 일부 기독교인들과 교회 지도자들을 보면서 안타까움을 금치 못했다. 그래서 장차 목사가 될 신학교 학생들을 대상으로 강의할 때는 신학에서의 철학의 중요성과 필요성을 더욱 강조했다. 동시에 어떻게 하면 신학생들에게 철학을 쉽게 이해시키고 신학에서의 철학의 중요성을 인식하게 하여 그들 스스로가 철학의 필요성을 느껴 신학을 위한 탄탄한 철학적 배경을 갖추게 할 수 있을까를 고민하면서 강의했고 또 그렇게 강의안을 만들어가기 시작했다. 그리고 학기가 지나감에 따라 정리한 내용들이 점점 늘어났고 몇 년 후에는 철학사 전체의 내용이 정리되었다.

그리고 1995년, 학문적 성숙은 물론이고 철학사 전체에 대한 이해와 안목도 부족했지만 최선을 다해서 준비해왔던 강의안을 토대로 내용을 보완하여 부끄러움을 무릅쓰고 책으로 내놓았다. 그것은 오직 신대원 입시 준비를 하는 신학도들에게, 또 철학사를 쉽게 읽고자 하는 사람들에게 조그마한 도움이 되기를 바라는 순수하고 순진한 마음의 발로였다.

그러나 이 책의 내용들은 시중에 출간된 모든 철학사들, 주요 사조 및 철학자들의 사상에 대한 연구 서적들, 그리고 수많은 논문들이 참고되었고, 인터넷에서 검색한 내용들도 포함되어 있다. 글을 이해하기 쉽게 쓰기 위해 사용할 수 있는 모든 자료들을 총동원했다는 말이다. 이렇게 책으로 만들어질 줄 알았더라면 처음부터 모든 내용들의 출처를 정확히 밝혀주었어야 하는데 그렇게 하지 못한 것은 아직도 큰 아쉬움으로 남아 있다. 그러나 그러한 작업도 사실상 어려웠던 것은 처음에는 단순한 강의안으로 제공할 목적이었기 때문에 그럴 필요를 못 느꼈고, 또한 수많은 자료들을 참고하여 정리하는 과정에서 그것들을 초학도가 이해하기 쉽고 일목요연하게 정리된 글로 표현해야 했기 때문에 내용들을 독창적으로 재구성하고 또 그것들을 필자 나름대로의 시각으로 서술해야 했기 때문이다.

초판이 세상에 나온 후 졸저는 주로 신대원 입시, 특히 총신대 신대원 입시 준비를 하는 목회자 후보생들에게 많이 읽혀졌는데, 많은 독자들이 '가장 이해하기 쉬운 철학사'라고 찬사를 아끼지 않았다. 그것은 번역서들을 쉽게 접할 수 있지만, 번역서는 번역서이기 때문에 갖는 한계, 즉 역자가 마음대로 내용을 고치거나 설명하지 못하고 원문에 충실하게 옮겨야 한다는 제약 때문에 초학도들이 보기에는 개념이나 내용들이 그리 쉽지 않은 단점이 있어서 필자의 졸저가 쉽게 느껴졌기 때문일 것이다. 그리고 독자들의 그런 평가 속에 꾸준히 읽혀오던 중 2001년에는 총신대 신대원 입시추천도서로 선정되었고, 지금까지 총신 신대원 입시생의 필독

서로 인정되고 있다.

그렇게 책에 대한 공신력이 높아지면서 보완의 필요를 느끼던 중 여러 가지 사정으로 인해 2001년에는 출판사를 바꾸어 개정판을 내게 되었다. 당시 필자는 학업과 강의를 병행하고 있어서 책의 내용을 많이 개정할 수 없었다. 단지 체제를 달리하면서 약간의 첨삭을 했을 뿐이었다. 출판사를 바꾸어 개정판을 낸 후에도 내용이 좀 더 쉽고 이해하기 쉽게 서술하지 못한 점과 몇몇 중요한 내용들이 누락된 점에 대해서는 항상 불만이었다. 결국 유학을 코앞에 둔 시점에서 책을 다시 찍어야 할 상황이 되자 그동안 미진했던 부분들을 보완하고 새롭게 다듬게 되었다.

본래는 몇몇 부분만을 다듬어서 개정하려 했지만 원고를 다시 검토하면서 내용이 산만한 부분들을 다시 정리했고, 그 동안 강의를 하면서 필자 스스로가 발견했거나 독자들이 예리하게 지적해준 몇몇 부분의 불명확하거나 잘못된 표현들을 바로잡았으며, 필요한 내용들을 새롭게 추가했다. 특히 신학 관련 내용들을 적지 않게 추가하여 이 책의 주요 독자층인 신대원 입시생들이 철학뿐 아니라 신학 관련 배경 지식까지도 얻을 수 있게 했다. 그래서 책의 제목도 그런 취지에 맞추어 『신학도를 위한 서양철학사』란 이름으로 내놓게 된 것이다.

이전의 『서양철학사』에 비해 이 『신학도를 위한 서양철학사』가 크게 달라진 내용은 대체로 다음과 같다. 먼저 서론 부분에서는 내용을 조금 더 간결하고 쉽게 고쳐 썼고, 몇 가지 필요한 내용들을 추가했다. 고대철학 부분에서는 플라톤과 아리스토텔레스를 포함하여 전반적으로 산만한 내용들을 대폭 수정하고 정돈했다. 중세에서는 아우구스티누스의 사상을 많이 보완했으며, 근세철학 부분에서는 칸트철학의 중요성을 감안하여 체제를 달리하여 정리하고 『판단력비판』의 내용을 추가했다. 현대철학 부분에서는 해석학과 구조주의, 포스트모더니즘을 개괄적으로 추가했다. 특히 본서가 신대원 입시를 위해서 많이 읽혀지고 있는 점을 감안하여 성경해석학적 이해를 돕기 위해 해석학을 새로이 추가했고, 19세기와 20세기의 신학적 동향도 첨가했다. 또한 신학의 배경이 되는 철학적 내용에 대해서는 기독교와의 관계를 서술함으로써 신학을 위한 철학적 배경을 쌓는 데에 도움을 주려고 했다.

아무쪼록 학문에 일천한 필자의 졸저가 철학을 공부하고자 하는 입문자들과 초학도들에게, 또 신대원 입시를 위해 준비하는 이들과 신학도들, 그리고 철학에 관심을 갖고 철학사를 읽어보려는 독자들에게 조그마한 도움이라도 된다면 필자에게는 더없이 큰 기쁨과 보람이 될 것이다.

끝으로 철학이 무엇인지 아무것도 몰랐던 부족한 제자를 학부 시절부터 지금까지 한결같은 사랑으로 지켜보시면서 늘 격려해주시고 지도해주신 필자의 스승이신 중앙대학교의 임혁재 교수님을 비롯하여 철학과의 여러 은사님들에게 깊은 감사를 드리지 않을 수 없다. 필자의 철학적 소양은 전적으로 귀한 은사님들이 가르침과 지도 때문이기 때문이다. 더불어 총신대 신대원 시절, 철학적 토대 위에 신앙과 신학적 지평을 넓힐 수 있도록 가르침을 주신 여러 교수님들에게도 깊은 감사를 드린다.

그리고 아무것도 소유한 것이 없는 데다 주님 앞에 내놓을 것은 죄와 허물밖에 없는 연약하고 부족한 자의 시린 갈비뼈를 오직 사랑과 희생으로 늘 따뜻하게 채워주는 너무도 고맙고 사랑스런 아내와, 공부와 강의 그리고 사역으로 잘 놀아주지도 못하는데도 아빠를 세상에서 가장 사랑하고 존경한다는 사랑하는 두 딸 예솔이와 진솔이에게도 감사의 마음을 전한다.

Soli Deo Gloria!!

가을이 깊어 가는 2004년 10월 초에
지은이 윤 병 운

재판에 부쳐

1995년, 이 책이 처음 세상에 나올 때는 아주 투박한 모습이었으나 몇 차례의 수정과 보완을 거듭하여 지금의 모습을 갖추게 되었다. 아직도 보완해야 할 부분이 많지만, 학기 초라서 학교 업무가 폭주하여 다음 기회로 미룰 수밖에 없었다. 그러나 발견된 편집상의 실수나 오탈자를 바로잡았고, 아우구스티누스를 제외하고는 인명(人名)을 주로 영어식으로 수정했다.

오랜 기간 동안 졸저를 사랑해준 모든 독자들에게 진심으로 감사하며, 초학도들과 신대원 입시를 준비하는 모든 이들이 서양철학사를 조금이라도 더 쉽게 이해하게 하기 위해 앞으로도 수정과 보완을 계속할 생각이다.

2008년 8월의 마지막 주에 방배동에서
지은이 윤 병 운

내용 및 차례

제2부 중세철학

14

제4부 현대철학

서 론

제1장
철학이란 무엇인가?

1. 철학에 대한 몰이해와 선입관들

필자의 고등학교 시절, 국어 교과서에는 민태원의 「청춘예찬」이라는 수필이 실려 있었다. 그는 그 글에서 청춘을 이렇게 예찬하기 시작한다.

"청춘! 이는 듣기만 하여도 가슴이 설레는 말이다."

그러나 철학에 대해서는 이러한 예찬을 들어본 적이 없다.

오히려 많은 사람들은 철학에 대해 이렇게 말하는 것 같다.

"철학! 이는 듣기만 하여도 골치가 아픈 말이다."

혹시 이 책을 읽고 있는 독자도 그렇게 생각할지 모른다.

정말로 철학이 그렇게 골치가 아플 정도로 어렵고 따분한 것일까? 사실은 그렇지 않다 하더라도 많은 사람들의 철학을 그렇게 어렵고 골치 아픈 것으로 생각한다면 그만한 이유나 요인이 있을 것이다. 그 중에 하나는 철학에 대한 첫 인상 내지는 선입견일 것이다. 무엇이든지 처음 접할 때의 첫 인상이 그것에 대한 이미지 형성을 크게 좌우하는데, 대부분의 사람들이 철학이란 말을 처음으로 제대로 접하게 되는 것이 고등학교 시절 윤리 과목의 서양사상 영역인데, 그 내용을 이해하기보다는 시험을 위해서 철학적 용어와 개념들을 단순히 암기하는 데에 급급했을 것이다. 이해하지도 못한 것을 외우자니 얼마나 힘들었겠는가? 그 결과 '철학은 어렵다,' '철학자들이 하는 말은 무슨 말인지 하나도 모르겠다'는 생각을 하게 되면서 철학에 대한 부정적인 이미지를 갖게 되었을지 모른다.

게다가 때때로 영화나 드라마 등에서 철학자를 자칭하거나 철학을 전공하는 인물이 등장하는데 그들의 캐릭터는 보통 기괴하고 비정상적일 뿐 아니라 비현실적이고 허무맹랑한 행동거지의 소유자로 설정된다. 그러니 그들이 운운하는 철학이란 것을 이상한 것으로 생각하는 것은 어쩌면 당연할지 모른다. 그래서 철학을 하는 사람은 그 같이 이상한 사람으로 취급받기도 하고, 철학 역시 아주 어려우면서도 비현실적인 학문으로 여겨지기도 한다. 더구나 어쩌다가 철학적인 내용을 담은 서적이나 글들을 접하게 되더라도 그것을 깊이 생각해보기보다는 쉽게 이해가 안된다는 이유로 철학은 어렵고 난해하다고 결론을 내려버린다. 어쩌면 그것은 생각하기를 싫어하고 느낌이나 감정에 의존해서 말하고 행동하는 경향이 강한 현대인들에게 당연한 것인지도 모른다. 그래서 대학에서도 철학을 비롯한 인문학 과목들이 학생들로부터 푸대접을 받고 있는 것이 사실이다. 물론 철학을 가르치는 사람들이 철학의 문외한들도 쉽게 알아들을 수 있게 가르치지 못하고 지나치게 현학적으로 가르쳐서 일반인들로 하여금 흥미를 잃게 한 데에도 원인이 있을 것이다.

물론 사람들은 철학을 잘 몰라도 유명한 철학자들의 이름 정도는 알고 있으며 자신이 잘 이해하지는 못하지만 그들의 철학적 사상이 심오하다는 것쯤은 알고 있다. 아니, 사실은 제대로 알지도 못하면서 그들의 이름이 주는 권위에 눌려 그렇게 받아들이는지 모른다. 그래서 철학에 대해 매우 긍정적인 인상과 호감뿐 아니라 호기심을 가지고 있어서 철학을 지나치게 과대평가 하는 사람들도 적지 않다. 그 결과 어떤 이들은 철학은 지적으로 매우 뛰어난 천재들이나 엉뚱하다고 할 정도의 기발한 사고를 가진 사람들이 하는 것으로 생각하기도 한다.

결국 사람들은 철학이라는 말을 들었을 때 "그냥 골치 아프다," "밥 먹고 할 일 없는 사람들이나 하는 것 같다," "쉽게 해도 될 말을 괜히 어렵게 한다," "뭔가 모르지만 굉장히 심오하다," "뭔가 남다른 사람들이 하는 학문이다" 등등의 반응을 보이면서 일상생활에 쫓겨 다니는 우리 자신과는 좀 거리가 먼 것으로 생각하는 경향이 많다. 그러나 그것은 모두 철학을 곡해한 것이요 일면만을 본 것이다.

그렇다면 철학이란 과연 무엇인가?

철학이 탁상공론만을 일삼는, 현실적으로는 아무 필요가 없는 학문인가? 흔히 하는 말로 '싸이코'나 '또라이'들이나 하는 미친 짓인가? 보통 사람들과는 상관없는 지적인 특수한 사람들만의 관심사인가? 아니다. 철학은 분명히 그냥 골치 아프기만 한 것이 아니다. 밥 먹고 할 일 없는 사람들이나 하는 것도 아니다. 쉽게 해도 될 말을 괜히 어렵게 하는 것도 아니다. 비정상적인 사람들이 탁상공론이나 일삼는 그러한 학문도 아니다. 또한 고리타분하고 비현실적이며 일상인들과 거리가 먼 것도 아니다. 뒷골목에다 철학관이라는 간판을 걸어 놓고 사주, 궁합, 관상, 수상 따위를 보는 것도 아니다. 그렇다고 아주 머리가 뛰어나고 남다른 사람들만 하는 학문도 아니고 지적으로 뛰어나거나 비범한 사람들만의 소유물도 아니다.

철학이 고리타분하고 골치 아프다고 생각하는 것은 하나하나 정확히 따져 가는 철학의 성격에 대해 단순하고 무비판적이고 무반성적인 사람들이 가지는 생각일 뿐이다. 철학을 너무 대단한 것으로 보는 사람들은 자신은 이해할 수 없지만 체계적이고 논리적이고 합리적인 철학의 성격 때문에 가지는 철학에 대한 거리감 때문일 것이다. 그러나 철학은 우리로부터 멀리 떨어져 있어 나와 상관없는 것이 아니라 바로 우리 모두의 것이며 인간이라면 누구나 해야 하고 또 하고 있다. 그것은 철학의 어원과 그 어의적 의미에서 분명하게 드러난다.

2. 철학의 어원과 어의적 의미

영어의 philosophy나 독일어 philosophie는 그리스어 필로소피아(φίλοσοφία)에 뿌리를 두고 있다. 그리스어 필로소피아는 '사랑하다'는 뜻을 가진 필레인(φιλειν)과 '지혜'라는 뜻의 소피아(σοφία)의 합성어이다. 그러므로 필로소피아라는 말은 어의적으로 볼 때 애지(愛智), 즉 지혜에 대한 사랑을 의미한다.

우리가 지금 철학이라는 말의 의미를 어원적으로 밝혀 보려고 하고 있기 때문에 철학으로 번역된 영어의 philosophy가 그리스어 필로소피아에서 온 말이고 그 말은 '필레인'과 '소피아'의 합성어이므로 그 두 단어의 의미를 그리스인들의 개념으로 이해해 보는 것이 옳은 절차일 것이다. 구체적으로 필로소피아, 즉 철학이 어원적으로 무슨 의미인지를 알아보려면 필레인의 의미가 무엇인지, 그리고 소피아란 도대체 무엇을 가리키는지를 알면 어느 정도 윤곽이 드러날 것이다.

우선 '사랑한다'는 뜻의 동사 '필레인'의 명사형 '사랑'은 필리아(φιλία)인데, 그리스어로 사랑이라는 단어는 필리아 외에도 에로스(ἔρως), 스토르게(στοργή), 아가페(ἀγάπη) 등이 있다. 그렇지만 사랑의 신은 에로스이다. 잘 알려진 것처럼 그리스인들은 신화 속에 자신들의 세계관을 많이 투영해 놓았다. 그리고 그 신화에는 갖가지의 것들을 관장하는 신들이 등장한다. 하늘, 땅, 전쟁, 평화, 풍요, 미, 사랑 등등. 그 중 사랑을 관장하는 신이 에로스이다. 따라서 사랑이란 뜻인 필리아의 의미는 사랑의 신 에로스를 통해 그 의미를 추출해 낼 수 있다.

에로스의 탄생에 관해 잘 말해주고 있는 것은 플라톤의 『대화』편이다. 「향연」에 의하면, 사랑의 신 에로스는 풍요의 신 폴로스(Polos)와 빈곤의 여신 페니아(Penia) 사이에 탄생한다. 여신 페니아(Penia)는 너무도 가난하여 잠잘 집은 고사하고 끼니도 제대로 때우기 어려울 정도였다. 그래서 그녀는 늘 폴로스의 풍부한 삶을 동경했다. 그러던 중 미(美)의 여신 아프로디테의 생일잔치에서 초대받아 술에 취해 잠든 폴로스를 발견하고 그 품에 안겨 하룻밤을 지내고 아이를 갖게 되었는데, 그렇게 해서 낳은 아이가 바로 사랑의 신 에로스이다. 따라서 이 신화에 따르면 사랑의 신 에로스는 풍요와 빈곤의 양극단 사이에서 난 중간자라는 의미를 가지고 있다. 중간자는 어느 쪽으로든 기우는 경향이 있다. 풍요와 빈곤의 중간인 에로스가 빈곤보다 풍요를 동경하고 거기로 자리를 옮기고자 하는 것은 당연하다. 사랑의 신 에로스의 신화를 통해 에로스가 그렇게 아버지의 풍요와 완전을 동경하듯이 사랑이란 바로 완전을 향한 동경과 노력의 의미를 담고 있다는 것을 알 수 있다. 따라서 필로소피아의 '필레인'은 완전한 것에 대한 동경과 그것에 이르려는 무한한 노력을 의미한다는 것을 알 수 있다.

그렇다면 그러한 '필레인'의 대상인 소피아(σοφία)는 또 무엇인가? 그리스어 소피아는 지식(intelligence), 지혜(wisdom), 진리(truth)를 의미한다. 그것은 곧 인간과 자연은 물론 존재하는 모든 것들에 대한 지식과 지혜와 진리를 말한다. 이때의 지식은 단순한 개인적이고 주관적인 사견(私見)으로서의 지식(*doxa*)을 의미하는 것이 아니라 진지(眞知, *episteme*)로서의 지식을 의미한다. 그것은 자연과 세계가 겉으로 드러내는 현상에 대한 것이 아니라 배후의 진짜 참모습에 대한 지식이었다. 최초의 필로소포스(φιλόσοφος), 즉 철학자들이 소피아를 필레인했다는 의미로서의 필로소피아는 바로 그런 것이었다. 따라서 거기에는 오늘날 우리가 개별과학으로 독립시켜 가지고 있는 모든 지식과 진리, 지혜를 포함하고 있었다. 물론 지혜는 단순한 지식과 다르다. 지혜는 지식을 획득한 후 이것을 소화하여 자기의 것으로 만들어 유용하게 사용하는 능력을 말하며 또한 겉을 뚫고 속을 들여다보는 일이며 항상 올바른 관점을 지니고 균형적인 판단을 취하는 것이다. 즉 지혜는 단편적 지식의 테두리를 벗어나 언제나 넓고 전체적인 각도를 지니는 것이다.

필로소피아의 문자적 의미가 무엇인지 이해하기 위해 우리가 지금 가지고 있는 많은 '소피아' 중에서 '필레인'의 최초의 대상이었을 자연, 특히 천문학적인 지식에 대한 시간여행을 해 보자. 지금의 우리에게는 너무도 상식적이고 자명한 사실들이 그들에게는 감추어진 진리들이었을 무지의 시대로 말이다. 이제 조용히 눈을 감고 과학과 기계문명으로 찌든 현대의 모든 것들과 우리가 교육을 통해 배워 가진 모든 지식들을 머릿속에서 비워 내버리고서 약 3천 년 전의 태고로 돌아가 보라.

아침이 되면 변함없이 새빨간 불덩이가 어제와 같이 동쪽에서 떠오른다. 우리는 그것이 태양이라는 사실을 알고 있지만 이미 3천 년 전으로 돌아간 당신에게는 정체 파악이 안 된 단지 밝은 빛을 내는 커다란 불덩어리일 뿐이다. '과연 저것은 무엇일까? 왜 저 불덩어리는 날마다 똑같은 모습을 하고서 동쪽에서 떠서 반드시 서쪽으로 지는 것일까? 저 불덩어리는 많기도 하지? 도대체 누가 바다 저편에서 날마다 하나씩 던져 주는 것일까? 시간이 지남에 따라 저 불덩어리를 끌어가는 것은 또 무엇일까?' 태양에 대한 의문과 궁금증뿐이 아니다. 그들을 둘러싸고 일어나는 자연의 모습 모두가 다 그러했다. 하루의 변화는 차치하고 사시사철의 변화는 또 왜 생길까? 밤하늘의 별자리는 왜 변하며 밤낮의 길이는 또 왜 변할까? 이처럼 그들에게는 자연에 대한 경이감과 신비로움, 그리고 호기심이 가득했을 것이다.

자! 이제 당신이라면 어떻게 하겠는가? 당연히 의문을 갖고 알고 싶어 하며 그런 질문을 던지지 않겠는가? 바로 그것이 필로소피아이다. 실제로 최초의 철학자들의 이러한 의문들에 대한 합리적 탐구에 의해 발전되어 오늘날의 천문학이 탄생되었고 마침내 우리 머리 위로 우주선이 떠 있는 오늘날이 된 것이다. 물론 일상생활에 젖어서 그러한 사실들을 보면서도 의례 그러려니 했던 사람들은 그런 사실들에 별 관심 없이 그저 다람쥐 쳇바퀴 돌듯이 하루하루를 그냥 무의미한 생존만을 했겠지만 지식과 진리를 사랑했던 사람들은 그것을 알고자 했다. 그들이 소위 우리가 말하는 철학자, 즉 필로소포스들이다. 그들은 보통 사람들과는 달리 눈에 보이는 현상의 궁극적 이유와 실재의 모습을 발견하고자 했다. 겉으로 나타난 어떤 것에 대한 그것의 진상(眞象), 그것이 바로 그들이 찾던 지식이요 진리, 즉 소피아였다.

3. 철학적 탐구의 대상

일반적으로 모든 학문은 명칭이 그 학문의 탐구 대상을 말해 주고 있다. 예를 들면 물리학은 물리적 대상을, 생물학은 생명체들을, 인류학은 인류를, 역사학은 역사를, 심리학은 인간의 심리적 현상을, 교육학은 교육을, 통계학은 통계를, 경영학은 경영을, 행정학은 행정을 각각 그 학문의 대상으로 한다. 그렇다면 철학은 어떠한가? 물리학이 물리적 대상을 다루듯이 철학은 '철'을 다루는 학문인가? 물론 그것은 아니다. 우리말 철학의 한자어 철(哲)은 '밝다'[明], '슬기롭다'[知], '슬기로운 사람'[知者]이라는 의미를 가지고 있다. 따라서 번역어로서의 '철학'을 한자의 의미대로 말한다면 철학이란 밝게 하고 슬기롭게 하는 학문이고 또 밝고 슬기롭고 슬기로운 학문이라고 옮겨볼 수 있다.

그렇다면 도대체 철학은 무엇을 탐구하는 학문인가? 철학의 대상이 무엇이냐는 말이다. 앞에서 본 것처럼 철학, 즉 필로소피아는 학(學) 일반을 의미한다. 실제로 그리스인들은 필로소피아라는 말을 학(學, Wissenschaft, science)이라는 뜻으로 사용했다. 원래 학 또는 학문 일반이라고 했을 때 그것은 모든 분야의 학문을 통칭하는 것인데, 오늘날은 모든 학문이 과학성을 띠고 있어서 학문 자체를 과학과 동의어로 사용하고 그것을 몇 가지로, 즉 인문과학, 사회과학, 자연과학 등으로 나누어 부르고 있다. 그런데 원래 필로소피아란 오늘날 바로 그 과학의 의미였다는 말이다. 실제로 우리가 다음에 보겠지만 최초의 철학자들인 자연철학들에게는 오늘날의 개별과학이 분화되어 있는 것이 아니라 모든 것이 탐구의 대상이 되어 연구되었다. 따라서 거기에는 지금의 모든 학문들이 독립되지 않은 채 모두 산재되어 혼합적으로 존재했었다. 그리고 시간이 지남에 따라 하나의 탐구 영역과 주제별로 체계화되면서 학 일반에서 분화하여 독립적인 하나의 학을 형성하여 구체적인 학문이 되었고 결국은 오늘날과 같이 여러 가지 개별학으로 자리 잡게 되었다. 구체적으로 말하자면 모든 학문을 배태하고 있었던 철학에서 천문학, 물리학, 의학, 생물학, 정치학, 역사학, 화학 등등이 가지를 쳐 나갔던 것이다. 그리고 심리학이 가장 최근에 분화되었다. 그 결과 불행히도 오늘날의 철학은 과학의 한 범주 가운데 인문과학의 한 분야로 인식되어 여타의 다른 학문들 중의 하나 정도로 인식하고 있다. 물론 그것이 오늘날의 철학의 현주소가 된 것은 사실이다. 그러나 많은 영역들을 개별과학에게 내주어 독립시켰지만 필로소피아는 곧 학문, 즉 과학이요, 거꾸로 학문, 과학이 곧 필로소피아이다. 그런 의미에서 철학은 학문의 어머니요 모체임에 틀림없다. 또한 이것은 모든 학문의 기초가 필로소피아요 모든 학문은 궁극적으로 철학적인 출발이라는 사실을 말해 준다. 따라서 누가 철학의 대상이 무엇이냐고 묻는다면 철학의 대상은 없다고 대답할 수밖에 없다. 철학의 대상 자체가 없다는 말이 아니라 철학의 대상을 한정적으로 말할 수 없다는 뜻이다. 즉 철학의 대상이 되지 않는 것은 하나도 없으며 모든 것이 다 철학의 대상이라는 말이다.

　사실 오늘날 우리가 가진 다양한 지식은 모두 철학적 탐구, 즉 필로소피아의 결과이다. 지구가 태양을 중심으로 돌고 있다는 천문학적인 지식, 삼각형의 세 내각의 합은 180도라는 수학적 지식, 자식이 부모를 닮음은 유전자 때문이라는 생물학적인 지식, 작용이 있으면 그에 상응하는 반작용이 있다는 물리학적인 지식, 지구 표면은 오랜 세월을 걸치며 변동한다는 지질학적인 지식, 물은 산소와 수소의 결합으로 되어 있다는 화학적인 지식, 모든 존재에는 반드시 그에 대한 원인이 있다는 형이상학적이고 신학적인 지식 등등. 오늘날 이러한 지식은 지식이라기보다는 차라리 상식이라 해야 어울릴 지식들이다. 그리고 이러한 지식을 토대로 우리는 삶의 지혜를 가지고 있다. 예컨대 "물은 0℃ 이하에서 얼 때 부피가 는다"는 지식을 통해 얼음을 얼릴 때 용기에 여유 공간을 두고 물을 채워 물을 담은 용기가 깨지거나 터지지 않게 한다. 이런 모든 지식과 지혜는 그에 대한 사랑에 의한 지적인 탐구, 즉 필로소피아가 없었더라면 갖지 못했을 것이다.

　그러므로 어원적으로 볼 때, 지혜와 지식에 대한 사랑이라는 의미를 가지고 있는 철학, 즉 필로소피아는 우리를 둘러 싼 모든 것들에 대한 참된 앎, 즉 진리의 세계를 향해 그것을 찾아내고자 하는 모든 활동을 가리키는 것이다. 애지란 인간의 지식에 대한 근원적 충동으로서 순수한 지식애이며 이것은 마침내 진정한 지식이나 참된 지혜(*episteme*)에의 끝없는 열정인 바, 진리애를 뜻하기도 한다. 결국 철학이란 사랑하는 것인데 그 대상이 되는 것은 곧 지혜와 지식, 곧 참된 진리이다. 다시 말해 철학, 즉 필로소피아는 곧 학(學)으로서 참된 지를 향한 모든 행동과 활동을 가리키는 말이다. 그래서 철학은 지적인 탐구 작업인 모든 학문적인 관심사에 연관되지 않는 것이 없다.

이러한 철학적 활동은 크게 세 가지 영역을 탐구의 주제로 삼는다.

첫째는 존재하는 것을 연구 대상으로 삼는 존재론인데 형이상학이라고도 한다. 존재론에서는 존재자 일반 및 그 근본 규정, 그리고 일반적 특질 등을 논한다. 즉 단순히 존재하는 대상들을 탐구한다기보다는 일반적으로 존재한다고 언급되는 것들의 존재 이유를 고찰한다. 다시 말하면 존재하는 것들을 존재하게 하는 존재의 궁극원 원인자가 무엇인지를 탐구한다. 따라서 존재론은 자연스럽게 신(神)과 깊은 관련을 갖게 된다.

둘째는 인식의 기원과 본질에 대해 탐구하는 인식론이다. 인식론에서는 우리가 인식하는 것이 무엇이며 무엇을 인식할 수 있는지, 우리는 어떤 과정과 절차를 밟아 인식에 이르는지, 또 무엇을 참이라고 말할 수 있는 근거는 무엇인지 등과 관련된 인식의 대상, 한계, 과정과 절차, 근거, 단초 등을 탐구한다.

셋째는 가치에 대해 탐구하는 가치론인데 윤리학을 가리킨다. 가치론은 인간의 도덕의식과 도덕행위를 대상으로 하여 도덕의 일반원리, 본질적 형태, 내적인 발전법칙, 그리고 사회생활과 개인생활에서 도덕이 차지하는 원천적인 의미 등을 탐구한다.

이렇게 철학은 인간을 둘러싼 모든 영역들을 탐구의 대상으로 삼는다. 따라서 오늘날 철학하는 사람들을 가리켜 할 일 없는 사람들이라거나 철학은 아무 효용이 없는 배부른 자의 탁상공론이라는 등의 오해는 불식되어야 한다. 오히려 철학에 대한 왜곡된 인상을 가진 사람들에게 묻고 싶다. 철학이 이런 것이라면 과연 누가 정상적이고 누가 비정상적인가? 마땅히 "왜?"라는 질문을 던지는 사람의 태도가 당연한 것이 아닌가? 그런 의미에서 오늘날도 이러한 본래적 의미의 철학을 하는 사람을 오히려 비정상적인 사람 취급을 하는 것은 비정상적인 사람들이 지극히 정상적인 사람들에게 갖는 비정상적인 태도라고 말할 수 있다.

제2장
철학함의 의미

1. 철학과 철학함

보통 많은 사람들이 철학이라는 말을 너무 무겁게 생각한 나머지 평범한 자신은 철학과 관계가 없으며 철학을 한다는 것 또한 주제 넘는 짓이라고 생각하는 듯하다. 그러나 철학을 한다는 것은 그리 어려운 것이 아니다. 단지 그것이 어렵고 멀리 있다고 느낄 뿐이다.

철학과 철학을 하는 것은 바로 우리 주변에 있다. 사실 우리 주변을 둘러 볼 때 인간과 삶의 환경으로서의 현상의 세계는 잡다와 다양성의 총체인데 우리는 이 상황에 대한 필요한 지식을 얻기 위해 부단한 노력을 하고 있다. 이러한 활동은 일차적으로 인간의 단순한 지식욕에 근거하고 있으나 여기에는 우리의 일상적인 지식에서부터 진정한 지식, 즉 최종적인 진리에 이르기까지 모든 것이 대상으로 포함될 수 있다. 그리고 이 진리 인식을 효과적으로 성취하려면 어떤 길이 있어야 함은 물론이다. 즉 일련의 수단이나 규칙 및 과정 등이 요구된다. 그러나 진리 인식에 정도(正道)란 결코 있을 수 없지만 인간은 여러 가지 문제들을 해결하기 위한 노력을 계속해 왔다. 그것이 곧 철학이다.

전통적인 철학의 방법은 소박하고도 근원적인 문제제기였다. 즉 "왜?"라는 물음이다. 고대의 인간에게는 무엇보다도 자연과의 교섭이 가장 큰 문제였으며 그것은 대자연의 위력 앞에 노출된 인간의 무력함 때문이었다. 이 불안한 관계를 원활하게 또 인간에게 쾌적하도록 개선, 향상시키는 일은 그들 자신을 위해 필요한 과제가 아닐 수 없었다. 인간은 자연현상의 생멸과 변화를 주시하고 관찰하면서 경탄하는 가운데 그들은 "왜?" 또는 "저것은 무엇인가?" 하는 의문을 품게 되었다. 존재의 이유와 본질에 관한 이 물음은 철학적 우주론의 연원이 되었을 뿐만 아니라 고전 형이상학의 성격을 단적으로 규정하는 것이었다. 이러한 물음은 어느 한 철학자의 위대한 업적에서 완결을 볼 성질의 것은 아니다. 그것은 언제나 어디서나 또 어떤 대상이거나 간에 던져질 수 있으며 이와 함께 우리의 철학하는 길은 시작된다. 철학적 사유의 시초는 바로 이러한 근본적인 문제제기의 방식에 있다고 말할 수 있다.

　일찍이 아리스토텔레스는 "사람은 경이(驚異)로 인하여 철학을 시작한다"고 했다. 물론 경이감은 철학의 시작은 될지언정 철학 그 자체는 아니다. 플라톤의 말처럼 "경이가 철학의 특성이 아니라 사색이 철학자의 특성이다." 실로 우리는 주변의 놀라운 것들에 대해 의아해하고 궁금해 한다. 그리고 당연한 것이기는 하지만 용기 있는 사람은 그것이 왜 그러한지를 알고 싶어 한다. 그래서 "왜 그럴까?" 하고 묻는다. 그것은 곧 진리에의 물음이다. 바로 이 진리에의 물음으로서의 사색이 '철학을 한다' 함이다. 물론 사색은 결코 현실과 분리되어서는 안 된다. 사색은 우리의 역사적, 현실적 당면 과제를 해결하는 데에 도움이 되어야 한다. 개인이나 사회의 발전은 사색을 토대로 하는 진정한 계획과 실천을 통해서만 이루어진다. 이런 의미에서 철학이 없는 개인이나 사회는 번영할 수 없다.

　아마 실제적으로 우리가 철학다운 철학을 하는 때는 호기심에 가득 찬 어린 시절이었을 것이다. 그것은 최초의 철학자들이 자연에 대해 가졌던 호기심과 같을 것이다. 우리는 어렸을 때 모르는 것투성이었고 그래서 궁금한 것들에 대해서 묻곤 했다. 그것은 모르는 것에 대한 앎으로의 방향전환을 위한 노력을 의미한다. 그러나 우리는 나이를 먹어감에 따라 늘 그러한 것에 대해서는 타성에 젖어버리면서 어렸을 때의 호기심을 잃어버리고 또 자발적인 필로소피아를 할 여유도 없이 학교교육을 통해 지식으로 습득해 버리고 만다. 얼마 전 베스트셀러가 되었던 책의 제목처럼 "우리가 알아야 할 모든 것들은 유치원에서 배웠다." 즉 많은 이들이 필로소피아 하여 축적한 지식을 우리는 교육을 통해 그냥 받아들여 버리기만 한다. 그리고 선대의 많은 필로소포스들은 계속하여 물음들을 던져왔던 것과는 달리 우리는 타성과 일상성에 젖어서 그러한 틀에서 벗어나기를 거부한다.

그러나 앞에서도 말했듯이 철학함으로서의 철학은 진리에의 물음이다. 타성에 젖어 있더라도 우리는 늘 그러던 것이 그러지 아니할 때 이상하다고 생각한다. 그리고 조금만 깊이 생각하면 이상하지 않은 지극히 자연스런 사실에서도 그 자연스러움 때문에 더욱 신비로움을 느끼기도 한다. 자연스런 4계절의 변화, 밤하늘의 무수한 별들, 생명의 탄생, 망울을 터뜨리는 꽃봉오리 등등을 생각해 보라. 또한 "3+5=8," "해는 동쪽에서 떠서 서쪽으로 진다," "젊은이는 어른을 공경해야 한다," "사람은 죽는다"와 같은 사실도 우리가 자명하게 받아들이는 것들이다. 그러나 이렇게 당연한 것으로 받아들였던 것들에 대해서도 왜 그것이 당연한가 또는 왜 그것을 당연히 받아들여야 하는가 하고 깊이 생각해 보면 스스로 당혹스러워지기도 한다. 물론 그러한 당연한 것들에 대한 물음을 던지는 것 자체가 "사색하는 자는 푸른 들판에서 마른 풀을 먹는 동물과 같다"고 한 메피스토펠레스(Mephistopheles)에게는 조소를 받을지 모른다. 그러나 우리는 우리 자신은 물론이고 우리를 둘러싼 주변의 신비롭고 경이로운 세계에 대해 묻고 또 생각하지 않을 수 없다.

'철학함'이란 바로 그런 것이다. '철학함'이란 이러한 일상생활에서 경험하는 당연한 일, 자명한 이치와 같이 물을 필요도 없는 것, 또는 아주 사소한 것에 대해서도 타성에 젖지 않고 진지하고 용기 있게 '왜?'라는 질문을 던지는 것이다. 그러한 '왜?'라는 질문은 그 한계와 범주가 따로 정해져 있지 않다. 나와 나를 둘러싼 주변 세계의 모든 것에 적용된다. 그러므로 철학함이란 기성의 문화, 관념, 가치, 사고방식에 대해서도 그것들을 무조건적으로 수용하는 것이 아니라 '왜?'라는 물음으로 반성하고 비판하여 자기의 것으로 만들어서 수용하는 것이다. 그런 의미에서 '철학을 한다' 함은 결국 비판적 태도를 견지한다는 의미이다. 즉 철학은 삶의 실천에서, 과학적 세계 해명에서, 신앙 체계에 전수되어 통용되고 있는 갖가지 타성적인 생각들의 벽을 뛰어 넘어 계속 더 사유해 나아감이라고 규정할 수 있다. 그러므로 철학은 전공자나 위대한 철학자만 하는 것이 아니며 사람이면 누구나 할 수 있으며 또 하고 있고 해야 하는 것이다. 즉 철학자가 따로 있는 것이 아니며 모든 사람이 다 하나의 철학자인 셈이다. 따라서 삶과 생활로서의 철학, 즉 철학함이란 주어진 사실들을 있는 그대로 무비판적으로 받아들이지 않고 그것을 쪼개고 파헤치고 들어가서 반성, 성찰, 검토, 분석, 비판, 종합하여 그것의 참된 모습을 탐구해 가는 것이다. 철학함이란 곧 자기가 자기의 주인이 되어 자주적이고 주체적으로 살아가는 것이며 그것은 내가 나 되기 위한 몸부림으로 나와 나를 둘러싼 주변을 돌아보는 것이다. 그런 의미에서 칸트(Kant)가 자신의 강의에서 "나는 철학(Philosophie)을 가르치는 것이 아니라 철학하는 것(philosophieren)을 가르친다"고 한 말은 깊이 새겨볼 만하다.

2. 철학의 역할과 필요성

"철학을 한다"고 했을 때, 그것은 학문으로서의 철학을 하는 것과 삶으로서의 철학을 하는 것, 두 가지로 나누어 생각해 볼 수 있다.

먼저 학문으로서의 철학을 해야 하는 이유는 앞에서도 필로소피아와 관련된 어원을 말할 때 누누이 강조했듯이 철학은 모든 학문의 기초요 원리이기 때문이다. 그것이 자연과학이 되었든 인문과학이 되었든 사회과학이 되었든 학문을 함에 있어서는 철학적 사고와 태도는 필수적이다. 따라서 철학적 탐구의 자세가 없는 어떠한 학문도 그것은 하나의 단순한 지식이나 믿음은 될 수 있을지언정 바람직한 의미의 학은 될 수 없다.

그렇다면 삶으로서의 철학을 한다는 것은 무슨 뜻인가? 일반적으로 예로부터 "인간은 이성적인 동물이다"라고 말해져 왔다. 인간에 대한 이 고전적인 정의는 오늘날까지 받아들여지고 있고 인간을 특징짓는 가장 적확(的確)한 표현이라고 생각되고 있다. 그리고 바로 이 명제에 근거하여 우리 모든 인간사가 유지된다고 해도 과언은 아닐 것이다. 참으로 인간에게 이 이성이 없다면 인간은 동물의 수준과 다를 바가 아무 것도 없을 것이다. 그러나 다행히 인간은 이성에 의해 이성적인 활동을 하며 동물과는 다른 인간으로서의 삶을 영위하고 있다. 그런데 이성을 가진 우리 인간은 단순한 생존이 아닌 '의미 있는 삶'을 살기를 원한다. 우리는 사유 능력인 이성이 있기에 우리에게 끊임없는 질문을 던지면서 더 값지고 의미 있는 삶을 살고자 노력한다. 따라서 그러한 삶에는 삶의 지혜로서의 자신과 세계에 대한 인식은 필수적이다. 무엇보다도 이성적인 인간이 철학을 하지 않을 수 없는 이유가 바로 여기에 있다. 아니, 철학은 물질적으로 잘 사는 것이 아닌 참으로 의미있고 사람답게 잘 살기를 바라는 이성을 가진 인간에게는 필연이다. 그리고 그것은 인간의 권리이자 의무이다.

이 세상에 존재하는 한, 세상에 태어나지 않은 사람도 태어나서 죽지 아니하는 사람도 없다. 그리고 누구나 자기의 생명을 아껴 잘 살려고 한다. 만일 인간이 영생하는 존재라면 그렇게 노력하지 않을 것이다. 불행히도 인간은 그렇지 못하기 때문에 일생을 통해 항상 충실하게 살지 않으면 안 된다. 그래서 사람은 영생과 영원한 행복을 찾아 헤맨다. 그러나 그것은 죽지 않으려는 욕망과 같아서 충족시키기 어려운 일이므로 그보다는 사람의 힘으로 가능한 길을 택해서 노력하는 것이 현명한 일이라고 생각할 때 우리는 철학의 길을 택하게 된다. 물론 철학은 진리가 어딘가에 존재하기에 인간의 탐구에 의해 그것에 이르고 그것을 획득할 수 있다는 전제에서 성립하는 것과는 반대로 그러한 진리는 위로부터 주어지는 것이요 인간은 수용하면 된다는 종교적인 길도 있다. 그러나 그것은 인간으로부터의 길이 아니라 신으로부터의 길이다. 또한 철학은 이러한 길의 가능성을 전혀 배제하지 않는다.

중요한 사실은 철학은 인간이 가진 지식과 지혜를 통해서 삶의 참다운 깨침과 의미와 길을 찾으려는 노력에서 이루어진 인간의 보물이며 재산이라는 점이다. 그러므로 과거와 현재의 철학자들의 지식과 지혜를 살펴서 그들이 어떻게 살았고 또 살고 있으며 어떤 생각을 가지고 있는가를 알아보는 데에서 오늘날의 우리가 어떻게 살아야 할지를 알게 된다. 따라서 철학을 한다는 것은 지식의 장식품으로서가 아니며 높은 교양을 쌓기 위해서만도 아니며 자신을 만들어 가고 자기가 속한 사회와 시대를 바로 이끌어 가기 위한 것이요 바로 거기에 철학의 필요성과 철학을 하는 참 뜻이 있다.

당신의 인생을 당신 외에 어느 누구도 대신 살아주지 못한다. 나를 낳아 길러주신 부모님도, 나를 가장 사랑하는 애인이나 아내 또는 남편도 결코 나의 생을 대신해줄 수 없다. 어느 여가수의 노랫말처럼 '나의 인생은 나의 것'이고 그 주인은 바로 나요 내가 바로 그 책임자이다. 어차피 인생은 혼자라는 세인들의 말처럼 그 인생을 헤쳐나갈 사람은 바로 나 자신이다. 따라서 인생을 살아감에 있어서 주체적이고 자주적으로 책임 있게 살아가고자 하는 태도는 인생을 인생답게 살아가고자 하는 이들에게는 중요한 지표이다. 따라서 한 번 밖에 주어지지 않은 인생길에서 진리를 추구해가는 철학을 하며 살아가는 것은 우리에게 주어진 당연한 길이다.

3. 철학하기를 시작하기 전에

이제 필자는 이 책을 읽어나갈 독자, 즉 이 책과 함께 철학하기를 시작하려는 철학 입문자들에게 몇 가지 조언과 안내를 하고자 한다. 왜냐하면 앞에서도 언급했지만 철학에 대한 잘못된 선입견이나 편견을 가지고 있거나 반대로 막연한 기대와 동경을 가지고 있는 사람들이 철학에 대해 더 큰 잘못된 생각을 갖는다거나 이전의 환상에서 깨어나 더 크게 실망을 하는 일이 없게 하기 위해서이다.

첫째, 철학이 모든 문제를 완전히 풀어주거나 해결책을 제공하는 것이 아니라는 점을 기억해야 한다. 오히려 철학은 전에는 생각지도 못했던 문제들로 고민하게 하고 아무렇지도 않게 생각했던 것들에 대해서도 의미와 가치를 따지게 한다. 그런 점에서 철학은 문제를 해결해주기도 하지만 때로는 문제에 문제가 꼬리를 물고 이어지며 전에는 문제로 인식하지도 못했던 사실들이 문제로 대두되기도 한다.

철학은 지어진 집을 사들이는 것이 아니라 자기가 살 집을 자기 스스로가 설계하고 건축하는 것이라고 비유할 수 있다. 자기가 살고 싶어 하는 집에서 살기를 원하는 사람은 시간과 적절한 재능이 있다면 스스로 그러한 집을 지으려 할 것이다. 그렇다면 그는 설계의 모든 측면들을 조심스럽고도 비판적으로 그리고 창조적인 관점에서 살필 것이고, 또 그가 슬기로운 사람이라면 최종적으로 결정하기 전에 건축과 내부설계 분야의 전문가로부터 충고를 얻고자 할 것이다. 철학을 하고 싶은 사람 또는 하려는 사람은 그를 괴롭히는 근본 문제들에 대한 해답들을 이와 같은 방법으로 얻어내어야 한다. 다음 장에서 이야기하겠지만 철학은 활동이다. 즉 자신이 해야 할 어떤 것이지 타인에 의해 주어지는 것이 아니라는 점을 분명히 알아야 한다. 그것은 철학적 활동이 잘 수행되려면 자기 집을 지을 때와 마찬가지로 사려 깊고 비판적으로 그리고 일정한 방법에 따라 수행되어야 한다는 말이다. 철학은 우리의 일생을 이끌어갈 뿐 아니라 삶의 향방을 결정하기 때문에 아주 사소한 것에 이르기까지 신중하고 비판적인 검토 아래 철학적 작업에 임해야 하는 것은 너무도 당연하다. 이 때 철학의 초보자는 자신이 얻은 해결책을 가지고서 돌진하기 전에 주어진 문제에 관해 이미 나와 있는 다른 사람의 작품을 조심스럽게 고찰하는 것이 좋을 것이다. 철학사를 공부하는 이유가 바로 여기에 있다.

둘째, 철학적 내용 자체보다는 오히려 철학적 분석의 도구들을 사용하는 방법들을 배우려고 해야 한다. 2천년이 넘는 철학사에 나타난 무수한 철학적 문제들을 일일이 해명하고 그 논변들을 뒤쫓아 가며 또 많은 양의 이론들과 이름들을 끊임없이 기억하고 심지어 철학자들이 가끔 사용하는 모호한 말들을 완전히 이해하려고 하는 데에만 관심을 집중하지 말라는 말이다. 전문 용어를 무조건 외우거나 철학자의 이름과 그의 이론을 짝짓는 데에 시간을 보내는 것보다 철학적 분석의 도구들을 사용하는 방법을 배워야 한다. 무엇이 철학적 문제들이며 어떻게 그 문제들을 올바르게 진술할 수 있는지를 배워야 한다는 말이다. 그리고 나서 핵심적인 철학적 문제들을 해결하는 방법으로서 제시된 주요 논변들을 면밀하게 검토할 필요가 있다. 철학 입문자들은 철학사를 통해 철학적 내용을 암기하거나 이해하는 것보다 오히려 철학적 문제의식과 철학적 사고방식을 터득해야 한다. 사실 철학사를 공부한다는 것은 철학 내용을 공부한다기보다는 철학적 사고를 훈련하는 것이라 해도 과언이 아니다.

셋째, 철학사 공부를 통해 명료하게 의미를 전달하고 또 분명하고 근거 있는 주장을 하는 훈련을 해야 한다. 철학하는 사람의 첫째 임무는 다른 사람에게 자신의 주장을 이해 또는 설득시키는 일이다. 따라서 자신의 주장을 가능한 한 명료하게 전달하는 것이 가장 중요하다. 불명확한 개념과 용어 또는 자기만의 언어를 사용한다면 결코 자신의 의사와 주장을 제대로 표현할 수 없을 뿐 아니라 오해를 일으킬 수 있다. 반대로 상대가 그렇게 모호한 의미로 말을 할 때는 그에게 그 말의 정확한 의미가 무엇인지를 물어야 한다. 그것은 철학적으로 성숙했다는 징표이지 무식을 드러내는 것이 결코 아니다. 어떤 진술이 의미를 가지고 있을 경우에만 그 진술의 참 또는 거짓을 확정지을 수 있기 때문에 의미가 파악되기 전에는 반드시 그 의미에 대한 이해를 거쳐야 철학적 논의를 진행할 수 있고 또 대화도 할 수 있는 것이다.

넷째, 철학적 훈련을 위해서는 유명하거나 소문난 권위자를 조심해야 한다. 나이나 명성, 권위자 등은 철학적 문제하고는 아무런 상관이 없다. 나이가 많다는 것도 명성을 얻었다는 것도 그의 견해가 옳다는 것을 결코 보장해주지 않는다. 모든 지혜의 소유자가 있다면 그에게 물어보기만 하면 모든 문제가 해결될 수 있을 것이다. 그러나 그런 인물을 어떻게 찾을 것이며, 그가 그런 사람임을 어떻게 확인할 수 있겠는가? 그런 사람을 찾는 유일한 방법은 각자의 논변을 비판적으로 분석하는 일밖에는 없다. 철학적 논제를 해결하는 과정에서는 누가 어떤 주장을 하든지 그것이 훌륭한 논변에 의해 지지를 받을 때에만 그것을 받아들일 수 있고 또 그래야 한다. 결국 합리적인 논변은 철학자의 도구이자 중요한 작업방식이다. 그것을 사용하지 않고 철학하려는 사람은 망치와 톱 없이 일하려 하는 목수와 같다. 요컨대 "이것은 무엇을 의미하는가?"라고 물을 뿐만 아니라 또한 "무슨 근거로 그렇게 말하는가?"라고 묻는 것은 우리가 가지고 있는 논리상의 권리이다.

철학은 그리 만만한 것이 아니다. 그렇다고 두려워 할 것도 아니다. 철학을 한다는 것은 진리를 추구해 가는 활동으로서 그것은 과정이지 결과가 아니다. 그래서 철학을 하면 할수록 분명하고 명확한 표현을 하면서도 단정적인 말하기가 어렵고 두려워진다.

철학을 공부하는 것은 철학적 사고를 훈련하는 것이다. 그리고 그 철학적 사고 훈련은 마침표를 찍기가 너무 어렵다. 오히려 물음표가 계속된다. 만약 당신이 철학을 공부하면서 물음표가 생긴다면 당신은 훌륭하게 철학을 하고 있는 것이다.

제3장
철학과 인접 영역

철학과 인접 영역, 특히 철학과 과학, 철학과 예술, 철학과 종교, 그리고 철학과 신학과의 관계를 살피는 것은 철학을 이해하는 효과적인 방법 중의 하나이다. 왜 나하면 철학과의 비교를 통해 양자의 본질적인 차별성은 물론이고 필연적 상관성을 구명함으로써 철학의 특징을 드러내 보일 수 있기 때문이다.

1. 철학과 과학

과학의 시대라고 할 수 있는 현대사회는 철저하게 과학의 지배를 받고 있는 것이 사실이다. 그래서 엄밀한 과학에 비해 딱 부러진 결론이 없는 것처럼 보이는 철학은 비과학적인 학문으로 치부되기도 한다. 그러나 이미 앞에서 철학의 어원을 살필 때 언급한 바 있듯이 철학은 모든 학문의 모체요 어머니로서 과학도 예외는 아니다. 또 철학을 시작한 초기 그리스 철학자들에게서 발견할 수 있겠지만 시작할 때부터 철학은 곧 학문이요 과학이었다. 자연현상의 관찰에서부터 인간의 영혼의 문제에 이르기까지 모든 지적 탐구와 추구는 철학에 총괄되었다. 그러나 아리스토텔레스에 의해 학문이 분화되기 시작한 이후 오늘날에는 과학은 철학으로부터 완전한 독립을 얻어 독자적인 영역을 구축하게 된 결과 이제는 철학과 과학은 서로 간에 분명한 차이를 보이게 되었다.

첫째, 철학과 과학은 그 대상에서 다르다. 철학은 언제나 궁극적인 본질이나 보편적인 원리를 추구하는 반면, 과학은 존재의 현상이나 구체적인 사실을 문제 삼는다. 따라서 과학은 전체가 아닌 특정 부분만을 그들의 탐구 영역으로 한다. 한마디로 과학은 존재를 부분적으로 다루지만, 철학은 존재를 전체로서 다룬다. 예를 들어 똑같은 인간을 문제 삼는다고 해도 철학은 전체로서의 인간, 즉 보편 인간의 규정에 전념하지만 개별과학은 특수화된 한 측면만을 고려한다. 이를테면 과학의 경우 인류의 발생과 생태의 연구는 인류학이, 인체의 생리적 현상과 그 기능에 관해서는 생리학이, 인간이 심리적 현상의 기술은 심리학이 나누어 담당한다. 그러나 철학은 인간 자체를 전체적으로 이해하려고 한다. 그런 점에서 철학은 본질학 또는 원리학이라고 한다면 과학은 특수학 내지는 사실학이라고 규정할 수 있다.

둘째, 철학과 과학은 학문적 방법에서도 차이가 있다. 철학은 정신의 자기반성으로서 철학적 사유는 정신의 자각형식으로 나타난다. 즉 철학은 세계와 현실을 인식함에 있어서 자아와 비아, 즉 주객의 구조관련을 통틀어 대상화함으로써 현상과 그 현상 인식의 주체로서의 자아까지 포함하여 전체적이고 총체적인 인식을 구한다. 그러나 과학은 결코 그렇게 할 수 없다. 과학은 오직 대상과 관계할 뿐이다. 즉 현상의 세계, 그것도 한 부분만을 적출하여 관계한다. 즉 철학은 자아까지 대상화하지만 과학은 자아 밖의 외부적 대상세계만을 대상화할 수 있다. 한 마디로 개별과학들 모두가 대상 세계를 모두 총망라하여 연구한다 하더라도 연구하는 주체 자체는 과학으로는 연구하지 못하지만, 철학은 주체를 주체적으로 파악한다.

셋째, 철학과 과학은 학습가능성에서도 전혀 성격을 달리 한다. 과학은 실험과 관찰을 토대로 하는 분석적 연구로서 경험의 집적(集積)으로 이루어진다. 이미 밝혀진 과학적 법칙이나 원리를 반복해서 실험할 필요가 없다는 말이다. 그것의 합법칙성과 판단의 타당 근거가 논증되었다면 그것을 지속적으로 적용할 수 있기 때문이다. 이는 과학이 가르쳐질 수 있으며 배울 수 있다는 것을 의미한다. 그러나 철학은 교육과 학습이 불가능하다. 왜냐하면 철학의 정신은 반성적 비판에 있기 때문이다. 아무리 훌륭한 철학자의 사상일지라도 그것이 바로 우리의 것이 될 수는 없다. 그것이 우리의 것이 될 때는 반드시 우리의 반성적 비판을 거친 후에 가능한 일이다. 간단히 말한다면 과학은 이전 과학자들의 탐구의 결과들을 딛고 거기에서부터 시작하지만, 철학은 모두가 자기 자리에서 다시 새롭게 시작한다.

그렇다면 이렇게 서로 다른 영역인 철학과 과학은 서로 간에 아무런 관계가 없는 것일까? 일반적으로 과학은 현상에 대한 지식을 획득하며 철학은 실재의 인식을 추구한다고 한다. 과학은 현상적인 사물에 작용하며 철학은 사물 그 자체에 관심을 둔다. 그런데 존재의 인식이라는 철학의 궁극적 목표는 순간적인 직관에 의해 이루어지는 것이 아니라 현상에 관한 광범하고도 충분한 인식이 전제되어야 한다. 실재의 인식은 현상의 인식에 근거한다는 말이다. 반면에 철학은 여러 과학의 기초를 비판한다. 모든 과학은 그 과학에서는 자명한 것으로 되어 있는 일정한 전제 위에 서 있는데 철학은 이런 자명한 전제들을 비판하고 음미한다. 그리고 그 결과 한편으로는 과학의 기초를 흔들기도 하지만 다른 한편으로는 그 기초를 더욱 공고히 해준다. 그런 점에서 철학과 과학은 매우 밀접하게 연결되어 있다.

2. 철학과 예술

무엇보다 철학과 예술은 그 활동의 수단이 서로 다르다. 철학은 합리적 이성을 수단으로 하지만 예술은 충동적이고 열정적인 감성을 수단으로 한다. 한 마디로 철학은 이성, 곧 로고스의 세계라면 예술은 감성, 곧 파토스의 세계이다.

나아가 철학은 인간과 세계에 대한 참된 이해와 체계화를 추구하지만, 예술은 느낌과 이해와 해석의 내면의 정서를 외적 형식으로 형상화하여 표현한다. 그런 점에서 철학과 예술은 다같이 세계를 대상화한다는 공통점을 가지고 있다. 그러나 철학은 세계를 사유한다면 예술은 세계를 관조하고 표현한다. 그리고 철학의 사고는 이성에 근거하며 예술적인 관조와 체험의 내용은 정서에 호소한다. 따라서 철학적 사유는 합리성을 추구하지만 예술적 관조는 비합리성이라고 할 수 있다. 철학의 표현 양식은 잡다(雜多)를 이성적 추상에 의해 일정한 개념 형식으로 체계화하지만, 예술은 구체적 잡다를 정적 감성적인 직관을 통해 상징적 형식으로 구상화한다는 말이다. 달리 말하면 철학은 세계와 인간을 규정하지만 예술은 이들을 표현한다. 똑같은 대상에 대해 철학은 논리적인 추상을 하지만 예술은 감성을 통해 시, 음악, 춤 등을 매개로 하여 함축적으로 표현된다. 예술은 지적 감성의 산물이지 오성적 사고의 결과가 아니다. 철학은 로고스(*logos*)에 호소하는 진리 인식의 에토스적 학인 반면에 예술은 정적인 파토스(*pathos*)요 인간 정서의 극대화를 통한 일종의 미적 감성의 카타르시스(*katharsis*)라 할 수 있다.

3. 철학과 종교

1) 신과 절대자

종교에서 초월적 존재로서 신앙하는 신을 철학에서는 절대자라는 개념으로 부른다. 절대자란 무한자인 종교적 신의 형이상학적 표현이다. 그런데 일반적으로 절대자를 찾아가는 길은 두 가지가 있다고 한다. 하나는 종교를 통한 길이고 다른 하나는 철학에 의한 길이다. 최종 목표나 기본 개념에 있어서 양자는 다를 바 없어서 종교와 형이상학, 신학과 철학은 동질적으로 보이지만 거기에는 또 배타적이고 이질적 요소들이 내포되어 있음을 간과할 수 없다.

사실상 역사적으로 볼 때 철학적 논의의 주요 쟁점들은 절대자를 둘러 싼 것이었다. 그러나 그것은 절대자나 무한자의 '존재'를 문제 삼는 것이 아니었다. 저 궁극적 실재의 존재는 고대에서부터 현대에 이르기까지 이성을 존중하는 모든 철학자는 물론이고 비판적 입장을 취하는 사상가나 무신론자, 그리고 심지어 공산주의의 변증법적 유물론 철학자라 할지라도 모두 승인하는 바이다. 철학사에 있어서 흔히 신 존재의 증명이 논란을 일으켜 왔으나 결국 문제는 신의 존재 여부가 아니라 "신을 어떻게 사고해야 하는가"라는 우리의 입장의 문제이다. 그러므로 철학과 종교는 절대적인 신 존재의 설정이란 공통성을 가지는 동시에 양자 특유의 입장에 따라 대립성을 보여주고 있다.

종교는 유한한 우리 인간이 자신의 무지와 무력, 그리고 죄악을 통감하여 절대성과 초월성을 가진 실존하는 신을 절대적으로 신뢰하고 신앙하며 그에게 헌신하는 것이다. 그런데 신에 대한 절대적 신앙은 종교에 있어서 무상명령이다. "나는 불합리하기 때문에 믿는다"는 터툴리안의 말처럼 상대적이고 유한한 인간이 절대적이고 무한한 신을 안다는 것은 불합리하다. 신앙이 지식을 배격하는 것은 아니지만 모든 것이 합리화될 수 있다면 신앙은 불필요하게 될 것이다. 그러나 불행히도 유한한 우리 인간은 절대자를 인정하지 않을 수 없고 "알기 위해 나는 믿는다"

는 말처럼 그 절대자를 알기 위해서는 위대한 신앙이 아니고는 도저히 불가능할 것이다.

2) 차이점과 공통점

그렇다면 철학과 종교는 어떤 관계에 있는가? 철학과 종교의 차이점과 공통점은 바로 ·양자 사이의 관계를 통해 더 구체적으로 밝혀진다.

첫째로, 양자가 지향하는 절대자와 신의 개념적 구조가 서로 다르다. 이것은 이성적 추리를 통해 도달할 수 있는 철학의 보편 개념인 절대자와 존경과 희망의 대상이요 사랑의 원리로서의 종교적 신의 내용은 그 구조가 다르다는 말이다. 구원의 상징인 종교적 신은 세계의 논리적 설명 근거로서의 형이상학의 절대자 개념과는 엄연히 구별되어야 한다. 예컨대 기독교의 신 하나님은 구원의 능력을 가진 전자·전능·전선·전성한 인격적 실존이다. 실존하는 그 존재는 우리의 의식에 또는 기독자의 신앙과 체험에 직접적으로 주어지며 계시된다. 이것은 철학적 개념의 추상이나 계층적 사유 구조가 아니다. 그러나 형이상학의 신은 종교적 신의 구원의 능력이나 품성, 그리고 인격적 내용을 문제 삼지 않는 하나의 형식적이고 논리적인 근거일 뿐이다. 그것은 다만 세계와 궁극적 실재를 해석하는 형이상학의 기본 개념일 따름이다. 종교적 신앙 내용과 철학적 사고의 체계는 이처럼 판이하다.

둘째로, 종교나 철학 모두가 절대자를 파악하여 절대의 진리에 도달하려는 점에서 동일한 대상과 동일한 목적을 가지지만 그 방법은 다르다. 사실 철학과 종교의 가장 큰 차이점은 종교가 합리성을 초월한 절대적 신앙에 기초한 전인격적 태도라면 철학은 합리적 이성에 근거한 이지적 태도를 취한다는 점이다. 즉 철학이 사유의 합리성에 기인한다면 종교는 신앙에 바탕을 두는 초자연적 비합리성이다. 그리하여 철학의 절대자는 모든 상대적 개체를 자신의 한 필연적 계기로 내포하여 구성적 원리를 형성한다. 그러나 무한자인 신은 세계와 피조물 일반에 대하여 창조적 권능을 소유하는 바 종교는 창조의 원리에서 출발한다. 이렇듯 종교가 절대자를 정의(情意)로써 파악하려는 데에 반해 철학은 이지(理智)로써 파악하려 한다. 그리고 종교는 사회적이고 권위적인 데 반해 철학은 개인적이고 비권위적이며 비판적이고 반성적이다. 철학자의 이성은 전통적으로 개별과학이 설정하는 모든 한계를 초월하여 우주와 세계 내 존재의 총체적 해명에 몰두해 왔다. 현대 자연과학의 첨예화에 따라 여러 가지로 제약을 받은 것이 사실이나 그 때문에 철학적 사유와 종교적 신앙이 무용지물이 되는 것은 아니며 오히려 더욱 생동적으로 새로운 국면에 들어서게 된다.

셋째로, 철학은 절대자를 '인식'하고자 하지만 종교는 신을 '신앙'한다. 그래서 종교는 유한한 존재인 인간이 무한한 존재인 절대자와 합일하려는 것이지만 철학은 그것을 자각하려는 것이다. 즉 종교는 믿음으로 받아들인 신을 체험하며 그 속에서 살려는 데에 중점을 두나 철학은 개념적으로 절대자를 밝혀내는 데에 중점을 둔다. 그러므로 철학은 비판과 반성이 토대이지만 종교는 계시의 수용과 직접적인 체험을 토대로 한다. 철학이 다양한 존재의 세계에 대해서 언급하지만 신에 관한 철학은 종교를 앞지르지 못한다. 종교의 대상은 신에 관한 것에 집중되므로 신에 관한 한 철학 이상으로 언급하는 것은 당연하다. 그렇다고 해서 철학의 신론이 어느 면에서든 종교적 신앙에 상치된다거나 저급하다는 말은 결코 아니다. 신에 관한 철학적 규정들은 역시 종교인에 의해 승인될 뿐 아니라 실제적으로 많은 종교적 교리나 체계가 철학적 규정을 그 근거로 하고 있기 때문이다. 단지 종교의 신 인식이 형이상학에서 보다 더욱 풍요한 것일 수 있다는 뜻이다. 양자의 대립 현상은 그 대상에 있는 것이 아니라 오직 인간의 태도와 관점에 달려 있다고 볼 수 있다. 철학자는 절대 신을 탐색하는 가운데 세계의 이성적 해명이라는 그의 고유한 임무를 수행하게 된다. 신은 그에게 있어 필수적이지만 기도의 대상으로서가 아니라 다만 자신의 이론 체계의 구성을 위해서이다. 즉 철학자에 있어서 단 한 가지 전제가 있다면 그것은 모든 존재자의 규명을 위한 이성에의 신봉이다. 성령 충만한 신의 인격적 사랑 등은 여기서 물론 배제된다.

넷째, 종교와 철학은 서로 상보적(相補的)이어야 한다. 종교와 신앙의 이론 체계 수립은 특히 종교철학의 임무에 속한다. 반면에 우리는 철학의 진리 인식에 있어서 종교의 기여를 결코 경시할 수가 없다. 즉 철학이 종교이론에 명쾌한 규정을 가할 수 있듯이 종교는 철학적 세계관의 가능 근거를 제공한다. 철학의 본성이 끊임없는 문제제기이며 철학의 많은 문젯거리들을 포기하거나 부인하지 않는 한, 이성 인식의 한계는 오로지 신 신앙이란 근원적인 힘에 의해 극복, 보완되어야 한다.

주지하는 바와 같이 중세의 문화란 실로 철학적 종교와 종교적 철학의 공동 업적
이었다. 그렇다면 종교적 신앙은 철학적 인식의 완성이라 해도 좋을 것이다. 그러
나 역사적으로 볼 때 위대한 종교는 위대한 반성을 가졌고 위대한 철학은 종교적
내용을 가졌음을 상기해 볼 때 종교와 철학은 상보적이어야 한다. 결국 철학이 없
는 종교는 맹목적이고 미신적이며 우상적이고, 종교가 없는 철학은 불완전하고 미
완성적이다.

　그런데 철학과 종교의 관계에서 우리가 한 번 생각해 보아야 할 것 중의 하나는
철학하는 이의 종교에 대한 태도와 종교적인 사람의 철학에 대한 태도이다. 일반
적으로 합리적이 아니라는 의미에서의 단순한 신앙을 가지고 있는 사람들은 철학
에 대해 별로 좋은 감정을 가지고 있지 않은 듯이 보인다. 가장 큰 이유는 신앙이
란 단순한 믿음이지 지식이 아니라는 이유이다. 옳은 이야기이다. 그러나 어떠한
믿음이든 합리적 반성에 의한 믿음이 아니라면 그것은 맹목적인 고집이요 아집이
자 편견이며 독단일 뿐이지 건전한 신앙은 아니다. 그렇다고 신앙은 반드시 합리
적이어야 한다는 것도 결코 아니다. 신앙의 세계에 들어가는 것은 결코 합리적일
수 없다. 아니 합리적이어서도 안 된다. 왜냐하면 신앙의 본질은 단순한 믿음이지
합리적 이성이 아니기 때문이다. 그러나 우리가 신앙을 한다고 했을 때 또 어떤
종교에 대한 믿음을 가지고 있다고 했을 때 그것은 단순히 믿는 행위만을 의미하
는 것이 아니라 그러한 신앙을 통한 삶까지를 포함하여 말한다. 따라서 신앙은 단
순한 믿음에서 그치는 것이 아니라 한 사람의 인생의 방향을 설정한다. 그러므로
그러한 인간의 삶으로서 신앙은 반드시 단순한 믿음의 기초 위에 건전한 이성의
합리적 태도가 가미되어야 한다. 더구나 어느 종교이든 일정한 교리가 있을진대
그 교리를 믿고 따르기 위해서는 합리적으로 설명이 안 되는 것은 몰라도 그렇지
않은 것이라면 단순한 믿음보다도 그에 대한 이해와 지적인 동의가 따라야 확신하
는 믿음을 소유할 수 있다. 따라서 신앙을 가진 종교인들은 지식을 두려워하거나
기피할 이유가 없으며 오히려 그러한 행동은 자신의 신앙을 불건전하고 미신적이
며 독단적인 바람직하지 못한 신앙으로 이끌 수 있음을 알아야 한다.

　또한 신앙이 없는 비신앙인들은 신앙인들의 여러 가지 행태(行態)에 대해 자신
들의 그것과 다르다는 이유로 비난하고 어리석다고 야유하는 것은 바람직한 행동

이 아니다. 신앙인들은 합리적으로 설명할 수 없는 신앙의 세계에 발을 디뎌 놓고 있는데 비신앙인들은 자신들의 합리적 세계의 기준과 자로 그들을 평가한다는 것은 옳지 못한 태도이다. 물론 신앙인들 역시 비신앙들에게 그러한 태도를 취한다면 그 또한 바람직하지 못한 것일 것이다. 다시 말해 서로가 자신들의 기준으로 자신들과 다른 견해를 가진 사람들을 평가한다는 것은 옳지 못한 일이다. 오히려 서로가 상대의 입장을 이해하고 그에 대해 관심을 가져주는 것이 필요하다. 즉 종교인들은 자신들이 깨달았다고 생각하는 종교적 진리들을 깨닫지 못한 비종교인들에게 조심스럽게 설명하고 권유할 필요가 있으며, 동시에 그에 대해 비판적이고 반대하는 사람들이 있다면 그들이 왜 그런 생각을 가지고 있는 지 귀담아 들어줄 아량도 필요하다. 반면에 비종교인들은 합리적으로 생각해봐도 이해가 안 되는 것을 믿으면서 종교적 삶에 충실한 사람들의 모습에서 그들은 도대체 무엇을 믿으며 왜 비합리적인 그것을 믿고 사는지에 대해 관심을 가져볼 필요가 있으며, 그들의 비합리적인 신앙적인 삶을 그 자체로 인정해 주는 도량도 필요할 것이다.

4. 철학과 신학

신이라는 말로 표현되는 '궁극적 실재'는 주로 존재론적 형이상학에서 연구된다. 물론 각 종교마다 이에 해당되는 신학이 있다. 그러나 학문 체계에서 신학은 보통 기독교의 신학을 가리킨다. 그리고 기독교 신학은 기독교의 진리를 체계적으로 진술하고 새로운 상황에서 그 진리를 거듭 재해석하는 신앙 공동체의 노력이다. 나아가 신학은 교회에 봉사하는 학문으로서 성경과 교리의 인도를 받아 기독교의 진리를 인간 상황에 선포하고 변증하는 기능을 담당한다. 따라서 신학에 있어서의 철학의 중요성을 강조하지 않을 수 없다.

우리는 앞에서 철학이란 무엇인가 이해하기 위해 어의적으로 접근할 때 모든 학문의 명칭은 그 학문의 탐구 대상을 말해 주고 있음을 보았다. 신학 역시 마찬가지이다. 즉 신학(theology)은 신(theos)에 관한 학문이다. 물론 신학의 연구 대상인 신은 이성의 영역 안에서 온전히 해명될 수 없는 궁극적이고 성스러운 실재이지만, 신학이 신에 대한 탐구라는 점에서는 하나의 학문적 연구의 성격을 띤다. 더 구체적으로 말하자면 신학(theology)은 신(theos)을 대상으로 한 합리적이고 논리적인

(*logos*) 학문이다. 바로 *theos*가 신학의 대상이라면 *logos*는 신학의 방법이다. 물론 신학에서 다루는 *theos*는 신앙으로 받아들이고 전제하는 대상이지만, *logos*는 철저하게 합리적이고 논리적이어야 한다. 그러기에 여기에 철학이 깊이 관여하게 된다. 신학은 성경을 그 내용으로 하지만, 그것이 하나의 학문이라는 점에서 방법론적으로는 철학적 방법을 사용할 수밖에 없다는 말이다.

사실 조금만 신학적 체계와 내용을 들여다보면 거기에는 성경의 진리들이 매우 합리적이고 논리적이고 정합적인 철학적 사유로 체계화되어 있음을 알 수 있다. 물론 여기에 쓰인 철학이 어떤 종류의 것이냐에 따라 신학적 색깔과 입장이 달라지는 것은 당연하다. 흔히 말하는 자유주의와 보수주의는 동일한 대상인 성경과 하나님에 접근하는 철학적 입장의 차이에 의한 것이라 할 수 있다. 자유주의는 신학을 다른 학문과 동일한 하나의 지적 체계로서 인식하고 신학적 내용을 철학의 합리적이고 이성적인 기준에 맞추어 체계화하려 한다면, 보수주의는 반대로 하나님에 대한 신앙을 전제로 하여 신적 계시로서의 성경에 대한 믿음으로의 수납(受納)을 전제하고 그것을 체계화하려 한다.

철학은 오직 인간의 합리적 이성을 수단으로 하여 인간과 세계에 대한 체계를 세우려 하기 때문에 믿음을 필요로 하지 않는다. 그러나 성경에 대한 종교적이고 신앙적인 체계를 세우려는 신학의 입장에서는 이미 주어진 성경을 그 내용으로 하지만, 그 체계화에는 반드시 이성적이고 합리적인 철학이라는 방법을 사용하지 않을 수 없다. 왜냐하면 체계화란 반드시 이성적 합리성을 요구하기 때문이다. 성경의 권위보다 이성의 합리성을 우선하는 자유주의 신학 노선에 서 있는 사람들은 인정하지 않을지 모르지만, 성경적 진리가 반드시 합리적이거나 이성적인 것만은 아니다. 적지 않은 부분들이, 아니 종교적 신앙의 매우 중요한 내용들이 합리적 이성으로는 도저히 설명이 안 되는 초이성적이고 초합리적인 성격을 띤다. 사실 신앙의 신비적 요소는 여기에서 기인된다. 그러나 만약 신앙적 진리가 인간의 지성에 의해 모두 이해되는 것이라면 그것은 더 이상 신앙의 대상이 아니라 합리적 이해의 대상이다. 그리고 그것은 더 이상 종교가 아니라 학문이라는 의미가 된다. 오히려 종교적, 신앙적 진리는 이성을 초월한다. 또 그래야 학문이 아닌 신앙의 세계가 열리게 된다. 여기에 신학적 체계의 합리성과 초합리성이 교차한다. 쉽게 말하면 신학적 체계 내에는 이성의 합리적이고 논리적인 내용뿐 아니라 초이성적인 진리가 포함되어 있으며, 그것들이 종교적 신앙의 진리를 구성한다는 말이다. 바로 여기에서 신학에서의 철학의 역할과 기능이 드러난다. 즉 신학의 방법적 도구로서의 철학은 신학적 진리의 합리성을 드러내야 할 뿐 아니라 초이성적 진리에 대해서는 그것이 왜 이성을 초월하는 진리인지에 대한 이유도 설명해 주어야 한다. 그런 점에서 신학에서의 철학의 역할은 역설적으로 더욱 강화된다.

다른 한편으로는 신학이 철학적인 의미에서의 존재론, 가치론, 인식론 등 모든 철학적 주제들과 영역들을 함축하고 있다는 점에서 신학에서의 철학의 중요성은 더 증진된다. 신학적 체계 안에 있는 철학적 내용과 관련된 내용들은 그에 대한 철학적 이해가 깊을수록 더 선명하고 분명하게 드러나게 되기 때문이다. 바꿔 말하면 신학에 사용된 철학적 내용에 대한 이해의 정도는 그것을 토대로 다루어진 신학적 내용의 이해의 정도를 좌우한다는 말이다. 실제로 신학을 위해서는 플라톤과 아리스토텔레스, 아우구스티누스와 아퀴나스, 데카르트와 칸트, 그리고 헤겔과 비트겐슈타인과 같은 인물들은 매우 깊은 이해가 필요하다. 기독교적 세계관과 철학, 사상에 매우 관계가 깊기 때문이다.

신앙은 반지성적인 세계가 아니다. 만약 그러하다면 신학은 반신앙적인 것이 된다. 오히려 신앙은 할 수만 있다면 합리적 이성에 의해 설명될 수 있어야 한다. 따라서 "철학은 순수한 신앙을 하는 데에 방해가 된다," "철학은 자유주의 신학의 도구이다," "철학은 사단의 학문이다," "복음은 덮어놓고 믿는 것이다," "신앙은 결코 이성의 문제가 아니다"는 식의 사고는 신학을 하는 데에 도움이 되지 않을 뿐 아니라 참된 신학적 태도도 아니다. 오히려 우리에게 주어진 모든 것은 신학적 사유 활동에 긍정적으로 역할을 할 수 있어야 할 뿐 아니라 또 실제로 그러하다.

"강도의 손에 쥐어진 칼은 살인의 도구이지만, 주부의 손에 쥐어진 칼은 맛있는 요리를 만드는 도구이다."

신학의 도구로서의 철학도 사용하는 사람에 따라 그 가치가 달라지는 것이지 철학 자체에 그 가치가 있는 것은 아니다.

제1부
고대철학

제1장
철학 이전의 사유방식

1. 신화적 사고의 특징과 가치

　예나 지금이나 인간을 둘러싼 자연 세계는 인간 자신의 생활 무대이다. 그럼에
도 불구하고 우리는 그것에 대해 아무 것도 알지 못하던 시대를 생각해 볼 수 있다.
어김없이 순환하는 사계절, 날마다 동쪽에서 떠오르는 새빨간 불덩어리, 봄이 되면
파릇파릇 돋아나는 새싹들, 갑작스런 우뢰, 천둥, 번개, 그리고 휘몰아치는 폭풍과
비바람, 차고 기우는 밤하늘의 달, 땅의 흔들림과 갈라짐, 가끔씩 산에서 치솟는
커다란 불기둥 등등. 이러한 자연현상은 문명이 발달하지 못한 인간에게는 순응해
야 할 대상이었다. 그러나 생명에 위협을 주는 자연의 위대한 힘 앞에서는 무력할
수밖에 없었다. 자연은 무지한 인간 앞에서 참으로 놀랍고 위대했다. 따라서 그러
한 자연의 신비함과 경이로움은 인간에게는 두려움의 대상이자 호기심의 대상이
었으며 경배는 물론 신앙의 대상이 되기까지 했다. 동시에 자연에서 나타나는 여
러 현상들의 위력과 그로 인한 공포에서 벗어나 심리적 안정을 얻고자 했다. 그래
서 신비한 자연현상을 설명해 줄 수 있는 무엇인가를 요구했다. 그러나 그에 대한
지식이 부족하여 자연현상을 설명할 수 없었던 인간으로서는 경험된 사실을 현상
그대로 받아들일 수밖에 없었다. 논리적이고 합리적인 분석보다는 체험된 것으로
서 자연을 이해했기 때문에 학문적인 체계적 지식의 정립은 불가능했다. 단지 경

험된 현상들을 그대로 인간의 삶에 기초하여 설명하는 방식을 취했다. 그러므로 지식과 학문 이전의 시기에 인간이 자연을 바라보는 시각이나 관점은 신화적이고 종교적일 수밖에 없었다.

모든 인류 문명은 인간의 끊임없는 창조적 정신 활동의 계승과 발전의 소산이다. 철학 또한 예외가 아니다. 철학적 사유도 그 전 단계인 신화적 사유를 계승하고 발전시킨 결과라는 말이다. 신화적 사유는 논리적 또는 반성적인 사실적 경험에 바탕을 두지 아니하고 비논리적인 직접적 직관에 의한 경험에 근거한다. 다시 말해 신화적 사유는 감성적인 사고와 인간의 감각을 통해 직관되어 나타나는 그 자체를 액면 그대로 받아들인다. 그래서 초자연적인 일들이 매우 사실적으로 묘사되어 있다. 반면에 신화는 경험적 사실을 논리적으로 밝히는 일에는 지극히 무력하다. 그렇지만 신화가 이성적이지 못하다는 의미에서 그 묘사가 다분히 극적이고 환상적이며 허구적이고 신비적인 비합리적 사고일지라도 그 표현 내용은 사실처럼 구체적이다. 그리고 그 안에는 철학적인 요소들이 내포되어 공존하고 있다. 다시 말해 어떤 신화들이든지 그 속에는 그 시대의 사람들에 의해서 제기된 문제들에 대한 대답이 스며들어 있다. 따라서 첨단 과학문명 속에 사는 현대인들은 신화라고 하면 매우 비과학적이고 말도 안 되는 그저 꾸며낸 허황한 옛날이야기 정도로 치부해 버리는 경향이 있지만 신화는 그렇게 무시만 할 것이 아니다. 신화 속에는 인간의 삶에 있어서 커다란 사건들이라고 볼 수 있는 생로병사나 희로애락의 문제들과 인간을 둘러싸고 있는 자연현상들의 신비한 경험에 대한 강렬한 자극과 의문이 들어 있다. 그러한 물음들은 그들을 경이감과 지적인 난관에 부딪히게 했다. 삶이란 무엇이고 죽음이란 무엇인가, 자연이란 무엇인가, 인간은 어떻게 살아야 하는 것인가, 무엇이 가장 근원적인 것인가, 이런 여러 가지 의문들이 자연스럽게 나오게 되었다. 결코 쉽게 답변될 수 없는, 인간을 당혹케 하는 이와 같은 의문들 속에는 분명히 철학적 특성이 들어 있었다.

그러나 이러한 물음들에 대해 그들은 합리적이고 철학적인 해명을 하려고 하지 않고 신화적으로 설명하여 자신들을 억누르고 있는 정신적 의문들로부터 벗어나고자 했다. 물론 신화가 이성적이고 과학적인 근거가 없는 이야기이기는 하지만 그것은 분명히 인간적 삶에 기초한 이야기들이고 따라서 신화를 통해 그들의 사고를 읽을 수 있다. 신화의 내용에는 인간의 문제들과 그 고민과 해결 수단이 투영되어 있기 때문이다. 나아가 신화는 인간의 언어로 쉽게 표현할 수 없는 종교적이고 형이상학적인 진리를 시적인 표현 수단을 통해 비유적이고 상징적으로 묘사하고 있다는 점에서 가치를 지닌다.

그런 이유로 인류의 문명이 있었던 곳에는 예외 없이 신화가 있다. 헤아릴 수 없이 많은 신화들로 유명한 그리스와 로마는 물론이고 바빌로니아, 이집트, 인도에도 창조 신화를 비롯해서 여러 가지의 신화들이 존재한다. 특히 철학이 시작된 고대 그리스의 신화는 다른 신화에 비해 아름답게 다듬어져 있는데, 다른 신화들과 마찬가지로 그들은 신화를 통해 인간의 삶을 거기에 투영해 놓았다. 그리스 신화를 보면 신이 인간과 흡사한 모습으로 나타난다. 신과 인간은 외형이나 속성상으로는 차이가 전혀 없고 다만 신은 인간의 이상형으로서 죽지 않는다는 점에서만 인간과 다르다는 점에서 그들의 신관은 신인동형동성설(anthropomorphism)적이었다. 그렇기 때문에 그리스인이 묘사한 신의 윤리가 난폭, 잔인, 교활, 방탕한 것은 매우 자연스러운 일이다. 신화에 나타난 신들을 보면 사람처럼 시기와 질투도 하고 도둑질, 사기, 간음, 강간, 근친상간까지 일삼기도 한다.

그러나 그리스인들은 이러한 신화적 사고에만 머물지 않고 그것을 발판으로 해서 철학적 사고로 전환했다. 그런 점에서 철학적 사유는 신화적 사유로부터의 계승과 발전이었다. 철학은 신화로부터의 이행이라는 말이다. 다시 말해서 철학적 사고란 신화 속에 공존했던 원시적 사고 유형, 즉 비합리적인 신화적 사고방식으로부터의 탈피를 의미한다. 그래서 엄밀한 학(science)으로서의 합리적 철학은 모든 비합리적 신화적 사고방식을 배격하지만 포괄적 의미에서의 철학은 신화의 기능적 의미를 부정하지는 않는다. 그것은 위대한 철학자들의 형이상학적 철학 체계와 그 표현 방식 속에는 대부분 신화적 기능이 발현되고 있다는 사실을 통해서도 알 수 있다.

2. 철학의 발상지로서의 그리스

철학적 사유의 출발은 광활한 우주 속에서 신비스럽게 존재하고 있는 인간 자신과 그를 둘러싸고 있는 대상 세계에 대한 인과적 원인을 그 시원으로부터 문제 삼음으로써 시작되었다. 처음에는 비합리적인 신화적 사유로 시작했다. 철학적인 사유가 발생하기 이전의 그리스인들의 의식을 지배하고 있었던 것은 신화였다. 그들은 그것에 의하여 모든 것을 해석했으므로 그들 개인의 독자적인 사유는 허용되지 않았다. 그러다가 인지가 발달함에 따라 전통적 신화와 그 세계관에 의문을 제기하면서 비로소 철학적 사유방식이 등장했다. 소위 뮈토스(神話, *mythos*)에서 로고스(理性, *logos*)로의 발전을 본 것이다.

고대의 최초의 철학자들은 우주의 본성이나 인간 경험의 의미에 관한 물음을 던지기 시작했다. 세계는 무엇으로 이루어져 있는가, 세계는 하나의 실체인가 다수의 실체인가, 물질과 유기체 사이의 차이는 있는가, 있다면 무엇인가, 영혼이나 신과 같은 것이 과연 존재하는가, 어떻게 사물들이 변화하면서도 동일한 것으로 남아 있는가, 인간이 좇아야 하는 최고선은 무엇인가 등등. 이러한 질문들은 "철학이 탐구하는 고유한 대상은 무엇인가?"라는 근본적인 문제들인데, 그것은 "철학적 탐구의 방법론은 무엇인가?"라는 물음과 함께 철학을 처음 시작하는 이들이 묻게 되는 "철학이란 무엇인가?"라는 질문을 던지게 될 때 나오는 문제들일 뿐만 아니라 철학을 전공하는 전문인들이 묻게 되는 마지막 문제이기도 하다.

철학의 시작을 다른 곳이 아닌 그리스에서 찾는 이유가 바로 여기에 있다. 이들은 그러한 문제들에 대해 처음에는 신화 및 종교적 사고가 혼재된 다소 불분명한 형태의 우스꽝스러운 결론을 도출하기도 하였지만, 점차 신화적 사고에서 탈피하여 인간과 세계에 대한 문제를 합리적으로 규명하고자 했다. 그렇지만 철학이 그리스에서 최초로 시작되었다고 해도 그리스 문화는 그리스보다 더 먼저 문명이 발달했던 이집트와 바빌로니아, 그리고 오리엔트 지방으로부터 많은 영향을 받으면서 형성된 것이 사실이다. 고대 그리스가 동방의 나라들로부터 산술과 건축술, 점성술, 조각술, 종교적 사고의 영향을 받았다는 사실은 역사적 문헌과 남아 있는 유물과 유적들이 뒷받침해 주고 있다. 그리고 실제로 이집트나 바빌로니아, 페니키아, 인도, 중국과 같은 나라가 그리스보다 문명이 먼저 발달해 있었다. 그럼에도 불구하고 철학이 그리스보다 먼저 문명이 발생한 지역이 아니라 오히려 그들에게서 문명의 영향을 받은 그리스에서 시작된 이유는 무엇 때문일까?

첫째, 그리스의 경제적인 풍요와 그로 인한 지적인 한가함(*schole*)이다. 그리스는 동서 문화와 경제의 교류 지점인 지중해 지역의 해상권을 통해 국가 간의 교역을 통한 중계 무역으로 상당한 부를 누릴 수 있었다. 그리고 경제적인 풍요로움은 그들에게 정신적인 여유를 가져다주었고, 그로 인해 자연과 세계에 대한 물음을 던질 수 있었다. 왜냐하면 그러한 물음들이 설사 경제적으로 직접적인 이익을 가져다주지 않더라도 경제적인 문제는 걱정하지 않아도 되었기 때문이다. 특히 자연적인 기후의 혜택은 정신적인 자유를 누릴 수 있는 여유를 제공해 주었다.

둘째, 그리스의 정치적 안정과 자유로운 사회 분위기이다. 그리스의 지리적 환경과 기후 조건은 철학의 전제가 되는 자유로운 사고와 탐구 정신의 기틀이 되었다. 그리스는 우리나라와 같이 삼면이 바다로 둘러싸인 반도 국가로서 남쪽으로는 이집트와, 동쪽으로는 바빌로니아, 페니키아, 히타이트 등의 오리엔트와 인접해 있어서 그들과 교류하는 것이 용이했다. 그 이유는 해안선을 따라 두려움이 없이 자유롭게 항해를 할 수 있었기 때문이다. 그리고 도시국가(polis)들 사이에는 산악이 가로막고 있어서 서로의 빈번한 왕래가 쉽지 않았으므로 자연히 정치 경제적으로 독립된 도시국가가 출현하게 되었고 중앙집권적 정치를 행할 수 있는 지리적인 여건이 되지 못했으므로 로마와 같은 막강한 힘을 행사하는 전제 정권이 출현하기는 더더욱 어려웠다. 따라서 그들의 사고는 자유로웠다. 특히 그리스는 척박한 돌산으로 둘러싸여 있어서 그것을 극복해야 할 적극적이며 밝고 진취적인 성격을 가질 수밖에 없었다.

셋째, 외래문화와의 접촉이다. 지중해에 1,400여 개의 수많은 크고 작은 아름다운 섬들을 가지고 있었던 그리스인들은 일찍부터 바다 생활에 익숙해 있었다. 탐험심과 호기심이 뛰어나 해안선을 따라 항해하기 시작했던 그리스인들은 교역의 필요성에 의해 차츰 먼 거리까지 여행을 하게 되었다. 이러한 개개인들의 자유로운 여행을 통해 그리스인들은 이집트와 오리엔트로부터 많은 새로운 문화적 영향을 받게 되었고 이러한 문화적 자극은 이들에게 신선함과 충격을 불러일으키기에 충분했다. 외래문화와의 접촉은 어떠한 절대적 군주나 권위에 의한 통치자의 횡포도 받아들이지 않고 자유 시민으로서 인간 개인의 권리를 중시하는 정신적 풍토 조성에 중요한 기틀을 제공하여 그리스의 도시국가들이 일찍부터 개방 사회로 발돋움할 수 있는 획기적인 계기를 마련해 주었다. 자유로운 여행을 통한 문화적 자극은 진취적인 성향의 그리스인들을 더욱더 적극적이고 활동적으로 만들었고 이로 인해 자유롭게 생각하고 말할 수 있는 민주주의적 기틀을 마련하게 되었다.

넷째, 그리스인들의 강력한 지식욕과 합리적인 정신이다. 고대의 이집트와 바빌로니아, 페니키아와 같은 나라에서는 오래 전부터 산술, 점성술, 조각술이 발달했었다. 그들은 이러한 기술을 가지고 대부분 그들의 종교적 신념에 따른 실제적인 필요에 의하여 많은 시행착오를 거치면서 다채로운 조각과 건축물, 그리고 고도의 기술을 요하는 피라미드 등의 문화적 소산을 이룩했다. 그러나 그리스인들은 이러한 기술들을 단지 터득하는 데에만 그치지 않고 그 기술들의 성립 가능성을 문제 삼음으로써 이를 이론적으로 체계화시키고자 하였다. 그 결과 실생활에로의 응용에 앞서서 실용적 기술을 기술로서 가능하게 하는 이론적 근거를 찾는 합리적 정신에서부터 기하학과 수학, 천문학, 자연학들로 불릴 수 있는 초기 단계의 학문이 싹트게 되었다.

결국 그리스가 철학의 발상지가 된 것은 그리스가 한가로운 삶을 누릴 수 있는 자연의 혜택은 물론이고 주변 국가들로부터의 다양한 문화적 영향을 받을 수 있었으며 무역과 여행을 통한 문화적 접촉으로 인하여 도시국가들이 개방사회가 되어 갔을 뿐 아니라 그러한 환경을 통해 자유롭게 비판하고 비판받는 분위기가 성숙되었기 때문이다.

그러나 가장 중요한 사실은 고대 그리스에서는 노예를 제외한 모든 자유인은 자기의 능력에 따라 개인적인 삶이나 사회적 위치를 얻을 수 있는 풍토가 일찍부터 조성되어 있었다는 점이다. 즉 그리스에서 철학이 시작된 가장 중요한 이유는 권위에 의한 특권을 인정치 않는 이들의 사고방식에서 찾을 수 있다는 말이다. 이러한 진취적 생활양식은 가부장적 세계관과 권위주의에 입각한 신화적 사고방식으로부터 벗어나는 중요한 계기가 되었다. 인도의 경우도 마찬가지이지만 고대 중국에서 오랫동안 종교적인 사고가 철학적 사고와 미분된 상태로 지속되어 온 이유도 유교적인 가부장적 제도에서 그 큰 원인을 찾을 수 있다. 반면에 고대 그리스는 비록 완전한 모습은 아니더라도 비교적 일찍 철학과 종교적 사유가 분리되었고 이러한 철학적 사고의 활동이 본격적으로 시작되기에 앞서서 신화적이며 종교적인 사유가 진행되면서 철학적 진화로의 씨를 지니고 있었던 것이다.

제2장
이오니아학파

일반적으로 서양철학의 발상지를 그리스라고 말하지만, 최초의 철학은 그리스 본토의 아테네를 중심으로 시작된 것이 아니다. 오히려 시칠리아, 이탈리아 남부의 크로톤, 엘레아, 소아시아의 에페소스, 밀레토스, 클라조메나 등과 같은 본토 주변의 식민 도시들을 중심으로 시작되었다. 특히 B.C. 7세기와 6세기경의 밀레토스는 철학의 선구자요 최초의 철학자들이라고 불리는 탈레스(Thales)와 아낙시만드로스(Anaximandros), 그리고 아낙시메네스(Anaximenes)의 주요 활동무대였다. 그래서 이들의 철학을 그들이 활동했던 지역의 이름을 따서 밀레토스 학파라고 하는데, 이들 모두가 이오니아인이어서 보통 이오니아학파라고도 부른다.

이들은 모두 이전의 신화적인 탐구 방식이나 설명 방식에서 탈피하여 보다 합리적인 방식으로 탐구하고자 했다. 그들은 특히 인간의 삶의 터전이자 인간에게 직접적인 영향을 주는 자연(φύσις, *physis*)에 대해 깊은 관심을 가지고 인간을 둘러싼 우주 만물을 기초 지우는 단일한 근본 실체로서의 만물의 원질(原質)인 아르케(ἀρχή, *arche*)가 무엇인지를 추적하였다. 그리고 그것을 통해 자연과 우주의 변화, 존재와 비존재, 생성과 소멸, 정지와 운동 등의 문제를 설명하려 했다. 그들의 철학을 자연철학이라고 하는 이유가 바로 여기에 있다.

자연철학은 아르케를 수적으로 하나로 보느냐 다수로 보느냐에 따라 전기의 단원론, 후기의 다원론으로 구분하기도 한다. 그러나 그들 모두는 자연을 살아 있는 것으로 여기는 물활론(物活論, hylozoism)적인 사고와, 나아가 모든 물질에는 혼이 있다는 범심론(汎心論, panpsychism)적인 사고를 가지고 있었다. 자연철학자들의 자연에 관한 관심은 그 자체가 목적이 아니었다. 오히려 그들은 인간을 자연의 일부라고 여기고, 인간을 포함한 총체적인 의미로서의 자연을 전체적으로 고찰하고 자연의 법칙성을 합리적으로 인식하고자 했다. 그들의 최대 관심사는 자연을 이루는 궁극적 물질인 아르케를 탐구하여 그것으로 우주를 설명하는 것이었지만, 그것은 언제나 인간의 삶과 연관된 것이었다는 말이다.

이들 초기의 그리스 철학의 뚜렷한 특징은 철학과 과학의 완전한 혼합이다. 이들에게는 모든 분야의 자연 탐구와 마찬가지로 수학과 천문학, 그리고 의학까지도 철학의 영역에 포함되어 있었다. 또한 아낙사고라스나 피타고라스는 예외이긴 하지만, 대부분의 자연철학자들은 만물의 근원인 아르케를 물질적인 것으로 보았다는 측면에서 유물론적인 성격을 띠고 있었다고 말할 수 있다.

1. 탈레스

아리스토텔레스에 의하면 탈레스(Thales, B.C. 624?~546?)는 "생성 변화하는 현상의 배후에 항상 존재하고 있는 하나의 실체는 무엇인가?"라는 물음을 제기했던 최초의 철학자였다. 그래서 탈레스는 철학의 아버지라 불리는데 그는 그 원질을 물이라고 생각했다. 아리스토텔레스의 해석에 따르면 탈레스는 이 세계가 물에서 비롯되었으며 물에 의해 유지되고 있다고 생각했는데, 그것은 만물의 자양분이 액체로 되어 있고 따뜻함이 습기에 기인하며 육지가 물 위에 떠 있다는 사실 등으로부터 물을 근원적인 물질로 결론 내렸다고 한다.

탈레스는 '물의 신'이 아니라 일상생활에서 경험되는 실제적인 물을 통해 세계의 모든 현상을 통일적으로 설명하려고 했다. 그래서 탈레스는 모든 신화를 배격하고 만물을 구성하는 근원, 즉 아르케가 실제하는 물이라고 역설함으로써 만물의 생성 과정의 근원을 탐구한 최초의 인물로 평가된다. 탈레스가 물로써 세계를 완전히 파악할 수 있다고 생각한 것은, 물은 모든 사물들이 움직이고 살아가기 위한 필수적 요소이며 다양한 형태로 변화하지만 공통의 것이어서 자연현상을 설명하는 데에 아주 적절한 것으로 보였기 때문이다.

탈레스의 철학은 만물이 물에서 비롯된다는 주장만이 아니라 이 세계를 설명하기 이해하기 위하여 사물들의 생성소멸 과정을 보다 합리적으로 설명하고자 했다는 데에 큰 의의가 있다. 즉 탈레스는 '이 세계가 무엇으로 구성되어 있는가?'를 물었을 뿐만 아니라 '어떻게 이 세계와 그 안에 있는 사물들이 생겨나게 되었는가?'를 물었다는 말이다. 비록 탈레스의 우주론이 조야한 수준이지만 그의 사고가 신화적인 사고방식과는 분명히 구별된다는 점에서 그를 '최초의 철학자,' '철학의 아버지'라 할 수 있다.

2. 아낙시만드로스

아낙시만드로스(Anaximandros, B.C. 610~547)는 탈레스의 제자로서 처음으로 아르케(ἀρχή, *arche*)란 개념을 사용한 사람으로도 알려져 있다. 그러나 그는 만물의 원질인 아르케는 탈레스가 말한 물과 같이 한정적인 물질이어서는 안 된다고 보았다. 왜냐하면 한정적인 물질로는 삼라만상의 생성 변화를 설명할 수 없다고 생각했기 때문이다. 그래서 그는 아르케는 규정할 수 없는 무한정자, 즉 아페이론(*apeiron*, 무한자, 무한정자, 무규정자)이라고 하고 이 아페이론을 통해 세계가 펼쳐지게 된 과정을 설명하려고 했다.

아낙시만드로스가 말한 아페이론은 '영원하고 불멸하는 것'으로 운동 능력을 지니고 있는 신적인 것으로서 이 운동 결과 열기와 냉기, 건기와 습기와 같은 대립자들이 분리되고 이들 두 쌍의 대립자들로부터 만물이 생성되었다고 했다. 나아가 그는 만물은 그것이 저지른 불의(不義)로 말미암아 서로 심판되고 처벌받는다고 생각했다. 그래서 그는 정의란 '우주를 구성하는 요소들의 서로 침해하지 않는 일'이라고 하고, 이러한 요소들의 평등성이 우주를 정의롭게 하는 원리라고 생각하였다. 그러므로 이 우주는 우주를 구성하고 있는 요소들 가운데 어느 것도 혼자 독점적인 지배를 할 수가 없어서 항상 자기동일성을 유지하면서 영구히 존속한다고 했다. 이러한 자연에서 작용되고 있는 힘들 사이의 관계는 인간의 삶, 곧 도시국가 내에서도 동일하게 일어날 수 있다는 가능성을 말해 주고 있다.

3. 아낙시메네스

기상학의 시조로 불리는 아낙시메네스(Anaximenes, B.C. 588~524)는 원초적 실체인 아르케는 아낙시만드로스가 제시한 아페이론처럼 더 이상의 정확한 규정이 없는 어떤 무한정한 것이어야 할 뿐 아니라 다른 한편으로는 탈레스가 제시한 물처럼 일정한 성질을 가지고 있어야 한다고 생각했다. 그리고 그러한 조건을 충족시키는 것은 공기라고 하여 공기를 만물의 아르케라고 하면서 공기를 운동과 모든 생명의 근원이 되는 신성한 것이라고 생각했다. 왜냐하면 공기는 무한정하게 확산될 수 있고 끊임없는 운동과 변화의 상태에 있으며 인간과 동물이 공기 없이는 살 수 없고 생명이 끊어질 때 나가는 것이 바로 공기요 숨이었기 때문이다.

그리고 그는 세계의 변화와 운동을 공기의 응축과 희박이라는 운동으로 설명했다. 공기는 희박해지고 농축되는 상반된 운동을 하는데, 전자의 운동으로 불이 생기고, 후자의 운동에 의해 바람, 구름, 물, 흙, 돌이 생긴다는 것이다. 그의 이러한 이론은 대기의 순환 과정과 강우 현상에 대한 관찰을 토대로 한 것이다. 이렇게 희박을 열기와, 응축을 냉기와 결부시켜서 공기를 물과 흙으로 응집시키는 운동과 그것을 불로 산화시키는 운동을 설정했다.

그에 따르면 습기와 냉기는 중심을 향해 모여들고 건기와 열기는 가장자리로 상승하지만 그 결과는 질적인 변화이다. 습기와 냉기는 물과 흙이 되고 건기와 열기는 공기와 불이 되는데 양적인 변화는 곧 질적인 변화로 귀결되었다. 이렇게 아낙시메네스는 다양한 사물들의 질적인 다양성을 양적인 용어로 환원시켰다. 우주의 다양한 부분들은 서로 다른 사물들로 이루어진 것이 아니라 오로지 동일한 것의 포함 정도에 따라서 구별된다는 말이다. 그의 철학적인 업적이 있다면 바로 이처럼 공기의 양적인 변화가 질적인 다양성을 만들어낸다고 주장하였다는 데에 있다.

제3장
피타고라스학파

1. 피타고라스와 그의 공동체

사모스 섬 출신의 피타고라스(Pythagoras, B.C. 582경~497경)는 철학을 이오니아학파처럼 자연의 합리적 탐구에만 그치는 것으로 생각하지 않았다. 그에게의 철학이란 영혼 구제라는 삶의 궁극적인 목적을 달성할 수 있게 하는 생활방식의 기반을 의미했다. 그래서 피타고라스는 영혼의 정화와 구제라는 최상의 목적을 달성하기 위해 그리스의 크리톤에 정착하여 남녀 그리스인들로 구성된 종교적이고 윤리적인 공동체를 조직했는데 600명 이상의 추종자를 거느렸다. 그의 추종자들은 그의 가르침과 규례를 신과 체결한 계약을 지키는 것만큼이나 엄격히 준행하였다. 피타고라스에게는 600명의 제자들 이외에 2000명 이상의 청강생이 있었는데, 청강생이 그의 공동체로 진입하기 위해서는 5년 이상의 침묵 생활과 일정한 규칙을 준수해야만 했는데, 공동체에의 가입은 여성들에게도 개방되어 있었다.

피타고라스 공동체는 종교와 철학이라는 이질적 특성이 하나로 조화되어 있었는데, 공동체에 속한 사람들은 세속적인 습성을 탈피하여 살생을 피하고 절제되고 경건한 종교적 생활을 했다. 나아가 피타고라스가 가장 역점을 두었던 관상적인 삶, 즉 철학적인 삶을 살고자 노력했다. 따라서 이들은 정치적 조직이 아니라 금욕주의적인 색채가 강한 종교단체이자 신비적이고 철학적인 공동체라고 할 수 있다.

2. 영혼에 관한 교설

피타고라스 사상의 중심은 영혼의 정화를 통한 영생의 추구에 있었다. 즉 인간 영혼의 불멸과 그 혼의 윤회를 가르쳤다. 피타고라스는 영혼이 불멸하며 전생(轉生)한다고 믿었으며, 영혼의 전생은 인간으로만 국한된 것이 아니라 동물이나 식물의 형태로도 태어날 수 있다고 했다. 그래서 종단으로서의 그들의 목적은 종교적인 계율을 지킴으로써 영혼을 정화하여 윤회와 전생으로부터 영혼을 구제하는 것이었다. 이들은 영혼의 정화를 두 가지 방향에서 추구했다. 하나는 종교적으로 경건한 신앙생활을 통한 것이고, 다른 하나는 수학과 기하학을 통한 세계와 인간에 대한 합리적 이해를 통한 것이다.

피타고라스 공동체가 받아들인 오르페우스교의 영혼윤회설에 따르면 영혼은 다른 세계에서 온 것이며 죄를 지어 지금은 육체에 사로잡히게 되었는데 이 육체의 감옥에서 풀려나 순수한 영혼이 되기 위해서는 속죄의 생활을 하지 않으면 안 된다고 한다. 즉 "인간은 원래 다른 모든 동물들과 마찬가지로 불멸의 신적 존재였으나, 탐욕으로 오염되어 육체라는 감옥에 갇히게 되었다." 그리고 죽음과 더불어 영혼은 육체로부터 분리되어 다시 아무 육체에나 전생(轉生)한다. 이러한 윤회와 전생의 괴로움에서 벗어나 신적 세계로 돌아가려면 영혼을 정화(淨化, katharsis)시켜야 한다. 그러므로 영혼을 정화하는 길을 걷는 것은 피타고라스 공동체의 생활양식이자 목표였다. 그래서 그들은 금욕, 절제, 종교적 예식을 통하여 자신들을 정화시키고자 했는데, 이들이 금욕 생활을 강조한 것은 욕심대로 행했을 때 인간의 조화가 깨져서 영혼을 정화시킬 수 없다고 보았기 때문이다. 그런 점에서 피타고라스 사상의 주요 개념은 관상(觀想), 질서(秩序), 정화(淨化)로 압축할 수 있을 것이다.

3. 수에 관한 철학적 이론

피타고라스는 지혜를 사랑하는 활동, 즉 필로소피아를 세상을 살아가는 참된 삶의 방식이라고 생각하고 이런 활동을 통해서 우주의 참 모습을 알게 되고 이를 통해 우주적 질서 속에 자신들의 영혼을 합치시킬 수 있다고 믿고 철학적 사유와 탐구를 시도했다.

피타고라스의 학문적 이론의 근저에는 두 가지 중요한 주장이 내포되어 있다. 하나는 이 세계를 규정하고 있는 원리를 한정자와 비한정자로 보는 이원론적인 관점이고, 다른 하나는 세계 속에 있는 모든 존재들이 수로 균형 잡혀 있다는 주장이다. 즉 모든 사물들은 규정되지 않는 비한정자가 수적인 비례 관계에 의해 규정을 받게 됨으로써 존재하게 된다는 것이다. 따라서 세계 내의 모든 사물들은 자체적인 구조를 가지고 있으며 이 구조는 수적인 비례에 의해 성립하고 있으므로 수학은 질서 잡힌 존재 세계를 이해하는 필수불가결한 것이다. 한 사물이 어떤 수적 구조를 가지고 있느냐에 따라서 그 사물의 기능이 결정되기 때문에 인간을 비롯한 존재 세계의 이해는 수학과 밀접한 연관을 갖는다.

피타고라스는 감각적 대상들을 추상화하여 남는 것은 오직 수적인 배열들뿐이라고 주장하면서 우주와 인간, 사회를 모두 수의 조화와 질서로 설명했다. 대립 개념으로 보이는 질서(cosmos)와 혼돈(chaos)도 사실은 수적인 조화와 부조화의 다른 이름일 뿐이라는 것이다. 수적인 관계와 조화는 피타고라스의 음악 연구의 결과로 나온 것인데, 그의 발견에 의하면 무한정한 음률의 높낮이는 한정된 현(絃)의 길이에 의존하며, 무한정한 음악의 화음은 일정한 수학적 비례 관계에 의해서 이루어진다는 것이다.

피타고라스는 장력과 재질이 서로 같은 두 현을 퉁겼을 때 나오는 두 음은 길이의 비가 2:1이면 8도, 3:2이면, 5도, 4:3이면 4도 음정이 난다는 사실을 발견했다. 그리고 현의 길이가 이렇게 간단한 정수의 비로 표현될수록 어울리는 소리가 나고, 복잡할수록 어울리지 않는다는 사실도 발견했다. 실제로 1도, 4도, 5도, 8도 음정만을 완전 어울림 음정이라고 한다. 이렇게 해서 피타고라스는 이른바 4개의 절대수(1, 2, 3, 4)의 수적 조화에 의해 표현되는 주요한 음정을 발견했다. 이러한 발견을 통해 피타고라스는 무한한 음정의 음악적 조화가 수적인 비례 관계로 설명되듯이, 모든 만물도 수적 혹은 산술적 비율로 설명이 가능하다고 보았다. 여기에서 사물들의 본질, 즉 사물들을 균형 잡아 주고 있는 것은 다름 아닌 수라는 피타고라스의 이론이 나오게 된다. 그래서 피타고라스는 모든 존재는 수적인 조화로 되어 있다고 생각하게 되었다.

피타고라스는 한정자와 비한정자, 그리고 사물들의 구조를 나타내 주는 수의 개넘을 가지고 세계에 대한 해석의 토대를 마련했다. 그는 질료와 형상 사이의 구분을 분명히 하지 않았으며 단지 사물들의 궁극적인 본성이 수학적인 구조를 가지고 있다고 파악했다. 그리고 수 속에 들어 있는 다양한 상징적 의미들을 발견해내고 이를 토대로 인간과 세계에 대한 존재론적인 해석을 기틀을 마련했다.

피타고라스는 개별 수들을 신성한 것으로 생각했다. 특히 공동체의 맹세의 대상이었던 피라미드 모양의 테트락튀스(Tetraktys)를 이루는 첫 4개의 수, 즉 1, 2, 3, 4는 각각 점, 선, 면, 입체를 의미하며 음정의 신비를 포함하고 있다고 했다. 그리고 이 정수 1, 2, 3, 4의 합 10은 완전수로서 수의 모든 본성을 가지고 있다고 생각했다. 이렇게 해서 수는 기하학적인 문제에까지 나아간다. 소위 피타고라스의 삼각형이라는 것은 변의 비가 3:4:5가 되는 직각삼각형을 말한다는 것은 우리 모두가 아는 사실이다.

4. 수적 질서와 조화로서의 우주론

피타고라스는 수를 세계의 원리로 정립하고 자연도 수의 원리에 입각해서 탐구했다. 그 결과 지구와 천체들의 모양이 공 모양의 구형을 이룬다는 사실뿐만 아니라 10개의 천체들이 일정한 정수비를 이루고 정렬해 있다고 주장했고 혹성들의 운동 이론까지 주장했다. 그는 또한 우주와 세계를 아름답고 조화를 이룬 질서 체계인 코스모스(kosmos)로 보았다. 우주가 하나의 질서 체계인 것과 마찬가지로 우리들 각자도 소규모의 코스모스로서 대우주의 구조적 원리를 재현하는 유기체로 생각했다. 뿐만 아니라 우주 내지 세계 속에서 일어나는 모든 현상들을 수적인 관점에서 보려고 하는 그들에게의 수는 우주의 질서를 파악하는 열쇠로서 신비적인 의미를 지니고 있었다.

그런데 피타고라스학파가 전체로서의 우주를 보는 시각은 이오니아적인 유형과는 본질적으로 다른 시각을 가지고 있다. 이오니아학파는 대립자들의 혼합에 대해 말하고 또 다루었으나, 피타고라스학파는 거기에 질서와 비율, 한도의 개념을 추가했다. 그들은 철학적인 사유를 통해서 깨닫게 된다는 우주의 참 모습을 아름답고 조화를 이룬 것으로 간주했으며, 그 아름다운 조화의 원인을 완벽한 질서 체계, 즉 코스모스에서 찾았다. 피타고라스학파의 입장에서 볼 때 코스모스라는 것은 비한정의 상태에 한도가 주어짐으로써 한정된 상태가 될 때에 이루어지는데, 여기에는 일정한 수적인 비례 관계가 작용한다. 이러한 비례 내지 비율 관계가 로고스(*logos*)이며 질서와 조화의 원리가 된다. 우주적인 질서와의 동화를 통해서 사람은 질서 있는 행동의 품격을 갖춤으로써 훌륭하고 아름다운 인격자가 된다는 점이 피타고라스학파의 철학적인 사유의 결과였다. 이와 같이 피타고라스학파의 사람들은 수학을 세계와 인간 이해에 필수적인 수단으로 간주하였고 궁극적으로 영혼을 정화시키는 데에 기여하는 것으로 보았다.

5. 플라톤에의 영향

피타고라스는 수적인 비례와 조화라는 인식에 의해 세계의 궁극 원리를 파악함에 있어 이전 자연철학자들의 주장처럼 질료 속에 내재되어 있는 물질적 원리로서의 아르케가 아니라 '수'라는 추상적이고 초감각적인 원리에로 나아갔다. 이렇게 하여 육체와 영혼의 이원론은 질료와 형상, 즉 피타고라스학파의 표현에 따르면 한정자와 무한정자의 이원론으로 발전했는데 이러한 피타고라스의 사상은 플라톤의 이원론에 매우 큰 영향을 주었다.

무엇보다 피타고라스의 수의 개념은 플라톤에게 형상(形相), 곧 이데아(idea)의 개념을 형성하게 했다. 피타고라스에게 수는 추상적이고 초감각적이지만 세계를 이해하는 인식 원리였다. 플라톤은 바로 수의 개념을 통해 이데아라는 초감각적 실재를 설정할 수 있었다. 또 피타고라스의 수의 철학은 플라톤 철학에서의 이데아와 관련된 수학의 중요성, 상기설 등에도 그 기본적인 이론적 근거를 마련해 주었다. 또한 영혼에 관한 피타고라스의 가르침도 플라톤의 인간론에 상당한 영향을 끼쳤다. 피타고라스는 올림픽 경기장에 가는 세 종류의 인간이 있는데 우리들 삶의 유형도 이와 유사하게 분류할 수 있다고 했다. 첫째는 가장 낮은 계급의 사람으로 상품을 사고팔기 위해 가는 사람이고, 둘째는 경기에서 승리함으로써 영예를 얻으러 가는 선수들이요, 셋째는 돈이나 영예가 아니라 경기를 즐기기 위해 가는 관객이라고 했다. 이는 상인과 같이 이익을 추구하는 자, 운동선수와 같이 명예를 추구하는 자, 그리고 관객과 같이 지혜를 사랑하는 자(철학자)를 비유한 것인데 플라톤의 인간론은 여기에서 영향을 받은 것으로 여겨지고 있다.

제4장
헤라클레이토스와 엘레아학파

　자연철학자들은 변화하는 자연 속에서도 변화하지 않는 근원적인 질료로서의 아르케를 찾아내는 데에 열중했었다. 이와는 달리 헤라클레이토스와, 파르메니데스로 대표되는 엘레아학파의 사람들은 아르케보다는 생성하고 소멸하는 자연의 운동과 변화의 문제, 즉 변화와 운동의 실상은 과연 무엇이며, 또 변화와 운동은 실제로 존재하는가 하는 문제에 더 많은 관심을 기울였다. 그러나 양자는 서로 반대의 입장을 취했는데, 헤라클레이토스가 변화와 운동을 세계의 참 모습으로 인식한 반면, 엘레아학파의 사람들은 오히려 운동과 변화를 부정하고 불변부동의 단일한 존재로서의 유(有)의 세계를 주장했다.

1. 헤라클레이토스

　로고스라는 개념이 서양 철학과 사상사 전반에 걸쳐서 차지하는 비중은 막중하다. 로고스라는 말은 그리스의 사상적 정신을 한 마디로 대변하고 있을 뿐 아니라 서양 문화를 지탱해주는 특징적 개념이다. 이 로고스에 철학적 의미를 처음으로 부여한 철학자가 바로 헤라클레이토스(Herakleitos, B.C. 535?~475?)이다.

　로고스의 철학자 헤라클레이토스는 그가 죽은 5세기 후, "태초에 말씀이 계시니라"로 시작하는 요한복음의 저자 사도 요한의 고향이기도 한 소아시아의 에페소스에서 출생했다. 그의 사상은 현재까지 전해 내려오는 약 130여 개의 단편들을 통해서 알 수 있는데, 이 단편들은 모두 애매한 암시적 표현과 비유, 은유, 상징, 비교와 함께 불명료하고 요약된 잠언 식의 표현 양식을 사용하고 있어서 이에 대한 다양한 해석이 가능하기 때문에 그의 생각을 정확하고 완전하게 이해하기는 힘들다. 그럼에도 불구하고 단편만으로도 그의 사상은 철학사적 가치를 인정받을 만한 독창성을 갖고 있다.

자연현상을 신화적인 관점에서 보지 않고 그 자체로서 보기 시작했던 초기 자연철학자들은 자연의 궁극적인 원인으로 작용하고 있는 어떤 내적인 원리 혹은 본질적이며 근원적인 아르케를 탐구하는 데 몰두하여 자연현상들의 근거 내지 까닭을 밝히기 위한 합리적인 설명을 하려 했다. 그러나 그들은 근원적인 것을 주로 물질적인 것에서 찾았기 때문에 이성 특유의 기능에 상응하는 면을 자연에서 읽어 내지 못했다. 이 점에서 헤라클레이토스는 이전 철학자들에게 불만을 표시하고 세계의 본질을 정신적인 원리, 즉 로고스(logos)에서 찾으려고 했다. 사실 이전의 철학자들은 외적인 자연, 즉 사실을 탐구하는 데만 몰두했지 모든 사물에 공통되는 진리인 로고스를 발견하지는 못했다. 왜냐하면 외적인 자연에 대한 탐구는 우리의 눈과 귀를 통한 것인데, 그러한 감각을 통한 탐구는 우리에게 개별적인 진리만을 주기 때문이다. 이에 대해 헤라클레이토스는 그러한 개별적인 진리를 넘어 보편적인 로고스를 발견하는 것을 철학의 과제로 삼았다.

1) 만물유전설

헤라클레이토스는 다른 자연철학자들과는 달리 우주의 본질로서의 아르케를 제시하지 않았다. 대신 현상의 실재 모습을 변화와 운동으로 설명하려고 했다. 즉 헤라클레이토스는 인간의 참된 모습을 파악하기 위하여 우주와 세계에로 눈을 돌려 그 속에서 만물들이 모순 대립으로 인한 투쟁을 통해 끊임없이 유전(流轉)하고 변화하고 있음을 보고, 사물과 사물 사이의 모순, 대립, 갈등에서 유래하는 생성과 변화를 자연의 참 모습으로 인식했다.

그에 따르면 세계는 끊임없는 변화 속에 있으며 여기에 공통적으로 긴장과 대립, 투쟁의 원리가 작용한다. "만물은 투쟁한다," "동일한 강물 속에 두 번 들어가는 것은 불가능하다," 이것이 바로 불변하는 어떤 것도 존재하지 않으며 어떤 것도 영원하지 않다는 헤라클레이토스의 만물유전설(萬物流轉說)이다.

모든 것은 항상 대립과 긴장 가운데에서 대립자들의 투쟁에 의해 생겨난다. 그러나 대립되는 현상들을 대립적인 관점에서만 보아서는 안 된다. 오히려 대립되는 것들의 긴장을 통해 균형과 조화가 이루어지기 때문이다. 모순과 대립에 의한 싸움이나 다툼은 우주적 생성의 공통의 원리로 작용한다. 그런 점에서 대립은 생명으로 가득 차 있는 생산하는 힘이다. 왜냐하면 만물들이 대립 상태에 있어야 투쟁을 하게 되고, 그 투쟁에 의해 만물이 생성하고 변화하기 때문이다. "투쟁은 만물의 아버지요 왕이다"는 말은 바로 이런 뜻이다. 그러므로 투쟁과 변화는 만물을 생성, 변화, 운동, 소멸하게 하는 우주적 생성의 공통된 원리로서 세계에 질서를 부여하고 우주로 하여금 균형과 조화를 이루게 하는 원동력이다.

헤라클레이토스는 이러한 변화와 투쟁 속에서도 결코 변치 않는 항구적인 질서를 찾았다. 이 질서는 모든 존재들을 하나로 결합시키며 대립적인 것들까지도 결합시키는 사물들 속에 내재해 있는 공통의 척도인데, 그는 그것을 로고스(logos)라고 불렀다. 그리고 그는 세계 내의 모든 존재의 생성 변화하는 운동을 무질서한 운동으로 보지 않고 일정한 척도와 균형 있는 비례에 따른, 즉 척도로서의 로고스에 따른 유동으로 파악했다. 나아가 현상 속의 대립자들을 대립적인 관점이 아니라 전체적으로 통일적인 관점에서 볼 것을 강조하면서 모든 대립적인 것들은 로고스에 의해서 하나의 것으로 포섭되고 통일된다고 주장했다.

헤라클레이토스가 일체의 자연현상을 모순에 의한 대립물의 투쟁이라고 한 점, 자연의 대립물이 통일되면서 자연을 조화, 발전시킨다고 한 점, 대립물의 상호 침투에 의해서 사물이 생성하고 발전한다고 한 점, 그리고 그것들이 하나의 절대적 법칙에 의해 이루어진다고 한 점은 훗날 헤겔(Hegel)의 변증법의 기본적인 틀과 내용을 형성하게 되었다. 그래서 그를 변증법의 창시자요 아버지라고 한다.

2) 로고스

헤라클레이토스 이전의 철학자들은 세계를 하나의 완성된 건축물과 같은 사물

들의 전체로서의 우주로 보았지만, 그는 안정된 구조로서의 우주란 존재하지 않는
다고 생각했다. 그는 세계를 하나의 완성된 건축물이 아닌 모든 사건이나 변화 및
모든 사실들의 거대한 과정으로 보았다. 달리 말하면 모든 것은 유전하며 그대로
정지해 있는 것은 아무 것도 없다고 생각했다.

그렇지만 만물은 투쟁에 의해 항시 변하고 운동하고 생성하면서도 질서와 조화
를 유지하고 있다. 헤라클레이토스는 그러한 유동의 세계에 질서와 조화가 유지되
는 것은 결코 변치 않는 유일 불변의 통일적 법칙인 로고스(logos)가 유전하고 변화
하는 만물을 지배하고 있기 때문이라고 설명한다. 그는 "로고스는 (본래) 존재하는
것으로, 로고스에 의해서 만물이 생성되며, 만물은 또한 로고스에 의해서 지배된다"
고 강조한다. 만물이 로고스에 따라 생겨난다는 것은 로고스가 만물을 지배한다는
사실과 모든 존재자들을 존재케 한다는 것을 의미한다. 그러므로 모순 대립으로 인
한 투쟁의 결과인 모든 만물은 로고스가 아니면 존재할 수 없으며, 그러한 투쟁 속
에서도 사물들이 그렇게 조화와 질서를 유지하는 것도 바로 그 로고스 때문이다.
한 마디로 로고스는 세계를 지배하는 법칙일 뿐 아니라 세계 존재의 근거이다.

우주 속의 일체의 대립자들은 바로 이 로고스라는 공통된 이법 내지 이치 속에
서 하나의 것으로 포용되고 통일된다. 그러므로 로고스의 지배를 받는 "모든 것들
은 하나"이다. 낮과 밤도 대립되는 것이 아니라 둘이 합해져서 하루를 이루고 있으
며, 올라가는 길과 내려가는 길도 서로 다른 길이 아니라 하나의 길일뿐이다. 서로
대립적인 것들도 세계의 사물들을 움직이는 원리로서의 로고스에 의해 전체적인
관점에서 볼 때 통일적인 것으로 포섭된다. 따라서 그에게의 로고스란 여러 가지
다른 것들의 공통적인 것이요, 영원한 생성 속에서 모든 것들이 적당하게 타고 꺼
지게 하는 척도로서의 신적인 법칙이며, 생성을 조정하는 세계 이성으로서 내재적
인 생성 법칙이요 세계 법칙이다.

헤라클레이토스의 로고스는 초월적이고 인격적인 정신이 아니었지만, 이 로고
스 개념은 계속된 발전을 거쳐서 기독교 사상에 지대한 영향을 미치게 되었고, 기
독교에서는 그것을 신학적인 의미에서 특별하게 사용했다. 실제로 약 600년 후에
사도 요한은 그의 복음서의 서문에 "태초에 말씀이 계시니라. 이 말씀이 하나님과
함께 계셨으니 이 말씀은 곧 하나님이시니라. 그가 태초에 하나님과 함께 계셨고,

만물이 그로 말미암아 지은 바 되었으니, 지은 것이 하나도 그가 없이는 된 것이 없느니라"(요한복음 1:1~3)고 기록하여 그리스도를 로고스로 묘사했다. 물론 여기에 쓰인 로고스가 헤라클레이토스의 로고스와 완전히 일치하지는 않지만, 양자의 로고스는 모두 본래부터 존재했고 또 영원히 존재한다는 점, 세계와 모든 만물이 그것을 통해서 생겨났다는 점, 로고스가 언어로 나타난다는 점, 로고스가 인간의 삶의 원리이자 가치 기준이라는 점에서는 일치한다.

에페소스 사람들은 이미 헤라클레이토스에 의해 설파되었던 로고스에 대한 개념을 알고 있었고, 요한은 바로 이와 같은 성격의 로고스의 인격적 주체가 바로 다름 아닌 예수 그리스도라는 사실을 말하고 싶었다. 그래서 요한은 로고스의 개념을 차용한 다음 거기에 인격적인 의미를 첨가하여 로고스를 통하여 예수의 신성(神性)과 선재성(先在性), 그리고 그리스도의 성육신을 설명했다. 헤라클레이토스의 로고스는 만물의 생성을 주도하고 존재를 근거 지우는 이법, 그리고 인간의 이성과 사유를 의미했지만, 요한복음의 로고스는 그러한 철학적 의미는 물론이고 예수 그리스도를 의미하는 인격적 개념이 첨가되어 있다. 따라서 전자가 세계와 인간의 본질을 탐구하는 철학적인 사유의 결과로 파악된 것이라면, 후자는 예수가 하나님의 아들이요 그리스도라는 사실을 나타내기 위한 것이다.

3) 불

헤라클레이토스는 이오니아 철학자들처럼 세계 이성인 로고스를 일정한 물질적인 기체(基體), 즉 불과 깊이 관련되어 있다고 생각했다. 그래서 모든 물질들은 불꽃과 같은 것으로 보고, 사물이라기보다는 과정이라는 뜻에서 로고스의 작용 방식을 불에 비유했다. 그러나 그가 비유한 불은 변화하는 세계의 진행에 내재하는 법칙인 로고스로 구체화하는 능력을 가진 물질이다. 불은 물질적인 원소가 아니라 끊임없이 타고 꺼지는 영원한 움직임을 상징하는 것이다. 불은 헤라클레이토스의 두 가지 핵심적인 원리, 즉 모든 것은 투쟁으로부터 탄생하며, 모든 것은 끊임없는 흐름 속에 있다는 원리에 대한 가장 훌륭한 물질적 표현이라 할 수 있다. 불은 영원히 살아 있지만 적절히 타고 적절히 꺼지듯이, 세계도 그 과정에 따라 변화하지만 그럼에도 불구하고 현재 있으며, 지금껏 있어 왔고, 또 앞으로도 있을 것이다.

마치 로고스가 그러한 것처럼. 결국 불은 헤라클레이토스의 근본 사상인 영원한 움직임과 그것을 조화하는 로고스의 상징이다.

따라서 헤라클레이토스에 따르면 "모든 이에게 동일한 이 세계는, 신들이나 인간들에 의해서도 만들어지지 않았다. 그것은 전에도 있었고, 지금도 있고, 또한 영원히 살아 있는 불이며, 척도에 따라 타고 꺼지는 불이다." 상품에 대해 돈이 교환되듯이, 불에 대해서 만물이, 그리고 만물에 대해서 불이 교환된다. 이 교환에는 불→물→흙으로 교환되는 내려가는 길과 흙→물→불로 교환되는 올라가는 길의 두 방향이 있는데, 만물은 이런 변화 속에서 서로 모순 대립하면서도 알맞게 타고 알맞게 꺼지게 하는 척도로서의 로고스에 의하여 조화를 이루며 전체로서의 자기동일성(identity)과 단일성(unity)을 항상 유지하고 있다.

2. 엘레아학파

엘레아학파의 특징은 날카로운 논리적 사고에 있다. 그들은 현상계의 다양한 모습과 그 운동 변화를 지각하는 우리의 감각을 미망(迷妄)에 불과한 것으로 생각하고 참된 의미에서 존재하는 것은 불생불멸이라고 주장했다. 나아가 하나의 근본적인 물질이 운동 변화하여 많은 것이 생긴다고 하는 이오니아학파의 자연철학이나 자연의 모습을 변화와 운동으로 파악한 헤라클레이토스의 사상과는 반대의 입장을 취했다.

1) 크세노파네스

콜로폰 출신인 크세노파네스(Xenophanes, B.C. 565?~480?)는 이오니아의 사고를 이어받아 근원적 실체에 대한 문제를 제기하였는데, 다양하고 수많은 개별 존재가 어떻게 하여 모든 것의 근거인 하나의 실체에서 나올 수 있을까 하는 점을 문제 삼았다. 그는 이와 관련하여 세계의 단일성에 대해 "세계는 전체로서 기원과 출처를 가지고 있지 않으며 불생하는 전체이자 하나이다. 하나는 신성임과 동시에 시초도 종말도 없으며, 그 자체는 항상 동일하며 불변적이다. 이 하나의 신은 세계 저 너머에 있는 것이 아니라 근본적으로 세계와 분리될 수 없다"고 주장했다.

그러나 이보다 크세노파네스의 철학의 의미와 중요성은 그의 비판정신, 특히 종교적 문제에 대한 비판적 견해에서 찾을 수 있다. 그는 모든 인간적인 것을 찬미하는 것이나 모든 신적인 것을 인간화하는 것에 반대했다. 나아가 의인적인 다신관을 철저히 배격했다. 그는 그리스인들에게는 절대적인 권위였던 호메로스와 헤시오도스에 의해서 형성된 올림포스의 12신들에 대한 의인적 해석, 즉 신들이 모습은 물론이고 본성조차도 인간과 같으며 신들이 간통이나 질투와 같은 비도덕적인 행동을 한다는 점에 대해 신랄하게 비판하고 냉소적인 공격을 가했다. 즉 "에티오피아 사람들은 그들의 신들이 들창코를 하고 있으며, 트라키아 사람들은 신들이 밝은 파란 눈과 붉은 머리를 하고 있다고 생각한다"고 말하면서 만일 동물들이 그림을 그릴 수 있는 기술을 가지고 있다면 신을 그들과 동일한 모습으로 그리고 만들었을 것이라고 비판하면서 전통적인 신관은 마땅히 폐기되어야 한다고 했다.

이렇게 신인동형동성설(anthropomorphism)적인 신관을 맹렬히 비난한 크세노파네스는 다수의 신은 있을 수 없다고 하여 유일신을 주장했는데, 참다운 신은 생사도 없고 불변부동하고 하나이면서 전체이며 물질적인 것이 아니고 정신 내지 사고에 의해서 만물을 지배하는 지고지선의 유일한 존재라고 했다. 그러나 그가 말하고 있는 유일신을 초월적인 존재가 아니다. 그것은 우주의 총체와 같은 존재로서 사물의 총체이며 사유와 감각의 총체이고 생성과 소멸, 운동과 변화를 넘어서는 일자를 의미한다. 즉 크세노파네스가 말하는 유일신은 기독교적 의미의 유일신이라기보다는 호메로스의 신들이 갖고 있는 인간과 유사한 성질을 부정하고 도덕적인 결함들에서 벗어난 있는 신이다.

이러한 전능과 부동성을 함축하는 크세노파네스의 신관은 초기의 그리스적 사고에 나타나 있는 신화적 사고에 대한 계몽일 뿐 아니라 후에 나타나는 아리스토텔레스적 신관에 적지 않은 영향을 준 것으로 평가된다.

2) 파르메니데스

헤라클레이토스와는 정반대의 생각을 가진 철학자로 잘 알려진 엘레아 출신의 파르메니데스(Parmenides, B.C. 520?~450?)는 부유한 귀족 가문 태생으로 크세노파네스의 제자였다. 그는 고향 도시를 위해 헌법을 제정해 주었고, 샛별(morning star)과 저녁별(evening star)이 동일하며, 달빛은 태양에 의한 현상이라는 천문학적 지식을 가지고 있었는데, 이러한 지식은 피타고라스학파와의 관계 덕분이었다.

파르메니데스는 우선 신화적 사고는 참된 존재를 파악할 수 없다는 신념에서 출발하여 인간의 지각에 나타나는 바와 같은 개별적이고 우연적이며 움직이고 변화하는 사물의 다양한 세계는 우리의 주관적인 의견에 합당한 세계일 뿐 객관적인 진리의 세계는 아니라고 했다. 그에 따르면 철학은 주관적인 의견을 극복하고 참된 존재를 인식해야 한다. 그래서 그는 참된 존재를 가능하게 해 주는 기초는 지각이 아니라 사유라고 보았다. 그의 철학적 중요성은 이렇게 그리스인들로 하여금 처음으로 추상적인 사유의 길을 걷게 하였으며, 정신으로 하여금 외계의 사실과 관계없이 활동하도록 했고, 또한 정신의 활동 결과를 감각적 지각 활동보다도 격을 더 높였다는 점에 있다.

파르메니데스는 형이상학적 근본 물음인 "무엇이 참다운 존재의 본성인가?"라는 존재의 물음에 주의를 집중시킨 최초의 철학자였으며, 또한 존재에 관한 논의가 무엇에 의해서 평가되어야 하는가에 대한 기준을 확립한 철학자였다. 그는 헤라클레이토스와는 달리 불변의 존재를 강조하고 생성 소멸을 부정하였다. 그는 자연을 변함없이 지속되는 유일한 존재이자 불변의 존재로 생각하였다.

이오니아 철학자들은 세계를 하나의 아르케로부터 다양한 사물들이 생성되는 것으로 설명했으나, 파르메니데스는 생성과 소멸을 의미하는 변화란 논리적으로 모순을 내포하는 것으로 생각하고 생성과 소멸을 부정하였다. 왜냐하면 생성이란 엄밀하게 말해서 없는 것에서 있는 것이 나오게 되는 것이며, 소멸은 있는 것이 없게 되는 것을 의미하기 때문이다. 아무것도 없는 무(無)에서 어떻게 유(有)가 생길 수 있으며, 또 유가 무로 될 수 있겠는가? 그러므로 파르메니데스는 오직 존재만을 인정하고 생성과 소멸을 부정하였다.

파르메니데스가 철학의 출발점으로 삼은 것은 비존재와 대립된 존재의 개념이다. 그가 철학적 관심을 '있음,' '존재'에 집중했던 것은 '있음'에 관한 탐구야말로 진리에 이르는 길이라고 믿었기 때문이다. 그는 존재를 추상적 개념의 순수 존재로 이해하지 않고 오히려 '충만,' 즉 어떤 더 이상의 규정도 없는 가득 찬 공간 덩어리로 이해하고 있다. 따라서 비존재는 빈 공간이다. 그러므로 단지 존재만이 있고 비존재는 없어 사유될 수도 없다. 파르메니데스는 이러한 기초적 개념으로부터 존재의 본성에 관한 모든 학설을 유도한다. 그에 따르면 존재는 시초도 없으며 없어지지도 아니한다. 왜냐하면 존재는 비존재로부터 만들어질 수도 없거니와 비존재로 되지도 아니하기 때문이다. 존재는 동일한 것으로 있기 때문에 불가분적이다. 존재를 분리시킬 수 있는 것은 아무것도 없다. 존재는 운동하지 않으며 불변적이고 어디서나 그 자체로 동일하며 그 중심에서 동일한 거리에 있는 둥근 원에 비유될 만하다. 따라서 존재는 불생불멸(不生不滅), 불가분(不可分), 부동(不動)이라는 특징을 갖는다.

파르메니데스에 따르면 사유는 존재와 다르지 않다. 그의 말대로 "생각할 수 있는 것과 존재하는 것은 동일하다."는 말이다. 왜냐하면 사유는 존재에 대한 사유이기 때문이다. 그런 점에서 파르메니데스는 사유와 존재의 동일성을 주장한 최초의 철학자로서 17세기의 데카르트가 "나는 생각한다 그러므로 나는 존재한다"(*cogito ergo sum*)는 명제를 말함으로써 사유가 존재를 결정한다는 생각을 하게 한 선구가 되었다. 참된 인식은 모든 것에서 불변하는 존재를 나타내 보이게 하는 이성에 의한 인식이다. 그와는 달리 감각은 우리에게 사물의 다양성, 즉 비존재로 있는 생성, 소멸 그리고 변화를 나타내 보이는데 이것은 모든 오류의 근원이다. 실제로는 존재만이 실재하는데, 일반인들은 비존재를 존재 곁에 놓고 모든 것이 두 요소, 즉 존재와 비존재로 되어 있다고 생각한다. 파르메니데스가 말한 억견(憶見)은 이성적인 인식에 의해서가 아니라 감각적인 인식에 바탕을 두고 있는 것을 말하는데, 세계의 생성과 다수성이라고 하는 모습은 이런 감각을 바탕으로 해서 생긴다. 일반 대중들은 감각적인 인식에 의해 억견과 가상(假象)으로 만족하고 있다. 결국 파르메니데스는 철학에 논리적 사고를 도입함으로써 감각적인 지식보다는 정신과 이성에 의해 알 수 있는 것을 강조했는데, 그의 논리적 사고는 피타고라스의 수학적 사고에 힘입은 바가 크다.

3) 제논

파르메니데스의 제자 제논(Zenon, B.C. 490~430)은 감각적으로 주어진 다수를 부정함으로써 불생불멸하는 파르메니데스의 존재를 옹호했다. 그는 실재가 하나라는 파르메니데스와 존재론적인 입장에 서서 잡다의 존재를 인정하는 다원론을 반박했는데, 그가 사용한 논증방식은 변증법적 형태를 취하고 있다. 제논의 사용한 변증법이란 가정된 어느 한 명제 속에 한 쌍의·서로 모순된 결론이 내재해 있음을 논증해 보임으로써 상대의 주장을 무력화시키는 역설적인 논증방법이다. 그래서 아리스토텔레스는 제논을 최초로 변증법적 형태의 논증을 사용한 인물로 간주했다.

제논은 다양성(plurality)을 부정하고 이를 근거로 운동(motion)을 부정하는 논증을 펼쳐 보인다. 제논은 먼저 다양성을 부정한다. 그는 분할을 전제로 하는 다양성이란 생각될 수 없다고 하는데 두 가지의 공리(公理)에 그 기초를 둔다. 하나는 모든 기하학적 대상은 무한히 분할될 수 있다는 점이고, 다른 하나는 0이 아닌 작은 알맹이로 구성되어 있는 물체는 그 수가 증가함에 따라 항상 큰 분량을 만든다는 점이다. 제논은 이 사실로부터 모든 물체는 무한히 많은 수의 점으로 구성되어 있다는 명제와 모든 물체는 무한히 분할될 수 있다는 두 가지의 상반된 주장이 가능하지만 두 주장은 서로 모순에 빠진다고 한다. 다시 말해 다수를 인정하게 되면 '작다'는 크기를 갖지 않을 정도로 무한히 작거나 무한히 크다는 모순된 사실이 나온다고 한다.

만약 존재가 수없이 많다면 여러 부분으로 분리되어 더 이상 나눌 수 없는 최후의 단위에 도달하게 된다. 더 이상 나눌 수 없다는 말은 아무런 크기를 가질 수 없다는 말이므로 이러한 것들을 아무리 모아도 크기를 가질 수 없다. 점이란 넓이나 부피가 없는 0이므로 아무리 많은 점이 모여도 물체의 넓이나 부피가 성립되지 않기 때문이다. 모든 물체는 점으로 구성되어 있기 때문에(왜냐하면 물체를 한없이 분할하면 점이 되므로) 물체는 결국 부피가 0인 하나의 점에 불과하다. 그러므로 다수를 인정하면 존재는 무한히 작아지게 된다. 반대로 존재는 단위로 존재하기 위해서 크기를 가져야 한다. 그런데 크기를 가진 것은 다시 나눌 수 있으므로 단위 자체가 무한히 많은 단위로 나누어진다. 물체가 무한히 분할될 수 있다면 무한한 수의 부분으로 구성되어 있다는 말인데, 크기를 가진 단위가 무한히 많다면 존재는 무한히 크지 않으면 안 된다. 그러므로 다수를 인정하면, 존재는 무한히 작으며 무한히 크게 된다. 다시 말해서 모든 물체는 크기가 0임과 동시에 크기가 무한하다는 모순이 발생한다. 그러나 그럴 수는 없다. 그러므로 물체는 분할될 수도 없고 다양하지도 않으며 존재는 오직 하나라고 제논은 결론짓는다.

제논은 또 공간도 역시 생각할 수 없는 것이라고 주장한다. 제논에 따르면 물체가 면적이 있고 일정한 유한한 공간을 차지한다는 사실은 상식에 속하지만, "공간 자체는 어디에 있는가?"라고 묻는다. 공간은 좀 더 큰 공간 속에 들어 있다. 또 그것은 보다 더 큰 공간 속에 들어 있다. 이러한 진행은 계속되며 결국에는 무한한 공간이 필요하게 된다. 그러나 그것은 불가능하다. 왜냐하면 유한한 공간의 결합으로부터 무한한 공간이 나올 수가 없기 때문이다. 유한한 공간은 항상 보다 큰 유한한 공간 속에 존재한다. 그러나 유한한 공간은 무한한 공간 없이 생각될 수 없고 무한한 공간은 유한한 공간 없이는 생각될 수 없다. 유한한 공간은 무한한 공간을 전제한다. 그러므로 공간은 유한한 동시에 무한하다. 그러나 이것은 모순이다. 결국 제논은 공간이 유한한 동시에 무한하다는 모순을 받아들이는 것이 아니라 공간 자체를 부정하여 공간은 실제로 존재할 수 없다고 생각했다. 공간이 존재할 수 없다는 말은 존재의 변화나 운동이 있을 수 없음을 함축한다.

제논은 다양성의 부정과 함께 운동을 부정하는 증명을 하였는데, 이것이 소위 말하는 '제논의 역설'(Zenon's Paradox)이다. 물론 이것도 변화와 운동을 부정하기 위한 논증이요 스승 파르메니데스의 유론(有論)에 대한 옹호이다.

첫째는 '경주로'(the race course) 논증이다. 이 논증은 '이분법'을 통한 논증으로서 누구나 일정한 거리를 유한한 시간 내에 통과할 수 없으므로 운동은 없다는 내용이다. 먼저 X라는 물체가 A지점으로부터 B지점에 도달한다고 가정해 보자. C는 B에 도달하기 위해서 선분 AB의 중간 지점 C를 통과해야 한다. 그러나 AB의 중간 지점 C에 도달하기 위해서는 다시 AC의 중간 지점 D를 통과해야 하고 D 지점을 AD의 중간 지점 E를 통과해야 하며, 이런 진행은 무한히 계속된다. 두 개의 수 사이에 무수히 많은 수가 있듯이 하나의 선분도 무한히 분할할 수 있으므로 결국 X는 B지점에 도달할 수 없을 뿐만 아니라 A지점을 떠날 수도 없다.

둘째는 '아킬레스'(Archilles) 논증이다. 이 논증은 거북이가 날쌘 용사 아킬레스와 경주할 때, 거북이가 아킬레스보다 먼저 출발한다면 아킬레스는 결코 거북이를 따라 잡을 수 없다는 내용이다. 거북이가 아킬레스보다 약간 앞선 A지점에서 출발했을 때, 아킬레스가 거북이를 따라잡으려면 우선 거북이가 있던 A지점까지 가야 한다. 그러나 아킬레스가 거북이가 있던 A지점에 가면 거북이는 A지점보다 좀더 앞에 있는 B지점으로 간다. 또 아킬레스가 B지점에 가면 거북이는 계속해서 그것보다 앞에 있는 C지점으로 옮겨간다. 그리고 이런 과정은 무한히 반복된다. 거북이는 다른 지점으로 무한히 계속 나아가고 거북이와 아킬레스의 거리는 점차 좁혀진다 해도 결코 0이 될 수는 없다. 0에 가까워지는 것과 0은 분명히 다르다. 결국 아킬레스는 거북이를 결코 따라 잡을 수 없다.

셋째는 '나는 화살'(flying arrow) 논증이다. 이 논증은 날고 있는 화살은 모든 순간에 하나의 동일한 지점에 있으므로 나는 것이 아니라 정지해 있다는 내용이다. 화살이 통과하는 거리란 무수히 많은 정지된 통과점들로 구성되어 있다. 화살의 운동이란 결국 정지된 점의 집합에 불과하다. 정지된 것과 정지된 것이 아무리 무수히 결합되어도 운동은 발생하지 않는다. 0을 아무리 합해도 결과는 0인 것과 마찬가지이다. 따라서 나는 화살은 정지되어 있다.

넷째는 '움직이는 물체' 논증이다. 이 논증은 모든 운동은 환상이라는 내용이다. 같은 속도일 때 같은 거리는 동일한 시간에 관통해야 하는데, 움직이는 물체가 동일한 속도로 정반대로 서로 운동한다면 정지한 것에 비할 때 두 배 빠르게 된다. 이것은 동일한 운동도 그것을 보는 사람에 따라 상대적으로 운동하는 것으로 보이기 때문인데 그것은 운동이 착각이라는 것을 보여준다는 것이다. 경기장에 4명으로 구성된 세 그룹의 운동선수들이 있다. 정지 상태에 있는 A그룹(A1, A2, A3, A4)을 사이에 두고 B그룹(B1, B2, B3, B4)은 왼쪽에서 오른쪽으로, C그룹(C1, C2, C3, C4)은 오른쪽에서 왼쪽으로 달린다. 이때 B그룹과 C그룹은 동일한 속도로 움직이며 시간과 공간이 일정하게 분할된다.

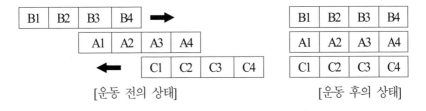

[운동 전의 상태]   [운동 후의 상태]

위의 두 전제로부터 모순이 발생한다. 말하자면 한 사람이 똑같은 시간에 달린 거리가 두 가지로 나타난다. 이를테면 B1은 C쪽에서 보면 4구간을 달렸지만, A쪽에서 보면 2구간밖에 달리지 않았다. 이러한 결과는 어떤 관점에서 보느냐에 달려 있다. 정지해 있는 그룹의 관점으로 보는 것보다 반대 방향으로 움직이는 그룹의 관점으로 볼 때 한 경주자는 2배나 더 빨리 달리고 달린 거리도 2배가 된다. 똑같은 속도로 달리는 사람이 일정한 시간에 서로 다른 거리를 통과한다는 사실은 모순이다.

논리적이기보다는 완전히 도전적인 것으로 보이는 제논의 역설들은 동일한 수준의 과정에서 추론 규칙을 끝없이 반복해서 사용하고 있다. 즉 제논은 똑같은 논리를 몇 번이고 되풀이 사용하여 끝없이 결과로부터 원인으로 소급하는 무한퇴행(infinite regress)이라는 수렁에 빠져 있다. 또한 제논은 운동을 공간과 시간으로부터 분리시켜 그 자체로 생각하고 있으며, 시간과 공간을 시점이나 점의 불연속적인 결합으로만 생각하고 있다. 하지만 운동은 결코 공간과 시간을 떠나 따로 존재할 수 없다. 또한 시간은 일련의 시점들로 결합된 복합적인 것이 아니라 각 시점을 관통하는 지속적인 흐름으로 이루어진 것이다. 그렇다면 개개의 순간으로 시간을 분해하는 것은 시간의 고유한 특성과 상반되는 단순한 우리의 개념적인 사유일 뿐이다.

그러나 이 점은 반대로 제논의 철학사적 위치를 자리매김해 준다. 그가 비록 잘못된 방식의 논증을 제시했다고는 해도 그러한 논증을 통해 운동, 다양성 등에 대한 논리적이고 개념적인 접근을 시도했다는 점은 결코 간과될 수 없으며, 철학사에서 무한(infinity)의 문제를 최초로 제기했다는 점 또한 그의 공헌이라 지적할 수 있다.

제5장
다원론자들

엘레아학파의 철학자들은 운동을 부정하고 공간의 존재도 인정하지 않음으로써 생성과 소멸의 현상을 효과적으로 설명할 수 없었다. 그러나 B.C. 5세기의 다원론자들은 이른바 파르메니데스적인 실재(實在)로부터 어떻게 생성 변화가 일어나는가를 밝힘으로써 존재와 생성을 조화시키고자 하였다. 이들은 파르메니데스가 주장했던 참다운 실재는 불생불멸이라는 사상을 이어받으면서도 다른 한편으로는 파르메니데스의 실재, 즉 존재는 유일 부동이라는 주장을 배격하고 다수의 실재 또는 원질이 있다는 철학적 입장을 취하여 절충주의라고도 부르며, 다수의 아르케를 주장했다는 점에서 다원론이라고도 한다.

1. 엠페도클레스

엠페도클레스(Empedokles, B.C. 495~435?)는 새로운 철학을 창시하기보다는 그 이전 철학자들의 사상을 결합하고 조화시키려고 노력했다. 그는 우선 존재는 비존재로부터 생기할 수 없고 비존재 속으로 사라져버릴 수도 없다는 파르메니데스의 기본 사상을 받아들였다. 동시에 변화는 부정할 수 없는 사실이며 변화를 환상이라고 하여 추방하는 것 역시 받아들일 수 없었다. 따라서 엠페도클레스는 변화와 운동이 존재한다는 사실과 존재는 생성도 소멸도 하지 않는다는 파르메니데스의 원리를 조화시키려 했다. 다시 말해서 엠페도클레스는 헤라클레이토스와 파르메니데스, 즉 영원한 변화와 영원한 불변 사이에 절충을 시도했다. 그래서 엠페도클레스는 파르메니데스에게서 절대적인 생성과 소멸은 없다는 점을 받아들였고, 헤라클레이토스에게서는 개별적인 사물들은 실제로는 계속적인 변화의 과정에 있지만 소위 창조와 파괴라는 것은 실제로는 영원하고 불변적인 근본 실체의 결합과 분리라는 점을 받아들였다.

그런데 탈레스와 아낙시메네스는 각각 물과 공기를 궁극적인 물질이라고 믿었지만, 그들은 그것이 다른 종류의 물질로 변화 가능하다고 보았다. 즉 물이 흙이 되고, 공기가 불이 된다는 식으로 말이다. 그러나 엠페도클레스는 존재는 변화 불가능하다는 파르메니데스의 원리를 받아들여 어느 한 종류의 물질이 다른 종류의 물질로 변화될 수 없다고 했다. 그리고 변화하지 않는 기본적이고 영원한 물질로서 4가지의 원소를 제시했다. 결합하고 분리하는 이들 4가지의 근본 실체들은 서로 질적으로는 다르지만 양적으로는 가분적이다. 물론 '원소'라는 말은 후대에 붙여진 이름이고, 그 자신은 이것을 만물이 나오는 '모든 것들의 뿌리'라고 불렀다. 그것이 바로 흙, 물, 불, 공기이다. 탈레스 이래 아르케로 주장되었던 물(탈레스), 공기(아낙시메네스), 불(헤라클레이토스)에 흙을 첨가한 것이다. 이것을 소위 엠페도클레스의 4원소설이라고 한다.

엠페도클레스가 말한 4가지 원소들은 결합과 분리가 가능하지만 어떤 것도 다른 것으로 변화될 수 없고 또한 결합되어 다른 새로운 것으로 될 수도 없다. 즉 흙은 물도 불도 될 수 없고, 물도 흙이나 불이 될 수 없다. 이들 원소들은 변화 불가능한 궁극적인 입자들로서 단지 원소들끼리의 기계적인 혼합과 상호교환만이 있을 따름이다. 한 마디로 궁극적 원소들의 질적인 변화는 없다는 말이다. 그리고 이들이 다채로운 비율과 조화에 따라 혼합함으로써 이 세계의 구체적인 대상들을 형성한다. 따라서 모든 존재들은 원소들이 결합함으로써 생성되며, 원소들이 분리됨으로써 소멸한다. 그러나 그 원소 자체는 사라지지 않고 영원히 불변이다. 이렇게 해서 엠페도클레스는 파르메니데스의 체계와 변화와 운동, 그리고 존재의 다양성에 관한 감관의 증거 사이를 중재했다.

그러나 엠페도클레스는 또 하나의 문제를 해결해야 했다. 그것은 자연의 변화 과정이었다. 4원소의 결합과 분리로 존재의 세계에 생성과 소멸이 있다고 했는데 그 결합과 분리는 어떻게 가능한가? 엠페도클레스는 활성적인 힘을 가정했다. 그것이 바로 사랑과 미움, 조화와 불화이다. 전자는 결합, 창조, 생산, 선을 의미하고 후자는 분리, 파괴, 악을 의미하는데, 전자는 결합, 후자는 분리하는 힘이다.

엠페도클레스에 따르면 세계의 진행은 사랑과 미움에 의해서 주기적 과정을 거친다는 의미에서 순환적이다. 한 주기가 시작되는 최초의 상태는 모든 증오가 추방되고 사랑이 지배하는데 모든 원소들이 완전한 혼합 상태를 이루어 공 모양의 구형을 이루는 세계이다. 그러나 여기에 미움이 뚫고 들어가면서 분리의 과정, 즉 원소들의 분열이 시작된다. 이것이 2차 단계이다. 그리고 마침내 사랑이 밀려나고 미움의 원리가 지배하여 모든 원소들의 분리가 완성된다. 그리고 모든 원소들이 각각 함께 모아진다. 이것이 3차 단계이다. 그러나 다시 사랑이 활동하기 시작하여 여러 원소들을 점차 혼합하고 결합시키는데, 처음에 그랬던 것처럼 함께 섞일 때까지 계속된다. 그리고 다시 미움이 그 활동을 개시한다. 결국 엠페도클레스는 사랑만이 있고 죄가 없는 조화의 극치를 이루는 첫 번째 시기, 미움이 발동하여 파괴와 윤회가 시작되는 두 번째 시기, 조화가 없는 분리와 파괴의 절정에 달하는 암흑기인 세 번째 시기, 미움이 사라지고 사랑이 지배하게 되어 다시 결합되는 네 번째 시기로 만물의 운동 과정을 크게 구분하여 설명하였다. 그런데 이 세계는 최초의 단계와 원소들이 완전히 분리되는 단계 사이의 중간 단계이다.

이렇게 볼 때 엠페도클레스는 4원소를 통해 존재는 결코 생성되거나 소멸될 수 없다는 파르메니데스의 논지를 변화의 명백한 사실과 조화시키려고 했다는 점에서 이전 시대의 종합이요 발전이라고 말할 수 있다. 그러나 자연의 물질적 순환 과정이 어떻게 일어나는지에 대해 정확하게 설명하지 못하고 신화적인 힘인 사랑과 미움에 의존하였다는 점에서는 여전히 이전 시대의 사고의 틀을 넘어서지 못하고 있음을 발견하게 된다.

2. 아낙사고라스

아낙사고라스(Anaxagoras, B.C. 500~428)는 엠페도클레스처럼 생성과 소멸과 같은 사물의 질적 변화는 있을 수 없다고 생각하고 모든 생성은 결합으로, 모든 소멸은 이미 존재하는 실체들의 분리로 일어나는 것으로 보았다. 그러나 아낙사고라스는 모든 사물들을 이루는 원초적인 아르케는 4원소에만 국한되는 것이 아니라 무수히 많이 있어야 한다고 생각했다. 오히려 아낙사고라스는 엠페도클레스의 4원소를 질적으로 다른 많은 입자들로 구성된 혼합물이라고 주장했다. 그는 특히 인간과 동물이 음식을 섭취하고, 이것을 통해 아주 다른 종류가 생성된다는 사실, 다시 말해서 밀을 먹지만 그것이 살이 되며 피와 뼈 등이 영양을 섭취한다는 사실에 크게 자극 받은 것으로 보인다. 이것을 통해 그는 밀 속에 살, 뼈, 피 등의 요소들이 있다고 상상하고, 이것들은 육체에 흡수되어 몸을 이루지만 부적절한 것은 배설하는 방식으로 어떤 것이 다른 어떤 것으로 된다고 생각했다. 그래서 그는 모든 것 속에 모든 것의 부분들이 있다고 생각했다.

사물을 무한히 분할해도 마찬가지이다. 한 알의 밀 속에는 밀의 부분뿐 아니라 살, 뼈 등의 부분도 있다. 그것이 밀로 존재하는 것은 단지 밀의 부분이 우세하기 때문이다. 아낙사고라스는 사물들 속에 들어 있는 바로 그 모든 것들의 부분을 만물의 '씨앗' 또는 '종자,' 즉 '스페르마타'(spermata)라고 불렀다. 결국 아낙사고라스가 말한 스페르마타는 모양과 색깔, 맛이 다르며, 무한히 작은 무한소의 파편으로서 세계를 구성하는 기체(基體)를 가리킨다.

아낙사고라스는 사물의 변화가 이 스페르마타의 혼합과 분리로 일어난다고 생각했지만, 사물의 질적인 변화는 없으며 스페르마타의 이합집산만이 있다고 생각하였다. 그렇지만 그는 혼합과 분리를 일으키는 어떤 것이 필요하다는 사실을 알고 누스(νοῦς, nous)라는 것을 말한다. 누스란 본래 그리스어로 지성, 이성 혹은 정신을 의미하는데, 아낙사고라스에게의 누스는 만물들의 운동의 원리이며 동시에 질서의 원리이다. 씨앗들이 처음에는 혼돈(chaos) 속에 어우러져 있다가 차츰 분리를 통하여 질서를 찾게 되는데, 그러한 운동을 가능하게 하는 것이 바로 누스이다. 물질은 완전한 복합체이지만 누스, 즉 정신은 유일한 순수한 것으로 '절대적으로 단순하며,' '어떤 것과도 혼합되지 않으며,' '그 자신만으로 존재하며,' '모든 것들 중에 가장 미세하고 순수한 것'이다. 그뿐만 아니라 누스는 가장 큰 힘을 가지고 있으며 모든 것들에 대해 완전한 인식을 갖는, 사유하며 이성적인 존재이다. 또한 모든 것이 모든 것의 부분을 포함하는 원리를 벗어난 유일한 것이며, 다른 모든 것에 일어난 것을 조정하는 것이다. 이러한 누스의 성질은 그것이 비물질적이라는 사실을 말해 준다. 따라서 비록 아낙사고라스가 누스, 즉 정신을 '미세하고 순수한 질료'라고 하여 물체적인 것에서 완전히 구별하지는 못했다 할지라도 최초로 보다 분명하게 움직이는 물질들과는 별도로 이 물질들을 움직이게 하는 운동의 원인으로서 정신(누스)을 생각해 냈다는 점에서 정신과 물질을 최초로 구별한 철학자였다고 말할 수 있다.

이러한 전제에 입각해서 아낙사고라는 자신의 우주개벽설을 모든 실체의 완전한 혼합 상태에 대한 기술로 시작한다. 누스가 최초에 오직 한 점에서 소용돌이 운동을 일으켜 우주의 모든 분리가 일어난다. 소용돌이 운동은 최초로 실체들을 두 종류의 덩어리로 분리하는데, 그 하나는 따뜻함과 건조함, 밝음과 희박이고, 다른 하나는 차가움과 습함, 어두움과 농축, 즉 에테르와 공기이다. 계속되는 운동은 가늘고 가볍고 밝으며 건조하고 따뜻한 씨앗은 주변으로 나가게 하여 물이나 공기가 되게 하고, 두껍고 무겁고 어둡고 습한 것은 중심으로 모이게 하여 땅을 이루게 한다. 공기는 다시 구름을 만들고 구름은 물을, 물은 또 흙을 만들고 그리고 흙은 돌이 되게 한다. 그리고 회전 운동의 힘에 의해 땅에서 분리된 붉고 뜨거운 돌덩이가 태양, 달 등의 천체가 되었다. 그는 누스가 이러한 운동을 시작하여 종자들의 혼합과 분리가 일어나서 만물이 생성 변화한다고 생각했다.

3. 데모크리토스

엠페도클레스와 아낙사고라스의 다원론은 데모크리토스(Demokritos, B.C. 460~370)에 이르러 보다 세련되게 발전되는데, 데모크리토스가 스승인 레우키포스의 원자론을 체계적으로 발전시키는 과정에서 전개된다. 이 원자론은 19세기까지 그 이론의 요점이 변함없이 지속될 정도로 과학적이었다. 엠페도클레스나 아낙사고라스의 철학이 원자론과 다른 점은 전자가 운동의 원인을 원질 밖에서 찾으려 했던 점에 비추어, 후자는 운동을 물질인 원자들 자체에서 찾았다는 데에 있다. 원자론자들은 우주 자연이 신적인 섭리에 의해서 지배받지 않고, 물질 속에 내재하는 우연과 필연, 이법에 의해서 지배된다고 생각했다.

데모크리토스의 철학적 관심은 파르메니데스의 존재 개념, 즉 무(無)로부터의 생성이란 있을 수 없고, 존재가 무에로 소멸되는 일이 없다는 논리적 입장을 수용하면서, 파르메니데스가 부정한 운동의 개념을 어떻게 수용할 수 있을 것인가에 있었다. 그에게는 사물이 변화하는 일은 자명한 사실이고, 또 무에서 유가, 유가 무로 되는 일은 논리적으로 가능한 일이 아니었다. 데모크리토스는 절대적인 창조와 파괴를 불가능한 것으로 확신하면서도 존재의 다양성과 운동, 복합체의 생성과 소멸을 부정하지는 않았다. 따라서 데모크리토스는 파르메니데스가 직면한 딜레마에서 벗어나고자 존재는 파르메니데스가 생각한 것처럼 하나가 아니라 다수라는 점과 공간이 어떤 방식에서든 존재한다고 주장함으로써 운동과 변화를 효과적으로 설명하게 되었다.

데모크리토스는 충만과 허공을 모든 사물의 근본 요소로 놓았다. 그리고 현상을 설명하기 위해 충만이 수 없는 부분으로 쪼개진 것으로 생각했다. 그러나 이 조각들은 너무도 미세하여 개별적으로는 결코 지각되지 않는다. 그들 서로서로는 허공에 의해 분리되어 있지만 그들 자신은 불가분하다. 왜냐하면 그들은 자신들의 공간을 완전히 충만케 하고 있어서 그 속에 어떤 허공도 없기 때문이다. 데모크리토스는 그것을 원자(ἄτομα, atoma)라고 했다. 이 원자는 비록 수많은 부분으로 나뉘고 무한히 빈 공간 속에 있기는 하지만 그들은 생성도 소멸도 하지 않는다는 점에서 파르메니데스의 존재와 동종적이다.

원자는 실체상으로는 완전히 동질적이고 단지 그 형태와 크기가 구별될 뿐이며 어떠한 질적인 변화도 할 수 없고 장소적인 이동만을 한다. 다시 말해서 원자들은 비록 아주 작은 조각이지만 불생, 불멸, 불변하며 더 이상 쪼개지지 않는다. 이들 원자의 결합에 의해 모든 복합체의 구성이 생기며 그들의 분리에 의해 구성체가 소멸한다. 결국 모든 종류의 변화는 원자들의 결합과 분리에 의하며 부분적으로는 원자가 있는 상태와 배열의 변화에 따른다.

부언하면 이러한 원자들이 우연, 필연, 이법에 따라서 결합하면 하나의 구체적인 사물이 생성되며 해체되면 소멸된다. 그러므로 생성과 소멸은 원자들의 이합집산이며 논리적으로도 파르메니데스적 딜레마에 빠지지 않는다. 원자들은 형태와 배열, 위치가 서로 다르며, 원자들이 결합하는 데에는 서로서로 같은 것끼리 모이는 원리에 따라서 다양한 종류의 사물들이 구성되는데, 원자들은 심연 속에서 무질서하게 움직이다가 필연의 법칙에 따라 사물을 구성하고 이법에 따라 존재하게 된다.

레우키포스나 데모크리토스 같은 원자론자가 다른 다원론자들과 다른 점은, 후자가 근원적 실체를 움직이게 하는 데에는 특별한 힘이 필요하다고 생각한 반면, 전자의 원자론자들은 운동을 근원적 실체인 원자들 자체에 두었다는 점이다. 그들은 원자가 허공에서 서로 다른 크기나 무게로 인하여 처음부터 선회운동의 상태에 있다고 생각하고, 이러한 운동에 의하여 유사한 원자들끼리 뭉치게 되거나 갈등에 의해 분리되고 서로 다른 형태의 원자들의 결합에 의해 세계가 형성된다고 보았다.

데모크리토스는 자연학, 즉 존재론뿐만 아니라 인식과 윤리, 정치적 문제까지도 폭넓은 관심을 가졌다. 데모크리토스는 인간을 영혼(ψυχή, psyche)과 육체의 합성으로 본다. 그리고 영혼을 물리적인 것으로 설명한다. 그에 따르면 육체와 영혼의 차이는 그것들을 구성하는 원자들의 모양에 기인한다. 영혼은 얇은 조직으로 되어 있으며 가볍게 잘 활동할 수 있는 아주 미세하고 매끈한 둥근 불의 원자로 구성되어 육체를 움직이며 육체에 생명을 주는 육체 속의 육체요 육체의 주인이다. 영혼은 정신과 같으며 신체의 한 부분(뇌)에 자리잡고 있으며 인간의 행복과 불행에 책임을 지는 도덕적 주체이다.

데모크리토스는 영혼에 관한 이러한 생각에 기초하여 인식에 대한 설명을 한다. 그는 모든 사물에 따뜻함이 있는 한 이성과 영혼이 있다고 보고, 사물에서 방출된 것이 감각기관을 통해 들어와 영혼에 일으키는 변화에서 지각이 발생한다고 주장했다. 그러나 그는 감각적 인식과 이성을 전제로 하는 참된 인식으로 나누었다. 감각은 인식의 출발이며 자료를 제공해 주지만, 반드시 여기에는 지성의 능동적인 작용인 사유가 개입되어야 사물에 대한 진정한 인식이 성립된다고 생각했다. 그는 사유가 감성적 지각의 우위에 있는 것처럼 선에 대한 이성적 인식도 감각 충동의 우위에 있다고 보고, 영혼의 평화, 마음의 조화적인 안정은 쾌락과 고통의 우위에 있다고 했다.

제6장
소피스트

    초기 그리스 철학자들은 주로 자연에 관심을 두고 만물의 궁극적 원리를 확정하고자 했다. 그들의 노력은 하나의 물질적 요소들을 제시하고 또 그것으로 자연의 생성 소멸을 설명하는 것으로 나타났으나, 이 세계의 궁극적 본질에 관한 확실한 지식을 획득하는 것은 그리 쉽지 않았다. 특히 헤라클레이토스와 파르메니데스와 같은 사람들의 이론은 감관 지각의 정당성에 대해 회의적인 태도를 초래하기도 했다. 나아가 파르메니데스의 주장처럼 존재가 불변부동이고 운동과 변화에 대한 지각이 환상이라면, 또는 헤라클레이토스의 주장처럼 만물이 끊임없는 변화의 상태에 있으며 고정된 실재적 원리가 없다면 우주론 자체의 기초도 붕괴된다. 결국 초기 그리스 철학자들의 자연, 즉 객체에 대한 탐구는 회의주의적 결론에 귀착되었고 그 결과 자연스럽게 철학적 탐구의 대상이 객체에서 주체로 전환하게 되었는데, 그러한 철학적 변화를 가져오게 한 이들이 바로 소피스트들이다. 이렇게 객관적 대상 세계인 자연과 우주에 관한 관심이 주관, 즉 인간 자신으로 전환되면서 그리스의 철학은 한 걸음을 더 내딛는다. 물론 일(一)과 다(多), 안정성과 가변성, 존재와 현상의 대립적 사실들을 모두 공정하게 취급하는 이론은 플라톤에 이르러서 매우 조직적으로 구체화되지만, 그러한 발전을 가능하게 한 것은 철학적 관심을 자연에서 인간으로, 객체에서 주체로 전환한 소피스트들이었다.

그런데 이러한 철학적 관심의 전환은 당시의 전쟁으로 인한 사회 문화적 변화가 한 요인이 되었다. 아테네가 지중해의 해상권을 둘러싼 페르시아와의 전쟁에서 승리한 것이다. 그리고 그 결과 문화와 철학의 중심지가 식민지에서 본토 아테네로 옮겨지게 되었다. 전쟁이 끝난 뒤 아테네는 델로스 동맹의 맹주가 되었고 정치, 경제, 문화적으로도 급성장하게 되었다. 그리고 이민족들과의 친교가 확장되면서 상당히 오랜 역사를 가진 바빌로니아나 이집트뿐만 아니라 스키타이, 트라키아, 리비아인들과 같은 원시적 문화를 가진 야만인들과도 접촉하게 되었다. 그리고 그들의 다양한 문화를 자신의 것들과 비교하면서 자연스럽게 자신들을 반성하고 비판하는 의식이 싹텄고 스스로에게 질문을 하게 되었다. 자신들의 문화 속에서만 살던 그리스인들이 다양한 문화를 접하면서 일어난 너무도 당연한 일이었다. 이런 문제에 관심을 가졌던 사람들이 바로 소피스트(sophist)들이다.

1. 철학적 성격과 특징

소피스트들의 철학은 이전의 자연철학과 여러 가지 면에서 다르다. 무엇보다 그들이 다룬 철학적 문제는 인간 중심적인, 즉 인간의 문명과 관습이라는 점에서 자연에 대한 탐구에 큰 관심을 두었던 이전의 자연철학과는 사뭇 달랐다. 거시적 세계인 우주가 아니라 미시적 세계인 인간을 다룬 것이다. 이것은 인간이 자기 자신을 의식해가고 있음을 말해준다.

또한 소피스트의 철학은 이전의 철학과 그 방법에 있어서도 다르다. 자연철학자들도 경험적 관찰을 배제하지 않았지만, 성격상 연역적일 수밖에 없었다. 세계에 대한 보편적이고 단일한 원리를 형성하고 나서 자연의 특수하고 개별적인 현상들을 그 법칙에 따라 설명했기 때문이다 그러나 소피스트들은 자연철학자들처럼 사물의 궁극 근거를 통찰하려고 하지 않고, 단지 경험의 지반에 서서 생활의 모든 영역에서 거대한 지식을 축적하려 했다. 그래서 이들은 경험의 지반 위에서 생활에 필요한 지식, 예를 들면 인간 인식의 가능성과 불가능성에 대한 문제, 인간 문명의 시초와 발전에 대한 문제와 같은 이론적인 문제들, 그리고 언어의 기원과 구조의 문제들뿐만 아니라 개인과 사회의 생활을 어떻게 하면 유용하게 만들어 나갈 것인가와 같은 실제적인 문제들에 관심을 가졌다. 그래서 그들의 철학적 방법은 경험적이고 귀납적이었다.

　소피스트의 철학은 철학적 탐구의 목적에서도 이전 철학과 달랐다. 일반적으로 철학자의 목표는 순수하게 이론적인 것이지만 이들에게는 그렇지 않다. 그들에 있어서는 지식이란 생을 이끌어 나가는 데에 수단이 되는 한에서만 가치 있는 것이다. 그래서 그들에게는 제자가 없어서는 안 되었다. 그러나 그들은 제자를 양육하여 같은 소피스트로 만드는 것이 아니라 대중들에게 현실 생활에 필요한 교양 교육을 하는 것이 원초적 목표였다. 따라서 이들은 진리에의 추구 그 자체가 목적이 아니었고, 현실적 생을 이끌어 나가는 데 필요한 지식으로서의 실천적인 문제, 즉 삶의 방법 내지는 조절 등에 관한 것이 목표였다. 그래서 그들은 '철학적인 수사학'(修辭學)을 그들 목적에 가장 효과적인 수단으로 생각하고 이러한 목적 실현을 위해 젊은이들에 대한 교육뿐 아니라 성인들에 대한 통속적 학문에 대한 강의도 병행하여 철학 교육을 보급시키고자 하였다. 젊은이들에 대한 교육은 수학, 천문학, 문법 등으로 구성되어 있었는데, 통상적인 지식뿐 아니라 사고와 대화에서도 철저하고 형식적인 훈련은 물론이고 급변하는 주변 환경에 적응할 수 있는 태도나 행실 등의 행동 방법에 대한 실천적인 교육도 실시했다. 성인들을 위한 통속적 학문에 대한 강의는 때로는 자신들과 친한 부잣집에서 특정인을 대상으로 때로는 공공 장소에서 행해졌다. 강의는 모든 수사학적 책략을 사용하여 상대방을 현혹시키려는 연설과 청중들이 제시한 주제에 대한 즉석 연설로 이루어졌다. 따라서 그들의 교육은 변론술, 문법, 수사학, 자연학, 수학, 도덕 등 다방면에서 영향을 미치게 되었다.

2. 소피스트에 대한 재평가

　플라톤은 그의 『대화록』 중 「프로타고라스」, 「소피스트」, 「테아이테토스」에서 소피스트들은 진리의 상대설을 주장했을 뿐 아니라 '정신적 상품(지식)을 파는 행상인,' '젊은이들을 꼬이는 사냥꾼,' '말 잘하는 기술을 가지고 돈을 버는 장사꾼,' 되지도 않는 이론을 교묘한 사기술과 그럴듯한 논리로 바꾸어 내는 '궤변가,' 말장난을 가지고 사기술을 가르치는 '사이비 교사'라고 묘사하고 있다. 이러한 그의 비판은 오늘날에도 아무런 음미 없이 그대로 받아들여지는 경향이 있다. 그래서 '소피스트' 하면 어의대로 '지자'(知者), '현자'(賢者)의 뜻이 아니라 '궤변론자'라는 부정적인 의미로 쓰이고 있으며, 소피스트와 경험주의적인 그들의 철학이 극단적인 주관주의와 궤변론으로 특징지어지고 있다. 물론 소피스트들 중에는 이와 같은 매도에 가까운 비판을 받을 수밖에 없는 인물들이 있었던 것도 사실이다. 그러나 모든 소피스트들을 사이비 철학자로 낙인찍은 플라톤의 시각에는 다소 문제가 있다.

플라톤의 편견에 가까운 견해는 무엇보다 스승 소크라테스에 대한 존경심에 기인된 것으로 보인다. 플라톤은 책 한 권을 쓰지 않은 스승 소크라테스를 자신의 『대화록』 가운데 주인공으로 등장시킬 정도로 스승을 존경하고 사랑했다고 알려져 있다. 그리고 소크라테스는 동시대의 소피스트들과는 전혀 다른 철학을 가지고 있었다. 따라서 플라톤은 진리의 스승인 소크라테스와 소피스트를 사이비(?) 철학자들로 대조함으로써 소크라테스에 대한 자신의 존경심을 훨씬 더 잘 표현할 수 있었다.

설사 스승에 대한 지나친 존경심으로 인한 편향적 견해로 소피스트를 매도한 것이 아니라고 하더라도 다른 어떤 편견이 분명히 작용하고 있음을 간접적으로 알 수 있다. 당대인들에게는 아낙사고라스, 프로타고라스, 소크라테스, 심지어 플라톤까지도 모두 소피스트로 간주되었다. 따라서 플라톤의 주장처럼 소피스트들이 피상적인 지혜를 가지고 청년들을 타락시키는 궤변론자였다고 한다면 B.C. 5세기 그리스 문화의 황금기에 활약한 이들을 아테네 사람들이 그냥 내버려두었을 리가 없다. 또한 유리피데스(Euripides)가 소피스트들을 높게 평가할 리가 없으며, 투키디데스가 이들에게 배우지 않았을 것이며, 페리클레스와 같은 위대한 정치가가 소피스트의 우두머리인 프로타고라스를 가까이할 리가 만무하다. 오히려 당대의 소피스트들은 사회적으로 높이 존경받는 인물들로서 자신의 조국 시민들에게 애국적인 사명을 부여받은 일을 많이 했다. B.C. 444년, 아테네 사람들은 프로타고라스에게 펠로폰네소스의 식민지인 투리아(Thouria)의 범(凡)그리스 식민지 헌법 제정을 요청하기까지 했다.

돈을 받고 청년들을 교육시킨 소피스트들에 대해 '지식을 팔았다'고 비난하는 플라톤의 비판도 문제가 있다. 사제 간의 인격적인 관계만을 놓고 볼 때, 선생과 제자가 수강료라는 이해관계로 돈을 주고받는 일이 바람직하게 보이지는 않는다.

그러나 플라톤은 부유한 가정에서 태어나 그의 아카데미도 자신의 재력을 바탕으로 건립, 유지했을 정도로 경제적인 어려움을 모르는 사람이었으나 소피스트들은 아테네 출신이 아닌 이방인들로서 귀족 출신도 아니고 후원자도 없었기 때문에 직업인으로서의 교사가 될 수밖에 없었음을 고려하면 충분히 이해할 수 있다. 더구나 그들이 보수를 받을 때도 결코 강제성을 띠지 않았다. 예를 들어 프로타고라스는 학생이 배운 것에 합당하다고 생각하는 정도를 신에게 맹세하고 그 액수를 지불하게 했다. 따라서 소피스트들을 "지식의 행상인"으로 폄하한 플라톤의 비난은 부유한 귀족으로서의 자신의 처지에서만 바라본 편견이라 할 수 있다.

물론 소피스트들의 악영향도 없지는 않았다. 그들이 갖는 상대주의적 경향은 학문의 가능성에 대한 회의를 조장했고 철저한 개인주의와 주관주의는 종교와 국가, 그리고 가정 등이 갖는 기성 권위를 뿌리째 흔들어 놓기도 했다. 그렇지만 소피스트들은 최초로 철학적 탐구의 대상과 관심을 인간의 삶으로 전환시키고, 철저한 경험론적인 입장에 서서 유용성을 강조하는 철학을 전개시켰다는 데에서 그 특징과 의미를 찾을 수 있다.

3. 프로타고라스의 인간척도론

소피스트의 사상적 특색과 철학적 의미는 소피스트를 대변하는 프로타고라스(Protagoras, B.C. 481~411)의 사상 속에 잘 드러나 있다. 프로타고라스의 철학은 다음과 같은 그의 명제 속에서 잘 함축적으로 포함되어 있다; "인간은 만물의 척도(尺度)이다. 존재하는 것에 대해서는 그것이 있다는 데에 대한 척도요, 존재하지 않는 것에 대해서는 그것이 없다는 데에 대한 척도이다."; "사물은 너에게는 그것이 너에게 나타난 그대로요, 나에게는 그것이 나에게 나타난 그대로이다. 그러나 너도 나도 인간이다."

프로타고라스가 이 명제 속에서 주장하고자 하는 점은 인간의 인식이란 전적으로 감각에 의존하므로 절대적인 인식을 얻을 수 없다는 사실이다. 따라서 인간 각 개인의 감각을 통해서 지각되는 것이면 무엇이나 그에게 참이라는 주장이다. 감각이란 개개인의 주관적인 상태나 조건 등에 의해서 동일한 지각의 대상을 서로 다르게 파악하게 되며 또 인간의 인식 대상 역시 한 순간도 변화하지 않는 것이 없으므로, 즉 고정 불변의 대상이 존재하지 않으므로 절대적으로 확실한 진리를 가질 수 없다는 말이다. 그래서 그의 사상은 보통 주관주의, 상대주의, 감각주의 등으로 특징지어지고 있다.

나아가 프로타고라스는 인간의 기원과 목적, 가치, 법률, 관습의 형성과 의미에 관한 문제들을 유용성의 관점에서 다루었다. 이러한 실용주의적 사고의 특징은 주어진 경험을 중시하는 귀납법적 방법에 있으며 귀납법에 근거하여 절대적 진리 인식은 거부하지만 보다 나은 진리, 실천적 삶에 도움이 되는 진리를 유용성에 입각하여 추구하고 있다. 이런 점에서 프로타고라스를 위시한 소피스트의 사상은 20세기의 미국 실용주의의 원류라 할 수 있다.

그러나 불변의 진리, 형이상학, 이상주의를 배격하는 소피스트의 대부(代父)격인 프로타고라스의 철학은 학문과 지식, 특히 윤리에 있어서 확고한 불변의 기준과 가치 규범을 정립하고자 하는 소크라테스 철학에 대립되며, 소크라테스의 철학이 출현하게 되는 동기를 제공하였다.

4. 고르기아스의 불가지론

레온티니 출신의 고르기아스(Gorgias, B.C. 483~375)는 엠페도클레스의 제자로서 처음에는 자연학에 전념했다. 그의 제자 이소크라테스의 묘비는 그가 천체에 관해 깊이 연구했음을 말해 준다. 그러나 엘레아학파의 제논의 변증법이 그로 하여금 회의주의자가 되게 했다. 그의 회의주의는 『비존재 혹은 자연에 관하여』라는 책에 아주 명백하게 표현되어 있다.

첫째, 어떤 것도 있지 않다.

둘째, 어떤 것이 만약 있다 하더라도 알 수 없다.

셋째, 만약 그것을 알 수 있다 하더라도 다른 이에게 전달할 수 없다.

고르기아스는 이를 통해 실재에 부합되는 관념과 일치되지 않는 관념 사이의 구별에 있어서 어려움이 있다는 점과 사물에 대한 용어가 결코 그 사물과 일치하지 않는다는 사실을 말하고 싶었다. 나아가 그는 진리에 대한 인식을 획득할 것에 대한 주장과 요구를 포기하고, 개연성에 머무는 것에 만족하였다.

제7장
소크라테스

    소크라테스(Sokrates)는 B.C. 470년경 아테네에서 조각가인 아버지 소프로니코스와 산파인 파이나레테 사이에서 태어났다. 플라톤은 스승 소크라테스를 소피스트들과 완전히 구분하고 매도에 가까울 정도로 소피스트들을 비판했으나, 정작 소크라테스 자신은 소피스트들과 관계를 맺고 있었고 그들의 강의에 참석하기도 했고 때로는 제자들을 그들에게 추천하기도 했다. 내면에서 신으로부터의 소리가 들려온다고 했던 소크라테스는 아테네에서 가장 지혜로운 사람이 자신이라는 델피 신탁에 의해 용기를 얻고, 자신의 사명은 시민들의 생각 없음을 일깨우고 그들로 하여금 인생의 의미와 자신들의 최고선을 반성하게 이끄는 것이라고 믿고 죽을 때까지 그 일을 계속했다. 그는 세 번씩이나 전쟁에 참가한 전사였고 집념도 남달리 강했다. 그는 살얼음이 어는 겨울이나 40도에 가까운 뙤약볕 아래에서도 생각에 몰두하게 되면 몇 시간이고 생각이 정리될 때까지 그곳을 떠나지 않고 돌장승처럼 서 있을 정도로 무서운 정신력을 소유한 사람이었다.

    소크라테스는 적대자들에 의해 고발당하여 70세의 나이로 세상을 떠날 때까지 도시를 사랑하고 젊은이들의 도덕적 삶의 회복을 위하여, 그리고 정의로운 사회 구현을 위해 죽음까지도 불사하면서 자신의 모든 노력을 아끼지 않았다. 그러나 그의 외모는 대머리에 사자코, 불룩한 올챙이배, 덥수룩한 털이 나 있는 가슴과 팔

다리로 묘사되어 있다. 그는 당시의 민주 정치를 비판하고 무지를 자각시키기 위해서 만나는 누구에게나 반문하는 습관을 가지고 있었고 평범한 아테네인들과는 다른 강한 자아 의식적인 태도를 가지고 있었는데 바로 이런 점들이 그의 적들을 만들어냈다.

　소크라테스는 아무런 저서를 남기지 않았기에 그의 철학을 정확히 파악하기는 사실상 어렵다. 그에 관해서는 플라톤을 위시하여 크세노파네스, 아리스토텔레스, 디오게네스 등이 기록으로 남기고 있는데, 대부분 우리가 아는 소크라테스의 철학은 그의 애제자였던 플라톤의 초기 저작들 속에 많이 투영되어 있다. 그러므로 소크라테스의 철학은 어디까지나 플라톤이 이해한 철학이므로 플라톤에 의해서 미화되었을 수도 있고 잘못 이해되었을 가능성도 있다. 그러나 여러 고증에 의해서 대체적으로 플라톤의 기록을 긍정적으로 받아들이고 있다.

1. 실천철학적 관심

　소크라테스가 소피스트들과 철학적 입장에서 상반되기는 하지만 공통점 또한 가지고 있다. 전통에 기초를 둔 모든 것에 비판적인 태도를 취하고 있다는 점, 철학적 사고의 주요 대상이 인식하고 행동하는 사회적인 존재로서의 인간이었다는 점, 철학적인 반성은 항상 경험에서 출발한다는 점 등이 그것이다. 그러나 소크라테스는 소피스트들의 주관성과 상대성에 머무르지 않고, 도덕 배후에 있는 도덕성, 현존하는 법의 기초에 있는 법, 현존하는 국가의 역사에서 인간 공동 생활을 위한 불변적 법칙, 그리고 여러 신들 배후의 신성 등을 모색했다. 그의 철학은 소피스트들과 마찬가지로 인간의 삶의 문제로부터 시작하면서도 동시에 이들 철학에 대한 강렬한 비판과 함께 구체화된다. 이런 것들은 자연이 아니라 인간 자신에 철학적 관심을 두었던 소크라테스에게는 이론적인 문제가 아니라 "어떻게 하면 잘 살 것인가?" 하는 실천적인 문제였다. "시골 풍경이나 나무들은 나에게 아무 것도 가르쳐 주지 않지만, 도시의 사람들은 나를 가르쳐 주기 때문"이라고 말하는 『파이드로스』 편의 글귀 속에서 그의 관심이 단적으로 드러나 있다. 소크라테스는 일생을 두고 "어떻게 살 것인가?"의 문제를 가지고 고심하였으며, 음미되고 끊임없이 탐구되는 삶을 살고자 노력하였다. 그래서 그는 "음미되지 않는 삶은 살 가치가 없다"고 했다.*

올바른 삶을 살기 위해, 음미되는 삶을 살기 위해서는 무엇을 어떻게 살아야 하는가? 소크라테스는 여기에 대한 대답으로 "자신의 영혼을 돌보라"고 말한다. 소크라테스는 영혼을 생명과 사유, 도덕의 주체로서 이해했다. 따라서 그의 영혼은 자아라는 말로 바꾸어 생각될 수 있으며, "영혼을 돌보라"는 말도 "너 자신을 돌보라"는 의미로 바꾸어 말할 수 있다. 소크라테스가 영혼을 돌보는 일을 강조하였던 이유는 각자가 자신을 돌봄으로써 정의로운 사회를 이룩할 수 있다고 생각하였기 때문이다. 각 개인이 자신의 영혼을 돌본다는 말은 자신과 더불어 공존하는 다른 이웃들뿐 아니라 국가를 존속하도록 돕는 일과 직접적인 연관을 갖는다. 개인은 홀로 존재할 수 없고 운명 공동체로서의 영향을 주고받기 때문에 자신 외에 관심을 갖는 일 또한 자신을 돌보는 일과 밀접한 관련을 갖는다. 그래서 소크라테스는 죽음을 앞두고도 친구 크리톤으로부터 마지막 부탁의 말을 하라는 요청에 대해서도 "자신들을 돌보라"고 하였다.

> 오! 크리톤이여! 특별히 부탁할 말은 없네. 다만 내가 늘 자네들에게 말했던 것처럼 자네들 자신을 돌보게. 그렇게만 한다면 다른 약속을 하지 않더라도 그것만으로 나와 우리 집 사람들 그리고 자네들 자신에게 큰 봉사를 하는 것이 될 것이네. 그러나 자네들이 자신에 관하여 생각하는 바가 없고, 내가 여러 번 말했고 또 지금도 말하는 권고를 따르지 않는다면 지금 이 순간 자네들이 아무리 많은 약속을 지키겠다고 맹세한다 하더라도 아무 소용이 없는 일이네.

자신을 돌보는 일이 사회와 국가에 대한 봉사가 되고 사회 정의 구현에 힘쓰는 일 또한 다름 아닌 자신을 돌보는 일이라는 소크라테스의 생각은 흔들림이 없는 불변의 가치 규범을 확립함으로써 소피스트의 상대주의적 가치관을 배격하고 정의로운 아테네 사회를 이룩하고자 했던 그의 철학적 사명과 부합된다.

2. 무지의 자각과 문답법

소피스트들은 감각을 인식의 기준으로 하여 절대적 기준을 배격하고 유용성에 바탕을 둔 상대적 진리관을 주장하였다. 그런데 일부의 소피스트와 추종자들은 개개인의 특수성만을 강조하고 일반성을 도외시함으로써 극단적인 가치의 상대설을 내세웠고, 그것은 사회의 도덕과 기강을 뿌리째 흔들어 놓았다.

소크라테스의 등장은 그러한 상대주의와 감각주의로부터 나타나게 되는 사회의 혼란과 무질서에 대해 절대적인 윤리적 기준을 확립하고 제시하여 그것을 극복하려는 최초의 철학적 시발점이 되었다. 플라톤의 초기 저작들에서의 공통된 특성이 다분히 도덕적이며 윤리적인 이유가 여기에 있다. 이 작품들에서 소크라테스는 절제, 정의, 용기, 경건, 지혜 등의 덕이 무엇인가를 물으면서 그 정의를 추구하고 있다. 그러나 소크라테스는 덕을 정의할 때 자신이 그 정의를 내리지 않는다. 그는 대화의 방법을 통해 그것을 추적해갔다.

친구 카이레폰이 "아테네에서 제일가는 현자는 소크라테스이다"라는 델포이 신탁의 말을 전해 주었을 때, 소크라테스는 무지한 자신을 아테네 제일의 현자라고 한 아폴로 신의 뜻을 이해할 수 없어서 그 뜻을 헤아리기 위해 당시의 유명한 정치가, 시인, 장인들을 찾아다니며 대화를 하였다. 그 결과 자신이 그들보다도 더 많은 것을 안다고 말할 수는 없지만, 그들은 자신들의 무지를 깨닫지 못하고 있는 반면에, 소크라테스 자신은 자기의 무지에 대한 뼈저린 자각을 하고 있다는 중요한 차이점을 발견했다. 그리고 소크라테스는 바로 이 자각 때문에 신이 자기를 아테네의 제일 가는 현자라고 말했다는 사실을 깨달았다.

진실하고 정의로운 삶은 자신의 무지를 자각함으로써 비로소 시작될 수 있음을 깨달은 소크라테스는 스파르타 사람 킬론(Kilon)이 말했던 "너 자신을 알라"는 경구를 철학적 삶을 사는 표어로 삼고, 젊은이들이 교만과 편견에서 벗어나 자신의 무지를 깨닫도록 하였다. 이 무지를 깨닫게 하는 방법이 소크라테스의 문답법인데, 자신의 무지를 핑계로 대화자에게 물어 그 스스로 대답하게 하고 또 그 대답의 모순을 지적하여 다시 묻는 과정을 되풀이함으로써 결국 대화자로 하여금 자신의 무지를 고백하게 했다. 또한 자연스런 대화를 통해 대화자 스스로가 문제의 핵심에 접근할 수 있게 하여 마침내 스스로가 자신의 무지를 자각할 수 있게 도와주었다. 상대로 하여금 무지를 자각하게 하는 소크라테스의 대화법적 방법을 산파술이라고 하는데, 그것은 소크라테스가 산모에 비유되는 대화자로 하여금 무지의 자각이라는 아이를 낳도록 도와주기 때문에 붙여진 명칭이다.

소크라테스의 지적 산파술 방법의 한 좋은 예는 플라톤의 『대화』중의 「유티프론」편에 등장하는 소크라테스와 유티프론과의 대화에서 극적으로 묘사되어 있다. 아르콘 왕의 공저 앞에서 벌어진 장면을 간단히 소개하면 이러하다.

> 소크라테스는 자신을 불경죄로 고소한 사람을 만나려고 기다리고 있다. 그 때 유티프론이 나타난다. 유티프론은 부친의 불경죄를 고발하기 위해 온 것이다. 유티프론이 고발하고자 했던 부친의 죄목이 소크라테스가 받은 죄목과 동일했다. 그래서 소크라테스는 불경죄가 무엇인지를 정확하게 아는 사람만이 그러한 죄목으로 누군가를 고발할 수 있을 것이라고 하면서 유티프론에게 경건과 불경이 무엇인지를 묻는다.
>
> 유티프론은 "잘못한 사람을 고발하는 것"이 경건이며 그 반대가 불경이라고 대답한다. 이에 대해 소크라테스는 많은 경건한 행동들 중 한두 가지를 말해 달라는 것이 아니고 모든 경건한 행동을 경건하게 만들어 주는 경건성의 이데아가 무엇인지를 다시 묻는다.
>
> 유티프론은 신들을 기쁘게 해주는 것이 경건이라고 다시 대답한다. 그러나 소크라테스는 신들 사이의 잦은 싸움에 대해 이야기하면서 신들 사이에도 무엇이 더 좋고 무엇이 나쁜지에 대한 의견의 일치가 존재하지 않음을 제시한다. 즉 동일한 행동도 어떤 신에게는 기쁘지만 다른 신에게는 기쁘지 않을 수 있다는 것이다.
>
> 유티프론은 궁지를 벗어나기 위해 모든 신이 사랑하는 것이 경건이며 모든 신이 싫어하는 것이 불경이라고 고쳐서 말한다. 그러자 소크라테스는 어떤 것이 경건하기 때문에 신들이 사랑하는 것인지, 아니면 신들이 사랑하기 때문에 그것이 경건한 것인지를 되물었다. 경건성의 본질이 무엇이냐는 질문이다.
>
> 유티프론이 경건은 신들에게 바쳐야 할 정성과 관계가 있는 정의의 부분이라고 대답하자 소크라테스는 어떠한 종류의 정성이 신에게 바쳐져야 하는가를 되물음으로써 더욱 명석한 정의를 요구했다.
>
> 유티프론은 여기서 우물쭈물한다. 이 때 소크라테스는 "만일 당신이 경건과 불경이 무엇인가를 정확히 알지 못한다면 당신은 결코 당신의 아버지를 고발할 수 없을 것이오."라고 말한다. 그러자 유티프론은 바쁘다고 하면서 자리를 슬그머니 피하고 만다.

경건이라는 주제에 대한 대화는 결론을 내리지 않은 채 여기서 끝나지만 그 대화는 소크라테스의 변증술의 생생한 예를 잘 보여줄 뿐 아니라 철학적 삶에 대한 그의 사고방식을 잘 묘사해주고 있다.

그러나 소크라테스는 결코 그 자신이 해답을 제시해 주거나 결론을 내리는 일은 없었다. 진리는 아무에게나 주어지는 것이 아니고 가르쳐지는 것도 아니며 애써 구하고 탐구함으로써 스스로 터득하는 것이라고 생각했기 때문이었다. 소크라테스가 자신을 '아테네의 쇠파리'로 비유한 점이나 산파로 묘사한 일은 그의 남다른 교육 이념의 단적인 특징을 보여주는 것이다.

3. 주지주의와 지행합일

소크라테스 철학의 중요한 또 다른 특징은 지식과 행동, 이론과 실천을 분리하지 않은 데서 찾을 수 있다. 그는 인간의 모든 잘못된 행위는 알고도 행하지 못하는, 즉 인간의 수양 또는 실천 의지의 결여로부터 발생하는 것이 아니라 무지로부터 비롯된다고 생각하였다. 그런 점에서 소크라테스는 주의주의가 아니라 주지주의적 입장을 취했다.

소크라테스는 어떠한 행위를 함에 앞서서 무엇 때문에 그 일을 해야 하는가에 대한 확실하고도 분명한 인식을 갖지 않으면 그 행위를 할 수 없다고 보았다. 예를 들어 용기를 진정으로 아는 사람만이 참으로 용기 있는 행동을 할 수 있으며, 효도가 무엇인지 아는 사람이 효도를 할 수 있다. 정의, 절제, 경건 등의 덕을 행함에 있어서도 그러한 덕들을 잘 알지 못하면 올바로 행할 수 없다. 다시 말해서 덕을 진짜로 알면 그 덕에 따라 행동하게 되어 있다. 알고도 행하지 않는다는 것은 있을 수 없다. 알고도 행하지 않음은 아는 것이 아니라 사실은 모르는 것이요, 그렇기 때문에 행동하지 않는 것이다. 결국 안다는 것과 행동한다는 것은 다른 것이 아니다. 앎은 곧 행동이다. 지식과 실천은 하나이다. 즉 "덕은 곧 지식이다." 그러므로 정의, 절제, 용기, 경건 등의 덕에 반대되는 부덕은 불의, 방종, 비겁, 불손이 아니라 무지이다. 이것이 그의 주지주의적 지행합일설이다.

소크라테스는 이론과 실천이 하나라는 점을 이론적으로만 생각하고 주장하지 않고 자신의 삶 속에서 지행합일을 몸소 실행하여 보여주었다. 자신이 원하면 살 수 있는 길이 있었음에도 불구하고 불의와 타협하지 않고 의연한 모습으로 죽음까지도 불사하였던 그의 태도는 그의 삶이 이론적 사변에 머물지 않았다는 가장 좋은 예일 것이다.

제8장
플라톤

　이오니아의 식민지에서 시작된 철학이 아테네에로 옮아오게 된 사실은 획기적 의미를 갖는다. 그것은 인간의 현실 세계에 대한 새로운 이해와 관심을 불러일으키는 분기점이 되었고, 인간과 세계 인식의 종합적 철학 체계가 태동하는 예고이기도 하였기 때문이다.

　플라톤과 아리스토텔레스는 이전 철학자들의 편협하고 치우친 철학적 관심들을 하나의 웅대한 체계로 수렴코자 하였다. 플라톤은 인간의 삶과 사유의 세계, 자연현상을 탐구하면서 그에 대한 철학적 문제를 제기하고 여기에서 파생되는 상이한 철학적, 종교적 사고들을 그의 『대화록』 속에서 하나의 체계로 엮어 보려고 하였다. 또 아리스토텔레스는 형이상학과 개별 과학과의 관계를 정립하여 학문을 체계화하며 조직화하는 기반을 닦았다. 그래서 플라톤과 아리스토텔레스의 시대를 종합적 체계화의 시대라고도 말한다. 이 두 철학자는 20년간의 사제관계에 있었지만 각기 고유한 철학적 사유와 체계를 지니면서 자신들의 정신적 지평을 넓혀 갔다. 플라톤은 현실 세계를 이해함에 있어 초월성을 인정하였으나, 아리스토텔레스는 그것을 내재적으로 전환시켰다는 점에서 차이를 보인다. 그러한 점은 르네상스 시대의 화가였던 라파엘로의 '아테네의 정원'이라는 그림에 단적으로 묘사되어 있다.

1. 철학적 특징

플라톤은 스승 소크라테스의 철학을 계승하고 논리적으로 보다 구체화시키고자 했다. 그는 소크라테스의 가르침을 공고히 하고 또 옹호하였지만 거기에 머물지 않고 자신의 철학적 사유의 지평을 전개해 나갔다. 그의 철학은 소크라테스적인 시기, 과도기, 성숙기를 거쳐 노년기에 이르는 과정을 거치면서 점진적인 성장과 발전을 통하여 이전의 서로 상이한 철학들을 포용하여 통일했다는 사실로 특징지을 수 있다. 그는 단순한 절충이 아닌 창조적인 능력을 발휘하여 탐구의 영역을 확장시켜 전 우주까지 포괄하는 독창적인 보편적 체계를 완성했다.

플라톤 철학의 생성에는 주요 특징적인 네 가지 철학적인 경향들이 있었다. 헤라클레이토스, 소크라테스, 피타고라스, 엘레아학파가 바로 그것이다. 이와 함께 원자론자들에게서도 적지 않은 영향을 받았다.

플라톤은 소크라테스를 만나기 전에 이미 헤라클레이토스의 철학에 친숙해 있었다. 그의 변화, 유전 사상은 대상의 고정성을 부정하기 때문에 그런 변화하는 세계에서는 참된 인식이 불가능하다는 점에서 부정적이었다. 참된 인식의 대상을 발견하고자 하는 플라톤의 노력에 빛을 던져준 것은 선과 초감각적인 것을 탐구하는 스승 소크라테스였다. 그리고 소크라테스의 영향으로 행위는 참된 인식에 의해 결정되는 것으로 보았다. 그러나 플라톤은 피타고라스주의와 접촉하고 나서 새로운 전환점을 맞이한다. 그것이 바로 이원론의 도입이다. 본질적이고 영원하고 불변하는 것에 대한 관심이 플라톤으로 하여금 감각계를 단순한 현상으로 말하는 파르메니데스에게 기울어지게 했다. 결국 소크라테스주의, 피타고라스주의, 엘레아학파의 세 요소에서 플라톤의 이데아(idea) 개념이 도출되었다. 반대로 헤라클레이토스주의는 이데아에 대한 현상과 물질의 세계를 설명하는 데에 쓰이게 되었다.

결국 플라톤의 현상계와 이데아계라는 이원론적 세계관은 이전 시대의 철학자들의 종합적인 체계라고 할 수 있다. 그는 헤라클레이토스적인 변화하는 세계를 현상의 세계로 구축했고, 파르메니데스적인 세계를 이데아의 세계로 구축하여 거기에 피타고라스와 소크라테스의 철학을 수용한 것이다. 이렇게 하여 플라톤은 이전 시대의 거의 모든 철학적 내용을 자신의 철학 체계 안에 종합하여 이원적론 세계관을 구축할 수 있었다.

2. 이데아론

플라톤 철학의 핵심인 이데아론은 이 세계를 두 개로 구분하는 이원론적 세계관이다. 하나는 우리가 일상생활에서 경험하는 세계인 변화하는 현상계이고, 다른 하나는 참된 존재의 세계인 이데아계이다. 그리고 이런 토대에서 그의 철학은 정신과 물질, 신과 세계, 육체와 영혼 사이를 예리하게 구분한다.

1) 이론적 기초

화이트헤드(Whitehead)에 의해 "서양철학의 역사는 플라톤과 그의 철학의 주석에 불과하다"는 찬사를 받는 플라톤은 전 시대의 모든 철학사상을 종합하는 천재성을 보여주었다. 앞에서도 말했듯이 그의 이데아론은 피타고라스, 파르메니데스, 헤라클레이토스, 그리고 소크라테스 등에게서 영향을 받은 바가 크다.

먼저 플라톤은 피타고라스의 수의 철학을 통해 궁극적인 것은 물질적이 아니라 관념적이라는 것을 배웠다. 또한 파르메니데스에게서는 실재는 불변의 영원한 것이요 변화하는 사물들은 우리의 감각의 불완전성에 기인하는 환상에 불과하다는 사실을 받아들였다. 그리고 헤라클레이토스에게서는 만물유전설, 즉 현상계의 모든 것은 부단히 변전한다는 것을 받아들였다. 마지막으로 스승 소크라테스에게서는 인간 행위의 준칙이 되는 지식은 상대적인 것이 아니라 절대적인 것이어야 함을 배웠다. 이러한 영향으로 플라톤은 우리의 감각이 불완전한 것이고 현상계의 모든 것이 변전한다면 절대적인 인식의 대상은 현상계에 있을 수 없다고 생각하게 되었다. 결국 플라톤은 참다운 지식의 기원과 영역을 감각과 감성이 아니라 이성과 예지계에 둠으로써 감성과 이성, 감성계와 예지계라는 이원론을 세우기에 이르렀다.

2) 현상과 이데아

본래 플라톤은 선을 추구하고자 했던 스승 소크라테스의 과업을 이어받아 자신의 시대적 상황에서 당면했던 절박한 문제를 해결하려 했다. 그것은 무엇보다도 건전한 도시국가의 확고한 질서와 규범을 확립하는 일이었다. 그래서 그는 개별적인 덕들에 대한 윤리적 문제를 다루었다. 그런데 바로 이런 연구가 그로 하여금 단일한 선을 인식하는 데에 이르게 했다.

플라톤은 만약 단일한 선이 인식의 대상이라면 그것은 주관적 영역을 넘어선, 어떤 규정된 참된 불변적인 것이므로 헤라클레이토스적 세계는 결코 그런 인식의 대상이 될 수 없음을 깨달았다. 그리고 참된 인식 대상의 영원성과 지속성의 요구에 답하려면 파르메니데스의 존재와 같은, 즉 현상계 외의 다른 세계가 있음에 틀림없다고 생각했다. 다시 말하면 참된 인식의 세계는 감각과 지각의 세계가 아니라 사유의 세계이어야 한다고 생각했다.

그런데 사유는 개별적 사물을 그 대상으로 하지만 각각의 사물들에 있는 개별적인 것이 아니라 사물들의 공통적이고 보편적인 것에 주의를 기울인다. 플라톤은 바로 사유를 통해 발견한 사물들 속에 있는 이러한 공통적인 성질을 이데아(ἰδέα, idea) 또는 형상(形相, εἶδος, eidos)이라고 했다. 이러한 형상은 사물들의 변화에도 불구하고 변화하지 않는 비감각적인 실재로서 단지 사유에 의해서만 파악될 수 있는 본질의 세계이다. 그리고 이러한 보편적인 이데아를 함유하고 있는 구체적인 경험계의 사물들을 현상(現像)이라고 했다. 따라서 이데아는 구체적인 사물들의 존재를 가능하게 하는 존재의 원인이라고 할 수 있다.

그런데 여기에서 유의할 것은 플라톤이 말한 이데아는 우리의 마음이나 정신 가운데에 있는, 즉 우리의 사고가 만들어 낸 하나의 관념이나 개념에 그치는 단순한 사유물이 아니라는 사실이다. 다시 말하면 그가 말하는 이데아란 머릿속에만 있고 실제로는 존재하지 않는 어떤 관념을 말하는 것이 아니라 참으로 존재하는 객관적 실재이다. 그리고 이데아는 사물에만 있는 것이 아니라 성질, 관계, 활동들에도 있으며 자연적 사물과 예술품에도, 가치 있는 것들과 나쁘고 쓸모없는 것들에도 그들의 이데아가 있다. 보통명사에 해당하는 이데아뿐 아니라 추상명사에 해당하는 이데아도 있다는 말이다. 그렇다면 이데아는 구체적으로 어디에 존재하는가? 구체적인 사물은 경험적 현상계에 존재하지만 참된 존재로서의 이데아는 어디에 존재하는가? 플라톤은 이데아들은 경험적 현상계와는 완전히 이원된 세계, 곧 '하늘 저쪽'의 이데아계에 존재한다고 했다.

플라톤은 이러한 현상과 이데아의 이원적 구조를 통해 현상계는 불완전한 세계이며 모형과 그림자에 불과하지만, 이데아계는 그 현상의 배후에 눈에 보이거나 손에 잡히지 않는 완전무결한 실재인 이데아로 구성된 세계로서 현상계의 원형이며 이상적 세계라는 이원론적 세계관을 확립했다. 한 마디로 말하자면 경험적인 감각의 세계는 생성 변화 운동 소멸하는 유동의 세계로서 단지 현상에 불과하지만, 이데아는 현상의 배후에 존재하는 참된 존재의 세계라는 것이다.

3) 동굴의 비유

플라톤의 이데아론은 「국가」편 7권 앞부분에서 '동굴의 비유'를 통해 잘 설명되어 있다. 이 비유 속에는 형이상학적, 인식론적, 윤리학적 사상 전반에 걸친 플라톤 철학의 기본 성격이 담겨져 있다. 플라톤은 그가 말하는 실체를 이해하기 위해서 커다란 동굴 속에 살고 있는 몇 사람의 죄수들을 상상할 것을 요구하는데 그의 비유를 대체로 요약하면 이러하다.

동굴 속에 갇힌 죄수들은 어린 시절부터 그 곳에서 그들의 발과 목에 사슬이 묶여 있었기 때문에 움직일 수 없다. 그들은 그들의 머리를 돌릴 수조차 없기 때문에 단지 그들의 전방에 존재하는 것만을 볼 수 있다. 그들의 뒤에는 그들이 앉아 있는 바닥보다 높이 솟아오른 지대가 있다. 이 높은 지대에는 물건들을 나르면서 앞뒤로 걷고 있는 또 다른 사람들이 있다. 그들이 나르는 물건들은 나무와 돌과 그 밖의 다양한 물질들로 만들어진 동물과 인간의 상(像)들이었다. 이 걷고 있는 사람의 뒤에는 불이 있고 그보다 훨씬 뒤에 동굴의 입구가 있다. 족쇄에 묶여 있는 죄수들은 단지 동굴의 벽만을 볼 수 있을 뿐 서로를 보거나 움직이는 사람들을 보거나 그들 뒤에 있는 불을 볼 수도 없다. 죄수들이 볼 수 있는 것은 그들 앞에 있는 벽에 비친 그림자가 전부이며 그 그림자는 사람들이 불 앞으로 걸을 때 비친 반영(反影)이었다. 그들은 대상물이나 그것을 나르는 사람을 결코 볼 수 없으며, 그 그림자들이 그림자인지조차도 알 수 없다. 오히려 한 그림자를 보며 어떤 사람의 음성을 들을 때 그것이 벽에 반사된 메아리라는 것을 알지 못한 채 그 소리가 그림자에서 나온 것이라고 생각하며 그것이 진실이라 믿는다. 왜냐하면 그들은 그밖에 다른 것의 존재를 경험하지 못하기 때문이다. 그러므로 이 죄수들은 벽에 만들어진 그림자들만을 인식하게 될 뿐이다.

그런데 죄수들 중 한 사람이 족쇄를 풀고 일어나 주위를 돌아 불빛을 향해 걸을 수 있게 되었다. 벽을 통해 그림자를 보는 데 익숙했던 그는 처음에는 모든 게 낯설게 느껴지기도 하지만 동굴 입구로 통하는 가파르고 험준한 통로를 통해 마침내 동굴 밖으로 나와 태양빛을 접하게 된다. 처음에는 눈이 부시어 아무것도 볼 수 없었지만 시간이 지남에 따라 차츰 빛에 익숙해지게 된다. 그리고 동굴 속에서 참된 존재라 생각했던 것과 같은 그림자가 태양빛에 의해 만들어지는 것을 보고 그것이 실재가 아니라 그림자였음을 깨닫게 된다. 그의 지식이 중요한 전환 또는 진보를 맞게 된 것이다. 이윽고 그는 사물 자체를 보게 된다. 그리고 마침내 하늘에 떠 있는 태양을 보게 되고 더 이상 그림자나 그밖의 다른 어떤 것을 통하여 그것을 경험하지 않게 된다. 나아가 그 풀려난 죄수는 점차적으로 사물들을 보이게 만드는 것이나 계절들과 사물의 온갖 변화를 이끄는 것도 태양이며 그 밖의 많은 사물들도 그렇게 태양에 의존하고 있음을 깨닫게 된다. 드디어 그는 자신과 자신의 동료들이 동굴의 벽에서 보았던 것, 즉 그림자 반영들과 가시계(可視界)에 실재하는 사물들과의 차이점을 이해하게 되고 태양 없이는 가시계가 존재할 수 없다는 것을 확신하게 된다.

　이 죄수는 동굴 속에서의 삶과 행동 방식을 회상하면서 아직도 동굴 속에서 그것이 참된 세계라고 굳게 믿고 있는 이들에 대해 연민의 정을 느낀다. 그래서 다시 동굴로 돌아가 그가 경험하고 깨달은 사실을 전해주면서 동굴 속의 세계가 참된 세계가 아님을 간절히 설득하지만 그들은 그의 말을 믿으려 하지 않는다. 그리고 그에게 돌아온 것은 미움과 멸시밖에 없었다.

　인간을 동굴의 어둠 속에 살고 있는 죄수로 비유한 이 같은 플라톤의 '동굴의 비유'는 그의 사상의 근간이 되는 이데아론을 설명하는 것인데, 우리는 그 내용으로부터 플라톤의 의도를 읽어낼 수 있다.

　첫째, 동굴의 비유는 동굴 안과 동굴 밖의 세계로 구분하고 있다. 그의 이데아론에 비추어 볼 때 전자는 우리의 일상적인 상식의 세계, 즉 현상 세계를 의미한다. 그 세계는 습관과 감각, 상식이 지배하는 세계이기 때문에 실재를 파악치 못하는 그림자의 세계요, 끊임없이 변화하며 혼돈이 지배하는 유동과 생멸의 세계이다. 그러므로 이 세계에는 인식론적, 존재론적 또 가치론적으로 그 어떤 확실한 기준과 근거를 찾을 수 없는 불확실한 감각의 세계이다. 반면 동굴 밖의 세계는 참다운 실재의 세계요 진리의 세계이다. 변화하는 세계가 아닌 항구적 불변의 존재 세계로서 인간의 이성적 인식의 대상이며 윤리적 가치 판단의 기준이 되는 예지의 세계이다. 물론 이 세계는 이데아계를 비유한다.

　둘째, 감각적 세계 속의 인간은 무지와 편견으로 자유롭지 못하다는 것을 말해준다. 플라톤이 인간을 동굴 속에 묶여진 죄수라고 비유함은, 일상의 인간은 감각과 속된 생각들에 사로잡혀서 감각적 인식을 진리로 고집하고 실재인 이데아의 세계에 관심을 기울이지 않고 세속적 욕망에 사로잡혀 착각 속에서 생활하고 있음을 의미한다.

셋째, 죄수가 동굴 밖으로 나감은 진리 세계로의 탐구를 의미한다. 그것은 새로운 세계, 진리 세계로의 탐구가 시작되었다는 의미로서 찰나적 삶이 아닌 진리와 영혼의 세계로 향하는 구도자적 삶이요 감각적인 삶에서 이성적인 삶에로의 전향을 의미한다. 쇠사슬을 끊고 밖으로 나가려는 의지는 타성과 습관, 감각으로부터 벗어나려는 의지이다. 그리고 그것은 본래의 고향을 찾아가려는 욕구인 에로스 (eros)에 의해서 가능하다. 플라톤은 인간 영혼의 전생을 믿었고 자신의 잘못으로 인해 육체 속에 갇혀 살고 있는 것으로 생각했다. 따라서 인간은 자신의 본래 고향, 진리 세계에 대한 지울 수 없는 향수를 느끼고 그곳으로 복귀하려는 욕구를 갖는데 이러한 동경의 마음이 철학과 예술적 활동의 동기가 된다고 했다.

넷째, 동굴의 비유는 인식의 종류와 진리에 이르는 인식의 과정을 보여준다. 동굴의 비유는 동굴 속에서의 그림자를 통한 인식은 참된 인식이 아닌 상상과 추측, 억측에 의해서 얻어지는 조잡한 주관적인 인식이요, 동굴 밖의 햇빛 아래에서의 인식이 참된 인식임을 비유하고 있다. 동시에 인간의 인식은 동굴 안에서의 그림자에 관한 현상적 인식에 머물지 말고 동굴 밖에서의 태양 아래에서의 참된 인식으로 나아가야 함을 보여주고 있다.

다섯째, 동굴의 비유는 철학자의 사명을 보여준다. 플라톤은 동굴 밖에서 안으로 들어가 남아 있는 동료를 배려하는 것은 진리를 먼저 인식한 철학자들의 의무라고 생각하고 있다. 그는 오르페우스나 피타고라스학파의 추종자들처럼 개인의 구원이나 구제에 철학적 의미를 두지 않았고, 진리를 깨닫지 못하고 무지 속에서 헤매는 인간들에 대한 무한한 연민과 이들을 위한 배려 속에서 개인의 구원이 가능하다고 믿었던 것으로 보인다.

4) 이데아의 기능과 특성

플라톤은 경험 가능한 현상계와 그 현상계의 모든 사물의 본질인 이데아계라는 이원론적 세계관을 '동굴의 비유'를 통해 설명했다. 그는 감각의 세계인 현상계는 끊임없이 변화하기 때문에 그에 대한 참다운 지식을 얻을 수 없다고 생각하였다. 그런데 경험 세계에 고정 불변한 대상이나 가치 규범, 인식이 있을 수 없다면 그것은 스스로 독립적으로 존재하는 것이 아니라 그 무엇에 의해 규정되는 세계이며, 그러한 점에서 의존적 성격을 띠게 된다. 따라서 플라톤은 이 세계를 규정하는 근거를 실재의 세계, 즉 이데아의 세계에서 찾고 우리에게 주어진 경험 세계 외에 초월적인 이데아의 세계를 상정하여 현실 세계와 이데아 세계와의 연관성을 정립했다. 현상계에 대한 이데아의 성질과 기능은 몇 가지 기능과 역할을 가지고 있다.

첫째, 이데아는 논리적인 기능과 성질을 가지고 있다. 이데아들은 우리로 하여금 개별적인 것들에 질서를 부여해 준다. 즉 유사성을 인식하게 해주고 비유사성을 구별해 주어 다(多) 속의 일(一)을 파악하게 한다. 이데아는 다양한 개체들을 분류해 주기도 하고 그 속에서 보편을 찾게 해주기도 한다. "수많은 개체들이 공통된 명칭을 가질 때, 그것들은 하나의 이데아를 갖는다"는 플라톤의 말은 이데아가 보편적인 개념이란 의미를 시사한다. 예컨대 우리가 말하는 보통명사 중의 하나인 '사람'은 무수한 개별자로서의 사람, 즉 영희, 순희, 철수, 복남이 등등을 통칭하는 유(類)와 같은 것이다. 그리고 그것은 또 다른 유 개념인 '개'나 '말,' '책'이나 '꽃'과 구별되는 사람의 본질적 형상과 이데아를 가리키는 것이다. 그리고 하나하나의 구체적이고 개별적인 사람은 사람의 이데아를 원형으로 하는 모형이라 하겠다. 다시 말해서 경험적인 구체적인 대상들은 논리학적으로 종(種)이라 한다면, 그것들을 포괄할 수 있는 이데아는 유(類)라고 할 수 있는 논리적인 면이 있다.

둘째, 이데아는 존재론적 근거의 성질과 기능이 있다. 이데아는 참된 존재, 사물그 자체를 나타낸다. 각 사물은 자신 속에 이데아의 현존을 통해서, 혹은 이데아에 참여를 통해서 존재한다. 따라서 이데아는 고유명사를 제외하고 일반명사와 형용사에 상응하는 의미와 존재의 근거가 된다. 예를 들면 아름다운 여자, 아름다운 경치, 아름다운 음악, 아름다운 꽃 등등이 모두 아름다운 것은 그것들을 아름답게 하는 '아름다움' 때문이다. 즉 구체적인 여자, 경치, 음악, 꽃이 자체로서 아름다워서가 아니라 그것들이 이데아의 세계 내에 존재하는 아름다움의 이데아와 관계를 맺기 때문이다. 다시 말하면 이데아는 존재하는 모든 것들에 대해서 그것들을 그렇게 존재하게 하는 근거가 된다는 말이다. "모든 아름다운 것들을 아름답게 하는 것은 아름다움(미)의 이데아이다,” “사물들이란 이데아를 모사한 것에 불과하다,” “사물들 속에 현현된 이데아가 바로 그 사물의 본질이다’라는 플라톤의 표현은 이데아가 사물들의 존재 근거임을 말해준다.

셋째, 이데아는 인식론적인 원리와 기능을 가지고 있다. 플라톤에 따르면 이데아는 영구 불변의 참다운 것인 반면, 변화하는 구체적 사물들은 참다운 것이 아닌 가변적 현상에 불과하다. 그러므로 변화하는 사물에 대한 인식은 참된 인식이 아닌 억견, 속견인 ‘독사’(δόξα, doxa)에 불과하고, 이데아에 관한 인식만이 참다운 진지(眞知, ἐπιστήμη, episteme)이다. 그리고 이데아는 감각이 아닌 이성적 사유에 의해 파악할 수 있으므로 참다운 인식은 오직 이성에 의해서만 가능하다. 이는 참된 인식의 영역이 감성계가 아니라 이데아계라는 사실을 말해준다. 즉 이데아는 우리의 이성적 인식의 참다운 대상이며 학문 성립을 가능케 하는 지반이며, 사물의 본질인 이데아를 파악하는 것이 곧 진리에 도달하는 길이다.

플라톤은 그것을 기하학으로 설명했다. 그에 따르면 우리가 삼각형이나 원의 기하학적 성질을 규명하려 할 때 종이나 칠판 위에 특정한 불완전한 삼각형이나 원을 그려 놓고 그 성질을 밝혀내는데, 이 같은 방법으로 도형의 완전한 본질을 직관하는 것이 수학적 인식이다. 우리가 그리는 삼각형은 선이 이리저리 구부러지고 울퉁불퉁한 불완전한 것이지만, 그런 불완전한 삼각형을 통해 이성적 추리를 함으로써 삼각형에 대한 본질적이고 보편적 성질, 즉 이데아를 발견할 수 있다. 만약 우리가 완벽하고 하나밖에 없는 이데아로서의 삼각형 자체를 대상으로 삼지 않는다면, “삼각형의 내각의 합은 180도이다’라는 명제도 경험계 속에서는 결코 타당할 수가 없을 것이며 기하학은 단지 약속의 체계가 될 것이다. 그러나 기하학의 경험적 도형들은 감각계에 속하지만 그 도형의 공통적이고 보편적인 성질을 알 수 있게 해준다. 따라서 기하학적 도형들은 그 구체적 도형들의 이데아를 알려준다는 점에서 감각계와 실재계의 중간에 속한다. 그래서 플라톤은 보편적이고 불변하는 사물의 본질을 파악하기 위해서는 수학적 훈련이 필요하다고 하여 그가 세운 아카데미 정문에 “수학(기하학)을 모르는 사람은 들어오지 말라’고 경고하기도 했다.

넷째, 이데아는 목적론적이고 윤리학적인 기능이 있다. 인간의 도덕적 행위를 기술할 때 쓰이는 덕의 개념들에 상응하는 정의, 절제, 지혜, 용기 등은 그 자체로서의 이데아가 존재한다. 그리고 우리는 이 이데아들과 관계를 갖고 생각함으로써 그러한 덕들을 행위하고 판단한다. 예컨대 정의라는 이데아에 의해 정의로운 행위들이 무엇인지를 따질 수 있고 정의로운 사람을 지향할 수 있다. 다시 말해서 이데아의 모방에 불과한 현상적 사물들은 그들이 모방한 그 이데아가 바로 지향해야 할 목표와 목적인 이상적인 존재이다. 이데아는 완전하기 때문에 불완전한 사물들에게는 이상이요 그들이 지향할 목표와 목적이 된다는 의미이다. 요컨대 이데아의 완전성은 불완전한 사물들의 이상적 목표이다.

이렇게 볼 때 참된 존재로서의 이데아는 존재와 가치와 인식의 절대적 근거요 기준이 되는 실재이다. 바꿔 말하며 이데아는 모든 행위와 사고 속에 들어 있는 공통성이며, 모든 사유 활동의 기준과 근거일 뿐 아니라 초월적 세계에 참으로 존재하는 실체로서 모든 사물들의 원인이라는 말이다.

5) 이데아와 사물과의 관계

"동굴의 비유"의 관점에서 보면 현상계의 구체적 사물은 그림자에 해당한다. 반면에 이데아는 초월적 세계에 실재한다. 그리고 이데아는 구체적 사물의 존재 근거라고 했다. 그렇다면 초월적 존재로서의 이데아와 경험계 내의 구체적 사물은 어떤 관계에 있는가? 과연 존재의 방식과 존재의 차원이 전혀 다른 두 세계는 어떻게 연결될 수 있는가? 이들 두 세계의 관계를 보여주는 이론이 바로 플라톤의 분유론(分有論, theory of participation)이다.

경험 세계는 그 자체로서는 규정되지 않기 때문에 현상계의 모든 사물들이나 규범, 사고 등은 이데아와 관계를 맺음으로써, 즉 이데아에 참여하고 모방하고 나누어 가짐으로써 규정을 받게 된다. 플라톤은 이에 대해 「파이돈」에서 "사물이 아름답게 보이는 것은 그것이 미의 이데아에 참여(participate)했기·때문이다," "모든 아름다운 사물을 아름답게 하는 것은 미의 이데아이다"라고 말한다. 이는 사물들이 그의 이데아에 의해 규정되며 그 이데아에 참여함으로써만 그것의 존재 의미를 갖는다는 의미이다. 그런데 이데아가 사물의 존재 근거요 그것이 모든 사물들에 나타나 있는 것이라면, 이데아가 사물 속에 나타나 있지 않으면 세계란 다만 무의미한 사물들의 집합일 뿐 아무런 내용도 없게 된다는 뜻이다. 따라서 이데아는 바로 그 사물들의 본질이 된다. 이처럼 사물이란 이데아에 참여하여 그 성질을 분유 (share)하는 것이요 그것에 의해 그의 존립이 가능해진다. 그래서 이데아가 사물을 평가하는 기준이요 그 원형이 되는 것이다.

또한 플라톤은 「향연」과 「파이돈」에서 "이데아는 모든 사물들 속에 현현 (present)되어 있다"고 표현하고 있다. 이 말은 이데아가 사물의 존재 근거라는 점을 생각할 때, 사물이란 이데아를 내포함으로써만 그 내용을 지니게 된다는 의미요 사물들 속에 현현된 이데아가 그 사물의 본질이란 뜻이다. 결국 사물의 이데아에 대한 관계는 "사물은 이데아에 참여해 있다"고 표현할 수 있고, 이데아의 사물에 대한 관계는 "이데아는 사물들 속에 현현해 있다"고 표현할 수 있다. 즉 이데아란 사물의 원형이요 그 본질인 데 반해, 사물이란 이데아를 모사한 모방이다.

이처럼 사물들이 불완전한 것이고 가멸적이며 이데아의 모방에 불과하다면 그것들은 공허하고 무의미한 것인가? 플라톤은 지식의 대상인 이데아를 인식하기 위해서는 경험적인 대상을 통해야만 한다고 주장한다. 플라톤은 현상들을 배척하는 것이 아니라 이데아를 인식하기 위해서는 오히려 그것을 인식의 소재나 매개로 받아들여야 한다고 한다. 그는 「파이돈」에서 '인식함'이란 이데아를 '상기함'이라고 말한 후, "이데아를 상기하는 일은 사물들을 지각함으로써만 가능하다. … 따라서 이데아는 감성적인 사물을 매개로 해서만 알려진다"고 말한다. 그러므로 플라톤이 감성적인 대상들을 참다운 것이 못된다고 주장하기는 하지만, 그것을 '감성적인 대상은 무의미한 것이다'라는 의미로 받아들여서는 안 된다. 오히려 현상계의 사물들은 이성을 통해 그것의 이데아를 인식할 수 있는 단초를 제공해준다는 점에서 그 의미가 극대화된다.

6) 선의 이데아

모든 사물들에는 그것의 존재 근거인 그들의 이데아가 있다. 그리고 "이데아들은 각기 본질적인 성질을 지니고 있는 개체이지만 그들은 서로 분리된 채 산재해 있는 것이 아니라 서로 관계를 맺고 있다." 그것은 우리가 앞에서 살펴본 대로 이데아가 논리적인 기능과 성질을 가지고 있기 때문이다. 즉 이데아들은 산만하게 흩어져 있는 고립된 것이 아니라 새, 물고기, 곤충 등의 이데아는 동물이란 이데아에 종속되고, 동물이란 이데아는 다시 유기체라는 이데아에 종속되듯이, 지각될 수 있는 가장 낮은 단계의 구체적인 사물의 이데아로부터 점점 추상적인 것의 이데아에 이르는 일련의 계층을 이루고 있다. 따라서 이데아들의 계층 구조의 최상층에는 모든 이데아들의 이데아가 자리 잡게 된다. 바로 그것, 즉 이데아들로 구성된 계층의 최상위에 위치하는 이데아 가운데 최고의 이데아인 '이데아의 이데아'가 바로 선의 이데아이다. 이것은 목적론적인 의미에서는 모든 이데아들이 지향하는 이상적인 목표요, "동굴의 비유"적 관점에서 보면 태양에 비유될 수 있다.

'선'이란 욕망할 만한 것으로서 모든 존재의 행위의 목표라 할 수 있으며, 역으로 모든 존재를 행동하게 하는 원동력이다. 또한 다른 것을 필요로 하지 않는 자족한 것이요 완전한 것이다. 선은 욕망할 만하고 자족하고 완전한 것이기 때문에 선의 이데아는 인식의 유일한 대상이요 모든 존재의 근거일 뿐 아니라 모든 사물들이 나아갈 목표로서의 가치의 궁극적인 최상의 기준이다. 결국 선의 이데아는 최상의 완전한 이데아인 셈이다.

그런데 선의 이데아가 최상과 완전이라는 성질을 가지고 있기 때문에 그것이 신과는 어떤 관계인지 궁금하지 않을 수 없다. 플라톤 자신은 신이 이데아를 창조했다고 하기도 하고 또 다른 곳에서는 신이 선의 이데아를 좇아 혼돈과 무질서의 세계를 질서 있는 세계로 창조했다고 하기도 하여 양자의 관계에 대해 다른 표현을 하고 있다. 전자의 관점에서 보면 그의 신을 기독교적 의미의 창조신으로 해석할 수 있겠지만(물론 그는 결코 기독교의 신을 염두에 두지는 않았다), 양자가 후자의 관계라면 이데아가 신보다 앞서서 존재한다는 말이 되므로 그의 신은 기독교적 의미의 창조주가 아니라 선의 이데아라는 창조 이전의 원형을 가져야 하는 불완전하고 종속적인 유한한 신이라고 해야 할 것이다. 「티마이우스」에서 신을 제작자의 의미인 데미우르고스(Demiurgos)라고 한 것은 이러한 점을 반영하고 있다. 그러나 학자들 사이에서도 아직 양자의 관계에 대한 뚜렷한 결론이 내려지지 않았지만, 일반적으로는 플라톤에게의 선의 이데아는 곧 신이라는 데에 공감하고 있다.

3. 인식론

플라톤의 인식론은 세계를 현상계와 이데아계로 이원화시킨 그의 이데아론에 근거한다. 이데아란 현상계를 초월하여 존재하는 영원불변하는 객관적 실재로서 사물의 본질적 형상의 세계요, 현상계는 수시로 변화하고 생성되는 불완전한 세계이며 모형과 그림자에 불과한 세계이다.

이러한 이데아론의 기반 위에 플라톤은 인식의 영역을 둘로 나누었다. 하나는 생성 변전하는 경험적인 대상들로 구성된 감성계요, 다른 하나는 영구불변의 실재인 이데아들로 이루어진 예지계이다. 경험적이고 감성적이며 생성 변전하는 현상의 세계는 감성에 의해 붙잡히는데, 그에 대한 인식은 확실하거나 참된 인식이 아니라 감각적이고 주관적인 인식으로서 단순한 신념에 불과하다. 플라톤은 그러한 현상계에 관한 불확실한 지식을 속견, 억견, 억설, 억측에 불과한 '독사'(doxa)라고 했다. 반면에 영구불변하는 사물의 실재요 본질인 이데아는 감성에 의해서는 인식이 불가능하며 오직 이성에 의해 사유되는데, 플라톤은 모든 사물의 원형인 그 이데아들을 직관하는 데에서 얻어지는 절대 확실한 지식을 진지, 즉 '에피스테메'(episteme)라 했다. 플라톤은 이렇게 지식을 감각을 통해 얻은 현상계에 대한 경험적 신념으로서의 독사(doxa)와 이성적 직관에 의해 얻은 이데아에 대한 진지로서의 에피스테메(episteme)의 두 가지로 구분하고, 에피스테메야말로 참된 지식이라 했다.

그렇다면 구체적으로 어떻게 해서 인간은 참된 지식을 얻을 수 있을까? 플라톤에 따르면 인간은 본래 초월적 세계와 관계를 맺고 있었다고 한다. 그는 피타고라스의 영혼불멸설의 영향을 받아 우리의 영혼은 육체라는 감옥에 갇히기 이전에는 본래 천상계에서 이데아들을 모두 파악하고 있었다고 한다. 그런데 이 영혼이 지상계로 내려올 때, 망각의 강인 레테(λήθη, lethe)강을 건너면서 이데아에 관한 지식을 모조리 잊어버리고 지상계의 인간 육체에 갇히게 되었다. 따라서 지상의 인간은 잠자고 있는 영혼을 일깨워 철학적 사유를 통해 희미한 기억을 상기해 냄으로써 본래의 진리 세계를 회상해 내고 자신의 영혼을 정화시켜야 한다.

그런 의미에서 플라톤에게의 '안다'는 것은 전혀 몰랐던 것을 새롭게 아는 것이 아니다. 그것은 완전히 기억을 되살리는 것 이외의 다른 것이 아니다. 진리 역시 망각한 것을 기억에 의해 다시 상기시킨 것에 불과하다. 그래서 플라톤은 진리를 '망각'이란 뜻의 '레테'(λήθη)의 부정어인 '알레테이아'(ἀλήθειά, aletheia)라고 했다. 따라서 우리가 '무엇을 안다'고 하는 것은 현상계에 있는 이데아계의 모형인 사물을 보고서 망각했던 것을 이성이 직관에 의해 다시 기억해 내는 상기를 의미한다고 했다. 이것을 플라톤의 상기설(想起說)이라고 한다. 바로 여기에서 감각의 대상인 현상의 세계가 의미를 갖게 된다. 즉 현상계의 불완전한 모형으로서 구체적인 사물은 우리를 진리가 아닌 미망으로 이끄는 부정적인 것만이 아니라 이데아를 상기(ἀνάμνησις, anamnesis)하도록 이성을 일깨우는 역할을 한다는 점에서 매우 긍정적이다. 결국 플라톤은 상기설을 통해 우리 인식에 선험적 요소가 있음을 보여주고 있을 뿐 아니라 독립되어 존재하는 이데아 세계가 감각 세계와 어떻게 관련을 갖는가를 설명해 주고 있다.

4. 인간 및 영혼론

소크라테스나 플라톤에게는 인간이 이 세상에서 가장 중요한 존재였다. 소크라테스는 인간의 초감각적 영혼의 실재를 가정하고 영혼을 돌보는 것이 인간 최고의 사명이며 육체는 영혼의 필요에 봉사해야 한다고 주장하면서 육체의 죽음 후에 영혼의 생존 가능에 대한 문제를 남겼다. 플라톤은 영혼이 최고의 존재라는 믿음에는 동의했다. 그러나 그는 그것을 믿는 데에 그치지 않고 그 믿음이 옳다는 사실을 증명하고 싶었다. 그래서 오르페우스, 피타고라스적 신비주의로부터 빌려온 이론을 이데아론과 결합시켜 영혼에 관한 형이상학적인 기반을 마련했다. 이렇게 인간에 대한 플라톤의 전체적인 관심은 영혼에 집중되어 있다.

플라톤은 자신의 이원론에 따라 인간은 육체와 영혼이 일시적으로 결합한 것으로 보았다. 그에 따르면 육체는 영혼을 위한 일종의 수레에 지나지 않으며 영혼에 대해서는 우유적인 관계만 가질 뿐이다. 영혼이 참된 인간이며 육체는 그림자에 지나지 않는다. 그리고 이들의 결합은 불행한 일이다. 영혼은 육체라는 감옥 안에 감금되어 있으며, 육체는 영혼에 대해서 무거운 짐이기 때문이다. 플라톤은 피타고라스학파의 영향을 받아 육체가 영혼의 무덤이라고까지 말하고 꼭 필요한 경우를 제외하고는 육체의 본성에만 몰두해서는 안 된다고 하였다. 그리고 영혼의 도덕적인 행위 여하에 따라 육체와의 결합이 얼마나 자주 일어나는지 또는 어떤 형태로 다시 태어나는지가 결정된다는 영혼의 윤회설도 주장했다. 그런데 플라톤은 인간의 영혼과 육체에 관한 이러한 주장들이 신화나 믿음이 아니라 이성적인 진리라고 강조했다. 다시 말해서 영혼이 참으로 존재하며 윤회한다는 주장이 신화처럼 들릴지 모르지만 신화가 아니라 사실이요 진리라는 주장이다.

플라톤에게의 영혼은 볼 수 없고 비물질적이고 정신적이며 이 세상을 넘어선 실체이다. 플라톤은 영혼이 물질이 아니라는 것과 죽지 않는다는 것은 「파이돈」에서 다루고, 이 세상을 넘어선 영혼의 고향과 그 본성에 대해서는 「파이드로스」에서 다루고 있다. 그는 특히 영혼의 불멸성뿐만 아니라 영혼의 영원성을 고수했는데, 영혼의 본성을 「국가」, 「파이돈」, 「파이드로스」 등에서 깊이 있게 파헤치며 영혼의 불멸에 대한 논증을 하고 있다.

영혼불멸에 대해 플라톤이 제안한 논증은 세 가지이다. 첫째, 영혼이 이데아에 대한 선천적인 지식을 가지고 있는 것을 볼 때, 영혼은 미리부터 살고 있었다. 둘째, 영혼은 단일하기 때문에 불멸해야만 한다. 어떤 것이 존재하지 않게 됨은 자신을 구성하고 있는 여러 요소로 분해됨을 말하는데, 물체적이 아닌 영혼은 단순해서 분해되지 않기 때문이다. 셋째, 영혼은 스스로 움직이는 생명이라는 점에서 그 본질상 불멸한다. 이렇게 플라톤은 영혼이 선재할 때 감지했던 이데아에 대한 상기설, 영혼의 단순성과 그로 인한 비파괴성, 영혼의 본질 등으로 영혼불멸을 증명하려고 하였다.

그런데 플라톤이 「파이돈」에서는 영혼의 단순성에 대해 말하지만, 「국가」에서는 영혼을 셋으로 나누고 있다. 첫째, 순수한 사고와 비감각적인 직관에 나타나는 정신의 영혼 이성(理性), 둘째, 노여움, 명예욕, 용기, 희망과 같은 느낌과 의지를 포함하는 용감한 영혼 기개(氣槪), 셋째, 영양과 성 충동, 쾌락과 불쾌가 뿌리를 박고 있는 충동적이고 정욕적인 영혼 욕망(慾望)이 그것이다. 그리고 「티마이오스」에서는 머리에 위치하고 있는 영혼의 이성적인 부분은 불사적이지만 가슴과 배에 있는 기개와 욕망은 영혼의 비이성적이고 변하는 부분으로 간주되고 있다.

나아가 플라톤은 이성, 기개, 욕망의 특징과 기질, 그것의 덕에 대해서도 언급했다. 이성은 아테네인의 기질에 부합하는, 지혜를 사랑하며 진리의 추구를 목적으로 하는 영혼으로 지혜가 그 덕이다. 기개는 트라키아인이나 북방인의 기질에 부합하는, 명예를 사랑하며 지배하고 정복하는 등의 명성의 획득을 목적으로 하는 영혼으로 용기가 그 덕이다. 욕망은 페니키아와 이집트인과 같은 남방인의 기질에 부합하는, 먹고 마시는 감각적 욕구인 정욕과 이득의 충족을 목적하는 영혼으로 절제를 그 덕으로 한다.

또한 「파이드로스」에서는 인간의 영혼이 날개가 달린 두 마리의 말과 마부의 힘이 합쳐진 것으로 비유된다. 이성이라는 마부에 의해 이끌려지는 두 말 중 이데아의 영역을 향하여 이끌려지는 말은 기개를, 지상으로 이끌려 내려오는 말은 욕망을 상징한다. 바람직하고 덕스러운 사람은 두 마리의 말을 잘 통제하여 순조롭게 잘 달리는 마차처럼 각각의 영혼의 기능을 잘 살려 균형 잡힌 통일체를 이룬다. 이렇게 인간은 이성과 기개로 하여금 욕망이 육체적 향락을 지나치게 누리지 못하도록 다스려야 하는데, 만약 그렇지 못하면 자기의 분수를 지키지 못해 파탄을 초래하게 된다. 이성의 덕인 지혜, 기개의 덕인 용기, 욕망의 덕인 절제가 잘 가장 조화된 인간이 바로 플라톤이 말한 이상 인간이다. 그리고 플라톤은 지혜와 용기와 절제가 잘 조화를 이룬 상태를 정의(正義, δικαιοσύνη, *dikaiosynē*)라고 하는데, 정의는 세 덕이 조화되었을 때의 종합적인 덕이라 할 수 있다. 바로 이 지혜, 용기, 절제, 정의가 플라톤의 4주덕이다. 결국 플라톤이 말한 가장 바람직한 인간이란 곧 가장 이상적인 인간이요, 가장 이상적인 인간이란 가장 정의로운 인간을 의미한다.

이렇게 플라톤은 이데아의 존재를 받아들였을 뿐 아니라 영혼의 불멸을 믿음으로써 철학적 사고와 종교적 사유 세계를 한 공간 속에서 조화시켰으며 인간의 이상과 목표를 설정하기에 앞서서 인간의 본성을 깊게 성찰하여 철학적으로 종교적 문제들까지도 섭렵하여 규명하고자 하였다.

5. 윤리학

플라톤의 윤리학도 역시 이데아론에 근거한 이원론이다. 그에 따르면 생명을 포함한 지상적인 욕구와 쾌락을 갖는 육체적인 모든 것은 불행과 악의 원인이고 무가치하며 신과 비슷해지는 데에 방해가 된다. 왜냐하면 영혼의 진정한 본성은 초감각적인 세계에 속하므로 저 세상으로 올라감, 즉 자신의 고향으로 돌아감에 의해서만 참으로 충만한 행복을 발견할 수 있기 때문이다. 육체를 영혼의 감옥이나 무덤으로 보는 오르페우스, 피타고라스적인 개념에 영향을 받은 플라톤은 육체에

의해 영혼이 더럽혀지는 것을 악으로 보고 있는데, 이것은 특히 「파이드로스」에
잘 나타나 있다.

긍정적인 면에서의 플라톤의 철학의 목적은 선과 행복의 획득이다. 그렇지만 이
것은 엄밀히 선을 행하는 데에 있으며 선을 행하는 그 자체는 쾌락의 감정을 수반
한다. 플라톤이 추구하는 영혼의 조화는 외적 세계에 있는 질서에 일치하는 내면
적인 지적, 도덕적인 질서이다. 따라서 인간에 있어 신적인 부분이 저급한 충동을
지배하는 것은 영혼의 아름다움이요 건강이다. 플라톤은 전체적인 도덕적 구성에
있어서 그것이 있어야 하는 곳에 있을 때, 즉 내적 세계의 영혼의 질서를 정의라고
불렀다.

플라톤의 윤리학은 소크라테스처럼 이성의 자율성에 절대적으로 그 기반을 두
지만 철학적인 유일신론으로 구성되어 있다. 그는 신을 선의 이데아와 동일시하여
세계가 신의 작품이고 이데아 세계의 모사라는 확신을 가지고 있었다. 플라톤에게
선은 절대적인 어떤 것이며 따라서 "인간에게 신은 모든 것의 척도이다." 그러므로
완전함, 즉 신과 유사하게 되도록 전력을 다하여 추구하는 것이 인간 삶의 최고의
사명이다.

6. 이상국가론

플라톤 철학의 궁극 목표는 선과 정의의 이데아를 국가 안에서 실현하여 선과
행복을 획득하는 데에 있다. 그러나 이데아를 아는 사람만이 이데아를 실현할 수
있으므로 국가에 헌법을 부여하고 국가를 바르게 지배할 수 있는 사람은 지혜와
진리를 사랑하는 철학자들뿐이다. 그래서 "옳은 국가의 구성은 철학이 해야 할 과
제이며 그 국가의 지배자는 반드시 철학자여야 한다"는 그의 철인통치론의 근본
명제가 성립한다.

플라톤의 국가에 대한 형이상학적인 기초는 그 구조에 있다. 그는 「국가」
(Republic)에서 인간의 영혼을 셋으로 구분한 것처럼 국가를 이루는 시민계급도 셋
으로 구분한다. 이것은 그가 사회와 개인의 구조 사이에는 밀접한 관계가 있다고
보았기 때문이다. 실제로 그는 인간을 소형의 국가, 국가를 대형의 인간으로 보았
다. 인간의 이성적 영혼에는 철학적으로 교육받은 통치자의 계급이 대응되고, 기개

에는 국가를 수호하는 무사 계급이, 감각적이고 쾌락적인 욕망에는 농부와 상인의
생산자 계급이 대응한다. 그리고 정의로운 이상적인 인간이 되기 위해서는 영혼의
세 부분이 각각 제 기능을 잘 발휘하고 조화해야 하듯이 국가도 마찬가지여서 국
가를 이루는 세 계급들이 스스로의 의무에 충실할 때 정의로운 국가가 된다. 그래
서 플라톤은 국가의 정의에 대하여 "정의란 각자가 스스로의 것을 가지고 스스로
의 의무를 다하는 것이다'라고 말한다. 결국 통치자인 지배 계급은 지혜로운 이성
적인 인간들, 무사인 방위 계급은 용기 있는 기개적 인간들, 생산자인 영양 계급은
욕정적 노동자들로 구성되어 이 세 계급이 자기의 의무를 다하고 각각 지혜, 용기,
절제를 덕으로 삼아 서로가 잘 조화를 이룰 때 정의로운 이상국가가 건설된다.

　그런데 플라톤은 절대 군주가 다스리는 국가 외에 입헌 군주를 임시변통적인
대용물이라고 인식하고, 입헌 국가를 군주정, 귀족정, 민주정으로 나누고 이에 대
비되는 것으로 참주정, 과두정, 폭민정을 들었다. 따라서 철인들에 의한 통치를 주
장하는 플라톤의 국가는 본질적으로 지식인들에 의한 귀족 국가라 할 수 있다. 그
는 통치자에게는 단순한 박애 정신이나 약삭빠른 통치술이 아니라 선에 대한 지식
과 대중 교육에 통치술을 적용하는 자질이 필요하다고 보고 통치자의 양육에 관심
이 많았다. 그에 따르면 생산 계급은 사유 재산과 가정을 소유하는 것이 허락되었
지만 통치자와 방위 계급은 모두를 포기해야만 했고, 위대한 업적을 달성할 수 있
는 귀족을 산출하기 위해 그들의 자녀들은 국가의 감독 아래 건강한 남녀에게서
출생하도록 해야 함은 물론이고 국가 기구에 의해 공동적으로 길러져야 한다. 더
구나 그는 자신의 마지막 작품인 「법률」에서는 부인과 아이들의 공유, 사유재산의
폐지, 철학자의 통치를 주장하는 급진적인 제안들을 내놓기도 했다. 사유재산을 인
정하지 않으려고 했던 이유는 지배자의 부정부패를 방지하기 위해서였다.

제9장
아리스토텔레스

1. 철학적 특징

소크라테스, 플라톤, 아리스토텔레스의 계보로 이어지는 그리스의 위대한 세 명의 철학자는 모두가 독창적인 천재들로서 사제관계였었다. 플라톤은 스승 소크라테스의 철학을 계승 발전시키는 것에 주력했지만, 아리스토텔레스는 플라톤의 철학을 계승하면서도 그것을 극복하려고 애를 썼다. 그러나 플라톤과 아리스토텔레스는 모두 이전 철학자들의 편협하고 치우친 철학적 관심을 하나의 웅대한 체계로 수렴했다. 플라톤은 인간의 삶과 사유의 세계, 그리고 자연 현상을 탐구하면서 철학적 문제를 제기하여 상이한 철학적, 종교적 사고들을 그의 이원론 속에 하나의 체계로 옮겨 놓았으며, 경험적 사실에 의존하는 아리스토텔레스는 개별 과학의 관계를 정립하여 학문을 체계화했다.

플라톤으로부터 출발한 아리스토텔레스는 보편을 개별적인 것에서 끌어냄이 없이는, 즉 개념 형성이 없이는 앎이 불가능하다는 소크라테스와 플라톤의 견해에 동의했다. 그러나 그는 이데아계만이 실재하며 그것이 감각과 분리되어 있다는 플라톤의 이원론을 완전히 깨뜨려 버렸다. 그런 점에서 아리스토텔레스의 철학적 기본 특징은 플라톤의 형이상학적 입장, 즉 이데아의 초월적 세계에 대한 강한 반발이라고 할 수 있다.

　그는 보편을 개별적인 것에서 끌어냄이 없이는, 즉 개념 형성이 없이는 앎이 불가능하다는 소크라테스와 플라톤의 견해에는 동의했지만, 이데아계만이 실재하며 그것이 감각과 분리되어 있다는 플라톤의 이원론을 받아들일 수 없었다. 그래서 그는 플라톤의 초월적 세계를 현실적 경험의 세계 안으로 내재화시켜 플라톤의 초월성을 현실화시켰다고 할 수 있다. 두 사람의 이러한 철학적인 견해 차이는 르네상스 시대의 화가 라파엘로의 "아테네의 학원"이라는 그림에 단적으로 표현되어 있는데, 그 그림에서 플라톤은 오른손으로 영혼의 영원한 거처인 정신의 초감적인 세계를 가리키고 있는 예언자적 사상가로 묘사되어 있고, 아리스토텔레스는 땅을 가리키고 있어 이상세계보다는 현실의 경험 세계를 강조한 것으로 묘사되어 있다.

　다시 말해 플라톤은 감각계의 어떤 것도 실재적인 것으로 인정하려 하지 않았으나, 아리스토텔레스는 감성적 현상 세계 밖의 어떠한 실재도 인정치 않고 그 감각계가 진정한 탐구의 대상이요 실재라고 주장했다. 그는 초월적 세계를 끌어들여서 자연 세계를 설명하려는 모든 시도는 실패할 수밖에 없다고 생각하고 그것을 단호히 거부하는 상식적 입장을 고수했다. 그래서 플라톤은 수학에서 나타나는 논리적 탐구를 중요시한 데 반해서, 그는 자연 세계에 대한 경험적 탐구를 중시하였다. 탐구의 보편성으로 인해 그의 사상은 체계적이고도 통일성을 지니고 있는데, 그는 학문을 3가지로 구분했다. 첫째는 자연학, 수학, 제일철학(형이상학 또는 신학)과 같은 이론적인 철학이요, 둘째는 정치학, 윤리학과 같은 실천적인 철학이고, 셋째는 시적인 철학이다.

　그러나 아리스토텔레스가 비록 스승과 다른 관점에서 상식과 경험적 사실을 토대로 논리적 방식을 가지고 자신의 철학을 전개하지만, 젊었을 때에는 플라톤의 이데아론, 영혼의 불멸, 윤회설, 상기설 등을 받아들였다. 물론 후에 이러한 이론들을 비판하고 차츰 포기하였지만 존재의 참된 원인 규명을 시작이 아니라 궁극의 목적(telos)에서 찾아야 한다는 생각은 지워버릴 수 없는 유산으로 남아 있었다. 특히 그러한 유산에는 스승의 이원론에서 가장 핵심적인 역할을 하였던 형상(形相, εἶδος)이라는 개념이 가장 중요한데, 그는 그것을 플라톤과는 전혀 다른 방식으로 사용했다. 아리스토텔레스에게는 형상이 사물에 내재하며 사물이 자신을 나타내는 원인이며 사물에 모습을 주는 것이다. 즉 개념이자 사물이며 현실적이며 이념적인 원인이다.

결국 아리스토텔레스는 형상들을 사물들과 분리해서 그들 자체만으로 존재하는 것으로 보지 않고 그것을 단지 구체적 사물들의 내적인 본성으로 생각하여 이념적인 철학을 경험적인 지식과 결합시켰다고 할 수 있다.

2. 논리학

아리스토텔레스는 분석론이라고 번역되는 『아날리티카』(*Analytika*)라는 독립된 학문을 만들었다. 그것은 탐구 기술에 관한 서론, 즉 학문적 방법론으로서 고전 논리학으로 완성되었는데, 칸트가 "논리학은 아리스토텔레스 이후로 한 걸음의 발전이나 후퇴도 하지 않았다"고 말했을 정도로 오늘날에도 답습되고 있다.

그에 의하면 좁은 의미의 학문적 인식은 보편적인 것에서 구체적인 것, 즉 원인으로부터 조건 지어진 것의 연역으로 구성된다. 그러나 지식의 형성은 반대의 경로를 취한다. 우리는 구체적인 관찰에서 보편적인 관념을 추상한다. 아리스토텔레스는 플라톤과는 달리 인간의 경험을 가능하게 하는 감성 능력을 떠나서 올바른 인식은 가능하지 않다고 보았다. 인간의 인식은 지각으로부터 기억을 통하여 경험으로, 그리고 경험에서 지식으로 상승적으로 발전한다. 따라서 그는 감성 자체는 결코 기만적이 아니며 모든 오류는 우리의 사유가 감각을 통하여 전달되는 자료를 잘못 결합하거나 잘못 관계시켜 처리함으로써 발생한다고 생각했다. 그래서 논리학은 올바른 사유를 하기 위해서 필수적이라는 것이다. 이는 아리스토텔레스가 올바른 사유 활동을 하기 위한 수단으로 논리학에 어느 정도 큰 가치와 의미를 두었는가를 알게 해준다.

아리스토텔레스의 논리학은 인간의 사고와 언어를 분석하되 심리학에서처럼 사유 과정이 실제적으로 어떻게 전개되는지를 묻지 않는다. 그는 우리의 정신도 일정한 구조를 가지고 있고 여러 가지 요소들과 기본적인 기능들로 이루어져 있어서 연구되고 기술될 수 있다고 생각했다. 그는 그 궁극적인 요소로 개념, 판단, 추리를 들고 이것들을 기술하고 분류하려고 애썼다. 그것은 경험 세계를 다양한 그대로 추구하고 구체적인 것을 정리하고 분류하려는 목적이기도 했다. 그래서 아리스토텔레스의 논리학은 증명하는 것 외에 탐구하는 방법으로서 귀납을 인정한다.

1) 개념론

아리스토텔레스의 분석을 통해 밝혀진 궁극적인 요소는 올바른 사유를 하기 위해서 전제되는 개념(槪念)이다. 개념은 낱낱의 사유 대상을 묶는 가장 기본적인 단위로서 개별자에게 보편적이고 본질적인 요소를 추출하고 그것을 기준으로 다시 개별자들을 묶어 지각하는 사유의 방법이다. 따라서 개념은 진술도 판단도 아니므로 참도 거짓도 아니라는 의미에서 중립적인 사실로서 보편이며 본질적인 것이다. 그는 개념을 "한 가지 명제를 구성하고 있는 구성 요소들, 즉 명제의 대상[主辭]과 명제가 언표하는 것[賓辭]이다"라고 말했다.

그런데 개념은 그것에 대한 분명한 정의(定義, definition)에 의해서 가능하다. 아리스토텔레스에 의하면 정의란 올바로 형성된 개념, 즉 본질을 드러내는 말이다. 따라서 정의를 내린다는 것은 한 대상의 공통적 특성을 밝히거나 또는 개별적 특성을 분리해 내는 일이다. 그것은 유(類)와 종차(種差)를 지적함으로써 가능하다. 그는 유와 종이 무엇이냐에 관해서 더 이상 논하지 않고 "유는 종에 따라 다른 많은 것들 안에서 공통적인 것이다"고 말하고, "종은 종차에 의해서 유에서 생긴다"고만 말하고 있다. 예를 들면 사람과 개가 모두 동물이라는 유에 속하지만, 사람이라는 개념을 규정하려면 다른 동물들과는 달리 사람만을 특징짓는 '이성을 가지고 사고할 줄 안다'는 종적인 특이성, 곧 종차를 지적해야만 한다. 결국 정의란 종 개념을 가리킨다.

이렇게 유에 종차를 지적함으로써 종에 이르듯이 여러 가지 서로 다른 대상들에게 공통적인 동등한 것을 이끌어 내면 유(類)에 이르게 된다. 즉 유에서 종에로, 그리고 다시 종에서 유로 오르내리는 과정을 통해서 유와 종에 대한 분명한 개념 (이것이 곧 본질이다) 정의를 내릴 수 있다. 예를 들면 사과, 감, 배, 포도, 딸기, 귤 등은 과일이라는 유 개념으로 포섭되며, 똑같은 과일일지라도 다른 과일과는 다른, '둥글고 시다'라는 종차는 사과라는 종 개념에 이르게 해 준다. 모든 생물을 종·속·과·목·강·문·계라는 분류법에 따라 공통적인 성질을 가진 생물들끼리 분류하는 것은 전형적으로 아리스토텔레스의 유와 종에 대한 개념 정의의 원리에 따른 것이다.

2) 범주론

아리스토텔레스의 개념론에서 주목할 점은 일반적 개념으로부터 특수적 개념으로, 다시 역으로 특수적 개념에서 보편적 개념을 계속해서 추적하여 마지막 궁극의 보편적 원리를 찾고자 하는 그의 철학적 방법론이다. 이러한 방법론은 그의 형이상학에서도 그대로 적용되어 궁극의 최고 존재자에 이르는 논리적 토대가 된다. 그는 우리가 명제 속에서 연결 짓는 개념들이 항상 전형적인 어떤 그룹으로 정돈된다는 사실을 발견하고, 모든 개념들이 정돈되는 언표의 주된 종류를 분류하여 범주표를 만들었다.

범주(Kategorie)란 상위 개념을 갖지 않는 모든 개념의 근원을 이루는 기본 개념을 말하는데, 이들 범주들은 모든 사물들을 고찰할 때, 즉 존재의 유형을 구별할 때 우리가 필연적으로 사용하게 되는 기본 형식이자 도구로서 모든 개체적인 개념과 종류의 개념을 일정한 방식으로 묶고 연결시키는 인간 사유의 기본적인 보편 개념이다. 아리스토텔레스가 정리한 범주는 실체, 양, 성질, 관계, 장소, 시간, 위치, 상태, 능동, 수동 등의 10개이다. 그는 이들 열 가지 범주에 대해서 모두 동일한 가치를 부여하지는 않았다. 처음 네 가지 범주인 실체, 양, 성질, 관계에 중요성을 두었고, 그 중에서 우시아(οὐσία, ousia), 즉 실체를 가장 중시하여 나머지 9가지의 범주들과 구분했다.

아리스토텔레스에 따르면 실체는 다른 것의 술어가 될 수 없고 독립적으로 존재한다는 데에 그 본질적 특성이 있다. 즉 실체를 포섭하는 유 개념은 있을 수 없으며, 실체를 제외한 성질, 관계 등은 개체에 의존해서 존재하며 모든 것은 실체라는 개념 속에 포섭되므로 실체는 최고의 범주이다. 다시 말해서 실체는 그 자체로서 존재하며 일종의 자립성을 가지는 것이지만 나머지는 모두 실체에 덧붙여질 수 있는 속성이다.

3) 판단과 추리

아리스토텔레스는 또한 개념과 개념이 연결될 때 생기는 판단에 대해서도 논한다. 판단은 긍정적으로든 부정적으로든 현실에 대해서 올바르게 진술할 수 있기 위해서 두 개의 개념이 연결될 때 생기는 것이다. 그는 판단을 질에 따라 긍정 판

단과 부정 판단으로, 양에 따라 보편 판단, 특수 판단, 개별 판단으로, 양상에 따라
사실(자연) 판단, 필연 판단, 가능 판단으로 나누었다.

  아리스토텔레스는 또 여러 개의 판단들을 연결하여 사물이나 상황에 대해 갖는
사유 활동을 추리라고 하고 우리의 사유 활동으로서의 추리는 일정한 사유의 원리
에 의해 가능하다고 생각했다. 그리고 그러한 전제하에 판단의 유형들을 자세히
구별했을 뿐만 아니라 판단을 종합하여 결론을 도출하는 추리 방식을 삼단논법이
라고 했다. 그의 표현을 빌자면 삼단논법이란 "어떤 것이 전제될 때, 그것이 주장
하는 사실로부터 주장된 것과는 다른 어떤 것이 필연적으로 따라 나오는 논의이
다." 즉 삼단논법은 하나의 판단을 그보다 더 보편적인 판단에 예속시킴으로써 거
기서 새로운 진리를 끄집어내는 연역적 방법이다. 따라서 결론의 전제가 되는 대
전제를 계속 소급해 올라가 보면 가장 보편적이고 본질적이며 다른 것에 의해 증
명될 필요가 없는 자명한 진리에 도달하는데 이것을 공리(公理, axiom)라고 한다.

  그러나 경험을 중시하는 자연과학자적 성향이 짙은 아리스토텔레스는 보편으
로부터 특수를 끄집어내는 연역적 논증 방식인 삼단논법에 의해서만은 사고 방법
에 미흡함이 있음을 깨달았다. 그래서 개별적 경험 사실을 토대로 하여 비교 종합
하여 점차적으로 일반적 결론에 도달할 수 있는 귀납적 방법을 착안해 냈다. 그러
나 아리스토텔레스 자신도 우리가 관찰과 경험을 토대로 모든 개별적인 사례들을
어김없이 모두 열거하는 일이 불가능하다는 사실, 즉 한 명제를 귀납적 방법에 의
해 결론을 도출해 내는 논증 방법이 완전할 수 없음을 분명히 인지하고 있었다.

2. 형이상학

  아리스토텔레스의 논리학은 항상 존재에 관련되어 있다. 개념은 본질을 밝혀내
는 것이고, 판단은 사태를 묘사하는 것이고, 추리는 존재의 기초를 공고히 하는 것
이다. 그런 점에서 그의 논리학은 존재론의 기초라고 할 수 있다.

  아리스토텔레스의 형이상학은 그의 『메타피지카』(Methaphysica)라는 책에 잘 나
타나 있지만, 그 자신이 이 책의 이름을 붙이지는 않았다. 형이상학으로 번역되는
'메타피지카'라는 이름은 아리스토텔레스 사후에 그의 제자인 안드로니코스
(Andronikos)가 스승 아리스토텔레스의 모든 저서를 전집으로 편찬할 때 한 저서에

표제가 없음을 보고 이와 밀접한 관계를 가지고 있는 『물리학』(*Physica*)의 저서 바로 다음에 넣고, 이 표제 없는 책을 '물리학 다음의 저서'(τά μετά τά φυσίκά)라고 부른 데서 유래되었다.

그러므로 '메타피지카'라는 말은 도서 분류상의 명칭으로서 표제 없는 저서의 위치에 지나지 않았지만, 그 저서의 내용이 그 자체로서의 존재요 존재의 최후 원리인 실체에 관한 것이었기 때문에 후에 경험적이고 감성적인 것을 초월한, 그러면서도 모든 현상의 토대가 되는 항구적 실재인 가장 참된 존재에 대한 학문으로 확립되었다. 한자 문화권에서는 『주역』의 「계사전」의 "형이상자위지도 형이하자위지기(形而上者 謂之道 形而下者 謂之器)"에서 '기'(器)란 형체가 있는 것으로 경험적인 현상을 이르는 말이고, '도'(道)란 그 현상의 근거를 이루는 초경험적인 실체를 의미하기 때문에 '형이상학'을 도에 관한 학문이라는 뜻으로 형이상학으로 번역해 쓰고 있다.

아리스토텔레스 자신은 메타피지카에 대해 몇 가지 정의와 학문적 특징을 정의해 두었다. 『메타피지카』 4권 1장에서는 형이상학은 존재의 개별적인 분야를 연구하는 학문이 아니고 존재자들을 존재자 되게 하는 가장 보편적인 존재, 즉 "존재 자체와 이것에 본질적으로 속해 있는 모든 것을 고찰하는 학문이다'라고 정의했다. 또 형이상학이 여타 학문들의 주제를 넘어서서 그들의 바탕과 근거가 되는 제일원리와 제일원인을 찾아가므로 그것을 제일철학이라 했다. 그래서 1권 2장에서는 "제일 첫 번째 것과 원인에 관한 학문"이라고 말했다. 그리고 제일철학은 "움직여지지 않으며 스스로 존재하는 자, 즉 신에 관한 학문"이라고 말했다. 따라서 그에게의 형이상학은 존재와 존재의 원리들과 원인들에 관한 연구로서 존재론이요, 제일철학이요, 신학이라고 말할 수 있다.

아리스토텔레스의 형이상학은 여러 원리들로 존재를 해명하는 일반적인 형이상학과 그것의 세 가지의 주된 문제, 즉 영혼, 세계, 신에 관한 특수 형이상학으로 구성되어 있는데, 그의 형이상학의 주제는 특수자와 보편자, 형상과 질료, 운동자와 피동자의 문제이다. 이들 문제는 모두 플라톤의 이원론적 세계관에 대한 반동에서 시작된다.

1) 실체

플라톤에 의하면 이데아만이 본래적이고 실재적인 것으로서 개별 사물들과는 독립적이고 독자적으로 존재하지만, 경험계의 사물들은 이데아의 세계에 참여함으로써 구체적 특성을 지닌 규정적 존재성을 갖게 된다고 한다. 그래서 플라톤은 실재 또는 실체를 초월적 세계의 이데아로 보았고, 경험계의 존재들은 이데아와 관계를 맺음으로써 비로소 의미를 갖는 의존적인 이차적 존재로 파악하였다. 그가 감성계를 불신한 이유도 여기에 있으며, 따라서 이데아계는 생성 소멸 운동과는 무관하다고 생각했다. 그러나 아리스토텔레스는 실재나 보편적인 원리는 감각적인 개별적 사물 속에 있다고 생각하여 이데아론을 비판했다. 그가 비판한 것은 보편은 결코 실체가 아니라는 점, 속성들은 그들이 속성으로 있는 사물들 바깥에 있을 수 없다는 점, 이데아들은 운동하는 힘을 갖고 있지 않다는 점, 이데아는 정지 속에 있으므로 운동의 원인이 될 수 없기 때문에 생성하는 현상 세계의 원인이 될 수 없다는 점, 개물들의 이데아에 모방 또는 참여의 관계가 애매하다는 점 등이다.

아리스토텔레스는 구체적인 것만이 실재적이라고 생각하고 현실적인 개체를 우시아(οὐσία, *ousia*), 즉 실체(substance)라 하였다. 왜냐하면 실체란 어떤 다른 것의 술어가 되지 않고 다른 것의 우연적인 속성이 될 수 없는 것인데, 그것은 구체적인 사물에만 해당되기 때문이다. 결국 그는 이데아가 개체를 초월해서 있지 않고 개체에 내재한다고 하여 현상적인 개체를 더 중시하고 현실적 존재에 더 적극적인 의미를 부여했다. 그래서 그는 개물 속에 들어 있는 보편자를 본질이라고 하고, 본질을 자기 속에서 실현하면서 존재하는 구체적 개별자를 실체라 한 것이다. 그리고 구체적인 개·말·소, 과일·꽃·나무는 물론이고, 그들의 유 개념에 해당하는 동물, 식물도 이차적 실체라 하여 실체를 이중의 의미로 사용했다. 즉 실체를 개체의 의미, 그리고 개념으로 이해되는 보편자의 의미도 포함한 이중의 의미로 사용했는데, 이것은 중세에 보편논쟁의 발화점이 되었다.

2) 형상과 질료

아리스토텔레스는 구체적 경험 세계를 유일한 실재 세계로 인정함으로써 경험 세계에서 일어나는 변화의 문제를 설명하지 않을 수 없었다. 변화의 문제는 플라톤에 이르기까지 모든 철학자들이 고심해 온 문제이기도 하였다. 플라톤은 변화와 운동을 학문적 탐구 대상에서 제외시켰으나 아리스토텔레스는 그 반대였다. 그는 비록 세계가 운동 속에 있어서 확고한 진리를 주지 않을 것처럼 보일지라도 우리는 지적 사유를 통해서 그 변화 속에 있는 기본 원리, 변치 않는 요소들의 토대를 발견할 수 있다고 보았다. 그래서 개별적 사물들의 변화를 설명하기 위해 형상(形相)과 질료(質料)의 개념들을 도입하고 존재하는 모든 개물적 실체는 형상과 질료에 의하여 이루어졌다고 하여 그 두 요소로 생성 변화의 문제를 설명했다.

형상(εἶδος, eidos; form)은 만물에 그것이 존재하는 이유와 형식을 주는 것으로서 개체로 하여금 바로 그러한 개체가 되게 하는 원리로서 개물의 개념이며 본질일 뿐만 아니라 개물의 목적을 실현하는 궁극 목적이요 힘이다. 질료(ὕλη, hyle; matter)는 그것으로써 개별물이 만들어진 물질적인 재료인 소재를 의미한다. 질료는 어떤 형식이나 규정도 지니지 않지만, 형상은 질료로 하여금 현실성을 지니도록 한다. 따라서 아리스토텔레스의 형상은 영원하며 사물을 사물 되게 한다는 점에서 플라톤의 이데아와 비슷하지만, 질료를 떠나서 독자적으로 존재하지 않고 개체적 실체 속에서 질료와 결합되어 있다는 점에서는 분명하게 구분된다. 책상을 예로 들면, 책상을 만드는 재료인 나무가 질료이고, 책상이 가진 책상으로서의 본질이 형상이다. 물론 나무는 책상 외에도 의자나 탁자의 질료도 된다. 그러나 같은 질료로 어떤 것은 책상, 어떤 것은 의자로 되게 하는 것은 바로 그 책상과 의자의 형상이다. 즉 질료에 규정적 요소인 형상이 주어질 때 구체적인 사물이 되는데, 질료인 목재에 책상의 형상이 주어지면 구체적인 책상이, 의자의 형상이 주어지면 구체적인 의자가, 탁자의 형상이 주어지면 구체적인 탁자가 된다. 따라서 모든 개별적 실체들은 질료와 형상이 결합된 복합체이다.

이처럼 아리스토텔레스는 형상과 질료를 실재물의 영원한 두 원리로 전제하고, 개별물들은 모두가 질료와 형상의 결합으로 이루어진 실체라고 생각했다. 나아가 플라톤은 이데아가 물질적 사물과 유리되어 현실적 실재를 초월하여 외재한다고 한 반면, 아리스토텔레스는 형상이 반드시 질료와 결합해야 한다고 하여 양자가 분리될 수 없는 것으로 보고 플라톤의 이데아에 해당하는 사물의 본질인 형상이 실재로서의 현실적 개체에 내재한다고 생각했다. 따라서 그에게의 실체란 플라톤의 생각처럼 이데아가 아님은 물론이고, 질료만도 형상만도 아니며, 질료와 형상이 결합된 현실적 개체를 의미한다.

3) 가능태와 현실태

아리스토텔레스에 따르면 개체의 비규정적 요소인 질료가 그것을 규정해 주는 요소인 형상과 결합되어야 존재성이 생겨 구체적 사물이 된다. 질료는 그 자체가 생성되지는 않지만 질료가 형상을 받아들일 때 생성의 목적이 도달된다. 그리고 질료는 생성시킬 수 있는 능력을 잠재적으로 가지고 있다는 점에서 가능적이고 잠재적인 것이다. 따라서 질료는 가능태 또는 잠재태라고 말할 수 있다. 반면에 형상은 질료와 결합하여 그 사물을 현실적으로 실재하게 한다는 점에서 현실태(energeia)라고 말할 수 있다. 현실태란 개체가 일정한 자신의 기능을 발휘하고 있는 상태를 뜻한다. 그리고 가능태로서의 질료가 형상과 결합하여 그 현실화, 구체화를 완결지은 현실태를 완성태(entelecheia)라고 한다. 굳이 양자를 구별해서 말하자면 에네르게이아가 활동으로서의 현실태를 가리킨다면, 엔텔레케이아는 완성으로서의 현실태를 의미한다. 예컨대 질료로서의 나무는 집이 될 가능태이며, 나무로 하여금 집이 되게 하는 것은 현실태요, 질료와 형상의 결합에 의해 완성된 집은 나무의 완성태이다.

아리스토텔레스는 만물은 그 속에 있는 목적을 향해 나아가려는 역동적인 힘에 의한 변화요 그 변화의 궁극적 양상은 가능태로부터 현실태로의 변화이지만 현실태를 가능태보다 선재(先在)하는 것으로 본다. 소년은 잠재적이며 가능적인 어른이지만 소년이라는 가능태가 존재할 수 있으려면 현실적인 어른이 먼저 존재해야 하는 것처럼 비록 현실적인 어떤 사물이 가능태로부터 나오지만 현실적인 어떤 사물이 존재하지 않는다면 가능태로부터 현실태로의 변화란 있을 수 없기 때문이다.

4) 운동과 운동인

아리스토텔레스는 형상과 질료의 관계로부터 운동이라는 개념을 끌어낸다. 세계 내에 질료를 가진 모든 것은 형상과의 결합이라는 과정을 따르는데 이것이 바로 변화요 운동이다. 질료가 일정한 형상을 취하여 개별자로 되는 것이 운동이라는 말이다. 즉 운동이란 가능태의 현실화이다. 자연계의 운동 역시 질료가 형상을 향하는 운동으로서 우주의 생성 변화란 질료에서 형상으로 옮겨가는 과정이다.

그는 『자연학』 3권 1장에서 "운동이란 가능태로서의 존재가 자체를 현실화하는 것이다"라고 말하고 그 운동 원인으로서 네 가지를 들었다. 어떤 사물을 무엇인가로 결정해 주는 형상인, 사물을 구성하게 하는 질료인, 사물을 만들어 주는 작용인(동력인), 사물이 만들어진 목적인이 그것이다. 동상을 예로 들면 재료인 동은 질료인이요, 조각가 머릿속의 구상은 형상인이고, 조각가의 손과 도구가 작용인(동력인)이며, 동상을 만든 목적이 목적인이다. 또 통나무집을 예로 든다면, 질료인은 목재요, 형상인은 집의 설계요, 작용인은 건축가요, 목적인은 완성된 통나무집이다. 그러나 질료의 동력인은 결국 형상이라 할 수 있고, 목적 역시 형상 안에 포함되어 있어서 완성된 사물로서의 현실태 속에는 동력인과 목적인이 다 들어 있기 때문에 작용인과 목적인은 형상인에 내함되어 결국은 네 가지의 운동 원인이 질료인과 형상인 두 가지로 환원되어 설명된다.

5) 순수형상과 순수질료

아리스토텔레스는 이 세계 전체가 고정적으로 질료와 형상으로 분류되는 것으로 보지 않았다. 동일한 것도 어떤 관점에서 보느냐에 따라서 형상이 될 수도 있고 질료가 될 수 있다. 질료와 형상은 사실 상대적이다. 재목은 통나무집의 질료이지만, 원목에 대해서는 형상이다. 이와 같이 생각했을 때 자연계의 존재 체계는 조금도 형상을 포함하지 않은 순수질료에서부터 역시 티끌만큼의 질료도 포함하고 있지 않는 순수형상에 이르는 위계질서를 가지고 있다. 그러므로 자연 전체의 사물들은 질료가 차츰 형상으로 되어 가는 끊임없는 상향 운동 속에 있다. 형상과 질료 사이의 관계, 즉 질료가 형상과 결합하는 운동이 시초도 끝도 없이 영원하므로 운동 없이는 생각될 수 없는 시간과 세계도 시초와 종말이 없다. 운동의 궁극적인 원인은 단지 부동자(不動者)일 뿐이다.

따라서 그에게는 어떠한 가능태도 갖지 않는 순수한 현실태로서의 최고 존재요 순수 형상인 부동(不動)의 원동자(原動者)로서의 신은 필연적인 것이다. 왜냐하면 모든 존재가 질료에서 형상으로 되어 가는 과정을 부단히 밟아 가면 마침내 이 운동의 마지막 단계인 최후의 형상에 도달할 것이기 때문이다. 이것을 바로 아리스토텔레스는 순수형상 또는 제일형상, 즉 신(θεός, theos)이라고 했다. 반면에 우리는 형상이 없는 하극의 질료를 생각할 수 있는데 그것은 무규정적인 존재로서 형상이 전혀 섞이지 않은 혼돈(χάος, chaos)과 같은 것이므로 질료로서 무제한적이며 모든 규정적인 질료의 공통 기체(基體)이다. 아리스토텔레스는 그것을 최초의 질료 또는 순수질료, 제일질료라 했다. 최초의 운동자로서의 신은 질료가 없으므로 변화를 위한 운동을 하지 않지만, 신은 다른 모든 만물로 하여금 그것을 궁극적인 목표로 하여 질료와 형상의 결합을 계속하면서 움직이게 한다는 점에서 아리스토텔레스는 신을 다른 것에 의해 움직여지지 않으면서 다른 모든 것들을 움직이게 하는 '부동의 원동자'(unmoved mover)라고 불렀다.

신은 스스로에 의해서 존재하는 움직여지지 않는 존재이며, 다른 것들에 의존해 있지 않은 영원하고 필연적으로 존재하는 순수한 현실태로서의 존재이다. 신은 이데아가 무엇을 움직이는 것처럼, 또 사랑 받는 자가 사랑하는 자를 움직이는 것처럼 세계를 움직인다. 신은 절대적으로 완전하며 하나이며 세계를 초월해 있다. 신은 가능태가 아니며 완전 현실태이기 때문에 순수한 사유요 정신이다. 반대로 질료를 가진 모든 존재들은 순수형상이요 완전 현실태인 신을 그리워하며 그것을 목적 삼아 운동한다.

그런데 아리스토텔레스에 의하면 신은 더 없이 완전하여 어떤 욕망도 가질 수 없고 그러기에 아무런 작용도 할 수 없으며 유일한 일거리는 자기 자신을 생각하는 일이라고 한다. 그렇다면 그러한 신이 어떻게 우주 만물을 생성케 하며 부동이면서 운동의 원인이 될 수 있고 사유를 본질로 하는 인격적 존재가 될 수 있는가 하는 점이 문제가 된다. 세계를 파악할 때는 일원론적 입장을 취하고 신을 논할 때에는 신의 순수정신과 질료가 조화되지 않는 이원론이 나타나고 있다. 바로 이 점이 스승 플라톤의 이원론을 극복하려 했던 아리스토텔레스도 결국은 이원론을 극복하지 못했다고 지적되는 부분이다.

이처럼 아리스토텔레스의 형이상학에는 자연계의 최하층에 있는 순수질료, 그 위에 무생물, 생물, 인간, 그리고 질료와 형상 체계의 궁극적 목적이 되는 순수형상인 신에 이르는 목적론적 세계관이 잘 드러나 있다. 이 같은 입장은 그의 『물리학』에서도 잘 나타나 있다. 아리스토텔레스에 의하면 인간은 자연을 잘 관찰함으로써 도처에서 놀랄 만한 합목적성을 발견하게 된다고 한다. 일체의 사물은 합목적적인 질서를 가지고 있고, 생성 소멸하는 현상 역시 우연의 산물이 아니어서 결국 따져 올라가게 되면 모든 사물의 궁극적 목적이 되는 원인이 있다는 말이다.

결국 진화론적이고 목적론적인 자연관을 가지고 있는 아리스토텔레스는 자연의 운동은 목적의 실현이며 만물은 순수형상으로서의 신이 되기까지 형상에서 형상으로 계속 발전하고 있다고 한다. 또 시간은 운동의 부속물이기 때문에 움직이는 물체가 있는 곳에는 언제나 있지만 신은 운동함이 없기 때문에 시간 속에 있지 않고 영원 속에 있다고 한다. 시간은 운동이 있는 한 언제나 있을 것이고 운동은 끝이 없기 때문에 시간도 끝이 없으며, 따라서 이 세계도 시간적으로 무한하다고 한다. 결국 아리스토텔레스는 세계가 무궁한 태고부터 존재해 왔다고 결론 내린다.

3. 자연학과 우주론

제일철학이 비물체적인 부동자를 다루는 데에 반해서 『자연학』은 물체적인 운동자, 즉 운동의 근거가 필요한 존재를 다룬다. 아리스토텔레스는 운동을 가능태의 현실화라는 일반적인 변화로 이해하지만, 자연의 과정을 단순히 물리적인 활동으로만 생각하지 않고 오히려 일정한 목적을 지향하는 활동으로 간주했다. 모든 생성의 목적과 목표는 가능태의 현실태로의 발전, 즉 질료에 대한 형상의 결합이라는 뜻이다. 그래서 그는 "자연은 목적 없이 어떤 것도 하지 않는다," "그것은 모든 것을 가능한 한 아름답게 만든다"고 말했다.

아리스토텔레스에 따르면 자연 속에 있는 어떤 것도 불필요한 것이 없으며 어떤 것도 헛된 것이 아니며 불완전한 어떤 것도 없다. 자연의 모든 작품 속에는 아무리 미세한 것이라도 신적인 것이 있다. 세계 도처에서 발견되는 목적과 설계는 합목적적인 활동에 기인된 것이다. 그러나 이러한 그의 목적론은 인간 중심적인 것도 아니고 세계 바깥에 있는 창조주나 단순한 세계 조정자에 대한 것도 아니고 항상 자연에 내재한 것으로 사유된다. 다시 말해 그는 자연의 합목적성을 자연 자체에 내재한 목적론적인 활동으로 보았다.

그러나 그는 세계의 기원을 설명하려 하지 않았고 단지 그 구성과 구조를 설명하려 했으며 형상과 질료의 영원함과 운동이 시초와 종말이 없다는 사실에서 우주의 영원성을 주장했을 뿐이다.

4. 인간론

아리스토텔레스는 생명은 자기 운동 능력으로 구성되며, 운동은 움직이게 하는 형상과 움직여지는 질료를 전제한다고 한다. 그는 생명체의 질료는 신체요 형상은 영혼이라고 보고, 유기체를 식물, 동물, 그리고 인간으로 3등분했다. 아리스토텔레스는 인간이 영혼(psyche)을 가지고 있다는 점에서 다른 생물들과 동일하게 생각했으나, 식물들의 영양이나 번식, 동물들의 감각과 공간 운동 외에 인간은 누스(νοῦς, nous), 즉 정신을 가지고 있다는 점에서 다른 생명체와 구분했다. 그는 플라톤과는 달리 영혼을 능력 또는 기능들로 이해하여 영혼과 육체를 하나의 통일체(unity)로 생각했다. 그러므로 한 영혼이 여러 몸을 받으며 윤회한다는 이론은 그에게 용납될 수 없었다. 논리적으로도 육체와 영혼은 그 정의가 다르기 때문에 구분된다. 그래서 그는 영혼이 육체를 도구로 하여 자신을 드러내는 것으로 보았다. 몸이란 곧 질료이며, 몸의 형상 또는 현실태는 생명, 즉 영혼이다. 영혼은 유기체의 현실태, 즉 한 육체가 어떠한 기능을 잘 수행하고 있는 상태를 말한다.

아리스토텔레스는 "영혼과 육체가 하나인가?" 하는 물음은 마치 "밀랍과 그것에 적힌 인장의 자국이 하나인가?" 하는 물음이 부적절한 것처럼 적절치 않다고 한다. 그래서 인간 영혼의 불멸에 대해서 별다른 언급을 하고 있지 않다. 단지 인간의 사유 활동의 가장 높은 단계인 누스를 다른 생명의 근원과는 그 지위를 달리하는 것으로 보고, 신체의 사멸 후에도 살아남는 독립적 존재일지 모른다고 말했다; "누스, 즉 관상적 능력에 대해서 확실한 것은 지금까지 아무것도 없다. 그렇지만 그것은 영혼과는 다른 종류의 것이며, 영원한 것이 소멸하는 것으로부터 분리될 수 있듯이, 그것만이 따로 떨어져 있을 수 있을 것 같다. 그러나 영혼의 다른 모든 부분은 … 따로 떨어져서 있을 수 없는 것이 분명하다".

그러나 아리스토텔레스는 인간이 누스를 소유하고 있어서 다른 동물들과 확연히 구별되며, 이로 인하여 인간이 우주의 궁극 원인이 되는 신적인 것과 장(場)을 함께 하는 것이라고 믿은 것 같다.

5. 윤리학

1) 행복

참다운 실재 세계의 본성에 대한 규명과 더불어 아리스토텔레스를 사로잡았던 문제는 "인간의 궁극적인 삶의 목적은 무엇인가?" 하는 물음이었다. 그는 "사람은 어떻게 행위하느냐?"에 대답하기를 꾀하는 인간학과 "사람은 어떻게 행위해야 하느냐?," "어떻게 사는 삶이 가장 바람직한 삶인가?"의 대답을 궁극의 목표로 삼는 윤리학이나 정치학 사이에 확연한 차이가 있음을 알고 있었다.

윤리학이 인간의 행위에 관한 문제이지만 아리스토텔레스의 윤리학과 더 깊은 관계를 맺고 있는 것은 자연학으로서의 인간학이 아니라 그의 형이상학이다. 그는 만물이 각기 실현해야 할 목적을 가졌다고 믿었다. 그에게는 목적과 선의 관념이 자연스럽게 연결된다. 즉 목적이란 실현해야 할 것이며 그것의 실현은 곧 선이다. 우주의 만물이 목적과 수단의 관계로 서로 얽힌 피라미드식 체계이듯이 모든 행위도 하나의 궁극 목적을 최고의 목표로 삼는 수단과 목적의 체계이다. 따라서 행위의 시비는 그 행위가 인생의 궁극 목적에 대하여 갖는 인과율적 관계를 따라서 결정될 문제이다.

아리스토텔레스에 의하면 인간의 윤리적 행위에는 어떠한 분명한 목적이 있다. 그는 『니코마코스 윤리학』에서 "모든 기능과 모든 추구, 그리고 모든 종류의 고의적 활동은 어떤 좋은 것의 달성을 목표로 삼고 있다. 그러므로 우리는 '좋은 것[善]이란 모든 것이 목표로 삼는 바'라는 견해에 동의해도 좋을 것이다'라고 말하고 있다. 우리의 행위가 고의적인 한, 또 비록 무의식적으로나 반사적으로 행하는 경우에도, 이들 행위는 일정한 목적을 성취하기 위한 활동이며, 나름대로 자신에게 바람직하고 좋다고 생각했기에 행해지므로 그 자체를 위한 것이 아니라 보다 높은 목적을 위한 수단이다. 예를 들면 서점에 감은 책을 사기 위함이요, 책을 삼은 공부하기 위함이며, 공부하려고 하는 이유는 시험에 합격하기 위함이고, 시험에 합격하려고 하는 것은 성공하기 위함이다. 물론 이러한 관계는 계속된다. 비록 이 목적과 수단의 관계가 상대적이지만 계열을 따라서 올라가면 마침내 더 올라갈 수 없는 마지막 단계, 즉 그 자체를 위해서 그것이 바래지고 행해지는 무엇에 도달할 것이다. 아리스토텔레스는 그 계열의 마지막에 있는, 그것을 위해 소망되는 것을 바로 인생의 궁극 목적이라고 추리했다. 그리고 자체를 위해 소망되는 그것이 곧 인생의 최고선이라고 단정했다.

아리스토텔레스에 따르면 인생의 궁극 목적은 다른 무엇의 수단이 될 수 없다는 의미에서 자기 목적성을 가져야 하며, 그 이상의 아무것도 보탤 필요가 없다는 뜻에서의 자족성을 갖추어야 한다. 자기 목적성과 자족성을 갖춘 그것이 바로 행복(eudaimonia)이다. 행복은 다른 무엇을 위한 수단이 될 수 없이 그 자체가 목적이며, 그 이상 다른 어떤 것을 보탤 필요가 없이 그것만으로 충분하기 때문이다. 문제는 그 "행복이 구체적으로 무엇이냐?"는 점이다.

아리스토텔레스는 이에 대해 일반인들이 생각하는 네 가지 행복을 비판적으로 음미한다. 첫째는 쾌락인데, 이것은 노예나 짐승의 목적이 될 수 있을지는 몰라도 이성적 존재로서의 인간의 목적이 될 수는 없다고 한다. 둘째는 명예인데, 그것은 그것을 받는 사람보다 주는 사람에 달려 있으므로 그 같은 피동적이요 우연적인 것을 행복이라고 볼 수는 없다고 한다. 셋째는 덕인데, 덕은 다른 쾌락이나 명예보다 행복에 가까우나 덕 자체가 행복일 수는 없고 행복에 이르게 하는 한 상태일 뿐이라고 한다. 그것이 그 자체 목적이 될 수 없는 이유는 덕이 전혀 발휘됨이 없이 잠잘 수도 있으며, 덕이 있음에도 비참한 생애를 보내는 예가 드물지 않기 때문이다. 넷째는 재산인데, 이는 목적이 아닌 수단에 불과한 것이라고 아리스토텔레스는 말한다.

아리스토텔레스에 따르면 행복은 또한 단순한 지식이 아니다. 윤리학은 주지적 태도를 취하는 소크라테스처럼 덕(ἀρετή, arete; virtue)이 무엇인가 하는 지식에 이르는 것이 목적이 아니라 우리가 덕 있게 됨이 목표이다. 이렇게 행복 또는 인간의 궁극의 목적이 지식의 획득과 동일시되지 않는다면, 그것은 어디에서 찾아질 수 있을까? 아리스토텔레스는 행복을 정지 상태로 보지 않고 활동하는 과정 그 자체라고 믿는다. 그래서 그는 '행복하다' 함은 '잘 산다' 함이요, '잘 산다' 함은 '잘 한다'는 뜻이라고 한다. 각 순간에 있어서 행동을 잘 하면 그것이 합하여 좋은 삶을 형성할 것이요, 유감없이 잘 살면 그것이 곧 행복이 아니냐는 생각이다. 여기서 잘한다 함은 행위자가 자기의 기능을 잘 발휘함을 가리킨다. 그러나 각자는 그 처지와 직책을 따라 그 기능이 다르므로 인간으로서 잘 살기 위해서는 어떤 특수한 기술을 잘 발휘하기보다는 인간으로서의 기능을 잘 발휘해야 하며 거기에 인간으로서의 행복이 있게 된다.

그는 인간에게는 영양과 생식, 감각과 욕구, 이성과 사유의 세 가지 기능이 있지만 영양과 생식은 식물에게도, 감각과 욕구는 동물에게도 가능한 반면 이성과 사유는 인간에게만 고유한 기능으로서 사람을 사람답게 한다고 보았다. 그러므로 사유를 본질로 삼는 이성의 기능을 유감없이 잘 발휘함이 인간으로서의 좋은 삶이요 그것이 곧 인간의 행복이며 궁극 목적이라는 결론에 도달한다. 행복을 인간이 지니고 있는 자신의 고유한 기능(*ergon*)이 유감없이 발휘되는 데에서 찾았다.

2) 중용

삶의 궁극적인 목표로서 추구되는 행복은 이론적 지식처럼 정지된 상태가 아니라 인간 개개인에게 주어진 삶의 주체로서의 기능이 탁월하게 잘 드러나고 작용될 때 영위될 수 있다. 인간은 모든 다른 존재들과 마찬가지로 주어진 기능으로 그가 지향해야 할 목적을 가지고 존재한다. 다른 동물들과는 달리 인간에게 주어진 고유한 기능은 다름 아닌 이성의 기능이며, 이 기능은 지속적으로 발휘되지 않으면 안 된다.

그래서 아리스토텔레스는 이성의 일시적인 발휘로 행복하게 되는 것이 아니라 일생을 통해 이성이 한결같이 발휘될 때 비로소 행복이 실현된다고 강조한다. 그리고 인간이 사회적 동물이므로 행복은 고립된 개인적 삶에서 나타나는 것이 아니라 공동체 생활 속에서의 인간의 기능 발휘를 통해서 나타난다고 강조하였다. "한 마리의 제비와 하루의 맑은 날씨가 봄을 만들 수 없는 것"처럼 인간의 이성적 기능이 일생을 통해 발휘되도록 힘씀으로써 인간의 행복이 현실화되어 나타날 수 있다. 그리고 이성이 한결같이 발휘되기 위해서는 그렇게 하는 경향이나 습성이 필요한데, 이 습성이 곧 덕(德)이다. 덕 그 자체가 행복은 아니지만 행복을 위해 불가결한 바탕이 된다. 즉 덕은 이성을 항상 잘 발휘하게 하는 습성이며 인생의 궁극 목적으로서의 행복을 위한 기본 조건이다.

그런데 아리스토텔레스는 어떠한 행동에로의 습성인 실천의 덕을 중용(中庸)이라 하여 과도나 부족이 없는 상태를 매우 강조했다. 극단은 그것이 결핍의 극단이

건 과다의 극단이건 간에 언제나 비도덕적이고 부정하기 마련이지만, 인간에게 덕
스럽고 올바른 행위는 양극단 사이의 중간인 중용이다. 그러나 그가 말하는 중용
이란 과다와 부족의 수치적 중간이나 산술적 평균이 아니라 시기, 경우, 장소에 따
라, 그리고 올바른 방법에 의해서 적절한 행동과 정서가 잘 조화를 이룬 상태를
말한다. 따라서 중용의 덕은 일시적인 이성적 활동이 아니라 오랜 시간의 훈련과
실천을 통해서 얻어지며 이를 통해 행복이 획득된다. 예를 들면 용기는 비겁과 만
용의 중용이고, 금전적 관대는 인색과 낭비의 중용이다. 또한 야비와 아첨의 중용
은 우정이고, 겸손과 허풍의 중용은 성실이며, 정의는 방자와 굴복의 중용이다.

결국 아리스토텔레스에 따르면 인간은 그 본성을 따라서 활동할 때 참으로 행복
하게 되며 이 행복의 실현이 인간의 선의 최고봉이다. 인간의 본성 가운데 가장
고귀한 것은 이성적 기능이며, 이성적 행위 가운데에서도 가장 존귀한 것은 이론
의 인식, 즉 철학적 진리의 파악이다. 그리고 파악된 진리를 조용히 명상함에 행복
의 극치가 있다. 모든 사람이 행복의 극치를 목표로 삼지는 않는데 설령 그렇다
해도 모두가 행복에 도달하는 것은 아니다. 아리스토텔레스에 따르면 행복의 극치
에 도달하기 위해서는 우선 천부적 재능이 있어야 하며 시간의 여유와 마음의 평
화를 가져야 한다. 그리고 어느 정도의 재산이 필요하며 특히 좋은 친구를 갖는
일이 매우 중요하다.

행복에는 반드시 즐거움이 뒤따른다. 그러나 아리스토텔레스는 즐거움은 행복
에 따라 나오는 것이요 결코 행복 그 자체는 아니라고 한다. 쾌락을 행복이라고
보는 일반적인 생각은 선 그 자체와 선에 수반하는 것을 혼동한 오류의 산물이라
고 한다.

6. 국가 및 정치학

아리스토텔레스에 따르면 국가는 단순히 육체적인 생활에 필요한 것들을 제공
해 주는 것이 아니다. 국가의 본래적 과제는 선하고 완전한 생활, 즉 윤리적, 정신
적으로 계발된 고귀한 인간성을 유지시켜 주는 데 있다. 정치란 윤리를 커다랗게
조직화해 놓은 것이다. 따라서 인간은 사회 안에서만 비로소 완성되며 선 역시 사
회 안에서 실현된다. 인간은 법률을 가지고 있기 때문에 가장 고귀한 존재이지만

법률이 없으면 야생 동물에 지나지 않게 된다. 따라서 처음으로 국가에다 생명을 부여한 자는 가장 큰 가치들을 창조한 자이다.

그가 『정치학』(*Politics*)에서 "인간은 본성적으로 사회적 존재이다"라고 말했듯이 인간의 이념은 본성적으로 국가를 형성하도록 되어 있다. 자연적으로 보자면 발생적 시간에 있어 개인, 가족이나 씨족 및 촌락 등이 국가보다 이르지만 이들 공동체들은 고립되어 있어 적에 약하고 노동, 교역, 경제적인 면에서는 충분치가 못하기 때문에 살아남기 위해 하나의 이익사회, 즉 국가로 결합하게 되었다. 그러나 국가란 단순히 삶을 영위하기 위해 존재하는 것이 아니라 선한 삶을 위해 존재한다. 국가는 시간적인 순서에서 가족에 뒤지지만 전체가 부분보다 앞선다는 유기체적 관점에서 볼 때 개인이나 가족이 국가의 한 부분인 한 국가가 개인보다 앞선다. 가족은 육체적인 생활의 필요를 위해 성립했지만 국가는 도덕적이고도 지적인 필요성에 의해 성립했다.

아리스토텔레스는 국가의 정체(政體)를 6가지로 구분했는데, 한 나라의 정체는 위정자가 무엇에 관심을 갖고 힘을 쓰느냐에 따라 달라진다고 했다. 즉 사회 전체의 선을 위해 힘 쓸 때 좋은 정부가 되고 위정자 자신만을 위해 노력할 때 악한 정부가 된다는 것이다. 그리고 이러한 입장에 따라 군주제, 귀족제, 입헌제를 좋은 정체라고 했지만, 그것이 부패하면 각각 폭군제, 과두제, 민주제가 된다고 하면서 이것을 나쁜 정체로 분류했다.

이러한 아리스토텔레스의 국가관은 국가의 목표가 시민들을 도덕적 원리에 기초한 공동체 구성원으로 만드는 데에 있다고 본 점에서는 플라톤과 일치하지만 국가의 근본 개념에 있어서는 차이가 있다. 플라톤은 이원론적인 철학에 따라 국가는 궁극적으로 다른 세계, 즉 이상국가를 절대적인 정당성으로 요구하지만, 아리스토텔레스는 지상적인 생활의 기초 위에 견실하게 선 다음 주어진 가능성의 범위에서 도덕적 이상에 따르는 지상적 생활을 주조하는 데에 국한했다. 그래서 국가의 모든 시민들에게 그들이 성년에 도달할 때 행정에의 참여권이 주어져야 하며, 최선의 국가의 시민들은 자신의 위치와 교육에 의해 의무적인 역할을 수행해야 한다고 보았다.

제10장
헬레니즘 시대의 철학

1. 철학적 특징과 전개 과정

아리스토텔레스 만년 무렵, 그리스의 도시국가들은 서로 분쟁을 일으키면서 점점 쇠망의 길을 걷다가 마침내 마케도니아의 알렉산더 대왕의 동방 원정으로 정치적 자립을 잃고 몰락하여 결국 로마의 변방으로 전락하고 말았다. 더불어 그리스 문화와 사상은 동방 문화와 접촉함으로써 이른바 헬레니즘 문화를 형성하는 일대 전환기를 맞이하게 되었다. 옛 관습과 전통은 허물어지고 사람들을 도덕적으로 규제할 힘을 상실해버렸다.

폴리스의 몰락은 그리스인에게 큰 충격이었고 그것은 자아 상실을 의미하기도 하였다. 왜냐하면 플라톤의 영향 아래 그들은 개인과 국가의 구조를 상이하게 보지 않고 국가를 대형의 인간, 인간을 소형의 국가로 여겨 양자를 동일하게 보았기 때문이다. 결국 조화를 좋아하는 그리스인들은 국가를 잃어버림으로써 개인 간의 조화를 상실하게 되었다. 높고 자유로운 이상을 추구했던 활발한 정치적 활동도 점차 시들해져서 사람들을 통제할 힘마저 없었다. 도시국가를 기초하고 있었던 공동체 의식조차도 희미해져서 사람들은 개인적인 일상생활에서 쾌락을 탐하고 호구지책에 급급했다. 따라서 세계에 대한 자유롭고 순수한 학문적 탐구의 열의와 의욕은 사라지고 실천적 문제들이 전면으로 나와 철학은 망국의 비운이라는 비극적 현실로부터 도피처를 제공하는 일에 주된 가치를 두었다. 그리하여 폴리스들이 붕괴되어버린 그리스 말기에는 이론철학에 만족하지 않고 오히려 현실적이고 실천적인 철학을 추구하였으며, 철학을 생활에 관한 기술이라고 정의하기도 했다. 당시의 그리스인들에게 무엇보다도 중요한 일은 안심입명 할 수 있는 사회를 건설하는 일이었는데, 그러한 사회를 건설하기 위해서는 먼저 도덕적 내지는 종교적인 문제들이 그 중심을 이루어야만 했다.

그들은 또한 독창적인 사상을 발전시키지 못하고 선행의 철학사상에 주석을 붙이는 데에 급급한 경향이 많았으며, 현실적인 고난으로부터 조용한 피난처나 보다 나은 왕국에로의 탈출구를 찾으려고 하였다. 인간이 숙명적으로 타고난 유한성을 탄식하고 싸움이 없는 평화, 투쟁이 없는 사회, 초자연적인 존재로부터의 구원을 갈망했다. 이러한 그리스 말기의 철학적 경향에 대해 철학사적으로는 아리스토텔레스 이전의 사상을 그리스 사상, 이후의 사상을 헬레니즘 사상이라 칭한다. 이 헬레니즘 시대의 철학은 보통 윤리적 시대와 종교적 시대로 구분된다.

윤리적 시대에는 아테네 시대의 순수 이론철학이 쇠퇴하고 정치적이고 사회적인 변동에서 오는 불안을 극복하기 위하여 개인의 안심입명을 추구하려는 개인주의적이고 현실주의적 실천 사상이 팽배하였는데, 그들은 "어떻게 사는 것이 도덕적으로 옳게 사는 것이냐?" 하는 문제에 깊은 관심을 기울였다. 그 예로 정신적 쾌락으로 아타락시아(*ataraxia*)에 도달하고자 했던 에피쿠로스(Epikuros)학파, 금욕을 통하여 아파테이아(*apatheia*)의 상태에 도달하고자 했던 스토아(Stoa)학파, 그리고 판단중지를 통해 평온을 누리고자 했던 회의학파의 활동이 두드러졌다.

그런데 그리스 윤리 사상의 공통된 특징은 도덕이란 인간의 천성에 합치하는 것이어서 우리가 자기의 이성에 의하여 그것을 실현시킬 수가 있다고 생각한 점에 있다. 그러나 아리스토텔레스 이후 사람들은 인생의 무상함으로부터 벗어나고자 하였으나 안심입명에 이르지 못하였다. 에피쿠로스학파는 그것을 쾌락에서 구하려고 했지만 불쾌가 항상 따르기 때문에 쾌락만을 가지고는 살 수가 없었다. 또 스토아학파는 이성적 생활에서 그것을 구하려 했지만 이성과 함께 정념도 자신의 내부에 지니고 있었기 때문에 정념의 저항을 벗어날 도리가 없었다. 물론 그들은 그것의 조화를 강조하였으나 인간의 능력으로 이루지 못하여 이성에 대한 불신만을 초래하게 되었고, 그 결과 인간은 전연 무력한 존재이며 타락된 존재라고 생각하게 되었다. 동시에 초자연적인 것에 대한 동경하는 마음이 생기고 마침내 지상적인 것에 대한 신념이 사라지고 초월적인 신에게 그들의 마음을 달래려는 종교적인 시대가 열리게 되었다.

종교적 시대에는 로마의 압제로 인한 사회적, 문화적 정신적인 혼란 상태에서 인간의 자력으로는 정신적 안정을 얻을 수 없음을 인식하고 초자연적인 신의 힘에 의해 구원을 얻으려는 경향이 강하게 나타났다. 이는 로마제국의 세계적 통일로 인해 동방의 유대교, 조로아스터교 등이 들어와서 종래의 사상과 결합한 새로운 사조로서 이 시대의 주류는 신플라톤주의라고 볼 수 있지만, 그 선구적 역할은 알렉산드리아 학파가 담당했다.

2. 에피쿠로스학파

에피쿠로스학파는 사모스 출신의 에피쿠로스(Epikuros, B.C. 341~270)에 의하여 창설되어 붙여진 이름이다. 에피쿠로스가 이 학파를 창설할 무렵의 아테네는 아무런 패권도 지니지 못하고 침체되어 있었다. 그래서 그리스인들은 현실 도피의 철학으로 기울어지게 되었다.

에피쿠로스는 철학을 영혼에 대한 의술로 생각하여 지식을 획득하는 목적은 앎 자체를 위한 것일 뿐만 아니라 삶에 대한 실천적 조정을 위한 것이라고 했다. 따라서 특수 학문을 경멸한다. 단지 자연의 원인에 대한 지식이 신들이나 죽음의 공포로부터 우리를 해방시켜주는 한에서, 그리고 인간 본성에 대한 지식이 우리가 무엇을 욕망해야 하고 또 피해야 하는지를 알려주는 한에서만 그것을 필요로 했다.

1) 자연학과 인식론

에피쿠로스는 "세계는 무엇으로 만들어져 있는가?"라는 문제에 대해 이 세계는 인간을 위하여 만들어진 것이 아니며 자연에는 아무런 목적이나 계획이 없고 만물이 생성하는 것은 물질의 일정한 법칙과 예측할 수 없는 맹목적인 우연 때문이라는 데모크리토스의 원자론을 따랐다. 그러나 데모크리토스의 기계적, 필연적 유물론을 그대로 따르지는 않는다.

에피쿠로스에 따르면 궁극적으로 존재하는 실재는 원자와 공간뿐이다. 원자는 형상, 모양, 크기는 물론 그에 따르는 성질과 무게가 다른 미세한 입자들로서 그 무게에 의해 허공을 낙하하면서 서로 얽혀 복합적인 물체로 배열되어 만물이 구성된다. 그러므로 인간의 영혼이나 신을 포함한 모든 만물은 이러한 원자들과 그 운동에서 유래하며 인간의 생이란 원자가 결합되어 있는 상태요 죽음이란 결합되어 있는 원자가 분해된 것이다. 따라서 그에게는 영혼불멸설이나 신의 존재는 부정된다. 이것은 에피쿠로스가 활동하기 시작한 시대가 그리스의 전통적인 종교가 인간의 의식 속에서 무너지기 시작한 때이며, 다신론적 사고 대신에 일원론적이거나 범신론적 혹은 무신론적 사고가 지배하기 시작한 시기였다는 점과 맥을 같이 한다.

에피쿠로스의 인식론적인 입장은 감각론이라고 할 수 있다. 그에 의하면 모든 인식은 단순히 감각적인 지각에 지나지 않으며 그 이상의 아무것도 아니다. 모든 감각은 참이며 우리의 사고도 감각에 의존한다. 개체들로부터 조그만 상(像)들이 떨어져 나와 감각 기관에 흘러들어 감으로써 인식이 성립한다. 시각은 물론 다른 감각들도 다 마찬가지이다. 개체들은 계속해서 이런 흐름들을 내보내는데 이런 흐름 속에서 통상적인 감각 지각이 성립되며 동시에 실재를 지각하게 된다. 이런 끊임없는 흐름이 물체적인 실재의 인상(印象)을 산출한다. 따라서 만일 감각이 참이 아니라면 사고도 모두 거짓이다. 그래서 그는 감각할 수 없는 것은 지식에도 없다고 하였다.

2) 윤리학

경험적이고 감각적인 지각이 이론적인 진리의 기준이고 쾌락과 고통의 느낌이 실천적인 진리의 기준이라는 점에서 에피쿠로스의 인식론을 감각주의나 경험주의로, 그리고 그의 윤리학은 쾌락주의로 특징지을 수 있다. 그는 감각을 인식의 표준으로, 쾌락과 고통의 감정을 실천적 행위의 표준으로 삼았다. 그에 따르면 쾌락은 그 자체로 선이요 고통은 악이다. 인간은 쾌락을 출발점으로 하여 모든 선택과 회피를 시작하게 되며 또한 쾌락을 기준으로 하여 선을 판단한다. 이 쾌락은 우리 인간의 최고 목적이요 고통을 피하려 하고 쾌락을 바라는 것이 인간의 본성이다. 그러므로 "쾌락은 복된 인생의 처음이며 끝이다." 이것은 인생의 목적은 행복에 있고 행복은 쾌락이라고 한 아리스티포스(Aristipos)의 사상을 계승한 것이다.

그러나 아리스티포스와는 달리 에피쿠로스는 쾌락을 둘로 나누었다. 하나는 육체적, 물질적인 쾌락을 의미하는 적극적이고 동적인 쾌락이고, 다른 하나는 정신적인 쾌락을 의미하는 소극적이고 정적인 쾌락이다. 육체적 쾌락은 일시적이며 그 뒤에 고통을 가져오지만, 정신적 쾌락은 그보다 더 영속적이며 훨씬 더 가치 있는 것인데, 그 정신적 쾌락의 최고의 상태가 바로 아타락시아(ataraxia), 즉 평정심(平靜心)이다. 그는 이러한 아타락시아에 이르려면 이성이 인도하고 규제하여 자기의 분수에 넘는 욕망을 지혜롭게 억제하여야 한다고 했다. 만일 이성에 따라 생활한다면 정신적인 동요 없이 살 수 있게 되며 큰 행복을 얻을 것이지만 그렇지 못하면 야심, 탐욕, 전쟁, 범죄, 그리고 수없이 많은 악한 일들이 생겨난다고 했다. 따라서 될 수 있는 대로 파란이나 정치의 소용돌이 속에 휩쓸리지 말고 소극적으로 자기의 분수를 알고 안빈낙도할 것을 주장했다.

또한 에피쿠로스는 적극적으로 사회의 정의를 위하여 개인이 희생되어야 한다는 생각은 부질없는 것이기 때문에 홀로 개인적인 정신의 평화를 누리는 것이 좋을 것이라 하여 "숨어서 살라"는 것을 생활신조로 삼고, 오직 이 아타락시아에 이른 사람만이 행복을 누릴 수 있다고 생각하였다. 진정한 행복인 평정심에 이르기 위해서는 편견을 버리고 올바른 사려를 해야 한다. 앞뒤를 잘 살피고 자연에 따라 적절한 생활을 하는 것은 실로 이 사려분별이 있기 때문이다. 그리하여 그는 지혜를 비롯한 플라톤의 4주덕을 존중하였다. 지혜는 올바른 판단으로 신과 죽음에 대한 공포를 없애며 마음의 평정을 얻게 하고, 절제는 간소한 생활로 쾌락과 고통의 중용을 얻게 하고, 용기는 눈앞의 공포와 고통을 극복하게 하여 마음의 평정을 얻게 하며, 정의는 언제나 인간을 괴롭히는 신과 죽음에 대한 공포가 없는 인생을 이루게 한다고 했다. 이러한 덕은 그 자체가 목적이 아니라 쾌락과 행복을 얻기 위한 수단이며 진정한 행복은 덕 없이는 얻을 수 없다. 그리고 진정한 행복의 경지, 곧 마음의 평정에 이르는 사람은 현자요 이 현자가 되는 것이 최고의 행복이다.

그런데 이러한 아타락시아에 이르는 데에 신과 죽음에 대한 공포가 방해가 되므로 그것들에 대해 무감각해질 것을 권유했다. 왜냐하면 신도 최소한의 원자로 되어 있으며 이 세계와는 격리된 장소에서 살고 인간과 사물에는 전혀 무관심하므로 우리에게 아무런 영향을 끼치지 못하기 때문이다. 나아가 신들이 세계를 만들어서 세계를 지배한다는 것은 미신이므로 신을 두려워할 필요가 없고 죽음을 두려워할 필요도 없다. 오히려 "죽음이란 우리에게 있어서 아무것도 아니다"는 생각에 익숙해져야 한다. 왜냐하면 우주 만물과 마찬가지로 인간은 원자의 자발적인 운동으로 형성되었으므로 죽을 때에는 영혼의 원자가 몸에서 떠나는 것이고 원자가 몸에서 떠나는 순간에 이미 인간은 존재하지 않기 때문이다. 그러므로 인간은 결코 죽음을 경험할 수 없다. 죽음이 와서 우리의 몸이 분해되어 버리게 되면 우리는 이미 아무것도 느끼지 못하게 되고 또 살아 있는 한 죽음이 오지 않기 때문에 죽음을 두려워할 필요도 없다. 따라서 죽음은 죽은 사람에게나 산 사람에게조차도 아무런 상관이 없다. 그럼에도 불구하고 신이 존재한다든가 영혼이 내세에서 무서운 시련을 받는다든가 하는 종교의 그릇된 믿음이 인간의 불안과 온갖 공포심을 조장한다. 이런 생각에서 에피쿠로스는 종교를 배격하였고 이러한 점은 또한 스토아학파와 다른 점이기도 하다. 그러나 에피쿠로스학파의 철학과 윤리학의 가장 뚜렷한 특징은 자연학에서는 유물론을 표방하고 있으며, 윤리학에서는 신체적인 면에 기초한 현세적 생활에 관심을 집중하고 있는 점 등에서 보이고 있는 강한 현실성이라고 할 수 있다.

3. 스토아학파

1) 철학적 경향과 특징

스토아학파는 제논에 의해 창설되어 에픽테투스에 이르기까지, 즉 그리스 시대부터 로마 시대까지(B.C. 3세기~A.D. 2세기)의 수세기의 긴 전통을 가지고 있으며 시대의 변천에 따라 그리고 학자들에 따라 사상의 내용도 각양각색이지만 감각의 즐거움을 끊고 아파테이아(*apatheia*)라는 부동심(不動心)을 추구했다는 점에서 공통적이다.

또한 스토아학파는 도덕적 삶의 견고한 기초를 발견하는 데에 철학의 목적을 두고 인간을 행복하게 하고 덕에 의해 인간을 독립되게 만드는 일을 목표했다. 그래서 그들은 현인들을 따라 철학을 "덕의 연습"이라 정의했다. 그리고 그들은 이론적 탐구의 가치를 도덕적 생활을 위한 중요성에 의존하는 것으로 보고 진정한 도덕성은 진정한 지식이 없이는 불가능하다고 보았다.

2) 세계와 이성

스토아학파는 궁극 원인과 그것에서 나온 세계 질서의 단일성에 주목한다. 그러면서도 윤리적인 원리가 요구하면 세계에 있는 모든 것을 이성의 작품으로 보고 절대 이성을 세계의 궁극적인 기초로 생각한다. 이런 점에서 그들의 관점은 일원론적 범신론이라고 할 수 있다.

스토아학파에 따르면 물질적인 대상만이 유일한 실재를 구성한다. 왜냐하면 작용하거나 작용 당하는 것만이 실재하는데, 그러한 성질은 물체적인 본성에 속하기 때문이다. 그래서 그들은 인간 영혼과 신성을 포함한 모든 실체를 물질적인 것으로 여길 뿐만 아니라 사물의 모든 성질도 물질적인 어떤 것으로 구성되어 있다고 보고 덕, 감정, 지혜, 활동과 같은 영혼의 상태들도 신체라고 말한다. 이런 점에서 그들의 사상은 유물론적이라고 말할 수 있다. 그러면서도 빈 공간, 장소, 시간과 사유된 것은 물체로 생각하지 않았다는 것은 그들의 피할 수 없는 모순이다.

물질적인 세계는 역동적이고 계속 변화하며 구조화된 질서정연한 배열이다. 이러한 세계의 단일성과 통일을 볼 때, 세계 내에는 물질을 배열하고 형태를 갖추게 하는 힘이 존재한다는 것을 알 수 있다. 그들은 세계 내에서 작용하고 있는 모든 힘들은 하나의 원래적인 힘에서 나온다고 보았지만, 실재하는 만물과 마찬가지로 이 하나의 힘도 역시 물체적이라고 생각하고 그 원래적 힘을 공기나 호흡처럼 계속 움직이는 미묘한 사물, 즉 불이라고 했다. 그리고 모든 사물에 퍼져 있어서 생명력을 불어넣어 주는 불은 이성의 속성을 가지므로 스토아학파는 이 이성적인 힘을 신이라고 이해했다. 즉 궁극적인 세계 원인은 가장 완전한 이성인 신임에 틀림없다고 생각했다. 결국 그들은 물질과 그 물질 속에 작용하고 있는 이성을 구별하여 물질의 궁극 원인을 가장 완전한 신이라고 하고, 모든 사물들과 그 성질들이 모두 거기에 침투한 신적인 능력으로부터 나온다고 했다. 그런데 스토아주의자들은 유물론적인 사고방식을 가졌음에도 불구하고 물질과 그 물질 속에 작용하고 있는 이성을 구별하여 물질의 궁극 원인을 가장 완전한 신이라고 하고 모든 사물들과 그 성질들이 모두 거기에 침투한 신적인 능력으로부터 나온다고 한 점은 앞뒤가 맞지 않은 면이 있다.

모든 것에 침투하여 그들에게 생기를 주고 그 자체 내에 형상의 씨앗을 갖도록 하는 이성적인 힘은 영혼, 정신, 세계 이성, 섭리, 운명, 자연, 우주적 법칙 등으로 불리는데, 이들은 상이한 여러 측면을 지시하는 말일 뿐 모두가 동일한 대상, 곧 세계 원인으로서의 이성, 곧 로고스(logos)를 가리킨다. 특히 그들에게의 신은 곧 완전한 이성이요 또 완전한 이성은 곧 신으로 간주되었다. 한 마디로 신은 세계의 모든 만물에 내재하며, 자연은 이성의 원리로 가득 차 있다. 바로 이러한 사상이 그들을 범신론이라고 부르게 한다. 이렇게 세계 내에 있는 모든 것은 그 성질, 운동, 생명 등을 신에게 빚지고 있으므로 영혼이 육체에 대해 갖는 관계를 신은 우주에 대해 갖는다.

스토아학파는 세계는 하나이며 창조와 파괴가 끝없이 계속되는 영속적인 것이라고 한다. 이러한 운동은 항상 신성불가침의 필연성, 원인과 결과의 깨뜨릴 수 없는 고리로서의 신의 법칙인 로고스의 지배를 받는다. 즉 전 세계의 질서는 세계의 모든 부분의 통일성에 기반을 두고 있으며 그 통일성은 로고스에 의해 수행된다. 만물이 신에 의해 통제되므로 모든 사건은 신 안에서 일어난다. 여기에서 세계의 단일성, 세계의 아름다움, 세계의 완성이 유래한다. 이것이 스토아적 결정론이다.

세계 내의 모든 물체는 로고스가 규정하는 상호작용 속에 있기 때문에 우주 내에 있는 아무리 작은 사실이라도 세계의 전체에 대한 영향력을 가지고 있다. 다시 말해서 우주는 하나의 통일체이며 하나의 공동체이다. 인간도 인종과 귀천, 빈부의 차별이 없이 모두가 평등한 세계의 시민이다. 이러한 스토아학파의 세계시민정신(cosmopolitanism)인데, 후에 중세 기독교 사상으로 이어져 모든 인류는 하나님 안에서 하나요 차별이 없는 평등한 존재라는 교리에 그대로 적용된다.

3) 윤리학

스토아학파의 윤리학은 이성을 모든 감성적인 충동을 억제할 수 있는 힘으로 해석하는 데서 시작된다. 에피쿠로스학파는 삶의 고뇌를 염두에 두고서 이것을 이성적인 통찰에 의해서 쾌락으로 바꿀 수 있다고 생각하고 조용한 마음으로 삶을 향유하라고 했지만, 스토아학파는 인간의 마음속에 나타나는 충동과 격정을 이성이 지배하게 함으로써 자유와 행복을 얻으려고 하였는데, 그것은 자연의 필연성이나 우주의 법칙에 부합하는 인간의 이성적 통찰을 통해 획득할 수 있다고 보았다.

스토아학파에 따르면 이 세계는 일체가 운명적으로 정해져 있을 뿐 아니라, 외계는 우리의 의지 밖에 있어서 우리가 어떻게 할 수 없다. 게다가 자연에는 움직일 수 없는 로고스가 엄연히 존재한다. 따라서 모든 것들은 세계 법칙인 로고스에 따를 수밖에 없다. 그러나 인간은 자신의 이성을 사용하여 이 법칙을 미리 파악하여 의식적으로 미리 따를 수 있다고 한다. 결정되어 있는 세계에서 바꿀 수 있는 것은 우리 자신의 마음과 생각뿐이다. 이것이 그들의 윤리학의 기초적 원리이다.

그들은 가장 자연적인 본능은 자기 보전의 본능으로 보고 그것만이 행복에 기여할 수 있는 가치를 지닌 것으로 평가했다. 그러므로 인간은 로고스에 순응하는 생활, 자연에 따르는 생활, 곧 자기의 본성에 따르는 생활을 하지 않으면 안 된다. 그것은 자연, 자기 본성으로 표현되는 이성에 따를 때만이 행복해질 수 있다고 보았기 때문이다. 스토아학파에 따르면 인간에게는 덕만이 선이다. 그것은 행복이 오직 덕에 의해서만 이루어질 수 있기 때문이다. 그들은 쾌락을 자체의 가치를 지닌 것으로 생각하지 않았으며, 진정한 행복을 혼란에서 벗어난 자유, 정서적인 안정, 내적 독립성 등에서 찾았다. 그들은 인간 속에 있는 비합리적이고 통제되기 힘든 충동인 파토스(*pathos*)는 로고스(*logos*)에 반대되며 옳고 그른 것을 공정하게 판단하는 것을 방해하는 도덕적 삶의 방해요 병적인 것이라고 규정하고 덕은 바로 이들 파토스들과의 싸움이라고 보았다.

따라서 이들의 생활 원칙은 "자연에 따라서 살아라"였다. 물론 여기서 말하는 자연은 모든 만물 속에 일관하고 있는 우주의 목적, 즉 로고스요 이성을 가리키는 말이다. 정념(情念, 파토스)에 따르는 생활은 자연(自然, 로고스)에 거스르고 이성에 거스르는 생활이다. 따라서 파토스는 단지 통제되거나 조정되어서는 안 되고 근절되어야 한다. 그러므로 현명한 사람은 어떠한 사사로운 욕망이나 감정도 가져서는 안 되며 온갖 두려움으로부터, 쾌락의 마력으로부터, 어떤 동요나 격정으로부터도 벗어나야 한다. 한 마디로 인간은 그가 지닌 정념을 모조리 버려야만 한다. 이렇게 파토스에서 해방된 상태가 바로 그들의 최종 목표인 무정념(無情念)의 부동심(不動心)을 가리키는 아파테이아(*apatheia*)이다. 이런 경지에 이른 자가 현인이

요 왕자요 철인이다. 그러한 사람은 자유롭고 괴로움이 없으며, 비유하자면 신과
같은 생활인 반면 정념에 사로잡힌 자를 바보 또는 광인(狂人)이다. 따라서 그들에
게 있어서의 선한 인간이란 온갖 정열을 근절해 버리고 오직 이성적인 숙고에 의
하여 행동하는 이성적인 사람이다.

　　로마 출신의 에픽테투스(Epiktetus, A.D. 60~120)는 외부 사정에 무관심하고 내면
적인 생활에서 정신의 안정을 누려야 한다고 하였는데, 그의 묘비에는 "한 때의
노예 생활이 축복과 같은 기쁨의 원천이다"라고 적혀 있다고 한다. 이것은 스토아
학파 사람들이 주장하는 금욕주의의 극단적인 표현이라고 하겠다.

4. 회의학파

　　회의학파의 사람들은 데모크리토스의 원자론에서 주장하는 감각적 성질의 비
실재성과 회의주의의 선구자인 프로타고라스와 아리스티포스의 주관주의에 익숙
해 있었다. 대표자 피론(Pyrrhon, B.C. 360경~270경)은 펠로폰네소스 반도의 에리
스 태생이다. 그의 제자 티몬(Timon)이 전하는 바에 따르면 피론은 인간이 행복하
게 살기 위해서는 다음 3가지를 명확히 해야 한다고 했다. 첫째, 사물의 본성이 무
엇인가? 둘째, 그들에 대한 우리의 태도가 어떠해야 하는가? 셋째, 그러한 태도가
우리에게 어떠한 이득을 가져오는가?

　　그런데 이러한 질문에 대해 회의학파는 우리는 사물의 본성에 대해서 거의 아무
것도 모른다고 한다. 왜냐하면 지각은 우리에게 있는 그대로를 알려주는 것이 아
니라, 단지 우리에게 나타난 대로를 우리에게 알려주므로, 사물에 대한 우리의 지
식은 전적으로 주관적이다. 따라서 우리는 사물에 대한 어떠한 판단도 해서는 안
된다. 즉 "그것은 그렇다."고 진술해서는 안 되고 다만 "그것이 나에게 그렇게 보일
뿐이다."라는 진술만 가능하다. 그러므로 우리가 외계의 사물에 대한 집착에서 해
방되어 마음의 자유를 얻기 위해서는 일체의 인식론적인 추구를 끊고 '판단중
지'(epoche)를 해야 하며, 그렇게 하는 것만이 사물에 대한 올바른 태도를 취하는
일이다. 이러한 판단중지에 의하여 비로소 우리는 마음의 평온(*ataraxia*)과 무감동
(*apatheia*)의 경지에 도달한다.

제11장
중세로의 접근

1. 알렉산드리아학파의 필론

예수와 동시대인이었던 알렉산드리아학파의 대표자 필론(Philon, B.C. 25~A.D. 50)은 동서 문화의 중심지인 알렉산드리아에서 태어난 유대인으로서 유대교 사상과 그리스 철학을 결합시켜 새로운 사상을 체계화했다. 그래서 혹자는 필론의 철학을 유대-그리스적 철학으로 규정하고 종교적 혼합주의와 결합된 철저한 절충주의와 신비주의에로의 이행을 나타내고 있다고 특징짓는다. 『구약성경의 주석』, 『모세전』, 『아브라함의 이주에 대하여』 외에도 아직도 보존되어 있는 수많은 그의 저서들은 신피타고라스 학도들보다 더 많은 용어들과 개념들을 교부들에게 남겨 주고 있어서 헬레니즘과 기독교 사이의 전환기를 통찰할 수 있게 해주고 있다.

필론은 자기의 민족에게 계시된 구약성경을 바탕으로 하여 플라톤주의와 스토아주의, 특히 신피타고라스주의의 종교철학을 결합시켰는데, 유대인의 성경을 플라톤이 세운 아카데미아의 가르침과 일치되게 해석하려고 했다. 그에 따르면 성경은 때때로 우의적인 방법을 사용했지만 플라톤이 가르쳤던 내용과 동일하다고 한다. 그러므로 현명한 해석자는 성경에 나타난 우의적 표현들 속에 숨어 있는 영원한 의미를 찾아낼 수 있어야 한다. 또한 플라톤과 아카데미아학파의 학자들이 모세보다 훨씬 후대임을 지적하고 이들이 성경적 내용을 빌려 자신들의 중요한 가르 침으로 삼았던 것으로 볼 때 그들이 성경적 지식을 갖고 있었음에 틀림없다고 보 았다. 이러한 전제 아래 그는 자신의 사상을 전개한다.

필론의 사상에서 첫 번째 근본 개념은 신이다. 그의 신은 플라톤의 선의 이데아 와 구약의 하나님을 결합시킨 것이다. 필론에 따르면 신은 세계에 대해서 절대적 으로 초월적인 존재자로서 자신과 이 세상과는 어떠한 직접적인 연관이 없다. 더 욱이 창조자로서의 신은 선과 아름다움의 이데아를 초월한다. 신은 본질적 존재로 서 시간과 공간의 제약을 떠나 있으며 그 자신 안에서만 그 모습을 볼 수 있다. 무엇보다 신은 만물의 창조자요 지배자이며 모든 유한자를 초월한 절대적 초월성 을 지니고 있기 때문에 어떤 개념으로나 이름으로도 그 위대함을 규정할 수 없다. 그러므로 신의 속성들을 덧붙이는 것도 불가능하다. 신은 선한 것보다 더 선하며 완전한 것보다 더 완전하다. 신은 가장 완전한 자요 가장 선한 존재로서 그저 그렇 게 존재하고 있다고 말할 수 있을 뿐이다. 플라톤의 말처럼 우리는 단지 그가 존재 한다는 것만 알 따름이지 그가 무엇인지는 모른다. 다만 '있음'이라는 이름만이 그 에게 적용될 뿐이다. 따라서 우리들은 오직 "신은 있다," "신은 야훼이다," "신은 존재자이다"라고만 말할 수 있을 뿐이다.

필론의 두 번째 근본 개념은 창조된 세계에 관한 견해이다. 그는 이 세계의 악이 나 불완전을 설명하기 위하여 물질을 신에 대립시켜 물질이야말로 세계에 존재하 는 악과 불완전 무질서의 원인이라고 하였다. 성경에서의 창조는 '무로부터의 창 조'가 아니라 이미 있었던 영원한 물질, 즉 질료로부터의 창조이다. 물질은 혼탁하 여 질서가 없는 것이지만 신을 대변하는 로고스에 의하여 세계는 형성된 것이다. 그런데 물질은 악의 원리인데, 인간에게는 죄악의 원인이다. 인간의 영혼도 타락해 서 물질의 일종인 육체 속에 깃들이게 되었는데 그 육체는 영혼의 무덤이다. 그러 므로 물질의 일종인 육체의 굴레에서 벗어나 영혼을 정화시켜야만 청정한 생활을 할 수 있다. 정념과 욕정은 그저 가벼워지거나 다른 것으로 훈련되어야 할 것이 아니고 완전히 없어져버려야만 하는 것이다. 그러나 그것은 자력으로는 불가능하 며 신의 은총을 받아야만 한다. 그렇게 하여 우리가 직접 신의 빛에 비춰지고 신과 완전히 일치되어 의식을 잃은 상태가 에크스타시스(ekstasis) 곧 황홀경이다. 이 에크스타시스는 완전한 인간에게만 주어지는 신의 은총이다. 그러므로 인간은 종교적 명상에 들어가 심신을 망각하는 것이 최고의 덕행이다. 이런 것들은 피타고라스주의와 플라톤주의, 스토아주의에서도 받아들였지만 필론에서는 다소 과장되어 있다.

필론의 사상에서 가장 중요한 점은 로고스 개념이다. 필론은 신을 절대적인 초월적 존재요, (다분히 플라톤적인 의미에서) 비감각적 존재라고 생각했기 때문에 신과 인간 사이에 절대적 단절이 초래되므로 이와 같은 이원적인 단절의 극복을 위해서는, 즉 신과 이 세상과 관련을 맺기 위해서는 양자를 중재해 주는 중간적 존재인 매개자가 필요했다. 그래서 신과 세계 사이에 중개자인 '힘'들이 끼어들게 된다. 이 힘들은 어떤 때에는 신의 속성, 즉 신이 가지고 있는 이데아라고 불리고, 또 어떤 때에는 신의 의지를 실행하는 심부름꾼, 대표자, 천사 또는 정령이라고 불린다. 이데아로서의 이 중개자들은 세계 안에서도 작용을 한다. 그리고 이 중개자들은 세계에서는 유와 종으로 되며 구조 형식으로서의 유와 종에 의해서 혼돈(chaos)에서 질서(kosmos)가 생겨난다. 이. 중개자가 바로 로고스이다.

그에 따르면 이 로고스는 이 세상이 창조되기 이전에 신에 의해 창조된 신의 형상이며 이데아들 중의 이데아이다. 또 로고스는 힘들 중의 힘이며 최고의 천사, 신의 대리자요 심부름꾼이며 신의 장남이며 제2의 신이다. 나아가 그는 로고스 이론에 스토아적인 요소를 가미해서 만물의 근본 구조를 이루고 있는 이성과 동일시하고 로고스를 신의 지혜와 이성에 일치시켰다. 그런데 로고스 안에는 플라톤이 언급한 이데아의 의미와 같은 만물의 형상이 있기 때문에 그것은 플라톤의 제작신 데미우르고스의 자리를 차지하여 신이 세계를 창조하는 도구가 된다.

필론에 따르면 세계는 이 로고스에 의해 창조된다. 그러나 로고스가 어떻게 물질로 하여금 세계를 형성하게 하는지를 설명하지는 않았다. 그리고 이 로고스는 세계에 생명을 부여하는 영혼이다. 로고스는 세계의 대사제, 세계를 위해 기도하는 자, 세계에 위안을 가져다주는 자로서 세계를 대표한다. 이때의 로고스는 완전히 인격적인 자도 아니요 또 완전히 비인격적인 자도 아니며 그것을 어떻게 이해해야 하는가 하는 점은 항상 유동적이다. 로고스는 중간적인 입장을 취해야 하고 따라서 양쪽을 다 보충해 주어야 하기 때문에 항상 유동적일 수밖에 없다.

필론의 사고 전체가 창조와 관련된 로고스 개념을 맴돌고 있지만, 그가 말한 로고스의 특성은 신이 곧 로고스라는 신약성경 요한복음의 선언과는 차이가 있다. 필론의 로고스는 하나님 자신과는 무관하며 단지 하나님보다 훨씬 저급한 것으로 하나님의 절대적인 초월성을 주장하는 구조 속에서만 찾아볼 수 있기 때문이다.

2. 신플라톤주의자 플로티노스

신플라톤주의(Neo-Platonism)의 대표자 플로티노스(Plotinos, 204~269)는 아리스토텔레스 이후 최대의 철학자이자 그리스 철학의 최후의 인물이다. 그의 사상은 플라톤 철학이 중심을 이루고 있으며 거기에 아리스토텔레스와 스토아 사상, 필론을 비롯한 그리스의 모든 사상이 종합, 집대성된 신비주의의 색채가 농후한 철학이다. 후에 그의 사상은 포르피리오스(Porphyrios)에 의해 체계화되어 그레고리, 아우구스티누스 등의 교부들을 통해 기독교 사상과 제휴하게 된다.

플로티노스는 플라톤의 이원론을 극복하려고 하였다. 플라톤의 이원론을 극복하려는 시도는 아리스토텔레스에 의해서 처음 시도되었으나, 그도 역시 형상과 질료의 발전적 해석으로 인하여 결국 순수형상을 인정하게 되었고 이원론을 극복하지 못하였다. 그리고 종교적 시대의 필론도 역시 신은 세계와 물질을 초월하여 존재한다고 하였기 때문에 이원성을 벗어나지 못하였다.

플로티노스의 근본 사상은 범신론적 유출설(流出說)이다. 그에 의하면 신이라고 할 수 있는 일자(一者)는 초존재자이다. 일자의 본질은 모든 사물을 만들어 내는 것이기 때문에 사물들 중의 어떤 것, 즉 질적인 것도 양적인 것도 정신도 영혼도 아니다. 뿐만 아니라 움직여지는 것도, 정지해 있는 것도 아니며 공간이나 시간 안에도 있지도 않고 한 가지의 모습을 그냥 그대로 지니고 있는 것 그 자체다. 일자는 우주의 원력으로서 언어로 표현할 수 없는 만물의 근원이며 대립과 차별을 초월한 유일의 절대적 존재이다. 플로티노스는 이 일자를 신이라고 일컫는다. 그것도 많은 것을 부정하는 의미와 첫 번째의 것이라는 의미에서 일자이다.

플로티노스는 존재의 해명이 밑에서가 아니라 위에서 아래로 행해져야 한다는 사실과 존재와 존재자라고 불리는 모든 것이 신에 의해 자리 잡혀 있다는 사실을 인식하여 유출(流出, emanation)이란 개념을 끌어들인다. 그에 따르면 충만한 일자는 넘쳐흐르지만 아무리 흘러 나와도 언제나 변함이 없으며 그 완전함을 잃지 않는다. 오직 일자만이 완전하고 충족된 것이며 그 외의 온갖 것들은 그로부터 흘러 나온다. 이것은 마치 태양이 빛을 내도 똑같이 비추고 거울에다가 모습을 비춰 거울에 모습을 생기게 해도 본래 모습은 변함이 없는 것과 마찬가지이며 샘이 개울을 흐르게 하고 완전한 것이 필연적으로 불완전한 것을 전제하는 것과 같다. 이렇듯 일자는 존재가 파생되는 근원이고 존재가 되돌아가고자 노력하는 목표인데 그 과정이 바로 유출이다. 일자 다음의 것은 일자로부터 유출된다는 점에서 만물은 일자로부터 존재하게 되고, 유출된 것이 일자와는 다른 또 하나의 것이지만 항상 그 근원인 일자에 속해 있다는 의미에서 일자는 만물 안에 있고 만물은 일자 안에 있다. 따라서 일자를 신으로 보는 플로티노스에게는 신이 어디에나 있으며 만물은 일자인 신에게서 흘러나오므로 일자는 만물의 근원이다. 결국 만물은 곧 신이며 신이 곧 만물이라는 범신론에 귀착한다.

플로티노스의 유출(流出)은 일자로부터 정신(νοΰς, nous), 영혼(ψύχή, psyche), 물질(ΰλη, hyle)의 순서로 진행된다. 일자에게서 맨 먼저 유출되는 것은 일자의 순수한 사유 작용인 정신, 즉 누스이다. 누스는 근원적인 일자와 매우 가까운 일자의 모사로서 일자가 스스로를 바라보는 시선이며 제2의 신, 즉 신의 아들이다. 이 정신에서 영혼이 유출된다. 영혼은 예지적인 것과 감각적인 것의 중간적인 것으로 두 영역에 다리를 놓아준다. 마지막으로 영혼에서 물질이 유출된다. 물질은 무의식적인 영혼으로서 독립적인 실재성이 없으며 조금도 긍정적인 것이 아니라 부정적인 것일 뿐이다. 물질은 선의 부정이요 악의 원리이며 근원적 일자의 반대편 극이다. 이처럼 일자에서 물질에 이르는 단계적 하향설이 그의 유출설이다.

그런데 하나의 커다란 광원의 중심에 있는 빛은 매우 빛나지만 거리가 멀어질수록 점점 광도가 떨어져 광원으로부터 멀리 떨어진 곳은 희미하게 되는데 광원으로부터 아주 멀리 떨어질 경우 빛이 없는 어둠이 생긴다. 따라서 어둠은 빛과 반대되는 또 하나의 실체가 아니라 광도가 줄어듦을 의미한다. 어둠은 어둠 자체로 존재하는 것이 아니라 빛의 결핍 상태로서만 존재할 따름이다. 유출에 있어서도 마찬가지이다. 유일한 존재인 일자의 유출 결과인 정신, 영혼, 물질은 일자로부터의 이원으로서 일자에게서 멀어져 유출될수록 그 완전성을 잃게 된다. 일자에게서 유출되는 정신, 영혼, 육체는 또 하나의 독립된 실체가 아니라 일자가 완전성을 조금씩 상실하여 존재하게 되는 불완전한 존재들로서 일자의 완전성을 결여하고 있는 정도에 따라 그 존재 상태가 달라질 뿐이다. 따라서 유출의 마지막 단계인 물질은 일자의 완전성을 모두 상실했기 때문에 선의 부정이요 악의 원리이다. 물론 물질이 독립된 실체가 아니듯이 악도 독립된 실체는 아니다. 그것은 마치 하나의 커다란 광원으로부터 멀어져 빛이 감소하여 어둠이 되는 것과 같다. 이런 견해는 후에 아우구스티누스가 악을 형이상학적으로 구명하는 데에 커다란 영향을 미친다.

플로티노스에 따르면 세계의 과정은 유출로 끝나는 것이 아니다. 일자가 유출이라는 자기 길을 가고 있는 것처럼 유출되어 생겨난 모든 것들은 유출의 출발점으로 되돌아가야만 한다. 그의 윤리설은 이렇게 범신론을 역으로 하여 성립된다. 인간은 영혼과 육체의 결합으로서 인간의 영혼은 물질적인 육체에 깃들어 있으므로 죄와 고통, 죽음과 슬픔을 벗어나지 못한다. 따라서 영혼은 육체를 벗어나서 스스로를 정화하고 누스와 결합하고 마침내는 누스를 넘어서서 근원적인 일자와 합일하여 하나가 되어야 한다. 악의 근원인 물질을 초월해서 신과 합일하는 것은 일자 자신의 의지이기도 하며 인간의 목적이기도 하다. 인간은 본래 신에게서 유래되었으므로 육체를 벗어나 신을 향해야 하며 결국은 신에게로 돌아가는 것이 인생의 궁극의 목적이다. 그는 이러한 과정을 밟아 신을 직관하여 일자와의 합일하는 순간, 인간이 육체로부터 구원되고 신 안에 취하여 세상은 물론 자신마저 잊어버리고 인간과 신의 신비로운 일치를 맛보는 기쁨의 경지를 에크스타시스(*ekstasis*)라 했다. 따라서 인간이 유출의 과정을 거꾸로 밟아 신과 합일하는 것을 구원이라고 했을 때 플로티노스는 자력 구원을 말하고 있는 셈이다.

제2부
중세철학

제1장
중세철학의 특징과 의미

10명의 로마 황제의 박해에도 불구하고 죽음을 무릅쓴 순교적 신앙으로 견뎌낸 기독교는 콘스탄티누스 황제에 의해 313년에 신앙의 자유를 공적으로 인정받았고, 392년에는 테오도시우스 황제에 의해 로마의 국교(國敎)가 되었다. 로마제국으로 부터 핍박받던 종교가 바로 그 로마제국의 국교가 된 것이다. 그리하여 중세는 300 년간의 오랜 박해와 핍박 속에서도 신앙을 지켜 승리한 기독교는 정치, 경제, 사회, 문화, 종교, 예술 등 인간의 모든 영역을 지배하게 되었다.

따라서 중세의 철학도 역시 기독교적 내용이 중심이 되어 전개되는데, 기독교의 교리와 고대 그리스 사상이 서로 융합을 이루어 하나의 거대한 형이상학적인 체계를 형성한다. 특히 플라톤과 아리스토텔레스의 철학은 중세 기독교 철학을 형성하는 기본적 토양과 토대가 되었다.

1. 중세철학의 시점과 그 중요성

일반적으로, 그리고 역사적으로 중세는 고대의 종말을 고하는 서로마제국의 멸망(476)부터 근대의 시작을 알리는 콘스탄티노플의 정복(1453) 또는 종교개혁(1517) 때까지를 가리킨다. 중세철학 역시 보통 그 시대의 철학사상을 가리키는데,

구체적으로 말하자면 아우구스티누스 이후, 즉 교회사적으로는 니케아 종교회의 이후의 철학을 말한다.

그러나 필자는 중세철학을 세계사적 관점의 시기에 따르지 않고 그보다 훨씬 이전까지 소급해서 다루었다. 그 이유는 중세철학은 곧 기독교 철학이라고 말할 정도로 기독교를 떠나서 말할 수 없기 때문에 중세철학의 시점을 기독교의 기원으로까지 거슬러 올라가서 잡는 것이 더 바람직하기 때문이다. 더구나 기독교가 형성된 직후부터 사도들과 속사도, 그리고 그 이후의 변증가들에 의해서 기독교의 진리에 대한 체계적이고 철학적인 진술들이 계속되었기 때문이다. 실제로 교부철학을 대변하는 아우구스티누스의 철학과 신학은 그 이전의 기독교 사상사들의 내용들의 종합적 체계라고 할 수 있다. 따라서 중세철학의 내용은 예수의 탄생, 죽음, 부활, 승천 이후에 그의 제자와 사도들에 의해 기독교가 형성된 후, 그들의 신앙을 정립하기 시작하는 A.D. 1~2세기까지 올라갈 수 있다는 말이다. 따라서 본서는 기독교 형성 시대부터 다루었다.

그런데 중세철학을 5세기부터 15세기까지 잡더라도 1,000년의 역사요, 필자처럼 초기 기독교 시대까지 거슬러 올라가면 중세철학은 무려 1,500년이라는 기간을 차지한다. 기원전 6-7세기경의 그리스의 자연철학부터 시작된 것으로 본다면 서양철학의 역사는 약 2,600-2,700년 정도이다. 이러한 사실을 감안하면 중세의 철학이 서양의 사상과 문화에 미친 영향을 충분히 짐작할 수 있을 것이다.

비록 오늘날 서양의 사회와 문화에서 기독교의 영향력이 현저하게 축소된 것은 사실이지만, 여전히 저변에서 막대한 영향력을 행사하고 있음을 부인할 사람은 아무도 없을 것이다. 그런 점에서 기독교 및 그와 관련된 중세철학에 대한 이해 없이 서양의 사상과 문화, 그리고 서양철학을 이해한다는 것은 언어도단이라고 해도 과언이 아니다. 우리가 특별히 중세철학에 관심을 가져야 할 필요성이 여기에 있다. 특히 기독교를 신앙하는 사람이나 신학을 하고자 하거나 또 하고 있는 신학도들이 더더욱 그러해야 함은 말할 필요도 없다.

2. 중세철학의 특징

중세철학의 특징은 아우구스티누스(Augustinus)나 안셀무스(Anselmus)의 말처럼

"믿기 위해 알고, 알 수 있기 위해 믿으라"는 모토가 대변한다. 철학적 탐구의 주요 영역인 세계, 인간, 신을 둘러싼 커다란 문제들을 순수한 이성의 힘만으로 다뤄 나가는 철학이 이 시대에는 종교적 신앙과 결합되어 있었고, 또 종교적인 신앙은 철학과 결합되어 있었다. 좀더 구체적으로 말하자면 당시에는 철학이 신학과 사실상 구별될 수 없을 정도였다. 그리고 모든 영역을 기독교가 지배하고 있어서 철학 역시 기독교를 위한 것이었다. 철학이 신학에 종속되어 있었다는 말이다. 그래서 페트루스 다미아누스(Petrus Damianus, 1007~1072)는 "철학은 신학의 시녀"라고까지 말했다. 그래서 최근까지도 중세는 진정한 철학이 없는 '철학의 암흑기'(Dark Age)라는 비판적 시각이 지배적이었다. 그러한 시각은 아마도 철학이라는 학문이 비판과 반성을 그 본질로 하는데, 이 시기에는 합리적인 비판보다는 교회의 권위에 의한 신앙이 더 우선했다는 점 때문일 것이다. 다시 말해 중세는 다분히 철학적인 기독교의 진리와 교리를 합리적 이성에 의한 비판과 반성을 통해 받아들이는 것이 아니고, 비합리적일지라도 계시를 통해 주어진 것을 신앙을 통해 받아들이는 입장이었다. 따라서 중세철학은 일반적인 의미, 즉 비판을 본질로 하는 철학의 성격과는 다른 철학이었기에, 아니 오히려 철학이라기보다는 신학이라고 하는 것이 더 적절하기 때문에 '철학은 신학의 시녀'라든가 '중세는 철학의 암흑기'라는 말을 하는 것이다.

그러나 중세철학을 철학이 아닌 신학으로 치부하여 중세 전반을 철학의 본래 정신인 비판 정신을 잃어버린 암흑기로 간과할 것만은 아니다. 아무리 중세의 철학이 근세 이후의 이성 중심의 철학과 다르다고 해도 1,000년이 훨씬 넘는 중세를 떼어내 버리고 고대에서 근세로 곧바로 뛰어 넘어갈 수는 없다. 역사에는 단절이 없다. 물론 철학의 역사도 마찬가지이다.

비록 중세의 철학이 근대적 의미에서의 비판적이고 합리적인 철학과는 거리가 멀다 하더라도 그 속에는 고대의 철학이 면면히 흐르고 있었고 근세철학의 싹을 배태하고 있었다. 사실상 근세철학의 많은 부분은 중세의 사상에 그 근거를 두고 있다. 이렇듯 중세는 고대와 근세를 이어주는 다리로서 고대철학의 요점은 물론 고대의 지식과 예술을 보존하고 있을 뿐 아니라 중세의 여러 학파들은 전시대의 철학적인 여러 문제들을 잘 이어받아 간직하여 그것을 교리적이고 신앙적인 내용에 적용시켰다. 그러한 과정에서 비판을 우선하기보다는 기독교 진리와 교리의 합리성에 더 관심을 가지면서 기독교의 내용을 철학과 접맥시켰다. 그러므로 중세의 철학이 신앙적인 내용만을 다루었다는 이유만으로 중세철학은 철학이 아니라 신학이라거나 중세에는 철학이 없었다거나 하는 것은 지나치게 중세를 과소평가 하는 것이요 중세철학의 내용을 깊이 다루지 못한 데서 오는 무지의 소치라고까지 말할 수 있다. 우리는 초기 교부시대의 철학을 통해 얼마나 그리스 철학이 기독교적 내용에 잘 적용되었는가를 알 수 있고, 아우구스티누스의 철학에서는 얼마나 플라톤의 철학이 기독교적으로 잘 적용되고 해석되었는가를 엿볼 수 있으며, 또한 아퀴나스의 철학이 얼마나 아리스토텔레스의 철학을 잘 보존하고 있는가를 접할 수 있다.

철학은 종교적인 면을 떠나서는 결코 말해질 수 없다. 더구나 인간 생활의 모든 면에서 기독교가 풍미했던 중세에 종교적인 내용들이 철학의 대상이 되었던 것은 전혀 이상한 일이 아니며 오히려 당연한 일이다. 대부분이 신학자이기도 했던 중세의 철학자들은 자신들의 신앙을 단순한 신앙이 아닌 철학을 통해 설명하고 합리화하고자 노력했다. 따라서 단지 그 내용이 기독교적이라는 이유로 중세의 철학을 백안시하거나 기독교의 신을 믿지 않는 사람들이 중세의 철학은 자신과 다른 신념을 가진 사람들, 즉 신을 믿는 사람들의 철학이라고 해서 그것을 무시하는 일은 결코 바람직한 태도가 아니다.

3. 중세철학 이해의 열쇠

중세철학을 이해하기 위한 중요한 키(key)는 바로 신앙과 이성이다. 중세철학의 흐름은 신앙과 이성이라는 관점에서 파악해야 한다는 말이다. 기독교 신앙체계란 기독교의 종교적 진리를 깨닫고 믿는 것이다. 여기에서 깨닫는다는 것은 앎과 관계된 지적인 작용이요, 믿는다는 것은 말 그대로 신앙적 수납을 의미한다. 그러기에 기독교와 기독교 신앙 자체는 신앙과 이성의 교차점에 위치한다.

그런데 사실상 믿는다는 것과 안다는 것은 분리될 수 없다. 믿는다는 것이 신앙적인 것이라면 안다는 것은 이성적인 것이다. 기독교의 진리가 아무리 계시된 것이고 믿음에 의해서만 알 수 있는 것이라 해도 믿고 신앙하는 그것이 구체적으로 어떤 것인지 그 내용과 의미를 모르고서 믿는다면 그것은 믿는 것이 아니며 또 그렇게 믿을 수도 없는 노릇이다.

기독교가 모든 것의 중심이었던 중세에는 그 기독교의 진리를 공표하는 것이 중요한 일이었다. 구체적으로 말하자면 기독교의 진리가 계시된 것으로서 신앙에 의해서 알려지는 것이지만 인간의 이성으로 보더라도 진리임을 보여주어야 했다. 그런데 무엇이 진리라고 주장하려면 인간의 이성에 호소해야 하고 그러기 위해서는 합리성이 뒤따라야 한다. 따라서 중세는 기독교의 진리가 합리적 이성과 무관할 수 없었다. 물론 기독교의 진리가 모두 합리적인 것은 아니다. 어떤 것은 그냥 믿음으로 받아들여야 하는 것도 있다. 그러한 것은 합리화할 수 없다. 바로 이러한 점으로 인해서 신앙 중심적인 입장을 취할 것이냐 이성 중심적인 입장을 취할 것이냐 하는 태도의 차이가 생겨난다. 전자는 그런 비합리적 요소를 무조건 신앙하듯이 모든 내용들을 무조건적으로 신앙해야 한다는 것을 주장하는 입장이요, 후자는 합리적인 진리에 대해서는 그 진리의 합리성을, 그리고 비합리적인 진리에 대해서는 그 비합리적인 진리가 왜 진리인가를 합리적으로 설명하고자 하는 입장이다.

코플스톤(F. Copleston)이 그의 『철학사』에서 말했듯이 기독교 시대의 최초 수세기에는 근대적인 의미에서의 철학, 즉 신학과 구별된 자율적인 학문이라는 의미에서의 철학이 거의 존재하지 않았던 것은 사실이다. 그러나 교부들은 이성과 신앙의 구별, 학문적 결론과 계시 내용의 구별을 알고 있었다. 그러나 이성과 신앙을 구별하는 것이 반드시 철학과 신학을 명백하게 구별하는 것은 아니다. 기독교의 이론적인 성격을 보여주고 싶어 했던 호교가들과 기독교 저술가들은 기독교의 진리, 예컨대 유일신 하나님만이 존재한다는 것을 보여주기 위해 이성을 사용했으며, 또 어느 정도는 그것을 위해 철학적인 주제와 내용을 전개했다. 물론 그들의 목적은 철학 자체가 아니라 기독교에 대한 변호와 변증이었다. 심지어 그리스 철학을 반대하는 변증가나 저술가들마저도 호교를 위해 이성을 사용하지 않으면 안 되었으며 그 결과 철학의 영역에 속하는 주제에 주의하지 않을 수 없었다.

그리스 철학에 대해 부정적인 시각을 가지고 있었던 호교가들은 철학을 진리의 왜곡자 또는 기독교의 적으로 간주했지만 그것을 긍정적이고 호의적으로 생각한

호교가들은 그것을 기독교적인 예지를 위한 준비로 보았다. 그들에 따르면 기독교의 예지는 계시된 신앙의 신비만이 아니라 기독교인의 눈에 비친 세상과 인생에 대한 모든 진리를 포함하고 있다. 그러므로 교부들은 계시의 내용을 이해하고 올바로 표현하고 옹호하기 위해서 이성을 사용할 수밖에 없었고, 그리스 철학자들에 의해 생각되어 왔던 주제들을 취급했기 때문에 그들은 신학을 발전시켰을 뿐만 아니라 기독교 신학과 일치되는 철학의 수립에도 공헌했다. 물론 그들이 철학적인 주제를 추구하는 경우일지라도 철학을 수립하기보다는 기독교적 예지를 완성하고자 했다.

4. 중세철학의 전개과정

결국 중세철학은 신앙과 이성을 어떻게 사용하며 또 조화시킬 것이냐 하는 점이 문제였다. 일반적으로 초기에는 신앙 중심적이었지만 점차 이성 중심적인 입장으로 변하여 결국에는 신앙과 이성은 별개의 영역으로 독립하고 이성 중심적인 근세로 들어간다. 전자의 신앙 중심적인 입장은 여러 가지 신앙의 진리와 교리를 확정하는 데에 걸맞은 태도로서 이러한 태도를 통해 교부철학이 형성되었고, 후자는 확정된 신앙적인 내용을 합리적으로 설명하고자 하는 데에 적절한 태도로서 이러한 입장을 통해 스콜라철학이 형성되었다.

중세철학은 크게는 사도들의 활동기로부터 8세기에 이르는 교부철학의 시기와 8세기부터 중세철학이 종결되는 종교개혁과 르네상스 직전까지 이어져온 스콜라철학 시대로 구분된다. 교부철학은 속사도교부들과 변증가들에 의해 기독교의 근본 교리가 확정된 시기와 아우구스티누스에 의해 기독교의 교의가 종합적인 체계로 형성된 시기로 나눌 수 있다. 또한 스콜라철학은 교리의 합리적 논의를 위한 스콜라철학적 사유 방법이 시작되고 보편논쟁이 전개된 9세기에서 12세기까지의 초창기, 아랍 및 유대 철학에 의해 소개된 아리스토텔레스의 사상을 받아들여 그것을 토대로 기독교의 사상을 아리스토텔레스의 용어로 완성한 토마스 아퀴나스에 이르는 12세기에서 15세기의 융성기, 그리고 오컴과 스코투스로 대변되는 반아퀴나스주의와 에크하르트와 같은 신비주의가 등장한 쇠퇴기로 구분된다.

제2장
기독교 형성 시대

1. 예수 그리스도와 기독교

    기독교가 하나의 종교로 형성되어 구세(救世)의 종교로서 서양 사상을 지배하게 된 것은 그리스 말엽과 로마 초기의 사회 상황, 그리고 전통적인 유대인들의 신앙과 관계되어 있다. 당시의 그리스는 이미 문명의 쇠퇴기에 들어 사회의 기풍과 질서가 부패하고 문란해지고 고유한 도덕마저 땅에 떨어졌으며 귀족 부호들은 사치를 일삼아 타락된 사회로 전락하고 말았다. 또한 로마인들은 호화로운 생활과 환락에 빠져 정신적 공허와 적막감을 느끼고 있었다. 그래서 그들은 현실 생활에서 초탈하여 초자연계에 복귀하려는 욕망을 가지고 있었다. 더구나 예수가 태어난 유대 지역은 로마의 중앙정부에서 임명한 헤롯(Herodes, B.C. 74~A.D. 4)이라는 총독의 학정에 시달리고 있어서 이 지역의 유대인들은 그들이 믿는 성경의 예언대로 구세주의 출현을 크게 기대하고 있었다. 바로 이러한 시기에 예수가 탄생했다.

    성경에 따르면 예수는 동정녀인 마리아의 몸을 빌려 성령에 의해 잉태되어 B.C. 4년에 유대 땅 베들레헴에서 탄생했다. 그의 이름 예수(Jesus)는 '구원'이라는 의미인데, 기독교는 바로 그 예수가 그리스도임을 믿는다. 그리스도(Christ, Χριστός)란 구세주라는 뜻의 히브리어 '메시아'(Messiah)에 해당하는 말로서 '기름 부음을 받은 자'라는 의미를 갖고 있다. 그런데 예수가 기름 부음을 받은 자, 곧 그리스도라는 것은 중요한 의미를 갖는다. 예수 탄생 전, 이스라엘 민족들이 그들의 신인 여호와 하나님의 통치를 받던 구약시대에 기름 부음을 받았던 직분은 왕, 제사장, 선지자였다. 따라서 예수를 그리스도로 믿는다는 말은 예수가 3권을 가진 자, 즉 인간을 구원할 자로서 온 인류의 왕이요, 인간의 모든 죄를 속하는 제사장이요, 하나님의 뜻과 말씀을 선포하는 선지자로 인정하고 믿는다는 의미이다.

　이스라엘 민족들은 전통적으로 유대교, 즉 유일신 여호와 하나님에 대한 신앙을 가지고 있었다. 당시 로마의 식민지로 전락한 그들은 성경의 예언을 믿으며 로마의 학정으로부터 정치적으로 해방시켜 줄 메시아를 고대하고 있었다. 이러한 이스라엘 백성들에게 나사렛 예수가 등장하여 실로 인간이 베풀 수 없는 신비스럽고 초인간적인, 즉 신적인 기사와 이적들을 나타내 보일 뿐만 아니라 권위 있고 능력 있는 하늘의 말씀을 전했다.

　예수는 "회개하라 천국이 가까왔느니라"고 외치면서 죄를 회개하고 하나님께 돌아올 것을 촉구하며 사랑을 통한 하나님 나라의 건설을 역설했다. 그의 설교의 주제는 하늘나라에 관한 것이었고, 또 하나는 이 땅에서의 삶, 즉 윤리적인 것이었다. 뿐만 아니라 그는 자신이 바로 이스라엘 민족들이 고대하던, 그리고 성경에 예언된 바로 그 메시아로서 인간의 죄를 대속(代贖)하기 위해 온 하나님의 아들이라고 주장했다. 그들에게는 하나님의 아들이란 곧 하나님을 의미했다. 나아가 그는 무엇보다 하나님을 사랑하고 섬길 것을 역설했다. 그리고 현실적으로 하나님을 사랑하는 방법으로서 "네 이웃을 네 몸과 같이 사랑하라"고 설교했다. 과거의 유대교가 신을 섬길 때 형식과 율법에 얽매었었던 것과는 달리 그는 사랑을 강조했다. 예수의 가르침은 바로 이 사랑으로 집약할 수 있다. 예수는 율법의 근본정신은 사랑인데, 첫째가 하나님에 대한 사랑이고, 둘째가 이웃에 대한 사랑이라고 가르쳤다. 이 사랑을 통해 현실 세계에 하나님 나라가 도래(到來)된다고 가르쳤다. 그래서 오늘날 기독교를 특징지을 때 사랑의 종교라고 한다.

　따라서 하나님 사랑과 이웃 사랑, 이것이 바로 기독교의 근본정신이라 할 수 있는데, 이는 모두 예수의 가르침에서 왔으며 그러한 정신은 신약성경의 4복음서에 잘 나타나 있다. 과거의 유대교가 외면적 형식과 율법을 중시했다면 예수는 내면적인 신앙을 매우 강조했다. 특별히 예수는 산상수훈(마태복음 5~7장)에서 외적 형식으로서의 율법 준수보다는 내적이고 정신적인 율법을 준수해야 한다고 역설한다. 거기에 보면 "율법에는 ~하라 하였으나, 나는 너희에게 이르노니 …하라"는 구절이 많이 나온다. 자세히 보면 '~하라'는 내용은 율법의 내용으로서 주로 외적이고 형식적인 반면, 예수가 '…하라'는 내용은 주로 내면적이고 신앙적인 것이라는 것을 알 수 있다.

유대교는 유일신 하나님만을 믿고 육체로 오신 예수를 그들의 메시아로는 믿지 않지만, 기독교는 출발부터 예수에 초점을 맞춘다는 사실이 다르다. 유대교는 예수를 메시아로 생각지 않고 오히려 감히 인간인 주제에 자신이 하나님이라는 참람한 말을 한 불경스런 인간으로 생각하지만(당시의 유대교 종교 지도자들은 이런 이유로 예수를 죽였다), 기독교는 예수가 곧 하나님이요 그 하나님이 친히 육체로 오셨다고 믿는다. 그런 점에서 유대교는 예수를 받아들이지 않은 채(그래서 그들은 아직도 오실 메시아를 소망한다) 유일신 하나님을 믿는 종교라고 한다면, 기독교는 예수를 하나님으로 믿는 종교라고 구별해 말할 수 있다.

예수는 3년에 걸친 공생애 기간 동안에 하나님 나라와 죄로부터의 구원이라는 복음(gospel)을 전파하면서 여러 가지의 기적과 이적을 베풀어 많은 자들로 하여금 그를 하나님의 아들로 인정하지 않을 수 없게 했다. 그러나 로마로부터의 정치적인 해방에만 눈이 어두웠던 당대인들은 예수가 바로 우리의 죄 때문에 이 세상에 오셔서 십자가를 져야 한다는 놀라운 인간 구원의 계획은 깨닫지 못하고 있었다. 그래서 예수의 추종자들, 심지어 그의 제자들까지도 예수를 정치적인 메시아로서, 로마로부터 해방시켜 줄 사람으로 간주했다. 그들은 예수의 가르침인 하늘나라와 죄로부터의 구원이라는 영혼의 문제보다는 그의 신비하고 초월적인 신적인 능력에 관심이 있었고, 어떻게 하면 그것을 통해 로마로부터 정치적으로 해방될 수 있을까에만 관심이 있었다. 그러나 예수의 엄청난 감화력과 신적 능력으로 인해 그를 따르는 무리가 많아지자 예수를 구심점으로 하여 민란이 일어나지나 않을까 걱정하는 로마 정부와, 자신이 곧 하나님이라는 예수의 주장에 대해 못마땅하게 생각하던 전통적인 유대교의 종교 지도자들의 미움을 사게 되어 예수는 십자가에 못박혀 힘없이 죽고 말았다.

예수는 지상의 한 국가의 정치적인 왕이 되기 위해 온 것이 아니라 자신의 죽음을 통해 인간들의 죄를 사하기 위해, 즉 하나님의 뜻에 따라 인간들의 죄에 대한 속죄물로 죽기 위해 이 땅에 왔기 때문이었다. 예수의 죽음으로 그의 추종자들은 물론 제자들마저도 많은 동요를 하고 흩어졌다. 그러나 죽기 전에 예언했던 대로 예수가 부활한 것을 목격한 사람들과 또 그들의 증거와 전도를 통해 예수를 따르는 무리는 급속도로 확산되었고, 그렇게 하여 예수의 하나님이심과 그의 부활을 믿는 종교 기독교가 형성되었다.

2. 바울과 기독교 교리

종교로서의 기독교는 실천적인 활동의 요구로서 철학을 필요로 했다. 종교적 실천의 생활이 오랜 시간 경과함으로써 그에 대한 철학을 낳았고, 그 철학을 통해 또 역으로 실천 생활을 정당화했다. 그런 의미에서 기독교의 철학적인 해석은 기원적으로 본말이 전도된 것이다. 다시 말해 중세의 기독교 철학은 기독교도들이 자기들의 신앙과 신조를 정당화하고 합리화해 줄 철학을 필요로 하는 데서 형성되었으며, 후에는 그 철학을 통해 또 기독교의 교리를 합리화했다는 말이다. 그래서 기독교적 실천 생활의 전제 아래 초기 기독교 교부들의 기독교에 대한 해석과 철학적 이론이 다양하게 나타났다. 그러나 기독교 철학의 형성 단계에서의 그러한 다양한 이론들은 기독교 자체의 모순성에 의한 것이 아니라 신관이나 우주관, 인간의 구원, 종교 제도 등에 대한 견해의 차이에 기인한 것이다.

앞에서도 설명했지만 기독교는 예수 그리스도라는 인격을 중심으로 이루어진 종교로서 그 출발점 역시 예수 그리스도이다. 그는 참 인간일 뿐 아니라 육신으로 오신 하나님 자신이다. 그는 죄로 인해 멸망에 빠진 인류의 구원을 위해 친히 인간으로 이 땅에 오셔서 인류를 대신해 죄 값을 치르는 속죄의 죽음을 죽으셨다. 따라서 메시아인 예수 그리스도는 구원의 중심적 존재이다. 바로 이 점이 유대교와 다른 점이다. 유대교는 모세의 율법을 하나님의 뜻으로 받아들이고 그것을 숭배하는 대신, 기독교는 처음부터 예수를 구주로 받아들이고 그를 하나님으로 믿는다. 바로 이런 교리를 가진 기독교라는 종교를 형성하는 데에 결정적 공헌을 한 사람이 사도 바울이다.

바울은 기독교의 교리를 형성하여 하나의 종교로서의 모습을 갖추어 전파하는 데에 일생을 바쳤다. 일찍이 철학, 특히 플라톤 철학에 정통했던 바울은 철학적 훈련과 지식을 토대로 기독교의 가장 기본적인 구원의 진리를 분명하게 설명했을 뿐 아니라 기독교가 유일하고 참된 진리임을 매우 합리적으로 밝혀주었다. 바울이 정초한 기독교 진리의 지적 원리는 다른 모든 기독교의 교리와 신학 모두가 거기에 의지하게 했다.

바울은 로마의 시민권을 가지고 있을 정도로 사회적 신분도 안정되어 있었으며 자신의 표현대로 말하면 그는 이스라엘 족속이요 베냐민의 지파요 히브리인 중의 히브리인이요 바리새인이요 율법적으로도 흠이 없는 자였다. 또 엄격한 유대 교육을 받아 율법주의에 사로잡혀서 자기가 하나님이라고 주장하는 독신적(瀆神的)인 예수를 믿는 기독교도를 박해했던 열렬한 유대교도였다. 이러한 바울이 예수를 믿는 기독교도를 박해하러 다마스커스로 가던 도중 예수를 만나는 체험을 하고 개종했다. 그것은 자신의 표현대로 태초 전에 예정한 하나님의 뜻이었다. 바울은 개종 이후 유대교도였을 때의 열심과 철학적 훈련을 통한 합리적 사고를 바탕으로 일생을 여행하면서 자기가 핍박했던 예수를 전파하는 일에 바쳤으며, 신약성경의 약절반 정도나 되는 편지를 통해 각지의 기독교인들의 신앙을 격려하고 구원의 도를 전파했다.

사실상 모든 기독교의 교리는 곧 바울의 사상이라고 해도 과언이 아니다. 그는 모든 인간은 다 죄인인데 죄로부터 구원받을 수 있는 방법은 유대교 율법이나 형식에 의해서가 아니라 예수를 믿는 믿음뿐이라고 역설했다. 바울은 유대교의 형식주의와 율법주의를 타파하고 율법이 아니라 오직 예수를 통해서만 죄가 사해지며 의에 이르러 구원을 얻는다고 강력히 주장했다. 율법이 신성한 것이기는 하지만 율법을 지킨다고 해서 죄가 사해지는 것이 아니라고 했다.

바울에 따르면 구약의 모든 율법, 특히 제사 의식에서 인간의 죄를 사하기 위해 드렸던 양이나 비둘기 같은 제물은 바로 십자가에서 온 인류의 죄를 위해 대신 죽은 예수를 상징하는 것이었으며 예수는 바로 그러한 제물의 역할을 담당하기 위해 이 땅에 오셔서 인간을 위해 대신 속죄의 죽음을 죽었다고 한다. 율법의 내용은 모두 예수의 죽음을 통한 구원을 예표(豫表)한 것이며 육체로 온 하나님의 아들 예수의 십자가 위에서의 죽음은 바로 그 율법을 완성한 것이므로 구원은 율법 준수가 아닌 예수를 믿는 믿음에 있다.

아담의 범죄로 인해 사망 아래 있게 된 모든 인류는 십자가에 대신 죽은 예수를 믿어야 죄와 사망에서부터 구원을 얻을 수 있다. 그것은 하나님은 온 인류의 하나님이기에 피부 색깔, 남녀노소, 빈부귀천에 상관없이 누구나 예수를 믿기만 하면 그 믿음을 통해 죄를 용서받고 구원을 얻는다는 세계적 종교로서의 기독교의 기초가 되었다. 바울은 이러한 신앙관에 입각하여 예수를 믿는 신자로서의 신앙생활 면에 대해 많은 규준을 제시해 주기도 했다.

바울의 사상은 예수의 말씀, 그리고 자신의 체험에 의한 신앙의 표현이지만 단순히 그의 사상으로 그치지 않는다. 그것은 예수의 말씀과 함께 오류 없는 전승으로 받아들여졌고 그의 서한들은 종교회의를 통해 정경으로 인정되었으며 또 성경에 대한 신적 권위 사상으로 인해 하나님의 말씀으로 인정되었다. 결국 기독교는 죄로 인한 인간의 타락, 예수 그리스도의 속죄의 죽음, 하나님의 절대 주권 속에서의 은총에 의한 믿음, 예수를 믿는 믿음을 통한 구원을 목표로 하나님에 대한 절대적인 복종과 이웃에 대한 사랑을 그 핵심적 내용으로 하고 있다.

제3장
초기 기독교 시대

1. 초기 기독교의 교회 및 교리적 상황

기독교 초기의 전개 과정에서 나타나는 속사도와 초기 변증가들, 그리고 교부철학자들의 사상들을 대할 때, 우리는 먼저 초기 기독교의 교회 및 교리적 상황을 이해해야 한다. 특히 오늘날의 정통 교리 위에 굳건히 서 있는 기독교인의 경우에는 더더욱 그러한데, 이에 대한 이해가 선행되지 않으면 초기 기독교 당시의 몇몇을 제외한 거의 대부분의 사상가들은 이단적이라는 비판을 면키 어렵다. 왜냐하면 그들의 사상과 기독교의 진리에 대한 설명이 순수하게 오늘날의 정경에만 근거하는 것이 아니기 때문이다. 지금은 정경화된 성경이 있고 오랜 전통으로 확립된 체계적인 교리와 신조가 있으나 그들에게는 정경으로서의 성경이 확립되어 있지 못한 상태였다. 오히려 그들은 무엇을 성경으로 인정하고 받아들여야 할 것인지의 기준을 신앙적인 입장에서 세워야 할 주인공들이었다.

교회사적으로 볼 때, 영지주의와 마르시온파에 대해 반박을 가한 반영지주의자 이레니우스(Irenaeus)의 정통적 교리의 기준을 따라 사도신경이 만들어진 것도 150년에서 175년 사이이고, 정경화 운동도 140년에 시작되었으며, 신약성경도 사도적인 전승을 확립하기 위한 필요에서 2세기말에야 비로소 실제적으로 편찬되어 397년에야 끝이 났다. 게다가 동방에서는 이보다 후에야 종결을 보았다. 그 후에도 부분적으로 몇 권의 책들에 대해서는 논란이 없지 않았으나 1546년 트렌트(Trent) 회의에서 종래의 27권을 정경(canon)으로 확정지었다. 이 트렌트 회의에서 로마 카톨릭은 구약의 39권 외에 11권의 외경(Apocrypha)을 집회문서(*libriecclesiastici*)라는 이름으로 경전으로 인정했으나, 프로테스탄트에서는 1618년 도르트(Dort) 회의와 1672년 장로 회의에서 그것들을 경전에서 제외시키기로 결정했다.

그런데 아이러니하게도 구체적인 신약의 정경화 작업은 이단시되었던 마르시온(Marcion)이 『복음과 사도』라는 이름으로 정경을 결정하고 거기에 누가복음과 바울의 10개 서신을 포함시키는 데에서부터 시작되었다. 마르시온은 영지주의의 노선을 따라 구약의 신은 물질계를 창조했지만 정의로우면서도 잔인하게 율법주의적이고 혹독하다는 점에서 도덕적으로 열등한 존재라고 했다. 마르시온은 구약의 신으로부터 받은 육체에 갇힌 인간의 영혼은 예수의 신을 믿음으로써 구원받을 수 있다고 하여 그리스도와 바울을 따라 금욕주의와 독신주의를 따르게 하려고 했다. 그래서 그는 예수와 구약의 신 여호와 하나님을 연결시키는 모든 구절들을 삭제하고 바울 서신과 누가의 복음서를 재편집해서 경전으로 제시했었다. 이것이 계기가 되어 반영지주의자인 이레니우스가 지금의 신약성경 중의 빌레몬서, 요한3서, 유다서를 제외한 모든 성경을 정경으로 언급했다.

이러한 교회 교리사적인 흐름을 이해한다면 신앙의 표준인 성경이 완결되지 않았고 뚜렷하게 제시된 교리가 없는 마당에 기독교의 진리에 대한 견해가 분분했다는 사실은 충분히 이해될 수 있을 것이다. 다시 말해 교리의 형성기였던 당시의 여러 신학은 매우 미숙하고 때로는 궤변적이기까지 했으며 교리에 관해 다양한 견해가 널리 공존했다. 후기의 교부들마저도 구속의 신비와 같은 것에 대해서는 각기 태도가 달랐다. 그러므로 어떤 교부들이(아마 오리겐이 그 전형일 것이다) 후세에 이단으로 판결되었으나 당시에는 정통으로 여겨지기도 했다는 사실은 전혀 이상할 것이 없다.

아마 이러한 내용을 접할 때 지금의 정통 교리를 목숨처럼 신앙하는 기독교인들은 자못 놀랄 것이다. 더구나 교회적으로나 교리사적으로 추앙하고 존경했던 변증가나 교부들의 사상 가운데에는 지금의 정통 교리로는 용납할 수 없는 이단적인 견해가 보일 때의 당혹감은 더할 것이다. 그러나 그런 것은 당혹스러워 할 문제가 아니다. 오히려 그 상황으로 들어가 그들의 견해에 대한 이유와 근거를 살펴보고 이해할 필요가 있으며, 그렇게 할 때 오히려 본질적인 기독교의 진리를 발견하는 계기가 마련되기도 할 것이다. 그렇다고 초기 교회가 정통과 이단의 구별에 대해 무관심했다고 오해해서는 결코 안 된다. 신앙공동체로서의 교회는 처음부터 의식적이든 무의식적이든 지금의 성경 66권을 신앙의 표준으로 삼아 다른 모든 교사들의 가르침과 구별하여 왔다. 다시 말해 처음부터 계시된 진리의 광범한 윤곽이 사도들로부터 내려오는 극히 신성한 전통이라고 존경받았다. 그러나 그 유전과 전통에 대한 신학적 설명은 광범하고 자유분방했다. 다시 말해서 교회와 신앙의 권위와 정통성이 아직 확고하게 형성되지 않은 초기 기독교 시대에는 기독교적인 내용을 중심으로 나름대로의 사상과 견해가 가능했다는 말이다.

반복해서 강조하지만 지금은 정경화된 카논(*kanon*, canon)으로서의 성경이 있고 오랜 전통과 교회의 권위로 확립된 체계적인 교리와 신조가 있으나 초기 기독교 시대의 상황은 그렇지 못했다. 그러다가 차츰 토론의 주제가 되었던 소수의 교리에 대해서 정확한 정의와 엄격한 기준과 획일성을 주장하는 경향이 나타났다. 그리고 그것은 사도신경과 신약성경의 편찬 기준이 되기도 했다. 그러나 정경화가 된 후에도 그 권위와 정통성에 대한 권위는 아직 확고하게 형성되지 않은 상태였기 때문에 일부의 사상가들은 그와는 다른 생각을 가지고 있었다. 오히려 그들은 바로 그러한 임무를 수행해야 할 주인공들이었다. 따라서 사도의 전승과 정경, 그리고 신앙과 교회의 권위를 인정하는 자들은 그것을 더욱 합리적으로 확립하기 위해, 나아가 확립한 신앙의 도리와 기독교의 절대적인 진리를 일반인들에게 전달하여 그들을 설득할 합리적인 방법을 위해 철학이 필요했으며, 또 그렇지 않은 자들은 자신의 다른 견해를 펴기 위한 합리적인 도구로서 철학이 필연적으로 요청되었다. 따라서 그 이전 시대의 그리스 철학을 동원하거나 그것을 빌려 설명하는 것은 자연적이고 필연적인 일이었다.

2. 속사도 교부들

속사도 교부(Apostolic Fathers)란 사도들을 계승한 사람들 가운데에서 시기적으로 가장 빠르게 나타난 일단의 사람들로서 사도들로부터 직접 기독교 신앙에 대해 가르침을 받아 그들의 가르침을 순수한 상태로 후세에 전한 사람들을 가리키는데 시대적인 간격을 가지는 후대의 일반적인 교부들과 구별하여 사도적 교부라고도 부른다.

예수의 가르침은 아주 단순하면서도 일정한 교리가 없었다. 그는 자신의 가르침을 선포하고 사도들과 그들의 후계자로 하여금 땅 끝까지 선포하도록 명령했다. 이에 따라 사도들은 처음에 입으로 복음을 전했고 그 후에는 가장 중요한 부분들을 적어 놓았다. 이 일을 사도들의 후계자들, 즉 소위 말하는 속사도 교부들이 수행했다. 이것을 문헌으로 남기는 것을 필요로 했던 것은 현실적인 필요에서였다. 예수의 생존시와 그의 제자들과 사도들이 전도할 당시에는 예수의 기록에 의한 보존이나 일정한 교리가 없어도 아무런 불편이나 문제가 없었다. 그러나 예수가 부활, 승천한 후 세월이 지날수록 예수의 직접적인 감화력이 감소되고 더구나 똑같은 예수를 추종하면서도 서로 다른 면을 보이자 교회는 모든 신자들에게 공통의 목표와 기준을 제시할 필요를 느꼈다. 즉 잘못된 이단을 폭로하고 개체 교인들과 전체 교회에게 진리 해석을 위해 정통 이론을 주지시킬 일정한 교리를 조직할 필요가 있었다. 그러한 목적에서 가장 초기에 속하는 기독교 문서들은 바로 이들 속사도 교부들에 의해 쓰였다.

그런데 이러한 작업을 수행한 교부철학자들의 토대가 된 것이 그 전 시대의 그리스 철학이었다. 따라서 초기 기독교 사상가들은 각자가 서로 다른 사상적 토대를 가지고 있었으므로 그들의 신학설은 매우 다양했을 뿐 아니라 서로 모순되기도 하고 유사하기도 했다. 그러나 정통과 이단 사이에 많은 철학적이고 신앙적인 논쟁을 치르면서 차차 정통적 교의가 확립되어 갔다. 이들은 1세기말부터 2세기까지 활동하면서 신약성경과 변증가들 사이의 교량 역할을 수행함으로써 사도들의 사상과 신앙을 후대에 계승하는 데에 중요한 역할을 담당했다. 그들의 문서는 모두 8 종류인데, 로마의 클레멘트의 두 편지, '디다케'라고 불리는 열두 사도의 가르침, 안디옥의 이그나티우스의 일곱 편지들, 서머나의 폴리캅의 편지와 순교 이야기, 히에라폴리스의 파피아스의 문서들, 바나바의 서신, 헤르마스의 목자, 디오그네투스에게 보내는 편지가 그것이다. 물론 학자마다 열거한 속사도 교부들의 작품들이 다소 차이를 보이기도 한다. 그러나 이 작품들은 모두가 통일성을 가진 것은 아니

지만 사도 시대부터 2세기 전반까지의 작품들로서 신약성경과 변증가들의 시대 중
간에 해당하는 것들이다.

물론 속사도 교부들의 사상은 철학적 사상이라기보다는 보존적 신앙이라고 하
는 편이 더 나을 것이다. 이들은 단지 소수의 저술들만, 그것도 거의 단순한 형태로
전해 주었다. 기독교가 학적인 활동의 결과로서가 아니라 기적을 통해 증명된 하
나님의 계시로 나타났기 때문이며, 또한 그들의 저술이 기독교를 받아들인 사람들
의 영적인 요구를 충족시키기 위한 것이었지 기독교의 학적 근거에 대한 정립을
필요로 했던 것이 아니었기 때문이다. 그러나 이들의 저술들 속에 나타난 생각들
은 이미 미래의 교부철학에 등장했던 많은 내용들의 근본 형태로서 뚜렷이 등장한
다는 데에 의의가 있다.

1) 바나바

신약성경 사도행전 11:24에 의해 성령과 믿음이 충만한 사람으로 묘사된 바나바
는 사도들로부터 복음 봉사를 위해 부르심을 받고 오랜 동안 안디옥에서 일했다.
바울과 함께 예루살렘 사도 회의에서 이방 크리스천이 모세의 율법에 묶인 것이
아니라는 결정에 큰 도움을 주었다. 바울과 함께 '안디옥에서 말씀에 대한 기쁜 소
식'을 전하고(행 15:35) 서로 갈라져 마가와 함께 구브로(Cyprus)로 떠났다(행
15:39). 그가 얼마나 자기의 고향에서 활동했으며 그의 생을 어디서 어떻게 마쳤는
지는 알려져 있지 않다. 현대의 학자들은 바나바의 서신이 135년경 알렉산드리아
에서 기록된 것으로 보고 그 저자가 바울의 동역자인 바나바가 아니라고 한다. 그
러나 바나바의 서한은 얼마 동안 신약성경의 정경으로 간주되었으며 클레멘트와
오리겐은 성경으로 인정했다.

그의 서한에는 교리적이고 교훈적인 부분과 도덕적이요 훈계적인 실천적 부분
으로 구성되어 있다. 첫 번째 부분인 1장부터 17장까지에서 바나바는 구약은 단지
본래적인 특성만을 가질 뿐이요 본질적으로 그리스도에 대한 예비이며 모세의 율
법 준수는 그 준수가 영적으로 이루어지는 한에서 만족한 것이라고 했다. 이 구약
은 신약에서 단지 문자적인 의미에서만 철폐된 것이며 영적인 의미에서 철폐된 것
이 아니라고 했다. 그래서 안식일 대신에 새로운 영적 창조의 날인 주일(일요일)을

지킬 것을 주창했다. 또한 크리스천들의 마음에 영적으로 하나님께 기꺼운 성전을 세우게 하기 위해서 예루살렘 성전이 파괴되었다고 했다. 그는 또 18장부터 21장까지의 두 번째 부분에서 『디다케』를 많이 인용하면서 삶의 두 길, 곧 빛과 어두움의 길을 묘사하고 장래의 부활과 영원한 복을 얻기 위해 크리스천이 무엇을 해야 하고 무엇을 피해야 하는지를 보여주고 있다.

그의 서한은 전체적으로 볼 때 바울의 히브리서와 짝을 이루며 언어의 단순성 및 온정적인 내면성으로 볼 때는 사도 요한의 서신들과 매우 유사하다고 평가된다.

2) 로마의 클레멘트

1세기 말엽, 리누스(Linus)와 아넨클레투스(Anencletus)의 뒤를 이어 로마의 3대 감독이었던 클레멘트(Clement)의 생애는 잘 알려져 있지 않다. 그는 감독 재직 시인 96년경에 고린도인들에게 편지를 보냈는데, 65장으로 된 『고린도인들에게 보내는 첫 번째 편지』는 사도적 교부들의 글 가운데 가장 먼저 쓰인 서신이다. 이 편지는 분열된 고린도의 교인들 중 일부가 로마의 기독교인들에게 반발적인 태도를 가진 것에 대해 권면하는 내용으로 되어 있다. 즉 선동자들로 말미암아 불복종으로 오도된 고린도 교인들에게 예수 그리스도, 그리고 질투의 파멸성과 심판을 가르치면서 회개, 참회, 겸손, 복종, 사랑의 단일성 및 갱신을 권면한다. 클레멘트가 반발을 꾀하는 자들에게 권면하는 주장은 구약성경과 스토아 철학에서 말하는 우주의 본질적인 조화라는 이론이 그 근거가 되었다. 그는 하나님은 우주의 조물주로서 만물 안에 자신의 품성을 심어 놓으셨기 때문에 모든 창조물에는 조화가 드러나 있다고 했다. 하나님을 만물의 절대적 지배자라고 한 그의 생각은 스토아의 섭리 사상의 영향이라 할 수 있는데, 그의 서신의 여러 곳에서 삼위일체적 언급들을 찾아볼 수 있다.

20장으로 된 『고린도인들에게 보내는 두 번째 편지』에서는 설교의 형태로서 순수한 기독인의 생활, 일시적 세계에 대한 경시와 복된 피안에의 노력, 죄에 대한 투쟁, 그리고 회개에 대한 간절한 권면을 하고 있다. 그러나 이 편지는 기독교 초창기의 문서들이 영향력 있는 자의 권위를 덧입어 교회 사이에서 회람되었던 당시의 경향성으로 인해 의심받고 있다.

그는 또한 기독론에 있어 구세주의 선재(先在)를 말했다. 그래서 시편을 성령을 통한 그리스도의 말씀이라 했고, 예수는 오로지 육적인 면에서 야곱의 후손이라 했다. 그의 글들은 그리스도의 고난을 하나님의 고난이라고 말할 수 있는 가능성을 제시해 준다. 또한 그는 사도적 계승에 의한 권위를 주장하였으며, 교회의 방향을 이끌고 갈 책임 있는 사람들을 감독과 집사라고 불렀으나 감독과 장로를 구별하지 않고 동의어로 사용했다.

3) 헤르마스

『목자』(Ποιμήν)의 저자로 알려진 헤르마스(Hermas)는 젊었을 때 기독교인이었던 로다(Rhoda)라는 여인에게 노예로 팔려가 그녀로부터 자유인이 되었다고 스스로 전한다. 논란이 되고 있는『목자』의 저자 헤르마스의 정체에 대해 그가 사도 바울이 로마서 16:14(아순그리도와 블레곤과 허메와 바드로바와 허마와 저희와 함께 있는 형제들에게 문안하라)에서 인사하게 하는 그 헤르마스인지, 로마 감독 비오1세의 형제인지, 아니면 이도 저도 아닌 트라얀 황제 직후 전혀 알려지지 않은 사람인지는 아직 정확하지 않다.

『목자』는 어떻게 기독교를 소유할 수 있는가와 한 기독자의 생활이 어떻게 노정(路程)되어야 하는가에 대해서 잘 제시해 주고 있다. 여기에는 5개의 환상과 12개의 계명, 그리고 10개의 비유를 담고 있다. 그러한 내용을 통해 헤르마스는 교리적이며 도덕적인 많은 아름다운 가르침을 언급했는데, 특히 신적 위격의 복수성, 신을 통한 인간의 창조, 원죄와 세례의 필수불가결성, 인간의 자유, 우리가 간구해야 할 은총의 필수성, 결혼의 비분리성, 재혼의 허락 가능성, 계명의 준수 및 선한 행실의 반복을 통한 완전성으로의 노력, 부의 위험성, 부활과 영원한 보상 등에 대해서 분명히 언급하고 있다. 분명하고 간결한 언어로 기록했으나 상징으로 장식된 헤르마스의『목자』는 여러 관점에서 신약성경 요한계시록과 큰 유사성을 가지고 있다.

4) 이그나티우스

교회론의 창시자인 이그나티우스(Ignatius, 65?~107)는 수리아의 안디옥교회 3대

감독으로서 초대교회 속사도 교부 중의 가장 유력한 인물 중의 한 사람이지만 출생지는 물론 교육 정도와 경력조차도 알려져 있지 않다. 그에 관한 기록은 다만 사도 요한의 제자이자 서머나교회의 감독이었던 친구 폴리캅과 함께 교회 박해시대에 소아시아 지방의 안디옥교회에서 훌륭한 목회를 한 감독이며 로마 황제 트라얀 치세 때에 맹수에게 찢겨 순교했다는 기록만 남아 있을 뿐이다. 그에 관한 사료는 그가 로마로 호송되어 가는 도중 서머나에 머물 때에 에베소인, 마그네시아인, 트랄레스인, 로마인에게 썼던 4통의 서신과 알렉산드리아의 드로아에서 체류할 때 빌라델비아교회, 서머나교회, 그리고 폴리캅에게 썼던 세 통의 편지가 전부이다. 그는 모범적 크리스천이요 감독자로서 박해 시대에 태어나 기독교에 헌신하고 결국은 그리스도를 위해 순교한 박해와 헌신의 삶을 산 신앙인이었다.

이그나티우스는 조직적으로 기독교가 박해받고 있던 상황 속에서 교회의 지도자인 감독, 장로, 집사의 사명과 교회의 태도를 설명하는 교회 권위론을 확립했다. 또한 내적으로 황제 숭배와 각종 우상숭배가 난무하고 영지주의는 물론 가현설까지 일어나 기독교 사상에 큰 혼란을 가져오고 있었을 때 기독교의 보호를 위해 7통의 편지에서 종교론, 기독론, 구원론, 교회론 등을 논했다. 그는 사도 요한의 생전에 동역한 감독이요 그의 직계 제자로서 요한 신학의 계승자였다.

당시의 많은 기독교 사상가들은 기독교를 철학적이나 윤리적으로 이해하려 하였으나 이그나티우스는 기독교를 순수하게 종교적으로 해석하려고 노력했다. 그래서 하나님과 세계, 하나님과 그리스도와의 관계, 즉 그리스도의 신성을 고조하여 가현설을 공격했고 하나님과 인간의 관계를 구원의 관계에 역점을 두어 설명하려고 노력했다. 또한 그는 요한의 사상을 이어받아 기독교야말로 세계 유일의 구원 종교라는 점을 역설했다. 바울은 영생을 윤리적으로 해석하여 하나님과 인간의 화합, 즉 신의와 인의의 교합이라고 하여 영생은 현세에서 시작하여 영원한 세계에 이르러 완성된다고 했지만 이그나티우스는 요한이 사후의 영생에 치중한 사상을 계승하여 기독교를 종교적으로 해석하려고 노력했다. 그래서 교회에 대한 핍박으로 죽음을 눈앞에 둔 당시의 시대 상황에 따라 구원도 죄로부터의 구원보다는 죽음으로부터의 구원을 강조하는 사후 영생에 치중했다.

무엇보다 가장 큰 이그나티우스의 업적 가운데 하나는 기독론의 기초를 세운

점이다. 그는 "예수는 마리아의 아들이요, 또한 하나님의 아들이 육체를 입은 하나님이다"고 하여 신인양성론을 주장했고, 가현설을 공격하여 "하나님의 아들이신 그리스도는 실제로 나시고, 실제로 음식을 잡수시고, 실제로 십자가에 달리시고, 실제로 부활하셨다"고 역설했다. 또한 유대교를 반대하여 "유대교를 신봉하는 자는 은혜를 받을 수 없고, 그리스도를 신앙하면서 유대교를 따르는 자는 도리가 아니다"고 했다. 그는 그리스도의 신인양성은 물론 그의 십자가의 고난과 부활, 그리고 그가 구세주이심을 확언했다. 이러한 그의 사상은 그리스도는 본래 선재한 신으로서 육화하여 세상에 오셨으며 인류의 구원을 위한 십자가에서의 죽으심에도 불구하고 부활한 영원한 분이시므로 인간이 그리스도와 합치하여 구원에 이른다는 논리로서 한 마디로 그리스도가 인류의 구세주라는 사상이다.

이그나티우스는 이와 같은 기독교 사상의 기초 외에도 "예수 그리스도의 제자들은 안식일을 지키지 말고 주의 날을 축하하라"는 말로 성수주일을 논하여 유대교를 배격하고 기독교적 특색을 보였다. 또한 바울처럼 독신자의 성결을 존중하면서도 독신자는 자랑하지 말라고 교훈하기도 했으며, 떡과 포도즙을 영생에 들어가는 약이라고 하여 화체설의 근거가 되는 주장을 하여 성례전이 구원과 관계 있음을 보여주었다. 그는 이렇게 성례전과 주일성수 등의 여러 방면으로 교회론을 취급했다. 그의 사상의 가장 특색 있는 사상이 바로 이 교회론이다. 왜냐하면 앞에서 말한 종교론이나 기독론, 구원론은 독창적인 것이 아니라 요한의 사상과 기독교 전통 사상을 계승한 것이지만, 교회론만은 교회의 세계성, 통일성, 권위성, 그리고 교회 직분의 직능과 권위의 문제 등의 독특한 요소가 제시되어 있기 때문이다.

이그나티우스는 교회의 통일성을 강조하면서 서로 깊은 사랑으로 유대를 굳게 하라고 가르쳤다. 그의 서신 중에 나타나는 카톨릭 교회란 말은 그에 의해 처음 사용된 개념이다. 카톨릭(catholic)이란 공교회, 보편교회라는 뜻인데 이는 교회의 세계성을 의미한다. 그는 이것을 통해 두 가지를 강조한다. 첫째, 기독교는 일부 지역에 국한된 것이 아니고 범세계적으로 파급되어 있는 전 세계 교회라는 점을 통한 교회의 권위와 세계성, 둘째, 환난 중에 교회는 상호 협력, 일치단결하여 박해를 대비하고 교리의 비정통을 지양하고 올바른 사상의 기독교를 세워야 한다는 기독교의 통일성이 그것이다.

한편 그는 오늘날 문제시되는 종교다원론을 부정하는 의미 있는 말을 하였다; "제단에 속하지 않은 자는 하나님이 주시는 떡(성찬)을 받을 자격이 없듯이 교회에 속하지 않은 자는 하나님의 은혜를 받을 자격이 없다." 이는 교회 밖에는 구원이 없다는 완곡한 표현으로 보인다. 이그나티우스는 이와 같은 교회의 세계성과 통일성, 일치성을 위해 감독 정치를 존중해야 한다고 권고했다. 실제로 그는 군주적 감독 제도의 존속을 맨 처음 증언한 인물이다. 그는 교회 직분에는 감독, 장로, 집사의 세 계급이 있다고 말했다. 여기서 감독이란 각 교회의 회장이나 목사를 가리키는데, 그는 이를 통해 각 교회가 1인의 감독과 교인의 장로를 통해 교회를 관리해야 함을 보여 주었다.

오늘날 교회의 목사에 해당하는 당시의 감독의 권위에 대해서는 매우 엄격하여 그 권위에 대한 절대적인 복종을 매우 역설했다. 그래서 감독이 없으면 교회에서는 아무것도 할 수 없으며, 감독에게 속하지 않은 자는 하나님에게도 속하지 못한다고 했다. 나아가 성례전조차도 감독 부재 시에는 베풀지 못하도록 했다. 그는 성례전의 의의보다는 그 방법에 중점을 두어 "감독 부재 시에는 세례를 베풀지 말라. 또한 성만찬도 시행치 말라. 감독과 감독 대리자가 집행하는 만찬이 진정한 만찬이다"고 말했다. 더구나 결혼의 연합까지도 감독의 동의를 얻어야 한다고 충고했다. 물론 그것은 오늘날 비판의 대상이 되고 있는 교회에서 횡행하는 잘못된 교권주의(敎權主義)를 말한 것이 아니고 어디까지나 교회의 통일성을 위한 주장이었다. 그것은 교회 직분자로서의 감독뿐만 아니라 장로와 집사에게까지도 복종하라는 그의 말로 알 수 있다. 다시 말해 그것은 교회의 통일과 질서를 위한 것이었지 인간으로서의 교직자에 대한 맹신이나 무조건적 복종을 말하는 것은 아니었다.

이그나티우스의 사상은 교회와 성직(聖職)과 예전(禮典)의 신성성을 강조하여 교회론을 정초한 데서 의의를 찾을 수 있다. 그러나 그의 사상은 박해라는 시대적 위기에 놓인 상황으로 인해 기독교 사상에 형평을 잃은 점이 있다. 예를 들면 구원론에 있어서 순교를 염두에 두고 사후 영생만을 강조한 나머지 죄로부터의 구원이 등한시된 점이라든지, 교회의 권위를 지나치게 강조한 점은 로마 카톨릭적인 냄새가 짙으며, 감독권을 통해 교직에의 절대적인 복종을 내세운 것이 잘못된 교권주의적 요소로서 악영향을 미치기도 했다.

5) 폴리캅

폴리캅(Polykarp, 69/80?~155/165?)은 이그나티우스와 같은 동시대인이자 그의 친구였는데 그의 가문과 출생지는 물론 출생 시기에 대해서도 정확히 알려져 있지 않다. 그의 제자인 이레니우스는 "폴리캅은 사도들로부터 배웠고 그리스도를 목격한 많은 사람들과 친밀히 교제했으며 사도들에 의해 아시아의 서머나 교회의 감독으로 임명되었다. ⋯ 그는 항상 자신이 사도들로부터 배운 것, 교회가 전승한 것, 그리고 참되고 유일한 진리를 가르쳤다'라고 증언하고 있다.

폴리캅은 다른 속사도들과 마찬가지로 대단히 직선적이고 이단들에 대해서는 한 치의 양보도 없었다. 이레니우스의 『이단반박』 3권에는 그와 관련된 기록이 전해 온다. 한번은 폴리캅이 이단인 영지주의자 마르시온(Marcion)을 만나러 갔을 때 마르시온이 "우리를 인정하십시오"라고 하자 폴리캅은 "인정합니다. 당신이 사탄의 맏아들인 것을!"이라고 했다고 한다. 그는 이렇게 이단들, 특히 영지주의에 대해 '사탄의 맏아들'이라고 저주할 정도로 대항했고 그들을 정통주의로 회심시켜 그들의 많은 제자들을 다시 교회로 인도하기도 했다.

폴리캅은 사도 요한의 가르침을 후대에 전하고 이그나티우스의 서신들을 모아 보존했다. 그리고 빌립보 교인들에게 보낸 편지 속에서는 기독교 생활에 대한 최상의 권면은 물론 여러 교직의 책임을 서술하기도 했다. 또한 전승의 필요성, 그리스도의 신성 및 인성, 친구와 적을 위한 중보 기도, 부활과 심판에 대해 잘 말해주고 있다.

실천적인 삶을 살았던 폴리캅이 100살을 바라보는 노령인 피우스 황제 때에 장작더미 위에서도 불에 타지 않아 병사의 칼에 순교 당했다는 영광스러운 최후에 대해서는 소아시아의 교회들의 요청에 따라 어떤 마르쿠스(Marcus)라는 사람이 기록한 『성 폴리캅의 순교』라는 책에 기록되어 있다. 여기에는 폴리캅의 인격과 박해의 과열성, 혹심한 고문과 한편으로는 기독인들의 의연함, 신앙과 감독에 대한 찬탄에 대한 묘사가 담겨 있다.

6) 파피아스

이레니우스에 따르면 히에라폴리스의 감독 파피아스(Papias)는 사도 요한의 제자이며 폴리캅의 친구로 알려져 있다. 그는 대단한 학식과 성경 지식이 있었으며 예수의 생애와 자신이 들었던 그의 가르침과 말씀에 대한 모든 전승을 수집하는 것을 과업으로 삼았는데, 이를 비평적으로 취급하지 못하고 너무 상징적인 표현을 글자 그대로 파악하는 아쉬움이 있다. 주목할 점은 그가 그리스도의 목격자들의 구전 전승을 문서 기록보다 선호했으며, 교회적으로 볼 때 제일 먼저 천년왕국설을 가르쳤다는 사실이다. 그리고 그의 단편 가운데에는 당시의 이적과 4복음서에 나오는 4명의 마리아에 대한 기록이 담겨져 있으며, 마태와 마가의 복음서 저작을 보장해주며, 두 사람의 요한, 즉 사도 요한과 장로 요한이 있었음을 증명해 주는 면에서 가치가 있다.

3. 초기 기독교 이단들

초기 기독교 교회를 위협한 대표적인 이단들은 영지주의, 마르시온, 그리고 몬타니즘이다. 원래 이교적이었던 영지주의는 기독교의 가르침을 혼합하여 교회에 침투했고, 마르시온은 신구약을 예리하게 구분하여 전통적인 복음을 곡해하였다. 그리고 몬타니즘은 영지주의의 이원론을 기독교의 가르침에 융합시켜 임박한 새 예루살렘의 도래를 예언했으나 지나치게 복음의 한 면만을 강조한 나머지 복음의 본질을 왜곡시켰다.

1) 영지주의

건전한 사도적 가르침인 기독교의 교의를 이교 철학적으로 조직하려고 한 영지주의(靈知主義)는 신앙을 단순한 신앙으로만 그치지 아니하고 근본적으로 지식화하려는 경향을 띠고 있었던 기독교 초기의 가장 강력한 이단이자 기독교의 라이벌이었다. 영지주의(Gnosticism)라는 명칭은 지식을 의미하는 그리스어 그노시스(gnosis)에서 유래된 것으로서 이때의 지식이란 과학적인 탐구나 분석적이고 종합적인 연구와 같은 지적인 노력의 결과로서 얻어지는 지식이 아니라 신의 계시를 체험해서 생기는 내면적인 구원에 관한 지식이며 신적인 경지로 나아가는 신비적인 지식을 말한다. 영지주의는 성경적, 기독교적 요소에다 그리스적, 동방적 요소, 즉 페르시아의 이원론, 동방의 신비주의 종교, 바빌로니아의 점성술, 그리고 그리스 철학을 기이하게 혼합하여 그노시스라는 신비한 영적 지식으로 신앙을 대신하려고 하는 혼합주의 사상이다. 사도행전 8장에 언급된 시몬(Simon Magnus)에 의해 창시되었다고 하는 영지주의는 주로 기독교인들에 비해 뛰어나다고 자부하는 식자들에게 하나님, 창조, 악의 기원, 구원에 관한 교설을 베풀었다.

　기독교적 형태의 영지주의가 있기 전에도 유대적인 영지주의가 있었지만 초기 기독교 시대의 영지주의는 기독교적인 주제를 빌려와 왜곡시켰다는 점에서 기독교의 한 이단이다. 그들은 기이한 영지적 사색으로 기독교인들을 유혹하고 매혹시켰다. 영지주의는 동방적, 그리이스적 요소가 너무 두드러질 뿐 아니라 무엇보다 그리스도의 성육신과 그의 양성을 부인하는 이단이었다. 요한일서 4:2~3에서 사도 요한이 영지주의자를 겨냥해서 "하나님의 영은 이것으로 알지니 곧 예수 그리스도께서 육체로 오신 것을 시인하는 영마다 하나님께 속한 것이요, 예수를 시인하지 아니하는 영마다 하나님께 속한 것이 아니니, 이것이 곧 적그리스도의 영이니라"라고 기록하고 있는 것으로 보아 일찍이 영지주의는 사도 요한의 생존시에도 교회의 문젯거리였던 것으로 보인다. 하나의 통일된 종파를 형성하지는 못하고 오히려 많은 분파로 이루어져 있었지만, 2세기말 경에는 전 로마권에서 팽배해 있었으며 목회 실무자에게 큰 곤욕을 가져다주었다.

　영지주의가 당시의 기독교인들에게 인기가 있었던 이유는 무엇보다 구원론적인 관심 때문이었다. 그런 점에서 영지주의는 구원의 교리로 파악해야 한다. 영지주의에 의하면 영이 세상에 떨어져서 물질적인 것과 연합되어 물질의 노예가 되었기 때문에 영을 육체의 감옥으로부터 해방시켜야 하는데 그것은 신비적 지식인 그노시스를 통해 가능하다. 영지주의에 따르면 그노시스는 단순한 앎이 아니라 영원자의 계시로 얻어지는 신비스런 조명, 즉 신비하고 초자연적인 지혜인데, 그 구체적인 그노시스의 내용은 인간의 상황에 대한 파악이라고 한다. 즉 그노시스는 우리가 과거에 어떠한 상태에 있었으며 우리가 장차 어떻게 될 것인지에 대한 앎이다. 이를 전수 받은 사람은 영이 물질적인 것들과 연합되어서 물질의 노예가 되어 있기 때문에 이 구속 상태에서 벗어나야 한다는 우주에 대한 올바른 이해에 도달하게 되어 이러한 앎을 통하여 결국 악한 물질 세계에서 구원받게 된다. 따라서 초월적인 영적 세계로부터 우리에게 해방의 계시를 전달해 줄 사자(使者)가 와야 한다. 영지주의도 그리스도를 내세워 이 사자의 사명을 완수시키지만 교회와는 달리 설명한다. 즉 그노시스는 성경 이외에 예수의 제자들에게 주신 비밀한 구전인데, 이 비밀의 구전이 전승되어 내려와 자신들이 소유하고 있다고 한다.

영지주의의 구원 교리는 인간과 우주에 대한 이해를 바탕으로 하는데, 일정한 통일된 주장이 없이 각 파마다 다른 주장을 하기 때문에 그 내용을 한 마디로 말할 수 없지만 대체적으로 하나님과 물질의 극단적인 이원론을 취한다. 발렌티누스파는 특히 정신과 물질의, 마르시온파는 선과 악의 극단적 이원론을 전개했다. 그들은 전통적 교회에서 표방하는 단순하고 소박한 기독교의 진리는 인간을 구원하기에는 너무나 단순한 것이라고 비웃고 그럴듯하고 복잡한 해답을 주고자 했다. 그들은 물질 세계가 영원하신 하나님의 창조가 아니고 저급하고 악한 존재가 실수를 범한 결과로 생성된 것이라고 하여 전통적인 기독교의 창조론을 반대한다. 그래서 "물질은 악하다"는 전제에서 출발하여 악한 물질 세계를 창조한 기독교의 창조주 하나님은 최고, 최선의 신이 아니며 참된 최고의 신은 영적 빛의 충만인 플레로마 (*Pleroma*) 속에 거하는 뭐라 표현할 수 없는 불가지의 존재라고 한다. 그리고 구원이란 이 악한 물질 세계를 완전히 탈피하여 순전한 영적 존재로 되어 신성의 충만 상태인 플레로마 속으로 들어가는 것이고 그것을 위해서는 특별한 지식인 그노시스를 필요로 한다고 했다. 이들은 하나님과 물질 양자 사이의 간격에 일련의 유출 과정에 의한 상하의 계층적인 여러 중간적 영적 존재를 인정하는데, 이는 마니교적인 체계에 가까웠다. 이들은 예수 그리스도 역시 그 유출 과정 가운데 위치하는 중재적인 존재자로 설명한다. 그리스도는 유출 계열에 있는 일자의 하위 존재이고 그의 사명은 단지 구제를 위한 지식을 인간에게 전달하는 일이라고 한다.

이들은 신과 물질, 영과 육의 극단적 이원론에 의해 물질이 악하다고 보기 때문에 하나님의 아들이 더러운 육신으로 태어나서 십자가에 못 박힌 일은 신답지 않은 일이라고 한다. 그리스도는 실제로 육체를 입지 않았다는 말이다. 그래서 역사적인 예수는 신이 아닌 단순한 인간으로서의 예수이든지, 그가 하나님이라면 육신을 입지 않은 하나님이라고 주장했다. 다시 말해 영지주의자들은 신이 육화하여 인간 예수가 되었으며 그 인간 예수가 바로 하나님이라는 정통적 기독교 사상에 대해 선한 하나님이 악한 육신을 입는 일은 모순된다고 하여 예수의 신성은 인정하면서도 그의 인성은 부인했다. 그래서 그리스도의 몸은 진정한 의미의 신체적 몸이 아니고 다만 몸을 가진 것처럼 보였을 뿐이며 그의 고난, 죽음, 부활도 사실은 실제적인 것이 아니라 실제적으로 보였을 뿐이라는 가현설(假現說, Docetism)을 주장한다. 또한 물질이 악하다는 그들의 생각은 성만찬은 수육의 연장이라고 생각하는 초대교회의 일반적 사상과 조화할 수 없었고 영적 구원만을 생각하는 그들의 입장은 몸의 부활을 믿는 교회의 기본 진리와 정면으로 충돌했다. 이것은 기독교 신앙을 다르게 해석했다기보다는 기독교 신앙의 핵심을 이루는 메시지 자체를 말살하는 행위라고 볼 수 있다.

이렇게 영지주의가 그리스도의 인성을 부인할 뿐 아니라 기본적인 기독교 진리마저 왜곡함은 그들의 극단적 영육 이원론의 결과였으며 이것은 호교가들의 공격 대상이 되었다. 당시에도 이들은 이단으로 정죄되었는데 그들 체계가 이원론적이어서라기보다는 오히려 구원주 예수를 부인하고 신앙을 신앙으로 그치지 않고 신앙을 지식화하여 그노시스를 구원을 위한 수단으로 강조했기 때문이다.

2) 마르시오니즘

마르시온(Marcion)은 발렌티누스와 함께 대표적인 영지주의자이다. 대부분의 영지주의 리더들이 학파를 건설하는 데에 그쳤지만 마르시온은 교회를 세워 기성 교회에 대적했으며 교인 숫자가 급격히 성장하여 한 때는 기성 교회와 어깨를 나란히 하기도 했으나 3세기 이후에 서서히 쇠퇴했다.

마르시온의 사상은 영지주의의 이원론에서 파생한 비슷한 이원론이다. 특히 마르시온은 유대주의 요소를 제거하고자 했다. 그에 따르면 물질적 세상에는 율법과 공의가 통치한다. 그는 이러한 힘들에 대항하는 은총을 기독교 복음의 중심으로 이해했다. 그것이 가장 악한 죄인까지라도 용서해주시는 사랑의 하나님이다. 그러나 그 하나님은 유대인들이 믿는 구약의 창조주 하나님이 아니라 전혀 다른 하나님이다. 마르시온은 구약의 창조주 하나님은 보복의 하나님이지만 이 하나님 위에 전혀 다른 알지 못하는 하나님인 사랑의 하나님이 계시다고 한다. 창조주 하나님은 욕정적이고 전투적인 반면 하나님보다 위에 있는 불가지의 하나님은 사랑과 평화와 무한히 선하신 분이다. 그러나 마르시온은 창조주와 지고의 불가지적 하나님

사이의 관계를 명확하게 밝혀주지 못했으며 그런 원문도 남아 있지 않다. 나아가 그는 구약성경 가운데 일부분만을 진리로 인정했다.

마르시온의 가장 주된 관심사는 악의 문제였다. 그도 대부분의 영지주의자들처럼 물질에 대해 부정적인 견해를 가져 육체에 대해서 부정적이었으며, 특히 성(性)에 대해서는 더 그러했다. 마르시온은 영지주의와 몇 가지 점에서 다르다. 구원을 얻는 데에 비밀스런 의식을 얻어야 한다고 주장하지도 않고 사색적 관심을 보이지도 않았으며 기독교의 메시지를 올바르게 해석한다는 확신과 자부심으로 독창적인 교회를 세웠다. 마르시온의 가르침을 교회가 받아들일 수 없었던 것은 참 인간 되신 예수를 부인한 가현설(假現說) 때문이었다. 마르시온에 따르면 구세주가 아이로 태어났다면 창조자의 통치 아래 놓였다는 말인데 그렇게 되면 그가 의도한 새로운 복음을 부인하는 셈이 된다. 그래서 그는 그리스도가 어른의 모습으로 왔다고 주장했다.

재미있는 사실은 그가 신약성경의 정경을 작성하면서 바울 서신들과 바울의 동료가 쓴 복음서(누가복음)만을 인정했다는 점이다. 이것은 율법과 복음의 대조, 하나님의 은총 교리, 그리고 극적인 그리스도 중심주의에 대해서 마르시온이 당시의 누구보다도 바울의 메시지를 잘 이해했으리라고 추측케 한다. 속사도 시대 이래로 기독교를 새로운 도덕적 가르침으로 전환시키고 바울이 주장한 하나님의 값없는 선물을 도외시하려는 경향에 대해 경고할 필요가 있었는데 이 일을 마르시온이 한 셈이다. 그러나 하나님의 은총을 발견하자는 바람직한 그의 주장이 두 하나님에 관한 이론, 구약성경에 대한 부정적인 견해, 그리고 가현설로 인해 역사 안에서 하나님의 활동하심을 부인하고 구원의 역사를 이원론적으로 해석하여 자신이 주장했던 긍정적 내용도 그 가치를 인정받지 못한 점은 아쉬운 부분이다.

3) 몬타니즘

이교도 제사장이었던 몬타누스(Montanus)는 회심하고 세례를 받은 얼마 후, 자신이 성령을 받았다고 떠들면서 그 성령에 의지해서 예언하기 시작했다. 자신을 통해 성령의 시대가 왔으며 성령께서 몬타누스 자신과 그를 돕는 두 여인을 통해 새 예언을 말씀하신다고 주장했다. 이러한 일은 당시에는 흔한 일이었으나 그들이 주목된 것은 예언의 내용, 즉 성령이 자신들에게 주는 새로운 계시를 따라서 새로운 세대가 시작된다는 주장 때문이었다. 이 새로운 계시는 신약성경의 내용과 모순되지도 않으며 윤리적인 면에서나 종말론적인 면에서 오히려 능가했다.

그들의 윤리 규범은 매우 엄격했는데 이것은 당시의 교회들이 죄인들을 지나치게 쉽게 용서해 주며 교회가 세속의 요구에 점진적으로 동화되어 가는 데 대한 반항으로 보인다. 순교에 대해서도 전통적인 생각과는 달리 적극적으로 순교를 당하려고 할 것이 아니고 신앙을 부인하지 않을 수만 있다면 피하는 것이 낫다고 했다. 결혼도 전적인 악으로도 위대한 선으로도 보지 않았으며 과부나 홀아비에게 재혼을 허락하지 않았다. 물론 이러한 윤리 규범은 종말론적 기대에 근거하였다. 그들은 자신들에게서 계시의 시대가 끝나고 세상의 끝이 온다고 믿었다. 몬타누스와 그의 추종자들은 성령의 새로운 계시와 교회 조직을 마찰 없이 무난히 해냈는데, 북아프리카에서는 당시에 가장 뛰어난 라틴 신학자라고 공인된 터툴리안(Turtulian)을 추종자로 포섭하기까지 했다.

4. 이단에 대한 교회의 대응

교회사적으로 볼 때, 2세기의 교회는 내외적으로 크게 진통을 겪고 있었다. 무엇보다 교회 밖으로부터, 즉 로마 황제들로부터 모진 박해가 가해졌고 이로 인해 사도들이 순교를 당하게 되었다. 이것은 교회의 지도자의 상실을 의미했고, 나아가 사도들과는 다른 거짓 가르침이 출현하기 시작하면서 교회의 일치와 신앙을 위협하는 중대한 사건들이 발생하면서 사도들의 권위 계승, 교회의 일치, 복음 진리의 보존이 가장 중요한 문제들로 대두되었다. 즉 영지주의로 대변되는 이단들의 거짓 가르침에 맞서 누가 교회를 대표하여 정통 교리를 제시하며, 국가 권력으로부터 강압되는 박해를 어떻게 극복하고 대처할 것인가 하는 문제가 당대의 가장 큰 문제였다.

이렇게 사도들이 죽어 교회의 지도력이 상실되었을 때, 거짓 가르침과 박해가 교회를 내외적으로 위협하게 되자 교회는 이에 대처하기 위해 설득력이 있는 어떤 권위를 요청하게 되었다. 그래서 자연스럽게 사도신경을 비롯한 일련의 신경이 발달하게 되었고, 정경(canon)의 형성과 감독제도에 정착이 촉진되었다.

1) 신경과 정경의 형성

신경(creed)은 구전(口傳)으로 전해 내려온 주님에 대한 사도들이 신앙고백이 이단들이 발호하면서 교회 내적으로 주님에 대한 정통적인 신앙을 구체적인 고백 형태로 표현할 필요를 느끼면서 하나의 틀을 형성하게 되었다. 신경은 단순하고 단편적인 신앙고백에서 머무르지 않고 교리적인 표준으로 사용되었으며 세례 입문 교육의 기초를 제공해주었으며 성경 해석의 안내서 역할까지 했다.

신경의 형성 외에 이단의 발흥으로 촉진된 것이 정경(正經, canon)의 형성이다. 정경은 2세기에 일련의 기독교 문서들을 모은 모음집이 등장하면서 형성되기 시작했다. 정경을 의미하는 '카논'(canon)이란 '자,' '척도,' '기준'이란 의미로서 초대교회 당시의 정통적 신앙을 분별하는 척도라는 의미를 함축하고 있다.

정경을 결정하는 중요한 기준 중의 하나는 그것이 사도들, 또는 사도들과 가까운 자들에 의해 기록되었는가 하는 점이었다. 성경의 기록과 그것들이 교회에 의해 정경으로 받아들여진 것은 모두가 성령의 인도하심으로 이루어진 것으로 받아들였다. 이러한 정경의 형성으로 인해 기독교 신앙 공동체는 공통의 신앙고백과 교리의 원천을 갖게 되었고 이를 통해 강한 신앙적 결집력을 형성할 수 있었다.

2) 감독제도

초대교회의 신앙 공동체는 공동의 신앙고백과 교리체계 외에도 그들을 대표할 대표자가 필요했다. 신경과 정경을 통해 응집력을 가질 수는 있었어도 교리와 교회를 파괴하려는 이단에 대항할 보호막으로서의 공동체의 대표자가 없었기 때문이다. 이런 이유에서 교회는 감독과 장로들을 형성시켰다.

장로와 감독은 원래 동일한 권위를 지녔으나 시간이 흐르면서 감독들이 장로보다 우월한 지위를 차지했다. 이런 감독제도의 발달은 감독의 역할에 따라 특정 지역이 그 영향력에서 우월한 지역으로 부상하여 특정 지역의 감독의 권한을 강화시키는 계기가 되기도 했다.

제4장
초기 변증가들의 교부철학

교부철학이란 간단히 말해서 기독교가 하나의 종교로서 자리 잡은 후, 기독교의 교리를 확립하는 과정에서 나타난 교부들의 사상을 말한다. 교부란 기독교 신앙의 근간을 확정하여 교회의 권위와 교리 형성에 아버지와 같은 역할을 했다고 해서 교회가 교리의 조직에 공이 큰 사람들을 존중하여 부르는 말이며, 교부철학이란 바로 이들의 사상을 가리킨다. 아우구스티누스에 의해 확립된 기독교의 기본적인 교의들은 이미 초기의 교부들, 즉 변증가들에 의해 표현되기 시작했다. 철학적 관점에서는 이들을 사상을 모두 교부철학이라고 일컫지만 기독교교회사에서는 사도와 속사도들에 의해 전해진 교의를 존중하고 이에 대해 합리적 설명을 가하며 이교의 공격에 대하여 기독교를 옹호하고 변론하면서 교의 확립의 기초를 닦았다는 점에서 이들을 초기 교부들을 호교가 혹은 변증가라고도 한다.

기독교가 조직화된 후, 교회는 기독교 신앙의 핵심을 이루는 하나님, 예수, 인간 이 세 요소에 대한 정립된 사상과 견해를 필요로 했었고 이를 위해 많은 교부들이 수차례의 종교 회의를 개최했다. 그리고 이러한 논쟁과 종교회의에서의 교리 확정 작업을 거치면서 교부철학은 발전해 갔다. 325년 니케아(Nicea) 회의에서는 예수와 하나님과의 관계를 다루어 예수를 하나님이 아닌 인간으로만 보는 것을 이단으로 규정하고 예수(聖子)와 하나님(聖父)은 동질이라는 동질론(同質論)을 정통으로 받아들였다. 그후 381년의 콘스탄티노플 회의에서는 성자 예수의 성부 하나님과의 동질론에다 성령(聖靈)도 첨가시켜 성부, 성자, 성령이 한 하나님이라는 삼위일체설을 정통 교리로 삼았다. 451년 칼케돈 회의에서는 역사적 인물인 예수를 어떻게 보아야 하느냐 하는 문제가 제기되어 기독교 초창기부터 영지주의자들이 주장했던 예수는 인간일 뿐이지 하나님은 아니라는 입장을 이단으로 규정하고 예수는 인간이자 하나님이라는 양성론(兩性論), 즉 예수는 육체를 가진 신이라는 신인설(神人說)을 정통 교리로 삼았다.

인간에 관한 교리는 주로 인간의 자유와 죄의 문제가 논란거리였다. 만약 하나님에 의해 창조된 인간이 본래 죄악을 지니고 있다는 것은 모순이라는 펠라기우스(Pelagius)의 주장도 있었지만, 바울과 아우구스티누스의 주장에 따라 원죄설을 정통 교리로 삼았다.

이와 같이 많은 교리들이 종교 회의를 통해 확정되었는데 일반적으로 로마가 기독교를 공인한 이후 교의 확정을 목적으로 개최한 니케아 종교 회의 이전의 사상을 고교부철학이라 하고, 그 이후 기독교의 교리를 확립한 시기의 철학을 신교부철학이라 한다.

1. 그리스 변증가들

기독교가 어느 정도 종교의 모습을 갖추어 가고 있던 2세기 중반에 변증가들이라고 불리는 기독교 저술가들은 박해의 주된 원인이었던 기독교에 대한 잘못된 오해와 헛소문, 그리고 모략을 풀고 기독교의 신앙을 옹호해야 된다는 시대적 의무감을 느꼈다. 이들의 저술은 주로 로마 황제들을 수신인으로 하고 있지만 당시의 지식층들이 읽어 주기를 은근히 기대했다.

초기 기독교 변증가들은 이교도를 공격하는 한편 기독교를 대적하는 고소들을 반박하기도 했다. 왜냐하면 당국은 기독교인을 수색하여 체포하지는 않았지만 만일 기독교인들을 고소하는 문제가 야기되면 응분의 처벌을 가하는 정책을 펴고 있었기 때문이다. 이러한 기독교인들에 대한 고발은 일반인들 사이에서 나오는 샘트집과 같은 헛소문이 대부분이었으나, 또 한편 기독교 신앙 의식에 대한 오해와 모략도 많았다. 예를 들면 기독교인들은 근친상간을 하고 어린이들을 잡아먹으며 성직자들의 성기를 숭배하고 십자가에 달린 당나귀를 하나님으로 섬긴다는 헛소문과 같은 것이다. 이런 헛소문은 기독교 의식에 대한 오해가 쌓여 확대된 것이었다. 예컨대 그들은 애찬식을 기독교인들이 비밀리에 갖는 주신제와 같은 것으로 이해하고, 잔뜩 먹고 마신 뒤에 불을 끄고 극히 문란한 성적인 타락 행위를 하는 것으로 생각했다. 바로 이와 같은 상황에서 초기 기독교 저술가이자 변증가들이 붓을 들어 항간에 떠도는 여러 헛소문과 오해에 대한 반론과 답변을 제시했다. 이러한 작업은 후기 기독교 철학과 신학의 발전에 중요한 몫을 하게 될 여러 문제들에 대한 최초의 답변이 되었다는 점에서 의의가 있다.

1) 아리스티데스

아테네의 철학자로 통하는 아리스티데스(Marcianus Aristide)는 스스로 기독교 철학자로 자처하면서 140년경에 『호교론』(Apology)을 저술하여 하드리안이라고도 불리는 황제 안토니우스 피우스에게 제출했다. 그는 이 책에서 그리스와 이집트의 이교신을 공격하고 그리스인들의 윤리에 대해서도 비판했다. 그리고 기독교 신앙이 두 가지 근거에서 철학보다 우월함을 확언했다. 신앙은 하나님에 대한 좀더 높은 개념과 인간 행동에 대한 보다 완전한 규칙을 사람들에게 가져다준다는 내용이다.

"세계의 배열을 보고 경탄한다"는 말로 시작한 아리스티데스는 "세계와 세계 안에 있는 모든 것이 어떤 추진력에 의해 움직여지고 있다"는 것을 이해했다. 그리고 "움직이는 것은 움직여지는 것보다 더 강력하다"는 생각에서 세계를 움직이는 것은 "모든 것을 인간을 위해 만든 만물의 하나님"이라고 하여 하나님을 '최초의 동자'(the first mover)라고 결론지었다. 그는 세계의 설계와 질서, 그리고 운동의 사실에서 매우 간결한 형식으로 논증을 도출하여 그 설계자와 원동자를 기독교의 하나님과 동일시했고 나아가 여기에 영원, 완전, 무한, 예지, 선함 등의 속성을 부여했다. 그러나 하나님은 이름이 없으시며 시작도 끝도 없으시고 비교도 할 수 없다고 하는 부정적인 개념으로 정의했다.

아리스티데스는 인간을 야만인, 그리스인, 유대인, 그리고 기독교인의 4개의 범주로 분류하고 그들의 신에 대한 태도를 다음과 같이 설명했다. 야만인들은 신을

도둑질 당하지 않도록 보호했는데, 보호받는 이런 신이 그들을 보호할 힘을 가질
리 만무하며, 그리스인들은 신들을 신인동형적으로 보아 신들로 하여금 악을 행케
했으며, 유대인들은 하나님이 유일무이한 분이라고 하나 실제로는 하나님을 버려
두고 천사와 자신들이 만든 율법을 숭배하는 우상숭배에 빠졌다고 했다. 이와는
달리 기독교인들은 참 진리를 발견한 자들로서 신의 섭리 하에 있는 새로운 민족
이라고 했다. 그리고 이 세상은 예수를 통해 모든 인류에게 장차 닥칠 무서운 심판
을 받을 것이지만 기독교인들의 기도에 의해 지탱된다고 했다. 또 어린이들은 죄
가 없다고 주장하기도 했다. 이러한 아리스티데스의 사상은 순수 철학적인 이유에
서가 아니라 기독교를 옹호하려는 목적에서 초보적인 수준이기는 하지만 자연신
학을 선보였다는 점에서 가치가 있다.

2) 저스틴

세겜 출신의 플라비우스 유스티노스(Flavius Justinos, 100?~164?)는 보통 순교자
저스틴(Justine Martyr)으로 더 잘 알려져 있다. 그는 네아폴리스에서 이교도 부모에
게서 태어났는데 그리스도 안에서 참 진리를 발견하기까지 진리를 찾아 여러 철학
을 편력했다. 즉 스토아 철학에 만족하지 않고 아리스토텔레스와 피타고라스 그리
고 플라톤의 철학까지 섭렵했으나 그의 지성적 욕구를 충족시키지는 못했다. 그러
다 한 노인을 만나 그리스도가 구약에 예언된 메시아임을 깨닫고 기독교에 귀의했
다. 그러나 그는 철학의 옷을 완전히 벗어버리지 못하고 "기독교에서 참된 철학을
발견했다"고 생각하여 전승의 신앙과 이성적 지식을 연관시키려 했으며 기독교를
그리스 철학 이상으로 완성된 것으로 보고 기독교의 진리를 변호하는 데에 힘쓰다
가 로마에서 순교했다.

저스틴은 기독교를 옹호하는 과정에서 두 가지 근본적인 문제에 직면했다. 하나
는 기독교 신앙과 고전 문화와의 관계이며, 다른 하나는 기독교 신앙과 구약성경
과의 관계였다. 그는 그것을 그리스 철학에 근원을 둔 로고스 사상으로 발전시켜
설명했다. 저스틴의 로고스 사상은 위의 첫 번째 문제에 대한 설명에서 나타난다.
로고스 사상이 그리스 문화권에서 기독교로 도입된 일은 큰 중요성을 가진다.
왜냐하면 이 로고스 사상을 통해 기독론이 큰 발전을 보았고 그리스도의 의의가

여러 가지로 설명되었으며 더욱이 하나님과 그리스도와의 관계가 형이상학적으로 해명되었기 때문이다. 물론 로고스 사상은 저스틴이 새롭게 창안한 것은 아니다. 그것은 이미 이 시대에 앞서 그리스와 로마 세계에 널리 퍼져 있던 사상으로 필론 (Philon)에 의해 유대교로 도입된 바 있다. 필론은 로고스가 처음에 하나님 안에 있었고, 이 로고스가 하나님에게서 먼저 나와 하나님이 이 로고스를 통해 우주를 창조했다고 하여 로고스를 우주 창조의 원리와 원동력으로 이해했다. 또한 로고스란 개념은 요한에 의해 복음서에서 예수의 신성과 선재적 특성을 이해하는 데에 사용되었다. 그리고 스토아 철학은 창조된 우주의 질서로 로고스를 이해하여 필론의 로고스 사상에 우주의 질서와 존속의 원리를 첨가시켰다.

저스틴은 당시의 지성에게 그리스도를 알 수 있도록 설명하는 데에 목적을 두고 바로 이 로고스의 개념을 빌려 인간이 가진 모든 지식은 로고스의 산물이라는 사실을 설명하려 했다. 그에게의 로고스는 우주의 이성적 원리일 뿐 아니라 요한복음 서문에 나오는 선재적 그리스도이다. 이로부터 저스틴은 모든 지식은 로고스인 그리스도의 선물이라고 결론지었다. 그래서 그는 "합리적(로고스적)으로 살았던 사람들은 비록 그들이 무신론자라고 생각하면서 살았다고 하더라도 다 그리스도인이다. 그리스인들 중에서는 소크라테스, 헤라클레이토스와 그 외의 몇몇 사람들, 그리고 야만인들 중에서는 아브라함, 아나니아, 아사랴, 미사엘, 엘리야, 그리고 그 외에 많은 사람들인데 …"라고 말한다. 이처럼 그는 그리스의 로고스가 바로 하나님의 말씀이요 그리스도라 한다.

기독교와 그리스 철학과의 관계 문제에 대해서 그는 『트리포와의 대화』 (*Dialogue with Trypho*)에서 양자가 서로 모순되는 것이 아니며 기독교가 모든 철학 중에 가장 참된 철학이라고 했다. 나아가 철학은 기독교에 들어가는 입문으로서 인간을 하나님에게로 이끌려는 의도로 고안된 극히 귀중한 하나님의 선물이라고 단언하고 기독교 신앙이야말로 오직 확실하고 유익한 철학이라고 주장했다. 그는 하나님에 관한 확실하고 틀림없는 인식, 즉 참다운 철학은 계시를 받아들임으로써만 얻을 수 있다고 보았다. 그는 엄밀한 의미에서 철학과 신학을 구별하지 않았다. 말하자면 하나의 예지, 즉 하나의 철학이 있는데 이는 그리스도 안에서 그리스도를 통해서 계시된다고 했다. 따라서 이교 철학자들이 참으로 진리를 간파했다고 한다면 그것은 자신들의 이성에 의해서가 아니라 로고스에 힘입어서 그렇게 했을 뿐이다. 기독교 밖의 진리들도 그리스도로 말미암는다는 말이다. 그들은 말씀을 다만 부분적으로만 알았을 뿐이요 말씀이 계시한 진리를 알았을 뿐이지 말씀 그 자체를 보지는 못했다.

저스틴의 중심 사상은 구약의 선지자들과 로고스에 의해 가르쳐진 진리이기 때문에 기독교가 모든 철학 중의 가장 참된 철학이라는 주장이다. 그는 인류 전체를 계몽하는 신적인 로고스가 그리스도 안에서 구체적으로 육화하였다는 확신을 가지고서 모든 인류가 로고스에 참여하고 있고 그리스도인은 로고스에 따라 사는 사람들이므로 누구든 로고스에 따라 사는 한에는 다 그리스도인이라고 했다. 또한 그는 로고스는 언제 어디서나 일하시므로 언제나 로고스의 지도를 따르기만 하면 소크라테스와 헤라클레이토스와 같은 그리스인이거나 아브라함과 엘리야와 같은 야만인이거나를 막론하고 모두가 다 그리스도인이라고 생각했다. 그는 그리스도야말로 강생한 로고스 그 자체이며 로고스는 그리스도로 말미암아 완전히 계시되었으므로 기독교는 진리의 완성이며 진정한 철학이란 의미에서 기독교를 철학 위에 두었다.

결국 저스틴의 사상은 헬레니즘과 유대교에 대해서 기독교적인 해석을 해 보려는 시도였지만 그렇다고 기독교의 독특한 특성을 부인하지는 않았다. 다시 말해 저스틴의 변증이 기독교 신앙을 제시하기 위해 그리스화된 철학을 사용했지만 기독교와 철학 사이의 거리감을 무시하지는 않고 기독교의 고유한 특성을 감지하고 있었다. 오히려 헬레니즘과 유대교를 정확하게 판단하기 위해서는 오로지 기독교를 통해서만 가능하다고 하는 기독교의 장점을 역설했다. 유세비우스는 이에 대해 "저스틴은 철학자의 옷을 입고 하나님의 말씀을 전파했다"고 기록하고 있다.

3) 타티안

저스틴의 제자였던 타티안(Tatian)은 시리아 출신으로 그리스에서 문학과 철학 교육을 받고 기독교인이 되었다. 타티안도 저스틴과 같이 로고스에 대한 설을 가지고 있었으며 영혼과 심령을 구별하고 시간 안에서의 창조를 가르쳤으며 자유의지를 강조했다. 그러나 이러한 모든 생각들을 성경과 기독교의 가르침에서 취했을 뿐 그리스의 학문과 사상을 이용하는 일은 거의 없었다. 비록 이교 철학으로부터 취한 용어와 관념을 사용했을지라도 그는 그것을 어떤 공감하는 기분에서가 아니라 오히려 그리스 철학자들이 지녔던 진리는 무엇이든지 성경에서 취해진 것이며 그들이 그것에 덧붙인 것은 무엇이든 오류이며 곡해에 불과하다는 생각에서 사용했다. 그러나 그는 극단적인 엄격주의로 빠졌다. 실제로 그는 발렌티누스의 영지주의에 빠져들었고 금욕주의인 엔크라트파 교단을 설립하여 포도주를 마시거나 여성들이 장신구를 사용하는 것뿐만 아니라 심지어 결혼 그 자체마저도 부정이고 간통이라고 비난했다. 이처럼 그리스 사상에 대해 적의를 가지고 이교적인 궤변과 기독교적인 예지를 날카롭게 구별했던 저술가가 이단자로 생을 마감했다는 사실은 역사의 아이러니라 아니할 수 없다.

4) 아테나고라스

아테나고라스(Athenagoras)는 이방에서 태어나 그리스 철학을 공부하였으나 성경 통독으로 이루어진 개종 후에 두 개의 저술을 통해 기독교인들에 대한 훌륭한 변론을 했는데, 타티안과 동시대인이었지만 그 생각과 스타일은 전혀 달랐다. 그는 37장으로 된 『크리스천을 위한 변호론』(*Legatio sive pro Christianis*)을 써서 마르쿠스 아우렐리우스와 코모두스 황제에게 바쳤는데, 여기에서 크리스천들이 단지 크리스천이라는 명칭 때문으로도 처형당했음을 하소연하고 기독교가 무신론, 야만적인 향연, 근친상간을 가르친다는 세 가지 비난에 대해 그리스도인들을 변호했다.

그는 우선 그리스의 여러 철학자들을 인용하는데 특히 플라톤의 「티마이오스」편을 인용하여 거기서는 우주의 창조자이자 아버지인 자를 찾아보기가 어려우며 비록 찾았다 하더라도 그를 모든 사람들에게 알릴 수 없다고 주장했다. 그리고 플라톤이 데미우르고스에 대해 말한다고 해서 무신론자로 불리지 않는데 유일신을 믿는 그리스도인들이 어찌하여 무신론자라고 불려야 하느냐고 반문한다. 나아가 플라톤의 증언에 호소하여 신체를 지닌 신, 그것도 다수의 신은 있을 수 없음과, 물질을 만드는 하나님은 물질을 초월해야 함과 그리고 소멸할 수 있는 것의 원인은 소멸할 수 없는 정신적인 것이 아닐 수 없음을 제시했다. 결국 그는 저스틴과 같은 태도를 취하여 비록 그리스 철학자들이 진리의 어떤 것을 간파하기는 했을지

라도 기독교의 계시에 의해서만 충분하게 얻어지는 하나의 참다운 철학 또는 예지
가 있다고 했다.

그리고 26장으로 된 『죽은 자들의 부활론』(De resurrectione mortuorum)에서는 부
활에 반대하여 제기된 논지를 논박하고 육체가 부활한다는 교리가 합리적임을 증
명하려고 시도했을 뿐 아니라 인간의 이중 본질, 영혼과 육체에 대한 심판의 필요
성, 그리고 인간의 영원한 예정을 근거로 미래의 영과 육체의 재결합을 증명했다.
아테나고라스는 이렇게 신학적이고 호교적인 목적을 추구하는 과정에서 철학적인
논제와 논증을 이용하여 기독교 교리의 합리성을 설명하고자 했다.

5) 테오필로스

테오필로스(Theophilos, ?~186)는 이교에서 태어나 교육받았으나 기독교를 반박
할 목적으로 읽은 성경을 통해 오히려 기독교를 인정하고 받아들이게 되었다. 168
년에 안디옥의 감독으로 선출된 후 영지주의자들을 상대로 최선을 다해 투쟁했다.
180년 경, 친구에게 보낸 편지인 『아우톨리쿠스에게』(Ad Autolycum)는 세 권의 책
으로 되어 있는데, 첫 번째 책에서는 신론, 즉 하나님의 창조물에서 인식할 수 있는
최고의 본질과 부활을, 두 번째 책에서는 이교 신론의 비합리성과 기독교의 합리
성을 보여준다. 그리고 세 번째 책에서는 이교도의 시인들과 철학자들은 가치 있
는 신 숭배에 대해 잘 모르고 있는데, 기독교인들은 신 숭배를 덕 있는 생활을 통
해 표출한다는 점과 성경과 기독교는 이교의 전승보다 오래된 것임을 증명해내고
있다.

테오필로스는 하나님을 보여 달라고 했던 이교도 친구 아우톨리쿠스에게 오로
지 영혼만이 하나님을 알 수 있다고 하면서 하나님이 만드신 인간을 먼저 보아야
한다고 대답했다. 하나님을 보기 위해서는 먼저 정결함을 입증해야 한다는 말이다.
그는 하나님을 알고자 하는 사람에게는 도덕적인 청렴이 필요함을 강조했다. 나아
가 하나님의 불가해성, 능력, 예지, 영원성, 불변성 등의 속성들에 대해 언급한다.
그래서 그는 인간의 영혼은 보이지 않을지라도 신체의 움직임을 통해 지각되듯이
하나님 그 자체도 보이지는 않아도 그의 섭리나 업적을 통해서 지각된다고 했다.
그런데 테오필로스는 영혼이 정결한 자에게만 자신의 모습을 보여주시는 하나님

은 삼위일체적이라고 하여 삼위일체라는 말을 처음으로 사용한 기독교 저술가로
알려져 있다.

그는 그리스 철학에는 모순이 있지만 하나님의 말씀은 모순이 없다는 이유를
입증하려고 했으며 세계와 인간 창조 등의 문제에 관해서 플라톤과 대비하면서 성
경의 우위성을 논하려고 하였으나 플라톤을 인용할 때 소홀히 된 점이 많았다. 그
러나 그는 플라톤이 무로부터의 창조를 가르치지 않았다는 점에서는 잘못을 범했
다고 생각했지만 플라톤을 "그리스 철학자들 가운데에서도 가장 존경할 만한 철학
자"로 생각했다.

6) 이레니우스

이레니우스(Irenaeus, 140?~200?)는 생의 전성기를 오늘날의 프랑스 리용에서 보
냈기 때문에 보통 리용의 이레니우스(Irenaeus of Lyons)로 불린다. 그러나 사실 그
는 서방의 라틴 문화권이 아니라 소아시아 서머나 지방에서 태어난 그리스계 신학
자이지만 출생 연대는 확실하지 않다. 그가 어렸을 때 서머나교회의 감독이었던
폴리캅을 친히 보고 그의 말씀을 들었다는 기록으로 미루어 140년경을 전후해서
서머나 지방에서 태어났으리라 추측할 따름이다. 그는 후에 고올(Gaul) 지방의 수
도인 리용으로 간 것은 확실하지만 시기와 이유 역시 알려져 있지 않다.

이레니우스가 역사의 기록에 나타나기 시작한 것은 177년부터인데, 당시 그는
이미 장로의 직책을 가진 교회의 존경받는 지도자의 위치에 있었다. 그때 리용에
는 마르크스 오르레아누스 황제의 대박해가 있었지만 다행히 그때 그는 리용 지방
의 신도들의 편지를 가지고 로마교회에 가 있었기 때문에 재난을 면할 수 있었다.
그가 일을 마치고 리용에 돌아왔을 때 포티누스가 순교를 당하여 공석이었던 감독
이 되어 20여 년간의 눈부신 활동을 시작한다. 그의 최후에 관해서도 확실한 기록
은 없으나 168년에 죽은 로마의 감독 빅토르(Victor)와의 최후 교신이 있었던 것으
로 보아 이레니우스도 200년경에 세상을 떠났을 것으로 추측된다. 전설에 의하면
순교했다고 하지만 믿을 만한 증거는 없어도 당시의 정세로 보아 충분히 있을 수
있는 일이다.

당시 교회 지도자들에게의 가장 큰 문제는 교회 안팎에서 기독교를 빙자하여

일어나는 이단 사상이었다. 계속되는 로마제국의 외적인 핍박은 순교적인 신앙으로 꿋꿋이 대항할 수 있었으나 교묘하게 복음의 진리를 왜곡하여 신자를 미혹하고 교회 내에 분파를 조성하는 이단에 대해서는 순교를 각오한 용단만으로는 해결할 수 없었고 이에 대결할 수 있는 신학적 이론이 필요했다.

이레니우스는 교회의 신앙을 혼란케 한 당시의 대표적인 이단인 영지주의에 대한 위대한 반대자로서 교회의 바른 신앙을 확립하고 교육하기에 진력하여 성육신, 부활, 성찬 등의 상호관계를 해명했고 신구약의 조화를 고조했으며 교회의 전통을 주장했다. 이를 위해 그는 『이단논박』(*Against Heresies*)을 저술했다. 그는 영지주의와 부딪칠 때 사도들의 신앙과 오류 없는 전승을 통해 교회가 견지해 오는 기독교 신앙의 요건들, 즉 성경의 권위, 신앙 내용의 사도적 요약, 교회의 신조, 교회의 정통성, 그리고 '하나의 교회, 하나의 신앙'이라는 교회론 등을 들어 그것을 논박했다.

첫째, 그가 영지주의를 논박한 첫 번째의 각도는 성경의 권위였다. 이레니우스는 "우리가 구원의 계획에 대해서 알게 됨은 우리에게 복음을 전해 준 바로 그 분들을 통해서이다. 그들은 그것을 먼저 널리 전파하였고, 그리고 나서 후에 그것은 하나님의 뜻에 따라 우리 신앙의 기초와 기둥이 되게 하려고 우리에게 기록으로 전해졌다"(『이단논박』, III, 1:1)고 말했다. 그는 또 예수님의 제자였던 마태와 요한이 기록한 복음서나 베드로와 바울의 동역자였던 마가와 누가가 기록한 복음서가 우리에게 밝히 전해 주는 것은 이 우주에는 "율법과 선지자들에 의해서 선포되고 천지의 창조자이신 한 분 하나님이 있을 뿐이며, 하나님의 아들 한 분 그리스도가 있을 뿐이다"(『이단논박』, III, 1:2)고 말했다. 그런데 어떤 사람들이 이와 같은 사도들의 글에도 없는 소리를 지어내서 돌아다니며 떠드는 것은 거짓 선지자의 소치임에 틀림없다고 공박한다.

그는 또 계획을 통한 논증으로 이교도들마저도 이성을 사용함으로써 피조물 그 자체로부터 창조자인 하나님의 존재를 깨닫고 있었다고 말한다. 그는 하나님이 세계를 선하게 창조하시되 필연적으로가 아니라 자유로이 창조했으며, 그것도 무로부터 창조했지 플라톤이 주장했던 것처럼 선재하는 어떤 질료로부터 창조한 것이 아니라고 했다. 그러나 비록 인간 정신이 이성과 계시에 의해서 초월해 있는 하나님을 알 수 있게 될지라도 그 본질이 본래 인간 지성을 초월하여 있는 하나님을 완전히 파악할 수는 없다고 한다. 결국 영지주의자들처럼 하나님의 형언할 수 없는 신비를 아는 체하여 겸손된 믿음과 사랑을 무시하는 것은 지나친 자만과 거만에 지나지 않는다고 하면서 "사도들의 가르침이야말로 참다운 그노시스"라고 했다. 우리는 이레니우스의 이러한 사상을 통해 신약성경이 아직 정경으로 공인되기도 전인 이때에 사도들에 의해 기록된 복음서와 서신들을 신앙의 기초와 기둥으로 삼고 모든 복음의 진리를 여기에 근거하려는 그의 태도에서 오직 성경만을 부르짖었던 후대의 개혁자들의 성경제일주의를 대하게 된다. 그리고 이러한 그의 성경관은 정경의 기준을 정하는 데에 큰 영향을 미치기도 했다.

둘째, 그는 또 전통의 권위라는 시각에서 영지주의를 논박했다. 영지주의자들은 "우리가 온전한 자들 중에서 지혜를 말하노니"(고린도전서 2:6)라는 바울의 말을 들어 사도들이 범인에게는 말하지 아니하고 온전한 자들에게만 특별히 전해 준 지혜가 있는데 그것은 사도들의 기록에는 없지만 자기들만이 그 지혜를 안다고 주장했다. 이에 대해 이레니우스는 설령 그것이 사실이라고 하더라도 사도들이 그 직을 물려줄 때 그의 후계자에게만은 그 지혜를 전달해 주었을 것이 아니냐고 반문한다. 그리고 사도 바울과 베드로가 세운 로마교회나 사도들과 친분이 있던 폴리캅이 있던 서머나 교회에 가서 지금까지 내려온 감독들의 전승을 조사해 보면 될 것이라고 말한다. 물론 어디를 가보나 영지주의의 사상을 전승 받았다는 감독은 하나도 없으므로 영지주의자들의 주장은 근거 없는 것이라고 단언한다. 여기서 우리는 또 교회를 전통의 큰 흐름 속에서 세우려는 그의 신학적인 태도를 보게 된다.

이처럼 이레니우스는 영지주의를 논박하는 과정에서 성경의 권위와 교회 전통의 권위에 대한 사상을 확고히 했다. 그가 말하는 사도들과 교회가 진리로 가르친 것이라고 생각한 내용은 사도적 요약으로 잘 나타나 있다. 그것은 후에 교회가 고백한 사도신경의 거의 모든 조항들을 포함하고 있는데, 이는 초기 교회가 사도들에게서 물려받은 신앙의 유산이며 이레니우스가 사수하려고 한 진리의 골자였다. 깊은 종교성을 가진 이레니우스는 특히 구속 문제에 깊은 관심을 가졌는데 그리스도에 대한 바울의 관념을 발전시키고 요한의 사상을 종합하여 그리스도를 하나님의 아들로서 이지러지고 타락한 인간성을 회복하시는 새로운 인간, 인간성의 개혁자, 제2의 아담 등으로 설명했다. 그리고 구원의 문제에 있어서는 처음 아담에게도 불멸의 가능성이 있었으나 그 선물은 순종을 선결 조건으로 하는 것이었는데 아담의 죄로 그 불멸성과 선성이 상실되었지만 그리스도가 그 상실한 것을 회복하셨고 이로써 단절된 구속 사업이 완성되었다고 주장했다.

그는 또 '하나의 교회, 하나의 신앙'이라는 교회론을 기초했다. 온 세계에 흩어져 있는 교회들이 마치 한 집에서 사는 것 같이 같은 신앙을 보존하고 마치 한 마음 한 영혼을 가진 것 같이 이 신앙을 조화 있게 선포하며 마치 하나의 입을 가진 것처럼 이 신앙을 전달한다고 말했다. 이는 그가 하나의 거룩한 교회에 대한 교회관을 가지고 있었음을 보여준다. 나아가 그는 부활에 대해서도 영적 구원만을 말하는 영지주의에 반대하여 사도들의 가르침대로 몸의 부활을 믿고 변화된 영화로운 몸으로 그리스도에 의해 회복된 새 하늘과 새 땅에서 영원한 삶을 살 것을 확신했다.

이레니우스의 신학적인 업적은 크게 두 가지로 요약할 수 있다.

첫째, 정경화가 되지 않은 때였음에도 불구하고 신약성경의 거의 전부를 구약과 같은 권위를 가진 것으로 주저하지 않고 인용하여 후에 복음서와 사도들의 문서를 구약과 동등한 권위를 가진 신약의 정경으로 채택하는 데 큰 힘이 되도록 하였다. 실제로 그는 자신의 저작 중에서 현재 신약성경 중 가장 짧은 빌레몬서, 요한삼서, 유다서를 제외하고 모든 문서를 자유로이 자기 주장의 권위의 근거로 인용했다. 이것은 그의 전 시대에 속하는 저스틴이나 속사도 교부들이 복음서를 구약에 근거하여 그 권위를 세우려고 고심하던 태도와 비교하면 매우 대담하고 발전된 태도라고 할 수 있다.

둘째, 예수 그리스도가 세상에 오셔서 수행하신 대속 사역의 의미를 신학적으로 해명하려고 노력하였다. 그는 『이단논박』 V, 1:1에서 "예수가 갇힌 자들을 위하여 그 자신을 속전으로 내주셨다"는 속전설(Ransom Theory)을 주장했다.

그러나 그의 사상이 모두 좋은 영향만을 준 것은 아니다. 영지주의의 근간을 흔들기 위해 지나치게 전통의 중요성을 역설한 나머지 "사도들은 마치 부자가 돈을 은행에 예금하듯이 진리에 속한 모든 재산을 교회에 저축했다"(『이단논박』 III, 4:1)고 한 말이나 사도 베드로와 바울에 의해 설립된 로마교회가 모든 교회 전통의 으뜸이므로 "모든 교회는 이 교회에 조화시켜야 한다"(『이단논박』 III, 3:2)는 말이나 심지어 "만일 사도들이 문서(성경)를 남겨두지 않았다 해도 우리는 그들이 교회를 맡긴 이들에게 전해준 전통적 규례를 따라야 할 것이 아니냐?"(『이단논박』 III, 4:1)는 등의 말은 후세에 로마교회가 다른 모든 교회를 지배하고 로마의 감독이 다른 모든 감독을 지배하게 되는 교황권의 발달에 부채질했다. 또 그리스도에 의한 인간성의 회복을 제2의 아담에 비유하고 마리아를 제2의 하와로 비유하여 인류 구속의 일익을 담당한 공로자로 추켜세워(『이단논박』 III, 22:4 / V, 19:1) 후에 마리아 숭배 사상으로 발전할 수 있는 길을 열어 놓았다.

그러나 이러한 부정적인 영향에도 불구하고 그의 신학적인 공헌은 결코 간과할 수 없다. 그는 기독교 사상 최초의 조직신학자로서 신론, 기독론, 교회론뿐만 아니라 무엇보다 성경과 교회의 전통에 대한 권위를 확립하는 기초를 세웠다는 점에서 높이 평가된다.

7) 유세비우스

위대한 교회사가로 알려져 있는 유세비우스(Eusebios, 265?~340?)는 기독교 호교론으로도 유명하다. 그는 그리스 철학자들의 오류와 모순을 충분히 알고 있었으나 그리스 철학, 특히 플라톤주의를 기독교를 위한 이교 세계의 준비로 보았다. 그런 점에서 저스틴, 클레멘트, 그리고 오리겐의 태도에 동조했다. 그는 『복음의 준비』라는 책의 11권에서 13권에 걸친 세 권을 플라톤주의에 할애하고 있다. 클레멘트는 플라톤을 그리스어로 저술하고 있는 모세라고 말했는데 유세비우스는 거기에 동의하여 플라톤과 모세는 일치하고 있다고 말하고 "플라톤을 구원 섭리의 한 예언자라고 불러도 좋다"고까지 말했다. 유세비우스는 클레멘트나 오리겐, 그리고 필론처럼 플라톤이 밝히고 있는 진리를 구약성경에서 빌려온 것이라고 생각했다. 그의 시각에서는 플라톤의 신관은 히브리인들의 성전(聖傳)과 일치했고 그의 창조설은 창세기의 묘사와 비슷했으며 그의 영혼불멸설은 성경과 일치했고 「파이드로스」편에 나타난 윤리관은 바울을 연상시켰으며 그의 정치 이념은 유대인의 신정정치에 실현되어 있었다.

그러나 유세비우스는 플라톤이 이러한 진리를 주장함에 있어서 오류가 있었다

고 말한다. 플라톤의 신론과 창조설은 물질의 영원성을 받아들임으로써 더럽혀지
고 영혼론과 영혼불멸설은 영혼선재설과 영혼재생설로 손상되었다. 따라서 플라
톤은 하나의 예언자였을지라도 그 이상은 아니다. 그는 약속된 진리의 나라에 접
근하기는 했으나 들어가지는 않았다. 다시 말해 플라톤은 참다운 철학을 재촉한
사람들 가운데 뛰어난 사람이지만 그마저도 진리의 문턱에 머물고 말았다. 또한
그의 철학은 매우 지적이어서 대중은 알아듣기 힘든 고상한 것이었지만 기독교는
모든 사람이 철학자가 될 수 있다는 점도 지적했다.

유세비우스는 그리스 철학자들의 사상에 대해 그것이 철학을 나름대로 이해한
결과이기는 해도 단순한 인간적 사색의 결과가 아니라 계시 내용까지를 포함하고
있는 것이라고 생각하여 그리스 철학을 매우 폭넓게 해석하고 엄밀한 의미에서 철
학과 신학을 구별하지 않았음을 보여준다.

8) 니사의 그레고리우스

니사의 그레고리우스(Gregorius Nyssenus, 335?~395?)는 계시 내용은 신앙에 의
해 받아들여지는 것으로서 추론의 논리적 과정의 결과가 아니며 신앙의 신비는 철
학적이거나 학문적인 결론이 아니라는 사실을 분명히 했다.

신앙의 신비가 만일 학문적 결론이라면 기독교인들에 의해 수행되는 초자연적
인 신앙과 그리스 철학적 사색이 구별될 수 없을 것이다. 그러나 또 한편으로는
신앙에도 합리적 근거가 있다. 왜냐하면 논리적으로 볼 때 권위에 의거하여 신비
를 받아들인다는 것은 어떤 예비적인 진리, 특히 철학적으로 증명할 수 있는 하나
님의 존재를 자연적인 추론에 의해 확인할 수 있음을 전제하고 있기 때문이다. 그
러므로 신앙의 우위성이 반드시 유지되어야 할지라도 철학의 도움을 구하는 것은
지극히 당연하다. 그러나 그는 교의에 관해 인간의 사색과 추론을 사용하는 것은
옳은 일이지만 그 결론이 성경과 일치하지 않는다면 그것은 정당하지 않다고 말하
고 추론을 통한 하나님의 존재 증명을 시도했다.

2. 알렉산드리아학파

2세기말에서 3세기 초에 이르러 알렉산드리아는 로마제국의 가장 번성한 도시

의 하나로 성장하여 정치 경제적인 면에서 로마나 안디옥과 어깨를 나란히 했으나 문화적 활동에서는 훨씬 우월했다.

알렉산드리아의 교리문답학파(catechetical school)는 클레멘트와 오리겐이 대표하는데 특히 유의할 점은 그들의 신학이 이단에 대한 논박이나 변증의 한계를 넘어서서 고도의 사색적인 날개를 마음껏 펼쳤다는 사실이다. 따라서 그 내용은 새롭지만 정통 교리적 입장에서 보면 위험한 신학 활동을 시작하는 전기를 마련했다.

1) 클레멘트

알렉산드리아의 클레멘트라고 더 잘 알려진 티투스 플라비우스 클레멘트(Titus Flavius Clement, 150?~219?)는 이교도 부모에게서 태어나 그 자신도 젊었을 때까지 이교도였다. 아테네에서 태어나 개종하기 전까지 거기서 살았는데 지혜를 추구하는 여행길에 올라 이탈리아, 시리아, 팔레스타인을 두루 거친 후 알렉산드리아에서 판타이누스를 만나 그 밑에서 배우고 연구했다.

그도 저스틴처럼 철학을 거쳐 기독교로 들어왔다. 그는 공적인 교회 교육을 받은 일도 없고 해박한 지식을 가졌으면서도 본래 학자도 아니었다. 단지 그는 대화를 잘했고 영적인 경험이 풍부했으며 교양 있는 목회를 한 사람이었다. 그러는 가운데 여러 가지 질문들을 제기했고 여러 가능성과 문제들을 심사숙고했다. 후에 그의 글이 높이 평가받기도 했지만 이단적 한계를 스치거나 넘어서기도 했다. 그러나 클레멘트 당대에는 아무런 곤란이나 문제를 느끼지 않고 그의 사상을 용납했다.

클레멘트의 의도는 기독교 신앙의 반대자들에 대한 옹호라기보다는 그 신앙을 불신자에게 가르쳐 그들이 그것을 받아들이게 하고 신자들에게는 기독교 교리에 대한 철학의 가치를 인식시켜 철학이 기독교인의 삶에 가치가 있음을 보이는 데 있었다. 그는 그리스도가 인류에게 준 유익을 열거하면서 특히 『잡문집』에서 구원을 얻는 데는 믿음 외에 아무것도 필요하지 않으니 진리의 유일한 스승이신 그분께 돌아오라고 그리스인들을 향해 권면했다.

그러나 알렉산드리아의 몇몇 기독교인들은 가장 기초적인 신앙을 넘어서기를 원치 않았기 때문에 신학적인 사유에 참여하지 않았다. 그들에게의 철학은 영지주

의였고 그것은 하나님에 대하여 반역하고 있는 인간 이성으로부터 돌아서야 하듯
이 기독교인들이 돌아서야 할 허수아비였다. 철학의 적대자들은 하나님께서 신앙
으로 철학을 대신했으므로 철학은 나쁜 것이라고 생각했다. 그러나 클레멘트는 터
툴리안이 그리스 철학에 대해서 경멸적 태도를 취했던 것과는 달리 저스틴이 그리
스 철학을 취급했던 정신을 따라 철학에 대한 자신의 관심을 정당화하고 철학은
하나님이 뜻하셨으며 자체적으로 선함을 그들에게 보여주려 했다. 한 마디로 그의
사상의 출발점은 기독교 진리와 그리스 철학의 진리 사이에 연속성이 있다는 사실
이다. 그는 로고스는 그리스 철학의 진리와 기독교의 진리 둘 다의 원천이라는 생
각에서 기독교와 그리스 철학의 연합을 추구했다.

그리스도께서 오시기 전에 유대인에게는 율법이 있었다. 구약은 신약의 준비였
다. 하지만 신약은 구약을 철폐하지 않고 오히려 구약을 완성했다. 그것이 하나님
의 계시 진행의 연속성이다. 그런데 유대인들과 달리 그리스인들은 율법도 신앙도
없었다. 그러나 그들은 바울이 로마서 2:14~15에서 "율법 없는 이방인이 본성으로
율법의 일을 행할 때는 이 사람은 율법이 없어도 자기가 자기에게 율법이 되나니,
이런 이들은 그 양심이 증거가 되어 그 생각들이 서로 혹은 송사하며 혹은 변명하
여 그 마음에 새긴 율법의 행위를 나타내느니라"라고 말한 것처럼 자연 이성을 가
지고 있었다. 클레멘트는 여기에서 그리스의 시인들과 철학자들, 특히 플라톤과 같
은 사람이 "복음을 준비했다"는 주장을 하게 된다.

그에 따르면 바울이 모세 율법을 유대인으로 하여금 복음에로 이끌어 간 몽학선
생이라고 보았듯이 그리스인들에게는 철학이 몽학선생이었다. 이는 하나님의 로
고스가 언제나 영혼들을 조명하고 있어서 유대인들이 모세와 예언자들의 가르침
을 받고 있었던 반면, 그리스인들은 현인들인 철학자들의 가르침을 받았으므로 그
리스인들에게의 철학은 유대인들에게의 율법과 같다는 뜻이다. 그런 의미에서 철
학자들은 그리스인의 자연 이성에 대한 선지자였다.

유대인들의 선지자들과는 달리 그리스의 선지자인 철학자들은 하나님으로부터
계시를 전혀 받지 않았다. 그러나 자연 이성이 하나님의 빛이므로 이 이성을 통하
여 하나님께서는 철학자들을 진리를 향해 인도하셨다고 말할 수 있다. 하나님께서
는 어떤 유용한 목적이 있었기 때문에 자연 이성을 지으셨음에 틀림없다. 하나님

은 그리스인들을 부르시기 전에 철학을 우선적으로 그들에게 주셔서 예수를 보내시기 전에도 그리스인들이 철학을 통해 의에 이를 수 있게 하셨다. 그래서 그는 "계약을 제공하신 바로 그 하나님은 그리스인에게 그리스 철학을 주신 자이시며, 이에 따라서 전능하신 이가 그리스인들 사이에서도 영광을 받으셨다"고 말했다.

만약 이것을 부인하면 하나님의 섭리가 역사의 질서를 포함하여 역사적 사건들에 관여한다는 사실을 부정하는 셈이 된다. 이러한 점에서 클레멘트는 저스틴을 한 단계 넘어섰다고 말할 수 있다. 저스틴은 이교도 철학에서도 어느 정도 진리가 있다고 인정하고 철학자들의 차원 높은 이론은 성경과 일치한다는 사실을 보여주려고 노력했으며 철학자들이 가진 진리도 하나님으로부터 기원했다고 주장했다. 그러나 클레멘트는 성경의 진리와 철학적 진리가 근본적으로 로고스라는 한 근원에서 기원되었기 때문에 둘 사이에는 연속성이 존재하며 조화가 가능하다고 했다. 그래서 철학을 그리스인에게 준 것은 유대인에게 율법을 부여한 것과 동일한 목적이라고 주장했으며 이것들은 그리스도에게로 인도하는 시녀의 역할에 불과하다고 했다. 더욱이 철학은 하나님께서 그리스인들에게 세운 언약이므로 유대인들이 선지자를 가졌듯이 그리스에도 이 계약을 통해 감동받은 사람들, 즉 호머, 피타고라스, 플라톤 등이 있었다고 했다.

클레멘트에 따르면 진리는 하나이며 하나님으로부터 나온다. 그래서 기독교인들은 진리가 그들에게 계시될 때 보았던 것과 똑같은 진리를 철학에서도 보아야 한다. 만일 철학이 기독교인들을 오류로 이끌 가능성이 있다고 두려워한다면 원수를 이길 수도 있는 진리의 권능에 대한 신앙이 결여되었음을 뜻한다고 했다. 그렇다고 진리를 알기 위해서 신앙이 필요치 않다는 말은 아니다. 철학적 작품들은 대부분 합리적 논증에 근거하고 있는 제일원리를 증명해낼 수 없다. 이 제일원리는 오로지 의지의 활동, 즉 신앙에 의해서만 받아들여질 수 있다. 다시 말해서 신앙이 진리의 출발점이라고 말하는 것만으로는 부족하다. 차라리 신앙에는 지식도 필요하다고 해야 한다. 신앙은 단순한 추측이나 어떠한 원리가 옳다고 말하는 독단이 아니다. "따라서 지식은 신앙에 의해서 확정된다. 그리고 신앙은 신적인 것과 상호교류를 통해서 지식에 의해서 확정된다." "지식은 믿어져야 한다"는 사실은 클레멘트가 자율적인 철학을 발전시키려고 노력하는 사람들에게 답하는 내용의 핵심이요 "신앙은 알려져야 한다"는 말은 이단들을 반대하는 그의 논지의 핵심이다.

그에게는 철학이 단순히 기독교를 위한 준비만이 아니라 기독교를 이해하는 보조 수단이었다. 그래서 그는 아는 일이 믿는 일보다 더 우월한 것이라고 한다. 사실 단순히 믿기만 하고 이해하려 하지 않는 사람은 어른에 비한 어린이와 같다. 어떠한 학문, 사색, 추론도 계시와 조화되지 않으면 진리일 수 없듯이 맹목적인 신앙, 즉 수동적으로 받아들여지는 신앙 역시 이상적인 신앙은 아니다. 그렇지만 클레멘트는 한 그리스도인의 믿음이 본질적으로 충분하고 완전하다면 그것으로 충분하기 때문에 구원을 얻는 데는 믿음 외에 아무것도 필요 없다는 점을 강조했다.

결국 클레멘트는 유대인의 율법과 그리스인들의 철학이라는 두 강이 만나는 곳에서 기독교가 나왔다고 보고 주께서 오시기 전에 그리스인들에게 필요했던 철학을 기독교인들이 제자리에다 유지시키면 그 철학은 기독교인들에게 유용한 것으로 남는다는 사실을 말했다. 즉 그는 기독교를 철학과의 관계에서 보고 신학의 체계화와 그 전개에 사색적인 이성을 사용하여 기독교를 이성으로 이해하려 했다.

2) 오리겐

터툴리안이 서방신학의 전통을 세웠다면 알렉산드리아 학파의 오리겐(Origen, 185?~254?)는 명실 공히 동방신학의 전통을 세운 인물이라고 할 수 있다. 그는 기독교 가정에서 태어나 평생 동안 이단과 로마 정부에 맞서 신앙을 변호하면서 기독교 교육가로 활약했다. 또 유대 사회에 기독교를 증언하고 교회 내에서는 영적 지도자로 일하면서 존경과 비판을 동시에 받았다. 알렉산드리아의 교사로 활동하다 순교한 아버지 레오니데스로부터 수학, 문법, 수사학과 같은 일반 학문뿐만 아니라 기독교적 인식의 초보를 배웠고 암모니우스 사카스 아래에서 철학을 연구했다.

오리겐은 자신의 사상을 전개할 때 마주치는 그리스 철학에 대해서 그것은 본질적으로 악하지도 선하지도 않으며 우리가 어떻게 쓰느냐에 달려 있다고 생각했다. 그래서 그는 성경을 출발점으로 삼고 성경을 해석할 때 성경의 모든 구절의 문자적 의미의 배후에는 영적 의미가 담겨 있다는 이해 위에 알레고리, 즉 풍유적 해석 방법을 택했다. 그는 많은 부분에서 기독교에 공헌한 바도 있었지만 또 한편으로는 철학과 기독교를 조화시키려는 욕망과 성경을 우화적으로 해석하려는 정열, 그리고 천부적인 상상력과 사색의 결과 몇 가지 용인할 수 없는 중요한 이단적인 견해를 갖기도 했다.

오리겐의 사상은 그의 대표적이고 독창적인 저서로 알려진 『원리론』(De Principus)이라는 기독교 교의학에 담겨 있다. 이 책은 고대가 낳은 최초의 조직 신학 교과서로 간주되고 있는데, 여기에는 신론, 창조, 타락, 인간론, 윤리학, 성경의 역할, 성경 해석 원리, 자유의지, 부활 등 기독교의 가장 기본적인 문제들이 다루어져 있다. 그러나 사실 이 책은 대부분 루피누스(Rufinus)의 라틴어 번역본으로 전해오는데, 그는 오리겐의 견해가 너무 대담하다고 생각하여 루피누스가 상당 부분을 정정한 것으로 알려지고 있다.

그는 책의 서두에서 "교회적 선포에서 벗어난 것은 조금도 쓰지 않겠다"고 했지만 실제적인 내용에 있어서 타락과 세계의 발생 및 소멸에 대해서 영지주의적인 면이 강하게 나타난다고 많은 사람들이 비판한다. 제1권에서는 삼위 하나님과 영적 존재들, 제2권에서는 물질적 세계와 인간, 즉 창조론과 인간의 영혼, 제3권에서는 자유의지, 악마와의 투쟁, 선의 궁극적 승리, 그리고 제4권에서는 성경에 대해 말하고 있다. 그는 연관성 있는 교리 체계를 구성하기 위해 필요한 기본 원리를 거기에 집약해 놓았다.

그가 집약한 내용은 다음과 같다. 첫째로 하나님은 한 분이시며 만물을 창조하시고 질서를 주시고 아무것도 존재하지 않을 때 우주를 존재하게 하셨다. 하나님이 선지자들을 통해 말씀하신 바와 같이 예수 그리스도를 세상에 보내셨다. 둘째로 예수 그리스도는 지상에 오셨던 분으로서 모든 피조물보다 앞서 아버지로부터 출생하셨다. 그리고 만물을 지으실 때 아버지를 봉사하신 후에 이 마지막 때에 사람이 되셨고 하나님으로 계시었으나 육신으로 되셨다. 그는 우리의 몸과 같은 몸을 취하셨으니 다만 성령으로 말미암아 동정녀 마리아에게 나셨다는 점이 다를 뿐이다. 그는 참 인간이 되셔서 참으로 고난을 당하셨고 참으로 죽으셨다. 그는 죽은 자 가운데서 참으로 부활하신 후에 제자들과 함께 하시다가 하늘로 올리우셨다. 셋째로 성령께서는 그 존영과 권세에 있어서 아버지와 아들과 연합되어 있다. 그리고 영혼은 실체와 생명을 가지는 것으로서 이 세상을 떠난 후에는 그 나타낸 일을 따라 보응받을 것이다. 모든 인간의 영혼은 자유의지를 가지고 있으며 악마, 그리고 그의 천사들을 적대하는 권세들과 싸우고 있다. 왜냐하면 이들은 죄악으로 영혼을 무겁게 하여 떨어뜨리려고 힘쓰기 때문에 믿는 영혼들은 그와 같은 세력으로부터 자유로워지기 위해 노력해야 한다.

오리겐은 맨 먼저 신론을 취급한다. 그에 따르면 신이란 절대적이고 불변하는 순수한 정신적 실체로서 근원적 일자이다. 신은 우주의 만유 너머의 초월적 존재이며 온갖 사물의 영원한 창조주인 세계의 절대적 원인이다. 그 일자로부터 로고스가 그의 모형으로 샘솟아 나오고 신은 그 로고스를 통해 세계를 창조하였다. 그러나 신 자신이 직접 현상 세계를 만든 것이 아니고 신에 의해 탄생된 신의 형상이자 제2의 신인 로고스에게 이 역할을 맡겼다. 로고스는 하나님과 피조물의 중개자로 매개된 창조의 범형, 이데아들의 이데아로서 만물은 로고스에 의해 창조되었다. 그러나 로고스는 신 자신은 아니고 그저 하위의 신일 따름이다.

오리겐은 신이 처음부터 물질계를 곧바로 창조하지 않고 이성과 자유의지를 가진 영적인 존재들만을 창조하였다고 한다. 이 영적 존재들은 자기들이 소유한 자유를 오용할 수도 있는데 그렇게 하여 타락함으로써 물질계가 존재하게 되었다. 모든 영들은 동등하게 창조되었으나 그들에게 주어진 자유의지의 사용에 따라 천사, 귀신, 인간이 되었다. 인간은 타락한 영이 벌을 받을 겸, 깨끗하게 정련되기 위해 육체라는 감옥 속에 갇힌 존재이다.

타고난 상상력을 가진 오리겐은 모호한 기독교의 교리를 예리하게 다듬었으나 지나친 사색으로 말미암아 성경의 가르침을 넘어서서 새로운 교리를 태동시켰다. 그에 따르면 타락한 피조의 세계도 늘 하나님의 섭리로 보존되고 인도 받는다. 하나님께서는 잃어버린 자들이 돌이켜 돌아오기를 원하신다. 로고스이신 그리스도를 보내심은 이를 위한 결정적인 행위이다. 결국은 모든 것이 완전히 복귀되어 지옥의 가장 어두운 마귀까지 복귀된다. 악은 적극적인 능력이 아니고 어떠한 지속적인 현실성도 가질 수 없기 때문이다. 악은 모든 죄, 벌, 고통처럼 어두운 과도 과정일 뿐으로 하나님의 돌보심이 그 과정을 잘 제어하게 된다. 결국 오리겐은 근본악이나 영벌과 같은 개념을 부인한 것이다. 이것이 그의 만물복귀설 또는 만유구원론이다. 나아가 그는 하나님 나라의 종국적 회복도 궁극적인 종결이 아니라고 보았다. 세상은 계속해서 다른 세상이 뒤따르게 되어 끝없이 계속될 것이라는 의미에서 영원하다. 그것은 타락과 회복이 무한히 계속될 것이라는 사실을 의미하는데, 이는 그리스인들의 순환적 역사관의 영향을 보여주는 것으로 정통 신앙과는 다른 주장이다.

오리겐의 신관 중에서 삼위일체에 있어 성부와 성자의 관계에 대한 공과(功過)는 두드러진다. 그는 성자를 성부와 같이 영원한 분으로 보는데 성부가 영원 전에 성자를 낳았다고 한다. 성자가 영원 전에 나셨다는 말은 그가 존재하지 않았던 때는 결코 없었으며, 로고스가 시간 속에서 창조된 것이 아니라 영원 속에서 나셨다는 말이다. 따라서 성자는 피조물도 아니고 양자(養子)에 의한 아들도 아니며 본성적으로 하나님 자신의 나신 자라는 의미이다. 이러한 성자의 '영원 전 나심'이라는 개념은 후에 삼위일체의 정립에 중요한 역할을 수행한다.

반면에 오리겐은 아들을 제2의 하나님이라고 부름으로써 삼위(三位)에 위계를 인정했다. 즉 성자는 성부와 다르고 성부에 종속된다는 것이다. 성자는 육신이 되셔서 볼 수 있는 분이 되셨으므로 성부는 성자보다 높고 비교될 수도 없다는 것이다. 나아가 시간적으로는 어느 것이 선행하지는 않지만 로고스와 신, 즉 성부와 성자의 종속 관계는 성자와 성령의 종속 관계와 동일하다고 하여 삼위의 관계가 종속적이라고 했다. 결국 그는 삼위의 위격을 구분하면서도 서열상 동등하지 않고 능력에 있어서도 차등이 있다고 말함으로써 성자의 성부에의 종속, 성령의 성자와 성부에의 종속이라는 종속설(從屬說)을 주장했다.

3. 라틴 변증가들

알렉산드리아의 교부들이 그리스 출신이거나 그리스 철학의 배경 속에서 훈련받은 사람들인 데에 반해 라틴 교부들은 법률, 정치 등의 라틴의 정신 속에서 훈련받은 사람들이었다. 따라서 알렉산드리아 학파에는 그리스 사상이 강하게 나타난 반면, 라틴 교부들에게는 법적인 색채가 강하게 부각되었다. 주로 카르타고를 중심으로 북아프리카가 주된 무대였으며 터툴리안, 키프리안, 아타나시우스, 암브로스, 아우구스티누스 등을 대표자로 들 수 있다.

1) 터툴리안

라틴 신학의 원조로 불리는 터툴리안(Turtulian, 155?~225?)는 중년에 이르기까지 우상숭배와 음탕한 생활로 지냈으나 순교자들의 굽힐 줄 모르는 신앙에 감동해 40세쯤 기독교로 개종하여 후에 장로 안수를 받았다. 그는 타고난 정열과 법률적 지식을 무기로 하여 이교도 유대인과 이단자들에 대항하여 기독교 신앙을 변증하는 일과 엄격한 신앙의 규율을 연구하여 권장하는 일에 일생을 바쳤다. 만년에 기독교 이단이었던 몬타니스트의 대단한 열심과 엄격한 생활에 마음이 끌려 교회를 떠났으나 후에 몬타니즘의 광신주의에서 빠져 나왔다. 박해시대가 끝나고 자유스럽게 신앙생활을 할 수 있게 되면서 교회의 규율이 해이해지고 도덕이 문란해져 가고 있었던 상황에서 그가 강조했던 엄격한 윤리생활을 실천에 옮기고 있었던 몬타니즘은 그의 관심을 끌기에 충분했고 급기야 형식주의에 빠진 교회를 참다못해 박차고 나온 것이다. 이런 점에서 그는 신앙의 진지함과 실천으로써 모범적 기독인의 모습을 보여주었다. 따라서 후에 다시 몬타니즘에서 나온 그가 이교도에게 죽임을 당하지도 않았고 교회에서 파문을 당했다는 기록을 찾을 수 없음은 이상스럽지만 당연한 것으로 보인다.

터툴리안은 속하여 전승을 교회의 권위로 인정하는 데에 조금도 주저하지 않았다. 교회는 사도들의 가르침을 보관하는 곳이고 역대의 감독들은 믿을 만한 전승의 관리자로 생각했다. 그는 모든 진리가 그리스도에게로 인도하여 간다고 했던 저스틴과 클레멘트와 같은 변증가들이 그리스 사상으로 신앙을 말하려는 모든 견해와 입장에 극렬히 반대하고 이교와 이교적 학문, 특히 그리스 철학에 대해 대단히 경멸적인 태도를 보였다. 그래서 그는 철학은 우리를 그릇된 길로 이끄는 '이단의 어머니'요 '모든 악의 뿌리'라고 규정하고 기독교와 그리스 철학을 조화시키려는 것을 완강하게 거부했다. 또한 철학자들은 이교의 족장들이라고 비난함은 물론이고, 신앙이 없는 세상 지식은 무익한 것이라고 말했다.

그는 당시의 교회가 영지주의와 이교주의와 격렬하게 충돌하고 있었기 때문에 이에 대립하는 입장에서 이성에 대한 신앙의 우위를 주장하여 "아테네와 예루살렘이 무슨 관계가 있는가?," "플라톤의 아카데미아와 교회 사이에 무슨 관계가 있는가?," "이단들과 기독교인들 사이에 무슨 관계가 있는가?'라고 외쳤다. 이 말은 신앙의 표준에 표현된 교회의 가르침의 사도적 권위와 실천적인 성결한 생활을 강조하는 그의 사상을 뒷받침하고 있다. 그러면서도 철학의 이성적 능력이 기독교적 진리와 일치되는 한에서는 철학을 인정했다. 물론 그는 신학적 혹은 철학적 지식 그 자체에 관심을 갖지 않았고 오히려 역설적 이론에 기초를 두었다. 그는 "신앙의 표준과 상충되는 일에 대해서는 아무것도 모르는 것이 모든 것을 아는 것이다"고 말하면서 신앙의 내용이 불합리하면 불합리할수록 신앙의 힘이 더 커질 수 있는 기회가 많아진다고 했다. 그래서 그는 이성에 위배되고 불합리한 점이 오히려 진리가 된다고 했다. 그래서 "불합리하기 때문에 나는 믿는다"고 했는데, 이는 터툴리안의 그리스 철학에 대한 불신과 그의 역설적 진리를 잘 표현해 준다.

이처럼 기독교 진리를 그리스 철학적으로 이해하려는 시도를 반대한 터툴리안은 "예수 그리스도에 대해 우리는 사색이 필요 없으며, 복음에 대하여 탐구가 필요 없다"는 말로 단순한 신앙을 강조했다. 이러한 태도는 그리스도께서 일정한 진리의 체계를 제정하셔서 이것이 사도적 전승에 의해 우리에게까지 전해졌다는 전통주의적 태도요, 정통적 신앙을 받아들인 후에는 여기에 더하거나 빼도 아니 된다는 정통주의적 태도이기도 하다. 이것은 터툴리안 이후의 라틴 신학의 일관된 특징이 되었다.

그는 이레니우스와 같이 신앙적 진리가 왜곡 없이 교회를 통하여 전승되어 온 사실을 근거로 하여 진리 판단의 표준으로 기독교의 역사와 전통을 내세우면서 신앙 진리 그 자체의 수호에 관심이 많았다. 그러나 후세에는 오히려 전승 그 자체와 전승의 매개인 교회의 전승성에만 관심을 집중시키면서 진리 내용 그 자체는 이차적 중요성밖에 지니지 못하게 되었다. 그 결과 터툴리안의 전통주의는 본래의 의도와는 다르게 카톨릭주의로 굳어졌고 차차 교황주의와 로마주의로 변질되어 버리고 말았다. 이렇게 보면 카톨릭에 대한 프로테스탄트의 종교개혁은 성경을 진리의 표준으로 내세워 터툴리안이 애초에 의도했던 전통주의와 정통주의로 되돌아가려는 시도였다고 해석할 수 있다.

터툴리안의 중요한 신학사상은 삼위일체론과 기독론, 그리고 원죄설 등이다. 그는 하나님의 존재를 아버지, 아들, 성령의 삼위로 명확하게 정의했고 이 사상을 표현하기 위해 삼위일체란 말을 사용했다. 그는 『프락세아스 논박』(*Against Praxeas*)

에서 삼위격체론(三位格體論, hypostasionism)을 옹호한다. 우리는 터툴리안이 거의 1세기 후의 니케아 종교회의 결과를 예견한 듯한 용어로 정의한 신성을 다음과 같은 말들 속에서 찾아볼 수 있다; "나는 셋이 결합된 하나의 보물을 도처에서 볼 수 있다"; "삼위(三位)는 본질의 통일에 의하여 모두 일체(一體)에 속한다. 그러면서도 단일체(Unity)를 아버지, 아들, 성령의 순서로 된 삼위일체(Trinity)로 구분하는 신비는 그대로 보존한다. 그러나 삼위는 본질에 있어서 셋이 아니라 단지 등급(grade)과 양식(form)이 셋이고 그 능력이 셋이 아니라 표현이 셋이다"; "모두가 하나이며 본질적으로 같다. 이러한 섭리의 신비는 일체를 삼위로 구분하여 성부, 성자, 성령으로 정위(定位)한다고 해서 손상되는 것은 아니다. 이 셋은 본질에 있어서가 아니라 양식상의 구분이며 능력에 있어서가 아니라 형태상의 구분이다. 성부, 성자, 성령으로 표현되는 이러한 위계, 존재 형식, 체제는 한 분 하나님으로부터 나온 것으로서 그 본질과 능력이 하나이기 때문이다."

터툴리안은 이 개념을 설명하기 위해 성부, 성자, 성령을 각각 뿌리와 나무와 잎에 비유하기도 하고, 수원(水源)과 하천과 강에 비유하기도 했다. 이런 설명방식으로 볼 때 터툴리안은 종속설적인 견해를 가지고 있는 듯하다. 그러나 그는 각 위가 양도할 수 없는 몫과 역할을 가지고 있음도 강조한다. 그리고 신에 대한 삼위의 구분을 페르소나(persona, person)라는 말로 묘사했는데 이는 인격의 의미보다 객관적 존재 양태의 의미이다.

한편 기독론에 있어서는 성육신과 그리스도의 양성을 주장한다. 로고스는 하나님께로 나온 한 독립적 품격이지만 하나님에게서 나신 것이므로 성자가 계시지 않았던 때가 있었다고 말할 수 있다고 한다. 그러면서도 성부와 성자는 신적 존재와 본질도 동일하다고 한다. 즉 "나와 아버지는 하나이다"는 말씀은 수의 단일이 아니고 본질이 동일한 것이라고 한다. 그러나 그가 본질의 차이에서가 아니라 서열의 구분으로 둘이라고 말하는 것은 성부를 만일 전체 본질이라면 성자는 그 부분이라고 함으로써 종속론적 기독론을 보이고 있다.

터툴리안은 그리스도 안에는 두 본질이 있는데 신성에는 하나님의 본질이, 인성에는 영혼과 육체의 두 본질이 들어 있으며 이 두 인성과 신성이 연합되었다고 한다. 그러나 두 본질이 혼합되어 제3의 어떤 것, 즉 신성도 인성도 아닌 그 무엇이

된 것은 아니라고 한다. 그리스도는 신성을 가진 하나님이며 동시에 참 사람으로서 그의 인성만이 고난을 받고 돌아가셨지 신성은 아무런 변화가 없었다고 한다. 신성은 본질상 고난을 받을 수 없기 때문이다. 터툴리안은 이러한 기독론으로 서방교회에 그리스도 안에 신인양성이 있음을 가르쳤다.

그는 하나님이 인류를 구원하시는 역사에는 몇 단계가 있다고 보고 이 단계들을 계약의 변동이라 했다. 첫 계약은 창조 당시에 주신 자연법으로서 인간 안에 있는 내재법이고, 다음은 인간의 죄로 자연법이 무능하게 되자 그 법을 새롭게 하며 재강조하는 모세법, 셋째 단계는 유대인이 모세법을 어겨 그리스도 안에서 세운 사랑의 법, 넷째는 최후의 하나님의 계약으로 보혜사와의 계약이라고 했다. 터툴리안은 구원의 역사란 이렇게 하나님께서 법을 가지고 인류를 교육하시고 훈련하시는 역사라고 생각하고 그리스도의 구속 사업에 대하여 보상 혹은 만족이라는 용어를 제일 먼저 말했는데 이 말은 참회와 선행으로 하나님에게 만족감을 주어서 회복하는 것을 의미했다. 이레니우스는 구원의 과정을 신비한 것으로 본 데 반해, 터툴리안은 구원의 과정을 하나님의 법에 복종하며 금욕적인 생활을 통한 내적인 훈련으로 이해했는데, 이 두 가지 면은 초대교회의 카톨리시즘(catholicism)에서 강조되는 특색이었다.

또한 그는 스토아주의적 영향을 받아 형체가 없는 영적인 것은 있을 수 없다는, 즉 "존재하는 모든 것은 형체를 가지고 있다"(Omne quod est, corpus est sui generis)는 원리에 입각하여 존재하는 모든 것은, 심지어 하나님과 영혼도 유형적이라고 했다. 즉 영과 하나님도 물질적 존재로 이해하여 하나님도 실체를 의미하는 영으로서의 몸(corpus)을 가지고 있다고 했다.

터툴리안은 죄는 육체가 아니라 의지에 있으며 그 본질은 하나님의 법에 불복종함이라고 했다. 그리고 죽음은 자연적 결과가 아니라 범죄에 대한 처벌이라고 보았다. 그는 아담의 불복종으로 인해 전 인류가 죽음에 넘겨졌다고 하는 원죄론을 말한다. 또 부모로부터 우리의 몸이 파생되어 나오듯이 영도 부모의 영으로부터 파생되어 나온다는 영혼유전설을 주장했는데 그것은 죄도 그렇다는 주장의 근거가 된다. 하지만 그는 원죄에 의해 자유나 의를 행할 능력을 완전히 잃지는 않았고 선과 악의 어느 한쪽을 선택할 수 있는 자유의지가 있기 때문에 모든 사람은 그 행위에 책임이 있다고 했다. 회개를 하고 세례를 받는 사람은 죄와 형벌에서 석방되지만 세례를 너무 가볍게 생각하거나 너무 어릴 때 받고 다시 죄를 지어 은혜를 뺏길 위험이 있다면 세례를 받을 만할 때까지 연기하는 것이 좋다고 했다. 세례에는 용서가 부가되는데 그것은 그냥 주어지는 것이 아니라 순수하고 철저한 회개에 의해 주어지는 값비싼 것이라고 했다. 여기에서 우리는 아우구스티누스의 원죄설과 자유의지론의 뿌리를 볼 수 있다.

2) 아타나시우스

이름의 뜻이 '영혼 불멸의 인간'이란 의미를 가지고 있는 아타나시우스(Athanasius, 295~373)는 니케아 종교회의(325)를 통해서 기독교사의 무대에서 주인공으로 등장했다. 그는 아리우스주의자들과 투쟁하여 기독론의 역사에 뚜렷한 이정표를 세웠다.

당시는 이미 기독교에 대한 박해가 멎어 사람들은 기독교를 공인한 콘스탄티누스 황제의 지배 하에서 자유로운 신앙생활을 했다. 그러나 입으로는 기독교 신앙을 말하면서도 마음으로는 이교를 따르고 있었다. 따라서 아리우스(Arius)와 같은 이교적 신관이 용납될 만한 분위기였다. 바로 이러한 상황에서 아타나시우스는 4번이나 추방당하기를 거듭하면서도 삼위일체 교리를 확립했다.

그의 철학사상은 절충주의적 그리스 철학으로서 스토아적이며 플라톤적이다. 그는 316년에서 318년 사이에 저술된 주저 『이교논박』과 『수육에 관하여』에서 자신의 사상적 배경을 그리스적인 데에 두고 유대적인 유일신 창조주를 말씀이신 구속주 예수 그리스도의 아버지로 봄으로써 유대주의와 그리스주의를 기독교적으로 해석하며 변증했다. 그리고 그의 신학에서는 히브리적인 유일신 사상과 그리스적인 로고스 사상이 예수 그리스도의 십자가와 부활에 대한 신앙에 의해서 해석되고 변증된다. 즉 그에 의하여 그리스적인 구원 개념이 기독론, 특히 수육 교리에 의해 기독교적으로 해석된다. 또 유대교적 유일신과 그리스적 로고스 및 예수 그리스도를 연결하여 로고스 기독론사를 종결짓고 삼위일체의 서장을 시작한다.

아타나시우스는 그리스의 영혼불멸사상에 영향을 입어 "말씀이 육신이 되신 것은 우리가 신성에 참여하기 위함이다"라는 명제를 그의 구속 교리의 핵심으로 삼았다. 아리우스가 "아들은 신이 아니어서 구원하거나 전능하거나 불변적이 아니며 하나의 피조물로서 모든 피조물 가운데 유일한 자요 성부보다 늦게 존재하게 되었다"고 말했지만, 아타나시우스는 "아버지의 본질에서 나오셨고 아버지와 동일한 본질이시다"고 주장한 기독론으로 창조론과 구속론을 정통 교리로 확정했다. 아타나시우스는 창세기 1장과 요한복음 1장의 말씀에 입각하여 그리스적인 우주 철학과 구원 사상을 기독교적으로 변증하고 기독교 신앙의 중요한 부분을 천명한다; "태초에 말씀으로 창조하신 창조주가 헛되지 않게 하기 위해서 재창조자로서 수육하신 우리 주 예수 그리스도가 이 땅 위에 오셔서 지상의 행동으로 신성을 계시하셨고 만인을 위하여 희생하심으로써 만인으로 하여금 옛 범죄로부터 벗어나게 하며 죽음보다 더 강한 부활의 첫 열매인 예수 그리스도의 부활에 참여하게 한다."

아타나시우스는 우주의 다양한 조화와 질서를 말씀을 통한 하나님의 창조라고 아니할 수 없다고 한다. 만물은 선재하는 재료로부터가 아니라 무로부터 창조된 것이며 인간은 모든 다른 피조물보다 월등하게 창조되었기 때문에 특별한 선물로서 신 자신의 말씀의 한 부분을 부여받았다. 말씀이 인간의 형상에 반사되어 인간이 합리적이라는 말이다. 그러나 하나님의 순종의 법을 지키지 못한 인간은 타락하여 낙원에서 쫓겨나 죽음의 부패 가운데 처해 있지만 말씀이 육신으로 강생하셔서 타락으로 파멸할 인간을 다시 창조하셨다. 따라서 아타나시우스에 의하면 하나님의 말씀은 재창조자요 아버지의 사자이다. 그러나 하나님의 말씀이 말씀으로만 있으면 수난과 죽음을 당할 수 없으므로 인간을 죽음에서 자유케 할 수가 없으나 그의 죽음을 통해서 우리의 죽음의 빚이 갚아지고 우리가 자유하게 된다. 또한 부활은 우리의 불멸을 약속한다. 인간에 의해서 죽음이 왔으나 인간 예수 그리스도의 부활에 의해서 죽은 자의 부활이 약속된다. 아담 안에서 모든 자가 죽은 것처럼 그리스도 안에서 모든 사람이 산다. 우리가 상실한 형상이 아버지의 형상이신 예수 그리스도를 통하여 회복된다. 아타나시우스는 이 회복이 곧 구원이라고 한다. 이처럼 아타나시우스는 유대인들에게는 구약을 인용해서 변증하고 지혜가 있다고 하면서 우상숭배를 일삼는 그리스인들에게는 십자가와 부활의 주로서 변증했다.

그는 성자의 신성에 대해서도 칼케돈의 기독론 이전에 이미 양성론을 주장했다. 아들과 말씀은 동일한데 성부가 그의 말씀 없이 있었던 때가 없기 때문에 아들도

영원하며 아들의 신적인 사역인 창조와 구속은 아들의 신성을 말해준다. 그는 또
한 많은 성구를 인용하면서 그리스도의 완전한 인성을 설명했으며 수육을 부정하
는 아리우스를 반박하고 그리스도 안에서의 양성의 통일, 즉 참 신이요 참 인간이
신 예수 그리스도를 주장했다.

3) 암브로스

암브로스(Ambrose, 339?~397)는 이방인으로서가 아니라 그리스도인으로 태어나
서 교육받고 성장한 최초의 라틴 교부이다. 또한 그는 지체 높은 로마 시민의 귀족
사회 출신으로서는 처음으로 공개적으로 자신을 교회에 헌신하여 거기에 평생을
바친 사람이다. 밀라노의 감독이 된 후 암브로스는 교회와 국가의 관계를 정립했
는데, 교회와 국가의 영역을 분리하고 황제가 교회 일에 간섭하는 것을 불허한 반
면 황제도 하나의 신자이므로 하나님의 뜻에 복종해야 한다고 했다. 황제가 평신
도인 한에서 그를 가르치고 필요한 일을 요구할 수 있었으나, 평신도로서의 황제
가 감독을 가르친다거나 권고하는 일은 못마땅하게 여겨 사실상 교권을 국권 위에
놓았다. 데살로니가의 학살 사건을 일으킨 테오도시우스 황제를 땅바닥에 엎드려
공중 앞에서 참회케 하고 예배에 참석시켰다는 일화는 국권을 교권에 복속 시킨
너무도 유명한 일화이다.

암브로스는 철학에 대하여 전형적으로 로마인들의 태도를 취하여 형이상학적
사색보다는 주로 실천적이고 윤리적인 문제에 관심을 두었다. 그는 『의무에 대하
여』라는 책에서 덕을 분류하고 취급할 때 세밀한 부분까지 키케로(Cicero)를 따르
지만 전체적으로는 기독교적 정신을 벗어나지 않았다. 또한 행복이 덕을 소유하는
데서 찾아진다는 스토아적인 이상은 영원한 행복은 하나님 안에 있다는 신앙적 이
상에 의해 보완되었다. 이러한 암브로스의 윤리관과 저서는 후대의 사상, 즉 윤리
학에 관한 저술가들에 영향을 주었다. 그리고 로마법의 기독교적 개혁에도 결정적
인 영향을 미친다.

그러나 아우구스티누스가 밀라노에서 그의 설교를 듣고 기독교 진리에 눈을 떠
회심하게 된 일만으로도 암브로스는 교회사에 길이길이 기억될 것이다.

제5장
아우구스티누스

1. 진리 추구의 생애

    기독교 철학사에서 토마스 아퀴나스(Thomas Aquinas)와 함께 가장 뛰어난 지위를 차지하고 있는 교부 중의 교부 아우구스티누스(Aurelius Augustinus, 354~430)는 영어식 이름인 어거스틴(Augustine)으로 더 잘 알려져 있다. 그는 354년 11월 13일, 지금의 리비아의 수도 트리폴리 부근인 북부 아프리카 누미디아의 타가스테(Tagaste)란 곳에서 이교도인 아버지 파트리키우스(Patricius)와 기도의 어머니로 유명한 신실한 신앙인 모니카(Monika) 사이에서 태어났다. 어머니는 아우구스티누스를 어려서부터 그리스도인으로 길렀으나 당시의 관습에 따라 세례는 연기되었다. 탕자였던 그가 성자가 된 것은 바로 어머니 모니카의 신앙과 눈물의 기도 덕분이라고 한다. 방황하는 아우구스티누스 때문에 상담을 청했을 때 암브로스가 대답해 준 "기도의 자식은 망하는 법이 없다"고 한 말은 너무도 유명한 일화이다.

    아우구스티누스는 일찍이 어려서부터 타카스테에서 라틴어와 수학을 공부했고 호머의 시에도 큰 관심을 가지고 있었다. 그러나 공부하는 것보다는 노는 것을 더 매력적으로 생각했다. 365년 아우구스티누스는 이교가 성한 마다우라에 가서 라틴 문학과 문법에 대한 지식의 기초를 닦았는데 이것은 그가 어머니의 신앙으로부터 떠나는 계기가 되었다. 더욱이 17살이 되던 370년에 큰 항구 도시이면서 정치의 중심 도시인 카르타고에서의 유학생활은 그를 더욱 깊은 죄악의 구렁텅이로 몰아 넣었다. 카르타고 지방의 방탕한 풍조와 동방에서 수입된 예배 의식과 결부된 음란한 종교 의식은 그로 하여금 기독교의 도덕적인 이상으로부터 멀어지게 했다. 그리고 마침내 무질서한 방탕한 생활에 빠져들었고, 결국 한 여인과 깊은 육체적인 사랑에 빠져 아들까지 낳았다. 그러면서도 수사학을 공부하는 데는 게을리 하지 않아 카르타고에서 가장 웅변적인 연설가가 되었다.

이러한 그의 방탕한 생활 이면에는 진리에 대한 열정이 숨어 있었다. 특히 키케로(Cicero)의 『호르텐시우스』(*Hortensius*)를 접하고 나서는 진리를 추구해야 된다는 열망을 더욱 강하게 갖게 되었다. 진리를 찾아 나섰던 아우구스티누스는 한 때 마니교(Manichaeism)에 심취했다. 마니교의 이론이 우주에 대해 합리적인 해석을 해주고 있다고 생각했기 때문이다. 그리스도인들은 선한 하나님이 세계를 창조했다고 주장하는데, 도대체 "악과 고통의 존재를 어떻게 설명할 수 있을까?" 하는 것이 의심스러웠던 아우구스티누스에게는 빛과 선의 원리인 오르마즈드(Ormuzd)와 어두움과 악의 원리인 아리만(Ahriman)에 의해 세계를 두 영역으로 나눈 마니교의 이원론적인 세계관은 그것을 잘 설명해 주는 것으로 보였다. 나아가 마니교는 자신의 관능적이고 정열적인 욕망의 원인을 자신 밖의 악에게 돌릴 수 있게 해주었다. 그러나 그는 인간의 사고에 있는 확실성의 근거 문제, 두 개의 원리가 영원한 투쟁의 상태에 있는 이유 등에 대해 만족하지 못하고 마니교를 떠나 차차 아카데미 학파의 회의론에 기울게 되었다.

로마를 거쳐 밀라노에 머물던 그는 주교였던 암브로스의 성경에 관한 설교에 많은 감화를 받고 기독교에 깊은 관심을 보인다. 때마침 플로티노스의 『에네아데스』(*Enneades*)로 추측되는 신플라톤주의의 논문을 접하면서 점점 회의주의에서 벗어나게 되었다. 그것은 마니교가 해결해주지 못했던 하나님의 비물질적인 본성을 이해할 수 있는 수단을 제공해 주었다. 또한 악을 어떤 적극적인 것으로보다는 오히려 결핍으로 보는 플로티노스의 생각을 통해 이원론에 의존하지 않고서도 악의 존재를 해명할 수 있는 새로운 방법을 발견했다. 결국 이 시기에 그가 접한 신플라톤주의의 철학은 아우구스티누스에게 기독교의 합리성을 깨닫게 하여 기독교로 들어갈 수 있는 길을 열어 주었다. 한편으로 그는 신약성경, 특히 바울의 글을 읽기

시작하면서 생활을 예지에 따라서 이끌어 갈 필요도 있다는 사실을 깨달았다. 그
것은 심플리키아누스와 폰티시아누스와의 만남에 의해 더 강렬해졌다. 그들과의
대화를 통해 자신의 도덕적 상태에 크게 염증을 느낀 후 격렬한 도덕상의 갈등을
계속하다가 그의 집 뜰에서 그 갈등이 절정에 달하여 마침내 회심하게 된다.

그는 자신의 『고백록』(Confessiones) VIII장 12에서 당시의 상황을 고백한다. 그는
담장 너머에서 *"tolle lege tolle lege"*(들어서 읽어라. 들어서 읽어라.)라고 거듭 노래
부르는 한 아이의 소리를 들었다. 그는 아이의 그 소리를 성경을 펴서 읽으라는
하나님의 명령으로 받아들이고 바울 서신이 포함된 책을 펴서 읽었다. 그때 그의
시선이 닿은 구절이 로마서 13:13~14이었다; "낮에와 같이 단정히 행하고 방탕과
술 취하지 말며 음란과 호색하지 말며 쟁투와 시기하지 말고 오직 주 예수 그리스
도로 옷 입고 정욕을 위하여 육신의 일을 도모하지 말라." 이 말씀은 그의 마음
안에 신앙의 빛으로 흘러 들어갔고 모든 의심을 가시게 했다. 이 회심은 도덕적인
회심, 의지의 회심이며 지적인 회심이었음은 명백한 일이다. 아우구스티누스의 회
심의 노정을 살펴보면 신플라톤주의의 저서를 읽은 것이 그의 지적 회심의 한 계
기가 되었다면 그의 도덕적 회심은 암브로스의 설교와 심플리키아누스 및 폰티시
아누스의 훈화에 의해서 준비되어 마침내 신약성경에 의해서 강화되고 결정되었
다고 할 수 있다.

진리를 찾기 위한 아우구스티누스의 오랜 동안의 지적인 방황은 오히려 그에게
지적인 풍부함을 가져다주었고 위대한 성경적 신학사상을 낳는 도구가 되었다. 그
가 거쳐 온 다양한 지적 경험의 내용들은 그 자신이 말한 '애굽의 보화'(Egyptian
Gold)였다.

2. 아우구스티누스의 철학과 신학의 중요성

아우구스티누스는 플라톤, 아리스토텔레스와 함께 서양의 3대 사상가로 꼽히지
만, 역사에 미친 실제적인 영향력에서는 나머지 두 사람을 앞선다고까지 평가된다.
그래서 서양철학이 플라톤에 대한 일련의 각주라고 말할 수 있듯이 서구의 기독교
신학도 아우구스티누스의 각주라고 말할 수 있다고 평가하기도 한다. 실제로 아우
구스티누스는 서방신학의 대변자, 서방신학이 말하고자 하는 모든 것의 기초가 되

었을 뿐 아니라 중세는 물론이고 그 이후의 모든 시대에 걸쳐 기독교 신학의 터전을 마련해 놓았다. 그래서 질송(E. Gilson)은 아우구스티누스의 사상이 교부철학과 기독교 철학 전체의 최고봉을 이루고 있다고 평가했다.

아우구스티누스에 대한 이러한 평가들은 철학과 신학에서의 그의 중요성을 말해주는데, 그 중요성은 두 가지 측면에서 찾아볼 수 있다. 첫째는 철학자로서의 중요성이요, 둘째는 기독교 사상가로서의 중요성이다.

먼저 아우구스티누스의 철학자로서의 중요성을 간과할 수 없다. 그는 고대 그리스의 철학, 특히 플라톤의 철학과 신플라톤주의의 사상을 잘 소화하여 그것을 기독교적 정신 안에 수용하였다. 물론 아우구스티누스를 부정적으로 보는 사람들은 그의 사상 체계 속에 플라톤과 플로티노스의 사상이 너무 많이 채색되어 있다고 하면서 그를 플라톤주의자 또는 신플라톤주의자로 규정하기도 한다. 그러나 그가 비록 플라톤과 플로티노스의 철학에 영향을 받은 것은 사실이지만 단순히 거기에 머물거나 그들의 철학적인 내용을 그대로 수용한 것이 아니었다. 오히려 기독교적 진리를 세우고 변증하는 데에 그것을 유효적절하게 사용하면서 성경 중심적인 사고에서 결코 벗어나지 않으면서 기독교의 진리를 잘 보존하고 또 교리를 정초했다.

또한 아우구스티누스는 한 걸음 나아가 근세와 현대의 철학적인 주제에 대한 선구적인 역할을 하기도 했다. 특히 대저 『신국론』을 통해 역사 인식의 체계를 마련하여 중세 이후 근대의 진보 및 목적사관의 기초를 다져놓아 역사철학의 아버지로 불리게 되었고, 또한 정치사상가로서도 국가론과 국가의 권위 문제에 대한 이론까지 정초해 놓았다. 아우구스티누스의 사상적 공헌은 근대를 거쳐 현대에도 그 흐름을 이어오고 있는데, 데카르트 이후 근세 관념론 철학도 아우구스티누스의 사상에 상당한 덕을 보았다고 평가된다. 아우구스티누스의 철학에 대한 이와 같은 평가를 가능하게 한 것은 그가 기독교적 관점은 물론이고 깊은 철학적 통찰을 통해 당대의 역사적 사건과 문화적 업적, 그리고 정치 사회적인, 종교 철학적인, 윤리 도덕적인 문제들에 대한 제반 현상들을 파악하고 구성하며 평가했기 때문이다.

철학자로서의 아우구스티누스의 중요성보다 신학자로서의 그의 중요성은 훨씬 더 크고 깊다. 특히 그것은 오늘날의 모든 개신교가 아우구스티누스의 사상에 그 사상적 뼈대와 근간을 두고 있다는 점에서 증폭된다.

개신교는 종교개혁을 통해 비성경적인 로마 카톨릭의 오류와 잘못을 바로잡아 새롭게 개혁된 교회로서 '오직 믿음'(*sola fide*), '오직 성경'(*sola scriptura*), '오직 은혜'(*sola gratia*)를 부르짖으며 성경과 초대교회로 돌아가는 것을 목표로 했다. 따라서 개혁자들은 로마 카톨릭에 대항하여 회귀해야 할 신학적인 모범과 전형이 필요했다. 바로 그것이 아우구스티누스의 사상이었다. 종교개혁자들이 보기에 아우구스티누스야말로 오직 믿음, 오직 성경, 오직 은혜라는 종교개혁의 정신을 그 사상 체계 안에 가장 잘 담고 있었다. 그래서 개혁자들에 의해 아우구스티누스의 사상이 새롭게 조명되었다. 실제로 루터(Luther)와 칼빈(Calvin)의 신학적 사상과 이론도 사실 아우구스티누스의 신학의 재발견에 기초하고 있다. 즉 루터와 칼빈은 아우구스티누스의 신관과, 인간이 신의 은총을 필요로 함을 재확인하고 이를 받아들였다. 특히 칼빈의 예정론과 인간의 전적인 부패, 신의 절대 주권에 대한 주장도 아우구스티누스의 사상에 깊은 근거를 두고 있다. 이렇게 해서 새롭게 출발한 모든 개혁교회들은 자연스럽게 아우구스티누스가 이루어 놓은 교리들을 수용하게 되었다. 따라서 종교개혁 이후의 모든 개혁교회들은 교파마다 약간의 차이가 있기는 하지만, 거의 모두 아우구스티누스의 사상 체계에 그 기반을 두고 있다는 점에서 개신교에서의 아우구스티누스의 철학과 신학에 대한 중요성은 매우 크게 자리 잡고 있다. 실제로 다음에 보게 될 그의 철학과 신학사상들의 대부분이 정통 기독교의 교리 체계로서 거의 받아들여지고 있다.

3. 사상적 특징과 형성 과정

아우구스티누스의 사상은 추상적인 명상이나 제도적인 요구에 부응하여 형성된 것이 아니라 자신의 삶 속에서 직면했던 여러 가지 현안 문제들을 중심으로 이단과의 논쟁을 통해 형성되고 발전되었다. 즉 아우구스티누스는 체계를 세우기 위해 자기의 사상을 전개한 것이 아니라 단지 기독교적 신앙을 보호하고 변증하기 위해 당대의 많은 이단들에 대항했을 따름이다. 그래서 아우구스티누스의 사상은 논리적으로 짜임새를 갖추고 있거나 조직적, 체계적이지 못하다. 이런 이유에서 그의 사상은 그가 맞서 싸운 이단들에 대항한 내용들로 구분된다. 그가 대적했던 당대의 이단은 크게 마니교, 도나티스트주의, 펠라기우스주의 등 세 부류였다.

먼저 아우구스티누스가 공격한 마니교는 그가 기독교 안에서 참된 진리를 발견하기 전에 한 때 심취했었다. 그러나 그는 확실성의 근거 문제, 이원론적 투쟁에 등에 대해 만족하지 못하고 마니교를 떠나 아카데미 학파의 회의론(懷疑論)에 빠지기도 했었다. 그러나 회의론자들까지도 어떤 진리를 확신한다는 점에서 그들의 모순을 깨닫고 거기에서도 헤어난다. 그리고 그것을 비판하기 위해 진리 인식 근거로서의 자기 자신의 존재에 대한 확실성을 논증하는 『아카데미학파 논박』(Contra Academicos)을 저술하기도 했다. 이러한 과정에서 그의 인식론, 진리론, 선악론 등이 형성되었다.

아우구스티누스가 공격한 두 번째 이단은 배교자와 배교자였던 사제가 오염시킨 성례전의 타당성 문제로 엄격한 분파주의적 입장을 취했던 도나티스트주의이다. 신앙을 지킨다는 정의로운 명분을 위해 죽고자 했던 열심이 '순교에 대한 허영'이 되어버린 도나티스트주의자들의 광신주의와 폭력의 배후에는 교회의 오랜 박해 기간이 있다. 박해 기간 동안 일부 기독교인들은 바위처럼 맞서서 순교를 자청했고 다른 일부 기독교인들은 박해하는 권력의 요구에 굴복했으며 또 다른 일부 기독교인들은 저항에 대한 최종적인 처벌을 피하기 위해 박해자가 사라질 때까지 잠정적인 타협을 할 수 있는 방법과 수단을 찾고자 했다. 첫 번째 집단은 비타협적인 태도 때문에, 두 번째 집단은 무기력함 때문에 때때로 비난받았지만, 세 번째 집단은 참된 신앙의 원리를 배반한 자들로서 그리고 불가피한 상황을 마지못해 수용한 자들로서 양 집단에 의해 모두 비판받았다. 그런데 죽음을 각오했던 첫 번째의 엄격주의자들은 배교자들과 그들이 수행하는 성례전의 타당성을 인정하지 않음은 물론이고 배교자들이 다시 교회의 신앙 안으로 들어오려면 그들에게 재세례가 필요하다고 주장하였다.

이에 대해 아우구스티누스는 7권으로 된 『도나티스트파를 논박하는 세례론』(De baptismo contra Donatistas)을 저술했다. 그는 교회의 본질을 일치(unity), 보편성(catholic), 성결(holy), 사도성(apostolocity)으로 규정하고 세례가 사람이 아닌 하나님으로부터 그리스도를 통해서 우리에게 온다는 세례의 의미를 밝히고 그 중요성을 강조했다. 그리고 도나티스트주의자들의 맹신적이고 비관용적인 태도와는 극명하게 대조되는 사랑과 관용을 베풀면서 분파주의에 들어간 그들도 지체하지 말고 공교회의 일치 속에 합류할 것을 권유했다. 바로 여기에서 그의 교회론, 성례론이 형성되었다.

아우구스티누스의 세 번째 공격 대상은 펠라기우스주의였다. 펠라기우스는 당시의 기독교인들이 계명의 준수를 등한히 하고 모든 죄를 인간의 본성 탓으로 돌리려는 경향에 대해 몹시 못마땅하게 생각했다. 그리고 신은 의로운 분이므로 특정한 사람을 사랑하는 것이 아니라 모든 사람들을 공평하게 대한다고 했다. 또한 신은 아무에게도 그가 행할 능력이 없는 일은 명령하지 않기 때문에 인간은 원하기만 하면 신의 명령을 얼마든지 수행할 수 있고 또 그렇기 때문에 인간은 자신의 행위에 대해 스스로 책임을 져야 한다고 주장했다. 펠라기우스는 바로 행위에 대한 인간의 책임을 강조하기 위해 자유의지를 강조했는데, 그는 인간이 이 자유의지를 통해 선을 행할 수도 있고 악을 행할 수도 있으며 죄를 범하지 않을 수도 있다고 주장했다. 그러나 아우구스티누스는 펠라기우스의 주장이 인간의 본질적 죄성, 즉 원죄에 대한 성경의 가르침과 모순된다는 사실을 간파하고 자유의지에 관한 논쟁을 통해 원죄설, 자유의지론, 은총설, 예정설 등을 확립했다.

이렇게 아우구스티누스는 신앙적인 이유에서 이단들에 대한 반박을 가했으며, 그러한 과정에서 이루어진 저술들 속에 그의 사상들이 표현되고 있으나 일정한 사상적 체계를 갖추기보다는 단지 그들에 대한 논박에 일차적 목적을 두었다. 또한 그의 저술에 나타난 내용도 이전의 사상을 비판적으로 수용하면서 비유적으로 설명하여 이해하기가 쉽지 않다. 나아가 그의 사상과 이론은 내용적으로 다양한 특징을 지니고 있고 때로는 모순된 것으로 나타나기도 한다. 그것은 그의 사상이 집대성되기까지에는 그가 다양한 사상들을 접해왔기 때문이다. 즉 마니교적인 감각주의와 물질주의로부터 시작하여 아카데미학파의 회의주의, 신플라톤주의의 합리주의와 영성주의, 그리고 기독교적인 신앙에 이르기까지 다양한 발전 단계를 거쳐 왔기 때문이다.

그런데 이렇게 아우구스티누스가 너무도 다양하고 많은 철학적인 주제들을 다루고, 또한 기독교 교리의 거의 대부분을 기초한 탓에 그의 철학을 한 마디로 규정하거나 특징을 짓기가 매우 어렵다. 그래서 아우구스티누스의 철학을 신론과 인간론을 중심적 위치에 놓은 4개의 주제, 즉 창조론, 자아의식에 관한 고찰, 자유론,

역사철학으로 파악하기도 한다. 물론 기독교 사상가이기 이전에 한 사람의 신앙인이었던 그의 모든 사상과 철학의 최고 원리는 항상 성경에 근거를 두고 있을 뿐아니라 기독교의 신 하나님이 전제되어 있으며 그 신을 궁극 목표로 하고 거기에 초점이 맞추어져 있다. 물론 이런 점에서 그의 사상이 인간 중심적인 사상과 뚜렷이 구별되는 신 중심적이라는 특징을 띠고 있다는 사실은 언급할 가치조차 없을 정도로 당연하다. 그의 철학을 단적으로 표현하기가 어렵다는 말은 '신 중심적'이라는 특징 외에 철학적인 주제들이 너무 다양해서 그의 철학을 한 마디로 규정할 수 있는 궁극적인 개념이나 주제를 정하기가 쉽지 않다는 말이다. 그러나 아우구스티누스는 그의 다양한 지적인 방황과 경험을 토대로 서양 고대의 거의 모든 학문을 탐구 대상으로 하여 그 정신적 유산을 후대에 전달하였다는 점에서 그의 가치와 업적이 매우 높이 평가된다.

4. 신앙과 이성

1) 신학에서의 신앙과 이성

신학은 계시된 하나님 말씀에 대한 수납, 곧 신앙을 전제한다. 동시에 그것을 체계화하기 위해서는 합리적 이성의 사용은 불가피하다. 그런 점에서 신학은 신앙과 이성의 공동 작업으로서 양자 중의 어느 하나를 지나치게 강조하거나 반대로 무시해서는 안 된다. 만약 지나치게 신앙만을 강조하면 신학은 반주지적 경향을 띠는 독단적 도그마에 불과하여 학문으로서 객관성을 띠기가 어려울 것이고, 반면에 계시의 수납에서 출발한 신앙공동체의 고백적 신앙의 내용을 무시한 인간의 자연이성만으로 체계화한 신학은 계시 이탈적인 학문이 되기 쉬울 뿐 아니라 그 내용은 더 이상 기독교라고 말할 수 없게 되고 말 것이다.

따라서 신학 작업에는 신앙과 이성의 유기적인 상호연관이 필수적이다. 그래서 신학은 계시의 수납과 믿음을 전제로 하지만 결코 이성을 배척하지는 않는다. 신학은 양자가 유기적으로 사용되는 공동 작업이다. 그러나 거기에는 분명한 우선성이 있다. 신학은 믿음을 전제로 한 학문적 활동이라는 점에서 반드시 계시라는 지반 위에서만 가능하다. 즉 신학은 이성으로 시작하는 것이 아니라 계시의 수납에서 출발한다는 말이다. 그것은 바로 신학의 이성에 대한 신앙 우위적 성격을 의미

한다. 아우구스티누스는 바로 그러한 입장을 굳건히 견지했으며 그것은 그의 철학
과 신학의 토대였다.

2) 이성에 대한 신앙의 우위

아우구스티누스는 진리에 이르는 두 가지 길을 믿었다. 신앙과 이성이 그것이다.
그는 우선 양자 중 어느 것이 먼저냐 하는 문제에 대해서 신앙이 마음으로 하여금
아직 알지 못하는 것을 언젠가는 인식하도록 준비해 주기 때문에 원래는 신앙이 앞
선다고 본다. 그렇지만 그는 이성을 결코 무시하지 않고 이성의 문제를 신앙의 문제
로 전환하여 양자를 분리시키지 않고 서로 같은 범주에서 이해하려고 했다.

그는 "신앙이 선행하고 이성이 뒤따른다"는 근본 태도를 취하면서도 건전한 논
증을 배제하지 않았다. 어디까지나 신앙이 이성에 앞서며 이성은 신앙을 위해 필
요로 했고 하나님의 인식을 위해 도움이 되는 한에서 존중되었을 따름이다. 다시
말하면 "신앙은 찾고 이성은 발견한다"(*Fides quaerit, intellectus invenit*). "우리들은
성경의 권위를 힘입어서만 말하려 하지 않고 보편적인 인간의 이성의 바탕 위에서
믿지 않는 자들을 위해 말하고자 한다"는 말은 그러한 태도를 잘 말해준다.

아우구스티누스의 이성에 대한 신앙의 우위는 그의 사상의 중심에 자리잡고 있
는 진리와 행복의 문제에서 잘 나타난다. 아우구스티누스에게는 진리와 행복이 별
개의 것이 아니었다. 진리가 가진 영원하고 불변한 성격 때문에 진리 인식은 곧
참다운 행복 성취를 의미했다. 그리고 그러한 진리는 바로 하나님을 의미했으며,
동시에 참다운 행복은 하나님을 보는 것과 동일시되었다. 그래서 아우구스티누스
는 참된 행복을 진리 인식과 동일시하며 인식론과 행복론을 직접적으로 연결시켜
양자를 동일선상에 놓았다.

아우구스티누스는 이성이 우리의 인식 과정에서 매우 주도적이고 중심적인 역
할을 수행한다는 사실을 부정하지 않으면서도 이성의 한계 때문에 진리 인식을 할
수 없다고 하면서 하나님의 은총에 의한 조명을 통해 진리를 파악할 수 있다고 하
여 이성에 대해 신앙을 우선했다.

아우구스티누스는 진리에 이르는 지성의 능력을 계시 없이는 인정하지 않았다.
오히려 그는 기독교의 예지를 하나의 전체로 보았으며 자신의 지성에 의해서 기독

교의 신앙을 통찰하고 세계와 인생을 기독교적인 예지에 비추어 보려고 노력했다. 따라서 그에게는 신앙이 우선하지 않는 이성이 그 기능을 정상적으로 발휘할 수 없고 신앙이 이성을 무시하고 독자적으로 활동하는 일도 결코 있을 수 없다. 오히려 신앙은 이성을 배척하는 것이 아니라 이성에게 도움을 준다고 보고 이성의 완전한 기능 수행은 신앙을 통해서라고 생각한다. 그렇지만 신앙 그 자체는 인간의 궁극적 목표가 아니라 완전한 인식을 위한 조건이라고 본다. 그러므로 신앙의 대상이 되는 진리는 모순되거나 불합리하지 않고 매우 합리적이다. 그래서 그는 이성이나 철학의 한계를 지적하여 신앙과 의지를 크게 부각시키면서도 터툴리안처럼 "모순되기 때문에 믿는다"는 식의 주장은 하지 않는다. 예컨대 그는 이성에 의한 논증을 하나님의 존재 증명에 이용할 수 있음을 잘 알고 있었지만 그의 관심사는 하나님의 존재에 대한 단순한 지적인 동의보다는 오히려 마음으로부터의 동의이며 의지에 의한 하나님에의 적극적인 귀의였다. 그리고 이러한 귀의가 하나님의 은총을 필요로 하고 있음을 잘 알고 있었다.

신앙은 온전한 지식, 즉 진리 자체이신 '신에 대한 봄'(*visio dei*)의 전 단계이다. 신앙은 그것을 위한 의지의 작용이라고 한다면 인식은 그것을 위한 이성의 작용이다. 진리를 찾는 것은 신앙이 하지만 진리를 발견하는 것은 이성이다. 따라서 인식의 완성은 신앙의 도움을 받는 이성에 의해서이므로 신앙이 있는 사람의 이성이 다할 역할은 신앙에서 얻은 바를 깊이 통찰하는 것이다. 따라서 신앙은 언제나 앎을 지향해야 한다. 먼저 믿고 그 다음에는 그 믿은 것을 이성의 빛으로 다시 보아야 한다. 인식의 종착역은 의지에 의한 신앙이 아니라 이성에 의한 '앎' 또는 '봄'이다.

행복론에서 아우구스티누스는 인간의 자발적이고 능동적인 의지를 강조하면서도 인간 의지의 한계를 드러내서 하나님에 의해 주어지는 은총이 필수적이라고 매우 강조한다. 하나님의 은총에 의한 의지의 갱신 없이는 올바른 의지의 사용이 불가능하다는 것이다. 그러기에 행복 달성은 근본적으로 인간의 의지적 노력에 의해서가 아니라 하나님의 은총에 의해 결정된다는 말이다.

결국 이러한 아우구스티누스의 이성에 대한 신앙의 우위는 인간의 모든 문제의 궁극적인 주권과 해답은 오직 하나님에게 있다는 사실을 의미할 뿐 아니라 "계시 의존적 사색" 신학 작업의 전형적인 모델이라고 말해도 과언이 아닐 것이다.

5. 창조론

아우구스티누스에 따르면 완전 자체이며 순일(純一)하신 하나님은 자존하는 영원불변의 무한한 존재이므로 유한자인 인간은 그를 파악할 수 없다. 그러나 피조물의 세계는 불충분하기는 하지만 예지와 인식, 선과 능력이 본질이신 하나님을 반영해 주고 있다. 그리고 자연의 질서와 통일은 창조자의 유일성을 분명히 보여준다. 이러한 자연 세계는 그 자체로서 아우구스티누스의 특별한 관심의 대상은 아니었으나 인간과 하나님과의 관계에서는 그렇지 않았다.

철학자요 신학자이기에 앞서 하나의 신앙인이었던 아우구스티누스는 존재의 세계를 설명함에 있어 이 세계는 하나님의 자유로운 행위에 의해 무로부터 창조(creatio ex nihilo)되었다고 단언한다. 그는 창조론이 하나님의 온전한 탁월성, 그리고 하나님에 대한 자연의 관계와 그 의존성을 드러내는 데에 가장 적합하다고 생각했다. 또한 창조주 하나님과 피조물인 세계의 형이상학적인 관계를 기독교적 신앙에서 이해하고자 할 때 창조에 의한 설명이 가장 합리적이라고 생각했다.

그는 플라톤의 「티마이오스」에 나오는 데미우르고스(Demiurgos)에 의한 형성설이나 플로티노스와 같은 유출설을 거부한다. 전자는 데미우르고스라는 제작자가 선재하는 질료와 이데아에 종속된다는 점에서, 후자는 일자의 유출이 자유로운 것이 아닌 본성의 필연성이라는 점에서 받아들일 수 없었다. 그래서 『고백록』 XI장에서 "그들은 당신에 의해 무로부터 창조되었습니다. 그들은 당신에게서 나온 것도 아니요 당신이 아닌 어떤 다른 물질에서 만들어진 것도 아닙니다"라고 잘라 말한다.

아우구스티누스는 세계는 신의 자유로운 행위의 산물로서 신이 무로부터 세계를 창조하여 모든 사물에게 존재를 부여했다고 강조했다. 그래서 그는 "하나님은 이미 존재하고 있는 유에서 유를 창조한 것이 아니다. 전혀 존재하지 않았던 무에서 유를 창조하셨다"고 말한다. 그는 신을 전에 없었던 것을 존재하게 하는 존재라고 설명하면서 "창조신은 전지전능하여 여하한 것에 의해서도 자신의 활동에 제한을 받지 않는 존재이다"라고 말한다. 창조신은 유일하며 영원히 스스로 존재하는 분이므로 우주를 존재하게 하기 이전에는 아무런 존재론적 원리나 실체를 가지지 않는다. 아우구스티누스는 인간을 포함한 우주의 모든 존재들은 하나님의 창조로 말미암아 실재하기 시작하였으며 창조신은 여하한 제한도 받지 않고 자신의 창조활동을 시작하였다는 점을 강조한다.

그러나 인간을 포함하여 우리가 경험할 수 있는 모든 것은 다 가변적이다. 가변적이라는 것은 영원하지 못함을 의미하므로 가변적인 것들은 시작을 가지는데 아직 시작조차 없는 것들은 스스로 자신의 존재에 시작을 있게 할 수가 없기 때문에 자기 밖에서 시작의 원인을 끌어들여야 한다. 그런데 다른 것에 시작을 부여할 수 있는 존재는 자존, 영원, 전능한 존재여야 한다. 그런 존재는 오직 하나님뿐이다. 그러므로 우주와 인간의 근원은 하나님이다. 따라서 아우구스티누스에게는 형태가 갖추어질 수 있는 무형의 물질이 있다 해도 그것의 기원은 신 안에서 구해지며 신에 의해 무로부터 창조되어야 할 것이다.

물질이 신에 의해 창조되었다 함은 곧 물질이 선함을 의미한다. 왜냐하면 선하신 신에 의해 창조된 것은 모두 선할 수밖에 없기 때문이다. 신의 자유로운 명령에는 어떤 원인도 언급할 수 없지만 우리들은 신이 세계를 만들었기 때문에 세계가 선하다고 할 수 있다. 그것은 하나님의 온전한 탁월성과 하나님에 대한 세계의 완전한 의존성을 강조하고 있는 그에게는 매우 중요한 점이다. 모든 것은 자신들의 존재를 하나님에게 신세지고 있다. 무한한 신께서 창조한 우주는 유한하며 시간적으로도 우주는 시초가 있으며 끝도 있다.

결론적으로 아우구스티누스의 '무로부터의 창조'라는 개념에서 우리는 다음과 같은 함축적인 철학적 의미를 찾아볼 수 있다. 첫째, 창조신의 절대 주권성과 함께 그의 피조물 사이의 단절이 엄격하게 구별되고 있다. 둘째, 무로부터 창조된 모든 피조물들은 다시 무로 되돌아감이 본질이라는 의미가 있다. 셋째, 무로부터의 창조는 창조된 피조물들의 가변성이 필연적임을 암시한다. 넷째, 물질과 육체를 포함한 모든 피조물은 신의 자유로운 선택과 선한 의지로 창조되었으므로 창조물은 다 선하다는 사실을 의미한다. 다섯째, 창조신의 창조 행위 속에는 일정한 목적 의지가 있었다는 의미가 있다. 우주는 창조신이 부여해 준 목적에 따라서 움직이므로 그 목적에 따른 우주의 종말론적 의식을 가지고 현실적 삶에 임해야 한다. 여섯째, 신이 우주를 섭리하고 있다.

이 같은 아우구스티누스의 '무로부터의 창조' 개념은 그의 존재론과 시간론뿐

만 아니라 인식론, 역사철학, 변신론, 은총론과 섭리론 등에 단초가 되는 중요한
철학적 의미가 함축되어 있으며 그의 다른 사상들과 긴밀한 연관을 맺으면서 그
기반과 토대를 이루고 있다.

6. 인간론

1) 하나님의 형상

아우구스티누스의 철학은 플라톤이나 플로티노스의 철학에 힘입은 바 크지만
그는 이들의 철학체계 속에서 전개된 인간에 관한 이해에 만족하지 못하고 그것을
기독교적 입장에서 극복하고 이해하고자 했다. 그래서 그는 무엇보다 성경의 가르
침을 따라 인간도 하나님에 의해 "무로부터 창조"(creatio ex nihilo)되었지만 다른
피조물들과는 달리 '하나님의 형상,' 즉 '이마고 데이'(Imago Dei)으로 창조되었다
고 하는 데에서 인간 이해에 관한 출발점을 삼는다.

그런데 '이마고 데이'(Imago Dei)라고 했을 때의 '이마고'(Imago)는 영어로
image, copy, likeness 등으로 번역되는데, 우리말로는 모양, 형상, 영상, 반영 등으로
옮길 수 있다. 아우구스티누스는 Imago의 개념을 동등성이나 유사성과는 구별되어
야 할 것으로 여기고 있다. 즉 Imago의 개념이 동등성의 의미를 내포하지 않음을
분명히 받아들임과 동시에 단순한 유사성의 의미로도 해석될 수 없다고 한다. 이
것은 Imago가 어떤 것과 같거나 비슷할 수 있으나 그렇다고 그것이 곧 Imago인 것
은 아니라는 말이다. 그는 Imago가 모사(模寫)로서의 그것에 대한 근거와 원인, 그
리고 본질의 관계를 유지하고 있다고 보았다. 즉 Imago는 형성 과정으로부터 생겨
난 것, 즉 모사된 모상(模像)이다. 따라서 Imago는 그것의 근원을 모상하고 묘사한
다. 다시 말해 Imago는 모상된 것을 재현하는 것을 의미하며 모상의 근거를 제시한
다.

2) 이성과 영혼

인간이 하나님의 형상대로 지음을 받았다고 했을 때, 무엇보다 아우구스티누스
는 그것을 인간의 이성과 영혼에 관련된 것으로 간주했다. 그는 유형적이고 물질

적인 육체와 무형적이며 비물질적인 영혼을 동시에 소유한 이원적 구조로 창조된 가장 독특한 존재가 인간이라고 한다. 특히 그는 영혼이 인간의 구성 요소임을 분명히 하였고 또 그것을 동물과 구별되는 특성으로 규정하여 인간을 신의 피조물 중에서 가장 우월한 존재로 보았다. 따라서 아우구스티누스에 따르면 인간이 하나님의 형상대로 창조되어 영혼과 육체를 가지게 되었고 육체보다 우위에 있는 영혼 때문에 다른 피조물들보다 가장 탁월한 존재로 인정받게 되었으므로 인간이 소유하고 있는 하나님의 형상은 마땅히 영혼 안에서 파악되어야 한다.

아우구스티누스는 인간의 이성적 마음과 영혼이 하나님의 형상을 따라 지음을 받았기 때문에 인간은 지혜를 인식할 수 있고 창조주를 이해할 수 있고 그를 찬양하고 경배할 수 있고 또 신과 교제할 수 있다고 한다. 바로 이런 지적 능력인 이성이 하나님의 형상으로서의 인간 영혼의 가장 독특한 특성이라는 말이다. 이러한 생각의 이면에는 영혼의 육체에 대한 우월성과 인간 실존의 주체가 영혼이라는 사실을 주장하고자 하는 의도가 들어 있다. 그래서 그는 영혼을 하나의 실체, 즉 육체를 지배하는 사명을 지닌 어떤 이성적 실체라고 말하고 인간을 "죽을 운명에 있는 현세의 육체를 사용하는 이성적인 영혼"이라고 정의한다. 그러나 아우구스티누스는 각 개개인의 영혼의 창조 시기와 양태에 대해서는 몇 가지 가능성만을 제시한 채 구체적인 결론을 유보했다. 오히려 그는 영혼과 육체가 서로 결합하여 하나의 인격체를 구성한다는 사실에 관심을 집중시킨다. 그는 영혼과 육체는 전혀 상이한 두 개의 실체이면서도 양자가 서로 결합할 때는 하나의 작용체 역할을 한다고 보았다.

3) 영혼과 육체

아우구스티누스의 인간의 구조에 관한 이해는 영혼이 육체에게서 영향을 받고 있다고 본 플라톤이나 마니교의 이원론과 좋은 대조를 보인다. 아우구스티누스는 실제로 『신국론』, 14장 5절에서 "육체와 영혼의 본성에 대한 플라톤주의자들의 생각은 마니교의 생각보다 나으나, 그것도 모든 결함의 원인을 육체의 본성에 돌리므로 우리는 그것을 배척한다"는 제목으로 이들의 생각이 공허한 공상에 빠져 있음을 지적하면서, 영혼의 타락 때문에 육체에 악영향이 초래되었다고 설명한다.

아우구스티누스는 육체는 영혼의 감옥이나 무덤이라는 피타고라스나 플라톤의 주장과 달리 한다. 즉 영혼이 이데아를 지향할 때 장애가 되는 것은 플라톤주의자들의 주장과 같이 육체가 아니라 죄의 결과로 초래된 영혼 자체의 부패성과 그 영향 아래 놓여 있는 육체라는 것이다. 그러므로 인간은 삶의 목표를 영혼이 육체를 피하도록 하거나 억압하도록 하는 데에 둘 것이 아니라 영혼과 육체가 함께 타락에서 벗어나 본래의 하나님의 형상으로 지음 받은 상태를 회복함에 두어야 한다고 한다.

그런데 아우구스티누스는 영혼과 육체의 부패는 범죄의 결과이므로 원상태의 회복은 고행이나 금욕의 방법이 아닌 죄의 문제를 해결하는 방법이어야 한다고 주장한다. 이러한 주장은 그의 '십자가의 도(道)'에 대한 이해에서 근거한다. 즉 타락한 인간의 본래적 회복은 죄의 문제를 해결하는 방법인데, 그것은 예수 그리스도를 통해서만 가능하며 그러한 믿음은 신의 은총으로 주어진다는 것이다. 이것은 행복이 인간에 의한 성취가 아니라 신에 의한 부여라는 사실을 시사해 주고 있다.

7. 인식론

아우구스티누스의 인식론의 출발점이자 전제는 인간은 누구나 자신의 부족함을 느끼며 자기보다 더 위대한 대상, 즉 평화와 행복을 가져다 줄 수 있는 대상을 잡으려 한다는 점이다. 따라서 진리 추구는 인간을 행복하게 만드는 필요조건이요 그 진리의 소유는 바로 행복의 달성이다. 우리가 행복을 위해 추구해야 할 것은 영속적이고 소멸되지 않는 필연적 존재인데 아우구스티누스는 그것이 곧 신이라고 한다. 따라서 행복을 위해서는 신을 추구해야 하는데 신을 추구함은 진리를 추구함이다. 왜냐하면 신이 영속적이고 불변 불멸하는 필연적 존재이듯이 진리 역시 그러한 속성을 갖기 때문이요 진리 자체가 곧 신이기 때문이다.

그렇다면 그 진리 인식은 어떻게 이루어지며 또 진리의 인식을 어떻게 확신할 수 있는가? 이러한 문제들과 관련하여 아우구스티누스는 진리 인식의 가능성을 확립해야 했고 확실성 일반의 근거의 문제부터 해결해야 했다. 그는 20세 전후에 심취했던 마니교의 교설에서 깨어나 아카데미 학파의 회의론에 약간 기울어지긴 했으나 다시 그것을 극복하고 『아카데미 학파 논박』(Contra Academicos)을 저술했다.

그는 회의론자들까지도 어떤 진리를 확신한다고 하여 회의론을 비판하고 진리 인식 근거로서의 자기 자신의 존재에 대한 확실성을 논증한다. 아우구스티누스에 따르면 아카데미 학파의 주장은 자가당착이다. 그들은 "진리의 인식은 불가능하다"고 주장하지만 이 명제가 참이기 위해서는 그 주장만은 진리여야 하는데 그렇게 되면 그들의 주장 자체와 모순되기 때문이다. 또 진리는 일반적으로 인식되지 않는 것이니 우리는 '진리 같은 것'에 만족하고 살 수밖에 없다는 그들의 주장도 역시 어불성설이라고 한다. 참된 것이 없이 참 같은 것이 있을 수 없고, 진리를 모르면서 진리 같은 것을 판단하고 인식한다는 말은 불가능하기 때문이다.

그러나 아우구스티누스는 회의론의 주장을 부정적으로 비판하는 데에 그치지 않고 더 적극적으로 긍정적인 사실을 내세운다. 그것이 바로 의식의 사실과 자각의 확실성이다. 지금 내가 생각하는 모든 것이 의심스럽다 할지라도 또한 나 외의 다른 대상들이나 신의 존재까지도 의심하고 있다고 해도 내가 그것들을 의심하고 있다는 사실은 부정할 수도, 의심할 수도 없다. 오히려 의심하고 있다는 사실 자체가 의심하고 있는 내가 존재하고 있음을 확증해준다. 만일 내가 존재하지 않는다면 나는 의심조차 할 수 없기 때문이요 내가 존재하고 있기에 의심할 수 있기 때문이다. 그러므로 아우구스티누스는 "인간은 자신이 존재하고 있다고 생각하도록 속고 있다"는 말은 아무 의미가 없다고 한다. 왜냐하면 "만일 당신이 존재하지 않는다면, 당신은 어떠한 일에도 속을 수 없기" 때문이다. 가령 내가 누구에게 속고 있어서 나의 모든 인식이 오류라 할지라도 나는 잘못된 인식을 하는 자요 속고 있는 자이다. 나의 인식이 잘못되기 위해서나 속기 위해서라도 그러한 내가 존재하고 있어야만 한다. 존재하지도 않는 사람은 오류를 범할 수도, 속을 수도 없기 때문이다. 그러므로 "내가 만일 속고 있다면, 나는 존재한다."(*Si fallor, sum*) 이 말은 무엇인가를 의심하는 한, 의심의 주체인 나의 존재는 확실한 진리이며 또 내가 존재함이 확실하듯이 결코 진리의 존재를 의심할 수 없다는 의미이다. 이것이 바로 약 1200년 후 근세철학자인 데카르트가 자각의 확실성으로서 선언한 "나는 생각한다. 그러므로 나는 존재한다"(*cogito ergo sum*)의 선구를 이루고 있음은 널리 알려진 사실이다.

아우구스티누스는 그것을 통해 내적 경험의 인식, 즉 자기 존재는 직접적인 명증성과 확실성을 확보했고 외적 경험의 확실성의 기초와 제약을 마련했다. 그는 자기 존재의 확실성을 기초로 인식을 두 가지로 구별한다. 이성에 의한 인식과 감각에 의한 인식, 즉 예지와 지식이 그것이다. 예지란 이성에 의한 영원한 것의 인식이고, 지식이란 감각에 의한 시간적 사물에 관한 인식을 말한다.

그런데 아우구스티누스는 외계의 사물들, 즉 감관에 의해 알려진 사물에 관한 지식에 대해서는 그것을 진실한 것으로 인정하면서도 객관적 확실성이 아닌 주관적 타당성만을 인정했다. 그리고 감각의 상대성을 인정하면서도 인식된 감각 인상을 그대로 받아들이기는 하지만 감각에 의해서 파악되는 대상을 인간 지성의 본연적인 대상으로는 생각하지 않았다. 다시 말해 감각은 그 자신의 진실성을 갖는 것이기는 하지만 그것이 진리 인식의 유일한 원천이 아니라는 말이다. 오히려 인간 지성은 감각 대상을 판단할 때 그것이 도저히 미치지 못하는 어떤 규준과의 관계에서 판단한다. 그 규준이 이데아(idea)이다. 따라서 아우구스티누스는 내적인 이성 인식이 감각적 지각보다 월등한 것이라고 한다. 그러나 진정한 인식에 도달하기 위해서는 감각과 이성보다 더 높은 인식 능력을 구해야 한다. 바로 여기에서 진리 인식을 위한 신의 조명이 요청된다. 그래서 아우구스티누스는 진리의 인식과 확실성의 문제를 조명설(照明說)로 답한다.

아우구스티누스에 따르면 사물에 대한 불변적 진리는 신에 의해 조명되지 아니하면 알 수가 없다고 한다. 인식 주체인 마음을 조명하는 빛은 바로 지성의 빛인 신으로부터 온다. 우리의 지성 안에서 빛나는 모든 것은 신 안에서, 신에 의해서, 신을 통해서 빛나고 밝아진다. 태양빛이 유형적 사물을 육안에 보이게 하듯이 신의 조명이 영원한 진리를 마음과 정신에 보이게 한다는 말이다. 이러한 신의 조명이 필요한 이유는 인간 정신은 변화하고 현세적인 반면에, 불변하고 영원한 진리는 인간 정신을 초월해 있기 때문이다. 우리의 정신이 그 자신을 초월하는 것을 파악하기 위해서는 우리의 정신만으로는 불가능하며 신의 조명이 필요하다. 신의 조명이 진리들을 비추어 변화하는 현세적 인간 정신으로 하여금 진리들이 지니는 불변성과 영원성의 특성을 볼 수 있게 한다. 아우구스티누스가 신의 조명을 요청한 것은 바로 인간 지성의 결함 때문이었다.

8. 윤리학

신 중심적 사고로 특징지어지는 아우구스티누스의 윤리는 '신이 무엇이냐' 하는 인식의 문제라기보다는 '어떻게 신에게 나아가느냐' 하는 의지의 문제에 기초하고 있다. 그리고 그것은 인간이 '신의 형상'으로 창조되었다는 점에 그 토대를 두고 있다. 신의 형상으로서의 의지는 인간의 도덕과 윤리의 전제와 조건이 되는데 동시에 의지는 무엇인가에 대한 지향성으로 특징지어진다. 의지가 궁극적으로 지향하는 것을 철학적 개념으로 표현하면 최고선으로서의 행복과 평화요, 기독교적 신앙의 개념으로 표현한다면 영생과 구원, 천국이라 할 수 있다. 따라서 아우구스티누스의 윤리는 행위 주체로서의 도덕적 자아인 의지, 그리고 그 의지가 구현해야 할 궁극 목표인 최고선으로서의 평화와 행복이라는 구도로 이해할 수 있다.

아우구스티누스에 의하면 자유를 본질로 하는 자발적 선택 능력으로서의 자유의지는 신에 의해 자연적으로 부여받은 것이다. 이 본래적 의지로서의 자유의지는 곧 도덕적 자아이다. 그러나 인간의 자유로운 의지는 교만으로 인한 신의 명령에의 불순종으로 일그러지게 되어 선이나 악을 행할 수도 있었던 본래적인 기능을 상실하고 사악한 욕망과 결속되어 악으로의 경향성만을 갖게 되었다. 이러한 타락된 자유의지는 도덕적 완성으로 나아가는 인간에게는 문제가 아닐 수 없다. 즉 현실적 인간이 최고선으로서의 평화를 추구하며 도덕적 완성을 목적하지만 타락으로 인한 의지의 능력 상실은 평화와 행복이라는 최고선에 대한 가능성이 무효화되었음을 의미한다. 따라서 인간은 본래적 의지에 의해 신을 지향하여 평화와 행복에 도달해야 한다는 당위적 사실과, 타락된 현실적 의지로는 그것이 불가능해졌다는 실제적 사실 사이에 놓이게 된다. 칸트의 용어로 말하자면 최고선으로서의 평화와 행복의 가능성이 도덕적 의지에 과해져 있을(aufgegeben) 뿐이지 주어져(gegeben) 있는 것은 아니다. 즉 실제적 의지로는 평화와 행복의 구현은 불가능한 상황에 놓이게 되었다. 그러나 아우구스티누스는 신의 은혜로 그 가능성을 회복시킨다.

아우구스티누스는 의지는 반드시 무엇에 대한 의지요 무엇에 대한 의지는 그것에 대한 사랑이라는 점에서 의지 활동의 본성을 사랑으로 이해한다. 의지는 곧 지향적 사랑이라는 의미이다. 그런데 그의 창조론에 따른 존재 구조로 볼 때 인간은 신을 떠나서는 존재할 수도, 평화와 안식을 취할 수도, 행복할 수도 없는 의존적이고 불안하고 유한한 존재이다. 그러므로 평화와 행복을 추구하는 모든 인간은 그것이 오직 신에게만 있다는 사실을 발견해야 하는데 그것은 이성적 인식의 문제이다. 그러나 그것을 발견했다 하더라도 실제로 신에게로 나아가느냐 하는 것은 별개의 문제이다. 그것은 의지의 문제이기 때문이다. 의지는 마땅히 지향해야 할 신을 사랑하지 않고 다른 것을 사랑할 수도 있고, 어떤 것을 지향해야 하기 때문에 바로 그것을 사랑할 수도 있다.

따라서 실제적인 윤리와 도덕적인 현상은 의지, 즉 사랑에 의해 나타난다는 점에서 의지는 인간의 윤리적 삶의 중심에 있으며 최고선이라는 도덕적 완성을 위한 도덕의 원리이다. 즉 의지가 무엇을 사랑하느냐에 따라 행위가 결정되며, 그 행위에 따라 도덕적인 평가가 달라진다는 점에서 아우구스티누스의 의지는 도덕성을 평가하는 기준이 된다.

그런데 아우구스티누스는 사랑의 대상과 동기에 따라 사랑의 질이 결정되고, 사랑의 양상(樣相)이 다르게 나타나며, 진정한 평화를 구현할 수 있느냐가 결정되기 때문에 무엇을 어떤 동기와 목적에서 사랑하는지를 매우 중요하게 다룬다. 그의 윤리학의 핵심 개념인 카리타스(*caritas*)와 쿠피디타스(*cupiditas*), 그리고 프루이(*frui*)와 우티(*uti*)는 바로 여기에서 문제시된다.

창조론을 토대로 한 존재 구조, 즉 유한자인 인간과 신의 관계를 생각하면 인간이 참으로 사랑해야 할 유일하고도 올바른 대상은 신뿐이라는 것은 당위적 결과로 도출된다. 카리타스(*caritas*)란 바로 이 최고선인 신에 대한 사랑을 말한다. 인간은 신을 사랑하고 의지할 때만 인간의 영혼은 평화를 얻을 수 있고 존재와 가치의 질서를 준수하면서 도덕적으로도 올바르게 살아갈 수 있다. 따라서 카리타스는 최고선을 구현하도록 하는 원동력이요, 윤리적인 삶을 살 수 있도록 하는 도덕적 원리이자 기준이다. 그러나 인간의 현실적 의지는 타락의 결과 악으로의 경향성만 가지고 있고 선을 행할 능력이 없을 뿐 아니라 존재와 가치의 근원인 신으로부터 벗어나 자기 자신에게 무게의 중심을 두고 사랑의 대상을 찾으려고 한다. 이것이 바로 왜곡된 사랑으로서의 쿠피디타스(*cupiditas*)이다. 쿠피디타스에 의해서는 자신과 피조물에 대한 잘못된 욕구로 인해 죄악에 빠지고 불안과 불행을 자초하게 되는 역리에 빠지는 것은 당연하다. 그러므로 카리타스가 최고선으로서의 평화와 행복의 구현을 위한 윤리적 원리라면, 그 반대편인 쿠피디타스는 악과 불행의 원리로 해석된다.

그렇다고 아우구스티누스는 오직 신만을 사랑하고 어떤 것도 사랑해서는 안 된다고 하지 않는다. 아우구스티누스는 사랑의 동기와 의도라는 기준에 의해 그 자체 목적적 사랑인 프루이(*frui*)와 수단적 사랑인 우티(*uti*)라는 개념을 도입하여 자신과 다른 피조물들도 사랑의 대상이 될 수 있다고 한다. 그러나 무엇을 사랑하든지 신을 사랑(프루이)하기 위해서 그것을 사랑(우티)해야 한다. 즉 궁극적으로 신만이 프루이의 대상이고 모든 것은 우티의 대상이라는 말이다. 따라서 인간의 의지는 무엇을 사랑함에 있어 그 대상적 차원에서는 신을 사랑해야 하고, 동기나 의도의 차원에서는 우티와 프루이가 결코 전도되어서는 안 된다는 도덕적 원칙이 형성된다. 즉 질서 잡힌 사랑으로서의 카리타스와 프루이는 당위(當爲)로서의 도덕적 원리를 함의한다.

그러므로 아우구스티누스는 카리타스와 프루이를 통해 몇 가지의 규율을 구체적으로 제시했다고 볼 수 있다; 첫째, 인간은 마땅히 다른 무엇보다 신을 사랑해야 한다; 둘째, 다른 것을 사랑하더라도 신을 사랑하기 위해서 사랑해야 한다; 셋째, 신을 사랑한다 해도 그것이 자신을 위한 것으로 사랑해서는 안 된다. 결국 의지가 궁극적으로 구현해야 할 목적이 최고선으로서의 평화와 행복이라는 점에서 카리타스와 프루이는 평화와 행복으로 가는 통로이다.

그런데 의지는 무엇을 지향하여 사랑하느냐에 따라, 그리고 어떤 의도와 목적에서 사랑하느냐에 따라 동일한 의지의 성격을 가진 사람들끼리 하나의 사회를 형성하게 된다. 즉 의지에도 유유상종의 법칙이 적용된다는 말이다. 그래서 아우구스티누스의 의지는 개인적인 영혼의 평화를 추구하는 도덕적 의지의 차원에서 사회의 평화와 안녕을 위한 도덕적 의지로 승화된다. 이는 개인 윤리적 차원의 의지가 사회 윤리적 차원으로 나아간다는 의미이다. 그래서 아우구스티누스는 윤리 도덕의 문제를 매개로 역사적인 사회를 문제 삼으면서 그것을 사랑의 의지로 분석했다.

아우구스티누스에 의하면 사랑은 그 방향과 대상에 따라 한 개인의 도덕적인 상태를 결정하기도 하지만, 그것은 사회와 국가에도 적용된다. 즉 카리타스와 쿠피디타스라는 두 종류의 사랑은 두 종류의 인간형을 낳고 그 결과 두 종류의 사회와 집단을 형성하는데 신을 사랑하는 카리타스에 의한 신국(神國)과, 자신을 사랑하는 쿠피디타스에 의한 지상국(地上國)이 그것이다. 그러나 그가 구분한 신국과 지상국은 가시적인 것이 아니라 내적인 의지의 차이에서 오는 원리상의 구분이다. 그러므로 신국을 교회와, 지상국을 현실적인 국가와 동일하게 볼 수는 없다.

　아우구스티누스는 행복을 추구하는 것이 인간의 보편적 경향성이듯이, 평화의 추구도 역시 보편적인 자연법이기 때문에, 두 도성 중에 어디에 속하든지 평화를 원하지 않는 사람은 아무도 없다고 한다. 그러나 이 평화를 얻기 위해 어떤 사람은 카리타스에 의해 영원불변한 존재인 하나님 쪽으로, 또 어떤 이들은 쿠피디타스에 의해 가변적이고 시간적인 피조물 쪽으로 향한다. 그러므로 사랑의 방향에 따라 삶의 특성은 물론이고 삶의 방식이 결정되고 평화의 상태도 달라진다. 지상국의 시민은 현세적인 것에 집착하는 삶을 살지만 하나님의 은혜를 입어 내적으로 거듭난 신국의 시민은 하나님을 따라 사는 사람들로서 하나님의 은혜 안에서 신국의 신비적인 평화에 도달할 사람들의 공동체이다. 즉 신국은 쿠피디타스로부터 해방되어 탐욕에 얽매이지 않는 진정한 행복과 평화가 완성된 곳이요 완전한 자유가 성취된 나라이다.

　이렇게 인간의 의지, 즉 사랑의 방향과 대상에 따라서 두 도성이 구분되지만, 두 도성은 인류의 세계 역사에서는 서로 교차되고 혼합되어 있다. 따라서 현세적 국가 안에서의 인간은 비록 그가 신국에 속한 자라 할지라도 완전한 평화를 누릴 수가 없다. 오히려 역사는 신에 대한 사랑과 순종, 그리고 자기의 쾌락과 현세에 대한 사랑이 두 개의 원리로서 서로 싸우면서 종말까지 함께 진행되어 간다. 그러나 신국과 지상국은 실제적으로는 공존하지만 그 목적이 다르다. 역사의 종말에 가서야 심판을 통해 두 도성은 분리되어 그 운명이 결정되는데 지상국에 속한 자들은 꺼지지 않는 불로, 신국에 속한 자들은 영원한 승리와 평화, 곧 천국으로 들어간다. 따라서 완전한 평화는 종말적 실재로서의 신국에서 완성된다.

　인간의 평화는 의지가 쿠피디타스의 사랑으로 나타나는 한은 결코 이룰 수 없다. 왜냐하면 영혼의 평화는 하나님과의 평화요, 하나님과의 평화는 죄에 대한 해결이요, 죄의 원인은 인간의 쿠피디타스라는 악한 의지이기 때문이다. 결국 영혼의 평화는 곧 의지의 문제로 환원되고 궁극적으로 타락된 의지의 갱신을 요청하여 하나님의 은혜로 귀착한다. 아우구스티누스는 쿠피디타스로부터 카리타스로의 전환은 하나님의 은혜에 의해서만 가능하다고 했기 때문이다.

평화와 행복이 한낱 이상에 불과한 도덕 의지의 현실적 조건이 신의 선물로서 주어지는 은혜에 의해 갱신되어 그것이 가능해진다는 그의 은혜론은 아우구스티누스의 윤리, 나아가 기독교 윤리의 특징을 대변하는 것이다.

9. 악의 문제

한 때 플라톤 철학과 마니교에 심취했지만 결국은 기독교로 개종하여 참된 진리를 찾아가던 아우구스티누스에게는 기독교의 궁극적 목적과 본질이 타력에 의한 구원이요 그것이 인간의 죄악을 전제로 하고 있다는 점에서 악에 관한 해명은 심각한 문제였다. 아우구스티누스가 악의 문제를 제기한 것은 하나님에 대한 개념과 속성, 그리고 경험계에서 실제적으로 경험되는 악의 실재 사이의 모순 때문이었다. 아우구스티누스는 일견상 논리적으로 충돌하는 것으로 보이는 하나님의 개념과 악 사이의 문제를 서로 조화시켜야 하는 어려운 작업을 수행하지 않을 수 없었다. 결론부터 말하자면 악이란 부패와 타락으로 인한 선의 결핍을 의미한다고 설명했다.

1) 결핍으로서의 악

아우구스티누스는 신과 관련된 악의 문제를 구명하기 위해 신의 창조와 관계되는 현존재의 속성, 즉 존재하는 것들은 모두 선하다는 존재에 대한 형이상학적인 원리에서 출발한다. 아우구스티누스에 따르면 만물의 창조자요 모든 선의 근원인 신에 의해 창조된 모든 존재는 다 선하다. 그러나 세계에는 자연적인 악이 존재한다는 사실을 부정할 수 없다. 따라서 신의 세계 창조가 선하기 때문에 세계의 모든 존재가 선하다는 아우구스티누스의 주장은 현실에서 경험되는 악에 대한 해명을 요구한다. 나아가 인간의 의지에 의해 저질러지는 도덕적인 악의 책임이 의지의 부여자인 신에게 있는지 아니면 의지의 행사자인 인간에게 있는지에 대한 설명도 요구된다.

　악의 문제에 관한 아우구스티누스의 존재론적인 관점에서의 해명은 마니교와 플로티노스의 사상을 거치면서 형성되었다. 아우구스티누스는 악이란 그 자체에 있어 실체가 아니라 다만 비존재요 선의 결핍 상태라고 한다. 그것은 악은 존재와 선의 손실, 부패를 의미한다. 신에 의해 선하게 창조된 세계에서의 악의 근원과 가능성에 대해 아우구스티누스는 '무로부터의 창조'라는 그의 존재론적 토대에 돌린다. 신에 의해 창조된 현존하는 모든 피조물들은 지선한 신의 피조물이기 때문에 선하지만, 무(無)와의 관여로 가지게 되는 가변성(可變性)에 기인하는 타락의 경향성을 가지고 있다. 모든 것은 무로부터 창조되어 본래의 무로 돌아가려는 경향성 때문에 자신의 존재와 선을 잃어버릴 수 있다. 그것이 곧 선의 결핍이다. 그런 점에서 악이란 어떤 원인이 있는 것이 아니라 다만 결핍이 그 원인이며, 그것은 무로부터 창조되었다는 존재적인 한계 때문이다. 따라서 악은 실재하는 것이 아니라 존재가 자기완성에 도달하지 못한 실패와 결핍의 상태로서 선에 그 기원을 두는 것이다. 그것은 선한 것에 기생해야만 존재할 수 있다.

　아우구스티누스에 따르면 존재하는 모든 피조물은 신으로부터 부여받은 양식, 형태, 질서라는 세 가지 완전성의 요소들을 가지고 있다. 그리고 이들은 상대적이어서 존재들마다 그 정도의 차이가 있으며 세 요소의 유지와 조화 상태의 정도에 따라 선의 수준이 결정된다. 세 요소 중의 어느 하나라도 타락 또는 부패하여 결여되면 결여될수록 선에서 멀어져 간다. 결국 악이란 존재들이 소유하고 있는 세 요소 중의 어느 하나가 부패함으로써 생겨나는 타락이요 선의 결핍을 의미한다. 따라서 악은 선과 같이 실체로서 존재하는 것이 아니요 단지 선의 결핍 상태이다. 이것은 마치 흑암이 빛의, 침묵이 소리의 부재 내지는 결여 상태인 것과 같다. 다시 말해 악은 적극적인 실재로서의 '어떤 것'(thing)이라고 말할 수 없다. 악은 "본질로부터 이탈하여 비존재로 향하는 그것이다. 그것은 존재하는 것을 존재하지 않는 것이 되게 하려는 것이다." 그러므로 아우구스티누스는 악을 선과 같이 실체로서 존재하는 적극적인 어떤 것으로 인정하지 않음은 물론이고 그 존재와 발생에 대한 책임과 근거를 신에게서 떼어놓았다.

　그러나 이렇게 존재론적으로 접근하여 악을 비존재의 문제로 치부해버리는 것은 현상 세계에서 경험되는 악의 실체를 설명하기에는 역부족이다. 따라서 악이 선의 결핍이라고 하는 주장은 지나치게 소극적이고 현실성을 결여하고 있다는 비판을 받을 수 있다. 그래서 아우구스티누스는 악을 인간의 의지와 연관지어 윤리 도덕적으로 재해석함으로써 악론에 관한 새로운 해명을 제시하는데, 여기서 그는 악을 행위 주체자로서의 인간 내면의 의지, 즉 사랑의 문제로 이해한다.

2) 전도(顚倒)된 사랑으로서의 악

아우구스티누스는 무로부터 지음 받은 인간이 자신의 모든 행위를 낳게 하는 하나님이 부여해준 자유의지를 사용함에 있어서 완전에 이르지 못한 것, 즉 자유의지를 남용하고 오용한 결과가 바로 도덕적인 악이라고 말한다. 그렇다면 자유의지의 남용 또는 요용이란 구체적으로 무엇을 말하는가?

아우구스티누스는 올바른 대상에 대한 질서 잡힌 사랑을 카리타스, 왜곡되어 무질서한 사랑을 쿠피디타스라고 했다. 그는 피조물의 세계를 불완전하고 유한하고 가변적이고 시간적인 존재로 본다. 신은 정반대이다. 따라서 신을 사랑하는 것이 올바른 사랑이다. 피조물을 사랑하면 순간적으로는 좋을지 모르나 결코 진정한 평화나 행복을 가져다 줄 수 없다. 그럼에도 불구하고 인간이 신이 아닌 세상을 향한 쿠피디타스에 빠지는 것은 육욕(lust, *libido*) 때문이다. 아우구스티누스는 바로 이것을 악이라고 한다. 자신의 욕망에 빠져 신이 아니라 세상을 사랑하는 것은 인간이 마땅히 사랑해야 할 신을 저버리고 사랑의 질서를 무너뜨린 것이기 때문이다. 마땅히 사랑해야 할 영원하고 불변한 최고선을 사랑하는 것은 선한 것이요, 그렇지 않고 가변적이고 저급한 것을 사랑하는 것은 악한 것이다. 그러므로 불변하는 선으로부터 돌이켜서 시간적이고 열등한 선으로 향하는 쿠피디타스는 의지의 자유로운 추락에 자신을 내어 맡기는 것이다. 다시 말하면 인간이 마땅히 사랑해야 할 것을 사랑하지 아니하고 자신의 욕망에 빠져간 쿠피디타스가 악의 원인이며, 바로 거기에서 타락이 온다. 사랑의 질서를 파괴하여 신에 대한 사랑(*amor Dei*)인 카리타스에서부터 자기에 대한 사랑(*amor sui*)인 쿠피디타스에로 전환하면 그 자체 악이 되는 것은 당연하다. 그러므로 악은 외부가 아니라 행위 자체에 잠재해 있으며 무질서한 욕망이 그 근원이다.

그러므로 카리타스가 인간의 영혼이 평화를 누리기 위한 윤리 도덕적인 원리라면, 그 반대편인 쿠피디타스는 악과 죄의 원리라고 할 수 있다. 즉 모든 죄와 악은 신에게서 떠난 자기애인 쿠피디타스에 그 근원을 두고 있다. 인간을 포함한 모든 피조물은 무로부터 창조되어서 신의 존재와 선에 참여하지 않으면 무의 위협을 받기 때문에 피조물이 존재의 근원인 신으로부터 멀리 떨어질수록 무의 심연으로 깊이 빠져들게 된다. 그렇기 때문에 존재와 선의 근원이요 존재와 선 자체인 신을 사랑의 대상으로 삼지 않고 피조물을 사랑하면, 즉 자기애나 세상애에 빠지면 악의 심연으로 빠져들게 된다. 그래서 아우구스티누스는 피조물을 사랑해서는 안 된다는 뜻에서 경고하는 듯한 어조로 다음과 같은 말을 했다.

따라서 인간의 의지가 창조주에게서 멀리 떠난 결과 초래한 사랑의 대상에 대한 무질서라는 점에서 악은 인간의 의지가 신을 사랑하지 않는, 신을 향한 의지적 사랑의 결핍이요, 의지의 무질서한 사랑이다. 즉 악은 인간에게 평화와 행복을 가져다 줄 수 없는 것을 향하는 왜곡된 사랑이다. 악은 사랑의 부패요, 사랑의 질서의 부패이다. 그러므로 사랑의 질서의 전도(顚倒)가 모든 형식의 악행을 지배한다. 그 이유는 잘못된 사랑은 상실을 두려워하는 것들을 추구하는 데서 기쁨을 갖게 하며, 그러한 잘못된 기쁨을 누리는 데에 대한 장애 요소를 제거하려고 하기 때문이다. 인간의 의지가 그 질서를 지켜 올바르게 사랑하느냐 그렇지 못하느냐에 따라 인간은 행복이나 불행에 이르게 된다. 그런 점에서 악은 평화와 행복 성취를 위한 카리타스 반대편에 쿠피디타스로 존재한다. 질서 잡힌 사랑인 카리타스를 덕이라 한다면, 무질서한 사랑인 카리타스는 악덕으로 대조된다. 카리타스는 인간의 도덕적 활동의 덕이라고 한다면, 사랑의 질서가 전도된 쿠피디타스는 악의 원인이다. 결국 아우구스티누스는 쿠피디타스를 통해서 악의 원인이 외부에 있는 것이 아니라 인간의 의지, 즉 잘못된 사랑에 있음을 분명히 했다.

3) 악의 원인과 책임

아우구스티누스가 악을 쿠피디타스라는 잘못된 사랑을 통해 의지와 연관시킨 것은 인간의 행위는 의지의 방향에 따라 도덕적 평가를 내려야 하며, 악의 원인을 자신이 아닌 어떤 외부적 원인이나 의지의 부여자인 신에게 돌려서는 안 되고 바로 자기 자신에게서 찾아야 한다는 것을 의미한다. 모든 것은 신으로 말미암아 존재하는 것이지만 인간은 각기 그 자신의 행위의 원인이기 때문에 악의 원인도 신에게서 찾아서는 안 되고 오히려 질서를 파괴하고 잘못된 대상을 향한 인간 자신의 의지에서 찾아야 한다. 신은 인간을 창조하면서 선한 목적을 위해 자유의지를 부여하였으나 의지의 자유로운 선택을 통하여 인간 자신이 잘못된 사랑의 결과로 악에 빠지기 때문이다.

악은 의지로서의 사랑이 추구해야 할 대상과 지켜야 할 질서에 대해 필연적으로가 아니라 자발적으로 실패한 것이다. 그러므로 자발적 선택자가 당연히 벌을 받아야 하고 도덕적 책임을 져야 한다. 그런 점에서 악은 죄 혹은 죄의 벌이다(*aut pecatum aut poena pecccati*). 즉 행하는 악은 죄이고 당하는 악은 벌이다.

따라서 도덕적인 완성은 진정한 평화와 행복을 가져다 줄 수 없는 것에 대한 사랑에서 벗어나 신을 사랑하는 일, 즉 의지로 하여금 신을 향하게 하여 감각과 같은 다른 모든 능력들을 이 방향으로 조화시키는 데 있다. 즉 사랑의 올바른 대상, 올바른 질서를 회복하는 것이 악을 극복하는 길이다. 여기에서 사랑의 정화(淨化)와 갱신(更新)이 요구된다. 아우구스티누스에게의 사랑의 정화란 사랑의 대상에 대한 갱신, 즉 세상을 향한 사랑인 쿠피디타스로부터 신을 향한 사랑인 카리타스로의 이행을 의미한다. 즉 사랑의 질서를 회복하여 사랑할 만한 가치가 있는 것을 사랑하는 것을 의미하는데, 동시에 그것은 최고선으로서의 평화와 행복을 향한 출발이 된다. 그래서 아우구스티누스는 "인간으로 하여금 활동하게 하는 것은 사랑뿐이다. 그러므로 사랑을 정화해야 한다. 마음껏 사랑하라. 그러나 그대가 사랑하는 대상에 주의하라"고 충고한다.

그런데 아우구스티누스에게서 중요한 것은 사랑의 질서(*ordo amoris*)를 바로 잡아 근원적인 가치의 질서를 제대로 평가하는 카리타스로 불변하는 신을 사랑해야 한다고 했지만, 인간의 의지만으로는 신을 사랑하고 그에게로 상승하기는 불가능하다고 한다. 왜냐하면 의지는 이미 심각하게 왜곡되어 있기 때문이다. 그러므로 아우구스티누스는 온전한 의미의 카리타스를 위해 신의 은혜를 요청한다.

악은 잘못된 사랑에 의해 야기되는 반면, 덕은 인간의 의지가 아닌 신의 은혜의 산물이다. 그는 기독교의 율법과 은혜의 관계에 나타나는 도식과 유사하게, 카리타스를 최고선에 이르는 필수 조건으로 간주하면서도 그것은 은혜에 의해 이끌려졌을 때 비로소 가능한 것이라고 한다. 그것은 최고선을 향한 사랑의 방향 설정이 자연적인 요소에 의해서만 완성되는 것이 아님을 의미한다. 한 마디로 최고선에의 도달, 평화와 행복은 신의 은혜라는 도움에 의하지 아니하고는, 즉 창조자가 무상으로 베푸는 자비를 받지 아니하고는 인간에게 불가능한 것이다. 은혜는 사랑의 의지를 정화시켜주기 때문에 은혜를 통한 정화된 사랑에 의해 최고선에의 가능성이 열린다. 결국 사랑과 관련된 도덕악의 문제는 신의 은혜라는 신앙의 문제에로 옮겨지게 된다.

10. 펠라기우스와의 논쟁

1) 펠라기우스의 주장

인간성에 대한 비관적 견해를 혐오하고 있던 펠라기우스는 기독교가 국교화된 이후 교회가 영적인 능력을 상실하기 시작하고 도덕적인 상태마저 퇴락해 가던 시대상을 매우 개탄했다. 더구나 그는 인간의 원죄성은 창조의 원리에 대한 모독이라고 생각하고 있었는데, 당시의 기독교인들이 계명의 준수를 등한히 하면서 모든 죄를 자기 자신이 아니라 인간의 본성 탓으로 돌리려는 경향에 대해 몹시 못마땅하게 생각했다. 그래서 펠라기우스는 행위에 대한 인간의 책임을 강조하기 위해 무조건적인 자유의지를 강조했는데, 인간이 이 자유의지를 통해 선을 행할 수도 있고 악을 행할 수도 있으며 죄를 범하지 않을 수도 있다고 주장했다. 즉 인간이 원하기만 하면 죄를 짓지 않고 하나님의 율법을 완전히 행할 수 있다고 했다.

그의 제자인 켈레스티우스는 한층 더 과격한 주장을 했다. 아담은 창조될 때부터 범죄와 상관없이 죽을 수밖에 없는 존재로 지어졌다고 했다. 그리고 인간의 원죄를 강력히 부인하면서 아이들이 세례를 받지 않아도 영생을 얻을 수 있다고 하고, 은혜와 자유의지는 양립할 수 없다고 주장했다.

2) 자유의지와 은혜

아우구스티누스는 펠라기우스의 주장이 인간의 본질적 죄성, 즉 원죄에 대한 성경의 가르침과 모순된다는 사실을 간파하고 은혜의 교리를 통해 논박했다. 원죄의 실재를 의심 없이 받아들인 아우구스티누스는 아담의 불순종으로 인간의 성품이 손상되고 타락하여 아담이 향유하던 자유, 즉 죄를 피하고 선을 행할 수 있는 자유를 완전히 상실했기 때문에 하나님의 은혜가 절대적으로 필요하다고 역설했다. 즉 인간은 자연 상태에서 특별한 은총의 도움 없이 믿음의 시작과 선의 성취가 불가능하다고 했다.

아우구스티누스는 바울의 사상에 따라 원죄설을 강조한다. 인간의 시조인 아담은 의지의 자유를 가지고 있었으나 그것을 남용하고 오용한 까닭에 그 자손인 인류는 출생과 더불어 죄를 가지고 태어나는데 그것이 원죄이다. 죄의 결과 모든 인간은 죽을 수밖에 없으며, 구원의 길은 오직 죄의 대가인 사망을 지불하는 길밖에 없다. 신만이 인간의 죄를 구원할 수 있지만 죄의 대가로 누군가의 죽음이 요청된다. 그러나 타락하고 불완전한 인간은 모두가 죄인이므로 다른 인간의 죄를 대신할 수 없다. 오직 죄가 없는 완전한 인간이 필요하며 그런 자만이 대속의 죽음을 죽을 자격이 있다. 그 인간의 구원을 위한 죽음의 보상을 한 이가 바로 예수 그리스도이다. 따라서 그리스도만이 인류의 구세주일 뿐만 아니라 그가 없으면 인류는 영원히 구원될 수 없는 죄인이다.

3) 예정론

원죄를 타고난 인간은 그 죄로 인해 선을 행할 능력은 물론 선을 행할 자유조차도 가지지 못하였으며 항상 불의를 행한다. 따라서 선을 행하기 위해서, 그리고 의롭게 되기 위해서는 구원을 필요로 하지만 죄에 얽매인 부자유한 존재요 죄로 인해 완전히 타락하고 부패한 인간은 죄로 인해 자신을 구원할 능력을 상실하여 어떠한 방법으로도 스스로를 구원할 수 없다. 자신의 선택에 의해 죄에 빠졌기 때문에 구원을 요청할 권리조차 없다. 단지 하나님의 은총을 바랄 뿐이다. 그러나 신의 은총도 인간의 선행이나 공로에 의해 이루어지는 것이 아니며 오직 신의 의지에 의한 것이며 인간의 자유의지나 자유 행위에 의해 결정되는 것이 아니다. 그 신의 은총은 신을 향한 사랑과 믿음을 가진 이에게만 주어지는데 누가 신의 은총을 받아 구원될 것인지는 신의 선택에 의해 이미 예정되어 있다. 그러나 전적으로 타락하여 부패하고 무력한 죄인인 인간은 예정의 여부를 알 수 없으므로 신의 예정을 믿고 신에게 절대 복종해야 한다. 신은 그런 신앙을 가진 이들만을 예정했고 또 그들에게 은총을 내리기 때문이다.

하나님에 대한 인간의 관계는 무한한 존재에 대한 유한한 피조물의 관계이다. 그러므로 하나님의 은총 없이는 이 양자 사이에 놓여 있는 깊은 간격이 메워질 수 없다. 무엇보다 하나님을 사랑하는 의지를 갖기 위해서는 은총이 필요하다. "인간을 자유롭게 하는 하나님의 은총의 도움 없이 자기 자신의 힘으로 인간이 올바르게 살아가려고 한다면 인간은 죄에 정복당하고 만다." 따라서 "은총은 의지의 연약함을 치유하기 위한" 것이다. 은총 없이는 충족될 수 없다는 인간의 연약함은 인간이 구세주의 도움이 필요하다는 사실을 말해 준다.

11. 삼위일체론

아우구스티누스의 삼위일체에 관한 입장 역시 전체적으로 니케아 신조와 일치하지만 삼위일체 내 위격들의 실체가 동일하다는 사실을 역설할 뿐만 아니라 성령께서 성부와 성자에게서도 나오신다는 사실을 명확히 주장한다.

1) 한 실체, 세 위격

삼위일체에 관한 아우구스티누스의 견해는 삼위성보다는 하나님의 일체성을 더욱 강조하고 있다. 하나님의 삼위는 세 분리된 인간 개개인들과 같은 방식으로 분리되어 있는 개별 존재들이 아니다. 삼위일체 하나님의 각 위는 실체에 있어서 서로 동일하며, 신적 실체 자체와 동일하다. 그들은 신격 안에서 그들 사이의 관계성의 관점에서만 서로 구별된다.

아우구스티누스는 그의 『삼위일체론』(De Trinitate)에서 세 위격들의 동등성과 단일성을 비롯한 관계들을 밝히는데 많은 성경 본문들을 연관시켜서 해설한다. 특히 그는 성부만이 원래의 하나님이시라는 종속론적 잔재를 말소하면서 세 위격 안에 동일하게 거하시는 하나님의 한 본질, 즉 하나님의 단일성을 강조하면서 한 실체, 세 위격을 말한다. 즉 삼위일체 내의 세 위격이 동등하게 실재하며 그들의 실재성의 정도가 같다는 사실을 근거로 하여 세 위격의 동등성을 주장한다. 그래서 유일 진정한 하나님께서는 성부가 아니라 성부와 성자와 성령이라고 한다. 그리고 성부와 성자와 성령은 분리할 수 없으며 분리되지 않은 채 역사(役事)하신다고 한다. 성부와 성자의 뜻이 하나이며 그들의 역사도 분리할 수 없다는 것이다.

2) 삼위일체의 유비

아우구스티누스는 하나님께서 삼위일체로 계심을 논증하기 위하여 피조물의 세계에서 그 유비(類比)를 가져오는데, 특히 우리 인간들의 마음, 즉 인간의 인격성으로부터 그것을 이끌어낸다. 이 유비를 통하여 아우구스티누스는 하나님의 단일성과 삼위성의 문제를 보다 인간적인 차원에서 이해할 수 있도록 논증한다.

아우구스티누스는 삼위일체 하나님의 삼일적 성격을 예시할 만한 하나님의 형상을 인간 정신의 삼일적인 점들에서 찾으려고 했다. 왜냐하면 인간이 하나님의 형상으로 지음 받았는데, 지으신 하나님께서 삼위일체이시므로 지어진 인간의 본성들에도 삼위일체가 희미하게나마 반영되어 있다고 보았기 때문이다. 그리고 실제로 몇 가지 인간의 삼일적 요소를 예로 들어 그것의 유비를 통해 삼위일체를 설명했다.

먼저 아우구스티누스는 우리가 하나님을 알려면 무엇보다도 사랑해야 한다는 사실에 주목한다. 성경에서 하나님을 사랑이라고 했는데, 사람에게도 사랑과 관련된 삼위일체의 형적이 있다는 것이다. 사랑하는 이, 사랑받는 이, 그리고 사랑, 이 셋이 하나라는 것이다. 또한 아우구스티누스는 하나님의 형상인 사람 안에도 일종의 삼위일체가 있다고 한다. 즉 마음, 마음이 자체를 아는 지식, 그리고 마음이 그 자체와 자체에 대한 지식을 사랑하는 사랑 이 셋인데, 이 셋은 서로 등등하며 그 본질이 하나라고 한다. 그리고 아우구스티누스는 인간의 마음에서도 기억, 이해력, 의지라는 명백한 삼위일체를 발견할 수 있다고 한다. 즉 사람의 마음에는 기억과 이해력과 의지가 있는데, 그것은 본질적으로는 하나이나 상대적-관계적으로는 셋이라는 것이다.

그러나 아우구스티누스는 이런 유비를 완전한 것으로는 생각하지 않았으며, 그래서 삼위일체 하나님을 우리의 마음속에서 발견할 수 있는 삼위일체와 똑같이 해석해서는 안 된다고 경고했다. 우리 인간 안에 있는 삼위일체의 형상과 하나님 안에 있는 삼위일체 사이에는 큰 차이가 있기 때문이라는 것이다.

12. 시간론

아우구스티누스는 인간이면 누구나 일상생활 속에서 체험하게 되는 시간의 정체에 대하여 다양한 각도와 구체적인 구명을 통해서 포괄적이고 전체적으로 이해하려고 시도한 최초의 철학자였다. 그는 예리한 철학적 분석을 통하여 시간의 기원과 본질, 그리고 그 본성을 이해하는 데에 그치지 않고 그것을 시간과 창조, 시간과 존재, 시간과 정신, 그리고 시간과 역사의 관계 속에서 해명하였다.

아우구스티누스의 시간론은 역사철학의 기초를 형성해 준다. 그의 시간에 관한 탐구는 『고백록』(Cofessiones) 제XI장에서 전개되는데 그의 고백은 고백이라기보다는 믿음을 선물로 주신 하나님께 드리는 긴 감사의 기도라 할 수 있다. 그는 믿음은 인간의 힘으로는 가질 수 없다고 보았기 때문에 1장부터 10장까지에서 하나님께서 베푸신 사랑과 구원의 은혜를 말하기 위해 행위뿐 아니라 내면의 죄악들까지 겸손하게 밝힌다. 그가 자신의 과거를 고백한 것은 자신이 하나님의 은혜를 추구하던 모습을 읽는 독자들이 하나님께 찬송을 돌리게 하기 위해서였다. 그런 의미에서 그의 『고백록』은 고백록이라기보다는 '찬양록'이라고 할 만하다.

아우구스티누스는 시간의 기원을 하나님에 의한 '무로부터의 창조'로 설명한다. 아우구스티누스에 따르면 시간은 하나님에 의해서 세계가 창조될 때 다른 피조물과 함께 동시에 창조되었다고 한다. 그러므로 무로부터 창조된 시간은 그것을 창조한 하나님에게는 적용시킬 수 없다. 또한 시간은 무로부터 창조된 것이기 때문에 본질적으로 다시 무로 되돌아가려는 경향성인 무상성과 가변성을 가지기 마련이다. 무로부터 창조된 다른 그 어떤 피조물들도 필연적으로 시간성 속에 처하게 되므로 시간과 마찬가지로 가변성과 무상성에서 벗어날 수 없다.

이와는 대조적으로 하나님은 시간 계열의 밖에, 시간과는 무관하게, 그것을 초월해 계시되 항상 현재라는 탁월성으로 시간과는 다른 차원의 영원성 속에 항존한다. 하나님이 영원하다는 말의 의미는 시간이 운동이나 변화가 없이는 도저히 생각할 수 없지만 어떠한 변화나 운동도 내포하지 않은 하나님은 시간에 종속될 수 없으며 오히려 시간의 창조자로서 시간 계열의 밖에 있다는 뜻이다. 즉 하나님은 시간을 창조하고 다스리는 존재이지 시간에 제한된 존재가 아니라는 말이다. 결국 아우구스티누스는 '무로부터의 창조'란 개념으로 시간의 기원을 설명할 뿐 아니라 피조계와 창조자, 시간과 영원이라는 상호 대립적 개념들의 대조를 통해서 시간성 속에 있는 인간 존재의 유한한 실존적 상황을 파헤치고 있다.

아우구스티누스는 시간의 본질에 관한 문제에 있어서는 그것이 나타나는 양태들의 이해를 통해 해결하려고 한다. 그는 과거, 현재, 미래라는 시간의 세 가지 양태를 인정하기는 하지만 과거는 이미 없는 것이요 현재는 순간으로서 있다고 할 만한 연장(延長)이 없으며 미래는 아직 없는 것이라고 말한다. 그리고 시간은 아직 오지 않아 없는 미래로부터 연장 없는 현재를 거쳐 이미 지나가 없는 과거에로, 즉 결국에는 비존재에로 흘러가는 것이 본성이라고 생각한다. 그러므로 존재하는 것은 연장이 없는 현재뿐이다.

이처럼 과거, 현재, 미래가 모두 객관적으로 주어진 것으로 있다고 말할 수 없지만 아우구스티누스는 그것들을 인간 내면의 의식 작용, 즉 정신(anima)의 작용을 통해 현재를 중심으로 이해한다. 과거는 기억을 통한 '과거로서의 현재'요, 현재는 직관을 통한 현재로서의 현재이고, 미래는 기대를 통한 '미래로서의 현재'이다. 이렇게 정신이 기억, 직관, 기대로 분산 팽창해서 과거, 현재, 미래가 형성된다. 이처럼 아우구스티누스는 시간의 양태를 의식 작용과 관련지어 정신의 분산(distentio animae)으로 이해하며 그것을 또 시간의 본질로 보았다.

아우구스티누스의 시간의 본질과 기원에 대한 이해는 세계의 역사를 보는 시각에도 영향력을 행사한다. 그는 시간을 창조된 것으로 보기 때문에 역사도 반복 순환되는 것이 아니라 시작과 끝이 있어서 어떤 목적으로 향하여 직선적이며 일회적으로 진행되며 결국에는 역사의 완성을 이룬다는 종말론적이고 직선적이며 목적론적인 역사관을 취한다. 아우구스티누스의 시간론에 대하여 총괄적으로 특징적인 것을 지적한다면 다음과 같이 말할 수 있을 것이다.

첫째, 시간성은 항상 연속적으로 흘러 지나가는 것으로 특징지어진다. 따라서 시간성 속에 있는 피조계 내의 인간을 포함한 모든 존재들이 가변성과 무상성, 한마디로 무의 성질을 벗어날 수 없으며 이런 점에서 시간과 피조계, 영원과 하나님의 관계가 드러난다.

둘째, 시간성이란 분열과 분산을 의미한다. 과거, 현재, 미래라는 세 가지 시간의 양태도 다름 아닌 인간 정신의 기억, 직관, 기대의 형식으로 분산, 팽창하는 것이요 또 그것에 의해서만 시간을 인식하고 측정이 가능하다.

셋째, 시간성은 일회성, 비반복성, 그리고 직선적으로 특징지어진다. 시간은 흐름이 그 본성이어서 한 번 지나가면 다시 돌아오지 못하며 반복되지 않아 순환하지 않고 어떤 목적을 향해 직선적으로 진행해 나아간다. 따라서 시간은 역사적 시간을 이루는데 아우구스티누스에게는 그것이 목적론적이고 종말론적이며 직선적인 역사관의 형태로 나타난다.

13. 역사철학

당시의 교회는 도나티스트파에 의해 크게 분열되어 있었으며 국가적으로 로마제국은 그 쇠퇴의 극에 달하여 도덕적으로 타락함은 물론이고 정신적 쇠퇴에서 오는 암울함과 무력함 그리고 정치적 불안정 상태는 앞날에 대한 불안을 가중시키고 있었다. 이때 알라릭이 이끄는 고트족이 로마를 약탈하기 시작했고 급기야 410년에는 수도인 로마가 700년만에 처음으로 군대의 칼날 앞에 포위를 당하고 말았다.

이러한 사태는 기독교 안에 심각한 문제를 야기했다. 선인과 악인에 대한 개인적 수준에 있어서의 하나님의 섭리도 문제였지만 로마제국과 관련해서도 하나님의 섭리를 설명해야 했다. 정치적 위기로 고통을 당하고 있던 사람들 중에 이교도들이 기독교를 국교로 인정하거나(로마는 392년 테오도시우스 황제에 의해 기독교가 국교로 인정되었다) 종교 의식을 자유롭게 행하는 것을 반대하면서 로마가 이런 위협을 당한 것은 예전에 섬기던 신들을 버리고 하나님을 섬겼기 때문이라고 기독교를 비난했다. 만일 하나님이 세상을 섭리하시는 하나님이라면 하나님을 로마의 신으로 인정한 로마제국의 멸망처럼 비극적인 사건이 어떻게 일어날 수 있는가? 또 기독교를 국교로 삼은 로마가 멸망의 위기에 처해 있는 것을 어떻게 설명해야 하는가? 이러한 이교도들의 비난에 대한 답변을 쓰도록 호민관이었던 마르셀리누스(Marcellinus)가 아우구스티누스에게 부탁을 했고 이에 아우구스티누스는 기독교적 입장에서 로마의 역사를 설명하기 위해 413년부터 13년 동안에 걸쳐 22권이라는 방대한 역사철학적 견해를 담은 대저 『신국론』(De Civitate Dei)을 저술하여 하나님의 섭리를 전 인류에게 확대시켜서 인간 사회 전반에 걸친 기독교적 원리에 대한 관계를 다루었다.

　　아우구스티누스는 로마제국의 문제를 인류 사회 일반의 구조와 운명에 대한 깊은 통찰에서 취급하여 전인류 역사의 운명을 그려내고, 아울러 이 역사에 있어서 유일한 의미인 신국의 기원으로부터 종말에 이르는 역사를 서술했다. 이렇게 볼 때 『신국론』은 인류의 과거, 현재, 미래를 설명해 주는 방대한 역사철학서라 할 수 있다. 그러나 그것은 역사가의 입장이 아니라 신학자의 입장으로 신학적 견지에서 쓰여진 것이다. 『신국론』은 인류의 역사가 궁극적으로 어디를 향해 가고 있으며 또 어떻게 가고 있는가를 보여주는 그의 역사철학적 견해를 서술한 그의 대표적인 저서이다. 그는 변화하고 지나가 버리는 지상국과 영원히 변치 않을 신국을 대조시키면서 이들 두 나라가 어떻게 혼합되어 나가며 그 성격은 어떻게 다르고 그 결과가 어떠한가를 보여준다. 특히 아우구스티누스는 하나님의 절대 주권이라는 맥락 속에서 역사의 과정을 항상 미래 지향적이고 하나님의 목적을 향해 직선적으로 움직이며, 마지막 종말에서 끝과 완성을 이루는 것으로 설명한다. 『신국론』은 두 부분으로 나뉘는데, 전반부인 제1부는 1권부터 10권까지로서 여기에서 아우구스티누스는 이교 사상을 예리하게 공격한다. 후반부인 제2부는 11권부터 22권까지로 여기에서는 신국과 지상국이라는 두 도시의 기원과 발전 과정, 그리고 목표가 전개된다.

　　그는 도덕성의 원리를 하나님에 대한 사랑이라고 제시하고 악이란 하나님으로부터의 일탈이라고 규정했다. 그러므로 인류는 두 개의 커다란 진영으로 갈라진다. 하나님을 사랑하여 자기보다도 하나님을 택하는 진영과 하나님보다도 차라리 자기를 택하는 진영으로. 인간이 어느 진영에 속하느냐는 의지의 성격, 즉 의지를 지배하고 있는 사랑의 성격에 달려 있다. 아우구스티누스는 인류의 역사를 이 두 원리의 변증법의 역사로 보고 있는데, 하나는 예루살렘의 나라를 이루고 다른 하나는 바빌로니아의 나라를 형성한다. 그는 역사를 대립하는 두 힘의 끊임없는 싸움으로 묘사하는데 지상국과 신국, 가인과 아벨, 서민과 선지자, 헤롯왕과 예수님, 현세와 천상 교회 등의 대립이 그것이다. 전자들은 잔인, 교만, 강탈, 방탕 등이 그 특색인 반면, 후자들은 믿음, 소망, 사랑을 덕으로 하고 있다. 이 양자간의 싸움은 시간의 시초와 더불어 시작되어 지금도 진행 중이며 최후의 심판 때까지 계속될 것이라고 한다.

그리스도인에게는 역사가 매우 중요함은 당연한 일이다. 인간이 타락한 것도 역사에서이며 인간이 구원받는 것도 역사에서이다. 그리스도의 몸인 교회가 지상에서 점진적으로 발전하여 하나님의 계획이 전개되는 것도 역사 안에서이므로 계시의 내용을 떠난 역사는 의미가 없다. 그래서 아우구스티누스는 시간이란 순환이 아니요 시작과 중간과 종국이 있는 유한한 선이어서 연속되는 각 순간은 이 유한한 선에서 독특한 사건을 이루고 있다고 본다. 그러므로 인간은 시간의 연속적 과정 속에 있는 역사 안에서 진정한 새로운 사건을 결단할 수도 또 기대할 수도 있다. 아우구스티누스가 이처럼 시간과 역사를 순환적으로 보지 않고 하나님의 목적을 향하여 그의 섭리 아래 진행된다고 본 것은 시간이 하나님에 의해 창조되었고 창조된 이상 어떤 목적이 있으리라고 생각했기 때문이다. 다시 말해 아우구스티누스는 역사를 이해할 때 하나님의 시대 경륜이라는 확신 속에 직선적 시간관에 의한 역사 전개로 이해했다.

제6장
위(僞)디오니시우스와 보에티우스

1. 위(僞)디오니시우스

신약성경 사도행전 17:34에 나오는, 바울에 의해 그리스도인이 된 아테네의 개종자 디오니시우스 아레오파기타(Dionysius Areopagita)의 것으로 생각되었던 일련의 저작들은 신비주의자들뿐 아니라 알베르투스 마그누스나 토마스 아퀴나스와 같은 전문적인 신학자들에게도 높이 평가받았다. 그러나 그것은 원저자에 대한 오인 때문이었다. 그 저작들은 11통의 편지인데 실상은 진짜 저자가 누구인지에 관해서는 아직도 논란이 많다. 그러나 내용이 5세기 인물이었던 프로클루스(Proklus)에 의해 전개되고 있고, 533년 안디옥의 대주교 세베루스가 그리스도의 단성론을 지지하면서 그의 저작을 인용하는 것으로 볼 때, 진짜 저자는 6세기에 디오니시우스라는 필명을 사용했던 익명인으로 보인다. 그래서 디오니시우스로 잘못 알려졌던 익명의 그 저자를 디오니시우스의 앞에 'Pseudo,' 즉 '위'(僞)라는 말을 붙여서 위디오니시우스(Pseudo Dionysius)라고 말한다.

위디오니시우스는 기독교 사상을 신플라톤주의 철학과 체계적으로 연관시키려 했다. 무엇보다도 그는 세계의 기원, 신에 관한 지식, 악의 본질에 관한 철학적인 사상에 영향을 준 신플라톤주의의 권위자였다. 그는 세계와 신의 관계를 설명함에 있어서 유출설과 창조론을 결합시켰다. 그러나 만물이 신으로부터 유출된 것이라는 이론 속에 내재된 범신론을 피하면서 동시에 존재하는 것은 모두 신에게서 비롯된다는 이론을 정립하려고 했다. 그래서 그는 세계는 신의 섭리의 대상이라고 하면서 신은 인간과 그 자신 사이에 천상의 영혼이라 불리는 존재들의 사다리, 즉 위계 질서를 놓았다고 했다. 최하위의 존재부터 최상의 존재인 신에 이르기까지 여러 단계의 존재가 있다. 만물의 목적인 신은 자신의 선과 자신이 뿜어내는 사랑에 의해 만물을 그 자신에게로 이끌고 있다.

위디오니시우스에 있어서 더욱 중요한 사상은 신에게로 나아가는 길에 관한 것이다. 그는 신에 관한 지식은 두 가지 방법, 즉 긍정적인 방법과 부정적인 방법에 의해 접근이 가능하다고 했다. 정신이 긍정적인 방법을 취할 때 그것은 피조물들의 연구에 의해 발견되는 모든 완전한 속성들을 신에 의한 것으로 생각한다. 그래서 신성에는 선, 빛, 존재, 합일, 지혜, 생명과 같은 명칭이 주어진다. 이 명칭들은 그 완전성에서 신에게 귀속되며 파생되었다는 의미에서 본다면 피조물이 그 완전성에 관여한 정도에 따라 인간에 속하기도 한다.

그러나 위디오니시우스는 부정적인 방법을 더 중요하게 생각했다. 이것은 후에 아퀴나스도 거의 그대로 수용했다. 정신은 부정적인 방법에 의해 신과 부합하지 않는 요소들을 부정함으로써 신의 본질을 고찰한다. 다음에는 제거의 과정에 의해 속성의 여러 범주가 우리의 개념에서 제거된다. 신을 특징짓는 점은 유한한 피조물의 속성을 가지고 있지 않다는 사실이다. 우리가 아는 것은 피조물의 세계이기 때문에 부정적인 제거의 과정에 의해 신에 관한 명확한 개념에 도달하는 것이 아니라 다만 신이 그와 같지 않다는 사실의 인식을 확신할 수 있는 불가해의 암흑에 도달하게 된다. 왜냐하면 신은 본래 여하한 대상도 아니기 때문에 인식 가능한 존재가 아니기 때문이다.

또한 위디오니시우스는 신플라톤주의자들의 악의 존재를 부정했다. 악이 긍정적인 사물이고 실재적인 존재를 소유한다면 모든 존재는 신에게서 비롯되었으므로 악 또한 그 원인으로서의 신에게까지 거슬러 올라가야만 한다. 그러나 위디오니시우스에게는 존재와 선은 동일한 용어였다. 왜냐하면 존재하는 것은 모두 선하며 선한 것은 확실히 존재하기 때문이다. 신 안에서 선과 존재는 하나이므로 신에게서 비롯된 모든 것은 선하다. 악은 그것이 올바르게 속해 있어야 할 존재의 부재 혹은 결핍이라는 의미에서 비존재이다. 존재의 부재는 곧 선의 부재를 의미하기 때문에 그것은 곧 악이다. 이렇게 그는 신플라톤주의와 기독교를 조화시키되 후자를 전자의 테두리와 도식 가운데서 표현하려 했다.

2. 보에티우스

보에티우스(Anicius Manlius Severinus Boethius, 480~524)는 독창적이고 독자적인 철학자로서보다는 아리스토텔레스와 포르피리오스의 논리학을 라틴어로 번역하고 주석하여 중세에 전해준 공적으로 유명하다.

자신과 의인화된 철학과의 대화를 다룬 그의 옥중 저서인 『철학의 위안』(*De Consolatione Philosophiae*)은 오늘날 그의 대명사가 되었다. 그는 그 책에서 철학의 도덕적인 측면과 인생의 긍정적인 측면, 그리고 모든 것을 포괄하여 섭리하는 신의 존재 속에서 세욕을 버리고 평정한 마음을 가질 것을 주장한다. 또 신, 운명, 자유 및 악의 문제를 비롯한 다양한 주제를 다루면서 철학을 비유적으로 기술했다. 그는 철학이 인간의 본성보다도 더 고귀한 힘을 가지고 있다는 사실을 알 만큼 매우 섬세한 눈을 가진 고상한 여인에 철학을 비유한다. 그녀는 전혀 나이가 들어 보이지 않는 인상을 준다. 즉 철학은 항상 생기에 차 있다. 그리고 그녀의 헐겁고 긴 옷 위에는 실천적인 철학을 상징하는 그리스 문자 파이(φ)와 이론적인 철학을 상징하는 쎄타(θ)가 새겨져 있다. 그리고 그것들 사이에 있는 사다리는 계단들을 밟아 올라 지혜로 이르는 것을 나타낸다.

실제로 그는 철학을 이론적인 것과 실천적인 것 두 가지로 나누었다. 전자는 그 자체를 위하여 지식과 관계되는 것으로 자연학, 물리학, 수학, 신학이 포함되고, 후자는 행위를 위하여 지식과 관계되는 것으로 윤리학, 정치학, 경제학이 포함된다. 보에티우스는 속세의 재산이나 쾌락은 참된 행복을 가져오지 못하며 인간은 철학이 인도하는 최고선에 되돌아가야 한다는 사실을 발견하고 철학에서 위안을 얻었다.

보에티우스는 철학에 대한 비유적인 설명 외에도 철학에 대한 좀더 기술적인 정의를 내려 그것을 지혜에의 사랑이라 했다. 그에게의 지혜란 실재, 즉 자체로서 존재하는 그 무엇이라는 의미로서 지혜는 모든 사물을 야기하는 살아 있는 사유이다. 결국 지혜에 대한 사랑은 신에 대한 사랑이다.

보에티우스의 철학사적 위치는 그리스 사상, 특히 아리스토텔레스의 저서들이 서구로 유입되는 중요한 창구 역할을 하고, 보편자의 문제를 거론하여 스콜라철학 시대의 가장 큰 논쟁거리가 되게 했다는 점이다. 보에티우스는 포르피리우스 (Porphyrius)의 『아리스토텔레스의 범주론 입문』(Isagoge)을 주석하는 가운데 유(類)나 종(種)과 특정한 대상 사이의 관계, 즉 유적 개념과 특정한 개념간의 단계에 관한 의문을 제기했다. 그것은 "유와 종은 실재로 자연에 존재하는가, 아니면 단지 정신의 구성물인가?" "그것들이 실재라면 물질인가, 비물질인가?," "보편자는 감각적인 사물과 별개로 존재하는가, 그것 내에 존재하는가?" 하는 물음이었다. 이에 대해 보에티우스는 정신이 개념을 형성하는 방식에는 합성과 추론의 두 가지가 있다는 전제하에 개별자로부터 보편자가 추론된다고 보고 유나 종은 개별 사물 속에 존재하며 그것들이 정신에 의해 사유될 때 곧 보편자라고 결론 내렸다.

그는 자신의 첫 번째 물음에 대해서 보편자는 대상과 정신 속에, 즉 사물과 정신 속에 동시에 존재한다고 답한다. 즉 보편자는 사물 안에 내재하고 정신에 의해 사유된다는 것이다. 예를 들어 '영희'와 '철수'가 모두 '사람'으로 불리게 되는 것은 '영희'와 '철수'가 모두 존재에 대한 동일한 근거, 즉 동일한 실체인 '사람'이라는 보편자를 포함하기 때문이며, 또한 정신은 두 사람 속에서 동일한 보편적인 요소를 발견하기 때문에 양자를 모두 '사람'이라고 사유할 수 있다는 말이다. 두 번째 질문에 대해서는 보편자는 사물 속에서 구체적으로 존재하며 정신 속에서는 비물질적으로 혹은 추상적으로 존재한다고 한다. 따라서 세 번째 질문에 대해서는 보편자는 사물 안에 존재하며 정신 안에서는 사물과 분리되어 존재한다고 말한다.

보에티우스에 의해 제기된 이 보편자와 개체와의 관계에 대한 문제는 약 500년이 지난 스콜라철학 시대에 다시 제기되어 수세기 동안 격렬한 논쟁을 벌였다.

제7장
초창기의 스콜라철학

스콜라철학은 교부철학의 계승이라 말할 수 있는데, 아우구스티누스에 의해 확립된 교의를 다시 철학적으로 논증하여 합리화하고 정당화하려고 했다. 교부철학이 교의를 논의하고 확정하는 것이었다고 한다면, 스콜라철학은 이미 확정된 교리에 대한 논리적 근거를 마련하려는 것이다. 그러므로 교부철학은 믿는 바의 도리를 정립하여 신앙의 기준과 범형을 정한 것이었다면, 스콜라철학은 교회가 믿는 신앙을 이성에 의해서 이해하려는 것으로서 이것을 통해 교회의 신앙이 이성에 의해서도 이해될 수 있음을 보이고자 했다. '스콜라'(*schola*)라는 말은 원래 성직자를 양성하는 교회의 부설 학교를 의미하는데, 스콜라철학은 주로 이 스콜라의 교사들의 활동에 의해 발전되었기 때문에 붙여진 이름이다.

스콜라철학 시대 초기에는 신앙과 지식의 일치를 강조하는 경향이 뚜렷했으나 그 일치의 한계가 드러나 세월이 지날수록 양자의 분리를 인정하지 않을 수 없었다. 신앙과 지식의 분리는 먼저 교리의 지나친 합리화에 반대하는 호교적 의도에서 시도되었으나 마침내 지식의 독립과 학문의 자유를 인정하는 방향으로 발전하여 결국에는 교회로부터 학문과 사상의 해방을 허락 받았다. 종교적 진리와 철학적 진리를 거의 구별하려 하지 않았던 초창기의 스콜라철학 시대는 에리우게나, 안셀무스, 아벨라르 등이 대표한다.

1. 에리우게나

일반적으로 이성을 경시하던 시대에 에리우게나(J. S. Eriugena, 810~877)는 신앙
보다 이성의 합리성을 강조하여 스콜라철학의 선구적 역할을 담당하였다. 그뿐 아
니라 자신이 활동한 시대인 9세기를 완전히 지배하여 스콜라철학 초기의 사상을
전면적으로 정립시켰다.

에리우게나에 따르면 사람은 진리에 대하여 세 가지의 연속 상태에 있어 왔다.
원죄와 그리스도의 강생 사이에 이성은 오류의 결과 흐려져 있었다. 그리고 복음
에 의하여 진리의 완전한 계시가 있을 때까지 이성은 자연을 이해하기 위해서, 그
리고 자연의 원인이신 하나님의 존재를 입증하기 위해서 물리학(자연학)을 구성할
수 있을 따름이었다. 그러나 그리스도의 강생(降生)으로 이성은 두 번째 단계에 들
어갔으며 지금도 여전히 그 단계에 있다. 이제는 이성이 확실한 원천으로부터 진
리를 받아들이므로 이성이 할 수 있는 지혜로운 일은 하나님이 성경에 계시하신
대로 이 진리를 받아들이는 일이다. 신앙은 이제 이성의 사용을 앞지른다. 그의 독
창성은 바로 이 신앙과 이성의 관계에 있다.

신앙은 이성을 억누르지 아니하고 우리에게 두 가지의 노력을 하게 한다. 첫째
는 우리의 도덕 생활을 순결하게 하기 위하여 우리 행위에 이성이 개입하게 하고,
둘째는 명상적인 생활을 함으로써 이성을 합리적으로 탐구하게 한다. 그렇게 되면
마지막 세 번째에는 지복의 전망 속에서 신앙은 사라질 것이며 진리에 대한 직접
적인 통찰이 대신할 것이다. 그러나 이성은 하나님의 계시에 의해 가르침을 받는
이성이므로 세 번째의 경우 그것이 철학자의 이성에 대해서나 신학자의 이성에 대
해서나 동등하게 진리이다. 그러므로 철학은 엄밀히 말하면 종교와 같은 위치에
있다. 따라서 신앙은 지적인 인식의 조건이 된다. 즉 신앙이 지성에 우선한다. 그리
고 신앙은 그 자신의 특유한 방식으로 지성에 앞서 지성의 대상을 파악한다. 이것
은 신앙이 지적 작용에 이르는 유일한 길임을 확언하는 신앙적 합리주의라고 말할
수 있다. 그래서 그는 신앙이 이성보다 먼저 가게 해야 한다고 말한다.

그러나 신앙은 일종의 원리이다. 그리고 이성을 부여받은 피조물이 창조주를 아
는 지식은 바로 이 원리로부터 밝혀지기 시작한다. 이것은 모순되게 보일지 모르
지만 그렇지 않다. 즉 만일 이성이 성경의 문자 속에 감추어진 영적인 의미를 분별

하려고 개입하지 않으면 그 해석은 잘못될 수 있다. 다음으로 그런 식으로 생각하려는 사람에게 철학의 빛인 지성의 빛을 비춰주는 것은 신앙의 본질이다. 그것은 곧 신앙이 지적인 인식에 대한 요구를 생기게 하고 지적인 인식의 대상이 바로 신앙의 내용이라는 뜻이다. 그리고 신앙의 내용은 성경으로 주어져 있으므로 하나님 말씀에 대한 철학적인 주석이 바로 우리가 따라야 할 건전한 방법이라는 말이다. 결국 그는 교리를 그대로 신앙하는 태도에서 벗어나 신앙을 이성적 사유로서 내면적으로 논증하려 했다. 결국 에리우게나는 사유의 두 질서를 구분하기를 거부하고 철학과 종교를 동등한 것으로 여긴다. 그래서 그는 종교와 철학은 모두 하나님의 지혜에서 나온 것으로서 형식에 있어서는 다르나 내용에 있어서는 같다는 생각에서 "참된 종교는 참된 철학이며, 반대로 참된 철학은 참된 종교임에 확실하다"고 말했다.

에리우게나는 무엇이나 의심스러울 때 그것을 결정짓는 것은 권위에 의한 신앙이 아닌 이성이라고 하여 권위보다 이성이 우위임을 주장했다. 그리고 진정한 권위는 이성의 힘으로 발견하는 진리라고 했다. 그러나 그가 반항했던 권위는 하나님의 권위도 교회의 권위도 아니었다. 그에 따르면 하나님께서 말씀하실 때 우리는 그를 믿어야 하는데, 우리가 이해하든 이해하지 못하든 그 말씀은 참되기 때문이다. 그러나 사람이 말할 때 그의 권위가 다른 사람에 의해 보편적으로 인정받는다 해도 그가 말한 것은 이성이 인정할 때만 참되다. 이러한 입장은 중세의 모든 신학자들이 인정한 '하나님만이 오류가 없다'는 원리를 단순하게 적용한 것으로 결국 그가 주장하는 것은 권위의 원천은 오로지 이성이라는 사실이다. 이같이 교회의 교의와 이성과의 관계를 논함에 있어서 이성에 치중하는 경향이 있었으므로 교회에서는 그의 설을 사설(邪說)이라 하여 배척했다.

2. 안셀무스

캔터베리의 안셀무스(Anselmus of Canterbury, 1033~1109)는 북부 이탈리아의 아오스타(Aostar)라는 곳에서 태어나 베네딕트 수도원에서 엄격한 훈련과 더불어 문법, 수사학, 변증 등을 배웠다. 불행히도 어머니가 돌아가신 후에 프랑스로 건너가 르 베크(Le Bec) 수도원에 들어갔다. 아버지마저 돌아가시자 대주교의 권유에 따라

27세 때에 정식으로 수도자의 길을 걷게 되었다. 30세 때 이 수도원의 부원장이
된 후 시간적인 여유를 가지게 되어『모놀로기움』(*Monologium*, 獨語錄),『프로슬로
기움』(*Proslogium*, 對語錄)과 같은 그의 주저를 저술할 수 있었다. 그의 박학과 성
덕의 소문이 퍼져 영국 왕은 그를 영국에서 가장 큰 성당인 캔터베리의 대주교로
임명하게 되었고 그 직은 반드시 그의 이름 앞에 붙어 다니게 되었다.

1) 신앙과 이성

안셀무스는 인간에게는 본성상 이성과 신앙이란 지식의 두 원천이 있다고 하면
서 에리우게나보다 한층 더 신앙과 지식을 접근시킨다. 안셀무스는 우선 이성을
강조하는 변증론자들의 태도에 반대하여 신앙에 기초를 두어야 할 것을 단언하고
성경을 변증 아래에 복속 시키는 것을 거부한다. 그리스도인들이 마땅히 취해야
할 출발점은 변증이 아니라 신앙이라는 것이다. 그가 이해할 수 있고 그의 이성이
이해해야 할 실재들은 계시에 의해 주어지기 때문이다. "사람은 믿기 위해서 이해
하는 것이 아니고 오히려 그 반대로 이해하기 위해 믿는다." 즉 이해는 신앙을 전
제한다.

반면에 안셀무스는 변증론의 완고한 반대자들에 대해서도 반대한다. 처음부터
굳은 신앙에 기초한 사람이 자기의 믿는 바를 합리적으로 이해하려고 노력하는 것
이 나쁘지 않기 때문이다. 오히려 사도나 교부들도 필연적이라 생각했던 이러한
합당한 이성의 사용을 반대해서는 안 된다. 진리를 탐구하는 데에는 다음과 같은
질서를 밟아야 한다. 먼저 이성을 통하여 신앙의 신비들을 논하기 전에 그 신앙의
신비들을 믿고, 다음으로 믿은 것을 이해하려고 노력해야 한다. 변증론자가 하듯이
신앙을 선행시키지 않는 것은 오만이고, 변증론의 반대자들이 하듯이 이성에 호소
하지 않는 것은 태만이다. 어느 쪽의 잘못도 모두 피해야 한다. 이런 점에서 볼 때
엄밀한 의미에서 안셀무스야말로 스콜라철학의 진정한 창시자라 할 수 있다.

문제는 이성이 신앙을 해석하는 일을 얼마나 할 수 있는가 하는 점이다. 안셀무
스는 이에 대해 이성의 해석 능력은 무제한적이라고 한다. 이성의 능력이 신앙을
전제하기 때문이다. 그는 삼위일체와 로고스의 성육신의 필연성에 대하여 입증하
려고 했다. 그러나 이성의 능력을 확실히 믿기는 했어도 이성이 신비를 이해하는

데에 성공할 것이라고는 결코 생각하지 않았다. 예컨대 하나님이 존재하시며 그는 세 위격이신 한 분 하나님이시며 말씀의 성육신은 죄인을 구원하기 위해 필수적인 것이었다는 사실을 논리적으로 필연적인 이유에 의해 입증하는 것이 하나님의 본성의 비밀이나 인간을 구원하기 위해 사람이 되신 하나님의 신비를 이해하는 것은 아니다. 결국 신비를 이해하는 것은 그 필연성을 이해하는 것을 훨씬 뛰어넘는 일이라는 뜻이다.

2) 『모놀로기움』에서의 신 존재 증명

안셀무스의 신 존재 증명은 그의 주저 『모놀로기움』과 『프로슬로기움』에 각각 나타난다. 우리가 일반적으로 말하는 소위 안셀무스의 '존재론적 신 존재 증명'은 『프로슬로기움』에 나타나는 증명이다.

그는 먼저 『모놀로기움』에서 세 가지 방식으로 신 존재 증명을 한다. 이 증명 모두는 플라톤의 이데아론과 주어진 실재가 있다고 하는 아우구스티누스의 실재론적 입장에 근거하고 있다. 이 세 증명들은 모두 두 가지 원칙을 전제한다. 첫째는 사물들은 완전성에 있어서 동등하지 않다는 점이고, 둘째는 완전성에 있어 높고 낮은 사물들은 모두 가장 높은 동일한 완전에서 그 완전성을 얻는다는 점이다. 즉 상대적인 것들은 언제나 절대적인 것의 분유이므로 절대적 존재는 그것이 분유된 존재에 의해 요구된다.

첫 번째 증명은 사물들 속에 선이 있다는 사실에 근거한다. 모든 것은 하나의 단일하고 동일한 선에 참여함에 의해서만 선한 것이 될 수 있다. 그 단일하고 동일한 절대적 선은 자신보다 높은 것이 전혀 없다는 점에서 다른 모든 것을 능가한다. 즉 절대적으로 선한 것은 절대적으로 위대하다. 존재하는 모든 것보다 우월한 바로 그 제일 존재가 하나님이다.

두 번째 증명은 정도는 다르지만 존재들이 공통적으로 가지고 있는 완전에 근거한다. 존재하는 모든 것은 원인이 있다. 그러므로 사물들의 총체성은 몇몇 원인으로부터이든지 단일한 원인으로부터이든지이다. 만약 몇몇 원인으로부터라면 이 원인들이 하나의 유일한 원인으로 환원되든지 스스로 존재하든지 서로가 서로를 산출하든지일 것이다. 만일에 몇몇 원인들이 스스로 존재한다면 오히려 그것은 하나의 원인으로 환원되며, 서로가 서로를 산출한다면 자기모순이다. 따라서 모든 것은 하나의 유일한 원인 때문에 존재하는데, 스스로 존재하는 이 원인이 바로 하나님이다.

　세 번째 증명은 사물들이 소유하는 완전의 정도에 관계한다. 무한히 많은 자연물 상호 간에 우열이 있음을 부정할 수 없다면 최대한으로 완전한 존재는 찾아볼 수 없다는 것을 인정하든가 그러한 존재가 존재한다는 것을 승인하든가 해야 한다. 그러나 전자는 불합리하다. 따라서 필연적으로 다른 모든 존재보다 우월하지만 그 어떤 존재보다 열등하지 않은 존재가 존재해야 한다. 바로 그 존재가 하나님이다. 이 증명은 자연의 무한한 계열을 하나의 유일한 항으로 끝내지 않을 수 없다는 전제에 근거한다.

3) 『프로슬로기움』에서의 신 존재 증명

　안셀무스는 『모놀로기움』에서의 신 존재 증명 방식이 아닌 단순하고 즉각적으로 명백한 증명을 해 보이기를 원했다. 그것이 소위 말하는 『프로슬로기움』에서의 존재론적 증명 또는 본체론적 증명이다. 이 증명은 단순히 신의 개념만에 의한 증명으로서 그 유일한 전제는 신이라는 낱말에 대한 지식이다. 따라서 여기에는 이해를 추구하는 신앙이라는 그의 원리가 적용된다.

　하나님을 믿지 않는 사람을 믿게 하기 위함이 아니라 신앙을 가지고 있는 신자에게 하나님을 더욱 깊이 이해할 수 있도록 하는 데에 목적이 있었던 이 증명은 신앙에 의해 주어진 신의 개념을 기초로 한다. 사유 속에 존재하는 것은 이미 참으로 존재하는 것이요 만일에 신이 실재로서 존재하지 않는다면 사유 속에 신의 관념이 존재한다는 것이 불가능할 것이다. 따라서 사유 속에 신의 개념이 있음은 신이 실제로 존재한다고 단언할 것을 논리적으로 요구한다.

　그는 신을 '그 이상의 위대한 것을 생각할 수 없는 실재'라는 형태로 표현함으로써 자신의 논증을 전개한다. 그는 우리가 신이라는 완전한 존재의 관념을 가지고 있고 또 그 존재보다 더 위대하거나 우월한 어떠한 것도 생각할 수 없기 때문에 또한 완전성이 존재를 함축하고 있기 때문에 그러한 최고의 완전한 존재자는 필연적으로 존재한다고 주장한다. 왜냐하면 관념으로만 존재하고 실재하지 않는 존재보다 관념뿐 아니라 동시에 실재하는 것이 더욱 완전하다고 볼 수 있기 때문이다.

만약 가장 완전하게 상상할 수 있는 존재가 마음속에만 있다면 그것보다 더 완전한 실재, 즉 마음속뿐만 아니라 실제로도 존재하는 실재를 상상할 수 있을 것이며, 이렇게 되면 가장 완전하게 상상할 수 있는 존재가 모순에 부딪히게 된다. 따라서 가장 완전하게 상상할 수 있는 존재는 마음속뿐만 아니라 실제로도 존재해야 한다. 실재를 결여한 어떠한 존재도 불완전한 존재이다. 따라서 완전한 존재는 현실적으로도 존재해야 한다. 그러므로 완전한 존재로서의 신은 반드시 존재한다.

중세에는 이러한 안셀무스의 증명이 정말 결정적인 신의 존재에 대한 증명인지 사람들은 의심했다. 동시대인이었던 마르무티에 수도원의 수도사였던 프랑스의 가우닐론(Gaunilon)도 그러했다. 그는 『프로슬로기움에서의 안셀무스의 궤변을 논박함』이라는 책에서 안셀무스의 존재론적 증명을 반박하고 나섰다. 예를 들어 '가장 완전한 섬'이라는 개념이 있다고 하자. 안셀무스의 원칙에 의하면 이 섬이 존재하지 않는다면 그 섬은 가장 완전한 섬이 아니라는 결론이 나온다. 그러나 그것은 모순이 아닐 수 없다. 왜냐하면 가장 완전한 섬이 이 세상에 없더라도 그러한 섬을 상상할 수는 있다. 마찬가지로 가장 완전한 존재를 우리가 상상할 수 있다고 해서 반드시 그것이 존재해야 하는 것은 아니다. 즉 그것이 존재하지 않는다고 해도 전혀 모순되지는 않는다. 이는 용이나 인어라는 말과 개념은 있지만 그것이 실제의 세계에 있지 않음과 같다.

그러나 우리는 이에 대한 안셀무스의 답변을 『프로슬로기움』 3장의 두 번째 존재론적 논증 『가우닐론에 대한 변명』에서 찾을 수 있다. 안셀무스는 신은 완전하므로 시간의 제약을 받지 않으며 생성이나 소멸을 전혀 상상할 수 없는, 존재하지 않을 수 없는 필연적인 존재라고 주장하면서 이렇게 말한다. "존재하지 않는다고 생각될 수 없는 것만이 (참으로) 존재한다고 말할 수 있다. 그러므로 '더욱 위대한 실재를 생각할 수 없는 실재'가 존재하지 않는다고 생각될 수 있다면 그 실재는 그런 실재가 아니라는 모순된 결론에 도달한다. 그러므로 더 위대한 실재를 상상할 수 없는 실재는 진실로 존재하며 그런 실재가 존재하지 않는다고 상상조차 할 수 없다."

안셀무스의 반박은 가우닐론의 '완전한 섬'에 대한 존재론적 논의는 자신의 하

나님에 관한 존재론적 논의와 전혀 다르다는 말이다. '가장 완전한 섬'이라는 개념
은 하나님이 가지고 있는 속성인 필연적인 존재라는 성격을 가지고 있지 않다. 섬
이나 지상의 모든 물체는 우연적 세계의 일부분이기에 그러한 섬이 존재하지 않는
다고 해도 아무런 모순이 없는 의존하는 실재이다. 그러나 자신의 논의는 이러한
의존적 실재에 관한 것이 아니라는 말이다. 그것은 영원하고 독립적인 존재, 필연
적인 존재, 가장 완전하게 상상할 수 있는 존재에 대해 논하고 있기 때문이다.

이와 같은 존재론적 증명은 철학사 전반에 걸쳐 다시 되살아나곤 했다. 근세의
데카르트는 "존재는 속성이다"는 설명으로 안셀무스의 존재론적 증명을 옹호하는
데, '내각의 합이 180도'라는 것이 '삼각형'의 필수적 특징이듯이 '존재'는 '가장 완
전한 실재'의 필수적 특성이라고 했다. 완전한 존재는 존재 또는 존재함이 바로 그
의 본질적 속성이요 실제로도 존재하지 않으면 가장 완전한 존재가 될 수 없기 때
문에 하나님은 반드시 존재해야 한다는 뜻이다.

그러나 이성의 한계를 밝힌 칸트는 신이라는 존재를 전제하고서 존재하지 않는
다고 말하는 것은 삼각형이 있다고 가정해 놓고 세 개의 각이 없다고 하는 것이
모순이 되는 것과 같은 이치라고 하면서, 삼각형이 없을 때 세 개의 각이 없다고
하는 것이 모순이 될 수 없듯이, 필수적인 존재가 없기 때문에 존재라는 속성도
없다고 하는 것은 전혀 모순이 아니라고 비판했다.

또한 현대의 러셀은 존재를 속성이 아니라 주어에 대한 하나의 주장이라고 하여
'신이 존재한다'는 것이 신이라는 주어에 대한 하나의 주장이듯이 '신이 존재하지
않는다'고 하는 것도 신을 주어로 하는 또 하나의 주장이라고 했다. 즉 존재가 속
성이 아닌 이상 신은 존재하지 않는다는 주장은 신의 존재 여부와 전혀 모순되는
것은 아니라고 반론했다.

이런 이론들을 종합해 볼 때 존재론적 증명은 신의 존재와 신의 관념이 동일한
것으로 간주될 때만 타당하다고 간주될 수 있는 관점이라고 할 수 있다.

3. 아벨라르

보편 문제에 대해 개념론, 즉 온건한 실재론을 주장한 것으로 잘 알려진 아벨라
르(Pierre Abélard, 1079~1142)는 스콜라철학자 중에서 가장 자유롭고 대담한 사상

가로서 "알기 위해 믿으라"는 안셀무스의 태도에 반대하고 "너무 성급하게 믿는 것은 경솔하다"고 했다. 그는 비록 성경의 권위를 믿지만 성경은 해석을 필요로 하며, 읽는 사람은 그것의 의미하는 바를 결정함에 있어 건전한 추론에 의해 지도받아야 한다고 했다. 그는 신앙과 이성의 관계에 대하여 둘 사이에는 갈등이 없다고 생각했다. 비록 인간이 이해할 수 없는 것에 대한 이유를 가진 몇 가지 진리가 있다 할지라도 모든 진리는 합리적이다. 그리고 이것은 후에 완전히 이해가 되리라는 희망과 더불어 신앙에로 받아들여진다. 신앙은 인간 이성의 한계를 넘어서지만 그것과 모순되지는 않는다.

아벨라르는 윤리학과 신학을 동일시했던 시대에 처음으로 윤리학을 독립된 학문으로 다루었다. 그는 윤리의 문제에서 행위가 이루어지는 동기가 행위의 선악을 결정하는 데 가장 중요한 요인이라고 가르쳤다. 도덕의 본질은 의지의 결정에 있다는 말이다. 의지의 결정에 의하지 않은 행동은 도덕적 평가를 내릴 수 없으며 의지를 결정시키는 것은 양심이기 때문에 양심에 따른 행위는 그 결과에 불구하고 선하다고 했다. 그래서 그는 신앙이 인간이 할 수 있는 최선의 사유인 한에서 어떤 사람이 이단적인 신앙을 지니고 있다는 이유로 그를 정죄해서는 안 된다고 했다. 왜냐하면 비록 그가 잘못된 것을 믿고 있다고 해도 그것에 대해 정직한 태도를 가지는 것이 진리일지라도 그것에 대한 정직한 의견 없이 그것을 믿는 체하는 것보다 훨씬 낫기 때문이라는 것이다. 따라서 인간은 자신의 양심의 명령을 따를 자유가 허용되어야 하며 신앙의 문제를 강요받아서는 안 된다. 그리고 덕행의 표준은 양심이요 양심은 모든 사람에게 통하는 자연의 도덕률이고 그 도덕률의 내용은 신을 사랑하는 것이며 그리스도의 정신도 여기에서 벗어나지 않는다고 했다.

제8장
보편논쟁

보편논쟁은 스콜라철학 시대 전반을 걸쳐 가장 중요하게 논의된 문제이다. 보편자의 문제는 5세기말에서 6세기 초에 활동했던 보에티우스가 포르피리우스(Porphyrius)의 『아리스토텔레스의 범주론 입문』에서 제기된 문제를 거론한 이후 500년이 지난 후에 다시 큰 논란이 되었다. 그 이유는 그것이 교리적인 문제와 민감하게 연결되어 있었기 때문이다.

문제의 논점은 정신 외부에 존재하는 대상은 개체적이고 무수한 반면 정신 내에 있는 대상은 단일하고 보편적인데, 바로 그 인간 사유의 대상과 정신 외부에 존재하는 대상을 어떻게 연관시킬 것인가 하는 점이다. 예를 들어 우리는 '사람'이나 '책'과 같은 말이나 단어를 사용하지만, 그것은 우리가 감관에 의해 관찰하는 현실적이고 개체적인 사람이나 책을 가리킬 때 쓰인다. 우리가 '철수'나 '영희'를 보지만 보편자인 '사람'을 생각한다. 다시 말해 우리가 어떤 개체를 볼 때 우리의 정신은 그것을 어떤 종(種)으로 생각한다. 우리는 결코 '사람' 자체를 보는 것이 아니라 '철수'를 보고 '영희'를 본다. 또 '책' 자체를 보는 것이 아니라 구체적인 책, 예컨대 '서양철학사,' '조직신학,' '사람의 아들'을 본다. '사람'은 모든 현실적인 사람들, 즉 철수, 영수, 돌쇠, 영희, 순희, 영자 모두를 가리키는 언어이다. '책'도 마찬가지이다. 그러나 '철수'는 영수나 순희나 영희가 아니라 철수이고, '순희' 역시 철수나 영수나 영희가 아니고 순희이다. 그러면서도 철수, 영수, 순희, 영희는 모두 개별적 존재이지만 모두가 '사람'이다.

보편 문제는 바로 여기에서 발생한다. 도대체 보편을 의미하는 것으로서의 '사람'이나 '책'이라는 단어와 구체적인 개별자로서의 '사람,' '책'은 어떤 관계를 가지는가? 사람이라는 단어는 단지 하나의 단어에 불과한가, 아니면 어딘가에 존재하는 실재를 가리키는가? 만약 '사람'이라는 단어가 '철수'의 무엇을 가리키며 바로 그 무엇이 구체적인 모든 사람에 공통된 것이라면 그 단어는 보편적인 그 무엇을 나타낸다. 그러나 보편자가 우리 정신 속에 존재하는 관념에 불과하다면 우리가 사유하는 방식과 정신 외부에 있는 현실적인 개별 대상들 간에는 무슨 연관 관계가 존재하는가 하는 점을 묻지 않을 수 없다.

결국 보편논쟁은 과연 보편이 실체로서 존재하는가, 아니면 인간의 사고 속에만 존재하는가 하는 문제이다. 이것은 철학적 논의뿐만 아니라 교리적 측면까지 연결되어 있어서 스콜라철학 시대의 최대 관심사였다.

이 보편 논쟁에 관계한 견해는 크게 실재론(實在論, realism) 혹은 실념론(實念論)과, 유명론(唯名論, nominalism) 혹은 명목론(名目論), 그리고 개념론(概念論, conceptualism)의 세 가지가 있다. 실재론은 보편자는 실제로 실재하는 사물로서 "보편은 개별적 대상에 앞서 존재한다"는 입장이고, 유명론은 "보편은 개별적 대상 다음에 존재한다"는 입장이다. 즉 보편은 우리의 지식의 추상적 산물로서 단순한 이름과 명목에 불과하며 실재하는 것은 보편이 아니라 개체라는 주장이다. 온건 실재론이라고도 하는 개념론은 "보편은 개별적 대상 안에 존재한다"는 입장으로 실재론과 유명론의 절충형이라고 할 수 있다.

1. 실재론

플라톤의 이데아론을 근거로 하고 있는 실재론은 오도(Odo), 에리우게나(Eriugena), 안셀무스(Anselmus), 기욤(Guillaume) 등에 의해 주장되었다. 실재론은 아벨라르의 온건 실재론과 구별하기 위해 때로는 실재론이라는 말 앞에 '극단적'이라는 수식어를 붙여 극단적 실재론이라고 하기도 한다.

실재론에 따르면 보편자는 형상이나 이데아로서 개체와 분리되어 실재한다고 한다. 보편자는 시간적으로나 계층적으로 근원적이며 실재적인 반면에 개별적 대상으로서의 개체는 보편자 내에 한정되어 있으며 보편자로부터 파생된 보편자의 산물이다. 한 마디로 개체와 보편 중에 보편이 개체에 우선하며 그것이 실재한다.

인간과 한 개인을 예로 들면 보편적 인간은 궁극적으로 실재하는 실체일 뿐만 아니라 개별적 사물들이 발원하여 나오는 원천이 되기도 한다. 실재적인 것은 보편적인 것이며 개별적인 것은 보편자를 펼쳐 나가는 과정을 표징한다. "보편자는 개별적 사물에 앞선다"(universalia ante rem)는 실재론의 주장도 대상이 생겨나기 이전에 보편적 또는 일반적 형상이 개별적 대상에 실재성을 분여해 주는 원천으로서 먼저 존재하지 않으면 안 된다는 말이다. 개별적인 인간이 존재하기 이전에 필시 인간성이 보편자로서 존재해야 하는 것처럼 한 대상의 본질인 보편자는 그 개별적 대상이 존재하기 이전에 하나의 실재로서 존재해야 한다. 결국 보편자가 객관적 실재로서 존재한다는 주장이다.

2. 유명론

실재론과는 정반대인 유명론 혹은 명목론은 11세기 후반에 반실재론자인 로스켈리누스(Roscellinus, 1050~1125)에 의해 주장된 것인데, "보편은 개별적 대상 다음에 존재한다"(universlia post rem)는 입장으로서 개체들만이 자연 내에 존재한다는 명제로 집약될 수 있다.

로스켈리누스에 따르면 종과 유와 같은 보편자는 실재 사물이 아니다. 즉 보편자는 어떤 구체적인 사물을 지적하는 것이 아니다. 그것은 여러 개별적인 사물들을 서로 뭉쳐서 한 군(群)이나 부류로서 이름하는 것에 지나지 않다. 보편자는 사물들을 동일한 구성원으로 만드는 실체의 그러한 우연성인 복합적인 특성들을 나타내는 단순한 말이나 음성상의 소리를 표시하므로 사물들의 일반적 부류에 대한 집합적 이름에 지나지 않는다는 말이다. 따라서 실재는 개별적 사물들로 이루어져 있는 한편 보편자는 한낱 인간의 마음속에만 존재하는, 사물들의 한 부류에 대한 이름에 지나지 않는다는 뜻이다.

로스켈리누스는 이러한 입장에서 삼위일체론을 부정한다. 삼위일체의 세 위격은 제각기 독립적인 존재이며, 그들에게 공통된 것이라고는 하나의 단어에 불과하며 실제로 근본적인 것은 아무것도 없다고 했다. 따라서 삼위는 세 개의 개별적인 신이라고 간주해야 한다고 했다. 물론 그는 이단 선고를 받았는데 후에 종교회의에서 자기 이론을 철회했다.

14세기에 이르러서 오컴(Occom)은 만일 보편이 실재한다면 그것은 창조에 앞서 신의 마음속에 존재했었을 것이며 따라서 신의(神意)를 속박하는 결과가 되어 신의 자유로운 '무로부터의 창조'와 위배된다고 하였다. 또한 다수의 개물 안에 보편이 동시에 있다는 것도 논리적 모순이라고 하여 보편은 단지 명사이며 개물을 나타내는 기호에 불과하다고 주장했다.

3. 개념론

아벨라르(Petrus Abelardus, 1079~1142)에 의해 주장된 개념론은 보통 온건 실재론이라고도 하는데, 실재론과 유명론의 견해를 종합하고 조정한 중립적 입장으로서 "보편은 개별적 대상 안에 존재한다"(universlia in rem)는 명제로 표현된다.

아벨라르는 보편성은 원래 단어에서 연유해야 하는데 한 단어가 다수의 개별자에게 적용되는 경우에 그것을 '보편적'이라고 한다고 했다. 그러므로 보편적인 용어의 기능은 개체들을 어떤 특별한 방식으로 나타내는 데 있다. 이러한 보편적인 용어들은 정신의 추상 능력에 의해 만들어진다. 우리는 몇몇 개체들의 존재 방식에 의해 그 사물 모두의 유사성을 발견할 수 있다. 우리가 개체들을 경험할 때 단순히 보기만 하는 것이 아니라 사유하거나 이해하기도 한다. 정신은 물질적 대상이 없이도 개념을 생성할 수 있기 때문이다. 그러므로 정신은 '소크라테스'나 '플라톤'과 같은 개체의 개념도 형성할 수 있고 '인간'과 같은 보편적인 개념도 형성할 수 있다.

그러나 정신의 개념으로서의 보편자는 개별적인 감각적 대상과는 분리되어 존재하지만 이들 개체에 적용된 단어들로서의 보편자는 이들 대상 안에만 존재한다. 여러 개체에 같은 단어가 적용될 수 있는 것은 각각 개체가 이미 다른 개체와 같은 방식으로 인식될 수 있도록 존재하고 있기 때문이다. 그러므로 보편자는 정신이 개별자들로부터 공통적 유사성을 추상해냄으로써 생기는 개념이다. 즉 보편자는 개체로부터 추론되는 것으로 개별자의 존재 방식이 아니라 이해 방식이다. 그래서 아벨라르는 보편자란 개념에 대한 근거를 제공하는 어떤 실재를 나타내고 있는 하나의 단어이자 개념이라고 결론짓는다.

결국 보편자는 개물 안에 있는 공통 상태로서의 개념 또는 언어로서 지성은 이 것을 개물에서 추상하여 인식하기 때문에 개물에는 보편이 전제되어 있다. 즉 보편은 정신에서는 개체에 앞서며 자연에서는 개체 속에 존재하고 인식에서는 개체 뒤의 개념 속에 존재한다. 그가 '보편자란 그 본성상 다수의 개별자에 대하여 술어가 되는 것'이라고 정의한 것은 보편자가 그 자체로는 실재하지 않지만 실재하는 사물과 뗄 수 없는 관계라는 사실을 말해준다.

4. 보편논쟁과 교리와의 관계

스콜라철학 시대에 수세기에 걸쳐 보편논쟁이 오랜 동안 격렬하게 진행되었던 이유는 보편과 개체의 문제가 중세를 지배하고 있었던 기독교의 교리 및 그 체계와 깊은 관계를 갖고 있었기 때문이다. 어떤 입장을 취하느냐에 따라 그것이 정통 교리와 부합하기도 하고 충돌하기도 할 정도로 교리의 근거로서의 의미를 가지고 있었다. 특히 보편의 문제에 있어 실재론과 유명론은 기독교 교리와 관련하여 너무도 큰 중요성을 가졌다. 실재론은 정통 기독교 교리의 근거를 확보해 줄 수 있으나 유명론은 기독교의 근간 교리를 뿌리 채 흔들어 놓을 수 있었다.

예를 들어 원죄설을 설명하려면 인간의 본성에 대해 실재론적으로 기술해야 한다. 원죄설은 아담과 하와가 죄를 범한 것은 개체로서의 죄가 아니라 보편적인 인간에 해당하는 인간의 대표로서 범죄한 것이며, 따라서 아담과 하와의 범죄에 의해 이미 인간 혹은 인간성의 실체가 영향을 받고 오염되었으며 그 후의 모든 세대는 그들의 행위의 결과를 물려받게 되었다고 가르친다. 사도 바울도 로마서 5장에서 대표자, 즉 보편의 원리로 원죄에 대해 설명하고 있다.

따라서 실재론이 부정된다면 아담과 하와의 범죄는 단순히 그들 개체로서의 범죄로 끝나게 되어 그들의 범죄로 인한 인간성의 타락과 능력 상실, 그리고 죄의 유전은 설득력을 상실하게 된다. 바꿔 말해 유명론에 따르면 낱낱의 죄만이 실재적이기 때문에 원죄는 인간의 목소리에 의해 전달된 인위적인 빈 말에 지나지 않게 된다.

마찬가지로 삼위일체론을 설명하려면 실재론에 서야 한다. 만일 동일한 하나의 실체가 여러 구성원들 속에서 존재한다는 사실이 부인된다면 삼위일체가 아닌 삼신론에 빠지게 되며 각 구성원은 전체적으로 독립적이며 다른 존재로 존재하게 된다. 다시 말해 실재론이 아닌 유명론의 입장을 취하면 성부, 성자, 성령은 동일한 하나님, 즉 보편자로서의 삼위일체인 하나님이 아니라 세 위격이 사실상 낱낱의 세 신이라는 삼신론에 빠지게 된다. 그래서 안셀무스는 "모든 사람이 단지 하나의 보편자인 인간이라는 사실을 이해하지 못하는 사람은 각각의 위격은 신이지만 전체적으로는 유일한 신을 이룬다는 사실을 이해하지 못하는 자이다"라고 말했다.

교회의 문제에서도 마찬가지이다. 교회는 어떤 확실한 유사성을 가진 개별적 제도들에 대해 붙여진 이름이 아니라 모든 개별 교회들 이전의 이상적인 형태이며 개별 교회는 교회의 본성을 예시하기 위해 존재하는 것이다. 다시 말해 '보편적'(catholic)이라는 의미를 가진 카톨릭 교회는 단순한 신자의 집회가 아니라 신자에 선행한 권위적 실재로서 진실로 신이 만든 제도이다. 그러나 개별자만이 실재적이라는 유명론에 따르면 참된 보편적 교회는 있을 수 없으며 교회는 한낱 인간이 만든 제도에 불과한 것이 됨은 물론이고, 보편교회는 다만 단순한 이름이나 구두상의 말 이외의 아무것도 아니라는 결론에 이른다. 따라서 실재론이 교회에 의해 받아들여진 것은 당연하며 유명론이 배척되고 그 주장자들이 파문당하고 이단으로 정죄된 것 역시 시대적 필연이었다.

제9장
융성기의 스콜라철학

아벨라르 이후 부진했던 스콜라철학은 아리스토텔레스의 영향을 받아 새롭게 발전하여 전성기를 맞게 되었다. 이러한 활동은 수도원 운동의 확산을 통해 두드러지게 나타났다. 특히 1209년 창립된 프란시스(Francis)와 1215년 창립된 도미니크(Dominic) 두 교단은 청빈, 정결, 박애를 그 생활신조로 하고 자선 사업과 포교 활동에 주력했으나 학문 활동에 있어서는 서로 날카로운 대립을 보이며 발전했다.

프란시스 교단은 주로 아우구스티누스의 학설을 고수하면서 아리스토텔레스적인 것을 꺼리는 보수적 경향을 띠었다. 이 교단은 종교의 실천적인 면을 강조했기 때문에 이론에 치우치는 주지적 경향을 배격하고 주의적인 면을 강조한 교단이었다. 이러한 주의적 경향은 신앙과 지식의 분리를 주장하게 되었는데 스콜라철학이 몰락하고 근대적 학문이 대두하게 된 것도 이 교단의 영향이었다. 반면에 도미니크 교단은 아리스토텔레스의 철학을 받아들여 이것을 기독교화했다. 프란시스 교단이 주의적이었던 반면 이들은 주지적 성격을 띠었다. 그리고 이 교단은 신앙과 지식의 일치, 즉 신앙의 합리화에 주력했다. 그리고 이들 두 교단의 주의적이고 주지적 경향의 대립은 도미니크적인 토마스 아퀴나스와 프란시스적인 둔스 스코투스의 사상에서 그 대립의 절정을 이루게 된다.

특히 이 시기에 주목할 점은 그리스 철학이 서구로 유입되는 과정에서 큰 역할을 수행한 아랍과 유대의 철학이다. 이들에게는 플라톤 철학보다는 아리스토텔레스 철학이 잘 알려져 있었으며 신플라톤주의도 그들에게 소개되었다. 그래서 그들은 특히 아리스토텔레스를 매우 존중하면서 거기에 신플라톤주의의 사상을 교차시켰다. 그리고 이들의 사상은 곧바로 스콜라철학자들에게 영향을 미쳤다. 따라서 아랍과 유대 철학은 중세철학사를 정확하게 이해하는 데 필수적인 요소이다.

1. 아랍 철학

아랍 철학은 아리스토텔레스의 철학이 서구로 완전히 도입되는 주요한 경로이다. 모하메드(Mohamed, 570~632)의 영도 아래 9세기에서 12세기까지 철학적 활동이 활발하게 일어난 페르시아와 에스파냐에 문명의 중심을 둔 거대한 이슬람 제국이 성립되었다. 이 기간의 이슬람 세계는 기독교 세계보다 그리스의 철학이나 과학 및 수학에 관한 지식이 훨씬 더 진보되어 있었다. 그리고 그들은 서구 유럽이 아리스토텔레스의 주요 저서들을 입수하기 수세기 전에 이미 그것들을 접할 수 있었다. 그리스 철학자들의 많은 저서가 이들에 의해 아랍어로 번역된 이후에야 유럽에서는 라틴어 번역을 시작했다.

대표적인 이슬람 철학자로 아베로에스와 아비센나를 드는데, 그들이 아랍어로 저술을 했어도 정작 그들은 아랍인이 아니었다. 아베로에스는 에스파냐 사람이었고 아비센나는 페르시아 사람이었다. 이슬람 철학자들은 단순한 주석가가 아니었다. 그들은 대체로 신플라톤주의의 정신에 따라 아리스토텔레스의 철학을 변경, 발전시켰다. 이들의 철학을 중세에서 간과할 수 없는 이유는 중세의 대부분의 철학자들이 아리스토텔레스를 이해하려고 참고한 주석서들이 바로 이들의 것이기 때문이다. 다시 말해 그들은 아리스토텔레스와 다른 그리스 철학자들을 유럽으로 유입시킨 전달자들이다. 아리스토텔레스에 대한 이들의 주석은 그에 대한 지식의 원천이기는 했지만 신앙과 이성을 조화시키는 데 있어서는 심각한 어려움을 야기하게 했다. 어쨌든 그들 중 몇 사람은 주석이 옳든 그르든 중요한 점에서 기독교의 신학이나 신앙과는 모순된 의미로 아리스토텔레스를 해석했으며 이러한 해석은 기독교의 사상에 영향을 끼쳤다.

1) 아비센나

아비센나(Avicenna / Ibn Sina, 980~1037)는 이슬람 최대의 철학자로 이슬람 세계
에서의 스콜라철학 체계의 참다운 창조자이다. 페르시아 태생의 아비센나는 아리
스토텔레스 철학과 신플라톤주의적인 사고방식을 융합한 체계를 전개시켰다. 스
콜라철학 시기에 대한 일반적인 분류에 의하면 초기에 해당하겠지만, 아비센나는
스콜라철학이 융성기로 접어들게 하는 데 결정적인 역할을 했다고 할 수 있다.

아비센나에게 중요한 점은 창조론에 대한 견해이다. 그에 따르면 존재하게 되는
것은 무엇이든 원인이 있어야 한다. 그리고 그는 원인을 가져야만 하는 사물을 가
능적 존재라 부른다. 가능적 존재의 원인은 선행하는 존재에 의해 야기되어야 하
는데 선행하는 그것 역시 원인을 가져야 하지만 그러한 원인의 서열이 무한히 계
속될 수는 없다. 그러므로 제일원인이 존재해야 하며 그 존재는 단순히 가능한 것
이 아니라 필연적이며 어떤 원인에서 비롯되지 않고 자체적으로 존재를 소유해야
한다. 이 필연적 존재가 곧 하나님이다. 이러한 추론 형식은 후에 아퀴나스에 의해
그의 세 번째 신 존재 증명에 도입된다.

그에 따르면 이렇게 존재는 가능적 존재와 필연적 존재의 두 종류로 구분된다.
가능적 존재란 아직 존재하지 않는다는 의미와 자기 실존을 어떤 외적인 원인에
의존하고 있는 현실적 존재라는 의미이다. 그러므로 가능적 존재는 자신의 본질에
의하여 존재하지 않고 자기 실존을 어떤 외적인 원인에 의존시키고 있는 존재자이
다. 이 가능적 존재는 자기 자신의 본질에 의해서 실존하는 자존적인 존재와 대조
된다. 따라서 세계를 구성하고 있는 유한한 것은 모두 외적인 원인에 의존하고 있
는 가능적 존재로서 이 가능적 존재의 계열 전체는 이를 궁극적으로 설명하는 필
연적 존재를 요구한다. 그 필연적 존재가 본질과 실존이 동일한 하나님이다. 피조
물에 있어서는 실존과 본질이 구별되지만 하나님은 본질과 실존이 동일하다는 아
비센나의 생각은 후에 토마스 아퀴나스의 존재론에서 중요한 특징이 된다.

그 하나님은 존재의 최고봉을 이루며 시초를 가지지 않고 항상 행위, 즉 창조
활동을 하고 있다. 따라서 신의 창조는 필연적이고 영원하다. 그러나 13세기의 보
나벤투라는 이것이 오류요 성경의 창조 개념과도 어긋난다고 했다. 성경에서는 창
조를 필연이 아닌 하나님의 자유의지의 소산으로 보고 있으며 영원에서가 아닌 시

간의 어느 한 시점에서 창조가 일어났다는 것이다. 그러나 이에 대해 아퀴나스는 창조가 시간 안에서 일어났는지 아니면 영원으로부터 일어났는지는 철학적으로 가릴 수가 없으며 그것은 궁극적으로 신앙의 문제이어야 한다고 생각했다.

아비센나의 창조론이 기독교 철학자들을 어렵게 했다면 그의 심리학은 더욱 큰 어려움을 주었다. 그는 인간의 지적인 활동의 설명에서 가능적 지성과 매개적 지성을 구별했다. 이를 위해 그는 존재의 등급에 관한 신플라톤주의를 도입한다. 신은 단일한 결과, 즉 최상의 천사인 지성을 창조하고 이 지성은 하급의 지성을 창조하여 열 번째의 마지막 지성인 매개적 지성을 창조한다고 했다. 바로 이 매개적 지성은 인간의 영혼이나 정신뿐만 아니라 이들 창조된 정신에게 형상들을 부여하는 자이다.

인간은 존재의 등급에서 천사의 존재 혹은 지성의 단계중 최하위에 위치한다. 인간은 정신의 시작을 가지므로 가능한 존재이며 그러한 인간은 가능적 지성을 소유한다. 여기에서 아비센나는 존재와 본질을 구별한다. 피조물의 본질은 그의 존재와 구별되기 때문에 그의 본질이 저절로 충만되지 않으며 자체적으로 주어지지도 않는다. 인간 정신의 본질은 인식하는 데에 있다. 그렇다고 정신이 항상 인식하는 것은 아니다. 지성은 인식할 수 있고 또 그것의 본질도 인식이지만 그것의 인식 행위는 가능할 뿐이다. 지성은 어떤 지식도 아닌 지식의 본질 혹은 그 가능성을 가지고 창조되었다. 지식의 존재는 외부적 감각이나 내부적 기억, 그리고 추상의 힘을 통한 보편자의 발견으로 가능하다. 그런데 아비센나는 이 추상이 인간의 지성이 아니라 매개적 지성에 의해 수행되며 그 지성은 인간의 정신이 인식할 수 있도록 조명해주고 그 결과 정신의 본질에 존재를 부여해 준다고 한다. 매개적 지성은 모든 인간의 정신의 창조자이며 인간의 지식 속의 능동적인 힘이기 때문에 모든 인간 안에는 그들이 분유하고 있는 유일한 능동적 지성이 있다는 뜻이다.

2) 아베로에스

아베로에스(Averroës / Ibn Rushd, 1126~1198)는 에스파냐의 이슬람 문화의 중심지인 코르도바에서 출생하여 그곳에서 철학, 수학, 법률학, 의학 및 신학을 공부했다. 그는 아리스토텔레스의 재능을 인간 지성의 극치라고 믿었기 때문에 스콜라철학자들에 의해 '주석가'라는 대명사로 불릴 정도로 아리스토텔레스 저작의 주석에 몰두했다.

아베로에스는 몇 가지 점에서 아비센나와 의견을 달리했다. 아비센나는 창조가 영원하고 필연적이라고 했으나 아베로에스는 그것은 종교의 교리에 불과하다고 하여 창조론을 부정한다. 또한 본질과 존재 사이의 구별도 부인하여 그들 사이의 실재적 차이가 없다고 한다. 단지 분석을 위해 논리적 차이점을 둔 것이라고 한다. 나아가 각 인간은 각자 독특한 가능한 지성, 즉 정신적인 힘을 소유하고 있으며 모든 인간에게 동일한 매개적 지성이 존재한다고 주장한 아비센나와는 달리 아베로에스는 인간이 분리된 가능한 지성을 소유한다는 사실을 부정한다.

지성에 관한 문제에 있어서 아베로에스는 인간 전체에는 하나의 능동지성이 있을 따름이라고 주장한다. 그에 따르면 하나님은 최고의 존재인 동시에 제일원인이다. 이로부터 순차로 천구, 즉 지성적 실체가 영원히 흘러나오며 월세계에 이른다. 이 세계에 있어서의 능동적 지성이 질료에 온갖 형상을 부여하여 사물을 현실에 존재시킨다. 이 능동 지성은 개개의 인간의 수동 지성과의 접촉에 의해 어떤 결합 상태를 이루는데, 그는 이런 결합 상태를 질료적 지성이라고 했다. 이 가능적 지성의 빛에 의하여 인간의 혼은 비로소 지성적 인식을 손에 넣는다. 그러므로 인간 전체에 하나뿐인 불생불멸하는 하나의 지적 원리만이 있다. 그것은 조명하는 것으로서 개개의 인간 존재와 개별적으로 일시적으로 결합한다. 따라서 개인의 불멸은 없다. 이러한 인간 지성론은 영혼불멸설을 부정하는 불경한 것으로 간주되어 당대에 일대 파문을 일으켰다.

2. 유대 철학자 마이모니데스

아랍인들에 의해 아리스토텔레스를 접한 유대 철학자인 모세 마이모니데스 (Moses ben Maimonides, 1135~1204)는 구약성경에 대해 기독교 사상가들과 공통된 신앙을 가졌기 때문에 그들에게 많은 영향을 주었다. 구약성경의 사상, 유대의 정통 신앙과 그리스 철학 및 과학을 조화시키려는 그의 시도는 신학과 세속 학문을 융합시키려던 아퀴나스의 귀감이었다.

마이모니데스는 아베로에스와 동향인 코르도바에서 태어났으며 또 그와 동시대인이었다. 그는 아랍어로 씌어졌다가 라틴어로 번역된 주저 『방황하는 자들의 인도자』(*Dux perplexorum*)에서 유대교의 교리가 철학적 사상과 잘 조화를 이룰 뿐 아니라 성경적 사상은 이성으로 발견할 수 없는 확실한 통찰을 보여주고 있다는 사실을 증명하고자 했다. 그는 이를 위해 주로 아리스토텔레스의 책을 참고했는데, 이것은 기독교 사상을 철학과 융합시키려는 아퀴나스에게 강한 영향을 주었다.

마이모니데스는 신학과 철학, 즉 신앙과 이성 사이에는 어떠한 차이도 있을 수 없다는 믿음에서 출발한다. 그에 따르면 율법학과 철학은 각기 독특한 형태의 지식이다. 그리고 그것들의 내용과 범위는 같지 않지만 그것들이 상반되지는 않는다. 그래서 모든 종교적인 교리가 항상 합리적이거나 철학적인 설명 근거를 가지는 것은 아니다. 그러므로 창조설과 같은 것은 종교적인 신앙의 문제이다. 비록 아리스토텔레스는 세계가 영원에서 창조되었으며 시간 안에서의 창조란 있을 수 없다고 하지만 창조설을 반대하거나 찬성하는 논거는 철학적으로 볼 때 똑같은 비중을 가지고 있다.

그에 따르면 신앙과 이성의 갈등은 두 가지 원인에 의한다. 종교의 신인동형론적인 언어와 신앙의 문제에 있어서 우매한 자들이 접근하는 무질서한 방식이 그것이다. 그래서 그는 수학과 자연과학으로부터 시작하여 율법의 연구, 그 다음에 형이상학 혹은 전문적인 철학적 신학으로 점차 나아가야 한다고 주장한다. 이러한 종류의 방법적인 훈련을 통해 성경적인 언어의 비유적 성격에 대한 이해가 더욱 쉽게 그리고 올바르게 이루어진다는 말이다. 그리고 특히 종교적인 언어의 신인동형론적인 요소를 감소시키기 위해 과학적이고 철학적인 개념들의 범주 속에서 훈련이 강화되어야 한다고 했다.

또한 그는 아퀴나스의 신의 존재에 대한 세 가지 증명의 선구였다. 제일 동인의 존재, 필연적 존재, 제일원인의 존재가 그것이다. 그리고 그는 신 존재 증명 후 신의 본질에 대한 언급의 가능성을 배제하여 신에 대해서는 어떠한 긍정도 할 수 없으며 단지 신은 그럴 수 있는 존재가 아니라고 말함으로써 신의 부정적인 속성만을 주장했다. 이것은 아퀴나스에 의해 신 인식의 '부정의 길'(*via negativa*)로 그대로 받아들여진다.

결국 모세 마이모니데스는 그리스 철학과 유대 정통 신앙을 조화시키는 데에 아리스토텔레스의 철학을 원용했는데 그것은 또 아퀴나스에게 커다란 영향을 끼쳤다는 점에서 그 의의가 있다.

3. 보나벤투라

보나벤투라(Bonaventura, 1221~1274)는 아퀴나스와 함께 스콜라철학의 전성기의 지도적 인물로서 프란시스회의 전통인 아우구스티누스의 노선을 따랐다.

그의 철학의 핵심은 신이다. 그에게의 신학과 철학은 그 방법에 있어서는 서로 구별되지만 서로 연결되고 보충하면서 인간을 신에게로 이끄는 두 안내자이다. 따라서 우리의 삶은 모든 것이 신에로의 순례이며 우리가 올바른 길을 간다면 그것은 조명이라고 한다.

아퀴나스가 존재는 가장 보편적 개념이며 첫째로 알려진 것이라고 했던 것처럼 보나벤투라도 신을 첫째로 알려지는 것이라고 했다. 그는 안셀무스와 같은 방식의 신 존재 증명과 더불어 자연에 의한 후천적 증명도 인정한다. 그러나 그가 선호하는 신 인식은 영혼의 작용에 의한 자기 경험에 있어서의 후천적인 직관적 인식이다. 그에 따르면 우리는 우리 영혼 안에서 신을 만나고 신을 인식한다. 신은 우리 영혼 안에 현존한다. 신이 우리 안에서 발견되는 것은 불변의 진리이다.

보나벤투라는 신과 세계, 인간 존재들 사이에 유비(類比)를 인정한다. 유비를 통해 인간의 지식은 세계와 인간 존재의 인식을 가질 수 있다. 신은 원형이고 인간과 세계 사물은 그 모형이다. 그의 유비적 인식은 단계적인데, 첫째는 그림자로서 그 내용은 원형에서 아주 멀어진 모상이요, 다음은 흔적으로서 이것은 좀더 원형에 가까운 것이며, 그 다음이 유사상으로서 원형에 더 근사성을 갖는 것이다. 그렇지만 신을 파악하는 것은 먼저 신앙의 문제이다. 자기가 믿는 것을 이해하려고 노력하고 조명의 길을 가는 사람은 지각할 때 사물에 숨겨져 있는 신을 발견한다. 즉 감각적 세계는 우리를 신에게 이끌어 주는 길이요 기호이다. 그런 점에서 그의 철학은 모든 사물이 신을 말해 주며 그 각개의 방법으로 신을 나타내며 우리를 신에게로 향하게 한다는 사실을 말해준다.

4. 알베르투스 마그누스

알베르투스 마그누스(Albertus Magnus, 1206~1280)는 독일에서 백작의 아들로 태어났다. 그의 철학은 제자 토마스 아퀴나스가 아리스토텔레스의 철학을 충분하게 수용하기까지의 과도기적 단계의 성격을 띠고 있다.

그는 처음부터 신앙은 이성에 의해 밑받침되어야 한다고 생각하고 신학의 기초로서 철학의 중요성을 간파하여 아리스토텔레스의 철학을 연구한 결과 아리스토텔레스적인 요소를 수용하고 그것을 자기의 철학 속에 구체화시켰다. 그는 우선 철학과 신학을 분명하게 구별했다. 형이상학 또는 제일철학이 하나님을 제일 존재자로서 다루는 반면 신학은 하나님을 신앙에 의해 알아진 것으로서 다룬다. 그리고 철학자는 모든 인간에게 주어진 이성의 일반적인 빛의 작용 아래에서 연구하고 이 빛에 의하여 제일원리를 보지만, 신학자는 초자연적인 신앙의 빛에 의해서 연구하고 이 빛을 통해서 계시된 교의를 받아들인다.

알베르투스 마그누스의 중요성은 아리스토텔레스의 체계와 아랍 철학자들의 저작 가운데에 얼마나 중요한 것이 포함되어 있었는가를 알고 그것을 자신의 철학 체계에 수용하여 그의 제자 아퀴나스에게 커다란 영향을 미쳤다는 사실에 있다.

제10장
토마스 아퀴나스

스콜라철학의 집대성자요 완성자로서 교회로부터 천사 박사(angelic doctor)라는 칭호를 얻은 토마스 아퀴나스(Thomas Aquinas, 1225~1274)는 나폴리 근교의 로카세카 성에서 아퀴노 백작 가문의 대지주인 란돌푸스(Landolphus)의 일곱째 아들로 태어났다. 그는 스승 알베르투스 마그누스(Albertus Magnus)보다 뛰어난 체계화의 능력을 지니고 있었는데, 아리스토텔레스의 철학을 신학적, 철학적 분석과 종합의 도구로 사용하여 기독교의 사상을 아리스토텔레스의 용어로 나타냈다. 아퀴나스의 저작 가운데에『존재와 본질』(De ente et essentia),『진리론』(De Veritate),『대 이교도 대전』(Summa contra Gentiles)은 형이상학적인 내용을 담고 있으며,『신학대전』(Summa Theologica)은 그의 최고의 대작이다.

1. 아퀴나스의 철학과 신학

아퀴나스는 철학의 내용이나 철학자가 고찰하는 대상은 계시 가능한 것, 즉 계시될 수 있었으나 계시되지 않고 있는 것, 그리고 "하나님은 예지자이다"처럼 계시되어 있기는 하지만 인간 이성에 의해서 확인될 수 있다는 의미에서 계시될 필요가 없었던 것, 바로 그런 것이라고 생각했다. 따라서 그의 철학은 신학과의 관계에서 고려되어야 한다.

아퀴나스에게는 어떻게 철학의 본질이나 본성을 손상시키지 않고 철학을 신학에 도입하느냐가 아니라 어떻게 신학의 본질이나 본성을 손상시키지 아니하고 철학을 신학에 도입하느냐가 문제였다. 이를 위해 아퀴나스는 세계의 근본적인 합리성을 신의 계시로 확증하고자 아리스토텔레스 철학을 그의 신학에 채용해서 조직화했지만 아우구스티누스를 버릴 정도는 아니었다. 신학에서는 당연히 아우구스티누스의 견해를 따르면서 아리스토텔레스의 철학으로는 신학의 교리를 체계화하고 규정하고 논리적으로 입증했다. 나아가 그는 플라톤 철학, 헬레니즘, 아랍 철학, 이교사상까지 모두 섭렵하여 그것들을 종합적으로 체계화하여 새로운 조화를 이루어 소위 아퀴나스주의(Thomism)라는 명칭을 얻게 되었다. 특히 아랍 철학을 통해 이해한 아리스토텔레스와 아우구스티누스의 철학에 영향을 입은 바가 크다. 그는 아랍 철학이 아리스토텔레스의 철학과 교회의 신앙을 결합시키지 못한 상태에 있었으나 그것을 결합시켜 교의신학의 대조직을 이룩한 카톨릭 교회의 모범적인 철학자이다. 후에 1879년 교황 레오 13세가 공포한 「영원한 아버지」(Aeterni Parti)라는 회칙은 그의 철학을 로마 카톨릭의 공식 철학으로 못 박았다.

:아퀴나스의 철학은 본질적으로 실재론적이며 구체적이라는 데에 그 특징이 있다. 그는 실재가 연역될 수 있는 하나의 개념을 미리 전제하지 않는다. 대신 실재하는 세계에서 출발하여 그것의 존재가 무엇인가, 그것이 어떻게 존재하고 있는가, 그것이 실재하는 조건은 무엇인가 하는 것을 탐구한다. 아퀴나스는 경험론자는 아니었지만 감각 경험의 성찰에 의해서 자신의 철학을 수립하고 있다. 그리고 그의 사색은 최고의 존재, 즉 '자존하는 존재 자체'(ipsum esse subsistens)에 집중하고 있다. 이러한 관심은 언제나 감각적인 세계에서 시작하는 신 존재 증명에 잘 나타난다. 물론 아퀴나스가 "하나님은 자존하는 존재이다," "하나님의 본질은 본래 선이나 사유가 아니라 존재이다"라고 주장했을 경우, 그는 하나님에 대한 세계의 관계에 대해서 유대적인 기독교가 생각하고 있는 의미를 명확하게 드러내고 있다.

그렇지만 아퀴나스는 탐구 방법적인 면에서 신학과 철학을 명확하게 구별했다. 철학과 과학은 오로지 이성의 자연적 빛에만 의존하여 인간의 이성에 의해서 인식되는 원리들을 수용하고 추론의 결과를 논하는 반면, 신학은 이성을 사용하기는 하지만 권위 또는 신앙에 근거하여 자신의 원리들을 받아들인다. 따라서 신학과 철학의 근본적인 차이는 구체적으로 생각된 대상들의 차이가 아니라 단지 그 방법에 있다. 신학은 다루고 있는 대상을 계시된 것으로, 또는 계시된 것에서 연역될 수 있는 것으로 고찰하는 반면, 철학은 자신의 원리를 이성에 의해서만 이해하고 이성의 자연적 빛에 의해서 이해할 수 있고 또 이해된 것으로 고찰한다.

예컨대 삼위일체의 신비와 같은 것은 이성에 의해서는 인식될 수 없고 오직 계시에 의해서만 알 수 있으므로 신학의 고유한 것인 반면에, 그 외의 다른 진리는 오로지 계시되어 있지 않다는 의미에서만 철학의 고유한 진리이다. 진리 중에서도 어떤 진리는 이성이 아니라 신앙에 의해서만 알려져서 신학에 고유한 진리가 있는가 하면, 또 어떤 진리는 계시된 바가 아니라는 의미에서 철학에만 고유한 진리가 있다. 그리고 또 어떤 진리는 철학과 신학에 공통된 진리가 있는데, 이것은 계시된 것인 동시에 이성으로써 입증할 수 있는 것이다. 따라서 아퀴나스는 이렇게 공통된 진리가 있기 때문에 철학과 신학이 본질적으로나 근본적으로 다르다고 할 수 없다고 한다.

결국 아퀴나스는 방법상에 있어서는 철학과 신학을 명백히 구별하면서도 양자의 목적은 동일시한다. 즉 동일한 진리가 신학자나 철학자에 의해서 말해지고 있지만 그것에로의 도달과 고찰 방법이 서로 다르다고 생각했다. 인식 근거의 차이가 학문의 차이를 유발한다는 말이다. 그러므로 자연 이성의 빛에 의해서 인식될 수 있는 한에서 철학적인 학문이 다루고 있는 대상을, 하나님의 계시의 빛에 의해서 취급해서 안 될 이유는 없다. 그는 신앙과 이성을 모순되는 것으로 보지 않고 그것의 조화와 일치를 추구하려 했는데 이런 입장은 스콜라철학 전반에 걸쳐 견지되고 있다.

그렇지만 아퀴나스는 이성에 의해서 발견될 수 있는 하나님에 관한 진리일지라도 인간의 신앙에 맡겨지는 것이 마땅하다고 생각했다. 또한 그는 철학자가 계시에 의지하지 않고서 참다운 형이상학적 체계를 수립하는 것이 이론적으로는 가능하지만 그러한 체계는 반드시 불완전하고 부적합하고 불충분하다고 생각했다. 왜냐하면 형이상학자는 본래 진리 자체, 즉 모든 진리의 원리인 하나님에 관계하고 있는 셈인데 이성적 탐구만으로는 그것을 알아낼 수 없기 때문이라고 했다.

2. 신 인식의 세 가지 방법

아퀴나스에 따르면 우리는 필연적 존재가 어떠한 존재인지 알아야 한다. 그렇지만 우리의 인식은 감각적 지각에 의존해 있고 우리가 형성하는 관념은 피조물에 대한 우리의 경험에서 생겨나기 때문에 감각적 경험을 초월해 있는 유일의 존재자인 하나님의 본질을 직관할 수는 없다. 그렇다면 어떻게 인식할 수 있는가? 그는 하나님의 본질에 대해서는 알 수가 없고 다만 하나님의 존재 여부, 즉 하나님이 존재한다는 것만을 알 수 있을 뿐이라고 한다.

"하나님의 실체는 그 무한함으로 말미암아 우리의 지성이 지니는 모든 형상을 초월하여 있다. 따라서 우리는 하나님이 무엇인지를 아는 방법으로는 하나님의 실체를 이해할 수 없으나 하나님은 무엇이 아니라는 것을 아는 방법으로는 하나님의 실체에 대해서 어떤 지식(개념)을 가진다." 이는 신은 이러저러한 존재가 아님을 받아들임으로써 신의 실체에 대한 적극적인 관념을 얻을 수는 없을지라도 신에게만 속하고 다른 모든 존재자들로부터 구별하기에 충분한 신의 관념을 얻을 수 있으므로 신은 어떠한 존재가 아니라는 형식으로 신의 '어떤 것'을 알게 된다는 의미이다. 신 인식에 도달하는 이러한 방법을 '부정의 길'(*via negativa*), 또는 '제거의 길'(*via remotionis*)이라고 한다. 반면에 선이나 예지와 같이 하나님의 실체를 긍정적이고도 적극적으로 단정하는 적극적인 술어나 명사들이 있다. 이렇게 신을 인식하는 방법이 '긍정의 길'이다. 그러나 신의 본성을 나타내고 있는 어떠한 긍정적인 관념도 신을 완전하게 표현하지 못한다. 우리의 지성이 신을 알 수 있는 한에서만 신을 나타내고 있는 데 지나지 않는다.

따라서 '부정의 길'과 '긍정의 길'은 우리가 신의 본질을 있는 그대로가 아니라 단지 피조물 가운데서 드러나는 한에서만 알 수 있으며 우리가 신에게 적용하고 있는 개념들은 피조물 가운데 나타나 있는 완전성을 의미한다는 사실을 말해 주는데 이 사실은 다음과 같은 중요한 결론들로 인도한다.

첫째, 우리가 신과 피조물에 적용하고 있는 개념들은 일의적인 의미에서 이해되어서는 안 된다는 점이다. 예를 들어 우리가 "어떤 인간은 지혜롭다" 또는 "신은 지혜롭다"고 말하는 경우에 양자에 쓰인 '지혜로운'(wise)이라는 말을 완전히 같은 일의적인 의미로 이해해서는 안 된다는 말이다. 우리가 가지고 있는 지혜라는 개념은 피조물로부터 얻어진 것이므로 만일 우리가 이 개념을 그대로 신에게 적용하여 사용한다면 우리는 신에 대해서 무엇인가 잘못된 것을 말하고 있는 셈이다. 왜냐하면 신은 어떤 인간이 지혜로운 것과 완전히 같은 의미에서 지혜로운 것이 아니며 또 그럴 수도 없기 때문이다.

둘째, 우리가 신에게 적용하는 개념들은 다의적인 것도 아니다. 신에게 적용하는 개념들은 그 의미에 있어서 피조물에 적용했을 때의 개념들과 완전히 다르지 않다. 만일 그 개념들이 순전히 다의적이라고 한다면 우리는 피조물로부터 신에 대한 인식을 결코 얻어낼 수 없다. 그리고 만일 인간의 속성으로서 말해진 지혜와 신의 속성으로서 말해진 지혜가 온전히 다른 것을 의미하고 있다면 신에게 적용된 '지혜로운'이라는 말은 아무런 내용도 의미도 없는 공허한 말에 지나지 않을 것이다. 왜냐하면 지혜에 대해 우리가 가지는 지식은 피조물로부터 얻어지고 신의 예지에 대한 직접적인 경험에 근거하지 않기 때문이다.

만일 피조물에 대한 우리의 경험에서 얻어져서 신에게 적용되는 그 개념이 일의적인 의미로도 다의적인 의미로도 사용되지 않는다면 어떠한 의미로 사용되고 있을까? 토마스는 그 개념이 유비적(analogical)인 의미로 사용된다고 대답한다. 그에 따르면 우리는 신을 피조 세계를 통해 알게 되지만 신과 피조 세계의 사이의 거리가 무한히 멀기 때문에 "신과 피조 세계를 일의적으로 수식어를 들어서 말하기란 불가능하다." 그러나 다른 한편으로 생각할 때 신과 피조 세계 사이에는 원인과 결과라는 관계가 있다. 이러한 관계성은 피조 세계가 어느 정도는 창조자와 유사하다는 점을 내포하고 있다. 따라서 유비를 통해서 우리가 흔히 완전을 지칭할 때 사용하는 현명함, 선함, 능력, 자비, 사랑 등의 단어를 신에게 적용시킬 수가 있다. 이것이 유비의 단초이다.

그래서 토마스는 신의 결과로서의 피조물은 비록 불완전하기는 하지만 반드시 신을 나타내게 되어 있다는 사실에 근거하여 유비를 통해 우리는 피조물로부터 신에 대한 무엇을 알 수 있다고 한다. 그가 말하는 유비란 어원적으로 '비례'를 뜻하는 그리스어 '아날로기아'(ἀναλογια, analogia)에서 온 말인데 아퀴나스에게는 한 사물과 다른 사물의 관계를 토대로 신에 관해 진술할 때 사용되는 특수한 방식의 언어를 의미한다.

유비적인 서술은 일의적 의미와 다의적 의미의 중간이다. 차이 속의 유사성 혹은 유사성 속의 차이가 유비를 가능하게 하며 이것이 또 유비의 기본 개념이다. 유비를 통해 서술된다는 것은 어떤 비례를 통해 서술된다는 말로서 하나의 속성이 두 개의 다른 존재자에 대해서 유비적으로 말해지는 경우 이는 양자가 어떤 제3자에 대해서 가지는 관계를 따라서 말해지거나 또는 양자의 상호관계에 따라서 말해지고 있음을 의미한다. 따라서 유비가 성립되기 위해서는 비례적이거나 혹은 관계되는 사물들이 서로 다른 개념이어야 하지만 전혀 다른 개념이어서는 안 된다. 두 개념이 완전히 같다면 일의적이 되고 서로 다르다면 다의적이 되기 때문이다.

결론적으로 유비는 여러 가지 서로 다른 대상들에 관해 완전히 똑같은 동일한 말뜻으로 언표되지도 않으며 그렇다고 대상들에 쓰인 어휘가 그 이름만 같고 그 어휘와 관련된 뜻이 완전히 다르지도 않다는 동일성과 상이성을 결합하는 방법이다. 즉 유비는 동일한 것과 서로 다른 것을, 서로 다른 것과 동일한 것을 봄으로써 모든 존재 사물을 단적으로 동일시하거나 또는 조금도 서로 비교할 수 없는 것이라고 보는 그런 두 가지의 극단적인 태도를 피하는 방법이다.

3. 신의 본질과 존재

아퀴나스의 철학은 존재를 핵심으로 하여 존재 자체인 신을 그 최종 목표로 삼고 있는데 모든 물질적인 실체는 질료와 형상의 합성으로 이루어져 있다는 아리스토텔레스의 견해를 받아들인다. 아퀴나스에 따르면 인간 정신은 감각 경험에 의존하여 사물들을 알게 되는데 정신이 인식하는 최초의 구체적인 대상은 물질적 실체이다. 그는 제일 질료를 순수 가능태로, 실체적 형상을 물체의 제일 현실태로 규정하는데, 제일 현실태는 물체의 본질을 규정하는 원리를 의미하며 제일 질료는 아무런 형상도 없는 순수 가능태로서 그 자체로는 존재할 수 없고 형상과 함께 창조되는 것을 말한다.

하나의 대상을 그 유나 종에 속하게 하는 보편적인 요소인 형상은 개별화되지 않으면 안 된다. 바로 그 개별화의 원리가 질료이다. 그러므로 질료와 형상으로 이루어지는 개별적인 합성체, 즉 구체적인 실체만이 물질적인 세계에 현실적으로 존재한다. 그런데 토마스는 물질적 실체에서 볼 수 있는 질료-형상적 합성을 유형의 세계에 한정시키고 비유형적 피조물인 천사들에까지는 확장시키지 않았다. 토마스는 천사들의 존재는 존재 계열의 위계적 특성에 의해서 요구되기 때문에 계시를 떠나서 이론적으로 증명될 수 있는 것으로 생각했다. 즉 존재 계열의 정점에는 하나님의 절대적인 순일성이 있고 물질 세계의 정상에는 일부는 정신적이고 일부는 유형적인 인간 존재가 있으므로 하나님과 인간 사이에는 완전히 정신적이면서도 신성의 절대적인 순일성을 지니고 있는 존재자가 존재해야만 한다. 한편 천사들에 있어서는 개별화의 원리인 질료의 존재를 부정했기 때문에 하나의 종 안에서의 천사들의 다수성을 부정하지 않을 수 없었다.

그런데 질료와 형상의 합성체인 유한한 존재는 존재하고 있기 때문에, 즉 존재를 가지고 있기 때문에 존재자(ens)이다. 물질적인 실체나 비물질적인 실체를 현실적 존재자이게 하는 것은 존재(esse)이다. 존재는 본질에 대해서 흡사 현실태가 가능태에 대해서 갖는 관계와 같다. 아퀴나스는 이러한 원리에 의해 존재자를 존재와 본질이라는 개념으로 다루었다. 그는 존재자를 이루는 구성 원리를 본질과 존재로 이해하고 모든 존재자는 본질과 존재의 합성이라고 보았다. 그리고 질료와 형상이 결합된 그러한 합성 실체들을 근거로 그 존재자를 넘어서서 자존하는 존재 자체인 신에까지 이르렀다.

그에 따르면 본질은 존재와 합성하여 비로소 존재자이게 된다. 즉 본질은 존재와 합성하여 하나의 구체적 존재자가 된다. 그러므로 존재와 본질은 현실태와 가능태로도 말해질 수 있다. 왜냐하면 본질에 존재가 합성되어야만 구체적 존재자가 되기 때문이다. 한 마디로 존재와 본질은 존재자를 구성하는 짝이다. 존재자들은 그들 스스로가 자신의 존재에 대하여 그 원인이 되지 못한다. 이는 존재자들에게는 존재와 본질이 구분된다는 의미이다. 이런 의미에서 존재자들은 우연 존재이다. 존재자들은 그들 존재를 외부로부터 받아들인다. 다시 말해 존재의 원인이 있다는 말이다. 이 존재의 원인은 스스로 자신의 존재의 원인이고 그 어떤 것에 의해서도 원인되지 않는 필연 존재이다. 이 필연 존재에 있어서는 본질이 곧 존재요 존재가 곧 본질이다. 즉 본질(essentia)과 존재(esse)가 일치한다. 아퀴나스는 존재자들의 존재 근거가 되는 이 필연 존재를 존재 자체(ipsum esse)라 했는데, 이는 영원 자존자인 하나님에 대한 형이상학적인 명칭이다.

이처럼 아퀴나스에서의 존재 자체는 존재자들과 구분되며 존재자들의 존재 근거로서 자존자로서 존재 자체는 존재자들에게 존재를 주고 존재자들은 존재 자체로부터 부여받은 존재를 가지고 있어서 존재자가 된다. 신을 제외한 구체적 존재자로서의 유(有), 즉 합성 실체와 단순 실체는 본질과 존재가 구별된다. 그리고 그것은 존재 자체인 신에 의해 존재하게 되며 바로 그런 점에서 신과 구별된다. 그러나 신은 본질과 존재가 구별되지 않고, 오히려 본질이 존재 자체인 그런 존재이다. 결국 모든 존재자는 본질이 존재 자체인 신에 의해 존재하게 되며 그런 의미에서 신 존재는 모든 존재자의 존재요 모든 존재자의 존재 근거이다.

4. 신 존재 증명

아퀴나스는 '하나님은 존재한다'는 명제가 반대의 명제를 생각할 수 없는 명제도 아니요 자명한 것도 아니라고 한다. 또한 하나님에 대한 자연적인 인식은 애매하고 막연하므로 이를 명확하게 하기 위해서는 설명이 필요하다고 생각했다. 그래서 그는 세상의 일반적인 특징에서 출발하여 하나님이라고 부르는 궁극적인 실재가 없다면 그런 일반적인 특징을 가진 세계가 존재하지 않았을 것이라는 방식으로 논증을 한다. 따라서 아퀴나스의 신 존재 증명이 피조물에서 하나님으로 나아가고 있다는 점에서 경험적이다. 그는 『신학대전』에서 소위 말하는 '신에게 이르는 다섯 가지 길'이라는 다섯 가지의 신 존재 증명을 제시한다.

첫 번째 논증은 운동의 제일 원인, 즉 제일 동자에 의한 증명이다. 우리는 감각적 지각을 통해 이 세상에 있는 것들이 움직여지고 있다는 운동을 하나의 사실로서 알고 있다. 운동은 아리스토텔레스적인 의미로 가능태로부터 현실태로의 이행인데 이미 현실태로 있는 어떤 것에 의하지 않고는 사물이 가능태에서 현실태로 이행될 수 없다. 이런 의미에서 "움직여지는 모든 것은 다른 어떤 것에 의하여 움직여지고 있다." 그리고 그 다른 것을 움직이는 것도 하나의 움직임이므로 그것도 역시 무엇인가에 의해 움직여지고 있으며 그것이 움직여지고 있다면 그것 또한 다른 동인에 의해 움직여지고 있다고 말하지 않을 수 없다. 즉 움직이는 A가 B에 의해서 움직인다면, B가 A를 움직인다는 것도 하나의 움직임이므로 그 움직이는 B 또한 C에 의해 움직인다는 말이요 이런 방식이 계속된다는 말이다. 그러나 이

같은 방식으로 소급하는 계열이 무한할 수는 없으므로 자신은 다른 것에 의해 움직여지지 않으면서 다른 모든 것을 움직이는 하나의 최초의 운동자인 부동의 원동자(unmoved mover)에 이르게 된다. 그는 "이 최초의 운동자를 모든 사람들은 하나님이라고 이해하고 있다"고 말한다.

두 번째 논증은 인과법칙에 의한 제일 원인으로의 증명이다. 이것도 첫 번째 증명과 같이 감각적 세계에서 출발하지만 첫 번째와 달리 작용인의 질서 및 계열로 시작한다. 어떠한 것도 자기 자신의 원리일 수는 없다. 자기 자신의 원인이 되기 위해서는 자신보다 앞서서 존재해야만 하기 때문이다. 그러나 작용인의 계열에 있어서 무한히 소급하는 것은 불가능하다. 모든 작용인에는 계층적이므로 최초 원인은 중간 원인의 원인이고, 중간 원인은 최후 원인의 원인이기 때문이다. 원인이 없으면 결과도 없다. 따라서 작용인 중에서 최초 원인이 없으면 중간 결과도 없고 최후 결과도 없을 것이다. 그러나 이것은 불합리하다. 왜냐하면 현실 세계에 존재하는 현상적 결과들이 자명하게 눈앞에 펼쳐지기 때문이다. 그러므로 하나의 최초의 작용인이 존재하지 않을 수 없다. 그 최초의 작용인이 바로 하나님이다.

세 번째 논증은 우연적 존재로부터의 필연적 존재의 증명이다. 이것은 어떤 존재자, 특히 현상계의 모든 존재자는 생성하고 소멸한다는 사실에서 출발한다. 우리가 자연 속에서 발견하는 생성과 소멸은 그 존재자들이 필연적인 것이 아니라 우연적인 것으로서 존재할 수도 있고 존재하지 않을 수도 있음을 보여준다. 만약 그 존재자들이 필연적이라면 항상 존재했을 것이며 생성이나 소멸을 하지 않을 것이기 때문이다. 그러므로 자연의 모든 것이 필연적 존재가 아니라면 과거의 언젠가는 아무것도 존재하지 않았던 때가 있었을 것이고 이것이 사실이라면 존재하지 않았던 것은 이미 존재하는 어떤 것에 의하여 존재할 수 있기 때문에 오늘날 아무것도 존재하지 않을 것이다. 그러나 삼라만상이 존재하는 현실에 비추어 볼 때 이것은 불합리하다. 그러므로 어떤 것인가는 필연적으로 존재해야 한다. 어떠한 필연적 존재도 없다면 어떠한 것도 전혀 존재할 수 없기 때문에 우연적인 존재자들이 존재하게 되는 이유인 필연적 존재가 존재하지 않으면 안 된다. 이 필연적 존재가 바로 하나님이다.

네 번째 증명은 완전성과 절대 가치를 통한 증명이다. 이 논증은 세상의 모든 사물들이 완전성, 선성, 진리에 있어서 다소의 차이가 있다는 데서 출발한다. 사물의 등급은 비교 판단을 가능하게 하는데, 그 이유는 최고의 어떤 것에 저마다 다른 방법으로 비교되기 때문이다. 예컨대 우리는 미인 대회를 개최하여 '더' 예쁜 여자와 '덜' 예쁜 여자의 우열을 가리기도 하고 일상생활에서도 사람들의 행동에 대해 착함과 못됨을 구별해서 도덕적인 평가를 내리는데, 이는 최고의 미, 최고의 선이 있어서 그것에 비추어 비교하는 것을 통해 가능하다. 아퀴나스는 이런 비교 판단이 객관적인 근거가 있다고 생각하여 완전성의 단계가 있다는 것은 반드시 하나의 최고, 최선의 존재가 있음을 암시하고 있다고 생각했다. 즉 이 우주에는 비교의 바탕이 되는 가장 위대한 존재가 있다는 말이다. 그 최고의 완전성과 가치를 가진 존재가 바로 하나님이다.

다섯 번째 논증은 목적성에 의한 증명이다. 우리는 자연물 중 무생물과 같이 지식이 없으면서도 어떤 목적을 위하여 작용하는 것들을 볼 수 있다. 그들은 최선의 결과를 얻기 위해 항상 또는 거의 언제나 같은 방향으로 행동한다. 그러므로 그들은 우연적으로가 아니라 계획적으로 그들의 목적을 성취한다는 것이 확실하다. 그런데 지식이 없는 것은 화살이 활 쏘는 사람의 지시를 받듯이 지식과 이지를 가진 존재의 지시를 받지 않고서는 목적을 향하여 움직일 수 없다. 그러므로 모든 자연물에는 그들의 목적을 지시하는 이지적 실재가 존재하는데, 그가 바로 하나님이다.

5. 윤리학

아퀴나스의 윤리학은 행복론적이고 목적론적이며 주지주의적인 아리스토텔레스의 윤리학을 그대로 채용했지만 아리스토텔레스의 도덕적 행위의 목적이 현세를 위한 것이었던 반면에 아퀴나스는 그것이 피조물 가운데에서가 아니라 단지 최고의 무한선인 하나님 안에서만 찾아진다고 하여 그것을 기독교적으로 수정했다.

아퀴나스에게는 인간의 완전한 행복은 하나님의 직관에 있다. 모든 지성적 실체의 목적은 하나님을 아는 데 있다. 그러나 인간은 자기 자신의 노력에 의해서는 하나님의 직관에 이를 수가 없다. 그것은 하나님의 은총에 의해서만 가능하다. 하나님을 있는 그대로 알지 않고는 인간은 행복할 수가 없다. 인간의 지성은 본래 절대적인 진리의 인식에 있는 행복을 향한 본성적인 방향을 가지고 있다. 이런 점에서 그는 주지적이다. 비록 우리는 철학적인 논증을 통해서보다도 신앙에 의해서 하나님을 더욱 잘 알 수 있다고 할지라도 인간의 행복이 신앙에 의해서 얻어지는 하나님의 인식에 있지는 않다.

한편, 우리의 의지는 행복 또는 지복을 목적한다. 따라서 인간적 행위는 행복 또는 지복이라는 목적을 달성하는 데 수단이 되느냐 안 되느냐에 따라서 선이 되거나 악이 된다. 물론 목적은 이성적인 존재로서의 인간을 완성하는 선이다. 아퀴나스는 이에 따라 윤리적 덕과 지적 덕을 인간이 올바로 살아가는 정신의 좋은 성질이나 습관으로 취급한다. 유덕한 습관은 착한 행위에 의해서 형성되어 후의 행위들로 하여금 같은 목적을 쉽게 달성하게 한다. 윤리적 덕은 중용에 있으며, 윤리적 덕의 목적은 영혼의 욕구 부분을 이성의 규칙에 확실하게 또 쉽게 일치시키는 데 있다. 따라서 유덕한 행위의 기본적인 요소는 이성의 규칙과의 일치이며 인간의 행위를 궁극 목적으로 이끄는 것이다.

6. 자연법

아퀴나스의 자연법(lex naturalis) 이론은 법의 본성과 기원, 법의 구속력의 궁극적 근거, 인간이 법에 따라야 하는 이유, 법과 인간과의 관계 등에 관해 설명해 줄 뿐 아니라 도덕의 당위성이나 절대성의 근거를 인간의 이성을 통해 설명한다.

아퀴나스는 법의 본성을 밝히는 데에서부터 자연법 이론을 출발한다. "법은 그것으로써 어떤 행위를 촉구하거나 억제하는 행위의 규칙이며 척도"로서 맹목적인 필연성이 아니라 하나의 당위로서 자유의지를 가지고 행동하는 존재에게 적용된다. 따라서 법이 이성에 속한다는 말은 거꾸로 말해서 이성에 부합되지 않는 법은 법으로서의 자격이 없음을 의미한다. 법은 원칙적으로 행복과 무관한 것이 아니다. 법은 본질적으로 개인의 선이 아닌 공동선의 실현을 목적으로 하며 인간을 선하게 만드는 것을 목적으로 한다. 법의 근본적인 또 하나의 개념은 공포(公布)이다. 법이 고유한 강제력을 갖기 위해서는 규제되는 사람들에게 적용되어야 하고 그러한 적용은 공포에 의해 알려져야 한다. 따라서 공포는 법이 강제력을 얻기 위한 필수적 요건이다. 아퀴나스는 "법은 공익을 위한 이성의 규율이며 공동체를 다스리는 사람으로부터 제정되어 공포된 것이다"라고 정의한다. 이에 따라 아퀴나스는 법을 네 가지로 나눈다. 만유의 창조자요 통치자인 하나님의 규제적 이성의 법인 영원법, 인간에 내재하는 '신의 빛'(divine light)을 통하여 선악을 구별할 수 있는 합리적 본성인 이성에 의존하며 이성적 존재자에게만 있는 자연법, 자연법을 여러 사정에 적용하여 특수화하여 고안해 만든 인간의 인정법, 그리고 인간에게 계시된 신법이 그것이다.

아퀴나스는 온 우주에의 신성한 이성의 명령을 마련하는 자이며 재판관이요 왕이신 창조주 하나님이 모든 피조물을 거룩한 섭리의 계획에 따라 선을 위하여 다스리는 법을 영원법이라고 했다. 그리고 인간은 이성적 존재이며 자유의지를 가지고 행동하는 존재로서 영원법에 관한 지식이 우리 안에 각인되어 있다고 생각한다. 인간이 본성적으로 인간의 목적으로 향하는 경향을 지니고 있고 또 이성의 빛을 가지고 있는 한에서 영원법은 모든 인간에게 충분히 반포되어 있다. 모든 법은 이 영원법에서 나온다. 이성과 자유의지를 가진 인간에게는 영원법이 규칙이나 명령의 성격을 띠게 된다. 그러므로 인간은 단지 신의 명령을 이해하는 것을 통해 영원법에 참여한다. 이것이 곧 자연법이다.

아퀴나스에 따르면 창조주 신은 인간으로 하여금 당신의 창조 목적인 지복에 이르게 하는 의도로 인간을 창조했기 때문에 인간의 자연 이성은 본성상 선을 추구하게 되어 있다. 그는 인간의 본성을 선을 추구하는 자연적 경향으로서의 이성으로 보고 도덕적 삶에 있어서의 선에의 요구를 자연법에 근거한다고 보았다. 그래서 아퀴나스는 "자연법이란 이성을 가진 피조물이 영원법에 참여하는 것"이라고 하여 자연법을 인간의 자연적인 이성에 대한 신의 섭리적인 계획의 인도로 인식했다. 따라서 자연법은 이성을 가진 인간에게만 속한 '이성의 법'이요 인간 본성법이다. 이성적 존재자인 인간에 비춰지고 이성에 의해 인식된 영원법이 자연법이라는 말이다. 그러므로 영원법은 신의 편에서 보면 자연법으로의 분유이지만, 인간의 편에서 보면 자연법의 참여인데 그 수단이 바로 이성이다. 이런 점에서 아퀴나스의 자연법은 도덕적 주체자로서의 인간 이성의 자율성과 능동성을 강조하고 있다. 인간 이성의 법이며 인간의 도덕법이라 할 수 있는 자연법이 신의 영원법에 근거를 두고 있다는 말은 도덕률이 신의 의지의 어떤 자의적인 행위에 근거한다는 말은 아니다. 궁극적으로 도덕률이 어떠하다는 것은 신이 그러하기 때문이다. 왜냐

하면 인간 본성 또는 자연법에 나타난 인간 존재의 법은 그 자체가 신에게 바탕을
두고 있기 때문이다.

결국 아퀴나스의 자연법 사상은 도덕의 기초를 인간 외적인 데서 찾지 않고 그
것을 인간 안에 내재적인 어떤 것, 즉 이성에 두고 있다. 이런 점에서 그는 그리스
시대 이후로 일반적으로 견지되어 왔던 인간의 본성으로서의 이성에 대한 확신을
고수하면서도 자연법의 근거를 영원법에 기초하고 있다는 점에서 신앙과 이성의
조화라는 스콜라철학의 일반적 경향을 잘 보여주고 있다.

7. 교회와 국가

아리스토텔레스는 국가가 인간이 필요로 하는 모든 것을 만족시키거나 충족시
킬 수 있다고 생각했으나, 아퀴나스는 인간의 목적은 초자연적 목적이요 이를 충
분히 달성시키는 것은 국가가 아니라 교회라고 믿었다.

국가는 하나님의 뜻에 의해 세워진 최선의 제도이다. 따라서 국가는 그 자체의
목적과 영역 및 그 자체의 권리를 지닌 하나의 제도이다. 인간의 궁극적인 목적은
덕을 따라서 사는 것이 아니라 덕을 따라 삶으로써 하나님을 향하는 것이다. 그러
므로 국가의 목적은 국민의 도덕적 생활을 통해 피안의 영원한 행복을 얻을 수 있
도록 인도하는 데에 있다. 그러나 교회의 초자연적인 목적은 국가의 목적보다 상
위에 있으며, 따라서 교회는 국가보다 상위의 사회이다.

국가는 초자연적인 삶에 관계하는 일에 있어서는 교회에 종속하지 않으면 안
된다. 국가는 시간적이고 현세적인 사건을 처리하고 교회는 영원하고 종교적인 사
건을 처리한다. 이것은 모두 신의 뜻이기 때문에 양자는 상하의 위치를 잘 유지하
면서 조화를 이루어야 한다.

제11장
쇠퇴기의 스콜라철학

14세기에 이르러서 스콜라철학은 아퀴나스에 의해 추진된 신앙과 이성, 즉 철학과 신학의 결합을 반대하여 오히려 그것을 해체하려는 움직임을 보였다. 그래서 쇠퇴기의 스콜라철학의 특징을 반아퀴나스주의로 지적하기도 한다. 스코투스(Scotus)는 아퀴나스의 주지주의에 반기를 들고 주의주의를 주장했고, 오컴(Occom)은 아퀴나스가 아리스토텔레스의 보편 개념을 따라 보편자는 어떤 형태의 존재를 소유한다고 주장한 데 대해 그것은 기호에 불과하다는 유명론을 주장했으며, 에크하르트(Eckhart)는 아퀴나스의 이성적이고 정교한 신학에 반대하여 영적인 수련에 의한 신의 직접적 경험을 믿는 신비주의를 주장했다.

1. 스코투스

프란시스 교단의 후기 대표자로서 '정교한 박사'(doctor subtilis)로 불리는 둔스 스코투스(Johannes Duns Scotus, 1266~1308)는 스코틀랜드의 록스버러 지방 막스톤에서 태어나 42세의 짧은 생을 살았다. 그의 사상은 원칙적으로 아우구스티누스에 바탕을 두고 아퀴나스의 아리스토텔레스적인 전통을 계승하면서도 자신이 진리라고 생각한 점에 대해서는 오히려 아퀴나스의 생각을 정정하려 했다. 결국 그는 아우구스티누스와 아리스토텔레스주의 사이의 대립을 조정하려 했다.

지식과 신앙에 대한 스코투스의 근본적인 태도는 아우구스티누스적이다. 그는 철학과 신학을 별개의 영역으로 구분하고 신앙에 근거하는 종교적 진리는 철학의 지지를 받을 필요가 없으며 오직 이성에 의거하는 철학은 신학의 신비를 통찰하지 못한다고 했다. 그래서 그는 신에 대한 철학적인 지식을 제한하고 가장 중대한 해결을 신앙에다 기대한다.

스코투스에 따르면 형이상학의 대상은 신이 아니라 존재 자체이다. 자연적인 지식은 감성적인 직관으로 거슬러 올라갈 수 있을 때에만 확실한 반면에 비감각적인 사물들의 세계는 우리에게는 감춰져 있고 원인으로 거슬러 올라가는 추리에 의해서만 파악될 수 있다. 이런 추리는 항상 불명확해서 신의 참된 본질은 자연적인 이성에는 감춰져 있다. 그러므로 우리가 신에 대해 최고 존재, 무한 존재, 첫 번째의 존재 등으로 규정하지만 사실에 있어서 신은 그 이상의 것으로서 단지 신앙과 신학을 통해서만 밝혀진다. 그러나 스코투스는 신과 불멸에 관한 여러 진리들이 신앙에 의해 우리들에게 계시된 후에 형이상학 안에서 철학적으로 분석되고 사고되기 때문에 기독교적 형이상학이 가능하다고 한다.

스코투스는 아퀴나스만큼 이성을 신뢰하지는 않는다. 그는 이성의 한계를 보다 더 좁게 한정하고, 의지의 가치를 인식의 가치보다 높이 평가한다. 왜냐하면 우리들을 신과 내적으로 연결시켜주는 것은 신앙이라기보다 신에 대한 사랑, 즉 신을 사랑하는 의지이기 때문이다. 그래서 스코투스는 신을 미워하는 것이 신을 모르는 것보다 더 나쁘다고 한다. 스코투스에 따르면 의지를 결정할 수 있는 것은 아무것도 없으며 단지 의지만이 의지의 행위에 대한 원인이라고 한다. 결국 그는 지성이 의지보다 우위에 있다는 아퀴나스의 주장에 반대하고, 의지의 우위를 주장하는 주의주의를 취한다.

스코투스는 이러한 의지를 신에게도 적용시켜 신의 의지는 결코 지성에 속박되어 있는 것이 아니라고 주장했다. 아퀴나스는 신은 자기가 선한 것으로 알고 있는 것만을 할 수 있다고 했다. 만약 그것이 사실이라면 인간은 신이 인간에게 하고자 하는 바를 미리 알 수 있다는 결론에 이르게 된다. 그러나 스코투스는 그것은 있을 수 없다고 반대한다. 아퀴나스의 주장처럼 선은 그것이 선이기 때문에 신이 하고

자 하는 것이 아니라 반대로 신이 하고자 하기 때문에 선한 것이라고 한다. 또한 신의 의지에 의한 세계 창조가 자유로운 의지에 의한 창조가 아니라 신의 지성, 즉 신이 파악한 이데아와 같은 선의 관념에 의하여 필연적으로 결정되어 있다면 신의 필연적 결과인 세계에는 어떠한 부조화나 우연, 악이 없을 것이고 하등의 자유도 없을 것이다. 그러나 현세계는 우연도 있고 악도 있으며 부조화도 있다. 그리고 신의 의지는 그의 지성에 제한을 받아 행하게 된다. 그러나 그것은 신의 본질상 어울리지 못한다. 따라서 그것은 신의 의지가 절대 자유라는 근거이다. 그래서 그는 주의적 비결정론을 주장한다.

이러한 스코투스의 주의적 사상에서 우리는 근대적인 자유와 개성을 존중하는 경향을 볼 수 있는데, 그것은 스콜라철학의 붕괴의 단서가 되었다.

2. 오컴

중세 말기의 스콜라철학을 대표하는 윌리엄 오브 오컴(William of Occam, 1280~1347)은 아퀴나스와 스코투스와 같이 기독교 신앙에 대한 자신의 이해를 설명하기 위해 철학을 사용한 마지막 사람이었다. 그의 사상이 중세 스콜라주의를 해체하는 데에 영향력을 발휘한 것은 그가 근본적으로 경험론을 표방하면서 신앙의 절대적이고 자기 충족적인 확실성이 단순한 철학적 개연성에 의해서만 지지를 받게 하여 신앙의 이해를 거의 최소한으로 줄인 데에 있다.

오컴은 인식의 기원과 타당성에 관해 경험론적인 입장을 취하고, 철저하게 유명론을 지지했다. 그에 따르면 우리들은 외부 세계의 대상들을 감각적, 직관적으로 바라보는 것, 또는 심리적인 작용에 대한 정신적, 반성적인 직관 이외에는 아무것도 필요치 않다. 우리들은 실재적인 세계의 인식 원천을 우리들 안에 가지고 있어서 이 원천으로부터 출발하여 추상작용을 통해 보편적인 개념들과 보편적인 명제들을 형성한다. 그래서 그는 공통적인 본성이나 사물들에 앞서거나 사물들 안에 있는 일체의 보편적인 것을 거부한다. 보편적인 것은 일종의 생각된 것이고 존재론적인 의미는 없다. "보편자는 산출되는 것이 아니라 일종의 허구에 지나지 않는 추상 작용을 통해 생겨난다." 그러므로 "보편자는 오직 영혼 안에만 있고 사물 안에는 없다." 그는 보편자를, 그것을 통해 우리가 어떤 것을 특징짓고 그렇게 확정하는 기호요 의미 내용이라고 생각했다. 따라서 기호로서의 보편자는 편의적인 것이요 일종의 허구로서 우리가 어떤 지정된 것을 부르는 이름에 지나지 않는다. 오직 개별적 사물만이 실재를 가지고 있다. 따라서 세계와 유한한 사물에 관한 모든 인식은 개별적 대상에 대한 인식으로 시작된다.

이러한 오컴의 유명론적 태도는 독자적으로 존재하는 대상으로서의 보편을 제거해 버린 이른바 '오컴의 면도날'(Occam's razor)로 상징화된다. '오컴의 면도날'이란 사유 경제의 법칙을 의미하는 말로서 단순하고 보다 적은 것으로 현상을 설명할 수 있는데 더 복잡하고 많은 것으로 설명하는 것이 헛된 일임을 의미한다.

우리의 지식을 직관되는 개체에 한정한 오컴은 보편자로서의 하나님의 존재에 대해서도 그것은 증명하지 못할 뿐 아니라 경험할 수도 없다는 입장을 취했다. 그에 의하면 하나님은 존재 원인이 없기 때문에 원인에서 생각할 수 없고 또 그렇다고 결과에서 증명하려는 것도 불확실하다. 그러므로 하나님을 대상으로 하는 한 신학은 엄격한 의미에서 학문이 아니다. 학문은 신앙에 근거를 두지 않지만 신학은 바로 그 신앙에 근거를 두기 때문이다. 인간의 이성은 '믿어진 것의 합리성'이 아니라 '믿는 일의 합리성'을 확립하는 데에 만족해야 한다. 종교상의 믿음은 믿음일 뿐이요 학문적 지식과는 다르다.

오컴의 이러한 주장은 이성과 신앙의 분리를 의미한다. 종교와 철학은 전혀 다른 것이며 서로 일치할 수 없다. 종교상의 진리는 이성으로써 증명할 수 없으므로 교회의 권위에 따라 신앙을 가져야 한다. 자신이 믿는 종교상의 진리는 인식하지 못하며 또 인식할 필요도 없다. 그로서는 신앙과 계시의 측면에서 모든 것은 개연성이 있는 것으로 충분했다. 결국 그는 자연의 인식과 계시에 의한 초자연의 진리는 서로 독립한 것이라는 이중의 진리를 주장한 셈이다.

3. 에크하르트

독일의 신비주의자 마이스터 에크하르트(Meister Eckhart, 1260~1327)는 사상은 신플라톤주의와 여러 교부들, 특히 아우구스티누스, 그리고 스콜라철학, 특히 아퀴나스의 철학과 신비주의적 조류에 영향을 받아 범신론적인 경향을 강하게 드러낸다.

　　에크하르트의 신비주의는 존재론을 기초로 삼고 있다. 그는 존재 일반이 아닌 만물의 원리로서의 참된 존재를 지향한다. 그에 따르면 참된 존재는 곧 신이다. 그는 "존재는 신의 본질, 즉 신이다. 신이 존재한다는 것은 영원한 진리이다. 그래서 신은 존재한다"고 말해 하나님을 유일한 진리로 보았다. 그것은 흰 것들이 힘[白]이 없이는 희지 못하는 것처럼 존재하고 있는 사물들은 신이 없이는 존재하지 못한다는 말이다. 따라서 신이 없으면 존재는 무이다. 모든 피조물은 하나님을 떠나서는 없음에 불과하다는 의미에서 '없음'이다. 그러나 하나님을 떠나서는 없음에 불과한 피조물들이 하나님에 의해 '있음'의 세계에 들어오므로 하나님은 일자로서 '있음'보다 앞선다. 따라서 하나님은 '있는 것들의 있음'이 아닌 '있음 자체'요 동시에 앎 자체이다.

　　한편으로 신은 또한 오직 선 자체이며 일자, 절대자, 완전한 피안인 까닭에 우리는 감히 그에 대한 어떠한 규정도 내릴 길이 없다. 신에게 부과하는 일체의 속성도 사실은 제대로의 의미를 지닐 수 없기 때문에 신에 대해서는 부정적인 진술을 하는 수밖에 없다. 이런 존재인 신은 그에게서 유래되는 사물 안에서도 본질적으로 참된 존재이며 사물들 안에 내재한다. 단지 시공적인 사물들을 지칭할 때는 그것들을 피조물이라고 부른다. 바로 이러한 점이 그의 사상을 범신론적이라고 부르는 이유이다.

　　에크하르트의 신비주의는 인간의 영혼과 관련된 그의 윤리 사상에 잘 나타난다. 그의 윤리학은 인간의 영혼은 신의 모상이라는 전제에서 일자와의 통일을 표어로 내세우고 있다. 일자와의 통일, 즉 신과의 합일은 최고의 선과 그 완전성을 인식하고 사랑하면서 거기에 참여한다는 뜻이다. 그의 표현을 빌자면 그것은 개인의 "특수성으로부터 탈피하여 신의 보편성 속으로 합류시켜 독자적인 자아를 낳게 하는 것"을 말한다. 그렇게 되면 "신의 현현성과 그 무엇이라고 이름할 수 없는 신의 경지를 깨우치게 된다"고 한다. 이렇게 하여 인간의 정신이 스스로를 신으로부터 이탈하게 했던 일체의 것을 배제함으로써 마침내 자기의 의지를 포기하고 신의 속으로 귀일하면 신과의 일체성이 이루어진다. 이는 실천적으로는 우리들의 생각과 의지가 신과 일치한다는 뜻이다. 물론 이것은 최고의 선과 객관적인 완전성 자체를 위함임은 말할 나위가 없다.

제3부
근세철학

제1장
신 중심에서 인간 중심으로

　근세철학은 일반적으로 르네상스(Renaissance)와 종교개혁(Reformation)에서부터 시작하여 헤겔에 이르는 철학 체계를 가리킨다. 구체적으로 말하면 중세말의 스콜라철학이 쇠퇴한 이후 르네상스의 과도기 철학과 종교개혁을 거쳐 대립적인 발전을 보인 대륙의 합리론과 영국의 경험론, 그리고 양자를 종합한 칸트의 비판철학과, 피히테, 셸링으로 이어져 헤겔에서 완성을 보인 독일 관념론에 이르는 철학 체계를 말한다.

　중세철학이 철학의 본질이라 할 수 있는 비판 정신에 입각한 철학보다는 주로 기독교의 진리와 교리에 대한 여러 가지 합리적인 근거를 마련해 주는 기능을 수행했다는 점에서는 신학의 시녀라는 평가를 받을 만했다. 중세의 모든 도덕 이론, 정치론, 가족이나 노동과 같은 사회 제도, 문예 및 과학 등등의 모두가 신학의 모방에 지나지 않았기 때문이다. 이러한 신 중심의 철학이었던 중세의 철학과 비교해 볼 때 근세의 철학은 인간 중심의 철학이라 할 수 있다. 근세의 철학은 신앙이나 신 중심적인 사고에서 벗어나 인간성을 자각하고 합리적인 이성의 능력과 기능을 중시했기 때문이다. 그러한 변화는 중세와의 단절이요 사고방식의 일대 전환이었다.

　이 같은 중세에서 근세에로의 변화는 중세의 모든 분야의 구심점이었던 교회 내부에서의 문제점과 교회 밖에서의 여러 가지 시대적 변화와 연관되어 있다. 교회 외부에서는 고대 그리스 사상에 대한 새로운 이해를 가능하게 한 르네상스의 인본주의가 등장하여 인간 중심의 사유로 전환되었고, 더불어 자연과학의 발달하면서 모든 권위를 거부하고 자연에 대한 직접적인 경험과 관찰을 중시하게 되면서 새로운 학문과 지식에 대한 요구가 거세게 일어났다. 또한 교회 내적으로는 종교개혁을 통해 과거 중세의 교회의 권위체계가 무너지면서 신앙적으로도 새로운 이해의 틀이 제시되었다.

1. 교회 밖의 시대적 변화

근세로 접어들면서 교회 내부의 문제점에 대한 자성의 소리와 함께 교회 밖에서도 사회적으로 큰 변화를 겪고 있었다. 무엇보다 근세는 시민 계급의 대두와 도시의 발생이라는 사회적, 시대적 변화로부터 시작된다. 시민 계급의 형성과 함께 얽매었던 중세의 봉건제도로부터 해방되면서 시민들의 자유정신이 싹트기 시작했다. 이것은 개인의 자유로운 의지와 발전을 강조하는 개인주의로 이어졌고 르네상스라는 사회 전반적인 현상으로 나타났다. 이 같은 상황에서 신앙과 이성, 즉 신학과 철학의 조화를 위해 시도했던 아리스토텔레스의 철학과 기독교 신학의 통합이 점차 와해되는 것은 당연했다. 그 결과 고전 학문이 부활되고 고대철학의 대부분이 다시 관심을 끌었던 르네상스 시기에는 종교를 신앙이 아닌 이성의 문제로 고찰하게 되었고 철학과 신학이 분리되면서 인간 차원에서 삶을 바라보려고 했다. 결국 중세의 비합리적인 사고는 이성의 힘만을 신뢰하는 근세의 개인 중심의 이성적 사고에 의해 밀려나기 시작했다.

나아가 17세기 이후에 하루가 다르게 진행되는 자연과학의 발달은 중세적인 사유 방식의 붕괴에 결정적 역할을 했다. 자연과학의 발달은 과거 그리스 시대의 인간 중심적인 사유로 돌아가자는 르네상스의 인문주의(humanism)로 인한 자유정신을 통해 자연에 관한 연구가 활발하게 진행되었기 때문이다. 특히 르네상스 시대의 3대 발명품이라고 하는 나침반, 화약, 인쇄술은 신앙적인 세계관 대신 과학적인 세계관을 형성하는 데 중요한 구실을 했다. 나침반은 원거리 항해를 가능하게 해서 과거의 우주관과 세계관에 변화를 가져왔으며, 화약은 전쟁에 사용되면서 전쟁

을 통해 다른 나라의 다양한 문화를 접촉하게 되었고 이를 계기로 개방적인 사고
를 갖게 되었으며, 인쇄술은 르네상스가 지향하는 고전 문화를 부활시키기 위한
서적을 보급하는 데에 일조했다. 게다가 코페르니쿠스(Copernicus)의 지동설이 대
두되면서 중세의 우주관마저 무너지기 시작했는데 그것은 곧 교회와 신앙적인 세
계관의 붕괴를 의미하기도 했다.

중세에는 자연과학이 그리 발달하지 못했었기 때문에 모든 자연현상은 엄청난
세력권인 교회의 권위와 가르침에 의해 신의 조화와 섭리로만 설명되었다. 그러나
자연과학의 발달로 인해 신으로만 설명되던 자연현상에 대해 신이 아니라 과학이
발견한 자연법칙으로 설명이 가능해지면서 위대한 신의 능력에 대한 무조건적인
신앙은 시들기 시작했고 절대적이었던 신의 위치도 크게 손상되었다. 그것은 자연
을 신비화하지 않고, 다시 말해서 자연을 신이 창조한 신성한 것으로만 보지 않고
자연 자체를 하나의 독자적인 물질로 간주하고 물리적이고 수학적인 법칙에 의해
설명할 수 있다는 철학적인 신념에 의해 촉진되었다.

이처럼 자유를 존중하는 사회적 분위기는 중세의 권위적이고 무조건적인 신앙
에 반발했고 자연과학의 발달은 인간 지성을 깨우쳐 신과 교회의 권위에 상당한
타격을 가했다. 이러한 상황 속에서 근세로 접어들면서 자연스럽게 신 중심의 사
고방식에서 벗어나게 되었고 이성적인 합리적 사고와 인간 중심적인 사유가 활발
하고도 자유롭게 전개되었다.

2. 교회 내적인 변화

아리스토텔레스와 신플라톤주의의 형이상학적 방법을 차용하여 중세의 봉건제
도를 대변해 주면서 신학적인 세계관을 구축하고자 했던 스콜라철학은 비판을 생
명으로 하는 본래적 의미에서와는 달리 교리의 합리화에만 주력했던 것이 사실이
다. 그러나 신앙의 합리화를 위해 사용되었던 철학을 신앙과의 종속 관계에서 벗
어나게 하려는 반발도 심심지 않게 일어났다.

이성의 신앙에의 무조건적인 종속관계에 반대한 대표적인 인물로서 스콜라철
학 초기의 에리우게나를 들 수 있는데, 그는 엄격한 교회의 구속으로부터 해방된
철학자 중의 한 사람으로 손꼽힌다. 그는 교회의 권위를 이성에 의하여 규명될 수

있는 한에서만 인정하려 했는데 이러한 태도는 교회의 절대적 권위라는 당시의 상황과 분위기에서는 가히 혁명적이라 할 수 있다. 이성의 진리는 초시간적인 진리이지만 교회의 진리는 전수된 진리라는 전제 아래 교회의 권위가 이성의 척도가 될 수 없고 오히려 이성의 권위가 교회의 권위의 척도가 되어야 한다고 했기 때문이다.

중세 후기로 접어들면서 교회의 권위에 대한 도전과 반발은 아벨라르와 로스켈리누스 등으로 계속 이어졌고 결국 스콜라철학의 가장 큰 문제였던 보편논쟁에서는 반교리적 입장인 유명론이 세력을 떨쳐 중세의 세계관에 대한 비판의 근거가 되기도 했다. 마침내 14세기의 오컴 시대에 접어들면서 철학은 신학이나 종교와는 전적으로 별개라는 결론에 도달하여 종교는 신앙의 문제로 재인식되었으며 철학과 이성은 신학과 신앙으로부터 결별을 선언하고 독립하게 되었다. 이렇게 철학을 신학으로부터 분리시켜 독립하려는 말기의 스콜라철학적인 태도로 인해 신앙과 교회의 권위가 손상된 것은 말할 것도 없고 그것이 성직자들과 교회 제도의 타락 및 부패와 맞물리면서 교회의 권위는 크게 떨어지고 말았다.

교회의 권위에 대한 비판은 종교개혁 때에 그 절정을 이루었다. 교회와 성직자들의 도덕적이고 종교적인 타락과 부패가 점차 더해가고 나아가 신앙적인 면에서까지 기독교의 본질로부터 이탈해 가자 이에 대한 교회 내부의 자성의 소리가 높아졌다. 뿐만 아니라 신흥 상공업자들의 후원을 얻은 국가의 권력이 새롭게 일어남으로써 교회의 국가에 대한 권위도 함께 실추되었다. 결정적으로 기독교가 발원하던 당시의 원시 기독교와 성경으로 돌아가자는, 다시 말해 기독교의 본질로 돌아가자는 개혁자들의 주장은 권위적이었던 카톨릭의 잘못된 오류와 권위를 폭로함과 동시에 성경에 입각한 자유롭고 건전한 이성적 신앙의 길을 열어 놓았다.

3. 근세철학의 전개과정

교회 밖의 사회적 변화는 물론 교회 안의 개혁을 통해 교회의 권위가 떨어짐에 따라 사람들은 교회 공동체의 일원으로서가 아니라 독립된 한 개인으로서의 개체인 자기 자신을 발견하게 되었다. 그것은 곧 신으로부터의 해방을 의미함은 물론이고 인간이 자유롭게 사유할 수 있게 되었음을 의미했다. 바로 이러한 인간의 발견이 근세철학의 시발점이 되어 역사적, 사회적 측면이 아닌 개체로서의 인간을 탐구하였으며 자아의 자각을 그 중심 문제로 삼았다. 이것은 기독교로 대표되는 서양 문화와 사상의 연속성에 현저한 단절을 초래하였지만 철학이 비판을 그 생명으로 한다고 보았을 때 엄밀한 의미에서 철학이 체계를 갖추게 된 때는 신 중심적 사고방식에 갇혀 있었던 중세가 아니라 바로 자유로운 이성이 마음껏 발휘되었던 근세라고 할 수 있다.

그런데 모든 것을 신앙으로 설명하려는 중세의 신 중심적 사고방식에서 탈피하여 신앙이 아닌 인간의 이성을 강조하는, 즉 이성이 눈을 뜬 시기로 특징지을 수 있는 근세의 철학은 인식론에 대한 논의부터 진행되었다. 그렇다고 근세에는 존재론이나 가치론이 언급되지 않았다는 말은 아니다. 중세 역시 다른 철학적 주제들도 다루었지만, "존재자들을 가능하게 하는 존재 자체는 무엇인가?"라는 문제와 관련된 신 존재에 대한 존재론이 주로 다루어졌듯이, 근세에는 인간의 앎과 관련하여 "우리는 무엇을 알 수 있으며, 어떻게 알며, 그 앎의 근거는 무엇이며, 그 기원은 무엇인가?"와 관련된 인식론에 더 큰 관심을 가졌다는 말이다. 사실 근세철학은 모든 종류의 권위와 선입견, 전통으로부터 벗어난 인간과 인간 이성에 대한 탐구를 위해 존재론으로부터 인식론적인 전회를 수행했다고 볼 수 있다. 근세철학자들은 신에 의거하지 않고 진리를 찾아가는 길을 오직 인간의 이성 능력으로부터 구하고, 인간 이성에 의해 밝혀진 세계와 자연의 참된 모습을 구현하고자 했던 것이다. 이러한 경향은 대륙을 중심으로 하는 합리론과 섬나라 영국을 중심으로 하는 경험론이라는 대립된 철학으로 전개되었는데, 양자는 모두 우리 인간의 인식 능력과 우리가 가진 지식에 대한 유래, 기원, 근거, 한계, 범위, 권리 등을 밝히려는 목적으로 출발했으나 합리론은 이성에서, 경험론은 인간의 감각적 경험에서 그것을 찾으려 한 점이 다르다.

합리론은 앎과 실천의 과정에서 이성의 기능을 강조하는 입장이다. 이들은 경험은 불확실할 뿐 아니라 오류 가능성이 많아 감각 경험만으로는 확실한 앎이 성립될 수 없다는 이유로 경험을 불신하는 반면, 필연적인 앎은 수학과 논리학과 같이 보편타당성을 가져야 한다는 생각에서 그것을 가능하게 하는 능력인 이성을 강조한다. 반면에 경험론은 인식의 성립에 이성적 요소보다 경험을 더욱 중시하고 모든 지식은 살아가면서 획득하는 인간의 경험으로부터 도출될 수 있다고 하여 경험을 인식의 원천으로 믿는 입장으로서 우리가 가지는 지식은 모두가 감각적 경험에서 유래하며 지식은 경험으로부터 생긴다고 주장한다. 결국 인식의 성립은 경험으로부터이며 어떠한 관념도 경험을 매개로 하지 않으면 그 실재성을 밝힐 수 없다고 한다. 따라서 이들은 감각 경험들에 의해 확인되지 않은 형이상학적 개념과 이론에 반대하고 자연과학과 같이 경험에 충실하고자 했다.

합리론이 정신의 능동적 활동인 이성의 능력에 의한 인식의 보편타당성과 필연성을 옹호하는 장점을 가지고는 있지만 그것을 지나치게 존중하고 강조하여 경험을 무시한 것은 합리론의 한계이자 극복되어야 할 점이었다. 반면에 지나치게 수동적인 감각만을 강조한 나머지 인간 이성의 자발성을 소홀히 한 점과 경험적인 내용들의 개연성의 문제 역시 경험론이 해결해야 할 과제였다. 이러한 작업을 수행한 사람이 바로 칸트(Kant)였다. 그는 양자의 단점을 상대의 장점으로 보완하여 이른바 관념론이라는 체계를 형성했다. 칸트의 관념론은 가히 경험론과 합리론의 종합이라고 할 만한데, 그것은 피히테와 셸링을 거쳐 헤겔에 이르러 절대적 관념론으로 완성되었다.

제2장
르네상스 시대의 철학

1. 르네상스의 특징과 의미

중세철학이 어떠한 과정을 거쳐 근세철학으로 전환되었는가를 알기 위해서는 과도기의 철학인 르네상스 시대의 철학을 먼저 이해해야 한다. 원래 '재생' 또는 '부활'이라는 뜻인 르네상스는 고대 그리스와 로마의 사상과 문화를 재생하여 부활시키고자 하는 사회와 문화 전반에 걸친 운동을 말한다. 다시 말하면 르네상스는 1000년이 훨씬 넘는 중세의 신 중심적인 사상으로 인해 억압되고 왜곡되었던 인간성으로부터의 해방을 통한 고대 문화의 재생과 재인식을 의미한다.

시기적으로 15~16세기에 해당하는 르네상스기의 철학은 고대철학이 중세의 교권으로 인하여 왜곡된 것을 원전을 통하여 이해하려 한다. 우리는 이러한 사상의 배경에서 초자연적인 세계에 대하여 현실적 세계의 우월성을 주장하는 경향을 찾아볼 수 있다. 이것은 교회 중심주의에 대하여 인간성의 존중, 인간성의 해방을 강조하는 사상으로 나타났는데 그것이 바로 휴머니즘, 즉 인문주의이다. 인문주의는 사회, 정치 사상에도 나타났는데 당시의 인문주의자들은 고대 그리스 및 로마 문화의 부흥을 갈망했으며 고전을 발견하고 수집하는 데 열정적인 힘을 기울였다. 그러한 움직임은 가장 먼저 이탈리아에서 시작되었다. 이들은 그리스의 우수한 작품을 라틴어로 번역하고 간접적인 자료에 의하지 않고 새로 발명한 인쇄술을 통해서 원전을 직접 연구하려 했는데 이러한 기풍은 서서히 전 유럽으로 펴져갔으며 그 결과 인간의 이성과 사고력에 대한 신뢰가 크게 높아졌다.

그러나 르네상스기의 철학자들은 단순한 고대 그리스, 로마의 재생에 그치지 않고 인문주의에 바탕을 두고 고대 문명의 재인식을 통하여 오히려 자기의 생과 인간성의 혁신을 꾀하였다. 따라서 문예, 사회, 과학, 종교, 철학 등 여러 분야에 걸쳐 새로운 혁신이 일어났다. 르네상스기의 인간은 자기 자신에게 가장 큰 관심을 기울였으며 자연은 자연 스스로의 가치를 지닌 것이라고 생각하였다. 그렇기 때문에 교회에 대립하여 고대 그리스 정신으로 돌아가서 자연과 인간과의 조화를 갈망하였다. 따라서 과도기의 르네상스 철학은 중세의 종교적이고 신학적인 성격에서 차츰 인간 중심적이고 세속적인 성격으로 바뀌게 되고 철학자 또한 성직자로부터 세인으로 바뀌게 되었다.

2. 과도기의 철학

1000년이 넘는 오랜 기간을 지배했던 기독교적 사고방식은 하루아침에 바뀔 수 있는 것이 아니었다. 인간 중심의 근대적 사고방식이 시작되었으나 중세의 사고방식은 청산할 수는 없었다.

1) 쿠자누스

쿠자누스(Nicolaus Cusanus, 1401~1464)는 두 시대와 두 영역, 즉 중세와 근세, 그리고 신학과 철학의 경계에 있는 인물로서 신학과 철학을 밀접하게 결합하고자 했다. 그래서 그를 중세의 가장 말미에 소속시키기도 하고 근세 초에 넣기도 한다. 그는 카톨릭적 중세의 스콜라철학과 신비주의를 아우구스티누스적 방향에서 본질적인 것의 종합을 체득하였을 뿐만 아니라 르네상스 시기의 휴머니즘적 교양도 자기 것으로 삼은 사람이다. 그의 철학의 문제는 아직 중세적인 색채가 농후하나 그 문제를 다루는 태도에 있어서는 근세적 방향으로의 전환을 보이고 있다. 그는 고대철학에 대하여도 흥미를 가지고 있었을 뿐만 아니라 수학과 자연과학에도 흥미를 가지고 있어서 코페르니쿠스보다 훨씬 먼저 지구는 구형이며 자전한다고 주장했고 최초로 독일 지도를 동판으로 만들었다고 한다.

쿠자누스는『배워 갖는 무지에 대하여』(De docta ignorantia)에서 진리에 대한 모든 탐구는 원리와 결과라고 하는 선행자나 후행자에 어떤 개념을 연결 짓는 관계와 비례에 있다고 말한다. 그에 따르면 무한은 어떤 사물과도 전혀 균형이 맞지 않으므로 그 자체로 알려지지 않는다. 무한은 절대적 최대요 일자이며 단일한 존재성이므로 유한한 것과 무한한 것 사이에는 비례가 없다. 만일 절대 최대가 하나라면 그것은 전부요, 만일 그것이 전부이면 모든 사물은 그 속에 있으며 그것으로 말미암는다. 무한은 전부이므로 무한에 대립할 수 있는 것은 아무것도 없다. 그러므로 무한은 모순을 갖지 않는다. 따라서 최대는 최소와 모순되는 것이 아니라 최대는 곧 최소이기도 하다.

쿠자누스는 이러한 주장을 논거로 신과 우주와 인간에 관한 독창적인 사상을 전개했다. 그는 신 혹은 절대의 본질을 반대의 일치로서 파악하였다. 그에 따르면 현상계의 사물의 다수성, 차별, 반대는 무한에 있어서는 통일된 단순한 존재로 환원된다. 반대의 일치란 최대는 최소와 일치함을 말한다. 예를 들면 직선과 곡선은 서로 반대되나 무한대의 원의 원주에서는 직선은 동시에 곡선이며 운동과 정지도 마찬가지로 운동이 무한히 완만해지면 정지가 된다. 즉 최대는 곧 최소이며 무한대는 동시에 무한소라고 볼 수 있다. 그러므로 신은 일체의 모순 대립이 있을 수 없으며, 통일 융합이 있을 뿐이다. 왜냐하면 신은 바로 무한이며 절대자이기 때문에 현상계에 관련된 차별은 신에게 있을 수 없다. 따라서 세계는 신의 전지전능의 직접적 증거이며 신의 전개이고 일체의 반대의 포괄이다.

쿠자누스는 세계를 불완전자의 혼합으로서 완전자에서 이탈된 것이 아니라 동일한 완전자의 또 하나의 존재 양식으로 파악한다. 세계는 자연과 정신의 형태로 나타나 있으나 그것은 절대자가 타자, 분리, 반대의 형식으로서 자기를 현현하고 있음에 불과하다. 세계는 최선의 것이며 신의 전개이고 신 자체라고 할 수 있다. 그러므로 모든 현실은 이성적이고 목적적이며 조화 통일되어 있으며 세계는 공간적으로나 시간적으로 무한하다. 그리고 모든 것은 신 가운데 연결되어 있으며 종합 통일되어 있다. 이 같은 쿠자누스의 철학은 일종의 범신론적 경향을 띠고 있음에 틀림없다.

그의 세계의 개념에 있어서는 개체의 원리가 새로운 의미를 갖게 된다. 세계는 독립적 단위인 개체의 통일체이다. 그런데 각 개체는 다른 개체와 구별할 수 있는 내적 본질을 가지고 있으며 개체를 개체이게 하는 개별성을 가지고 있다. 따라서 현실적으로 물질, 생물계, 인간의 영혼 등의 차별상이 나타난다. 세계를 대우주라 할 때 인간은 소우주이다. 대우주가 세계정신을 지녔다면 인간은 인간 정신을 지닌 존재이다. 그래서 그는 이러한 인간은 대우주를 반영하는 거울이라고 볼 수 있기 때문에 인간은 신의 절대 무한을 유한자로 나타낸 것으로 보았다.

2) 브루노

지오르다노 브루노(Giordano Bruno, 1548~1600)는 쿠자누스에게서 많은 영향을 받은 이탈리아를 대표하는 철학자이다. 14세 때 도미니코 수도원에 들어가서 스콜라철학을 섭렵했으나, 18세 때 삼위일체설에 대한 회의를 시작하는 등 당시의 카톨릭 교회에 대하여 회의를 나타냈고 개신교마저도 만족하지 못하였다. 후에 코페르니쿠스의 우주관을 변호하고 지동설에 찬성했을 뿐 아니라 우리의 태양계는 많은 태양계 중의 하나라고 주장했으며 신과 무한한 우주는 하나로 동일한 것인데 견해의 차이로 둘로 보일 뿐이라고 주장하기도 했다. 그가 자신의 자유주의 사상으로 말미암아 이단시되자 도미니코 교단을 떠났다. 결국 그는 파문당하여 베네치아에서 종교재판을 받고 1593년 로마로 끌려와 7년간의 옥고 끝에 장작더미 위에서 화형 당했다. 사형의 판결이 내려지자 그는 재판관을 향하여 "선고를 받고 있는 나보다도 그대들이 더욱더 공포에 떨면서 판결을 내릴 것이다"라고 했음은 유명한 일화이다. 그가 순교한 장소에 소크라테스가 독배를 마신 지 2000년 되는 해인 1889년에 그의 동상이 세워졌다.

브루노는 철학적인 입장에서 신학적인 진리를 비판하고 배격했다. 그리고 신앙의 권위에 대한 절대적인 신뢰를 거부하고 '자연의 빛'에 따르는 입장을 견지했다. 그는 종교에 대해 도전하는 것을 목표로 삼은 것이 아니라 오히려 '자연의 빛' 속에 근거를 갖는 모든 이론들을 수용하고자 했다. 따라서 자연철학적인 사변, 도그마에 의존하는 교회 제도에 대한 증오가 그의 사상에 혼합되어 있다.

브루노는 우주의 무한성을 다룬 그의 주저 『원인, 원리 및 일자에 관하여』(De la causa, principio ed uno)에서 신학적인 독단을 벗어나 자연과학적인 개념을 근거로 우주를 파악하고 해석했다. 그는 우주는 한계도 없고 중심점도 없는 무한한 질료라 하여 우주의 유한성을 부정한다. 나아가 우주의 무한성을 바탕으로 우주의 동적인 동일성과 세계의 영원성을 결합시켰다. 그에 따르면 세계는 영원하다. 왜냐하면 개별자는 변화무상한 데 반하여 전체로서의 우주는 유일한 존재자로서 불멸이기 때문이다. 또 세계는 동적인 통일성을 갖는다. 왜냐하면 우주 전체는 커다란 살아 있는 하나의 유기체를 형성하면서 하나의 유일한 원리에 지배되고 움직이기 때문이다. 그래서 브루노는 '우주는 하나 안에 있는 모든 것'이라고 했다. '모든 것이 하나'라는 사상은 전체로만 퍼져 가는 것이 아니라 안으로 파고들기도 한다. 그래서 가장 큰 것은 가장 작은 것, 즉 단자(monade)와 일치한다. 이 단자는 대우주를 이루는 불가분적 개체로서 모든 사물은 단자로 이루어져 있으며 단지 형상이 다를 뿐이다. 브루노는 신마저도 단자 중의 단자로 이루어졌으며 물체는 단자의 향외적 운동에서 생긴다고 했다. 이러한 단자론은 또 라이프니츠(Leibniz)의 선구라고 할 수 있다.

브루노는 신을 결코 초월적 원인으로 생각하지 않고 다만 내재적 원인으로 보았다. 신은 살아 있는 통일체, 법칙, 힘, 질서로서 모든 것 속에 내재하며 일체를 지배하고 생명을 불어넣는 원리이다. 그러므로 신은 초월적인 위치에서 세계를 지배하지 않고 세계 속에서 세계 전체와 그 모든 부분에 대해서 활력적인 원리로서 작용한다. 이러한 신을 자연 밖에서 또는 위에서 찾으려고 하는 사람은 신학자이고, 자연 속에서 찾으려고 하는 사람은 철학자이다. 신은 능산적 자연이고 우주는 소산적 자연이다. 이렇게 신과 자연을 일치시키는 브루노의 범신론적 자연관은 후에 스피노자(Spinoza)에게 많은 영향을 주었다.

3. 근세 초기의 사회 및 정치사상

1) 마키아벨리

법률가의 아들로 태어난 이탈리아의 사상가 마키아벨리(Niccolò Machiavelli, 1469~1527)는 한 사회 안에서 선악의 상대적인 힘의 관계에 대한 교훈을 일찍부터 알게 되어 효과적인 정치적 행동의 규칙이나 원리들에 관심이 많았다. 그래서 그가 쓴 저서가 고대의 역사가, 특히 리비우스와 플라비우스의 연구 결과라 할 수 있는 『로마사론』(*Discorsi*)과 절대 군주에 대한 필요성을 역설한 『군주론』(*Il principe*)이다.

마키아벨리는 오직 국가의 자기 보존과 권력 장악만이 모든 정치 행위의 유일한 근원이어야 한다고 역설하는 정치 이론을 전개했다. 그에 의하면 목적 달성에 도움이 되는 한 도덕적이거나 비도덕적이거나 어떤 수단도 정당화될 수 있지만 도덕적인 차원에서 정치 행위를 생각하는 것은 교활한 정적들이 만들어 놓은 함정 속에 스스로 몸을 내맡기는 것과 같다. 그것은 모든 시대와 모든 민족의 경험이 말해 주는데 실제로 궁극적인 성과를 가져온 것은 오직 기만, 간계, 배신, 거짓 맹세, 계약 파기, 폭력 등의 비리에 가득 찬 수단일 뿐이었다. 그래서 그는 기독교적 윤리를 비난했다.

마키아벨리에 따르면 정치가는 모든 인간은 악한 존재이며 게다가 우둔하기까지 하다는 사실에 주목해야 한다. 따라서 "군주는 자기 자신을 보전하려면 악인이 되는 것과 또 필요한 때는 악인으로 행동하는 것을 배워야만 한다." 그래서 군주는 사랑의 대상이 되기보다는 두려움의 대상이 되어야 한다. 잔악한 행위를 두려워하여 회피해서도 안 되고 이익이 될 때는 약속과 계약을 깨뜨려도 좋다. 군주는 겉으로는 부드럽고 충실하고 정직하고 경건한 태도를 보여야 하지만 실제로 이런 덕을 소유하여 행사하면 해롭기만 하다. 군주는 사자일 수도 있고 여우일 수도 있어야 한다. 이렇듯 마키아벨리는 실제적인 정치 행위에 있어서 온갖 형태의 부도덕적인 수단과 부도덕적인 목적을 다 써도 좋다고 권장한다. 결국 그는 도덕적인 신념보다는 교활한 기술을 더 높게 평가했다. 그러나 이러한 마키아벨리의 정치철학적인 견해는 지나치게 도덕적인 측면을 간과하고 인간을 부정적인 시각에서만 보았다는 점에서 비판되고 있다.

2) 몽테뉴

몽테뉴(Michel de Montaigne, 1533~1592)는 프랑스 보르도 지방의 신흥 상인 가문에서 태어났다. 그의 『수상록』(*Essais*)은 그로 하여금 문학적으로나 철학적으로 세계적인 명성을 얻게 했다. 그는 이 책에서 인간과 인간의 약함을 날카롭게 꿰뚫어 보고 묘사했다. 또 앎에 대해서도 비판하여 고전적인 회의주의를 재현했다. 그는 대부분의 문제가 명석한 해답을 얻을 수 없는데도 참된 앎이 있다고 믿는 것을 인간의 가장 큰 병폐라고 생각했다. 따라서 우리들의 유한한 이해력을 가지고 신을 파악하려는 모든 노력은 헛되다. 자연에 관한 학문도 소피스트적인 시를 짓는 기술에 지나지 않으며 궁극적으로 사고 자체가 확실하지 않은 바탕에 뿌리박고 있다. 감각적인 경험은 일종의 기만이다. 인식의 대상은 계속해서 흘러가고 있으며 따라서 이것들은 개념적인 앎에서 벗어나 있다. 이러한 생각은 후에 경험론자 흄에게로 그대로 이어진다.

몽테뉴는 우리가 어떤 알지 못하는 세계의 어두운 힘의 지배를 받고 있는데 그것이 바로 어디에서나 삶과 뒤섞여 있는 죽음이라고 했다. 그렇기에 살기를 원하는 사람은 죽는 것을 배워야 한다. 결정적인 것은 앎이 아니라 윤리적 행동이다. 인간은 양심과 계시의 도움으로 세계 안에서 아무리 고향을 잃어버렸다 해도 자기 안에서 피난처를 발견할 수 있고 계속해서 새로운 가능성을 붙들 수 있으며 이렇게 함으로써 스스로의 삶을 형성해 갈 수 있다. 전체적으로 보자면 몽테뉴는 스토아적인 태도를 취하고 있다. 그는 스토아학파의 사람들처럼 인간을 본성에 따라, 즉 올바른 이성에 따라 질서 지우려 했다.

4. 종교개혁자의 사상

1000년이 훨씬 넘게 지속된 중세를 지탱한 기독교는 교회의 교권주의가 횡행하여 본질적인 신앙의 길에서 자꾸 멀어져 갔다. 그와 더불어 중세 말에 진행된 신앙과 이성의 분리 작업을 통한 이성의 자각은 교회의 비성경적이고 비신앙적인 부분에 대해 비판의 목소리를 높이기 시작했다. 이러한 상황에서 일어난 종교개혁은 한 마디로 성경과 초기 기독교의 사상과 정신으로 돌아가자는 운동이다. 개혁자들은 모두 "오로지 신앙에 의해서만이 우리는 의롭다 함을 입을 수 있다"고 주장한다. 그 주장은 인간의 구원, 즉 의롭다 함을 입는 것은 신앙이라는 개인 내면의 심적 태도에 달려 있는 것이지 믿음을 제외한 어떠한 도덕적 선행도 구원의 조건으로는 무의미하다는 말이다. 또한 개혁자들은 기독교 신앙이 근거할 유일의 증거요 구원을 얻을 수 있는 길은 모두 성경에 계시되어 있다고 주장한다. 보통 전자를 신앙주의, 후자를 성경주의라고 하는데 이 두 원리는 종교개혁의 근본 원리이자 프로테스탄티즘(Protestantism)의 특징이 되었다.

루터와 칼빈으로 대표되는 종교개혁자의 사상은 근대 사회의 형성기의 사상사는 물론 정치, 경제, 사회사적으로도 큰 영향을 미쳤다. 두드러진 영향 가운데 하나는 개인의 내면적 가치의 자각이고 또 하나는 모든 개인을 지배하는 통일적인 역사적 발전의 법칙성에 관한 인식이다. 개인의 내면적 가치에 대한 자각은 봉건적인 사회 질서에서의 지위로부터 개인을 분리하여 인간을 개인으로서 존중함과 동시에 개인의 책임을 요구하게 되었으며 개인의 운명과 세계의 역사, 우주의 운동까지도 하나님의 의지에 의하여 영혼의 시초로부터 지배되고 있다는 예정설은 자의적인 지배가 아니라 영원한 질서에 근거한 법칙적인 지배라는 역사 인식을 갖게 했다.

1) 마르틴 루터

구체적인 종교개혁은 마르틴 루터(Martin Luther, 1483~1546)에 의해 시작되었다. 루터 자신은 당시의 교회 신부였다. 1517년 당시 그가 교수로 있던 비텐베르크 근처에 텟첼(Tetzel)이라는 수도승이 로마의 성 베드로 성당을 짓는 데 필요한 기부금을 내는 사람에게 면죄부를 팔러 왔다. 당시 지성인들 사이에서는 세속적인 죄악을 교회에 헌금을 냄으로써 벗어날 수 있다는 생각에 대해 많은 불만을 품고 있었다. 이 사건을 계기로 루터는 텟첼이 '죄를 범하는 면허증'을 팔고 있다고 비난하면서 당시의 습관에 따라 95개조의 항의문을 비텐베르크 교회 문에 붙임으로써 종교개혁의 불이 붙게 되었다.

루터의 관심사는 죄인으로서의 인간이 신앙만으로 구원을 받을 수 있는가 아니면 신앙의 증거로서 선행이 부가되어야 하는가 하는 문제였다. 그는 '오직 믿음'에 의해서라고 주장했으나 이러한 주장은 당시 보름스 종교회의에서 이단으로 규정되었고 루터는 교황에 의해 파문까지 당했다. 그러나 그는 삭소니 공(公)의 보호 아래에 바르트부르크 성에 피신하여 목숨을 건질 수 있었고 더구나 은신 중에 성경을 독일어로 번역하여 그 동안 사어인 라틴어로 되어 있어서 읽을 수 없었던 성경을 일반인들도 읽을 수 있게 해 주었다. 그로 인해 많은 사람들이 당시의 교회가 많은 부분에서 비성경적인 가르침을 자행해 왔음을 알게 되어 루터의 의견에 찬성하게 되었고 그에 입각한 교회를 세우기 시작했다.

　루터의 출발점은 공정과 자유, 그리고 기독교적인 생활에 필요한 것은 오직 하나뿐, "그것은 곧 하나님의 거룩하신 말씀인 예수의 복음이다"는 사실이다. 1521년 루터는 황제 카알 5세의 심문을 받고 "나의 양심은 하나님 말씀에 매어 있다"고 말하였다. 하나님의 말씀이란 예수 그리스도를 의미하기도 하나 하나님에 관한 진리가 제시되어 있는 성경을 가리키기도 한다. 이처럼 그는 구원받을 수 있는 길로서 성경을 유일의 권위로 인정했다. 그런데 "구체적으로 하나님의 말씀은 무엇이냐?"고 하면 루터는 "로마서 1장 17절, '오직 의인은 믿음으로 말미암아 살리라'라고 한 바울의 말씀이다"고 대답한다. 그래서 루터는 '만인제사장론'을 주장하여 신자 한 사람 한 사람은 믿음을 통하여 구약 시대의 제사장과 같이 직접 신과 대하고 있음을 설파하였다.

　루터는 '믿음을 통한 의에 이름'이라는 주장을 바탕으로 하여 죄와 은총에 대한 개념을 아우구스티누스에 의해 확고하게 뒷받침했다. 그에 따르면 인간은 무지나 미숙한 이성 때문에 곤경에 빠지는 것이 아니라 의지의 굴레 때문에 곤경에 처하게 된다. 인간의 자유의지는 죄의 포로가 되어 선을 행할 수 없는 타락된 의지로 전락하여 하나님 앞에서 정죄되었다. 따라서 하나님의 자비가 없으면 인간의 의지는 아무 효력이 없으며 하나님의 자비에 따라 그의 영으로 소생되어야만 자유의지가 효력 있는 작동을 할 수 있다. 그러므로 이성이 아닌 신앙에 의해서만 인간의 곤경은 극복될 수 있다. '이성의 목을 조르는 것이 신앙의 본질'이며 이성에게는 불가능한 것으로 보이는 것도 신앙에게는 가능하다.

　이렇게 하여 루터는 비록 중세의 신앙 중심적인 태도로 되돌아가기는 했지만 당시 교회의 교권주의에 도전하여 신앙의 본질을 회복함은 물론이고 개인적이고 자유로운 사고로의 이행을 가능하게 했다. 그런 점에서 종교개혁은 교회 내에서 개인과 자유에 대한 의의와 가치를 발견한 일이라고 할 수 있다.

2) 존 칼빈

　북 프랑스 노용(Noyon)에서 태어난 칼빈(John Calvin, 1509~1564)은 사제가 되기 위해 일찍부터 훌륭한 교육을 받았는데 파리대학에서 스콜라철학을 공부하다가 후에 부친의 뜻에 따라 법학으로 전향했다. 그는 또 성경의 의미를 보다 깊이 통찰하기 위해 히브리어와 고전어를 연구했다. 그의 사상은 『기독교 강요』(*Institutes of the Christian Religion*)에 잘 나타나 있다. 이 책은 프로테스탄트 최초의 조직신학으로서 처음 집필 시에는 로마서 강해의 형태였으나 십계명, 사도 신경, 주기도, 예전, 교회 통치 전반에 걸친 그의 사상들이 담겨 있다. 물론 그 궁극 목적은 성경에 대한 신학적 해설, 종교개혁 이념의 정리, 개혁파 교회의 신학적 기초를 서술하는 데 있었다. 그는 이 책에서 하나님의 권위와 성경의 유일한 계시를 강력히 주장했다.

칼빈의 사고는 대부분 루터의 그것과 일치한다. 칼빈 역시 루터와 같이 구원의 절대적 은총, 하나님 말씀의 절대 권위, 강력한 인격적 신앙의 필요성을 확신했다. 그러나 루터는 인간의 구원 문제와 관련하여 하나님께서 인간의 구원을 위해 하시는 일에 관심을 보였다는 점에서 인간 중심적이라고 말한다면, 칼빈은 그 반대로 하나님이 모든 것이며 절대 주권자인 그 하나님에 대해서 인간은 어떠해야 하는가 하는 점에 관심을 두었다는 점에서 신 중심적이라고 말할 수 있다.

칼빈에게 중요한 것은 인간이 세계를 위한 하나님의 계획을 배워 그 섭리에 적응하는 일이다. 칼빈에 따르면 인간을 위해 하나님이 존재하는 것이 아니고 하나님을 위해서 인간이 존재하므로 인간의 최상의 종교적 행위는 이런 사실을 받아들여 지극히 거룩하신 하나님의 절대 주권에 겸손히 복종하는 일이다. 이 같은 칼빈의 신 중심주의는 다음의 세 가지, 즉 하나님의 절대 주권, 모든 것이 하나님의 영광을 위해 존재한다는 것, 그리고 이 사실들로 불가피하게 연유되는 예정론을 함축하고 있다.

칼빈에게는 인간 삶의 주요한 목적은 성경에 계시된 하나님을 아는 일이다. 그가 아는 하나님은 전적으로 초월적이어서 우리가 생각할 수 있는 어떤 것도 넘어서 있다. 하나님은 전적인 타자이며 자신을 계시해 주시지 않는 한 인식될 수 없는 전적인 신비성으로서 절대적 은폐성만을 드러내시므로 인간에게 하나님은 근본적으로 불가해하다. 따라서 하나님은 인식의 대상이 아니라 단지 숭배의 대상이다.

첫째, 하나님은 자신의 말씀 가운데에서 위엄 있고 두렵고 전능하고 전적으로 불가해한 존재로 계시할 뿐 아니라 창조 세계에서 일어나는 모든 사건의 자유로운 주권자로도 계시하신다. 하나님이 자유로운 까닭은 자신의 뜻 이외에 어떤 것에 의해서도 속박을 받지 않기 때문이며 하나님이 주권적이라는 말은 창조 질서 가운데 일어나는 어떤 것도 그의 뜻을 피하지 못한다는 의미이다. 피조 세계에서 일어나는 모든 일은 하나님이 그렇게 되기를 원하시기 때문에 일어난다.

둘째, 하나님의 절대 주권 사상은 모든 것은 하나님의 영광을 위해 존재한다는 사상으로 이어진다. 존재하는 모든 것은 이들의 동인인 하나님으로부터 오며 하나님 아닌 다른 어떤 목적을 지니고 있지 않다. 목적인으로서의 하나님은 자신의 목적을 위해 행동하시는데 세계 및 세계 안의 모든 존재의 목적은 하나님의 영광을 드러내는 일이다. 인간에게도 마찬가지이다. 인간은 자신이 존재하는 유일한 이유가 하나님께 영광을 돌리고 하나님이 자신을 지으신 목적을 반영하는 데 있음을 인정해야 한다. 인간의 목적은 자신의 구원을 이루는 데 있으며 인간의 구원은 하나님께 영광을 돌리는 일의 한 부분이다. 칼빈이 '오직 하나님의 영광'(*soli Deo gloria*)을 강조하는 것은 인간을 짓누르려 함이 아니라 인간으로 하여금 하나님을 확실하게 신뢰하게 하려 함이다.

셋째, 하나님께서 당신의 영광이 인간을 구원하는 데에서 드러나게 하신 이상 아무것도 이 뜻을 방해할 수 없다는 사실은 논리적으로 예정론에 이르게 한다. 인간이 하는 모든 일, 인간의 최종적인 운명은 하나님이 그렇게 되도록 미리 정하신 그대로 된다. 하나님은 누가 구원받고 누가 구원받지 못할 것인가에 대한 당신의 뜻을 결정해 놓으셨으며 이 결정은 결코 되돌려질 수 없다. 하나님의 뜻이 선한 일이든 악한 일이든 인간에 의해 변화하게 된다고 하면 그것은 하나님의 절대 주권을 모독하는 짓이다. 칼빈에 따르면 성경은 분명히 예정에 대해 말하고 있다. 그는 이를 위해 로마서 9장 20~21절 말씀을 곧잘 인용했다; "이 사람아 네가 뉘기에 감히 하나님을 힐문하느뇨? 지음을 받은 물건이 지은 자에게 어찌 나를 이같이 만들었느냐 말하겠느뇨? 토기장이가 진흙 한 덩이로 하나는 귀히 쓸 그릇을, 하나는 천히 쓸 그릇을 만드는 권이 없느냐?"

그러나 하나님의 예정 자체는 계시되어 있으나 합리적인 사람들이 항상 의문을 제기하는 이 예정의 섭리가 어떻게 이루어지는지, 이 시행 과정에서 의와 자비가 어떻게 작용하는지에 대해서는 불행히도 계시되지 않고 신비에 싸여 있다. 따라서 인간은 아무리 우리에게 비합리적으로 보일지라도 예정의 사실과 신비를 믿음으로 받아들이는 자세가 필요할 뿐이다. 이를 넘어서는 어떠한 사변도 하나님께서 인간이 알기를 원치 않는 문제들에 대해 갖는 쓸데없는 호기심이다. 즉 하나님이 어떤 인간은 구원하고 또 어떤 인간은 버려두는 처사가 비합리적이고 하나님답지 않게 보일지 모르지만 하나님께서 그러한 행동을 하는 이유가 무엇인지 묻는 그 자체가 주제넘은 짓이다. 우리는 단지 하나님께서 그렇게 하시기를 원하신다는 사실을 아는 것으로 충분하다. 이처럼 칼빈의 예정론은 철저하게 구원론에 따라 형성된 것으로서 예정된 성도는 이 세상에서 적극적 생활 방식으로 처신해야 한다는 윤리적인 면으로까지 이어진다.

절대 주권을 가진 하나님에 기초하고 있는 구속받은 사람들의 새로운 삶은 도덕적 싸움이다. 이 도덕적 싸움은 하나님의 법을 성취하는 것인데 하나님의 법은 하나님의 의를 보여주는 것으로 부정의한 사람들로부터 공동체를 보호하고 믿는 자들을 권면하고 선행을 하도록 한다. 믿는 자는 믿음으로 의롭게 되어 자유함을 얻는 복음 안에서 법의 성취를 이룩할 수 있다. 따라서 법은 복음 안에서 완성된다. 그러므로 크리스천은 올바로 질서 잡혀진 삶, 즉 '의와 사랑'의 삶을 살아야 한다. 예수 그리스도 안에서 화해하고 덕을 세우고 살며 삶의 진실성과 실천성을 갖고 살아야 한다. 이와 함께 칼빈은 이 세상의 직업에 대해서도 그것을 신의 소명으로 받아들이고 적극적으로 수행해야 한다는 직업소명설을 주장하기도 했다.

제3장
데카르트

　데카르트는 근세철학의 아버지요 근세의 합리론(Rationalism)을 개척한 선구자라 할 수 있다. 합리론이란 우리의 인식 능력을 이성과 감각으로 나누고 우리를 진리로 이끄는 것은 감각이 아닌 이성이라는 주장으로서 이성론이라고도 한다. 사실 이런 의미의 합리론은 이미 고대로부터 있어 왔다. 운동과 변화에 대해서는 서로 다른 입장을 취했던 헤라클레이토스나 파르메니데스는 모두 감각적 경험이 주는 지식은 혼란스런 것이고 믿을 수 없지만 이성에 의해서 파악되는 것만이 진리라는 견해를 취했다. 소크라테스, 플라톤, 아리스토텔레스는 이런 견해를 좀더 명백히 했다. 그러나 여기서 말하는 17세기 유럽의 합리론은 중세의 사고방식, 즉 신의 계시를 모든 진리의 근거로 받아들이는 태도에서 벗어나서 인간의 이성을 진리의 원천으로 삼아 인간의 권리와 권위를 주장하는 사상을 가리킨다.

　근세의 합리론자들은 모두가 과학과 수학의 진보와 성공에 영향을 받아 철학에 수학의 정확성을 도입하고자 했다. 즉 연역 가능한 진리 체계를 가질 수 있는 분명한 이성적 원리들로 세계에 대한 정확한 지식을 구성하고자 했다. 합리론자들의 주요 논점은 인간과 세계에 관한 진리의 원천이라고 생각되는 인간 정신의 이성적인 능력에 관한 것이었다. 그들은 인간의 이성을 철저히 신뢰하여 한 개인의 정신은 우주의 본질을 발견할 수 있는 적절한 방법에 따라 활동하도록 만들어져 있다고 믿었으며 인간의 정신으로 분명하게 생각할 수 있는 것은 사실상 정신의 외부 세계에 존재한다고 가정했다. 따라서 외부 세계의 존재는 이성에 의해 규정된다. 또한 어떤 관념들은 인간의 정신 속에 생득적으로 존재하며 적절한 기회가 주어진다면 이들 생득적 진리들은 경험에 의해 자명하게 된다고 생각했다. 따라서 인식의 궁극적 능력은 이성이다. 이러한 점들이 바로 합리론자들에게 나타나는 공통점이다.

1. 철학적 특징

데카르트(René Descartes, 1596~1650)는 중세철학적 전통과의 단절과 후속되는 근세철학에의 커다란 영향으로 인해 일반적으로 근세철학의 아버지로 여겨진다. 그의 사상에는 중세 스콜라철학의 영향이 많이 남아 있지만 전통적 권위에 추종하지 않고 새로운 철학을 건설하려고 노력하였다. 그는 모든 진리의 표준이 오직 교회에 의하여 결정되고 사유의 자유가 주어지지 않은 중세적 전통에 대결해서 그의 철학을 출발시켰다.

데카르트의 주저인 『성찰』(Meditationes)은 본래 그 완전한 제목이 『신의 존재와 인간 정신과 육체와의 구별을 증명하는 제일철학에 대한 성찰』로 되어 있다. 이 책에서 그는 철학 편에서 교회로부터의 독립을 실제로 선언한 셈이 되었다. 물론 신의 본질과 존재, 세계와 영혼에 대한 데카르트의 결론 자체가 탈중세적인 것은 아니다. 바로 그의 방법론이 탈중세적이었다.

그는 만일 신 존재와 정신과 육체의 구별에 대한 주장을 합리적으로 설명할 수 없다면 그것들에 대한 주장은 지식의 지위를 갖는다고 할 수 없으며 참이라고 인식될 수 없다고 했다. 또한 사물에 대한 지식은 계시로는 충분하지 않고 '자연적 이성'의 자율적인 사용에 의해서 얻을 수 있다고 주장했다. 이러한 주장은 철학이 결코 더 이상 신학의 시녀가 아니요 중요한 점에서는 신학보다 우위에 있고 또한 신학 없이도 설 수 있으며 신적 계시와는 독립적으로 진보해야 함을 제안하는 것이다. 바로 이러한 점들은 중세적인 사고방식에서의 탈피를 의미하며 이 때문에 그를 근세철학의 아버지라고 부른다. 그러나 데카르트는 포괄적이고 엄격한 철학 체계와 방법의 발전을 통해 신학의 주요 신조와 신앙을 새롭고 더 나은 토대 위에 올려놓고자 했으면서도 그가 배운 신학과 신앙의 타당성에 대해서는 확신하고 있었다.

2. 수학적 방법과 제일원리

데카르트는 1604년부터 1612년까지 라 플레슈 예수회 학원에서 수학, 논리학, 철학 등을 공부했다. 그때 그는 계속해서 의문과 논란을 야기하는 철학에 비해 확실성과 정확성을 지닌 수학에 깊은 자극과 감명을 받았다. 특히 기하학에서의 증명이 필요 없는 자명한 공리와 그 공리로부터 연역되는 증명의 확실성과 추리의 증거에 매우 놀랐다. 그래서 그는 과거의 거추장스러운 철학의 굴레에서 벗어나 새로운 과학이 이룩한 업적을 정당화하는 철학을 요구하였으며 현재와 장래의 모든 과학적 지식을 신과 인간과 우주에 관한 원만한 철학 체계로 수립하고자 했다.

일반적이거나 관습적인 지식이 아닌 명료하고 확실한 지식을 추구한 데카르트는 당대의 다양한 과학과 철학이 확실하지 못한 토대 위에 기초하고 있을 뿐 아니라 사람들 사이에 지식으로 통해 온 것들도 사실은 오류이고 불확실하다는 사실을 직시했다. 그래서 이를 바로잡기 위해 의심스런 가정에 기초한 이전의 견해를 모두 없애 버리고 처음부터 시작하고자 했다. 즉 진정한 지식이 얻어질 때까지는 절대적으로 확실하지 않은 것에서 시작하지 않고 의심의 여지가 없이 단계적으로 형성된 확고한 토대 위에 자신의 철학 체계를 세워 그 진리로부터 광범위한 영역에 걸쳐 다양한 귀결을 이끌어내려고 생각했다.

데카르트는 당시의 수학적 방법에 큰 자극을 받아 철학 역시 그러한 명증한 공리 위에 정초하고자 했다. 그것은 철학도 수학과 마찬가지로 확고한 토대를 가져야 하며 기하학이 본보기로 제공해준 증명의 확실성과 추리의 증거와 같은 것이 기초가 되기를 원했기 때문이다. 철학이 수학적 방법을 따라야 한다는 생각은 모든 학문도 그렇게 논리적이고 엄밀해야 한다는 보편학의 이념을 가리킨다. 그래서 그는 『정신 지도의 규칙』(Regulae ad directionem ingenii)에서 철학에 수학적 방법을 도입해야 한다고 거듭 강조하면서 "진리의 확실한 인식을 위해서 인간에게 허용된 길은 명증적 직관과 필연적 연역 이외에는 없다"고 말한다. 이 말은 직관과 연역이 진리에 이르는 유일한 길이라는 뜻이다.

그가 참된 지식을 위해 이러한 수학적 방법을 적용한 것은 철학과 과학에서 이루어진 결과가 진정한 지식의 지위를 얻기 위해서는 수학에서 요구되는 똑같은 정도의 확실성을 얻어야 한다고 생각했기 때문이다. 이것은 만약 수학에서 획득되는 것에 필적할 만한 확실성이 세계와 신, 그리고 인간의 육체와 영혼의 문제에서는 획득될 수 없다는 사실이 밝혀진다면 우리는 그런 문제들에 대해 참된 지식을 전혀 가질 수 없으며 이러한 문제들에 관한 한 확실하지 못한 다른 신념들보다 더 타당하다고 밝혀질 수 없는 지식 아닌 신념만을 가질 따름이라는 사실을 의미한다.

그래서 데카르트는 자연의 세계를 '은총의 빛'(*Lumen gratiae*)'에 비춰서가 아니고 어디까지나 '자연의 빛'(*Lumen naturalis*)에 조명해서 인식하려 했다. '자연의 빛'에 조명해서 본다 함은 인간이 종교적 권위에서 해방되어 자율성을 획득하고 사물을 이성적 순서에 따라 합법칙적으로 인식한다는 말이다. 바꿔 말하면 사물을 계시적 이성에 의해서가 아니고 자연 이성에 의해서 질서 정연하게 방법적으로 인식한다는 뜻인데 이것이 이른바 합리적 인식이다. 데카르트는 이 같은 합리적 방식에서 자연현상의 전체를 필연적인 인과의 연쇄에서 포착할 수 있다고 생각했는데 이러한 사고방식에서 자연의 세계 전체가 인과의 법칙에 따르는 하나의 거대한 기계 체계라고 하는 기계론적 자연관이 성립된다.

데카르트가 원했던 참된 지식을 위한 기초로서의 제일원리는 마치 '아르키메데스적 점'과도 같은 것이다. 아르키메데스(Archimedes)는 지렛대와 그 지렛대를 받칠 수 있는 작용점만 있으면 지구도 들 수 있다고 한다. 데카르트는 같은 이치에서 지렛대를 받쳐 주는 점만 있으면 지구도 들 수 있듯이 수학에서의 공리와도 같은 제일원리가 되는 자명한 진리를 발견하기만 하면 그 제일원리 위에 모든 지식과 진리를 정초할 수 있다고 생각하고 지식의 체계에서의 '아르키메데스적 점'을 찾고자 했다. 그는 『방법서설』(*Discours de la méthode*)에서 "너무 멀어서 도달할 수 없는 것도 없고, 너무 숨겨져 있어서 발견할 수 없는 것도 없다"고 말해 그것의 성공을 낙관했다.

데카르트는 명증한 수학적 방법에서 사용되는 것으로서 '아르키메데스적 점'이 될 수 있는 유사한 방법을 찾기 위해 『방법서설』 제2부에서 다음과 같은 4개의 규칙을 설명했다; 첫째, 명석 판명하여 내가 그것에 관해 더 이상 의심할 수 없는 것 이외에는 어떤 것도 진리로서 받아들이지 말 것; 둘째, 내가 검토하는 복잡한 어려운 문제들을 만족스런 해결에 도달할 수 있도록 가능한 한 필요한 만큼 여러 부분으로 나눌 것; 셋째, 조금씩 위로 올라가기 위하여 가장 단순하고 이해하기 쉬운 대상에서부터 시작하여 가장 복잡한 것의 지식에 이르도록 적절한 순서로 사물을 배치하여 고려할 것; 넷째, 하나도 빠뜨리지 않았다고 확신할 수 있을 정도로 문제를 완전히 열거하고 전체적으로 통관할 것.

이 규칙들에 따르면 처음부터 명석 판명하게 지각할 수 있는 것에만 우리 자신을 제한하고 또 그렇게 해서 확고하게 세워진 것으로부터 명석하고 판명하게 도출되지 않는 것으로는 나아가지 말자는 말이요 조금이라도 의심의 여지가 있는 것은 어느 것이라도 처음부터 긍정해서는 안 된다는 의미이다. 이렇게 해서 유명한 '방법적 회의'가 시작된다.

3. 방법적 회의

데카르트는 완전하게 확실한 결론에 도달하기를 원한다면 완전하게 확실하지 않은 가정에 기초해서는 안 된다고 한다. 따라서 그는 '아르키메데스적 점'을 찾기 위한 방법론적인 원칙으로서 "의심할 수 있는 모든 것을 거짓으로 간주해야 한다"고 말하지 않을 수 없었다. 물론 이 말은 우리가 의심하고, 또 의심할 수 있는 것이 거짓이라는 말은 아니다. 그의 의심이라는 방법론적인 원칙은 명백한 것만을 가지고 시작하여 명백하게 타당한 각 단계에 의해 진행된 논증에 의해 참이라고 증명될 수 있을 때까지 어떠한 것도 참이라고 인정해서는 안 된다는 말이다. 다시 말해 절대적 확실성을 가진 자명한 진리의 기준을 위해서는 모든 관념이 수학적 증명에 뒤지지 않을 정도의 완전한 확실성으로서 그것의 진위가 입증될 수 있을 때까지 회의에 붙여지지 않으면 안 된다는 사실을 의미한다. 이는 지식의 가능성에 대한 부정적인 태도와는 다른 것으로서 스콜라철학자들의 오류투성이의 합리주의를 반대하기 위한 절대적 확실성의 요구를 강력히 반영한 것이라 할 수 있다. 데카르트는 학문에 있어 진정으로 영속적이고 확실성 있는 지식을 얻고자 할 때에는 전통적으로 진리라고 인정되어 온 모든 권위나 편견들을 일차적으로 의심하고 부정할 필요가 있다고 생각했다. 그래서 의심스러운 것은 철저하게 의심해야 했다. 그것은 모든 회의의 결과 더 이상 부정할 수 없는 어떤 진리에 도달하기 위해서이다.

데카르트가 한 의심은 부정을 위한 의심이 아니라 조금도 의심할 수 없는 것을 흔들림 없는 토대 위에 세우려는, 즉 절대적이고 확실한 명증적 진리를 찾기 위한 목적을 가진 수단과 방법으로서의 의심이었다. 그렇게 해서 제일의 진리에 도달한다면 그는 그것을 기반으로 모든 진리를 확증할 수 있다고 생각했다. 이것이 소위 지식의 확고한 토대를 찾기 위한 방법으로서의 회의, 즉 '방법적 회의' 또는 '회의적 방법'(method of doubt)이다. 이런 철학적 방법론은 후대의 후설의 현상학에 그대로 적용되었는데, 후설 자신은 자기의 철학적 방법이 데카르트적 방법에서 자극을 받았다고 말하고 있으며 데카르트의 '회의' 대신에 소위 '판단중지'라는 방법을 사용했다.

학적인 연역적 논증의 출발점으로서 수학의 공리와도 같은 자명한 진리로서의 제일원리는 절대로 의심할 수 없는 것이어야 한다. 따라서 기존의 모든 지식을 하나도 남김없이 회의해야 한다. 그래서 데카르트는 지식을 특수한 지식, 일반적인 지식, 보편적인 지식으로 나누고 그것들을 차례로 회의했다.

첫째, 데카르트는 특수적인 지식에 대해 회의한다. 특수지란 감각으로부터 또는 감각을 통해서 이루어진 감각적 지식을 말한다. 우리는 이러한 지식을 일상적으로 확실한 지식이라고 믿고 있으나 조금만 생각해 보면 그렇지 않음을 알 수 있다. 무엇보다 감각은 때때로 우리를 속인다. 우리는 사물들이 우리가 생각했던 것과 매우 다르다는 사실을 가끔 발견한다. 또한 우리가 감각적인 지각을 하고 있다고 생각한 것이 사실이 아니라 환각이나 상상 또는 착각에 빠져 있었음을 발견하기도 한다. 그러므로 나를 속인 적이 있는 사람이 나중에 와서 하는 말을 믿지 않는 것이 현명하듯이 "우리를 속인 적이 있는 어떤 것이라도 전적으로 믿지 않는 것이 더 현명하다." 감각적 지식을 믿을 수 없는 또 다른 이유는 그것이 극히 주관적이기 때문이다. 우리의 감각적 경험은 마음속에 생긴 심상에 불과한 것으로서 우리의 마음속에 생긴 심상이 그것을 생기게 했다고 생각되는 외계의 사물과 같은지 그렇지 않은지 우리로서는 알 수 없는 노릇이다. 예를 들면 우리 눈에 보이는 대상, 즉 책이나 책상 등이 눈에 보이는 대로 실재하는지 그렇지 않은지 의심스럽다는 말이다. 데카르트는 이것을 설명하기 위해 '꿈의 가설'을 통해 설명한다. 현실 속에 있는 우리가 꿈을 꿀 때 '꿈속에서의 나'는 꿈속의 사실이 단순한 꿈이 아니라 현실이고 사실인 양 생각하지만 사실은 꿈에 불과하듯이 지금 우리가 사실로 알고 있는 현실도, 사실은 현실이 아니라 꿈속에서 그렇게 착각하고 있을 수 있다는, 즉 꿈일 수 있다는 말이다. 그래서 그는 우리의 육체도 없고 감각 기관도 없으며 외적 사물과의 접촉도 없는 것일지도 모른다는 데까지 감각을 의심하였다.

둘째, 데카르트는 일반적인 지식에 대해 의심한다. 일반지란 우리의 정신이 감각적 경험의 주관성을 넘어서서 가지고 있는 지식을 말한다. 내가 감각하는 이 손, 저 책과 같은 감각적인 특수지가 환상에 불과할지 모르지만 우리에게 일반화된 것으로서의 손과 책은 존재하며 이에 대한 확실한 지식을 가지는 것은 아닐까? 그러나 데카르트는 반인반양(半人半羊)의 숲의 신 사티로스(Satyros)의 예를 들어 그것을 부정한다. 사티로스는 신화에 나오는 가상물로서 실제로 있는 것이 아님에도 불구하고 우리는 사티로스에 대한 지식을 가지고 있다. 이 예는 우리가 가진 일반지도 사티로스처럼 확신할 수 없음을 말해 준다.

셋째, 데카르트는 마지막으로 보편적인 지식에 관해 회의한다. 보편지란 물체가 물체이기 위해서 반드시 갖추어야 하는 연장, 형태, 수, 공간, 시간과 같이 가장 단순하고 보편적인 것에 관한 지식을 말한다. 데카르트는 수나 공간 도형을 다루는 산수학이나 기하학이 의심할 수 없는 확실한 지식으로 보았다. 그러나 그는 정신 밖에 정신과는 독립해 있는 대상(예컨대 삼각형)들이 정신에게 명석하고 단순하게 주는 수학이나 기하학적 원리(예컨대 "삼각형의 내각의 합은 180도이다")들과 그대로 일치한다는 것을 보장해 줄 무엇이 필요하다는 사실을 깨닫게 되었다. 기하학의 가장 단순한 증명에서도 그 증명 안에 논의되는 대상들이 참으로 존재한다는 것을 확실히 믿게 할 어떤 것도 그 증명 안에서는 찾아볼 수 없기 때문이다. 그것은 꿈속에서도 참이다. 그래서 그는 '전능한 악마의 가설'을 내세운다. 그에 따르면 인간을 속이는 데 즐거움을 느끼는 전능하고 악의에 찬 심술궂은 악마가 우리로 하여금 대상을 늘 잘못 알도록 유도할지도 모른다. 예컨대 2+3=6인데 그릇된 답인 5를 얻게 할지도 모른다. 다시 말해 "둘에다 셋을 더하고, 사각형의 각을 셀 때마다 속지 않는다는 것을 알 수가 없다." 그래서 그는 2+3=5와 같은 수학적 진리마저 의심했다.

결국 데카르트는 회의적 방법을 통하여 우리가 가진 모든 지식은 의심의 여지가 있으므로 제일 원리의 자격을 갖지 못한다는 사실을 깨달았다. 요컨대 데카르트는 "매우 강하고 신중하게 고려되는 이유들 때문에 … 내가 전에 참이라고 믿었던 것들 중에서 약간이라도 의심할 수 없는 것은 하나도 없다"고 결론짓는다.

4. *cogito ergo sum*

데카르트는 방법적 회의를 진행하면서도 자신이 의심하고 있다는 사실을 의심할 수 없었다. 그것은 곧 의심하고 있는 나에 대한 확실성이었다. 모든 것은 의심할 수 있어도 자신이 의심한다는 사실, 의심하면서 존재한다는 사실은 의심할 수 없었던 것이다. 의심하는 자신이 존재한다는 사실을 의심하면 의심할수록 자신의 존재함이 더욱 확실하게 나타났다. 그것은 바로 회의하고 있는 주체로서의 자신의 발견이요 모든 것을 의심하고 있는 자신의 존재에 대한 확신이었다. 모든 것이 존재하지 않을 수 있지만, 의심의 대상이 되었던 모든 것이 믿을 수 없는 것일 수 있지만, 그럴 수 있을 것이라고 생각하는 존재는 존재하지 않을 수 없다. 모든 것을 부정해도 부정하는 사람은 부정할 수 없다.

이렇게 하여 데카르트는 더 이상 의심할 수 없는 확실한 지식, 즉 확실성 있는 지식의 출발점을 발견했다. 자신의 의식 상태나 사유 작용을 아무리 부정해도 오히려 그러한 부정은 그가 사유하는 존재로서 실존하고 있다는 사실을 증명해 주었다. 그는 스스로 제기할 수 있는 가장 철저하고 가장 극단적인 회의를 함에 있어서도 자기 자신이 존재하지 않고서는 회의조차 할 수 없음을 깨달았다. 결국 내가 보고 있다고 믿는 것은 한낱 착각일지도 모르지만 착각을 갖기 위해서도 나는 존재해야 한다. 여기에서 그의 의심은 마침내 정지된다.

데카르트는 회의의 귀결을 『철학의 원리』(*Principia Philosophiae*)에서 이렇게 표현했다. "우리가 회의하는 동안 존재하지 않으면, 우리의 존재를 회의할 수 없다. … 왜냐하면 생각하는 자가 생각하는 동일한 순간에 존재하지 않는다고 상정하는 것은 모순이기 때문이다. 따라서 나는 생각한다. 그러므로 나는 존재한다(*cogito ergo sum*)는 결론은 모든 것들 중에서 최초의 그리고 가장 확실한 것이다." 이렇듯 '코기토 에르고 숨'(*cogito ergo sum*), "나는 생각한다. 그러므로 나는 존재한다"는 결론은 모든 인식 가운데 가장 확실한 진리로서 굳이 감각 경험의 도움 없이도 도출할 수 있는, 그리고 다른 어떤 진리로부터도 도출할 수 없는 제일의 진리이다.

그런데 철학사적으로 보면 이와 비슷한 표현이 데카르트 이전에도 있었다. 그것이 곧 중세의 아우구스티누스의 "내가 만일 속고 있다면, 나는 존재한다"는 '*Si fallo, sum*'이라는 말이다. 데카르트의 '*cogito ergo sum*'이 순수하게 데카르트의 회의의 결과인지 아니면 아우구스티누스의 영향을 받은 것인지에 대해서는 아직 학자마다 견해가 다르지만 아우구스티누스의 영향을 무시할 수는 없을 것이다.

어쨌든 데카르트는 생각하고 있는 존재로서의 나를 확실한 존재로 확인하고 생각하고 있는 '정신'이 감각되는 '물질'보다 더 확실하다고 했다. 이 '*cogito ergo sum*'은 회의하는 것이 사유하는 것이요 사유하는 것이 존재하는 것이라는 의미로 사유와 존재의 일치를 뜻한다. 여기서의 '나는 생각한다'는 의미의 '코기토'(*cogito*)는 단순히 '생각'만을 의미하는 것이 아니라 지, 정, 의를 모두 포함하는 '사유 주체로서의 나'를 가리키는 것으로서 이해하고 긍정하고 부정하고 의지하고 싫어하고 상상하고 감각하는 등의 우리 의식의 흐름에 나타나는 모든 사건이나 경험을 말한다. 그는 이 '*cogito ergo sum*'이 확실한 것은 그것이 명석(clear)하고 판명(distinct)하기 때문이라고 하는데 명석은 의식 자체 내에 직접적으로 주어진 정신에 현존하는 자명한 인식으로서 다른 명제와 구별되어 애매하지 않음을 말하고 판명은 명석함 외에는 어떤 징표도 갖지 않는 다른 대상들과 확실히 구별되어 내용이 분명하여 모호하지 않게 혼동 없이 의식되는 것을 말한다. 따라서 '*cogito ergo sum*'처럼 우리가 명석하고 판명하게 인식되는 것이 바로 진리의 출발이며 또 명석하고 판명한 것은 모두 진리이다.

결국 데카르트는 확실성을 위한 근본 원리로서 자기 자신의 존재에 관한 확신, 즉 제기할 수 있는 모든 극단적인 회의 가운데서도 더 이상 의심할 수 없는 회의하는 주체로서의 자기 자신의 존재에 대한 확신에 도달했다. 그리고 내가 나의 존재함을 직각적으로 확인하고 다른 모든 것은 계속 의심하여 나아간다는 사실에서 자아는 실체이며 이 실체의 본질은 오직 사유라는 결론을 끌어냈다. 그러므로 데카르트에 의하면 자아에 관한 지식은 직각적이며 직접적인 통찰로 얻어진다. 그리고 자아는 직접적인 인식이 가능한 유일한 존재이며 확실히 알 수 있는 최초의 존재이다. 그러므로 자아에 관한 지식은 다른 존재에 관한 모든 지식 체계의 기초가 되는 불가결의 기반이다. 이렇게 하여 데카르트는 *cogito ergo sum*이라는 명석 판명한 진리를 발견했고 그 위에 철학을 정초 지울 수 있는 확실한 근거를 확보했던 것이다. 그리고 데카르트는 이 *cogito ergo sum*을 출발점으로 하여 다른 지식을 연역해 나아갔다.

그는 어떤 사물이 동일한 상태에서 다른 하나의 상태로 변할 뿐 사물 그 자체는 여전히 존속하므로 어떤 사물의 판명한 인식은 우연한 가변적인 상태나 관념을 인식하는 것이 아니라 언제나 존속하는 사물 자체의 관념이나 성질을 인식하는 것으로 생각했다. 이 판명한 인식의 대상으로서의 사물 자체는 감각의 영역에 속하지 않는 본질로서 그 본질은 오직 사유에 의해서만 파악될 수 있다. 즉 정신의 순수 사유만이 판명한 인식을 가질 수 있다. 그러므로 눈으로 대상을 보는 것이 아니라 오성이 보는 것이다. 어떤 대상의 감각적 파악의 근저에는 정신의 내적 직관이 있다. 상상적 직관이 아닌 정신의 직관이 바로 데카르트가 말하는 "오직 이성의 빛에 의해서만 생기는 순수하고 주의 깊은 정신의 의심할 여지없는 인식을 성립시킨다"는 직관이다. 데카르트에게는 이러한 직관적 인식의 원리가 모든 인식의 근본 전제가 된다. 그러므로 정신이 물체보다 쉽게 인식된다고 하였으며 나아가서 참된 인식은 오직 정신의 자기 인식이라 하였다.

5. 정신과 육체

*cogito*를 통해 자신이 존재함을 확립한 데카르트는 자신이 무엇인가 하는 문제로 넘어간다. 이 문제는 철학이 시작된 이래로 "인간이 무엇이냐?"는 인간의 본질을 묻는 질문에 대한 답변의 중요한 한 이론으로서 실제로 이와 관련된 많은 문제들이 논쟁의 대상이 되어 왔다.

데카르트의 인간의 본질에 관한 생각은 그의 실체론과 밀접히 연관되어 있다. 그는 실체를 그것이 존재하기 위하여 어떤 다른 것을 필요로 하지 않는 존재로 규정하고 세 개의 실체를 인정했다. 그것이 곧 신, 정신, 물체이다. 그러나 그는 이 세 실체를 다시 양분했다. 신은 존재하기 위해 그 어떤 것도 필요치 않은 무한실체이지만 피조물의 세계에서 그것이 존재하기 위하여 신의 협력만을 필요로 하고, 다른 것을 필요로 하지 않는 정신과 물체는 유한실체이다. 그리고 그는 실체가 갖는 성질 가운데 본질적인 성질을 속성이라 하고 이차적인 성질을 양태라 했다. 따라서 데카르트는 이중적인 3실체론을 주장한 셈이다.

이러한 실체론에 따라 데카르트는 모든 존재를 비공간적인 정신과 공간적인 물체로 나누었다. 'cogito ergo sum'에 의하여 정신의 존재를 인정한 그는 정신의 속성을 사유라 했다. 사유는 지각, 상상, 감정, 욕구 등의 여러 가지 형태를 취한다. 그리고 물체의 속성은 연장(extension)이라 했다. 그에 따르면 물체는 그 본질에 있어서 스스로 움직이지 못하는 존재인데 신이 그것을 창조할 때 그 속에 운동을 넣어주었다. 물체는 헤아릴 수 없이 많은 성질을 가지면서도 공간을 차지하는 연장성이 있어야만 물체라고 할 수 있다.

정신과 물체는 상호간에 전혀 교호작용을 하지 않는 독립적 존재이므로 정신이 물체에 종속 또는 파생되었거나 반대로 물체가 정신에 그러한 것도 아니다. 정신은 사고를 속성으로 하고 물체는 연장을 속성으로 하는 근본적으로는 서로가 환원 불가능한 다른 종류의 것이며 서로 차원을 달리하여 아무런 교호작용이 일어나지 않는다.

그렇지만 데카르트는 인간만은 육체와 정신의 두 가지가 통합된 존재라고 생각했다. 인간의 육체는 기계적 자연의 일부이며 정신은 순수한 사고하는 실체이다. 육체는 기계적인 체계이기 때문에 생명의 원리가 되지 못한다. 육체는 영혼이 육체를 떠나기 때문에 죽는 것이 아니다. '나'는 본질적으로 육체와 분리되고 구분되며 육체와 독립적으로 존재할 수 있는 정신이다. 이러한 데카르트의 이원론적인 입장은 전통적인 기독교적 견해이기도 하다. 그는 비록 정신과 육체를 서로 독립적인 것으로 보았지만 인간만큼은 생각하는 정신과 연장성을 가진 육체의 결합으로 이루어졌기 때문에 상호 교호작용이 가능하다고 보았다. 내가 손을 올리고자 할 때 손을 올리는 것은 정신이 육체를 움직이는 것이며, 반대로 나의 육체에 상처가 생겨 고통을 느낄 때에는 육체가 정신을 움직이는 셈이 된다. 반면에 인간을 제외한 모든 생물은 시계공이 스스로 움직이는 시계를 만든 것처럼 신이 스스로 움직이도록 꾸며 놓은 정교한 자동 기계 장치와 같은 것이다. 이것이 그의 기계론적 자연관이다.

그러나 데카르트의 심신상호작용설을 받아들일 때 한 가지 문제가 제기된다. 그의 말대로 전혀 다른 이질적인 두 실체 육체와 정신의 결합체인 인간만은 상호작용을 한다면 완전히 이질적인 양자가 어디서 어떻게 상호작용을 하는가? 정신에서

야기된 것이 어떻게 육체적 움직임을 일으키며 육체적 자극에 의해 어떻게 정신이 반응할까? 이러한 의문은 데카르트가 그의 기계론적 자연관으로 인해 겪는 가장 큰 난관이었다. 이에 대해 데카르트는 재미있는 대답을 했다. 그에 따르면 간뇌의 시상 하부에 있는 송과선이라는 데에서 두 실체가 접촉하는데 정신이 신체에 미세한 충격을 가하여 신경을 자극시키고 궁극적으로는 육체의 움직임을 유발시켜 상호작용이 일어난다고 한다.

비록 심신 문제에 대한 데카르트의 설명이 만족스럽지는 못했지만 그는 플라톤 이래로 내려온 이원론적인 사고와 특히 중세적인 인간관을 벗어나지 않고 그것을 고수했다. 이러한 점은 근세철학의 아버지라는 이름에 어울리지 않지만 중요한 점은 그가 *cogito*를 통하여 자신의 존재와 자신이 본질적으로 무엇인가를 입증했다는 사실이다.

6. 본유관념

데카르트는 명석 판명한 관념들이 참됨을 보장하기 위해 신이 존재한다는 사실과 그 신이 우리로 하여금 거짓 사물이 참이라고 생각하도록 하지 않는다는 점을 증명해야만 했다. 그는 우선 신이라는 개념은 외부로부터 오거나 인위적으로 만들어진 개념이 아니라 생득적으로 타고난 본유관념이라고 말한다.

데카르트에 따르면 우리가 가지는 모든 지식, 즉 관념은 감각을 통해서 외부로부터 얻어지는 외래 관념, 이것들을 기초로 해서 우리가 만들어낸 인위적인 허구 관념, 그리고 본유관념의 셋으로 구분된다. 외래 관념은 우리의 밖에 있는 사물의 자극에 의하여 마음속에 생기는 관념을 말한다. 이러한 관념은 경험으로부터 얻은 것을 말한다. 인위적인 허구 관념은 언어, 도깨비와 같이 우리 스스로가 조작하고 만들어내는 관념을 말한다. 그런데 이 두 관념은 불완전한 관념이다. 그것은 의심하는 존재인 나의 회의를 통해 불완전함을 스스로 자각하고 있는데, 그 자각은 완전성의 관념이 나의 관념 속에 있음을 의미한다. 바로 그 완전성의 관념을 자각시키는 관념이 셋째 관념인 본유관념이다.

본유관념이란 마음속에 저절로 생긴 관념 또는 태어날 때부터 가지고 있는 관념이란 뜻에 가깝지만 그렇다고 출생과 더불어 가지고 태어나는 본능이나 유전적 관넘을 말하는 것은 아니다. 그것은 그 타당성의 기반으로서 감각 경험을 전혀 필요로 하지 않는 관념, 즉 경험에 의해 후천적(*a posteriori*)으로 습득되는 관념이 아닌, 선천적(*a priori*)으로 가지고 있는 관념을 말한다. 일반적인 관념은 감각 지각에 의해 형성된 외부 세계의 대상들에 대한 상(象)이거나 모사에 지나지 않는 반면, 본유관념은 자아의 부분으로 언제나 내재적일 뿐 아니라 자신의 본성으로부터 이끌어져 나오는 관념이다. 외래 관념과 같이 감각의 경험을 통해 얻어진 관념이 아니라 경험과는 아무 관계가 없이 순전히 '나의 생각하는 능력'에만 유래하는 관념이다.

데카르트 자신은 이에 대하여 "외계의 사물에서 온 것(외래 관념)도 아니요, 내 의지의 결정에 따라 생긴 것(허구 관념)도 아니요, 오직 나의 생각하는 능력에 유래하는 사상이 있음을 볼 때, 이 사상을 본유관념이라고 부른다"고 표현했다. 순수한 지성의 힘에 의하여 가질 수 있는 관념이 곧 본유관념이라는 말이다. 그는 본유관념만이 명석 판명하며 확실한 것으로 감각의 오염을 받지 않은 것이며 이로부터 여타의 진리를 연역해 낼 수 있다고 했다. 데카르트는 이러한 본유관념의 예로 자아의 관념, 수학적 공리의 관념, 인과율, 동일률, 모순율과 같은 철학적 공리의 관념, 그리고 신에 관한 관념을 들었다. 데카르트는 바로 이 명석 판명한 본유관념으로서의 신을 통해 신 존재 증명을 한다.

7. 신 존재 증명

데카르트는 제3성찰과 제5성찰에서 두 가지 방식으로 신 존재 증명을 하는데, 첫째 방식은 존재에 대한 본유관념으로서, 즉 유한한 존재가 만들어낼 수 없는 무한한 관념으로서의 증명이고, 둘째 방식은 자기 자신의 완전성이 자신의 존재를 증명하는 바의 그러한 완전한 존재로서의 신 존재에 대한 증명 방식이다. 특히 후자는 존재론적 증명 혹은 본체론적 증명으로 잘 알려져 있다.

1) 본유관념으로서의 신 존재 증명

그의 첫 번째 신 존재 증명은 충족이유율, 그리고 원인의 완전함은 결과의 완전함과 동일하거나 그것을 초월해야 한다는 두 가지 사실에 근거하고 있다. 데카르트는 먼저 "내가 회의하고 있다는 사실을 깨닫는 것은 내가 불완전하고 의존적인 존재임을 의미하며, 이때 나의 마음에는 완전하고 독립적인 그 무엇이 떠오른다"고 말한다. 그리고 "우리는 자신 안에서 신의 관념 또는 가장 완전한 존재의 관념을 발견하기 때문에 이런 관념을 갖게 하는 원인이 무엇인가를 탐구해 볼 수 있다. 그러나 그 관념이 지니고 있는 완전성의 무한함을 고려한다면 그 관념이 가장 완전한 존재, 즉 참으로 존재하는 신으로부터 연원된 것이라고 생각하지 않을 수 없다"고 신의 존재를 증명한다.

이러한 데카르트의 첫 번째 신 존재 증명 방식은 신의 관념이 존재한다는 점, 그리고 관념들은 결과이므로 그 원인은 밝혀져야 한다는 인과론적 관점에서 출발한다. 물론 데카르트에게는 신의 개념이 본유관념으로 주어진 것으로서 우리는 그 신이라는 본유관념을 분명히 가지고 있다. 그는 "영원하고 무한하며 전지전능하고 그 자신 이외의 모든 것의 창조주인 지고한 신에 대한 관념은 유한한 실체를 표현하는 관념들보다 확실히 더 객관적인 실재를 본래 갖고 있다"고 말했다. 그가 말한 "더 객관적인 실재"란 곧 '완전함'을 가리킨다.

그의 실체론에 의하면 인간은 분명히 유한한 존재임에 틀림없다. 무한실체인 신은 무한하고 가장 완전한 존재이다. 그리고 그 완전함이라는 객관적 실재는 우리 자신을 훨씬 초월한다. 그런데 유한한 존재인 우리 인간이 무한한 신의 관념을 가지고 있다. 그러나 신의 성질들이 너무 심대하고 뛰어난 것이어서 유한한 존재인 우리 자신에서 왔다고는 볼 수 없다.

"하나의 무한하고도 전지전능한 본질로서의 신에 대한 관념을 내가 마음에 품고 있으나 이것은 결코 외부로부터의 지각 작용에서 오는 것이 아니다. 왜냐하면 외부적 지각 작용은 유한한 자연적 사물을 보여줄 뿐이기 때문이다. 그러나 신 관념은 결코 내가 만들어낸 것일 수도 없다. 불완전한 존재로서의 내가 어떻게 완전한 무한자적 본질을 나만의 힘으로 만들어낼 수 있는가?"

그의 말대로 더 완전한 것은 덜 완전한 것으로부터 생겨날 수 없기 때문에 완전하고 무한한 존재에 대한 관념의 원인은 그 자신의 외부로부터, 즉 실존하는 완전한 존재인 신으로부터 유래해야 한다. 그래서 데카르트는 불완전한 존재인 인간이 신에 대한 관념을 본유적으로 가지고 있는 것은 완전한 신, 즉 실제로 존재하는

신이 그 자신의 관념을 우리에게 준 까닭이라고 한다. 다시 말하자면 완전자로서
의 신의 관념을 불완전하고 유한한 우리가 가지고 있는 것은 신 자신이 우리들에
게 그 관념을 만들어 놓았기 때문이며, 그래서 우리는 본유관념으로서 신의 관념
을 가지고 있다. 그것이 실제로 무한한 그 실체에 의해 우리에게 주어진 것이 아니
라면 신의 관념을 가질 수 없다는 말이다. 따라서 신의 관념의 원인은 신이기 때문
에 신은 존재하며 우리가 신이라는 개념을 갖게 된 원인으로서의 신이 현실로서
가장 큰 실재성을 띠고 존재한다.

2) 존재론적 신 존재 증명

　데카르트는 제5성찰에서 중세의 안셀무스(Anselmus)와 비견되는 존재론적 신
존재 증명을 제시한다. 첫 번째 증명에서 데카르트는 우리 자신의 불완전성 때문
에 완전한 존재의 관념은 우리로부터 나올 수 없다는 인과론적 추론으로 신을 증
명했지만, 두 번째의 존재론적 증명에서는 신의 관념 자체가 내포하고 있는 속성
을 탐구함으로써 증명했다.

　데카르트는 마치 기하학적 도형의 본질이 그것의 정의에서 나오듯이 신의 '존
재'도 신에 관한 명석한 관념으로부터 나온다고 증명한다. 그는 『방법서설』에서
이렇게 말했다. "완전한 존재에 대한 관념을 검토해 보면서 나는 그것이 그러한
존재의 현존까지도 포함하고 있음을 깨닫는다. 이는 마치 '삼각형'의 관념이 '세
내각의 합은 직각의 두 배'임을 포함한다거나 '구'의 관념이 '중심에서 동일한 거
리에 있는 모든 부분'을 포함한다는 것과 마찬가지이다. 아니 그보다 더욱 분명한
사실이다." 이 말은 '삼각형'이란 개념이 '내각의 합이 2직각'이라는 사실을 포함하
고 있듯이 신이라는 개념은 그 완전성을 통해 '존재'라는 것을 내포하고 있다는
의미이다. 또한 제5성찰에서도 비슷한 설명을 한다. 삼각형의 본질에 입각하여 삼
각형의 세 내각의 합이 직각의 두 배라든지, 가장 긴 변의 대각이 가장 큰 각이라
는 사실이 자명하듯이 신의 존재도 그 본질에 뒤따라 나온다고 한다.

　신은 절대적인 완전한 존재를 뜻하고 또 완전성은 반드시 존재를 내포한다. 그
러므로 비존재의 완전성 또는 완전성의 비존재란 모순이다. 데카르트에 따르면 절
대적으로 완전하면서도 동시에 존재하지 않는 존재에 대해 조리 있는 생각을 할

수 없다. 삼각형의 속성들을 인지함이 없이 삼각형에 대해 생각할 수 없듯이 신의 관념이 명석하게 존재의 속성을 내포하고 있다는 사실을 인식하지 않고는 그것을 생각할 수 없다. 요컨대 신의 존재가 그의 본질적 속성과 분리될 수 없는 이상, 신은 반드시 존재하게 마련이라는 주장이다.

결국 데카르트는 '내각의 합이 2직각'이라는 사실이 '삼각형'의 필수적 특징이듯이 '존재'는 신의 필수적 특성, 곧 신의 속성이라는 말이다. 완전자인 신은 존재 또는 존재함이 바로 그의 본질적 속성이요 실제로도 존재하지 않으면 완전자가 될 수 없기 때문에 신은 반드시 존재해야 한다. 이렇게 존재론적 증명은 신의 존재와 신의 관념이 동일한 것으로 간주하고 있다.

그러나 이러한 방식의 증명은 이후의 많은 사람들, 특히 홉스(Hobbes)와 칸트(Kant)에 의해서 논리학적으로 '논점선취의 오류'를 범하고 있다고 비판받았다. 홉스와 칸트는 신이라는 존재를 전제하고서 존재하지 않는다고 말하는 것은 삼각형이 있다고 가정해 놓고 세 개의 각이 없다고 하는 것이 모순이 되는 것과 같은 이치라고 했다. 즉 삼각형이 없을 때 세 개의 각이 없다고 하는 것이 모순이 될 수 없듯이 필수적인 존재가 없기 때문에 '존재'라는 속성도 없다고 하는 것은 전혀 모순이 아니라고 비판했다. 달리 말하면 완전자로서의 신을 전제하지 않으면 '신이 존재하지 않는다'는 주장이 신의 개념과 전혀 모순되지 않는다는 말이다.

그러나 데카르트는 순수한 주관적 자아의식에서 출발하여 본유관념을 통해 신 존재 증명을 하고 이를 통하여 외계의 모든 사물의 존재를 확인하는 보증을 얻음으로써 모든 사물에 관한 지식을 탐구할 수 있게 되었다. 그는 신 존재 증명을 자연계의 존재를 증명하는 전제 조건으로 삼았다. 이는 세계에 대한 인식에서 신에 대한 인식으로 나아가는 종래의 순서를 뒤바꾼 것으로 그에게의 인식론적 탐구의 출발점은 세계가 아니라 오직 자기 자신에 대한 인식과 같은 직각적인 확실성이었으며 그것을 근거로 하는 세계에 관한 지식에 접근하고자 하였다. 이러한 태도는 이성에 기반을 둔 주관주의라고 평가된다.

제4장
스피노자

1. 철학적 특징

유대인 철학자 스피노자(Baruch de Spinoza, 1632~1677)는 포르투갈에서 종교적인 탄압을 피해 갔던 네덜란드 암스테르담에서 태어났다. 어려서 그는 유대인 학교에서 랍비들로부터 교육을 받으며 모세 율법과 탈무드를 공부했다. 그러나 그는 구약성경에서 해결할 수 없었던 모순과 문제를 발견하고 신앙에 회의를 가지기 시작했다. 마침내 교회에서 받아들일 수 없었던 주장을 하여 파문당했지만 자유로운 사색에 의한 자신의 생각을 포기할 수는 없었다. 스피노자는 사회로부터 거의 격리되어 고독 속에 살았다. 이러한 생활은 그가 유대인이라는 이유도 있었지만 이교도와 무신론자로 낙인찍혔기 때문이다. 그가 무신론자로 낙인찍힌 것은 전통적인 유대-기독교적인 신 개념을 거부했기 때문이다. 즉 신과 자연을 상호교환이 가능한 것으로 언급하여 신은 창조주요 자연은 신의 창조물이라고 믿는 사람들의 신의 개념과 존재를 부정하는 결과를 낳았기 때문이다.

그가 유럽 사회로부터 격리되어 살아간 또 다른 이유는 부, 권력, 명예를 원하지 않았을 뿐 아니라 오히려 그것들은 훌륭한 인생을 사는 데에 방해가 될 뿐이라고 생각했기 때문이다. "자유를 남용하여 국가가 공인한 종교에 이론을 제기하지 않아야 한다"는 조건하에 하이델베르크 대학의 철학 교수로 초빙되었을 때 그런 공직은 정신적 자유를 구속한다는 이유로 거부하고 가난과 고독 속에서 렌즈를 가는 것을 생업으로 하며 철학적 사색에 일생을 바쳤다는 사실은 잘 알려진 이야기이다. 이처럼 그의 생활과 활동은 완전한 정신적 자유의 추구 바로 그것이었다. 그가 34세 때에 무신론자로 낙인찍혀 유대교로부터 저주를 받으면서 파문을 당한 것도 자유로운 사색에 의한 이단적 사상 때문이었다. 파문을 당한 후에 그는 이름을 바루흐(Baruch)에서 베네딕투스(Benedictus)로 고쳤다.

그에게의 철학은 곧 종교이며 인식은 곧 신앙이었으며 이성은 곧 의지였다. 데카르트의 철학이 주로 이론적인 데 반하여 도덕적, 종교적인 스피노자의 철학은 신을 알려 함이 그 생명이었다. 스피노자는 합리주의 철학자답게 그의 철학적인 방법에 있어서 경험적 자료보다는 전적으로 확실한 이성에 기초하는 지식의 총괄적인 체계를 얻고자 시도했다. 이성은 사물들의 참된 본질을 반영하는 관념들을 형성할 수 있다고 믿었기 때문이다. 그래서 데카르트와 마찬가지로 기하학의 방법을 따른다면 실재에 대한 정확한 지식에 이를 수 있지만 확실성을 얻을 수 없다면 진정한 의미의 지식을 얻을 수 없다고 생각했다.

스피노자에게 진정한 확실성의 기준은 오직 한 가지, 논리적 필연성이다. 즉 오직 논리적으로 필연적인 명제만 절대적으로 확실하다. 그러므로 논리적으로 필연적인 명제 또는 논리적으로 연역된 명제만이 진정한 지식의 자격이 있다. 그리고 만일 지식이 참된 것이라면 그 지식은 알려진 사물에 대해 적절해야 한다. 스피노자에게는 이 두 가지가 진정한 지식의 기준이었다. 이러한 생각을 가진 스피노자가 사라져 가는 것에서 영속적인 행복을 추구하려는 시도를 환멸하고 영원한 것에 관심을 돌린 것은 당연했다. 그는 신에 대한 사랑을 통해서만 그러한 행복을 얻을 수 있고 이것은 전적으로 내적인 것이라고 결론 내린다. 물론 그에게서의 신은 세계 자체와 구별되지 않고 오히려 세계 또는 '자연'과 일치한다. 그는 "신은 곧 자연"이라 하여 자연의 인식과 인간과 신과의 관계에 대한 인식을 그의 철학의 목적으로 삼았다. 그래서 그의 사상을 일반적으로 범신론이라고 한다.

2. 실체와 속성

스피노자의 형이상학은 반기독교적인 태도, 즉 성경에 대한 비판에 근거한다.

그는 종교는 진리의 인식을 근거로 하는 것이 아니고 사람들을 복종시키기 위한 국가의 한 기능에 불과하다는 신념에서 출발한다. 그에 따르면 성경은 문학적으로 과장된 서술 형식을 사용하여 대중을 현혹시킨다고 한다. "성경은 사물을 자연적 원인에 따라 설명하지 않고, 특히 교양이 없는 사람들에게 공포를 주어 신을 받아들이는 방식으로 서술되었다. … 성경은 이성을 설득시키려 하는 대신 인간의 상상력과 감정을 자극하고 장악하려 한다." 스피노자는 그러한 생각이 오류와 무지에서 나온다고 보고 신의 활동은 결코 자연의 질서와 어긋나지 않으며 오히려 신은 자연현상과 일치한다고 역설했다. 스피노자는 이러한 성경 비판을 통해 '신 즉 자연'이라는 범신론적 형이상학의 기틀을 마련했다.

　스피노자는 냉철한 지성으로 파악한 자연의 근거를 설명하기 위해 실체(實體)라는 개념을 사용했다. 데카르트는 신, 정신, 물체의 세 실체를 인정하였으나, 스피노자는 정신과 물체를 모두 신의 속성으로 돌리고 신만을 유일 실체로 인정했다. 스피노자에게는 실체란 독자적으로 존재하고 그 자체에 의하여 이해되는 것, 즉 그 개념을 형성하기 위하여 다른 개념을 필요로 하지 않는 것을 말하기 때문에 신 이외의 어떠한 실체도 있을 수 없었다. 왜냐하면 신만이 어떤 다른 것에 의존하지 않고 독자적으로 자기 원인에 의하여 존재하기 때문이다. 그 밖의 모든 다른 존재들은 궁극적으로 신을 원인으로 하는 것이며 신에 의존하는 것이다. 그렇지만 그는 종래의 전통적인 신, 즉 기독교적인 신의 관념을 명확하게 배격하고 있다. 그에 의하면 신은 세계의 창조자가 아니다. 만약 신을 창조자로 본다면 신은 자기와 구별되는 피창조자에 의하여 제한을 받을 것이며, 만약 그렇다면 신은 무한하지 않은 존재가 될 것이다. 이리하여 스피노자는 기독교에 있어서 전통적으로 긍정되어 온 창조자로서의 신의 관념을 부정했다.

　스피노자에 따르면 모든 존재의 내적 원인이 되는 신은 무한히 많은 속성을 가진다. 그 중에서 우리는 사유(思惟)와 연장(延長)이라는 속성만을 알 뿐이다. 데카르트에 있어서는 사유는 정신의 속성이요 연장은 물체의 속성이었으나, 스피노자에 있어서는 모두가 신의 속성이다. 그는 『에티카』(Ethica)에서 "사유는 신의 속성이다. 다시 말하면 신은 사유하는 존재이다. 그리고 연장도 신의 속성이다. 다시 말하면 신은 연장을 가진 존재이다"라고 하였다. 신은 정신적임과 동시에 물질적이기도 하다는 주장은 철학사적으로 볼 때 신이 다름 아닌 자연 자체라고 보는 스피노자에게서나 들을 수 있는 독특한 주장이다. 그러므로 실체의 두 속성의 관계는 동일성의 관계이다. 사유하는 실체와 연장을 가진 실체는 서로 다른 두 가지 속성을 통하여 다르게 이해된 동일한 실체이다. 그래서 스피노자는 자연을 하나의 실체로서 이해하는 동시에 여러 양태로서 이해하였으며 또 사유와 연장은 하나의 속성으로 이해해야 한다고 하였다.

하나하나의 개별적인 물체와 그 물체의 관념은 실체와 동일하고 불가분적 양태이다. 하나의 실체, 즉 자연의 체계는 공간을 채우고 펼쳐져 있는 동시에 관념으로서도 전개된다. 연장을 가진 허다한 물체들은 하나의 연속적인 연장의 체계를 이루고 무수한 관념들은 하나의 연관성 있고 통합된 관념의 체계를 형성한다. 예컨대 평면 위에 단순한 양태인 평행선 따위를 그릴 때, 우리는 연장과 사유라는 두 속성이 있다고 생각하기 쉽지만 오직 한 가지가 존재할 뿐이다. 하나의 선은 연장을 가진 존재이지만 그것은 또한 선의 방정식으로 표현할 수 있는 하나의 관념이기도 하기 때문이다. 즉 선에 어떤 변화가 생기면 반드시 방정식에도 변화가 따르고, 또 방정식에 어떤 변화가 생기면 반드시 선에도 변화가 동반된다. 그 선과 방정식은 두 개의 양태가 아니라 동일한 양태로서 다만 우리는 그 한 가지의 존재를 선은 연장의 양태라는 각도에서 이해한 것이고 방정식은 사유라는 양태에서 이해했다는 차이가 있을 뿐이라는 말이다. 결국 사물의 연장과 사유는 둘이 아니라 하나이다. 스피노자는 개별적 존재로서의 인간에 대해서도 역시 그것이 정신과 육체라는 두 개의 분리된 실체로 구성되어 있는 것이 아니라 오히려 그 두 가지는 동일한 하나의 존재 속에서 작용하는 두 개의 측면에 불과하다고 했다.

3. 범신론

스피노자의 『에티카』 제1부는 「신에 관하여」라는 제목이 붙어 있다. 그러나 그가 제4부에서 "신 즉 자연"(*Deus sive Natura*)이라고 하여 두 개념이 상호 교환 가능하다고 밝히는 것으로 볼 때 「자연에 관하여」라고 붙이는 것이 더 좋았을지도 모른다. '신 즉 자연,' 이것은 신과 자연의 두 개념이 동일한 대상, 즉 하나의 거대한 존재의 체계임을 가리키는 말로서 그의 범신론적 사고를 잘 드러내준다.

스피노자는 신과 자연을 마치 원인과 결과처럼 다르고 구별되는 것으로 보지 않았다. 비록 신은 비물질적 원인이고 자연은 물질적 결과에 해당하지만 유일한 실체만이 존재하며 신은 자연과 교체할 수 있다고 했다. 그에 의하면 이 우주에 있는 것은 오직 하나의 광막한 대자연의 체계뿐이며 이 체계 안에서 여러 가지 양태로서의 사물들이 생겨나는데 바로 그 대자연이 유일한 실체요 동시에 신이요 그 외에는 아무 것도 없다. 자연의 체계는 처음도 끝도 없는 무한한 생성의 원천으로서 이로부터 무한한 사상(事象)이 무한한 방식으로 생겨난다. 그리고 그것은 우연이 아닌 필연성을 따라 일어나며 일정한 양식으로 존재하고 변화하기 마련이다. 즉 만물은 그것이 존재해야 하는 바대로 영원히 있게 되며 또 특별한 사건들은 단지 실체의 유한한 변형이기 때문에 어떠한 궁극적 최후도, 어떠한 목적도, 아무런 목적인도 없을 뿐만 아니라 사물들이 움직여 가는 방향도 없다. 모든 사건은 단순히 존재하는 영원한 실체의 지속적이고 필연적인 변형들의 집합이다.

따라서 스피노자에게의 유일한 세계인 자연에는 아리스토텔레스의 경우처럼 어떤 객관적인 목적이 있을 수 없다. 단지 그의 세계는 냉정한 자연이며 그 안에 일어나는 모든 사상(事象)은 필연이요 불가피한 인과의 법칙을 따라서 일방적으로 결정되는 까닭에 어떤 목적이 있을 수 없다. 그러므로 스피노자의 형이상학에는 도덕적 가치의 기준이 될 만한 목적론적 원리나 법칙론적 원리가 주어지지 않았음은 당연하다. 또한 스피노자의 자연, 즉 신에게는 의지나 지성이 인정되지 않았다는 점에서 그의 신은 기독교적 의미의 인격신이 아님은 당연하다.

스피노자에 의하면 모든 것은 유일하고 절대적인 신의 표현이다. "존재하는 것은 무엇이나 신 안에 있으며 신 없는 사물은 존재도 상상도 불가능하다." 신은 모든 존재 속에 내재하며 신은 곧 자연이다. 비록 신은 비물질적 원인이고 자연은 물질적 결과에 해당하지만 유일한 실체만이 존재하며 신이라는 단어는 자연이라는 단어와 교체 가능하다. 그러나 그는 자연을 두 가지 측면에서 이해한다. 포괄적 의미에서 능동적이고 생동하는 자연은 '능산적 자연'(natura naturans)이고 유한한 사물의 세계를 통괄하는 개념으로서의 자연, 즉 신의 생산적 활동의 결과로서의 자연은 '소산적 자연'(natura naturata)이다. 능산적 자연으로서의 신은 능동적이요 창조적인 자연으로서 모든 사물을 생기게 하는 생산적 역량이며 자연 세계를 존재하게 하는 보편적인 원리이다. 소산적 자연이란 피동적이요 일정한 순간에만 존재하는 자연으로서 잠시 생겼다가 없어지는 사물의 상태, 즉 자연의 특정한 일시적인 현상적 구현태로서의 자연이다. 자연이 지금 이 순간에 나타내고 있는 바와 같은 모습은 과거에는 전혀 없었을 것이며 또 미래에도 다시는 없을 것이다. 그러므로 능산적 자연의 법칙에는 절대로 변동이 없지만 소산적 자연에는 끊임없는 변화가 있다.

스피노자에 의하면 신은 자연을 초월하여 존재하는 것이 아니라 자연에 내재한다. 또한 신은 자연의 창조자가 아니라 자기의 내적 필연성에 의하여 만물의 원인이 된다. 그러므로 신의 내적 필연성에 의하여 도출된 사물은 우연한 것도 아니며 자기의 뜻에 따라 활동하는 것도 아니라고 보아야 한다. 모든 영혼과 사물은 신령한 존재의 일부이며 신과 합일하는 존재이다.

4. 윤리설

스피노자의 윤리설은 윤리학의 토대를 심리학에서 구하여 가치의 객관적 실재성을 부인하고 선악의 구별이 인간의 욕구와 감정에 관련되어 생긴다고 믿어 윤리학의 토대를 심리학에서 구했다는 점에서 자연주의적인 면이 있다. 그러나 그의 심리학은 자신의 형이상학적 입장의 연장이요 그의 윤리학적 방법도 형이상학을 출발로 한다는 점에서는 형이상학적 윤리설로서 주지주의적인 특성을 갖는다. 그는 고대의 스토아 사상에 영향을 받아 자기 보존의 원리를 근본적인 동력으로 삼아 그의 도덕 철학의 목표를 자기 보존에 두었다. 반면에 인간의 자기 본능이라는 이기심을 기초로 하여 쾌락을 행복의 근원으로 보는 면에서는 에피쿠로스의 영향도 엿보인다. 스피노자는 인간의 행위는 인과적으로 결정되므로 인간의 모든 행위나 욕망은 그 원인으로부터 규명될 수 있다고 생각했다. 이를 위해 그는 인간 본성에 대한 분석에서 출발한다.

그에 따르면 인간은 증오, 분노, 시기 등의 정념을 필연적 특성을 가지고 있는데 인간의 모든 정념은 자기 보존이라는 충동과 연관되어 있다. 충동(conatus)은 정신과 연관될 때는 의지 혹은 욕구라 부르고 정신과 육체에 동시에 연관될 때에는 갈망이라 부른다. 따라서 자기 보존적인 충동이 인간의 본성인 이상 인간의 욕구에 부합하고 충족시켜 주는 것은 선이요 욕망을 좌절시키는 것과 모든 종류의 고통은 악이다. 그래서 그는 "나는 온갖 종류의 쾌락과 그것을 가져다주는 것은 무엇이든 지, 특히 우리의 강렬한 욕망을 충족시켜 주는 것은 무엇이든지 선으로 이해한다. 악에 대해서는 온갖 종류의 고통과, 특히 우리의 욕망을 좌절시키는 것으로 이해 한다"고 말했다. 그러므로 우리가 무엇인가를 갈망할 때 그것은 선이며 그것을 싫 어할 때는 악이기 때문에 그에게는 자체적이고 본래적인 선이나 악은 있을 수 없 다. 즉 선악은 주관적인 평가를 반영한다.

그렇다고 스피노자가 선악의 보편적 척도를 부인하는 것은 아니다. 단지 그는 선악의 가치가 모든 주관을 떠나서 독자적으로 존재한다는 실재론적 견지를 물리 치고 사물에 대하여 인간이 느끼는 모종의 욕구 내지 정서와의 관계를 통하여 선 악의 구별이 생긴다고 믿는다. 그래서 그는 자기 보존과 자기완성의 욕구를 충족 시키는 것은 선이요 그것을 방해하는 것은 악이라고 했다. 스피노자는 인간은 누 구나 자아를 위해 살기 마련이며 자아의 본질을 유감없이 지켜감이 가장 보람 있 는 삶이라고 믿었다. 이처럼 선악을 관계적인 개념으로 본다는 뜻에서 그의 견지 를 윤리적 상대론이라 할 수 있다. 그러나 스피노자는 상대론을 취함에도 불구하 고 보편적인 도덕 또는 보편적인 규범의 가능성까지도 부인하지는 않는다.

오직 하나의 실체만을 주장하는 스피노자에게는 존재하는 모든 개체들은 자연 이요 신인 오직 하나의 실체를 구성하는 여러 부분이다. 자연은 처음도 끝도 없이 무한하다. 자연은 무한한 생산력을 숨긴 생성의 원천이다. 이 원천으로부터 "무한 한 사상(事象)이 무한한 방식으로 생겨난다." 그리고 이 무수한 사상은 불변하는 인과의 법칙과 기존하는 사상들의 구조 및 상호관계의 제약을 받고 불가피하게 일 어난다. 따라서 거기에는 우연이라는 것이 끼일 틈이 없다. 단지 앞의 것을 따라 뒤의 것이 필연적으로 일어난다. 그의 말대로 "자연 안에는 우연이라는 것은 없다. 오직 모든 것이 숭엄한 자연의 필연성을 따라 일정한 양식으로 존재하고 또 변화 하기 마련이다." 따라서 인간에게 자유의지가 없는 것은 당연하다. 그는 인간의 자 유를 무지에서 생긴 가상이라 한다. 의지가 자유롭다고 생각하는 것은 낙하하는 돌이 스스로 장소와 시간을 선택하여 자유롭게 낙하한다고 착각하는 것과 같다. 단지 자기 보존의 욕구가 본능을 결정하고 본능이 욕망을 결정하고 욕망은 사고와 행동을 결정할 뿐이다.

이런 관점에서 '나'를 하나의 독립된 실체로 보고 '나'만을 '나'의 전부라고 생각하는 것은 천박한 관념의 소치이며 이로부터 무식한 이기심이 나타난다. 또 본래적인 선악이 있다고 생각하여 선악을 구별하는 것도 세계가 하나라는 사실을 망각한 소치이다. 대자연인 신의 입장에서는 선도 악도 없다. 우주의 모든 사상(事象)이 필연이요 불가피하다는 이치를 깨닫지 못하기에 괴로운 정서를 빚어내서 불행하게 된다. 우리가 근심과 걱정을 통해 불상사를 예방할 수 있을 것처럼 생각하여 거기에 빠져 있지만 근심해도 올 것은 기어이 오고 걱정하지 않아도 오지 않을 것은 기어이 오지 않는다.

결국 스피노자에 따르면 인생이 경험하는 모든 불행은 부분을 독립된 실체로 오인하는 무지와 만사의 필연성을 간과하는 무지에 그 근원을 둔 것으로서 만약 우리가 자연을 통일된 전체로서 직시하고 만상필연의 법칙을 터득한다면 우리는 모든 정념과 번뇌의 사슬에서 벗어나 자유로울 것이며 고요한 지복을 누리게 될 것이다. 바로 이 최고의 지혜는 곧 대상을 영원의 광명을 통하여 직관함이요, 신을 사모함이다. 스피노자에 있어서 신에 대한 이해는 곧장 신에 대한 지적인 사랑으로 연결되며 이 이해와 사랑이 곧 인생의 최고선이요 최고의 축복이다. 그래서 그는 "최고의 선은 신에 관한 지식이요 최고의 덕은 신을 인식함이다"라고 말한다.

그에 따르면 도덕은 인성이나 자연에 반할 수 없기 때문에 도덕법과 자연법은 서로 일치해야 한다. 그가 자연은 완전하다고 말한 것은 자연의 운행이 조밀하고 틀림없으며 확고부동하기 때문이다. 자연에는 악의도 선의도 없으며 우리 인간은 자연에 역행할 수도 없고 그 자연의 법칙을 고칠 힘도 없다. 따라서 우리는 자연법을 이해하고 그대로 따르는 데서 자유가 주어진다. 죽음을 면치 못함이 자연계의 유한자에게 주어진 운명이라는 사실을 깨닫는다면 우리는 죽음을 두려워할 필요가 없다. 그리하여 그는 인간의 자유의지를 확정하지 않았으며 자유는 신의 필연성에 따라 행하는 데서 얻을 수 있다고 하였다. 물론 이와 같이 자유의지를 부정하는 이론은 모든 책임이 신에게 있기 때문에 마음 내키는 대로 살라는 뜻은 아니고 오히려 신에 대한 지적인 사랑에 몰두할 때 우리는 인색함과 비열함, 기분의 동요와 질투, 그리고 육체적 욕망 따위의 정념으로부터 해방될 수 있다는 말이다. 즉 신에 대한 지극한 사랑으로 우리는 정신적 안정과 침착, 욕망의 억제, 그리고 우주와의 조화를 발견하게 된다는 뜻이다.

　그러면 자유의지가 없는 인간에게 어떻게 죄의 책임을 지울 수 있겠는가? 네로가 자기 어머니를 죽인 것도, 아담이 선악과를 따먹은 것도 그 책임이 신에게 있는가? 스피노자는 이에 대하여 적극적인 입장, 즉 신의 입장에서 볼 때에는 그 책임이 네로와 아담에게는 없지만 소극적인 입장, 즉 유한자의 견지에서 볼 때에는 그들에게 책임이 있다고 한다. 인간에게 죄로 보이는 것도 신의 입장, 즉 그것을 전체의 부분으로 볼 때에는 죄가 아니라는 말이다. 이러한 스피노자의 생각은 그가 자유의지를 완전히 거부한 데서 생긴 결론으로서 당시의 사람들을 놀라게 하였을 뿐아니라 많은 배척을 받아 유대교로부터 추방당한 것도 무리는 아니었다.

제5장
라이프니츠

철학자로서뿐만 아니라 수학자, 자연과학자, 법학, 역사, 언어학 등 여러 방면에 업적을 남긴 라이프니츠(G. W. Leibniz, 1646~1716)는 르네상스를 통하여 각성된 인간이 자기 지성을 절대 신뢰하고 신으로부터 완전히 해방되어 자유로운 사유와 새로운 세계관을 확립하려는 시대에 활약하였지만 데카르트와 마찬가지로 전통적인 기독교 신학적인 견해를 견지했다. 사실상 그는 자신의 사상이 기독교 사상의 기본 신조에 대한 회의론을 제거하고 종교전쟁에 빠진 신학적 갈등의 해결에 공헌할 수 있기를 바랬다.

데카르트가 그랬듯이 라이프니츠도 수학의 확실성, 그리고 수학적 증명에서 발견될 수 있는 추리의 정확성에서 많은 영향을 받았다. 그래서 그가 제안한 철학적 방법은 수학적 방법에 따라 만들어진 것으로서 이러한 목적을 위해 자연언어를 대체하는 이상언어를 제안하기도 했다. 그는 또한 미분 계산법의 발견자요 계산기 및 회중시계의 설계자로서 법학, 수학, 논리학, 자연과학, 철학, 그리고 컴퓨터 이론에 이르기까지 다방면에 훌륭한 업적을 남긴 박학한 철학자였다. 그는 30년 전쟁 이후 황폐한 조국 독일의 국토를 재건해야 하는 상황에서 그러한 위기를 극복하고 독일의 모든 학문을 소생시키고 성장시켰다.

1. 단자론

라이프니츠도 다른 합리론자들처럼 형이상학의 근본 문제는 실체 관념의 이해에 있다고 보았다. 데카르트는 신, 정신, 물체의 세 실체를 인정하였고 스피노자는 유일한 신만을 실체라고 주장한 데 대하여 라이프니츠는 무수한 실체인 모나드(*Monade*), 즉 단자(單子)를 주장하였다.

데카르트는 연장을 물체의 속성으로 보았고 스피노자는 연장과 사유를 신의 속성으로 보았으나 라이프니츠는 연장은 실체의 속성이 될 수 없다고 하였다. 모든 연장적 실체가 물질이라면 연장된 이상 공간을 차지하고 공간을 차지하는 것은 아무리 미소한 입자라도 무한히 분할할 수 있다. 따라서 어떤 것이 공간을 차지함은, 즉 연장을 가짐은 바로 무한히 분할할 수 있음을 의미한다. 그러나 실체는 비공간적이어서 그 이상 더 분할할 수도, 공간을 차지할 수도 없다. 따라서 연장적인 것은 실체일 수 없다.

종래에는 자연은 하나의 물질로서 그것을 더 분할할 수 없는 궁극적 단위가 원자라고 보았다. 고대의 데모크리토스나 레우키포스는 더 이상 쪼갤 수 없는 원자를 세계의 근본 요소로 가정하지만, 스피노자는 물질은 항상 더 쪼개질 수 있기 때문에 원자와 같은 물질적 단위는 궁극적일 수도 없고 참된 존재일 수도 없다고 한다. 이 점에서 라이프니츠의 단자론은 원자론과 다르다. 라이프니츠는 세계를 구성하고 있는 근본 실체는 더 이상 쪼갤 수 없으면서 실재성을 갖는 점이라 생각한다. 그것은 공간상의 단순한 가정에 불과한 수학적인 점이 아니라 형이상학적 점과 같다고 하였다.

라이프니츠는 그 이상 더 분할할 수 없는 이 궁극적 실재를 단자(單子)라고 하였는데 그가 말하는 단자는 물질적 실재인 단순자가 아니라 비물질적 단일자로서 사방으로 힘의 작용을 발산하는 활동하는 중심점이라고 할 수 있다. 나아가 단자가 비물질적이라 함은 정신과 유사한 개념으로서 표상하는 힘을 의미한다. 그래서 라이프니츠는 궁극적 실재인 단자를 정신적인 것으로 볼 뿐만 아니라 모든 결합물, 즉 물체는 능동적인 힘에 의한 단자의 복합체에 불과하다고 한다. 따라서 자연의 실재는 공간을 차지하는 물체가 아니라 비공간적 힘이다. 이렇게 모든 것이 정신적이라는 관점에서 그의 입장은 유심론적이라고 할 수 있다. 활동하는 것만이 참된 존재요 활동하지 않는 것은 존재라고 볼 수 없다는 주장이 라이프니츠의 자연관이다. 그런 면에서 스피노자는 정신을 물질화하였다면 라이프니츠는 물질을 정신화하였다고 할 수 있다.

이러한 사상은 그의 미분학적 원리에서 도출한 것으로 보인다. 그는 물질의 질적 차이를 부정하고 오직 양적 차이, 즉 정도의 차이가 있을 뿐이라 한다. 예컨대 정지와 운동은 서로 반대라기보다는 정지는 무한히 작은 운동으로 볼 수 있으며 0과 1도 유와 무의 차이가 아니라 0을 무한소로 보아야 한다고 한다. 그의 이러한 사상에서 볼 때 자연현상, 즉 유와 무, 정신과 물질은 모두 유사한 것으로서 질적 차이를 가진 두 계열이 병렬한 것이 아니라 단일 계열 내에서 무한한 정도의 차이가 모여서 외관상 반대되는 현상으로 나타난다.

단자는 개체로서 동일한 것이 하나도 없다. 또 각각의 단자는 창이 없기 때문에 외부 세계에 대해 완전히 폐쇄되어 있고 서로 독립적이어서 단자간의 직접적 교섭도 절대 불가능하며 외부의 작용을 받는 일도 없으며 어떠한 인과 관계도 가지지 않는다. 그러나 그 단자는 수동적이 아니라 능동적이며 정적인 것이 아니라 동적인 것으로서 활동하는 힘이다. 단자가 표상하는 힘이며 능동적이라 함은 단자와 단자가 서로 배타적이며 서로 대립 관계에 있다는 뜻이다.

그러므로 각각의 단자는 서로 대립함으로써 비로소 성립되며 단자는 배타적 활동이 그 본질이다. 그러므로 단자는 다른 모든 단자가 존재하는 한에서만 존재할 수 있다. 결국 세계 가운데 궁극적으로 실재하는 것은 표상하는 실체로서의 단자뿐이다. 그런데 어떻게 하여 세계는 전체적으로 조화를 이루고 움직이는가? 이에 대한 그의 대답이 바로 예정조화설이다.

2. 예정조화설

라이프니츠의 단자론에 의하면 단자는 실재적 불가분자이며 개체로서 그 전변(轉變)은 내적 원리에 유래하고 그 이외의 어떤 것도 필요로 하지 않으며 서로 독립적이며 창도 갖지 아니하고 어떤 물리적 영향도 미치지 아니한다. 하나의 단자는 다른 단자와의 연관에 의하여 표상(表象)하며 나아가서 우주 전체가 단자의 연관에 의하여 이루어져 있다. 그러므로 단자의 전체를 우주라 부른다면 모든 단자는 이 우주 가운데 있으며 이 우주와 분리하여 존재할 수도, 이해할 수도 없다.

그런데 라이프니츠는 이렇게 상호 독립적이어서 결합되지 않고 창을 가지지 않은 하나하나의 무수한 단자가 무한하고 다양한 세계에 통일과 조화를 이루고 있는 이유를 신의 예정조화로 설명했다. 단자는 하나의 점이지만 어떤 정신적인 능력을 갖고 있다. 최하위의 단자는 몽상과 같은 혼미한 상태에 있고 상위층의 단자는 인간의 정신처럼 의식을 소유하고 있으며 최상위의 단자인 신은 무한한 의식, 즉 전지전능한 힘을 가지고 있다. 모든 단자는 바로 이 신이라는 가장 높은 단자에서 흘러 나왔다. 즉 신에 의해 창조되었다. 이 최고의 단자인 신이 세계를 창조할 때, 이러한 근본적이고 조화적인 질서를 배려해 두었다. 물론 라이프니츠가 말하는 창조란 신의 의지에 따라 무에서의 창조를 말하는 기독교적 창조설보다는 플로티노스의 유출설에 더 가깝다.

어쨌든 세계는 신에 의해 창조되었고 신은 단자가 서로 조화로운 관계를 유지하도록 미리 예정해 놓았다. 그래서 서로 독립적인 단자들의 결합으로 된 세계가 무질서하지 않고 조화롭고 질서 정연하다. 이것이 바로 모든 세계는 신에 의하여 미리 예정된 조화라는 예정조화설(preestablished harmony)이다. 그는 예정조화설을 데카르트에 의해 제기된 심신 문제에도 적용했다. 그에 따르면 인간의 영혼과 육체 사이에도 직접적인 상호 작용은 일어나지 않으며 신에 의해 중재된 작용이 일어날 뿐이다. 라이프니츠는 이에 대해 이렇게 말했다. "정확하게 같은 시간을 보여주는 두 개의 시계를 가정해 보라. 그 원인은 세 가지 작용으로 추론될 수 있다. 첫째는 두 시계가 서로 연결되어 있는 것이다. 둘째는 노련한 기술자가 서로 꼭 맞게 돌아가도록 순간마다 조정하는 것이다. 셋째, 어떤 경우나 서로 일치할 것이라는 확신을 우리가 갖도록 두 시계가 아주 정교하게 만들어진 것이다. 영혼과 육체도 이 두 시계와 같다. 이들의 일치도 셋 중의 한 원인에 의한다." 물론 라이프니츠는 세 번째의 원인을 영혼과 육체에 적용하고 정교하게 만든 주인공으로서 신을 내세운다. 이들이 서로 완전히 일치하도록 신에 의하여 사전에 계획되었다는 주장이다.

만유는 궁극에 있어서 예정조화의 질서에 지배되고 세계에 일어나는 어떠한 일도 이 질서에 적합하다. 이런 의미에서 기적은 존재하지 않는다. 우주는 자동 기계와 같이 신의 예정 조화에 필연적으로 따른다. 신은 세계를 지배하는 데 있어서 기계적 방법을 사용하며 세계의 존재 이유는 신의 목적을 실현함에 있다.

3. 악에 대한 변신론

세계의 조화로움에 대해 라이프니츠는 신이 그것을 예정했다는 사실뿐만 아니라 이것을 행함에 있어 신은 모든 가능한 세계 가운데에서 최선의 것을 창조했다는 낙천주의적 변신론(辯神論)을 주장했다. 변신론이란 어떤 이유로 비난받는 신을 변호하는 논리를 말하는데, 라이프니츠의 변신론은 세상에 존재하는 악에 관한 문제이다.

"신이 전지전능하고 전선하다면 신이 창조한 세계가 왜 악한 세계인가?" 하는 물음이 제기된다. 신학적인 입장에서는 신이 세계를 창조할 때 인간을 사랑했기 때문에 자유를 주었으나 인간이 이 자유를 잘못 사용하여 악이 생겨났다고 말하는 것이 보통이다. 그러나 여기에는 문제가 발생한다. 신이 인간에게 자유의지를 줄 때 인간이 그 자유를 잘못 사용할 줄을 알았느냐 알지 못했느냐 라는 철학적인 질문을 할 수 있다. 신은 전지전능하기 때문에 미래의 모든 일을 알지 못할 리가 없다. 그러나 만일 그것을 미리 알고도 자유를 주었다면 이는 인간을 시험하기 위한 짓궂은 장난밖에 되지 않는다. 그러나 이것은 신의 전선함에 위배된다. 그러므로 이러한 철학적인 물음 앞에 신학적인 대답은 설득력이 없다. 그래서 라이프니츠는 단자론 및 예정조화론을 동원하여 이 문제에 대해 철학적인 대답을 하고자 했다. 그는 악과 무질서의 사실을 간과하고 있었지만 그것을 전지, 전능, 전선한 창조주의 개념과 양립시킬 수 있다고 생각했다.

라이프니츠는 우선 악의 문제를 창조에 포함시켜 묻는다. 그에 따르면 현존하는 이 세계가 바로 모든 가능한 세계 가운데서 전지전능한 신이 선택한 가장 완전하고 완벽한 최선의 세계이다. 신이 단자로 이루어진 세계를 창조함에 있어서 무한히 많은 가능한 세계 가운데에서 최상의 세계를 골라 현실 세계화했다. 만약 세계가 최선의 것이 아니고 불완전한 것이라면 최선의 세계가 무엇인지 신이 알지 못했거나 알면서도 창조하지 못했거나 알고서도 원하지 않았던 것이 된다. 최선의 세계를 알지 못했다면 신의 전지에 위배되고 최선의 세계를 알았지만 창조할 수 없었다면 전능에 위배된다. 또 그것을 알고도 원하지 않았다면 전선에 위배된다.

그래서 라이프니츠는 악을 세계의 불완전성을 근거로 하는 형이상학적인 악, 물리적인 악, 도덕적인 악으로 구분한다.

첫째로, 세계가 존재하기 위해서는 형이상학적인 악은 불가피하다. 세계가 완전하고 제한을 모른다면 그것은 세계가 아니라 신 자체가 되기 때문이다. 그러므로 창조는 신의 능력의 불완전성이 아닌 세계의 불완전성을 내포한다.

둘째로, 자연의 재앙이나 신체적 고통이라는 물리적 악은 선의 실현에 쓰이는 소극적인 악이다. 밝음을 위해 어두움이, 따뜻함을 위해 추위가 있어야 하는 것과 마찬가지이다. 고통과 불행이란 즐거움과 행복이 잠시 부재하는 것에 불과하다. 전체적으로 볼 때 세상에는 고통이나 비참보다 즐거움과 행복이 더 많다.

마지막으로, 도덕적인 악도 앞의 두 악과 마찬가지이다. 창조물인 인간이 도덕적으로 완전히 선할 수는 없지만 도덕적인 악도 그 총화는 도덕적인 선의 총화에 비해 매우 적다. 그 대신 완전히 도덕적으로 불완전하다거나 원죄설처럼 철저하게 죄로써 태어난 인간도 존재할 수 없다.

악에 관한 이 같은 해석은 악이란 자체로 존재하는 것이 아니라 선의 부재요 결핍에 불과하다는 중세의 아우구스티누스적인 해석으로 돌아간 것이다. 결국 세계 속에는 악의 총화보다 선의 총화가 절대적으로 우세하며, 악은 선을 위한 소극적인 수단에 불과하기 때문에 세계는 최선이라는 낙천주의에 도달한다.

결국 자연의 성립은 신의 은총에 의한 것으로 보는 라이프니츠는 우리가 현실의 부정적 세계상에 회의를 느끼고 고통이나 악과 같은 부정적인 요소들이 전혀 없는 세계를 희망하지만 그런 세계는 결코 완전한 세계가 아니라 오히려 불완전한 세계라고 한다. 오히려 우리가 지금 살고 있는 세계처럼 악도 있고 공평하지도 않으며 불완전한 세계처럼 보이는 이 세계가 가장 완전한 세계이다. 이런 점에서 그의 변신론은 역설적인 경향을 띠고 있다.

4. 논리와 인식

라이프니츠의 논리학은 그의 단자론과 서로 보충하는 관계를 가진다. 라이프니츠에 따르면, 우리의 추리는 두 개의 기본 원리에 따르는데 그것은 모순율과 충족이유율이다.

모순율이란 "A는 ~A가 아니다" 혹은 "A는 B임과 동시에 ~B일 수 없다"는 형식으로 표현되는데 이것은 모순되는 둘 중에 하나는 참이어야 하고 다른 하나는 거짓이어야 하지 동시에 참일 수도 또는 동시에 거짓일 수도 없다는 원리이다. 이 모순율에 의하여 모순을 내포한 것은 거짓이라고 판단하고 그것에 다시 모순되는 것은 참이라고 판단하게 된다.

또 모든 사물의 존재나 진리는 그것이 존재할 충분한 이유가 반드시 있어야 한다는 원리를 충족이유율이라고 한다. "원인 없이는 결과도 없다"는 원리이다. 비록 그 이유가 우리에게 알려져 있지 않다 하더라도 그럴 수밖에 없는 충분한 이유가 없으면 어떤 사물도 존재할 수 없으며 어떠한 사실도 성립하지 않고 어떠한 판단도 참일 수 없다. 따라서 무엇이든 존재하는 것이라면 설사 우리가 그 존재의 원인과 이유를 모른다 해도 그것이 존재하는 이유는 반드시 있다.

라이프니츠는 이러한 논리학의 2대 원리에 의해 현실 세계를 설명한다. 우리의 현실계에는 우연적 사실이 허다하게 존재한다. 그리고 거기에는 그것이 존재하게 된 충분한 이유가 반드시 있다. 그 이유를 분석하면 거기에는 무한한 인과 계열이 있을 것인데 그것을 추구하는 것이 바로 인식이다. 모든 인식은 모순율에 저촉되지 않아야 하며 그러한 것들은 언제나 진리이다. 그러므로 라이프니츠는 진리의 기준을 경험적 사실이나 실험적 방법에서보다는 논리에서 찾아야 한다고 하였다. 즉 데카르트나 스피노자와 같이 관념의 직관적 명증성에서 진리를 찾으려 하지 않고 논리적 합리성에서 찾으려 하였다.

이와 같이 그가 논리학에 비상한 관심을 기울인 것은 논리적 계산을 정밀하게 하면 과학적인 문제들을 이의 없이 해결할 수 있다고 믿었기 때문이다. 그래서 그는 경험에 의하여 알 수 있는 진리보다 논리적 분석에 의하여 알 수 있는 진리를 더 중요시하였다.

제6장
베이컨

중세에 이르기까지 유럽의 정신사를 지배해 온 플라톤과 아리스토텔레스의 형이상학적 전통과의 단절이 경험론에 이르러서야 비로소 이루어졌다는 점에서 근세철학이 근세적이 되었다고 할 수 있는 것은 경험론에서부터이다. 그리고 근세의 경험론은 바로 베이컨에 의해 개시된다.

경험론은 한 마디로 실험과 관찰 등의 경험에 근거한 과학적인 방법론에 의해 지식의 향상을 꾀하고, 그것을 이용하여 철학 체계를 수립하려는 시도이다. 그러므로 경험론에는 형이상학도, 초월도, 영원한 진리도 없다. 합리론에서는 경험이 소재요 기회요 시작에 불과하고 학문과 진리 그 자체는 정신 안에서 완성된다. 그러나 경험론은 감각적인 경험 자체가 모두이며 완성이며 전체이다. 우리의 인식은 오로지 감각적 경험에서만 생기며 이 경험이 진리와 가치와 이상과 법률과 종교를 결정짓는다. 세계의 과정은 계속해서 전진하고 있기 때문에 경험이 완결되는 일은 절대로 있을 수 없으므로 영원하고 필연적이며 개별적인 것을 초월한 보편타당한 진리와 가치와 이상은 없다. 이러한 경험론은 베이컨의 철학을 싹으로 하여 홉스, 로크, 버클리를 거쳐 흄으로 이어지면서 발전했으나 흄에 이르러 회의주의에 도달했다.

자연 연구의 방법을 확립하여 근세 영국 경험론의 선구자로 불리는 프란시스

베이컨(Francis Bacon, 1561~1626)은 어떤 철학적 체계를 세웠다기보다는 새로이 대두한 자연과학을 위한 학문의 방법론적 혁명을 이루었다는 데에 그 의의가 있다. 그리고 확실한 진리에 도달하기 위하여 우상(Idola)을 제거해야 한다는 우상론을 제기하여 경험과 관찰을 중시하는 경험론의 기초를 닦았다. 그는 그리스 이래 사변적, 이상적 세계에 머물렀던 철학을 우리의 생활 속으로 끌어내려 활발한 실천적 활동을 위해서만 학문이 필요하다고 주장함으로써 근세의 경험론의 기틀을 잡고 근세의 자연과학의 발전을 이룩하게 한 기초를 확립시켰다.

1. 무신론, 종교, 미신, 그리고 과학

베이컨은 당시의 철학과 과학을 개혁시키고자 하여 학문의 정체를 비판했다. 그는 플라톤과 아리스토텔레스의 독무대였던 철학은 물론이고 고대의 서적에 대한 연구를 의미했던 과학에 대해서도 그러한 가르침은 환영(幻影)이요 유령이라 비판하고 종래의 모든 학문들의 무용성을 주장했다. 그리고 "지식은 힘이다"라고 함으로써 지식의 효용을 강조했다. 종래의 학문이 무용한 이유는 과학이 미신과 비조직적인 사변 및 신학과 뒤섞이게 되었기 때문이라고 했다.

베이컨은 무신론과 종교와 미신의 관계를 다룸에 있어서 데모크리토스의 입장을 근거로 종교를 이해하려 했다. 즉 질적으로 동일한 하나의 원소가 존재한다면 이 많은 원소를 정돈시킬 힘이 필요할 텐데 그것이 신이 아니겠느냐는 말이다. 데모크리토스의 원자론을 당시의 자연과학자들은 무신론의 해석을 위해 사용한 반면 베이컨은 종교의 정당성을 위해 사용했다.

베이컨에 따르면 무신론에 관해 많이 말하는 철학자는 사실 신에 대한 신앙을 나타낸다고 한다. 의심의 여지가 없는 것이 자연이고, 자연의 질서는 종교와 관계되는데, 그럼에도 불구하고 밖으로 나타내지 않고 마음속으로만 신을 부정하는 사람들이 가장 극단적인 무신론자이다. 그러면서도 베이컨은 무신론의 원인으로서 종교 내의 의견 대립과 성직자들의 타락, 그리고 종교를 신중하게 생각하지 않는 습관 등을 들었다. 그는 또 평화와 번영은 인간을 무신론으로 유혹하고 불안과 불행은 종교로 이끈다고 했다. 그런데 베이컨은 순박한 민중이 성직자보다 더 고귀한 경우가 있듯이 무신론자가 때로는 성직자들보다 오히려 신앙심이 깊다고 한다.

무신론은 인간으로 하여금 감성, 철학, 자연 신앙, 법률, 타인의 좋은 의견 등을 경청하도록 요구하는데 이러한 것들을 외면하면 미신이 지배되고 독단이 판을 치는 외형적인 덕에 빠져 버린다. 그러므로 오히려 가장 반종교적인 것은 미신이다. 신을 갖지 않은 사람이 옳지 못한 신을 가진 사람보다 낫다는 뜻이다.

베이컨은 이러한 종교와 뒤섞인 과학으로는 자연의 활동에 대한 근본적인 원리를 발견할 수 없다고 생각했다. 그래서 베이컨은 인간의 지식에 대한 과거를 모두 청산하고 사실들을 수집하여 설명하기 위한 새로운 방법을 요구했다.

2. 우상론

베이컨에 따르면 철학의 궁극적인 목표는 과학의 실제 응용과 인간에 의한 자연의 정복이다. 그러나 자연의 정복은 인간이 자연의 법칙을 이해하는 한도 내에서 가능하며 자연의 지배는 과학에 의하여 탐구된 자연의 법칙에 순종할 때만 가능하다. 그러므로 인간에 의한 자연의 지배라는 목표를 달성하기 위해서는 무엇보다도 옳은 방법을 적용해야 한다. 그 전제로 먼저 인간의 사유를 종래의 오류나 편견으로부터 정화해야 한다. 바로 이 우상처럼 신뢰해 온 편견으로부터 벗어나는 것이 과학적인 성과로 나아가는 가장 최초의 전제이다.

베이컨은 "자연을 사유에 있어서 관찰하라"고 하였는데 그것은 아마 우리가 너무 조급한 나머지 사실을 곡해하고 오직 우리 자신의 선입견만을 주장하기 때문에 그런 일이 없도록 경고한 것으로 보인다. 그래서 베이컨은 연역법을 기본으로 하는 종전의 학문 방법의 종주인 아리스토텔레스의 『오르가논』(*Organon*)에 반대하는 의미로 '새로운 오르가눔'이란 이름으로 쓴 『신기관론』(*Novum Organum*)이란 책에서 그것을 그대로 내버려두면 우리가 거짓과 오류로 말려들게 되는 마음의 모든 경향을 우상(*idola*)이라 규정하고 이들 편견, 독단, 미신과 같은 우상을 제거해야 확실한 진리에 도달할 수 있다고 주장했다.

베이컨에 따르면 이들 우상 혹은 거짓된 환상이 마치 울퉁불퉁한 거울 면에서 잘못 반사되는 빛과 같이 영혼을 왜곡시킨다고 한다. 따라서 이러한 편향된 사고를 교정해야 한다. 이를 위한 유일한 방법은 정신의 우상을 퇴치하고 실험과 관찰에 의한 귀납적인 방법을 따르는 것이라고 한다. 그가 말한 제거해야 할 정신의 우상은 다음의 네 가지이다.

첫째는 종족의 우상(the idol of the tribe)이다. 이는 인간 본성 자체에서 유래하는 인류의 모든 종족에게 고유한 우상으로서 의인화해서 자연을 해석하는 것처럼 인간이 자기중심적으로 사유하는 것을 말한다. 예를 들면 인간이 자기 스스로 목적을 추구하는 사실로 미루어 자연도 궁극적으로 목적을 추구하고 있다고 믿는 것과 같은 오류를 말한다.

둘째는 동굴의 우상(the idol of the cave)이다. 이는 각 개인의 특수성에서 오는 오류로서 각 개인이 무엇인가에 사로잡혀 있어서 사실을 사실 그대로 파악하지 못하는 폐단을 말한다. 다시 말하면 각 개인의 기질, 교육과 지식, 성향과 기호의 차이와 같은 개인의 특수성에서 오는 오류를 말한다. 모든 사람은 각자 나름대로의 경험과 소양의 동굴을 가지고 있기 때문에 각자가 자신의 주관적인 편견에 치우친 방식으로 자연을 통찰하고 이해한다. 그러나 모든 인간은 자기대로의 경험, 취미, 독서, 환경 등이 모두 다르기 때문에 일률적인 원칙을 세울 수 없다. 그러므로 각자는 자기 자신의 주관적 경향을 배제하고 객관적 입장을 취해야만 진리에 도달할 수 있다.

셋째는 시장의 우상(the idol of the market)이다. 이것은 언어 사용에 따르는 편견으로서 우리가 언어에 기만당하기 쉬운 경향이 있음을 의미한다. 인간은 언어 때문에 사실을 잘못 파악하는 경우가 허다하다. 어떤 상품에 최고품이라고 써 놓았기 때문에 사실은 그렇지 않음에도 그것을 최고품으로 알게 됨이 그런 경우이다. 이것은 언어와 실재가 일치한다고 생각하는 경우를 말하는데 예를 들면 인간은 운명의 여신이 실재하는 것으로 믿는다든가 또는 용이라는 말이 있으니까 용이 실재한다고 생각하는 것과 같은 것을 말한다. 즉 어떤 말이 있다고 하여 거기에 대응하는 것이 실재한다고 생각하는 오류이다. 이는 언어는 한낱 기호에 불과한 것이므로 이 기호에 사로잡히지 말고 경험에 나타나는 사물 자체에 따르라는 의미이다.

넷째는 극장의 우상(the idol of the theater)이다. 이는 역사적 전통이나 권위를 무비판적으로 받아들이는 데서 오는 오류를 말한다. 사실보다 더 그럴듯하게 꾸며져 있는 극장에서 연출되는 각본처럼 미화되고 포장된 전통적 학설, 권위 있는 체계, 역사적 전통이나 권위를 무비판적으로 받아들이는 데서 오는 오류이다. 예컨대 종교적 미신과 신학이 인간의 판단에 미치는 영향과 같다. 아마 그는 아리스토텔레스의 철학 속에 담긴 오류를 지적하였을 때 많은 사람들이 아리스토텔레스의 권위에 눌리어 정당함을 인정하려 하지 않는 점을 생각해서 이러한 우상을 제시한 것 같다. 그는 이 극장의 우상을 가장 위험한 우상으로 간주하고 권위에 의해 맹종하기보다는 비판하는 것이 오히려 더 참다운 진리로 나아가는 길이라고 했다.

베이컨은 이 우상론을 통해 우상을 제거하고 사실의 세계, 경험의 세계로 돌아가야 참다운 진리에 도달할 수 있다고 주장하면서 그것은 바로 객관적 관찰과 실험 정신에 의한 귀납법으로 가능하다고 했다. 데카르트가 회의를 통하여 확실성에 도달하고자 했다면 베이컨은 우상의 제거를 통하여 확실성에 도달하고자 했던 것이다.

3. 귀납법

베이컨이 제시한 우상론은 종래의 편견을 제거하기 위한 소극적인 방법이었다. 그는 학문의 성과를 가져올 수 있는 적극적인 방법으로 모든 것을 경험에 귀착시켜 자연을 그 자체로 연구하는 귀납법을 제시했다. 베이컨에 의하면 전통적인 학문의 연구 방법이었던 아리스토텔레스의 연역법은 기하학에서의 공리 같은 것을 직관적으로 자명한 것으로 받아들여 거기에서 여러 가지 원리들을 도출하는 방법이다. 즉 특수한 감각적 인상에서 일반적 공리를 도출하고 그러한 원리로부터 새로운 공리를 도출한다. 그러나 그것은 지적 활동의 기반이 되는 원리(대전제)를 너무 성급하게 일반화할 염려가 있을 뿐만 아니라 새로운 지식을 얻는 데 아무런 도움을 주지 못하고 오히려 동어 반복에 불과하다. 그는 과거 2,500년 동안 학문이 발전을 보지 못한 이유는 바로 그 전통적인 연역법에 의존하여 학문을 연구했기 때문이라고 전제하고 새로운 지식을 습득할 수 있는 귀납법을 주장했다. 베이컨은 아리스토텔레스의 연역법은 거미가 자신의 몸에서 거미줄을 끌어내는 거미의 방법이라 비판하고 꿀벌이 여기저기의 들에 핀 꽃들부터 자료를 모아들여 그것을 자신의 힘으로 변화시키고 소화시켜 꿀을 만드는 꿀벌의 방법과 같은 것이 바로 귀납법이라고 하였다. 후에 영국의 공리주의자 밀(J. S. Mill)에 의해 완성된 귀납법은 사물의 비본질적인 것을 제거하고 본질적인 것을 추상하여 사물의 인과 관계를 밝히는 방법이다.

베이컨이 말한 귀납의 과정은 다음과 같다. 먼저 탐구하려는 현상에 나타나 있는 사례를 수집하여 열거표를 작성하고 다음에 예외표를 작성한다. 열거표에 들어 있는 사례 가운데 그 원인이라고 생각되는 것이 나타나지 아니한 사례를 열거표에서 제외하여 예외표를 만든다. 그리고 그 두 표에서 본질적 인과 관계가 있는 것은 원인의 변화에 따라 결과도 변하는 정도표를 작성한다. 이와 같은 단계에 따라 비본질적인 것을 제외하고 본질적인 것을 추상하여 현상의 원인을 탐구함으로써 진리를 발견한다. 베이컨은 귀납법이 새로운 발견과 발명을 가능케 하기 때문에 철학도 이와 같은 방법을 사용해야 한다고 한다. 그래서 그는 지식의 자료를 수집하고 그것을 소화하여 지식을 습득하는 실험적 방법인 귀납법적인 연구 방법을 통해 자연 법칙을 알 수 있으며 그를 통해 비로소 자연을 지배할 수 있다고 했다. 그러므로 "지식은 힘이다." 베이컨의 경험론이란 인간의 지식이 바로 이러한 관찰과 실험을 통한 귀납적 방법에 의해 경험의 과정 속에서 점차적으로 생긴다는 인식론적 견해를 말한다.

베이컨은 아직 경험론적 전통을 확립하지는 못하였지만 새로운 시대를 위한 진리를 예언한 사람이다. 그는 학자들을 그들의 연구실로부터 활짝 열린 대자연으로 이끌어내려고 꾀하였다. 그는 우리의 모든 지식과 학문은 그 자체가 목적이 아니라 자연과 정신을 지배하기 위한 수단에 불과하다고 하였다. 그래서 지식 그 자체로서의 가치보다도 그것이 실생활에 미치는 결과를 중요시했고 과학적 지식 그 자체의 진리보다도 그에 따르는 인간 생활을 개선하려는 데 지식의 목표를 두었다. 결국 인간은 자연의 법칙에 순응함으로써 보다 큰 힘을 얻을 수 있으며 자기의 앞길을 더욱 발전하게 만들 수 있다는 뜻이다. 우리가 잘 사용하는 '아는 것이 힘'이라는 그의 말은 바로 그런 의미이다.

제7장
홉스

토마스 홉스(Thomas Hobbes, 1588~1679)는 맘즈베리 근처인 웨스트포트에서 목사의 아들로 태어나 옥스퍼드대학을 졸업했다. 그는 종교전쟁과 내전으로 말미암아 험난한 시대에 살아서인지 국가와 사회의 질서와 통치 문제에, 즉 사회적이고 정치적인 문제에 깊은 관심을 가졌었다. 홉스는 이러한 정치철학에 대한 관심뿐만 아니라 신비주의에 쌓인 중세에 반항하여 일체가 원래 물체요 물체의 운동은 기계적 인과 관계에서 생긴다는 물체론과 기계론적 유물론을 대담히 주장했다.

1. 물체론

홉스에 따르면 철학자는 세 가지, 즉 주어진 것, 외부 물체들에 의해 우리에게 새겨지는 감각 인상들, 그리고 그러한 인상들의 기억으로부터 출발한다고 한다. "철학은 우리가 그것의 원인이나 발생에 대하여 처음에 가진 지식으로부터 참된 추리에 의해 획득하는 것과 같은 결과 또는 현상의 지식이다. 또한 그것의 결과에 관해 처음에 알고 있던 것으로부터 얻게 되는 것과 같은 원인 또는 발생의 지식이다." 즉 가정된 원인으로부터 현상과 작용을 인식하고 인식된 작용으로부터 옳은 추리를 통하여 그 원인을 인식하는 것이 철학이다.

나아가 그는 철학의 목적은 작용을 예견하고 생활에 쓰이도록 응용하는 데에 있다고 말한다. "철학의 목적 또는 범위는 이전에 나타난 결과들을 유익하게 이용하는 것이다." 홉스는 개인적인 연관을 맺었던 베이컨의 철학을 철저히 계승하여 베이컨처럼 실천적인 목적을 강조했다. 결국 홉스가 정의한 철학은 곧 자연과학이다. 따라서 근본적으로 초월적인 것을 배제하는 것은 당연하다. 그러므로 철학자는 알려진 원인으로부터 결과를 발견하고 알려진 결과로부터 원인을 찾아낸다. 결국 철학은 인과적 설명에 관계한다. 인과적 설명이란 발생적, 과학적인 설명을 의미하므로 발생적 과정을 통하여 생기지 않는 것이 있다면 그것은 철학의 주제가 될 수 없다.

이렇듯 홉스에게서의 철학은 오직 물체의 원인과 특성, 그리고 물체의 성질과 발생에 관계하는 것이기 때문에 물체가 주어지지 않은 곳에는 철학도 없다. 그는 물체라는 개념을 자기 철학을 조직하는 원리로 삼고 물체의 개념을 실체의 개념과 일치시켰을 뿐만 아니라 모든 실체들은 물질적인 실체뿐이라고 믿었다. 그러므로 홉스의 철학은 물체 이외에는 모두 무시하고 물체의 운동과 물체의 변화만을 다룬다는 점에서 물체론이요 유물론적인 특징을 가지고 있다.

홉스에 의하면 오직 물체들만 존재하고 가지적(可知的) 실재는 물체들로만 구성되어 있다. 그래서 그는 만일 영혼이나 신 같은 용어가 물체를 가지고 있지 않거나 유형적이 아닌 존재를 지칭한다면 그와 같은 존재는 존재하지 않을 것이라고 말했다. "이 세계 안에 있는 가시적인 사물들과 그것들의 놀라운 성질에 의해 인간은 그것들의 원인이 있다고 상상할 것이며 이를 신이라고 부른다. 그러나 누구도 신에 대한 관념이나 이미지를 가지고 있지 않다." 이 말은 신이 존재한다는 데에는 동의하지만 인간은 신의 참된 본질을 모른다는 말이다. 따라서 신학자들이 신으로 특징화하는 무형적인 실체를 가진 사물이 존재한다고 말하는 것은 홉스에게는 무의미하다.

그러므로 홉스에게는 신, 영원, 창조되지 않은 것, 파악할 수 없는 것 등의 모든 정신적 실재와 신학적인 주제들이 철학으로부터 배제된다. 홉스는 이에 대해 "철학의 주제 또는 철학이 다루는 문제는 우리가 어떠한 발생을 생각할 수 있는, 그리고 고려에 의해 다른 물체들과 비교할 수 있거나, 합성과 분해가 가능한 모든 물체이다. 즉 우리가 그것의 발생 또는 특성에 대해 어떠한 지식을 가질 수 있는 모든 물체이다. …… 그러므로 철학은 신학을 배제한다. 여기서 나는 신학을 영원하고 발생될 수 없으며 불가해하고 그 안에 나눌 것도 합성할 것도 없으며 어떠한 발생도 생각될 수 없는 신에 대한 교리라는 뜻으로 말한다'라고 했다.

홉스는 물체를 셋으로 나누었다. 자연적 물체인 자연과 인위적 물체인 국가, 그리고 그 중간인 인간이 그것이다. 인간은 특수한 종류의 물체이며 국가는 이 특수한 종류의 물체가 질서 있게 조직된 것이다. 따라서 철학의 분야도 자연적 물체에 관한 물리학, 인위적 물체에 대한 국가학, 그리고 인간학으로 나뉜다.

그런데 이러한 모든 물체가 공유하는 하나의 특성이 있는데 그것이 바로 운동이다. 따라서 자연계에 실재하는 것은 물질과 운동뿐이다. 그는 물질적이거나 정신적인 모든 현상들을 모두 운동 중인 물체에 의해 설명하고자 했다. 그에 따르면 물질과 운동은 두 개가 아니다. 운동을 떠난 물질은 현실적 존재가 아니며 현실적인 물질을 공간과 구별할 수 있는 것은 그 운동 때문이다. 자연에 관한 학(學)은 운동에 관한 학에 불과하다. 자연은 어떤 목적을 가지고 있는 것이 아니라 인과 법칙에 의존하는 기계적 변화에 지나지 않는다.

나아가 그는 기계적 자연관을 기초로 하는 유물론적 인간관을 가지고 인간의 육체도 물질로서 오직 기계적 운동을 할 뿐이며 정신도 물질적 운동에 불과하다고 했다. 다시 말해 인식은 감각이 외물의 자극에 의하여 나타난 운동으로서 외부적 자극에 대한 반응에 지나지 않는다는 말이다. 그래서 그는 우리의 관념은 쇠약해진 감각, 즉 그 이전에 있었던 감각의 잔상이라고 정의하였다.

2. 국가론

홉스는 인위적 물체인 국가에 대해 깊은 관심을 가졌다. 그는 인간 생활양식의 생생한 관찰을 토대로 무정부(anarchy) 상태와 군주제와의 차이를 밝히고 국가에는 강력한 군왕이 필요하며 그 확립된 권위에의 복종이 사회의 평화와 안전을 위한 필요조건이요 평화와 안전은 모든 개인적, 사회적 선을 위한 필요조건이라고 역설했다.

홉스는 인간이 본래 이기적이라는 전제에서부터 시작한다. 이기적인 인간은 본래가 만인에 대하여 적인 상태이다. 그러므로 힘의 원리가 지배하는 이러한 자연 상태에서는 모두가 자기 보존을 위해서 서로 계약을 맺어 이 계약에 의하여 자유를 제한하고 국가를 성립시켜야만 평화롭고 질서 있는 사회를 건설할 수 있다. 홉스는 이와 같은 인간관에 근거하여 강력한 통치권을 요청하는 정치사상을 자연의 상태, 자연의 권리, 자연의 법칙, 이 세 개념으로 설명했다.

자연의 상태(state of nature)란 폭력과 힘이 지배하며 만인이 서로에 대해 적이 되는 무정부(anarchy) 상태로서 만인의 만인에 대한 투쟁 상태를 가리킨다. 인간의 이기심에 기원하는 이런 자연 상태에서는 인간은 이성을 잃게 되고 오로지 동물적 자기 보존의 충동이라는 원리만이 지배하여 언제나 악이 존재하며 끊임없는 이기욕에 사로잡혀 죽음에 이르기까지 투쟁 상태가 그치지 않는다. 따라서 이런 상태를 극복하기 위해서는 법률로써 다스리는 강력한 정부가 형성되어야 하고 인간의 행위를 위한 타당한 원리를 언제나 분별할 수 있는 슬기로운 이성에 따라야 한다. 법이 침묵을 지키면 이성도 침묵을 지킨다는 것이 홉스의 생각이다. 만약 법과 이성이 힘을 잃으면 공포와 증오와 탐욕과 색욕의 정념이 한없이 인생을 휘두른다. 이러한 것이 자연의 상태이며 그러한 상태 하에서는 공업도, 경작도, 건설도, 예술도 없으며 오직 잔인한 죽음, 위협, 괴로움, 불안과 가난이 있을 뿐이다.

자연의 권리(right of nature)란 자연의 상태 하에서 자신의 힘과 본성, 생명과 안전을 위해서 모든 인간이 누구나 자기 마음대로 행동할 수 있는 자유와 권리를 말한다. 그것은 극단의 이기적 존재인 인간이 자기 생명의 유지와 발전을 위해서 어떤 수단도, 어떤 일이라도 할 수 있는 권리이다. 그래서 자연 상태의 인간들이 짐승 같은 폭력과 이기적 모략을 무작정 휘두르게 된다. 결국 자연 상태 아래에서의 만인은 무엇을 하든 또 어떻게 하든 나쁠 것이 없다. 자연은 만인에게 만사에 대한 권리를 부여하였기 때문이다. 홉스에 따르면 이런 상태가 유지되는 이유는 정부가 없거나 있어도 약하고 무능한 정부일 경우에 이성도 따라서 그 힘을 잃게 되기 때문이라고 한다.

자연의 법칙(logos of nature)이란 인간이 자신에게 주어진 생명과 종족을 그대로 지키기 위하여 우리가 해야 할 일과 해서는 안 될 일에 대하여 올바른 이성이 우리 인간에게 내리는 명령으로서 기본적으로 인간이 자기에게 허용된 모든 수단을 강구하여 평화를 추구하는 것을 말한다. 홉스에 따르면 자연 상태를 그대로 두면 인간들은 오히려 불안에 싸여 자기 이익을 도모할 수 없게 된다는 점을 이성에 의해 스스로 깨닫게 된다. 그리고 무제한의 자기 권리를 제한한다면 평화할 수 있는 길이 열린다는 것을 안다. 따라서 사람들은 사회를 평화롭게 다스릴 수 있는 권력에게 자기의 모든 자연의 권리를 내맡기게 된다. 즉 사람들은 독립된 개인으로서 행동하기를 중지하고 다른 사람들과 계약(contract)에 의하여 사회를 평화롭게 다스릴 수 있는 권력에게 자기의 모든 자연의 권리를 내맡긴다.

자연의 법칙은 이성의 법칙이며 그것은 곧 신의 법칙이요 도덕의 기준이다. 물론 그것은 자연의 획일성을 기술한다는 뜻에서의 법칙이 아니라 그와 반대로 인간이 자연 상태에 있어서 보여주는 행동과는 정반대이다. 이런 자연의 법칙을 따를 때 인간은 자연의 상태를 벗어나 문명화된 상태, 즉 국권에 의해 통치되는 사회로 들어간다.

인간은 자연의 상태에 처해 있기 때문에 자연의 법칙을 지킬 의무가 없다. 그러므로 자연의 법칙은 많은 사람들이 서로 협조하는 데에서만 지킬 수 있다. 자연의 법칙은 순진한 나 자신을 짐승 같은 남들의 공격 앞에 제물로서 제공하라고 우리에게 요구하지 않는다. 사회의 질서를 확립해 줄 만한 통치권이 생겼을 경우에 그것은 우리의 행동을 다스릴 구속력을 갖는다. 만약 그러한 통치권이 없을 경우 또는 정부가 있기는 하되 치안을 확보할 만한 통솔력이 없을 경우에 자연의 법칙은 현실적으로 타당성이 없으며 인간의 행동을 다스릴 제재권도 없다.

그래서 홉스는 정부에 대하여 절대적 통치권을 부여할 필요가 있다고 했다. 자연의 법칙이 국민에게 요구하는 바의 구체적이요 상세한 내용을 결정하는 권한을 군주에게 일임하여야 하며 추상적인 자연의 법칙에 구체적인 의미를 부여할 권리를 군주가 가지고 있어야 한다는 말이다. 홉스는 이러한 절대 권력을 가진 국가를 구약성경 이사야 27:1, 욥기 3:8, 욥기 41:1 등에 나오는 거대한 동물(리워야단)에 비유한 『리바이어던』(Leviathan)에서 잘 설명하고 있다.

제8장
로크

　영국의 경험론은 존 로크(John Locke, 1632~1704)에 이르러 확실한 토대 위에 체계화되었는데, 그의 철학적 의의는 한 마디로 인식 비판에 있다. 베이컨의 경험주의를 수용하고 데카르트의 본유관념에 회의적인 생각에서 출발한 그의 관심은 주로 "인간의 정신 속에 있는 관념이 어디서 온 것이며 어떻게 하여 형성되었느냐?" 하는 인식론적인 것이었다. 이를 위해 로크는 "나의 목적은 신념과 견해와 동의의 근거와 정도를 포함하여 인간 지식의 근원과 확실성과 범위를 탐구하는 일이다"고 말하면서 종래에 무조건 신뢰하던 인간의 오성을 검토했다.

　그의 주저인 『인간오성론』(*An Essay Concerning Human Understanding*)의 서론에 기록했듯이 그는 대여섯 명의 친구와 철학적인 토론을 벌이다가 "우리 오성이 어떤 대상들을 다루기에 적합한지 적합하지 않은지를" 알기 전에는 더 이상의 진전을 이룰 수 없다고 생각했다. 그러므로 사물의 본질을 발견하려고 하기 전에 우리의 인식론적 능력의 범위와 한계를 결정해야 한다. 그렇지 않으면 우리의 도달점은 우리의 파악을 초월할 것이며 우리가 얻는 결과는 진정한 지식이 아니라 오히려 근거 없고 아주 그럴듯하게 위장된 사색일 것이다.

　로크의 인식론은 우리의 인식 능력이 과연 어느 정도까지 진리를 인식할 수 있는지에 대한 자기반성을 중요한 과제로 삼고, 인식의 기원, 타당성, 한계 등의 문제를 다루었다. 사실상 로크야말로 인간 오성의 범위와 한계를 탐구하는 데 최대의 노력을 기울인 최초의 철학자이다. 이러한 점에서 현대의 인식론은 로크에서 시작되었다고 할 수 있다.

1. 백지상태설

로크는 우리가 가지고 있는 "관념들은 근원적으로 어떻게 해서 얻게 되는가?" 하는 문제가 우리의 지식의 범위와 한계에 관한 중요한 문제라고 생각했다. 왜냐하면 우리의 모든 관념들이 궁극적으로 경험으로부터 도출된다는 사실을 보여줄 수 있다면 오직 경험만이 지식의 근원일 수 있으며 그러므로 경험적 지식이 인간에게 가능한 유일한 종류의 지식이라는 결론이 되기 때문이다.

로크는 관념의 기원은 두 가지 가능성, 즉 경험에 의해 정신에 들어오거나 생득적일 것이라고 생각했다. 인식의 기원을 경험에 두었던 로크는 만일 생득적인 관념, 즉 데카르트가 말한 본유관념이 없다는 것을 밝힐 수만 있다면 우리의 모든 관념은 경험을 통해 후천적으로 갖게 됨을 도출할 수 있다고 생각했다. 그래서 그는 『인간오성론』에서 데카르트의 본유관념설을 정면으로 부인하였다. 데카르트의 본유관념설의 논거는 모순율과 같은 사고의 원리, 도덕적 양심의 명령, 신의 존재 등의 관념은 모든 사람들이 보편적이고 공통적으로 승인하고 있는데 모든 사람들이 어떤 사변적이고 실천적인 원리들의 타당성을 공통적으로 받아들이고 동의한다 함은 이 원리들이 사람들의 마음에 원래 새겨져 있기 때문이라는 사실이다. 다시 말하면 그 관념들은 경험과는 무관한 선천적(*a priori*)인 관념이라는 뜻이다. 그러나 로크는 사람들이 보편적이라고 동의하는 논리적 법칙, 도덕적 규범, 신의 존재와 같은 본유관념에 대해서 그것의 보편적인 동의에 대한 다른 설명이 주어질 수 있다면 그 원리들이 반드시 본유적이라고는 말할 수 없다고 하면서 본유관념의 이론에 찬성하여 전개된 논의가 무가치하다고 비판한다.

데카르트가 본유관념이라고 말했던 논리학의 원리인 동일률이나 모순율과 같은 명확한 사고의 법칙에 관한 관념도 백치나 어린이는 전연 알지 못하며 양심의 명령인 도덕적 법칙도 사람이나 국가, 사회에 따라 그리고 문명인과 야만인 사이에 현격한 차이가 있으며 신의 존재도 이를 믿지 않는 사람이 얼마든지 있다는 것이다. 나아가 로크는 자신의 이런 주장에 대해 누군가가 "우리 정신은 본유관념을 가지고 있으나 단지 오성이 이를 의식하지 못할 뿐이다"고 할지 모르지만 관념을 갖는다는 것과 그것을 의식한다는 것은 같은 의미이기 때문에 그런 말은 자기모순 이라고 말한다. 결국 로크는 우리의 관념은 처음부터 정신 속에 선험적으로 있었 다거나 정신에 의해 만들어진 것이 아니라 경험을 통해 갖게 된다고 주장한다. 그 래서 그는 "마음은 어디에서 이성과 지식의 모든 재료들을 얻는가? 여기에 대해 나는 한 마디로 '경험으로부터'라고 대답한다. 우리의 모든 지식은 경험 안에 근거 하며 궁극적으로 그 자체를 경험으로부터 이끌어낸다"고 말했다. 관념은 감각을 통해 받아들인 것이므로 그 기원은 감각이라는 말이다. 그래서 로크는 우리의 정 신은 전혀 본유관념을 갖고 있지 않을 뿐 아니라 아무런 문자도 없고 관념도 없는 백지(tabula rasa)와 같은데 거기에 감각을 통해 경험이 글씨를 써 준다고 했다. 궁 극적으로 감각 경험이나 우리 자신의 정신의 작용에 대한 반성으로부터 나오지 않 은 관념은 가지고 있지 않으며 또 가질 수도 없다. 정신은 모든 지식의 재료를 경 험에서 얻기 때문에 모든 인식은 경험에서 유래한다는 뜻이다. 이것이 로크의 백 지상태설(白紙狀態說)이다.

그런데 로크에 따르면 경험은 이중의 기원을 가지는데 외적 관찰과 내적 관찰, 즉 감각과 반성이 그것이다. 감각은 외관(外觀)이 외계에 관하여 얻는 것이고 반성 은 내관(內觀)이 마음속의 여러 현상에 관해 얻는 것이다. 이 둘은 어떤 관념을 가지 게 되는 첫걸음이며 모든 관념이 형성되는 기원이다. 감각과 반성은 우리의 내부에 오성이라는 암실에 빛을 공급하는 창문이다. 감각은 외계로 열린 창구로서 이것을 통해 외적 사물에 관한 지식이 공급되고 반성은 정신 현상으로 열린 창구로서 내적 현상에 관한 지식을 공급한다. 인간의 지식은 이 두 창구에 의해서만 제공된다. 그 러므로 우리가 사물에 대한 인식을 얻을 수 있는 길은 오직 사물에 대한 경험을 가 질 경우에 한한다는 원리에 도달한다. 즉 감각과 반성의 어느 한 가지에 의해 들어 오지 않은 어떤 것도 우리 마음 안에 있지 않다. 한 마디로 아무런 문자도 없는 백지 와 같은 우리의 정신에 감각과 반성이라는 경험이 글씨를 쓰는 것이다. 결국 "일찍 이 감각에 주어지지 않은 어떠한 것도 우리의 지식 속에는 없다"고 하는 중세 이래 의 경험론의 근본 명제가 로크에서 다시 분명하게 확립되었다.

2. 단순관념과 복합관념

로크에 따르면 우리의 정신은 빈 방, 아무런 문자도 없는 백지, 완전히 밀폐된 암실과 같아서 어떠한 관념이나 지식도 생득적으로 가지고 있지 않다. 그러므로 인간은 이성적 능력을 발휘할 소재를 경험으로부터 얻기 전에는 아무런 추론도 할 수 없다. 이렇게 관념의 기원을 경험에 두는 로크에게는 마음의 역할이 수동적인 것처럼 보이지만 그렇지 않다. 그는 관념을 단순관념(simple idea)과 복합관념 (complex idea)의 두 종류로 나누고, 단순관념은 수동적으로 형성되지만 복합관념은 정신의 능동성이 행사되어 산출된다고 했다.

로크는 단순관념의 예로 얼음 조각의 차가움과 딱딱함, 백합의 향기와 흰 색깔, 설탕의 단 맛 등을 든다. 이 관념들은 단지 하나의 감각 기관을 통해 들어온다. 물론 공간 또는 연장, 모양, 정지와 운동처럼 하나 이상의 감각 기관에 의해 받아들여지는 관념도 있다. 어쨌건 이 단순관념들 모두는 외적 대상이 감관에 미치는 자극으로부터 오는 것이기 때문에 감각 관념들이다. 그러나 단순관념에는 감각을 통하지 않는 반성적인 단순관념도 있는데, 지각 또는 사고와 의지 또는 의지를 작용하게 하는 것의 관념들이 그 예이다. 또 감각과 반성의 모든 방식들에 의해 마음에 전달되는 다른 단순관념들, 즉 쾌락 또는 환희와 그 반대인 고통과 불쾌, 그리고 힘, 존재, 단일성 등이 있다. 로크는 이같이 감각이나 반성을 통해서 우리의 정신에 수동적으로 받아들여져서 얻는 개별적인 관념을 단순관념이라 했다.

이와 반대로 마음은 단순관념들을 재료로 하여 능동적으로 복합관념을 형성할 수 있다. 인간의 오성은 단순관념을 결합, 연결 또는 추상하여 복합관념을 구성하는데 그것은 단순관념과 같이 수동적으로 받아들여지지 않고 능동적으로 우리의 오성에 의하여 구성된다. 예를 들면 희고 달고 딱딱하다는 관념을 결합하여 '설탕'이라는 복합관념을, 그리고 김 모, 이 모, 박 모에서 '인간'이라는 복합관념을 도출하는데 이것은 관념의 추상에 의한 것이다.

로크는 복합관념을 양태, 실체, 관계의 세 가지 유형으로 분류하였다. 양태는 실체의 의존물 내지 성질이라고 생각되는 관념을 말하는데, 삼각형, 감각, 날[日], 시간, 분노, 자유 등의 복합관념을 말한다. 실체는 주어진 한 관념 군(群)을 결속하고 있는 관념인데 그것은 우리가 무엇인지 알 수 없는 어떤 것이라고 하였다. 만일 우리가 경험하는 많은 개별적 사물의 관념들을 일반화하여 실체 일반의 관념을 형성하고자 한다면 한 무리의 연합된 관념을 우리에게 넣어 줄 힘을 가진 미지의 기체(基體)의 관념이 바로 실체라는 복합관념이라 한다. 관계의 관념이 생기는 것은 독립적인 한 관념만을 우리가 생각하는 것이 아니라 그 관념을 넘어서 다른 관념과 어떠한 관계가 있음을 생각하기 때문이다. 한 관념이 다른 관념과 관계를 맺는 방식은 무수하기 때문에 관계의 관념은 다종다양하다. 예컨대 원인과 결과, 동일성과 다양성, 공간과 시간, 인간의 행위와 도덕적 판단의 기준과의 관계와 같은 관념을 말한다.

3. 제1성질과 제2성질

로크는 관념과 성질을 구분한다. "마음이 본래 지각하는 것이 무엇이든지 또는 지각, 사고, 오성의 직접적인 대상이 무엇이든지 나는 그것을 관념이라고 부른다. 그리고 나는 우리 마음에 어떤 관념을 산출하는 힘을, 그 힘이 들어 있는 실체의 성질이라고 부른다." 예를 들어 희고 차갑고 둥근 관념을 산출하는 눈덩이의 힘을 성질이라고 부르고 거기에 대응하는 감각 또는 지각은 관념이라고 설명한다. 그런데 어떤 성질들은 물체가 어떤 변화를 겪든지 그것으로부터 분리할 수 없는 대상 자체에 있는 성질이 있다. 로크는 그것을 물체의 고유 성질 또는 제1성질(primary quality)이라 했다. 즉 제1성질이란 물체 자체에 있는 물리학적, 기하학적 성질인 객관적 성질로서 연장, 형상, 운동, 정지, 수 등과 같은 것이다.

이와는 달리 대상들 자체에 있는 것이 아니라 제1성질에 의해서 우리 안에 다양한 감각들을 산출하는 힘과 같은 성질이 있는데, 이것이 제2성질(secondary quality)이다. 예컨대 색깔, 소리, 냄새, 맛과 같은 것들이다. 즉 제2성질은 물체 자체의 성질이 아니라 우리가 물질에 대하여 느낀 관념이며 주관적 성질이다. 설탕은 사람들에게 달다고 느껴지지만 그것은 우리의 미각의 느낌에 불과하고 우리의 미각을 떠나서 설탕을 달다고 말할 수 없다. 그래서 로크는 제2성질은 제1성질의 양태라고 하였다.

그가 제1성질과 제2성질을 통해 말하고자 한 것은 제1성질은 대상 안에 있는 것과 닮은 반면에 제2성질은 그렇지 않다는 점이다. 즉 어느 누구의 감관이 그것들을 지각하든 지각하지 않든지 간에 어떤 대상의 개별적인 부피, 수, 모양과 운동은 실제로 그 안에 있다. 그것들은 그 물체 안에 실제로 존재하기 때문에 실재하는 성질이라 할 수 있다. 그러나 빛, 열, 색깔은 그것들 안에 실제로 있는 것이 아니라 우리의 감각에 있는 것들이다. 다시 말해 제1성질은 물체 자체에 속하는 객관적 성질인 반면, 제2성질은 지각하는 사람의 감각에 의존하는 주관적 성질로서 현상계에 속한다는 의미이다.

4. 인식의 종류와 그 확실성

로크는 마음의 사고와 추론이 경험을 통한 관념 이외에 어떤 다른 직접적인 대상도 갖지 않는다는 사실은 우리의 지식이 단지 경험적 관념에만 관련되어 있음을 말해 준다고 한다. 그래서 로크는 우리의 인식이란 관념간의 일치, 불일치의 지각이라고 규정하였다. 지각이 있는 곳에 지식이 있고 그것이 없는 곳에는 속견이나 억측은 있을지 모르나 참된 지식은 없다. 관념이 그 관념을 형성하게 한 실재하는 사물인 그 원형과 일치할 때 참이며, 그렇지 않을 때는 거짓이다. 로크는 인식을 그 타당성의 정도에 따라 직관적, 논증적, 감성적 인식으로 구별하였다.

로크에게 가장 확실성을 가진 지식은 직관적 인식(intuitive knowledge)이다. 직관적 인식이란 다른 어떤 것의 간섭을 받지 않고 두 관념들의 일치나 불일치를 그것들만으로 직접적으로 지각하는 데서 얻는 지식이다. 예를 들면 우리가 자기 자신의 존재를 아는 것은 직관적 인식이다. 나아가서 "백은 흑이 아니다." 또는 "원은 사각형이 아니다." 등도 같은 종류의 인식이다. 그러나 정신과 외부 세계와의 중간에는 관념들이 가로막고 있기 때문에 외부 세계는 우리에게 직접적으로 주어지지 않는다.

지식의 두 번째 등급은 논증적 인식(demonstrative knowledge)이다. 이것은 관념들 사이의 일치나 불일치를 직접적으로 지각하는 것이 아니라 그 사이에 매개하는 매개적 관념을 필요로 한다. 이러한 인식 방법을 전형적으로 적용하는 분야가 수학이다. 예컨대 삼각형의 내각의 합과 2직각간의 일치 또는 불일치를 알려면 직접 그 둘을 비교함으로써 아는 것이 아니라 내각의 합과 같은 다른 각을 발견하고 그것을 직관에 의하여 2직각과 같음을 간접적으로 알게 된다. 또한 로크는 신의 존재를 논증적으로 인식할 수 있다고 하였다. 그러나 실재하는 세계를 탐구하는 경우에는 논증도 무력하기는 직관과 다름이 없다. 직관도 논증도 광대한 자연을 인식하는 데는 미치지 못하기 때문에 로크는 감각적 인식을 하나 더 보탰다.

감각적 인식(sensitive knowledge)이란 정신이 사물을 직접 인식하지 못하기 때문에 사물에 대해서 가진 관념을 매개로 하는 인식이다. 관념은 분명히 밖으로부터 오는 것이기 때문에 그것들은 우리의 정신에 자극을 일으키는 외부의 사물에 관해서 무엇인가 알려주는 바가 반드시 있다. 그러나 감각적 인식은 우리로 하여금 사물을 명목상의 본질에 따라 다룰 수 있게 할 뿐 결코 참된 본질에 의하여 다룰 수 있게 하지는 못한다. 사물의 명목상의 본질은 자연적인 발견이라기보다는 인간에 의하여 구성된 것이다. 우리는 우리의 경험 가운데서 자주 함께 일어나는 관념들을 한 데 묶어서 이 관념의 묶음을 한 사물로 간주한다. 그러나 이러한 관념들로 형성된 내용이 그 사물의 참된 본질인지 아닌지는 알 수가 없다. 따라서 감관에 의하여 성립되는 감각적 인식은 개연적 확실성을 가질 뿐이다. 그러므로 직관적 인식이 확실성의 정도가 가장 높고, 감각적 인식이 가장 낮은 단계라고 볼 수 있다.

로크 당시의 철학은 일반적으로 실체를 주제로 하는 경향을 띠고 있었다. 그런데 그의 인식론에 따르면 실체 자체는 인식할 수 없다. 그러므로 철저한 경험론에서 출발하려던 로크였지만 그도 역시 당시의 시대 조류에 말려들어 경험론을 포기하고 오히려 경험적 지식의 불확실성을 인정하기에 이르렀다. 이러한 사상은 흄에 이르러 다시 더욱 문제가 되었다.

5. 도덕 및 윤리학

로크는 도덕과 윤리의 문제를 『인간오성론』에서 부차적으로 다루면서 "도덕은 수학과 마찬가지로 논증 가능하다고 생각한다." "사물들은 기쁨이나 고통의 관점에서만 선하거나 악하다. 그래서 우리들은 우리들에게 쾌락을 가져다주거나 쾌락을 증진시켜 주거나 불쾌함을 덜어 주는 데 알맞은 것을 선이라고 한다"는 말은 그의 기본적인 태도가 공리주의적임을 말해준다. 또한 "욕망을 자극하는 것이 무엇이냐고 묻는다면 나는 그것은 행복이라고 대답한다"는 말은 행복주의적이고 쾌락주의적인 면도 있음을 말해 준다. 따라서 그에게의 도덕은 선한 행위를 선택하거나 의지하는 일과 관계가 있다.

로크는 "도덕적인 선과 악이란 우리의 자의적인 행위와 어떤 법칙 사이의 일치 및 불일치에 불과하다"고 말하고 법을 사법, 시민법, 신법으로 구분한다. 사법(私法)은 행복의 길로 인도하는 행위의 종류에 대한 집단 사회의 판단, 즉 세상 여론에 의한 것으로서 덕과 악덕의 기초가 된다. 시민법(市民法)은 국가에 의해 제정되어 법원에 의해 시행되는 법으로서 유죄와 무죄의 척도가 된다. 신법(神法)은 무엇이 죄이며 무엇이 의무인가를 규정하는 법으로서 이성이나 계시에 의해 알 수 있는 인간 행위의 참된 규율이다.

그런데 로크가 사법을 세상 여론에 의한 것으로 보아 덕과 악덕의 기준으로 삼은 것은 상대주의적인 면을 띤다. 그는 덕과 악덕이라는 명칭은 어느 나라 어느 사회에 있어서나 허용되거나 허용되지 못하는 것, 즉 칭찬 받느냐 비난받느냐 하는 것이 척도가 되어 언제나 평판이 좋은 것에만 주어진다고 하였다. 그러나 그는 사법과 시민법은 도덕적인 판단에 대한 참된 표준인 신법에 부합되도록 제정되어야 한다고 말했다. 그리고 우리는 자연의 빛, 즉 이성에 의해 신법에 부합되는 도덕의 규율들을 발견할 수 있다고 한다. 그는 이 신법에서 얻어진 통찰력을 토대로 자연권 이론을 정립했다.

6. 사회 및 정치철학

로크는 도덕에 있어서의 자유의 이념에 크게 공헌했다. 그는 홉스와 마찬가지로 자연 상태를 다룬다. 그러나 로크의 자연 상태는 홉스가 말하는 것처럼 만인 대 만인의 투쟁 상태가 아니다. 오히려 인간은 자유롭고 평등하며 상하의 위계질서가 없다. 각자는 자신의 주인이며 재판관으로서 각자는 자기의 행복을 추구한다. 그런 가운데에서 인간은 자연법을 발견한다. 이 자연법은 각자에게 의무를 지우는 것으로서 이웃 사람을 자유롭고 독립적인 사람이라고 보아야 하며 이웃의 생명, 건강, 자유, 재산 등등을 침해해서는 안 된다고 말하는 올바른 이성이다. 다시 말해 자연법은 자기 보존을 위한 이기적인 법이 아니라 각 개인의 가치를 신의 피조물로서의 상태에 있는 한 인간으로서 인식하려는 긍정적인 의도를 가진 법이다. 로크는 바로 그 자연법을 인간의 모든 행위에 앞서 인정한다.

로크의 자연 상태설은 국가계약설로 이어진다. 그에 따르면 국가는 자연적으로 있는 것이 아니라 오직 개인들의 의지와 자유롭고 개성 있는 의견에서 생겨난다. 국가는 이런 것들의 총화이다. 그러므로 국가 권력은 홉스와는 달리 개인들이 언제나 되돌려 받아 가질 수 있다. 자연적인 인권은 양도할 수 없기 때문이다. 그리고 국가는 개인과 개인의 공통적인 복지에 이바지할 사명만이 있다. 특히 동의 없이 빼앗을 수 없는 개인의 재산을 잘 지켜 주어야 한다. 또한 국가 권력은 개인의 이해관계에 대한 어떠한 우선권도 저지하기 위해 입법권과 행정권으로 나뉘어 서로 견제를 함으로써 균형을 유지해야 한다.

그런데 로크는 인간이 이러한 국가를 세우는 것은 각자가 자신의 재판관인 자연 상태에서 겪게 되는 만인의 만인에 대한 투쟁 상태라는 위험을 제지하기 위해서라고 한다. 사람들은 공통적인 법안을 만들고 국가의 권력을 부드럽게 하기 위해 국가를 개인들의 의지에 의한 일종의 계약이라고 선언하여 국가를 개인의 의지에다 종속시킨다. 따라서 행정부가 자신에게 부과된 신뢰에 어긋나는 행위를 하거나 행정부의 법 대신 자신의 법으로 대치시킨다거나 제정된 법을 무시할 경우 그에 대한 반란은 정당하다. 군주를 심판하는 것은 시민들이다.

이러한 로크의 정치사상은 권력의 이분법을 삼분법으로 발전시킨 몽테스키외에 의해 유럽으로 퍼져 자연적인 기본권 내지 인권에 관한 견해에 막대한 영향을 끼쳤을 뿐 아니라 근세 이후의 시민 불복종 이론에도 큰 영향을 주었다.

제9장
버클리

아일랜드의 키케니 근처의 킬크텐에서 태어난 조지 버클리(George Berkely, 1685~1753)는 종교적인 무신앙과 무신론의 조류를 막고, 이것에 대항하여 전통적인 기독교를 옹호하는 데에 큰 관심을 가졌다. 1734년 영국 정교회의 주교가 되어 약 20년 후 죽을 때까지 빈민들의 경제적 여건이나 교육, 건강과 관련하여 그들의 지위 향상을 위한 운동에 많은 시간과 노력을 쏟았다. 실제로 그는 건강에 관심을 두어 다양한 질병에 대한 여러 가지의 값싼 치료제를 연구했으며 석탄산수 (tar-water)를 내놓기도 했다.

버클리는 일상인의 세계관과 매우 동떨어진 주장을 하여 우리의 주목을 끈다. 그것은 "존재는 지각된 것"(*esse est percipi*)이라는 주장인데 그 말은 물질의 존재를 부정하고 오직 신과 정신, 그리고 정신의 관념들만 있다는 자신의 사상을 집약한 말이다.

1. 로크에의 비판

사실 그의 철학적 관심은 지식의 확고한 기초를 제공하고 회의론자의 비판에 반대하여 우리가 사물의 존재와 본질에 관한 지식을 가질 수 있다는 주장을 옹호하려는 데 있었다. 그래서 인간 지식의 본질과 범위의 분석에 관심을 두었다. 나아가 전통적인 종교적 사고의 핵심적 사고 두 가지, 즉 신이 존재한다는 것과 인간은 불멸하는 영혼을 가지고 있다는 것을 결정적으로 증명하고자 했다. 이를 위해 그는 계시에 의존하지 않고 합리적 증명을 제시하는 것이 필요하다고 생각했다. 또 그것은 단지 신앙의 문제에 불과한 것이 아니고 합리적으로도 설명될 수 있다고 생각했다.

그는 우선 로크가 주관적 관념과 객관적 실재를 일치시킨 문제에 크게 관심을 가지고 그것을 비판하였다. 로크는 물체에서 나타나는 제1성질과 제2성질을 구분하여 제1성질은 물체 자체에 속하는 객관적 성질인 반면 제2성질은 지각하는 사람의 감각에 의존하는 주관적 성질이라고 생각했다. 그러나 버클리는 물질은 공허한 언어에 불과하다고 하여 제1성질의 근거가 되는 물질적인 기초를 부인한다. 예를 들어 로크는 연장은 제1성질이요 빛깔은 제2성질이라 하였는데 버클리는 이것을 비판하였다. 빛깔이 실재적인 것이 못된다면 어떤 의미에서도 연장 역시 실재적인 것으로 볼 수 없다. 연장되었다고 지각되는 물체들은 또한 빛깔을 가지고 있으며 빛깔을 가졌다고 지각되는 물체들은 연장되어 있다. 아무도 한 성질을 골라내어 1차적인 것이라 하고 다른 성질을 2차적이라 할 권리가 없다. 똑 같은 하나의 세계가 연장되어 있는 동시에 빛깔을 가지고 있는 것이요 이 세계는 우리의 감관들을 통해서 지각되는 세계라는 것이다.

그는 "인간이 자기의 주관적 상태를 떠나서 어떻게 객관적 세계에 접할 수 있을까?" 하는 문제에 대해 우리가 경험하는 것은 사물 자체가 아니라 우리의 시각이나 촉각을 통하여 파악한 주관적인 것에 불과하므로 제1성질은 있을 수 없으며 우리가 파악한 것은 모두 주관적인 제2성질에 불과하다고 했다. 버클리는 로크에 대해 반박한 자신의 주장을 *"esse est percipi"*라는 명제로 요약했다.

2. 존재와 지각

버클리에 따르면 우리는 정신이 파악한 내용과 관계없이 집이나 나무나 산 등이 그 자체로서 실재한다고 생각하는 것이 통념이다. 다시 말하면 우리는 사물이 존재함을 알고 있건 없건 간에 그 자체로서 독립적으로 존재한다고 생각한다. 그러

나 버클리는 우리가 존재하는 것으로 알고 있는 것은 모두 우리의 관념 속에 지각
된 내용으로서 있는 것이며 우리의 관념을 떠나서 어떤 존재가 있는지는 알 수 없
다고 한다. 우리가 지각에서 얻는 것은 사물 자체가 아니라 사물에 관한 관념이다.
단지 있다고 할 수 있는 것은 오로지 지각된 관념이다. "존재는 지각된 것이다."
즉 사물들은 오직 지각으로만 존재하며 그것들을 구성하는 관념들이 지각되는 경
우에만 존재한다. 그러므로 어떤 것이 존재한다는 것은 엄밀한 의미에서 외계에
자체적으로 존재하는 것을 말함이 아니라 우리의 내면에 관념으로서 또는 지각 내
용으로서 존재한다는 것이다. 이처럼 그는 물질의 존재를 부인하였다.

그러나 그는 일반인들이 직접 지각하는 많은 물체들의 존재를 부인하지는 않았
다. 그가 부인한 물질은 철학자들이 생각하는 물질적 실체였다. 그러한 실체는 우
리가 경험에 의해서 파악할 수 없는 것이므로 그러한 실체를 설명하는 이론을 그
는 환상적인 이론이라고 보았다. 물체로부터 감각에 의해 주어진 관념을 하나하나
제거하면 결국 아무 것도 남지 않는다. 이렇게 하여 버클리는 감각적 관념의 기초
가 된다고 생각하는 물체라는 실체를 부정하고 그 대신 정신이라는 실체를 내세운
다. 지각이 존재한다 함은 지각하는 실체가 존재함을 의미하는데 그 실체가 정신
이라는 말이다. 그러므로 존재하는 것은 지각하는 실체로서의 정신과, 정신에 의해
지각된 관념뿐이다.

3. 주관적 관념론

버클리에 따르면 우리가 지각하지 못하는 것까지 존재한다고 믿는 것은 추상적
관념(abstract idea) 때문이다. 예컨대 사과에 대해서 우리가 알고 있는 것은 사과의
크기, 모양, 빛깔, 향기, 맛 등 단순관념뿐인데 우리는 이러한 성질을 지니고 있는
어떤 실체를 예상한다.

실체는 일종의 추상적 관념으로서 경험에서 나오지 아니하고 오성의 추상 작용
에서 나온다. 이러한 추상 관념은 기하학에서도 발견된다. 우리는 '삼각형'이 객관
적 실재로 존재한다고 생각하는데 실제로 있는 '삼각형'은 어떤 특정한 직각삼각
형, 정삼각형, 이등변삼각형일 뿐이지 직각삼각형, 정삼각형, 이등변삼각형 등도
아닌 막연한 '삼각형' 자체는 실제로 없다. 구체적이고 개별적인 사물을 떠나서 어

떤 일반적 개념은 존재하지 않는다는 말이다.

버클리는 우리가 경험할 수도 없고 지각할 수도 없는 것을 탐구의 대상에서 배제하고 지각 내용만을 탐구하였는데 그것은 그러한 대상을 문제 삼는 데서 오는 결실 없는 논쟁을 피하려는 의도였던 것으로 보인다. 버클리에 따르면 지각은 언제나 어떤 주관이 하는 지각이요 관념을 가진 자는 반드시 어떤 주관이다. 그 주관이 지각함으로써만 사물이 존재한다. 따라서 존재하는 모든 것은 지각 내용에 불과하다. 우리는 그것을 사물의 성질이라고 부르는데 그것은 고정 불변하는 것이 아니기 때문에 실체라고 할 수 없다. 세계를 구성하는 모든 물체는 관념이요 그것은 지각의 외부에는 전혀 존재하지 않는다. 존재하는 사물은 어느 주관이 가지고 있는 관념의 다발로 있다.

그런데 우리가 그것을 지각하려면 지각하는 정신이 있어야 한다. 즉 우리는 사물의 성질을 지각하여 관념을 구성하는데 그러한 관념의 다양성과 변천에도 불구하고 지속하는 정신이 있어야 한다. 버클리는 이 정신만을 실체라고 하고 그것이 모든 지각 내용을 지배한다고 했다. 이는 나의 정신이 제 멋대로 나의 생각을 지배한다는 것이 아니라 감각을 통하여 지각된 것들이 나의 의지에 따라서 바뀔 수 없다는 의미이다. 그래서 그는 "만약 내가 지각하지 않을 때의 사물의 존재는 어떻게 되는가?"의 문제에 대해서 만약 내가 보지 않을 때는 나 아닌 다른 사람의 마음속에 관념으로 존재하며 다른 사람도 없을 때는 신의 마음속에 존재한다고 한다.

결국 그에 따르면 존재에는 서로 전혀 다른 이질적인 정신과 관념의 두 가지가 있는 셈이다. 그러나 물질적 실체는 부인하고 정신적 실체만을 인정한다. 이 세상에서 있다고 할 수 있는 것은 오직 관념들과 이것을 가지고 있는 정신, 즉 주관뿐이다. 이와 같이 실재는 전적으로 정신 및 정신 속에 있는 관념들로 되어 있다고 하는 점에서 *"esse est percipi"*로 표현되는 버클리의 관념론은 반유물론적이고 유심론적으로서 일반적으로 주관적 관념론이라고 말한다.

제10장
흄

영국의 경험론은 로크와 버클리를 거쳐 흄(David Hume, 1711~1776)에 이르러 실증론(實證論)으로 발전하였다. 흄은 로크와 버클리의 철학에서 경험적 요소를 취한 반면 형이상학은 완전히 배제시키고 가장 확실하고 엄밀한 구조를 갖춘 경험론을 이룩했다. 그는 자신의 주저인 『인성론』(*Treatise on Human Nature*)과 『인간오성론』(*An Enquiry Concerning Human Understanding*)을 통해 관념의 경험 기원설을 주장하였으며 인식의 확실성의 문제와 그 한계를 탐구하여 영국의 경험론의 발전에 공헌하였고 후에 칸트에게도 많은 영향을 주었다.

1. 인상과 관념

흄은 인간의 사유보다 더 제한되지 않은 것이 없는 것처럼 보였지만 사실상 매우 좁은 한계 내에 제한되어 있음을 알았다. 그에 따르면 정신의 내용은 감관이나 경험에 의해 우리에게 주어진 물질들로 환원할 수 있는데 그러한 물질을 그는 지각(perceptions)이라고 불렀다. 따라서 우리의 정신은 직접 지각할 수 없으며 단지 그 활동의 결과인 관념을 통하여 간접적으로 지각할 수 있다. 이러한 것을 제거해 버리면 정신에는 아무것도 남는 것이 없으므로 정신은 관념의 묶음(bundle of ideas)

에 불과하다. 그런데 흄은 로크나 버클리처럼 인간 정신의 지각 내용을 무차별하게 모두 관념이라 하지 않고 관념의 기초에 인상을 놓아 정신의 지각을 인상(impression)과 관념(idea)의 두 가지로 구분했다. 인상은 로크에서처럼 감각과 반성에 의해서 현재 나타나는 표상이며 관념은 인상이 사라진 뒤에도 기억 또는 상상에 의하여 우리의 마음속에 나타나는 표상이다. 그는 관념과 인상의 차이점을 몇 가지 들었다.

첫째, 인상은 관념보다 더욱 뚜렷하고 생생한 지각이다. 관념도 때로는 선명한 경우도 있지만 인상보다 덜 생생한 지각이다. 둘째, 인상은 그것을 모사하고 있는 그 어느 관념보다도 원초적이요 그것에 앞선다. 즉 사유의 원초적 재료는 인상이며 관념은 인상의 모사에 불과하다. 그러므로 관념은 언제나 그 타당성을 인상으로부터 얻는다. 인상은 감각이나 감정이 현재 나타내고 있는 정신의 생생한 상태인 데 대하여 관념은 이미 경험한 인상을 기억이나 인상에 의하여 정신에 재현하였거나 모사한 것이다. 관념은 인상의 복사이지만 인간의 상상력은 감각에 의하여 주어져 기억에 남는 요소들을 왜곡시킬 수 있기 때문에 오류가 일어난다. 셋째, 인상은 정신에 주어지는 것이요 그것을 지각하는 사람이 제 마음대로 개조할 수 있는 것이 아니지만 관념은 아주 공상적일 수도 있다. 따라서 인상은 관념이 가지지 못한 권위를 스스로 가지고 있다. 모든 관념의 기초인 인상은 그 자신 진리성을 보유하며 그 이외의 다른 진리도 반드시 인상이 기초가 된다. 그러므로 인상은 반드시 관념에 선행하며 모든 관념은 인상에서 유래한다. 관념은 사유나 추리에 나타나는 인상의 영상이다. 예컨대 지금 여기에서 눈으로 직접 어떤 대상을 보는 것은 인상이요 눈을 감고 그 대상을 생각하는 것은 관념이다. 그러므로 인상과 관념은 항상 서로 대응하여 나타나며 모든 관념은 인상에서 오지 않는 것이 없다.

2. 관념의 연합

우리의 관념은 서로 관련되어 있는데 그것은 단지 우리에 의해 이루어진 것이 아니다. 흄은 "한 관념은 본래 또 다른 관념을 도입하려는 어떤 관련 성질, 즉 어떤 결합의 끈"이 있어야 한다면서 관념은 일정한 규칙에 따라 기계적으로 결합한다고 했다.

흄은 그 관념 연합의 법칙(law of association of ideas)은 세 가지가 있다고 했는데 그것은 '유사성'(resemblance), '시공의 인접성'(contiguity in time and space), 그리고 '인과성'(cause and effect)이다. 유사의 법칙은 유사하거나 대조적인 관념은 서로 결합한다는 법칙이다. 우리의 관념은 유사한 하나의 관념에서 다른 관념으로 옮겨질 수 있다. 접근의 법칙은 시간과 공간에 있어서 접근된 관념은 서로 결합한다는 규칙이다. 언제나 12월에 접어들면 새해를 연상하게 되는 것과 같다. 인과의 법칙은 원인과 결과의 관계를 가진 관념들 상호간에는 서로 연상작용에 의하여 결합한다는 법칙이다.

흄은 이 중에서 인과의 개념이 지식에 있어서 중심 요소가 된다고 생각하고 인과율이 모든 지식의 유효성을 좌우하는 기반이라는 입장을 취했다. 그리고 인과율 속에 어떠한 결점이라도 있으면 우리는 지식에 대해 확실성을 가질 수 없다고 생각했다. 그런데 흄은 이 인과율에 대해 상당히 회의적이었다.

3. 지식의 종류

지식의 문제에 있어서 흄은 지식 내지 학문을 구분하여 수학처럼 관념 상호간의 관계를 논하는 것과 과학처럼 사실에 관한 것을 논하는 두 종류가 있다고 했다. 수학은 유사의 법칙을 근거로 한 학문으로 수 혹은 양의 관계를 인식하는 것이기 때문에 실재라는 사실과는 아무런 관계가 없다. 예컨대 "삼각형의 세 내각의 합은 2직각이다"는 명제는 '삼각형'의 관념을 분석함으로써 필연적으로 연역되는 것으로서 자연계에 삼각형이 존재하느냐 존재하지 않느냐에 상관없이 그 명제는 항상 확실하다. 왜냐하면 수학은 실재적 존재의 상호관계를 규정하는 것이 아니고 관념의 상호관계를 분석하여 그 속에 포함된 것을 연역하는 논증적 과학이기 때문이다. 반면에 대상적 과학에 관한 지식에 대해서는 흄은 다시 경험적 사실, 즉 인상을 있는 그대로 서술하는 것과 경험적 사실을 기본으로 하여 미경험적 사실을 추론하는 것으로 구별하였다. 전자는 '접근의 법칙'을 근거로 하고 후자는 '인과의 법칙'을 근거로 한다. 그런데 이러한 경험적 지식은 그 확실성을 인정할 수 없고 오직 개연성(probability)만을 인정할 뿐이라고 했다. 특히 인과성에 의한 인식은 결코 순수한 이성에서 얻어진 지식이 아니며 다만 경험에 근거를 둔 것이기 때문에 개연적 지식에 불과하다는 것이다.

또한 흄은 실체의 문제에 대해서 우리는 물질적 실체뿐만 아니라 정신적 실체도 가지지 못한다고 했다. 그에 따르면 존재하는 모든 것은 개별적, 구체적 존재뿐이며 그것은 특수한 성질의 지각, 즉 지각의 묶음(bundle of perceptions)에 불과하다. 우리가 가지고 있는 지식은 모두 특수한 지식으로 꾸며진 것이다. 예를 들면 '사과'에 대하여 우리가 가지고 있는 관념은 특수한 맛, 빛깔, 모양, 크기, 그리고 단단함과 같은 것뿐인 지식의 묶음에 불과하다. 그는 '나'라고 하는 것도 같은 성질의 것이라고 했다. 그러므로 실체의 개념은 외부에서 주어지는 특수한 인상들이 그 자체로서 결합하지 않고 허구적인 관념과 결합되어 발생하는 그릇된 관념이라고 했다.

4. 인과적 지식의 확실성 문제

흄의 가장 독창적이고 영향력 있는 사상은 인과율을 검토하여 경험에 의한 인과적 지식의 한계를 밝혔다는 데에 있다. 흄은 인과율이라는 관념 자체에 의문을 품고 "인과율이라는 관념의 기원은 무엇인가?"라고 묻는다. 관념들은 인상의 모사(模寫)라고 보는 흄에게는 인과율이라는 관념도 그에 대응하는 인상이 있어야 했지만 그가 보기에는 인과율의 관념에 대응하는 인상은 없었다. 따라서 인과성의 개념은 그릇된 관념이라는 것이 흄의 주장이다.

그렇다면 "어떻게 정신 속에 인과율의 관념이 생기는가?" 이에 대해 흄은 우리가 대상들 간의 어떤 관계를 경험할 때, 인과율의 관념이 생긴다고 보았다. "그것은 A가 B의 원인이다"고 말할 때 그 말은 A와 B 사이에 어떤 종류의 관계가 있음을 뜻한다. A와 B가 항상 가까이 하는 근접의 관계, 원인 A가 결과 B를 항상 선행하는 시간의 선행성, A 뒤에는 항상 B가 따라오는 일정한 결합이 그것이다. 그런데 인과율 속에 나타난 이러한 관계는 또 다른 관계가 있음을 제시한다. 그것은 A와 B 사이의 필연적 관계이다.

모든 지식이 감각적 경험에서 생기는 것은 사실이지만 그 경험은 반드시 어떤 주관이 어떤 시간에 어떤 공간에서 경험하기 마련이다. 경험이란 시공계에서 일어나는 시공적 현상이다. 그럼에도 불구하고 우리는 "불이 붙으면 연기가 난다," "하

늘에 돌을 던지면 아래로 떨어진다," "아침이면 해가 동쪽에서 뜬다"와 같은 초주
관적이고 초시공적인 필연성을, 즉 초경험적인 인과적 주장을 일상 생활이나 학문
적 활동에서 많이 하고 있다. 그러나 "경험에만 의존하는 우리가 어떻게 이런 필연
적 주장을 할 수 있는가?" 이것이 흄의 질문이었다.

  흄에 따르면 근접성, 선행성, 결합성의 그 어떤 것도 원인과 결과의 필연적 관계
를 내포하지는 않고 있다. 우리가 각각의 대상을 생각할 때, 또 다른 물체의 존재를
내포하고 있는 대상은 없다. 그러므로 "모든 결과는 원인과는 분명히 다른 하나의
사건"이다. 예컨대 산소를 아무리 많이 관찰해도 수소와 산소가 결합되면 물이 된
다고는 아무도 말하지 못한다. 단지 수소와 산소를 함께 본 후에야 이 사실을 알
뿐이다. "그러므로 우리가 한 대상의 존재를 다른 사물들로부터 추론할 수 있는
것은 경험에 의해서이다." 다시 말해 우리는 인과적이라고 생각하는 두 사건 사이
에서 근접, 선행, 일정한 결합이라는 인상을 가지지만 필연적 관계의 인상을 가지
지는 못한다.

  우리는 한 사물에서 다른 사물로 이행하는 계기를 경험적으로 인식할 수 있다
하더라도 그 사물 간에 존재하는 필연적 관계를 알 수는 없다. 다만 우리는 사물의
계기를 알고 있기 때문에 다른 사물로의 이행을 예기(predict)할 수 있다. 이러한
예기는 습관에 의한 예상의 소산이며 주관적 신념(belief)에 불과하다.

  인과적 지식은 원인과 결과 사이의 필연적 관계가 경험 속에 직접 주어지는 것
이 아니라 두 개의 관념이 시간, 공간적으로 인접해서 되풀이되어 나타남으로써
생긴 마음의 습관을 토대로 미래에 있어서도 그럴 것이라고 기대하고 예상하는 경
험적 신념이다. 다시 말해 인과율은 우리가 관찰하는 대상 속의 성질이 아니라 오
히려 A와 B의 예들의 반복에 의해서 생겨난 정신의 '연상(聯想)의 습관'이다. 그러
므로 원인과 결과 사이에 필연적 결합이 있는가를 지각할 수도 없고 논증할 수도
없기 때문에 그것은 개연적 법칙에 불과하다.

  따라서 "불이 붙으면 연기가 난다"와 같은 예에서 과거에 불과 연기의 두 관념
이 우리에게 경험될 때마다 인과적으로 경험되었다고 해도 이 사실을 통해 미래에
도 두 관념이 '반드시,' '틀림없이' 인과적으로 경험되지 않으면 안 된다는 필연적
인 보장을 얻을 수는 없다. 단지 과거의 반복된 경험으로 미루어 이제까지는 그래

왔으니 앞으로도 '아마' 언제나 틀림없이 '그럴 것이다'라고 기대할 수 있을 따름이다. 바로 이 기대, 즉 주관적 신념을 토대로 해서 우리는 인과율이라는 개념을 소유하고 또 그것을 필연적이라고 잘못 믿고 있다. 그러나 엄밀히 따져보면 우리의 지식이 경험만을 토대로 하는 한 우리는 필연성(必然性, necessity)이 아닌 개연성(蓋然性, probability)밖에 주장할 수 없다. 이리하여 철저한 경험론자인 흄은 인과율을 필연적이 아닌 개연적인 관념이라고 결론 내린다. 즉 자연적 사실에 관한 인과적 지식은 필연적이고 보편타당한 지식이 아닐 뿐 아니라 여기에는 절대적으로 확실한 지식이 있을 수 없다.

그렇다고 흄은 자연 안에서 일어나는 사건들이 절대로 서로 관계되어 있지 않다고는 말하지 않았다. 다시 말하면 자연현상은 인과적으로나 또는 유사성, 접근성, 계기의 규칙성 등으로 관계되어 있지 않다는 뜻은 아니다. 다만 원인과 결과는 전혀 다른 것이기 때문에 원인의 관념을 아무리 분석해도 결과의 관념을 끌어낼 수 없다는 뜻이다. 흄에 의하면 원인과 결과의 관계는 오직 관념과 관념 사이에서만 찾아볼 수 있는데 그러한 것은 자연계에서는 아무 데서도 찾아 볼 수 없으므로 인과율을 불신할 수밖에 없었다.

흄은 인과율이 모든 종류의 지식의 중심을 이룬다고 말했기 때문에 인과율이 인상에 의한 관념이 아니라는 결론은 모든 지식의 타당성을 부정하는 결과를 가져왔다. 그는 "존재하게 되는 것은 무엇이나 그 존재 원인을 가져야 한다"는 원리를 직관적으로나 논증적으로나 받아들일 이유가 없었다. 마침내 흄은 사유나 추론을 일종의 감각이라고 생각하였으며 우리의 사유 역시 경험을 넘어서서 연상될 수 없다고 결론 내렸다.

결국 영국의 경험론은 흄에 이르러서 경험을 통한 인식은 절대적이 될 수 없다는, 즉 경험적으로는 절대적 지식을 파악할 수 없다는 자연의 인식에 관한 회의론(scepticism)에 빠지게 되었다. 흄은 베이컨에서 시작한 영국의 근세 경험론을 그 이론적 극한에까지 밀고 나아가 경험론의 입장으로는 외계의 인식에 관해 필연적이고 절대적인 진리를 얻을 수 없다는 경험론의 한계를 드러내 보여 주었다.

우리의 인식은 모두 경험에서 생기는 것이며 따라서 우리가 경험적으로 주어진 것을 넘어서서 그 이상을 인식하려 하면 오류에 빠진다는 흄의 생각은 칸트로 하

여금 ‘독단적인 선 잠’에서 깨어나게 하여 관념론이라는 이름으로 합리론과 경험
론의 입장을 종합하게 했다.

5. 윤리학

로크와 버클리는 실천 철학의 분야에 있어 중세기적 전통을 벗어나지 못한 반면
에 흄은 경험론적 방법을 윤리학에까지 적용해야 한다고 믿었다. 그는 자신의 윤
리 사상을 체계적으로 표명한 『인성론』에서 “도덕적 판단들은 이성의 판단이 될
수 없다. 이성은 우리를 결코 행동으로 움직일 수 없기 때문이다. 반면에 도덕적
판단을 사용하는 모든 중요성과 목적은 우리의 행동을 인도하는 것이다’라고 하여
선악을 선천적으로 판별할 수 있는 보편적인 기능이 이성이라는 합리적인 원리에
대해 비난하고 있다. 그는 선악의 구별은 이성에서 유래하는 것이 아니라 도덕감
(moral sentiment)에 근거한다고 보았다.

그는 도덕감은 어떤 선천적 기능이 아니라 일반적인 쾌·불쾌의 감정을 기초로
경험적으로 형성되는 일종의 종합 감정으로 보았다. 나아가 도덕이란 이성의 대상
이 아니라 감정의 대상으로 보고 선악의 구별은 감정에 그 기원을 두었다. “선악이
란 판단된다기보다는 느껴진다고 말하는 것이 더욱 정확할 것이다’라는 흄의 말은
그런 의미이다. 따라서 도덕이란 감정으로 환원되며 이성이 아니라 정서에로 환원
된다. 우리가 어떤 감정을 경험할 경우에는 단지 우리가 그런 감정을 좋아하거나
싫어한다고 말할 수 있다. 우리가 호응하는 도덕적 관념이나 기준은 ‘좋다’라고 말
하며 우리에게 역겨운 것은 ‘나쁘다’고 부른다.

그런데 흄이 말하는 도덕감이 보편적인 도덕의 원리가 될 수 있으려면 동일한
대상에 의해서 유발되는 도덕감에는 다른 감정과 같은 개인차가 없는 보편적인 성
질이 있어야 한다. 홉스는 도덕감의 보편성을 모든 인간이 공통으로 가지고 있는
동정심 혹은 자비심이라는 심리적 현상을 그 근거로 내세워 인간이 자기에게 유리
한 것에 뿐만 아니라 타인에게 유리한 것에까지도 기쁨을 느끼는 것은 인간에게
동정심 내지 자비심이 있기 때문이라고 했다.

결국 흄은 선악의 구분이 도덕감으로부터 유도되는 것으로 보고 인간은 이러한
도덕감을 지님으로 인해 자신의 본능적 행위를 타인들에게 피해가 되지 않는 방향

으로 유도할 수 있게 된다고 했다. 물론 경험론자 흄은 선악을 구별하는 일종의 감정인 이러한 도덕감을 선천적으로 주어진 원리가 아니라 자기에게 유리한 사건에 대해서는 기쁨을 느끼고 불쾌한 사건에 대해서는 괴로움을 느끼는 일반적인 쾌와 불쾌의 감정을 기초로 하는 경험으로 형성된 후천적 원리로 보았다.

제11장
계몽철학

1. 계몽철학의 의미

　이상적이고 보편적인 인간을 꿈꾸는 계몽철학(啓蒙哲學)은 자연, 인간, 인권, 이성, 과학, 자유를 기반으로 하여 "이성의 빛을 넓게 펴면 덕과 행복이 손에 잡힐 것이다"는 표어를 신념으로 근세의 업적을 신봉하고 이 업적을 삶에다 적용하려 했던 18세기의 계몽적 철학 사조를 가리킨다. 계몽철학은 '계몽'이라는 말에 '주의'라는 말을 붙여 '계몽주의'라고 하기도 한다.

　계몽철학은 과학이 발달하면서 모든 자연현상을 과학으로 설명하고자 했던 당시의 사회상과 맞물려 있다. 중세적 세계관은 자연현상도 신의 영역으로 인정하여 과학적 설명보다는 신앙적인 관점에서 이해하고 받아들였다. 사실, 과학적으로 설명하고 해석할 지식조차 없었다. 그러나 자연과학이 발전하면서 인간은 자연과 우주를 신이 아닌 과학을 통해 설명할 수 있게 되면서 점차 신을 인간의 영역에서 밀어내기 시작했다. 계몽철학은 과학의 발달을 가져온 인간과 인간의 이성을 높이 평가한 당시의 시대상을 대변해 주고 또 그러한 사고방식에 더욱 부채질하여 새로운 과학의 방법을 철학적 문제에 적용하려고 했다. 따라서 계몽철학은 아직 잔존해 있었던 중세적인 사고방식을 허물고 이성 중심, 인간 중심 철학의 문을 여는 선봉장으로서 종교와 신으로부터의 계몽이라는 성격이 두드러져서 권위보다는 자유를, 신보다는 인간을, 신앙보다는 과학을 강조한다.

계몽철학이 근세의 성과를 신앙하고 이 성과에 의해 촉진된 진보를 추종한다는 점에서 필연적으로 전통적인 세계관, 그리고 교회적이고 사회적인 여러 관계들과 대립할 수밖에 없었다. 계몽철학이 대체적으로 전통적인 기독교에 반하는 반신적(反神的) 또는 무신론적이었던 이유는 바로 그러한 시대상의 반영이라고 할 수 있다. 따라서 기독교적인 관점에서 볼 때 계몽철학은 계몽이 아니라 신에 대한 반항일 뿐 아니라 정신적 타락이요 반신앙적인 철학이라고 해석될 수 있다.

계몽철학적 사조는 영국, 독일, 프랑스는 물론이고 그 외의 유럽 전역의 흐름이었다. 영국에서는 베이컨(F. Bacon)이나 홉스(T. Hobbes), 로크(J. Locke), 흄(D. Hume)과 같은 경험론자들에 의해서, 그리고 프랑스에서는 이미 데카르트(R. Descartes)에 의해 시작되었으며, 독일에서는 볼프(Christian Wolff), 레싱(G. E. Lessing), 라이프니츠(G. W. Leibniz)를 거쳐 후에 칸트(I. Kant)로 이어졌다. 이렇게 넓은 의미에서 볼 때 대륙의 합리론이나 영국의 경험론 역시 계몽철학 사조라 할 수 있다. 그래서 근세의 철학을 합리론과 경험론으로 나누지 않고 17~18세기의 철학 모두를 일괄적으로 계몽철학 사조라고 표현하기도 한다.

2. 영국과 독일의 계몽철학

앞에서도 말했지만 대륙의 합리론자들과 영국의 경험론자들도 계몽철학자였음에 틀림없다. 왜냐하면 그들은 중세적인 세계관이나 사고방식에서 탈피하여 이성과 경험을 세계와 인식의 기초로 삼았기 때문이다. 영국의 경험론은 과학에 영향을 주었고 그 이론적 기초도 마련해 주었는데 과학의 발전은 사람들로 하여금 세계를 신에 의해 해석하고 설명하는 방식에서 벗어나게 했다. 특히 고전 물리학의 기틀이 잡힌 후로는 세계의 모든 현상을 신에 의존해서 설명하지 않아도 되었다. 많은 사람들이 자연과학의 발달로 자연에 관한 지식이 쌓여지면서 세계를 세계 기계, 인과적 존재, 필연적인 합법칙성 등으로 설명하여 신에 대해 달리 생각하게 된 것이다. 즉 신이란 전통적인 창조주이자 섭리자가 아니라 단순한 기계론의 신으로 생각하게 되었다.

계몽시대의 영국 사람들은 신이 세계를 창조한 것에 대해서는 동의했다. 그러나 세계는 신이 간섭하고 섭리하는 세계가 아니라 신이 처음 창조할 때의 기계적 법칙에 의해 잘 굴러가는 기계로서의 세계, 즉 세계 기계로서 간주했다. 그 세계는 중단하지도, 불규칙적이지도 않고 저절로 움직인다. 이것이 영국 계몽철학의 특징인 이신론(理神論, Deism)이다. 아마 영국인들은 과학의 영향으로 신으로부터 벗어나고 싶기는 했지만 완전하게 신으로부터 벗어날 수는 없었던 것으로 보인다. 왜냐하면 이신론은 무신론은 아니지만 그렇다고 전통적인 기독교적인 의미의 신을 말하지도 않기 때문이다. 그러나 과거에 자연과학적인 지식이 없었을 때 교회의 권위와 신앙에 의해 비합리적인 설명을 했던 때와 비교하면 이성의 시대라는 기준에서 볼 때 그것은 분명히 계몽이었다.

독일의 계몽철학은 영국이나 프랑스에 비해 좀 늦게 시작되었다. 그 이유는 시민 계급의 정치적, 경제적, 사회적 성장이 다른 나라에 비해 늦었고 국가도 통일국가로서가 아니라 여러 제후국들로 분리되어 있었기 때문이었다. 반면에 영국과 프랑스에 비해 뒤늦게 시작한 만큼 그들의 계몽철학의 성과가 독일의 계몽철학에 커다란 기초 역할을 했다. 실제로 독일은 18세기까지 합리주의 철학이 우세했었으나 차차 영국과 프랑스의 계몽철학을 수용하면서 비참한 독일의 국가적 현실로부터 눈을 돌려 내면으로 향하게 되었다. 그것은 현실로부터 도피하여 이념 속에 안주하려는 의도였다.

계몽시대에 영국에서는 이신론(理神論)이, 프랑스에서는 유물론(唯物論)이 발전한 것과는 달리 인간의 내면으로 눈을 돌린 독일의 계몽철학이 후에 관념론(觀念論)이 발전한 것도 이런 연유에 근거한다고 볼 수 있다.

3. 프랑스의 계몽철학

프랑스의 계몽철학은 영국보다 좀 더 급진적이다. 영국의 계몽철학은 유일신론에서 이신론(理神論)으로의 계몽이고 독일의 계몽철학은 국가적 현실을 둘러싼 계몽이었지만, 프랑스의 계몽철학은 유일신론에서 무신론과 유물론으로의 변화요 봉건적인 군주제에 대한 투쟁이기 때문이다. 종교적인 문제에 있어서도 기독교를 개선하기보다는 아예 제거해버리려 했고 정치적으로도 점진적 개선보다는 혁명을 외쳐댔다.

1) 몽테스키외

몽테스키외(Montesquieu, 1689~1755)는 그의 저서 『법의 정신』(*De l'Esprit des lois*)에서 법률생활에 관한 새롭고 명쾌한 관찰을 보여준다. 그는 모든 민족의 복리와 고통을 좌우하는 결정적인 역사적 계기란 어떤 개인 통치자의 의지나 자의가 아니라 사회와 국가 전반의 정세에 달려 있다고 지적한다. 국가나 법률은 자의적 소산도, 자의적으로 변질될 수 있는 것도 아니며 토양, 기후, 풍습, 교양, 종교 등의 지역적, 기후적, 사회적, 종교적 조건하에서 성장 발전된다는 것이다.

몽테스키외는 법철학적 주장으로도 유명하다. 그는 입법을 할 때는 언제나 국민의 행복과 시민의 자유가 국가 생활의 최고 원리가 되어야 한다고 했다. 따라서 그는 입헌군주제가 가장 좋은 국가 형태라고 했다. 또한 그는 자유를 위해서 국가권력은 입법권, 행정권, 사법권으로 나누어지지 않으면 안 된다고 주장했는데 그것은 로크의 국가 이론을 새롭게 고친 것이다.

몽테스키외는 행정권과 입법권 외에 사법권을 추가하여 행정부와 입법부가 한 사람의 수중에 들어가는 것을 방지하는 것으로 그치지 않고 이 두 권력 앞에서 사법권의 독립이 유지되게 하는 데에 역점을 두면서 만약 이 제도가 확립되지 않으면 필연적으로 독재가 발호하고 자유가 말살된다고 하였다.

2) 볼테르

프랑스와 마리 아루에(François Marie Arouet)라는 본명보다 필명으로 더 잘 알려진 볼테르(Voltaire, 1694~1778)는 로크의 정치적, 사회적, 인식론적 견해를 거의 그대로 받아들여 교회와 국가의 권위에 대한 개인의 자유라는 명분을 위해 투쟁한 선구자이다. 그는 사상가라기보다는 문필가인지라 그의 사상은 조직적이거나 체계적이라기보다는 많은 저서를 통해 시대를 일깨웠다는 데에 의의가 있다. 그의 무덤에는 "인간의 정신에 강한 자극을 주고 우리들을 위해 자유를 준비했다"고 쓰여 있다고 한다.

볼테르는 한 때 영국에 머문 결과 이신론자가 되었으나 우주 안에 존재하고 있는 질서와 설계가 신의 존재에 대한 믿음을 정당화해 준다고 하여 이성의 자유에 의한 자연, 이성 종교를 주장했다. 나아가 "자연 전체가 우리에게 신이 존재하고 있다고 소리 지르고 있다"고 말하여 종교의 필요와 신의 신앙을 인정했다.

3) 루소

철학자로서보다는 오히려 교육자로서 더 잘 알려진 장 자크 루소(Jean Jacques Rousseau, 1712~1778)를 관통하는 일관적인 사상은 자연 속에 있을 때에는 선하던 인간이 사회의 형성과 더불어 타락하였으므로 "자연으로 돌아가라!"(Retournons à la nature!)는 것이다. 그것은 그의 사회 사상과 교육 사상에도 그대로 적용된다.

그는 1749년 프랑스 디종시의 학술원에서 현상 공모한 "예술과 학문의 부흥이 인류의 개선과 고양에 어떠한 기여를 했는가?"라는 주제에 대해 『학문 예술론』 (Discours sur les sciences et les arts)을 저술했다. 그 논문을 통해 루소는 기본적으로 한 쪽으로 치우친 교육과 이지러진 문화 그리고 나약함과 사치를 반대하고 자연의 단순함, 시민의 소박한 덕으로 되돌아가야 한다고 역설했다.

루소에 따르면 인류의 보편적인 행복에 반대되는 것은 신분의 대립과 국가와 교회의 권력 구조의 전통적인 형태 등이다. 이런 모든 문화적인 산물은 참된 본래적인 인간과 선하고 자연스런 정서의 소질을 가려 버렸다. 인간의 선과 덕과 순수함은 문화 때문에 사라졌고 인간의 행복도 그와 함께 사라졌다. 루소는 문화가 발전됨에 따라 도덕의 퇴폐화가 수반되고 문화는 인간을 도덕적으로 타락시킬 뿐만 아니라 인간을 소외시킨다고 생각했다. 그리고 문화가 발전된 모든 사회에서 퇴폐가 뒤따르고 그것을 힘으로 규제하려는 법률이 발달되는 것으로 미루어 보아 인간은 오히려 문화가 발전되지 않았던 자연 상태에서 더 행복했을 것이라고 생각했다. 그러므로 투쟁을 해야 할 대상은 이지러진 문화보다는 문화 자체이며 문화를 걸머지고 있는 사회 전체이다. 그래서 본래적인 인간을 선하게 보는 루소는 모든 사람들이 다 평등하고 자유로운 "자연으로 돌아가라!"고 역설했다.

(1) 불평등의 기원

루소는 모든 인간이 그렇게 평등하고 자유로웠던 원시 자연 상태에서 어떻게 불행의 근원인 불평등이 발생하게 되었는가 하는 점을 『인간 불평등의 기원론』 (Discours sur l'origine de l'inégalité parmi les mommes)에서 추적한다.

그는 우선 불평등을 두 가지로 구분한다. 하나는 자연에 의해 정해지는 연령, 건강, 체력 등의 차이에서 생기는 불평등인데, 이것은 자연적(신체적) 불평등이다. 또 다른 하나의 불평등은 다른 사람보다 부유하다든가 존경받는다든가 권력을 가지고 있는 등의 특권으로부터 생겨나는 정치적(도덕적) 불평등이다. 루소는 후자의 불평등은 사람들의 동의를 얻어 확립되고 정당성을 얻는 것이지만 반자연적이라고 주장한다.

루소에 따르면 자연적 불평등과 더불어 태어나는 인간은 능력이 서로 다르지만 사유 재산이 발생하지 않았던 자연 상태에서는 자신의 필요한 욕구가 충족되면 만족하고 타인의 지배를 고려하지 않았다. 그것은 자연 상태의 인간은 이기심이 아닌 자기애를 소유하고 있어서 모두 선하므로 소박한 덕이 지배하기 때문이다. 그러나 불행히도 경멸과 오만과 증오와 경쟁심과 복수심을 야기하는 인간의 이기심이 이해관계에 눈을 뜨면서 소유의 개념을 낳았다. 이렇게 해서 누군가가 사유재산을 주장했을 때 그것을 인정하지 말았어야 했는데 한 개인의 이기심과 이에 동조하는 무력한 인간들의 방관에 의해 불법인 사유 재산이 인정되면서 자연 상태가 종식되었다. 그 결과 홉스의 소위 인간의 인간에 대한 이리의 상태, 즉 만인 대 만인의 투쟁 상태가 도래했다.

그러한 투쟁 상태 속에서 토지를 점거한 자와 같은 소유자들은 "약자가 억압받는 것을 막기 위해 뭉쳐야 한다"는 그럴듯한 제안을 했다. 그러나 그것은 만인의 권리 보호보다는 투쟁 상태를 종식시키는 것을 통해 소유권을 획득한 사람들을 보호하려는 데에 목적이 있었다. 순진한 사람들은 이 제안에 동의했고 그 결과 국가와 법률이 발생했으며 마침내 약자에 대한 올가미가 씌워지게 되었다. 이로 말미암아 마침내 사회적 불평등이 발생하고 소유권이 확립되어 부자의 교묘한 도둑질이 취소될 수 없는 하나의 권리가 되어버렸다. 이것이 인간의 불평등의 기원에 관한 루소의 설명이다.

로크를 중심으로 한 대부분의 계몽철학자들이 사유재산을 자기 노동에 의한 소유로 생각하고 그것을 자연권이라고 정당화하여 시민 사회의 이념에 이바지했다. 그러나 그들과는 전혀 달리 루소는 소유에 의한 불평등이 자연권에 의해 정당화될 수 없다고 주장했다. 대부분의 계몽철학자들이 생각하는 자연권의 범주에는 생명,

자유, 소유의 개념이 핵심적인 위치를 차지했다. 그러나 루소는 생명과 자유만을 포함시켰을 뿐 소유는 거기에 포함시키지 않았다. 물론 루소도 자기 노동에 의한 소유권의 정당성을 부정하지는 않았다. 문제는 소유권 자체에 있다. 루소는 소유권의 정당성도 사실은 부자의 강탈에 의한 정당화라고 보았다.

(2) 사회계약론

루소는 자연 상태를 벗어나 자연권에 정면으로 위배되는 상태를 조성한 국가의 기원과 본질 통치권과 관련된 자신의 국가 철학사상을 『사회계약론』(*Du contrat social, ou principes du droit politique*)에서 전개한다.

루소에 따르면 어리석은 결과였지만 국가를 형성한 이상 인간은 사회 속에서 벗어나 다시 미개의 자연 상태로 돌아갈 수는 없다. 그의 말대로 "자유롭게 태어났지만 가는 곳마다 쇠사슬에 매여 버렸다." 그러나 루소는 자연으로부터 주어진 양도할 수 없는 자유와 국가의 본질의 핵심인 권력을 조화시키는 것은 가능하다고 생각했다.

국가가 권력을 가진 것은 사실이지만 그렇다고 해서 그것이 권력 행사의 권리를 뜻하지는 않는다. 정당한 지배권을 가능하게 하는 유일한 기초는 개개인의 자유로운 동의를 바탕으로 하는 합의를 이루는 데에 있다. 이 합의가 바로 사회계약이다. 따라서 국가는 국민 자체이다. 다시 말해 국가를 지탱해 주는 것은 자유로운 사회계약 이상이 아니다.

그러나 사회의 모든 성원은 자기의 모든 것을 공동재산으로 간주하고 투표를 통하여 주권자로서의 사회적인 일반 의지(*volonté générale*)를 찾아내고 그 최고자의 지시에 종속되어야 한다. 이러한 전면적인 양도는 만인에게 적용되며 이 양도에 의해 공통의 상위자로서 일반 의지가 형성된 후, 모든 사람들은 이 일반 의지에 대한 복종에 의해 국가와 국민이라는 정치 체제를 구성하는 불가분의 요소가 된다. 이러한 계약으로 인해 자연적, 사회적으로 불평등한 인간은 합법적으로 평등을 승인 받으며 주권자의 일원으로서 능동적인 시민인 동시에 법에 복종하는 수동적인 시민이 된다.

그러므로 국민에 대한 정부의 지배를 나타내는 행정권과 정부에 대한 국민의 지배를 나타내는 입법권이 절대적으로 동등한 균형을 유지해야 한다. 국가 권력의 집행자가 주권자를 압도한다면 자유로운 사회 계약은 파기되므로 국민은 다시 다른 일반 의지를 찾아내고 이에 따라 정부를 재구성해야 한다. 이러한 루소의 사상은 로크의 저항권, 즉 시민불복권을 계승했다고 볼 수 있다.

(3) 교육사상

루소의 모든 저작에 흐르는 근본 사상은 자연 상태에서 선하던 인간이 사회 형성과 문화 발달로 인해 타락했다고 보는 점이다. 따라서 루소는 교육의 중요성을 매우 강조하는데 그의 교육 사상은 교육 소설인 『에밀』(*Émile*)에 잘 나타나 있다.

루소는 모든 인간은 선하게 태어났지만 자라면서 악하게 되기 쉬우므로 성장기의 인간은 주위 환경으로부터 격리되어야 하며 원칙적으로 인간의 내면에 주어진 선한 천성이 자연스러운 방법으로 계발되고 성숙되게 하는 것이 무엇보다 중요하다고 생각했다. 그러므로 교육의 과제는 외부로부터의 강제와 같은 어떠한 영향도 받지 않고 자유롭게 자기의 감정에 충실해서 스스로의 능력을 계발하도록 도와주는 소극적인 역할을 하는 데 그쳐야 한다. 그리고 정상적인 발달을 저해하는 일체의 사회생활로부터의 영향을 제거해야 한다. 그것은 인간이 갖게 되는 모든 악과 오류는 인간의 문화로부터 왔다고 생각되기 때문이다. 그런 의미에서 루소의 교육은 자연 상태로 살고 있는 자연인으로서의 인간이 아니라 오히려 사회 속에서 살고 있는 사람들의 교육을 문제 삼는다. 결국 루소의 교육의 기초는 자연의 이상적인 무구(無垢)함이다. 이러한 루소의 교육 사상은 우리에게 어린이를 어린이 자신으로부터 어린이의 자연 또는 본성에 따라 이해하고 교육해야 한다는 것을 가르쳐 · 준다.

루소는 교육과 관련하여 『에밀』에서 종교에 관해서도 언급한다. 그는 어린이들이 아직 이해할 수 없는 진리들을 그들에게 가르치는 것에 대해 단호히 반대했다. 왜냐하면 잘 알지도 못하는 종교적 진리들은 어린이들에게 소화불량이 될 것이고, 그러한 생각들은 어른이 되고 나서도 나쁜 영향을 미친다고 생각했기 때문이다. 그래서 그는 어린이는 어떤 종교적인 종파에도 속해서는 안 되며 스스로의 이성을 바탕으로 선택할 수 있도록 해야 한다고 했다. 신은 지식과 이해의 대상이 아니라 느낌과 마음의 대상이기 때문이다.

종교란 전적으로 감정을 토대로 해서만 이해될 수 있다고 생각한 루소는 감정만이 신의 존재를 믿게 해 줄 뿐 그 이상의 어떤 것도 필요치 않으며 신에 관한 그 이상의 인식에 도달하는 것도 불가능하다고 했다. 그래서 그는 삶에 있어서 근본적인 것은 지식욕이나 지성이 아니라 신앙에서 생겨난 확신이므로 오성의 인위적인 작용을 거치지 않고 정서적으로 신을 믿어 궁극적으로 덕과 죽지 않음을 믿는 것이 참되고 충실한 종교라고 했다.

루소 당대에 대부분의 사람들은 이성이 이룩한 진보와 이룩할 진보와 함께 문화의 낙관론을 주장했으나 루소는 이와는 반대로 역사와 문화의 모든 성과들을 비난하고 역사와 문화 대신에 오히려 "자연으로 돌아가라!"고 외쳤다.

이러한 루소의 사상은 많은 후대인들에게 영향을 미쳤으나 칸트에게의 영향은 아무리 강조해도 지나치지 않을 것이다. 특히 『에밀』은 칸트가 그렇게 규칙적이고 철저했던 자신의 산보를 잊을 정도로 빠졌던 책으로 그의 사상에 막대한 영향을 미쳤다. 지식이 아니라 신앙에 의해 종교를 근거 짓고 실천이성을 이론이성보다 우월한 것으로 여기게 하는 등 칸트 철학의 여러 부분, 특히 그의 윤리학에 결정적 영향을 미친 것으로 평가되고 있다.

4. 계몽철학이 기독교에 미친 영향

과학의 발달, 대륙의 합리론과 영국의 경험론의 꽃이라 할 수 있는 18세기의 계몽철학은 자율, 이성, 낙관론, 진보사상, 관용론과 같은 개념들을 자연스럽게 함유하게 되었다. 그리고 그것은 기독교에 지대한 영향을 미쳐 신학에 커다란 변화를 가져오게 했다.

경험과 이성에 근거한 지식을 추구한 계몽철학자들은 거기에 비추어볼 때 터무니없는 이야기들로 보이는 미신과 같은 기독교적인 사상을 버릴 것을 강력하게 주장했다. 구체적으로 그들은 원죄설을 부인하고 천국의 생활보다 지상에서의 행복을 강조하면서 인본주의와 현실주의적 사고를 거침없이 표현했다. 이러한 계몽주의 운동은 점차 신학에 중대한 영향을 미치기 시작했다. 그것은 역사주의, 과학주의, 비평주의, 합리주의, 관용주의, 낙관주의 및 칸트주의로 나타났다.

첫째, 객관적이고 정확한 역사적 사실만을 진리로 인정하려는 역사주의는 성경의 역사적 자료에 대한 신뢰성과 사실성에 대해 계속적으로 문제를 제기했다.

둘째, 과학과 기술의 발전은 자유주의의 발생을 촉진했다. 이것들은 사회 윤리 및 영적 가치를 결정하는 지금까지의 삶의 양태와 가치 기준을 변화시켰으며 성경적인 세계관과 과학적인 세계관의 관계에 대한 문제를 제기했다. 계몽철학자들은 성경의 기록과 과학이 충돌할 때 성경보다 과학을 선호했다. 따라서 창조와 타락에 대한 성경의 이야기는 더 이상 무비판적으로 받아들여질 수 없었다. 자유주의 신학은 자연세계에 대한 과학의 탐구 결과를 수용할 뿐만 아니라 과학적 탐구 방법을 신뢰하여 성경과 종교 연구에 사용했다.

셋째, 모든 사실과 자료들의 확실성을 의심해 보거나 분석 또는 검토해 보아야 한다는 비평주의는 성경 역시 재검사의 대상으로 삼고 고등비평이란 이름으로 성경 비평에 착수했다. 성경의 절대 권위가 무너지게 된 것이다.

넷째, 이성의 완전한 능력을 강조하여 이성을 최종적인 권위와 진리의 척도로 간주하고 이성의 판단에 따라 행동하는 합리주의는 기독교의 모든 교리 역시 이성에 의해 심판을 받아야 한다는 입장을 취했다. 이 결과 그리스도의 신성, 동정녀 탄생, 기적 등에 대한 교리들이 문제시되었다. 이 합리주의를 신학에 도입하여 합리주의적 종교를 만든 것이 자연신론자들인데, 18세기의 자연신론과 자연종교는 종교를 합리적으로 이해할 수 있는 것으로 축소시킴으로써 합리주의와 기독교 신앙 사이의 타협을 모색했다.

다섯째, 절대적 진리를 주장하지 않고 계속성의 원리를 강조하는 관용주의는 자유주의로 하여금 인간과 자연세계, 자연적인 것과 초자연적인 것, 인간과 하나님의 연속성과 기독교와 타종교의 공통성을 주장하고 기독교를 다른 종교 가운데 하나로 취급하도록 했다. 기독교의 절대성과 유일성을 부인하게 되었다는 말이다.

여섯째, 당시의 평화적인 분위기와 급속한 산업화, 민주적인 정치 구조, 역사의 진행에 대한 진화론적 해석, 그리고 과학에 대한 신뢰 등으로 인해 인간과 인간의 미래를 신뢰하여 모든 것을 긍정적으로 보며 세계가 계속적으로 좋아지고 있다고 믿는 낙관주의는 자유주의 신학자들로 하여금 전통적인 원죄 교리를 거부하고 죄를 극복할 수 있다는 가능성을 적극적으로 주장하게 했다.

일곱째, 초자연적인 종교의 가능성을 의심하고 단지 이성의 한계 안에서 가능한 종교만을 논함으로써 종교를 도덕화 시킨 칸트의 철학은 슐라이어마허, 리츨, 트뢸치를 비롯한 많은 자유주의 신학자들에게 영향을 미쳐 그 이론적 토대가 되었다. 특히 자유주의 신학이 종교의 윤리적인 측면을 강조한 것은 칸트의 윤리적 종교론에 힘입은 바 크다.

결국 기독교 신앙에 대한 계몽주의의 영향은 크게 몇 가지로 요약될 수 있다. 성경의 권위, 기적의 가능성 문제, 그리고 자연 종교의 발전이 그것이다. 계몽주의 시대의 합리주의 과학의 발전 및 성경에 대한 역사적 비평적 연구는 성경을 하나님의 계시된 말씀과 최고의 권위로 믿는 정통주의적 성경관에 의문을 제기했다. 성경의 권위가 문제시되자 그 변호자들은 진리의 보증으로 기적에 호소했던 반면 계몽주의자들은 하나님이 일상 사건에 초자연적으로 개입하는 기적의 가능성을 자연질서의 규칙성에 대한 과학적 발견에 근거하여 부정했다. 이런 결과로 기독교 정통주의에 반대되는 자연신론과 자연종교와 같은 합리주의적 종교가 발전하게 되었으나 이성으로 모든 것을 해석하려고 했기 때문에 계시나 복음에 대한 기독교적 이해를 상실하는 결과를 가져 왔다.

따라서 기독교적 관점에서 볼 때 새롭게 열린 계몽주의 시대는 신학적 영역으로부터 해방된 문화라고 할 수 있다. 계몽주의 시대에서 국가와 사회는 더 이상 교회의 지배를 받지 않게 되었으며, 소위 '세속적'이라고 할 수 있는 문화가 나타나게 되었다. 근대의 사회적 정치적 삶의 이론적 규준은 성경의 계시나 교회의 권위가 아니라 자연 이성과 사회적 경험으로 대치되었다. 한 마디로 18세기 이후 계몽주의와 근대적 문화의 본질적 특징은 서구 문명이 교회의 권위와 신학의 교리로부터 점차 분리되기 시작했다는 것으로 규정할 수 있다. 이러한 계몽주의의 저변에는 인간의 능력에 대한 신뢰, 이 땅에서 사는 인간의 삶에 대한 관심과 희망 등이 자리 잡고 있었다. 계시가 아니라 이성이 모든 가치와 진리의 잣대로 등장한 것이다.

실로 계몽철학은 계몽이란 미명 아래 인간을 신의 위치에 올려다 놓고 말았다. 모든 성경은 이로부터 자유주의적 고등비평이 시작되었으며 그의 칼날을 피할 수 없게 되었고 결국 19세기 자유주의 신학을 배태하는 계기가 되었다. 기독교의 모습은 더 이상 옛 모습이 아니었고 하나의 도덕만을 강조하는 도덕적 종교로 전락하고 말았다.

그런 점에서 계몽주의 시대 이후의 신학은 근대적 과학과 철학에 자신을 맞추어 가든지, 아니면 세속적 사유를 거부하면서 정통적인 입장을 취하든지 둘 중의 하나를 택해야 했다. 실제로 근대의 기독교 사상사는 그 투쟁사였다고 해도 과언이 아닐 것이다.

제12장
칸트

칸트(Immanuel Kant, 1724~1804)는 종교적 실천과 신앙을 엄숙하게 지킬 것을 맹세한 경건한 청교도 부모 사이에서 태어났다. 특히 어머니는 개인의 경건심을 고양하고 도덕적 생활과 사회생활을 중시하는 경건주의(Pietism)에 몰두했었다. 칸트는 항상 이런 신앙적 분위기에 젖어 있었지만 오히려 장성해서는 그 반동으로 교회에 한 번도 나가지 않았다. 그러나 경건주의에 의해 수양된 부모의 종교 정신은 칸트의 사상과 사생활에 지속적으로 영향을 미쳐 독일 청교도의 특징을 잃지 않았다. 오히려 늙어감에 따라 어머니가 심어 준 신앙의 개념을 끝까지 지키려고 노력하고 보존하려 했다.

칸트의 생활은 단조로우면서도 매우 규칙적이어서 정해 놓은 일과를 매우 정확하게 지켜 나갔다. 157㎝의 단구였던 그는 5시에 기상하여 7시부터 9시까지 강의하고 난 후부터 오후 1시까지는 주로 연구하며 저술을 했다. 점심시간에는 주로 학자들보다 일상인들을 손님으로 맞아 다양한 주제를 놓고 대화했다. 그리고 정확히 3시 반에는 회색 코트를 입고 스페인 지팡이를 손에 들고 오늘날 '철학자의 산책길'이라 불리는 보리수가 늘어선 작은 길을 어느 때나 여덟 번 왔다 갔다 했는데 비가 올 때면 늙은 하인이 우산을 들고 그 뒤를 따랐다고 한다. 이에 따라 산책길에 있었던 사람들이 칸트를 보고 시계 바늘을 맞추었다고 하는 일화는 너무 잘 알려져 있다. 산책을 한 뒤 다시 연구에 몰두하다가 정확히 밤 10시에는 잠자리에 들었다. 다만 루소의 『에밀』을 읽다가 그 산보를 걸렀을 뿐이다. 칸트는 이런 규칙적인 생활 덕분인지는 몰라도 경제적 여유 속에서 독신으로 80세까지 건강하게 살았다.

칸트의 비문에는 『실천이성비판』의 끝말인 "내가 여러 번, 그리고 깊이 생각할수록 내 마음을 항상 더 새롭고 더 강렬한 경탄과 경외심으로 채워 주는 두 가지 사실이 있으니 내 머리 위로 별이 가득한 하늘과 내 마음속에 들어 있는 도덕률이다"라는 문구가 새겨져 있다.

칸트의 철학사상은 그의 사생활에서의 정확성만큼이나 엄밀하고 정확하게 조직되어 있다. 그는 경건주의 사상을 배경으로 흄의 경험론적인 인과론의 비판, 루소의 자유, 평등 사상과 인격의 존엄성, 라이프니츠 및 볼프의 이성론적 고찰, 그리고 당시의 자연과학의 성과 등을 섭취하여 경험론과 합리론을 종합 통일하는 위대한 비판철학을 확립했다. 한 마디로 그의 철학에는 이전의 철학사상들이 모두 유입되어 들어왔고 또한 후대의 철학에 막대한 영향력을 행사했다. 그래서 보통 그의 철학을 유럽 철학의 호수라 부른다.

칸트의 사상은 그의 주저인 3대 비판서에 잘 나타나 있다. 인식 이론을 담고 있는 『순수이성비판』(*Kritik der reinen Vernunft*), 윤리적 주제를 담고 있는 『실천이성비판』(*Kritik der praktischen Vernunft*), 미학을 다루는 『판단력비판』(*Kritik der Urteilskraft*)이 그것이다. 경험론과 합리론을 종합한 그의 인식론의 내용, 특히 코페르니쿠스적 혁명과 의무론적이고 법칙주의적인 절대 윤리를 강조한 그의 윤리학에서의 독자성은 칸트 철학의 큰 업적으로 평가되고 있다.

1. 비판철학

칸트의 궁극적인 관심사는 "(이성적 존재로서의) 인간은 도대체 무엇인가?" 하는 것이었다. 이 물음의 답을 얻기 위해 탐구해야 할 점을 칸트는 세 가지로 압축했다. 첫째, 나는 무엇을 인식할 수 있는가? 둘째, 나는 무엇을 행해야만 하는가? 셋째, 나는 무엇을 희망해도 좋은가? 이 세 물음을 통해 밝히고자 한 것이 바로 인간 이성에게 허용되는 지식, 행위, 희망의 가능근거와 범위이며 이것을 위한 작업이 '인간 이성의 비판'이다. 인간 이성에는 있는 것을 그대로 표상하고 관조하는 능력과, 있는 것을 극복하거나 있지 않은 것을 있도록 만드는 실천 능력, 그리고 개별적으로 주어지는 특수한 사례들에 대한 반성을 통해 통일적 원리를 생각해내는 능력이 있다. 이 세 가지 면은 각각 '이론적 이성,' '실천적 이성,' '반성적 판단력'과 연관된다. 그리고 이 각각의 면에서의 이성의 대표적인 가치적 활동을 각각 인식작용, 도덕행위, 합목적적 판단이라고 본다. 그러므로 칸트에게서 '이성 비판'이란 인간 이성이 인식할 수 있는 것과 인식할 수 없는 것, 마땅히 행해야만 할 것과 행해서는 안 될 것, 합당하게 희망해도 좋은 것과 그럴 수 없는 것을 '분간해 내는 일'이다. 이것은 바로 이성 자신이 자신의 한계를 규정하는 작업을 의미한다.

1) 비판철학의 시대적 배경

칸트의 비판철학이 성립할 당시인 18세기는 이성의 밝은 빛에 비추어 부자연스럽고 불합리한 사회의 요소들을 제거하려는 계몽 운동이 활발하여 이때를 계몽의 시대 또는 이성의 시대라는 말로 함축하기도 한다. 본래 계몽철학은 당시의 정치 세력인 귀족 계급과 카톨릭 교회의 성직 계급에 대한 공격이 주를 이루었다. 그러나 그것은 한편으로는 정치적 현실을 극복하고자 하는 정치사상으로 발전 승화되어 마침내 프랑스의 대혁명을 발발하게 하였다. 이 혁명은 계몽철학의 목표대로 모든 사회적인 불합리와 모순을 부수고 지상에 평화와 자유와 박애의 아름다운 사회를 건설하려고 했다.

계몽시대에 살았던 칸트는 이성의 활동에 의한 사회 개조에 희망과 찬사를 아끼지 않았으나 다른 한편 이성의 무차별적 횡포에 대하여 반대의 입장을 취하기도 하였다. 인간의 이성은 무한적 능력이 아니라 한계가 있음을 간과할 수 없다는 것이다. 그리하여 칸트는 이성 비판을 자기 철학의 근본 과제로 삼게 되었다. 그러나 사실 칸트는 본래 당시 독일에서 유행했던 볼프 학파의 합리론의 입장에 서 있었으며 형이상학의 가능성에 대해 아무런 의심도 없었다. 그러한 칸트가 합리론의 입장을 버리고 독자적인 비판철학의 길을 개척한 것은 자신의 말처럼 흄의 경험론을 접하고 '독단적인 선 잠'에서 각성되었기 때문이다. 흄은 우리의 인식이 모두 경험에서 생기는 것이므로 경험적으로 주어진 것을 넘어서 그 이상을 인식하려 한다면 오류에 빠진다고 경고했다. 따라서 그것은 비경험적 대상을 주로 하는 합리적 형이상학을 부정하며 확실성을 보증 받지 못하는 인과율에 근거하여 성립된 자연과학적 지식도 결코 확실한 지식이라고 할 수 없다는 회의론에 봉착하게 되었다.

흄의 이러한 예리한 비판을 칸트는 솔직하게 받아들여 그때까지의 합리론적 입장을 버렸다. 그렇다고 형이상학을 전적으로 불가능하다고 물리칠 수는 없었다. 또한 자연과학적 지식의 확실성을 물리칠 수도 없었다. 그래서 칸트는 우선 인간의 인식 능력인 이성을 새로 검토해야 했다. 왜냐하면 "인간의 이성은 무엇을 어디까지 인식할 수 있는가?" 하는 점을 고찰함으로써 수학과 자연과학적 인식이 확실성을 가질 수 있는 이유와 나아가 형이상학의 가능성에 대한 정당한 이유를 제시할 수 있다고 생각했기 때문이다. 바로 여기에서 이성 능력 자체의 비판이라는 과제가 칸트에게 주어지며 비판철학이라는 칸트의 철학이 탄생하게 된다.

2) 비판철학의 의미

칸트 철학은 이성주의와 경험주의의 항쟁과 종합의 소산이라 할 수 있다. 이성주의자들은 명석 판명한 본유관념을 확실한 인식의 원천으로 보고 인식은 경험 이전의 이성의 빛에 의하여 얻어진다고 주장한다. 나아가 지식은 외부 세계에서 얻어지는 감각적 자극에 의한 경험에서 오는 것이 아니라고 하여 일체의 경험을 배제하며 오직 이성의 연역적 사유에 의하여 인식의 체계를 세우고 이성적 인식의 체계 위에서 우주와 인간을 해명하려 한다. 이에 반하여 경험론자들은 경험을 인식의 원천으로 믿는데 지식의 근원은 외부 세계에서 들어오는 감각적 자극에 있으며 합리론자들이 말하는 이성의 빛이란 경험의 축적 이외에 아무 것도 아니라고 주장한다. 인간은 자기의 경험 내용을 자신의 세계상으로 설정하며 모든 인식은 자기의 경험에서 생긴다는 말이다. 합리론자에 따르면 이성은 모든 경험을 떠나서 세계상을 부여하고 초감성적 세계의 인식도 부여하며 따라서 학문으로서의 형이상학이 존재한다고 하지만 경험론자에 따르면 경험의 대상이 될 수 있는 것만을 인식할 수 있는 것으로 보기 때문에 학문으로서의 형이상학은 불가능하게 된다.

이처럼 합리론과 경험론은 그 대립의 조화를 얻지 못하고 서로 반대의 결론에 도달하여 합리적 인식의 가능성을 믿는 합리론은 독단적 형이상학을 수립했고 경험론은 회의론에 빠져 일체의 형이상학을 부정했을 뿐 아니라 자연과학의 확실성조차 의심하게 되었다. 칸트는 이러한 양자의 일면화를 지양하고 이성 그 자체를 비판함으로써 그들의 결합을 시도했다. 그래서 합리론과 경험론에 있어서 중요하다고 생각되는 점을 확립하고 이 체계들 속에서 옹호될 수 없는 것들을 제거하고자 노력했다. 칸트는 이를 위해 이전 철학자들의 통찰 결과들을 단순하게 종합한 것이 아니라 새로운 접근 방식인 비판철학을 통해 그 작업에 착수했다. 그에 따르면 두 학파가 극단에 이르게 된 것은 합리론의 경우처럼 인간의 인식 자체를 깊이 통찰함이 없이 이성의 만능을 믿거나 경험론의 경우처럼 인식의 타당성을 의심하는 데서 유래된 것이므로 옳은 인식을 얻기 위해서는 먼저 인식 능력을 음미하여 이성 그 자체에 대한 비판이 필요하다고 생각하고 이성 비판으로부터 철학을 시작했다. 그래서 칸트는 인식은 합리적이든 경험적이든 단지 어떤 한 원천에서 유래한다는 이전 철학자들의 견해에 반대하고 모든 인식은 경험적 요인과 합리적 요인의 종합적 산물이라고 주장한다.

칸트는 경험론적 견지에서 지식의 내용은 외부 세계로부터 들어오는 잡다한 감각적 자극(sensation)들로 구성된다는 것을 출발점으로 삼는다. 그러나 동시에 인식 과정에서는 마음 혹은 정신은 수동적으로 외부의 감각적 자극들을 받아들이는 일만을 하는 데에 그치지 않고 능동적으로 스스로의 구조를 통하여 받아들인 감각을 구성하고 형성하며 경험으로 승화 혹은 편성한다는 점을 강조한다. 지식은 외부 세계로부터의 감각과 의식 구조의 공동 산물이라는 말이다. 왜냐하면 어떤 외부 세계도 없고 따라서 경험도 없다면 인식 주관에 이성의 능력이 갖추어져 있다 해도 인식이 불가능한 것과 마찬가지로 아무리 외부 세계를 경험했다손 치더라도 인식 주관에 이성의 능력이 갖추어져 있지 않다면 인식이 불가능하기 때문이다.

이러한 생각에서 칸트가 중심 과제로 삼은 것은 인식 능력의 구조와 인식 형성에 대한 관계였다. 즉 이성이 무엇을 알며 어디까지 아느냐의 이성의 능력, 한계와 가능성, 권리 등을 이성의 비판을 통해 밝히려 했다. 이것이 그의 철학이 비판철학이라고 불리는 이유이다.

3) 비판철학의 의도와 목표

비판철학이라고 했을 때의 비판은 논평이 아니라 비평적 분석의 뜻으로서 비판철학은 인간의 이성 능력에 대한 분석을 의미한다. 다시 말해 비판철학은 "이성이 모든 경험과 독립하여 얻고자 하는 모든 지식과의 관련 속에서의 이성 능력에 대한 하나의 비판적 탐구"를 의미한다.

이전의 형이상학자들이 경험의 영역을 초월하고 최고 존재 및 다른 주제들에 대한 논쟁에 종사했던 데 반해 칸트는 인간의 이성이 그와 같은 탐구를 착수할 만한 능력을 갖고 있는지의 여부에 대한 비판적 질문을 제기했다. 칸트의 비판적 관점에 의하면 경험적으로 주어지지 않은 것을 오직 순수이성만에 의해서 파악할 수 있는가를 면밀히 검토하지 않고 지식 체계를 구성하려는 형이상학자들의 노력은 분명히 어리석은 짓이었다. 그러므로 칸트의 비판철학은 형이상학의 부정이 아니라 진정한 형이상학을 위한 하나의 준비였다.

칸트는 형이상학을 자연과학처럼 하나의 학문으로서 건설하기 위한 기초 공사를 하는 것이 비판철학이 맡고 있는 직능으로 생각했다. 형이상학의 학문적 가능성의 과제는 "학문 혹은 인식으로서 어떻게 가능한가?" 하는 광범한 문제와 관련되지 않을 수 없다. 칸트는 흄의 회의론적 경고에 의하여 합리론적 독단의 잠에서 깨어나 자연과학의 확실성을 의심할 수도 없었고 형이상학의 성립을 단념할 수도 없었다. 자연과학적 인식론의 확실성은 뉴튼(Newton)의 수학적 자연과학에서 사실로 확립되어 있었다. 그러므로 칸트의 의도는 사실로서 확립되어 있는 수학과 자연과학적 인식의 권리 근거를 밝힘으로써 그것의 확실성을 정초하고 그러한 기초 위에 새로운 형이상학의 가능성을 확립하는 데 있었다.

다시 말해서 칸트는 비판철학을 통해 이성에만 의존하는 전통적인 사변적 형이상학을 부정하고 새로운 형이상학, 즉 단순한 합리론적 독단에 의한 형이상학이 아닌 수학과 자연과학과 같은 학문성을 지닌 형이상학을 정초하려 했다. 따라서 그의 관심은 형이상학적 물음과 답변을 가능케 하는 토대를 마련하기 위해 학(學)으로서의 형이상학을 가능하게 하는 근거를 구명하는 일이다. 그래서 『순수이성비판』에서 우리의 인식의 타당성과 한계 및 원천을 확립하려 했다.

칸트가 해결하려고 했던 문제는 한 마디로 지식의 한계를 정하고 신앙의 가능성을 모색하는 일이었다. 칸트는 『순수이성비판』 서문에서 그가 철학하는 목적은 "신앙의 여지를 주기 위하여 지식을 부정하는 것"이라고 단언하고 있다. 칸트는 지식의 한계를 밝히고 그렇게 함으로써 형이상학이나 종교적 신앙이 과학 혹은 학문으로서 지식의 행세를 하지 못하도록 하게 하려는 의도가 있었다. 그러나 "신앙의 여지를 주기 위하여 지식을 부정한다"는 표현을 통하여 칸트가 실제로 하고 있는 작업은 지식의 확실성을 살리고 신앙과 그 형이상학적 기반을 구축하는 일이었다.

2. 코페르니쿠스적 전회

칸트의 비판철학은 흄에 의해 비판받은 합리론과도 다르며 또 회의적 성격을 띤 흄 자신의 경험론과도 다른 독자적인 입장이다. 근세의 인식론은 칸트의『순수이성비판』에서의 이론을 통해 큰 변화를 가져왔다. 그것이 소위 말하는 칸트의 코페르니쿠스적 전회(轉回)이다. 코페르니쿠스적 전회란 칸트 자신이 인식에 있어서의 사고방식의 전환과 변혁이라는 인식론적 성과와 자기 학설의 독창성을 자부하면서 그것이 천문학에서의 코페르니쿠스(Copernicus)의 업적에 비견된다고 하여 붙인 이름이다. 전에는 인식이 이미 존재하고 있는 외계를 주관이 어떻게 받아들이느냐 하는 데에서 성립한다고 생각했으나 칸트는 인식의 대상인 세계는 공간과 시간, 그리고 범주라는 감성, 오성의 선천적 형식에 준거하여 주관이 구성한 것이라고 주장했던 것이다.

즉 종래의 합리론이나 경험론은 모두가 대상은 인식 주관에서 독립하여 존재한다고 생각하는 실재론(實在論)적 입장에 서 있었다. 그래서 우리의 인식이란 대상을 있는 그대로의 모습으로 파악해야 한다는 모사설(模寫說)적인 견해를 취했는데, 이러한 사고방식은 인식 주관이 대상에 반응한다는 입장이다. 만약 그렇다면 우리로부터 독립해서 존재하는 대상에 대해 우리는 경험에 의하지 않고서는 선천적으로 인식할 수 없기 때문에 오직 경험적인 인식을 할 수 있을 따름이다. 그리고 대상에 대한 우리의 인식이 만일 경험적으로만 이루어진다면 흄의 말처럼 그것은 결코 확실성을 가질 수 없다. 왜냐하면 경험적인 인식은 대상의 모습을 알려주기는 하지만 필연성과 보편성을 보여주지는 못하기 때문이다.

칸트는 이러한 사고방식을 버리고 전혀 새로운, 아니 완전히 반대되는 사고방식을 취하여 정신이 대상들에 반응하는 것이 아니라 대상들이 정신의 작용에 반응한다고 했다. 칸트에 따르면 우리의 인식 속에는 이미 선천적인 인식 형식이 있으며 우리가 대상이라고 부르는 것은 이 주관적인 인식 형식에 의해 질서 있게 구성된 것들이라고 한다. 물론 대상이 스스로 산출되지는 않는다. 대상이 인식되기 위해서는 우선 대상이 감각에 의해 경험적으로 주어지지 않으면 안 된다. 그러나 이 경험적으로 주어지는 감각은 전적으로 무규정적인 잡다(雜多)이며 이것을 질서 지우고 대상이게 하는 것은 대상 자체가 아니라 선천적인 인식 형식이다. 한 마디로 대상은 주관과 독립하여 객관적으로 실재하는 것이 아니라 주관의 선천적인 인식 형식에 의해 구성된다. 이것이 모사설(模寫説)과 대립되는 칸트의 구성설(構成説)이다.

칸트는 우리의 지식이 경험과 함께 출발한다는 데에서는 흄과 의견을 같이하지만 흄과는 달리 인식 주관에 선천적으로 구비된 인식 형식에 의해 우리의 정신은 능동적으로 그것들을 구성하고 조직한다고 보았다. 결국 코페르니쿠스적 전회란 인식론적 사고방식의 전환, 즉 인식론적 주관주의를 가리킨다. 칸트의 인식 태도의 변화가 코페르니쿠스의 천문학적 업적과 비견되는 이유는 코페르니쿠스가 지구 중심적 우주관에서 태양 중심적 우주관으로 천체 운동의 구심점을 바꾸어 놓았듯이, 칸트 역시 객관 중심적 인식 태도에서 주관 중심적 인식 태도로 그 구심점을 바꾸어 놓았기 때문이다. 종래에는 대상이 주관과 독립해서 실재하며 주관은 이 객관에 의해 규정된다고 보았으나 칸트는 반대로 인식 주관의 선천적인 인식 형식을 통해 주관이 객관을 규정한다고 보았던 것이다.

3. 『순수이성비판』과 인식론

칸트의 인식론은 제1비판서인 『순수이성비판』에 잘 나타나 있다. 『순수이성비판』은 이성 인식의 한계를 명확히 하여 이성이 인식의 한계를 넘어 마음대로 추리하는 종래의 형이상학을 반대하고 이성의 능력을 비판한 근대 비판주의 인식론을 확립한 고전적 철학서이다.

『순수이성비판』은 크게 「선험적 감성론」, 「선험적 분석론」, 「선험적 변증론」으로 구성되어 있다. 「선험적 감성론」에서는 "선천적 종합판단이 어떻게 가능한가?"라는 질문에 대답하면서 감성과 오성 그리고 그 형식들이 소개되고, 「선험적 분석론」에서는 오성 개념의 카테고리가 설명되며, 「선험적 변증론」에서는 순수이성의 이율배반을 드러내 전통적인 사변적 형이상학을 부정하는 근거를 밝히고 이성의 한계를 명확히 한다. 『순수이성비판』은 내용적 연계성으로 볼 때 제2비판서인 『실천이성비판』의 전제요 서론이기도 하다.

1) 실험적 방법의 형이상학에의 도입

칸트 철학이 의도하는 바는 근세의 자연과학적 인식이 지닌 학문성을 존중하면서 학문적 인식과 모순되지 않는 새로운 형이상학을 건설하는 것이었다. 따라서 『순수이성비판』은 수학, 특히 자연과학적 인식의 확실성을 정초하면서 동시에 형이상학의 가능성을 근거 있게 하여 학문적 요구와 세계관적 요구를 조화시키려고 했다. 즉 칸트는 수학이나 자연과학이 왜 확실한 학문일 수 있는가 하는 이유를 탐구하여 그것들을 모범으로 해서 같은 방법으로 새로운 형이상학을 수립하려 했다. 수학과 자연과학이 성공한 이유를 알게 되기만 하면 똑같은 방법을 형이상학에 도입함으로써 형이상학도 확실한 학문으로 구축할 수 있다고 생각한 것이다.

칸트는 소위 자연과학의 실험적 방법을 형이상학에 도입하려 했다. 실험적 방법이란 이성에 의해 미리 생각한 것을 대상 속에 투입하여 보고 그 결과에 의하여 이성적으로 생각했던 것이 정당한가의 여부를 검토하는 방법이다. 실제로 자연과학의 법칙은 수많은 관찰을 근거로 하여 그에 대한 이성적 사고와 추리를 통해 가설을 세운 후, 다시 그 가설을 같은 종류의 구체적인 경험적 사실에 적용하여 그 가설이 검증되는 과정을 겪는다. 즉 미리 이성적으로 생각하여 자연현상의 법칙을 가설적으로 정립하고 그것을 실험에 의해 음미하는 것이 바로 실험적 방법이다. 따라서 우리는 경험에서 독립하여 대상 속에 주관 스스로가 투입한 것에 의해 인식하는 것이므로 실험적 방법이란 선천적 인식형식의 투입이라 할 수 있다. 그런데 수학이나 자연과학과 같이 필연성과 보편성을 가진, 절대적으로 확실한 인식은 선천적 인식이어야 한다. 따라서 이들 학문들은 스스로 선천적으로 갖고 있는 인식형식을 투입함으로써 확실한 인식을 얻을 수 있다. 결국 수학과 자연과학이 학문으로 성공하게 된 그 실험적 방법을 형이상학에 도입하여 확실한 학문으로 구축하려 한 칸트는 『순수이성비판』에서 "선천적 종합판단은 어떻게 가능한가?"라는 문제를 제기하지 않을 수 없었다.

2) 실험적 방법과 선천적 종합판단

칸트에 의하면 우리의 인식에는 경험에 의거한 경험적 인식과 경험으로부터 독립된, 즉 경험적인 요소를 전혀 지니지 않은 선천적 인식이 있다. 그런데 경험적 인식은 결코 필연성과 보편성을 가질 수 없다. 경험적 지식은 단지 우리가 지금까지 관찰한 한에 있어서 그러하다는 것이기 때문이다. 따라서 그것은 학문성을 가진 인식이라 할 수 없다. 결국 선천적 인식이 학문적으로 중요한 의의를 갖는다.

그러나 모든 선천적 인식이 학문적으로 중요한 의의를 가지는 것은 아니다. 여기에서 칸트는 주어(主語)와 술어(術語)의 관계에 따라 판단을 분석판단과 종합판단으로 나눈다. 분석판단이란 술어 개념이 주어 개념에 이미 포함되어 있는 판단이다. 다시 말하면 분석판단은 주어를 분석하면 술어의 개념이 나오는 판단으로서 그 진위(眞僞)를 가리기 위해 술어를 경험할 필요 없이 주어의 개념을 분석하기만 하면 된다. 예를 들면 "물체는 연장적(延長的)이다"와 같은 판단인데 물체라는 개념 자체가 연장적이라는 것을 자기 속에 포함하고 있다. 따라서 물체라는 개념을 분석하기만 하면 연장적이라는 술어를 이끌어낼 수 있다. 이에 대해 종합판단은 "모든 물체는 중량을 가진다."라는 판단과 같이 술어의 개념이 주어의 개념 속에 포함되어 있지 않아서 주어 개념을 분석해도 술어 개념이 나오지 않는 판단이다. "중량을 갖는다"는 술어는 물체라는 주어 개념에 포함되어 있지 않다. 물체라는 개념을 아무리 분석해도 "중량을 갖는다"는 술어를 이끌어낼 수 없다는 말이다. 달리 말하면 이 판단은 물체라는 주어 개념 속에 전혀 포함되어 있지 않은 "중량을 갖는다"는 술어가 새로이 부가된 것이다.

그런데 이 두 판단 가운데 분석판단은 선천적이다. 왜냐하면 분석판단을 만들기 위해서는 이미 알려져 있는 주어 개념의 의미를 분석하여 그 속에 포함되어 있는 것을 술어로 사용하면 되기 때문이다. 경험의 도움을 빌릴 필요가 전혀 없다는 말이다. 따라서 분석판단은 절대적인 필연성을 가질 수 있다. 그러나 분석판단이 필연성을 가질 수 있다 할지라도 학문적 인식은 가질 수 없다. 왜냐하면 그것은 단지 주어 개념을 분석하여 그 자신 속에 이미 포함되어 있던 것을 부분 개념으로 분해한 것에 불과하여 그 결과 우리의 인식을 조금도 확장시켜 주지 못하기 때문이다. 즉 분석판단은 개념을 판명하게 하기 위한 해명판단(解明判斷)에 불과하다는 말이다. 그러나 종합판단은 주어 개념 속에 포함되어 있지 않은 개념을 새로이 부가한 것이기 때문에 이에 의해 우리의 인식이 확장되어 가는 확장판단(擴張判斷)이다. 그러므로 종합판단이야말로 학문적으로 의의 있는 판단이라 할 수 있다. 그러나 종합판단이라고 해서 모두 학문적으로 의의를 갖는 것은 아니다. 경험적 판단은 모두 종합판단이요, 경험적 인식은 결코 필연성과 보편성을 가질 수 없기 때문이다. 따라서 참된 학문성을 띤 지식이 되려면 선천적 성격을 띤 종합판단이어야 한다는 결론이 나온다. 결국 칸트는 학문적 인식이 엄밀한 확실성을 요구하고 동시에 우리의 지식을 점차 증가하여 가야 한다면 그것은 선천적 종합판단이어야 한다고 결론 내린다. 이리하여 칸트는 "어떻게 하여 선천적 종합판단이 가능한가?"라는 문제를 제기한다.

칸트에 따르면 선천적 종합판단이 사실에 있어서 성립한다는 것은 수학이나 자연과학에서 증명되어 있다고 한다. 특히 기하학과 물리학의 판단을 예로 들면서 그것이 필연성을 가진 판단이면서도 술어가 주어 속에 포함되어 있지 않기 때문에 선천적 종합판단이라고 한다.

"7+5=12"라는 수학적 명제를 생각해보자. 12라는 술어 개념은 주어 개념 속에 포함되어 있지 않다. 따라서 종합판단이다. 그러나 이것은 어디서나 예외 없이 타당하기 때문에 필연적이요, 따라서 이는 선천적 인식이다. "7+5=12"는 선천적 종합판단이라는 말이다. "직선은 두 점 사이의 최단 거리이다"도 마찬가지이다. '직선'이라는 주어 개념 속에 '최단'이라는 의미가 포함되어 있지 않지만 이 판단도 필연성을 갖는다. 따라서 이것 또한 선천적 종합판단이다. 결국 선천적 종합판단은 수학에 있어서 사실상 존재하고 있다는 말이다.

자연과학에 있어서도 마찬가지이다. "모든 변화는 원인을 갖는다"나 "물질계의 온갖 변화 속에서도 물질의 양은 일정 불변이다"와 같은 명제들도 종합적이면서도 필연성을 가지기 때문에 선천적이다. 따라서 선천적 종합판단은 자연과학에 있어서도 존재한다는 말이다.

칸트가 선천적 종합판단의 가능성에 초점을 맞춘 이유는 그가 의도한 새로운 형이상학은 전통적인 사변적 형이상학이 아닌 학문성을 가진 형이상학이었기 때문에 형이상학이란 점에서는 내용적으로 선천적인 판단만을 포함해야 하고 학문성을 가져야 한다는 점에서는 다른 자연과학처럼 지식화할 수 있는 판단, 즉 종합판단이 요구되었기 때문이다. 형이상학도 경험을 초월하는 지식을 제공하려는 한에서는 적어도 그와 같은 명제에 의하여 이루어질 수밖에 없다. 그래서 칸트는 기하학이나 물리학과 같은 분야에서 선천적 종합판단이 정당화된다면 그것에 의해 형이상학에서도 그것이 정당화될 수 있으리라 믿었다. 즉 선천적 종합판단의 가능성을 통해 학문으로서의 형이상학의 가능성을 확보하고자 했던 것이다.

3) 감성의 직관과 오성의 사유

전통적인 사변적 형이상학과는 다른 형이상학을 의도한 칸트는 『순수이성비판』의 근본 문제요 과제였던 "어떻게 선천적 종합판단이 가능한가?" 하는 문제를 해결하기 위해 우리의 인식 주관 속에 선천적인 인식 형식이 있다고 상정해야 했다.

칸트에 의하면 대상에 대한 인식이 이루어지기 위해서는 먼저 대상이 직관(直觀)에 의해 주어지지 않으면 안 된다. 우리가 스스로 대상을 자유로이 만들 수 없기 때문이다. 그것은 신에게나 가능한 일이다. 물론 직관에 의해 대상이 주어졌다고 해서 곧바로 인식이 성립되지는 않는다. 사유의 작용이 없이는 인식이 성립할 수 없다. 그러나 인간의 사유는 자기 스스로 대상을 만들어내지 못하기 때문에 사유해야 할 소재가 외부로부터 주어지지 않으면 안 된다. 그러므로 사유가 작용하기 전에 직관이 선행되어야 한다. 즉 직관에 의해 외부 대상 세계가 인식 주관에 포착되어야 하며, 그러한 경험적 직관 내용을 사유함으로써 인식이 형성된다. 칸트는 이를 위해 감성과 오성이라는 인식 능력을 제시한다.

칸트는 「선험적 감성론」에서 "아마도 공통된, 그러나 우리에게 알려지지 않은 근원으로부터 유래하는 인간의 인식의 두 원천, 즉 감성과 오성이 있다. 전자를 통하여 대상들은 우리들에게 주어지고 후자를 통하여 대상들은 사유된다'라고 말하고, 인간의 인식 능력을 직관(直觀) 능력인 감성(感性, Sinnlichkeit)과 사유(思惟) 능력인 오성(悟性, Verstand)으로 나누었다.

감성은 우리 인식 능력의 수용성(受容性)으로서 감각을 통하여 대상에 의해 촉발된 표상을 직관하여 수용하는 능력이다. 따라서 감성에 의해 현상은 우리에게 표상(表象)으로서 주어진다. 이에 대해 오성은 우리 인식 능력의 자발성(自發性)으로서 감성의 직관에 의하여 주어진 감각 내용을 능동적으로 사유하는 능력이다. 감성과 오성은 각각 그 기능과 역할이 달라서 오성은 어떠한 사물도 직관할 수가 없고 감성은 어떠한 사물도 사고할 수가 없다. 즉 "감성이 없으면 우리에게 아무런 대상도 주어지지 않으며, 오성이 없으면 아무런 대상도 사유되지 않는다". 그러므로 감성과 오성은 어느 한 편이 다른 편보다 우위적일 수 없다. 단지 그 기능과 역할이 다를 뿐이다.

그러므로 인식이 성립되기 위해서는 경험적 직관을 제공해 주는 감성에 의해서 먼저 대상이 우리에게 주어져야 하고, 감성에 의해 주어진 대상은 개념을 형성하는 오성에 의해서 다시 사고되어야 한다. 그래서 칸트는 "우리의 모든 인식이 경험과 함께 시작되기는 하되, 모든 것이 경험으로부터 발생하지는 않는다"고 말한다. 확실한 인식을 형성하기 위해서는 감성과 오성의 어느 하나만의 기능으로는 불가능하고 반드시 두 인식 능력이 서로 협력해야 한다는 말이다. 이러한 칸트 인식론의 핵심적 내용은 "내용(內容) 없는 사고(思考)는 공허(空虛)하고, 개념(槪念) 없는 직관(直觀)은 맹목적(盲目的)이다"는 그의 말로 요약된다. 이는 두 가지 사실을 함축한다; 첫째, 오성이 자발적으로 사고하기 위해서는 감성에 의해 직관된 경험적 내용이 있어야 하는데 사유할 내용이 없다면 오성은 사고할 수 없을 뿐 아니라 사고한다 할지라도 헛된 일이다; 둘째, 감성에 의해 직관된 외부 대상이 내용으로 주어지더라도 오성에 의해 사고되어 개념화가 되지 아니하면 감성의 직관은 아무런 의미를 갖지 못하는 맹목적인 수용 행위일 뿐이다.

물론 이것은 경험론과 합리론의 맹점들을 지적하는 말이기도 하다. 즉 "내용 없는 사고는 공허하다"는 말은 합리론이 경험을 무시한 점을 지적하는 말이고, "개념 없는 직관은 맹목적이다"는 말은 경험론의 비자발성을 꼬집는 말이다. 따라서 이 말은 올바른 인식이란 경험론이 말하는 경험이 단초가 되어 합리론이 말하는 오성의 사고에 의해 서로 협력을 통해 이루어짐을 말해 주고 있다. 다시 말해 오성의 사유는 감성의 직관을 필요로 하고, 감성의 직관은 오성의 사유를 필요로 한다는 의미이다. 그러므로 외부에서 들어온 질료는 선험적인 주관 형식에 의해 구성되며 세계는 현상계로서 인간 나름의 해석이라고 말할 수 있다.

칸트에게의 진리는 감각과 사유의 통일로서 감성에 의해 수용된 내용이 오성 형식인 카테고리에 의해 사유되어 종합 통일될 때 성립한다. 따라서 감성은 무에서 유를 창조하는 것이 아니라 반드시 무엇인가가 주어져야 한다. 그리고 감성에 의한 지각이 주어졌을 때에만 오성의 사유에 의해 통일성을 가지게 된다. 그러므로 감성과 오성의 통일로서의 진리는 그 실질적인 진리이게 하는 원동력을 외부에 지니고 있으므로 진리의 세계는 한계를 가진 '진리의 섬나라'와도 같은 것이다.

칸트가 이처럼 인식의 성립을 위해 오성뿐만 아니라 감성적 직관이 필요하다고 생각한 이유는 경험론의 영향에 의해 합리론의 결함을 간파했기 때문이다. 합리론의 주장처럼 경험이 없이 오성만의 사유로 인식이 가능하다고 한다면 개념 분석에 의한 분석판단을 만들 수 있을지는 몰라도 종합판단은 만들 수 없음을 알았다. 그러므로 직관이야말로 종합판단을 가능하게 하는 근거였다. 그러나 만일 감성적 직관 속에 선천적 형식이 존재하지 않아서 모든 직관이 경험적인 것이라면 그것을 통해 이루어진 우리의 종합판단은 모두 경험적인 직관에 의거할 수밖에 없고 그것은 흄이 지적했듯이 필연성을 가질 수 없는 경험적 종합판단에 불과하지 결코 선천적 종합판단이 될 수 없다.

오성에 있어서도 마찬가지로 선천적인 형식이 존재해야 한다. 왜냐하면 직관에 의해 주어지는 표상은 객관적인 것이 될 수 없기 때문이다. 직관자의 주관적인 판단을 넘어서서 경험의 대상에 대하여 객관적으로 타당한 객관적 판단을 수립하기 위해서는 직관의 작용 이상으로 오성의 작용도 필요하다. 그러므로 만일 오성 속에 선천적인 개념이 존재하지 않는다면 객관적인 선천적 종합판단이 아닌 주관적인 선천적 종합판단만을 만들 수 있을 것이다.

결국 칸트는 선천적인 종합판단이 성립할 수 있기 위해서는 감성뿐만 아니라 오성 속에도 선천적인 인식 형식이 존재하지 않으면 안 된다고 생각했다. 그는 감성의 선천적인 형식을 직관 형식, 오성의 선천적 개념을 카테고리, 즉 범주(範疇)라고 명명하고 직관 형식으로서의 공간과 시간은 「선험적 감성론」에서 다루고 순수 오성 개념인 카테고리는 「선험적 분석론」에서 다루었다.

4) 직관 형식으로서의 공간과 시간

선천적 종합판단이 성립한다고 생각한 칸트에게는 선천적인 직관 형식이 있어야 함은 당연한 귀결이었다. 인식이 이루어지기 위해서는 직관에 의해 대상이 주어져야 한다면 선천적 종합판단의 성립을 위해서는 선천적 직관이 존재해야 함도 불가결한 조건이다. 만일 선천적 형식에 의한 선천적 직관이 없어서 모든 직관이 경험적이라면 이를 기초로 성립된 모든 인식은 경험적인 성격의 것이므로 경험적, 즉 후천적 종합판단만이 가능할 것이다.

선천적 직관이 가능하다고 생각한 칸트는, 직관은 대상이 주어지는 한에서만 성립한다고 했다. 대상이 주어짐은 대상이 어떤 방식으로 우리의 심성을 촉발함으로써만 가능하다. 대상에 의해 촉발되어 우리의 표상 능력에 생긴 감각은 감성의 주관적이고 선천적인 형식에 의해 성립된다. 즉 우리에게 감각된 현상은 질료만이 아니라 질료를 질서 지우는 형식까지도 포함되어 있는데, 그것이 바로 감성의 선천적인 직관 형식이다. 칸트는 선천적 직관 형식이 그 자체 속에 감각에 속하는 어떤 것도 포함하고 있지 않다는 뜻에서 이를 순수직관이라고 했으며, 그 선천적 직관의 형식을 공간과 시간이라고 했다.

칸트에 따르면 공간과 시간은 감성이 가진 주관적인 제약이며 선천적 형식으로서 그것을 통하여 감성이 직관하므로 인간의 모든 직관적 표상은 모두 시·공이라는 형식에 의해 성립된다. 감성의 직관 형식인 이들 공간과 시간은 감성이 인식할 무렵에 기본적인 선천적 조건으로 작용한다. 비공간적이고 비시간적인 직관적 표상은 결코 존재할 수 없다. 공간은 그것에 의해 우리 외부에 있는 대상이 주어지는 외감(外感)의 형식이며, 시간은 그것에 의해 우리 자신의 심리 생활의 상태가 대상적이게 되는 내감(內感)의 형식이다. 즉 감성이 직관하는 내용이 현상이라면 공간은 외적 현상을 보는 형식이고 시간은 내적 현상을 보는 형식이다.

감각의 질료들을 모두 무시해 버린다 해도 그런 질료들을 배열할 보편적인 형식인 공간은 남으며 내감의 질료들을 모두 무시한다 해도 다양한 심리 내용을 내포하고 있는 시간은 여전히 남아 있다. 그러므로 공간과 시간은 경험에 의해 도출된 것이 아니라 우리가 대상을 인식하기 전에 대상이 대상으로 성립되도록 선천적으로 구비되어 있는 형식이다. 결국 칸트는 우리가 감성을 통해 외부의 대상을 직관하는 일은 시간과 공간이라는 선천적인 형식을 통해서라고 주장한다.

시간과 공간은 어디까지나 감성의 형식이며 경험을 위한 것이기 때문에 경험할 수 없는 것에 적용시킬 수 없다. 그러므로 우리가 감각할 수 없는 것에 대해서는 시간과 공간의 두 형식을 부여할 수 없다. 바꿔 말하면 시간과 공간의 형식을 통해서 인지될 수 없는 것은 인식되지 않는 것이고 경험의 내용이 될 수도 없고 지식이 될 수도 없다. 결국 시간과 공간을 초월하여 존재하는 것은 우리 경험에서 제외되며 그것은 존재하지도 않으며 또한 지식의 내용도 대상도 될 수 없다.

5) 물자체, 현상, 가상

공간과 시간이 선천적인 직관 형식이며, 우리는 감각적 소여를 이 직관 형식에 의해 질서지어 현상으로서의 대상을 구성한다는 칸트의 주장은 그 자체는 아무런 난점이 없을지 모르지만 칸트 철학 속에서 극히 어려운 문제를 낳고 말았다. 그것이 바로 물자체(物自體, Ding an sich)의 문제이다.

인간이 직접 인식할 수 있는 것은 보편적 직관이 시·공간적 감성에 의거하는 것이라면 우리가 직관하는 대상은 현상(現象, Erscheinung)이지 물자체가 아닌 것은 당연하다. 대상이 그 자체, 즉 우리의 감성의 직관 형식에서 떠나 어떻게 존재하는지는 결코 알 수 없다. 우리가 알 수 있는 것은 단지 직관 형식에 의해 이미 질서지어진 대상의 모습이며 우리에 대하여 현상하는 한에서의 대상에 불과하다. 직관에 주어지는 모든 대상은 물자체가 아니라 주관에 따라 성립된 현상이라는 말이다. 우리가 경험적으로 직관하는 것은 사물이 자신이 있는 그대로를 인식하는 것이 아니라 시·공간이라는 주관적인 매질(媒質)을 통해서 사물이 우리에게 나타나는 바를 인식할 뿐이다. 따라서 인간의 감성은 물자체가 아니라 현상만을 인식할 따름이다.

그렇다고 각자의 인식이 전적으로 주관적이요 객관성을 가질 수 없음을 의미하는 것은 아니다. 칸트는 공간과 시간은 모든 인간이 가지고 있는 직관 형식이며 현상으로서의 모든 대상에 대해 객관적 타당성을 갖고 있기 때문에 현상으로서의 대상은 단순한 가상(假象, Schein)이 아니라 모든 인간에게 객관성을 갖는다고 한다. 문제는 우리가 알 수 있는 것이 공간과 시간적 규정을 거친 현상적 대상에 제한된다면 현상으로서의 대상의 근저에 있는 자체로의 대상, 즉 물자체가 있다는 것조차 주장할 수 없다는 점이다. 바로 여기에서 현상계에 국한된 이론이성의 인식의 한계가 드러난다.

6) 순수 오성 개념으로서의 카테고리

「선험적 감성론」에서 감성의 선천적 직관 형식인 공간과 시간을 구명한 칸트는 「선험적 분석론」에서 순수 오성 개념의 선천적 형식인 카테고리(Kategorie), 즉 범주에 대해 논한다.

칸트에 따르면 우리의 인식은 감성의 직관과 오성의 개념적 사유에 의해서만 가능하다. 그런데 감성이 직관한 현상으로서의 대상이 가상이 되지 않기 위해서는 선천적 직관 형식이 있어야 하듯이 직관된 내용에 대한 오성의 사유가 주관적인 것이 아닌 객관성을 띠기 위해서는 선천적인 순수 오성 개념이 존재해야 한다. 다시 말해 객관적인 선천적 종합판단이 성립하기 위해서는 직관 형식뿐만 아니라 선천적 순수 오성 개념이 존재해야 한다. 칸트는 이 선천적 순수 오성 개념을 카테고리(Kategorie), 혹은 범주라고 했다.

카테고리는 경험을 통합 종합하는 형식이자 틀이다. 감성이 여러 감각들을 시간과 공간 속에서 대상의 둘레에 집합시켰듯이 오성은 여러 가지 감각을 카테고리의 주위에 배열시켜 놓는다. 카테고리는 사고의 구조를 제한하는 것으로서 지각은 이 구조에 의해 받아들여지고 이 구조에 의해 분류되어 질서정연한 사고의 개념으로 틀지어진다.

칸트는 직관에 의하여 주어진 다양을 종합 통일하여 판단을 성립시키는 것이 오성의 작용이므로 카테고리가 오성 속에 구비되어 있어야 한다고 보았다. 그리고 오성적 사고의 판단 기준은 카테고리이므로 판단의 내용을 모두 사상(捨象)시키고 형식만을 추출하면 카테고리를 찾아낼 수 있다고 보았다.

칸트는 형식논리학의 판단 종류를 고찰하고 12개의 판단 형식들의 통일을 길잡이로 해서 그것으로부터 12개의 범주를 도출하여 오성의 기능을 12가지 범주로서 그 형식을 제시했다. 12범주는 분량(分量), 성질(性質), 관계(關係), 양상(樣相)의 4가지 항목으로 나뉘고 각각은 그 안에 세 가지의 계기를 포함하고 있다. 분량에는 단일성, 수다성, 전체성이, 성질에는 실재성, 부정성, 제한성이, 관계에는 실체성, 인과성, 상호성이, 양상에는 가능성과 불가능성, 현재성과 비존재성, 필연성과 우연성이 해당된다. 그런데 이러한 4부류의 범주에서 각각의 세 번째 범주가 앞의 두 범주를 종합한 것으로 본 점에서 이미 칸트에게서 변증법적 논리의 싹을 발견할 수 있다. 즉 분량에 있어서 전체성은 단일성과 다수성의 종합이고, 성질에서의 제한성은 "아니다"의 부정성과 "이다"의 실재성을 종합한 것이며, 관계에서의 상호성은 실체성과 인과성의 종합이고, 양태의 필연성은 현재성과 가능성의 종합이다.

아래의 판단표와 그에 대응하는 카테고리의 표에 대해 칸트는 이 카테고리가 분석적인 개념이 아니라 감성적 다양이 통각되는 종합을 가능하게 하는 근거라고 했다. 감성의 기능을 통하여 시간과 공간 안에서 인지한 사물들은 위의 오성의 12 범주 안에서 파악되고 그 범주에 잡히는 대로 인식되고 이해된다. 오성은 인지된 경험과 대상들에게 범주를 적용시킨다. 따라서 12범주는 경험 세계 안에 해당시켜야 하며 그 이외의 세계에는 해당시켜서는 안 된다. 이 말은 시간과 공간 안에서 포착된 경험에 대해서만 의미 있는 판단이 될 수 있다는 의미이다.

항목	판 단 종 류	카 테 고 리
분량	전칭적 (모든 S는 P이다) 특칭적 (약간의 S는 P다) 단칭적 (이 S는 P이다)	단 일 성 다 수 성 총 체 성
성질	긍정적 (S는 P이다) 부정적 (S는 P가 아니다) 무한적 (S는 非 P이다)	실 재 성 부 정 성 제 한 성
관계	정언적 (S는 P이다) 가언적 (만일 X라면 S는 P이다) 선언적 (S는 P이든가 Q이다)	속성과 실체성 원인성과 의존성 상호성
양상	개연적 (S는 P일 것이다) 실연적 (S는 P이다) 우연적 (S는 P이어야 한다)	가능성 : 불가능성 존재성 : 비존재성 필연성 : 우연성

문제는 "순수 오성의 선천적 개념인 카테고리가 대상에 대하여 객관적 타당성을 가질 수 있는가?"이다. 즉 카테고리는 경험적이고 감성적인 직관과는 전혀 이질

적인 것으로서 어떤 직관 속에서도 찾아볼 수 없는 것인데 어떻게 순수 오성 개념이 현상 일반에 적용될 수 있느냐 하는 문제가 해명되어야 한다. 칸트는 이 문제에 대해 직관에 의해서 대상이 주어지고 오성이 그것을 사유한다는 「선험적 감성론」에서의 입장을 수정하고, '카테고리의 선험적 연역'을 다루는 「선험적 분석론」에서는 직관만에 의해 대상이 주어지는 것이 아니라 카테고리의 작용과 더불어 비로소 대상이 성립한다고 했다. 즉 대상이 주어지는 순간 이미 직관뿐 아니라 오성의 작용이 포함되어 있다는 말이다.

칸트에 따르면 직관에 의해서 주어진 다양이 표상의 다양으로 의식되려면 마음속에 계기(繼起)하는 직관의 다양을 통일하는 것이 필요하며 다양을 개관하고 결합하는 일이 이루어져야 직관의 대상이 성립하는데, 그는 이러한 종합을 각지(覺知)의 종합이라 불렀다. 그런데 이러한 각지의 종합이 이루어지려면 다음에 오는 것들로 인해 계속해서 사라져 가는 계기적인 인상을 잊지 않고 마음속에 보지(保持)하고 마음속에 재현하는 작용이 있어야 한다. 칸트는 이러한 재현의 작용을 대상이 현존하지는 않지만 하나의 대상을 직관 중에 표상(表象)하는 능력인 구상력(Einbildungskraft)의 작용이라 했다. 그리고 구상력의 재현의 종합을 가능하게 하는 것은 개념에 있어서의 재인식의 종합이라 했다. 재현의 종합이란 이미 사라진 인상을 마음 속에 재현하는 작용이므로 재현된 표상이 이전의 표상과 동일함을 재인식하는 작용이 없어서는 안 되며 이것이 성립하기 위해서는 의식의 동일성이 없어서는 안 된다. 이 의식의 동일성이 없다면 재현된 표상과 이미 사라진 표상이 동일함이 재인식될 수 없기 때문에 대상의 인식은 전적으로 불가능하다. 칸트는 이러한 근원적인 선험적인 제약으로서의 의식의 동일성을 선험적 통각(transzendental Apperzeption) 또는 순수 통각이라고 했다. 결국 칸트는 직관적 표상이 성립하기 위한 제약을 찾아 나서 가장 근원적인 것으로서 선험적 통각에 이르렀다.

계속해서 칸트는 '원칙의 분석론'에서 도식(圖式, Schema)에 관한 설명을 한다. 칸트에 따르면 오성적 개념에 의해 감성적 직관이 사유된다고 하는데 그것은 순수 오성 개념 속에 직관이 포섭된다는 말이다. 따라서 포섭이 가능하려면 포섭하는 것과 포섭되는 것 사이에 동종적인 것이 있어야 함은 당연하다. 한편으로는 카테고리와, 또 다른 한편으로는 현상과의 동종성이 있어서 카테고리를 현상에 적용할 수 있게 하는 제삼자가 있어야 한다. 칸트는 이것을 선험적 도식이라고 했다. 도식이란 개념에 그 형상을 부여하는 구상력의 일반적 작용의 표상, 즉 개념의 표상을 말한다. 예를 들어 '삼각형'이라는 개념에 의하여 삼각형의 표상을 머릿속에서 생각해 내는 것처럼 형상의 기초에 있으면서 형상을 가능케 하는 일반적인 표상이 도식이다. 모든 형상이 성립하기 위해서는 카테고리에 의한 구상력의 종합 작용이 없어서는 안 되므로 형상의 기초에 있으면서 형상을 가능케 하는 도식은 구상력의 작용에 의거한다. 즉 구상력은 직관의 다양을 종합하여 형상을 만드는데 이 표상을 종합하는 방식이 바로 도식이다. 따라서 모든 형상의 근저에는 도식이 있다. 그러나 도식을 만들어내는 선험적 구상력의 작용은 카테고리에 의한 것이므로 개개의 도식의 근저에는 기본적인 선험적 도식이 있어야 한다. 도식이란 직관과 개념을 매개하며 직관의 개념에의 포섭을 가능하게 하는 제삼자이므로 선험적 도식이야말로 감성과 오성을 결합하고 카테고리의 현상에의 적용을 가능하게 하는 근원이다.

칸트는 공간적 규정을 갖지 않는 현상은 존재하지만 시간은 모든 현상에 대하여 타당성을 가지며 시간적 규정을 갖지 않는 현상은 존재하지 않기 때문에 선험적 도식은 시간과의 관련에서 성립한다고 생각했다. 카테고리는 시간과 결합함으로써 선험적 도식이 되므로 선험적 도식은 카테고리에 의한 선험적 시간 한정이라는 뜻이다. 그러므로 현상에 카테고리를 적용하는 것은 선험적 시간 규정을 매개로 하여 가능하게 된다. 이 선험적 시간 규정은 오성 개념의 도식으로서 활동하며 현상을 카테고리 밑에 포섭하는 매개의 역할을 한다. 칸트가 제시한 선험적 시간 규정으로서의 오성 개념의 도식은 앞에서도 제시했듯이 양, 질, 관계, 양상이다. 양의 카테고리의 선험적 도식은 수요, 질의 카테고리의 도식은 시간의 내용과 관계하는 정도이며, 관계의 카테고리의 도식은 시간적 순서이고, 양상의 카테고리의 도식은 시간 총괄이라고 한다.

7) 이론이성의 한계

제1비판에서의 칸트의 의도는 우리의 인식이 경험의 영역에 한정됨을 밝히고 새로운 형이상학을 정초하여 신앙에 여지를 주기 위하여 지식을 제한하는 일이었다. 칸트는 「선험적 분석론」까지에서 우리가 경험의 영역을 넘어설 수 없음을 보여주었는데 더 적극적으로 우리의 이론적 인식에 의해 해결할 수 없는 문제가 있음을 보여주어야 했다. 칸트는 이러한 이론이성의 한계를 「선험적 변증론」에서 밝히고 있다.

(1) 선험적 가상(假象)

「선험적 분석론」까지의 칸트의 주장에 따르면 우리는 경험의 영역을 넘어설 수 없다. 왜냐하면 감성의 기능과 오성의 기능은 현상 세계에만 작용하기 때문이다. 시간과 공간이란 유한한 형식 안에 들어오지 않고 또 들어와서는 안 되는 형이상학적 존재들에 대하여는 감성의 기능과 오성의 기능이 적용되지 않는다. 칸트의 주장대로 우리의 인식이 시·공적인 대상에 대해 감성이 직관한 내용을 오성이 카테고리에 의해 사유하여 성립되는 한 현상 세계에 머물고 물자체의 세계에는 미치지 못한다. 따라서 인간은 감성적 직관의 한계를 넘어설 수 없으므로 우리는 이러한 제한을 자각해야 한다. 그러나 이러한 한계를 망각하고 감성적 직관, 즉 현상의 영역 밖에까지 그 인식을 확장하려고 하면 오류에 빠지게 된다.

칸트에 따르면 종래의 형이상학은 바로 이와 같은 오류에 빠졌다. 그것은 초감성적인 대상, 가령 영혼이라든가 세계 전체의 본질이라든가 신 등에 관하여 인식하려 했다. 그러나 이러한 초감성적인 대상은 경험적으로 인식할 수 없기 때문에 이에 대한 선천적인 인식은 성립될 수 없다. 따라서 종래의 형이상학은 근본적으로 현상계에만 타당한 카테고리를 초감성적인 대상에까지 적용하려는 오류를 범한 것이다.

칸트에 따르면 이러한 전통적인 형이상학이 범한 오류는 결코 우연한 것이 아니라 인간의 인식의 본성에서 우러나온 현상이다. 인간의 인식은 결코 오성적 인식에 만족하지 않고 더 나아가 오성적 인식에 통일을 주려고 하는 작용력이 있다. 이것이 곧 이성의 작용이다. 오성은 범주를, 이성은 이념을 가진다. 오성은 개념에서 원칙을 만들지만 이성은 오성의 원칙에 대한 원리를 만든다. 즉 "오성이 규칙에 의해 현상들을 통일하는 능력이라면 이성은 오성의 규칙들을 통일적 원리들 밑에 통일하는 능력이다." 오성적 인식은 직관의 다양성을 종합적으로 통일하여 경험을 성립시키지만 이성은 이 오성적 인식을 더욱 종합하여 절대적인 인식의 통일을 기하여 체계적 인식을 세우려고 한다. 즉 오성적 판단은 생멸하는 경험적 현상에 관계한다면 이성은 오성에 의한 다양한 인식을 초경험적 현상이라는 개념에 의하여 선험적으로 통일하려 한다. 따라서 이성은 오성의 제약된 인식에 대해 무제약적인 것을 발견하고, 이것에 의해 통일을 완성하고자 한다.

칸트는 이성이 찾는 무제약자를 이성의 '선천적 개념,' 즉 이성의 '선험적 이념'(transzendentale Idee)이라고 하고 그러한 이성의 이념을 세 가지 들었다. 사유적 주관을 대상으로 하는 선험적 심리학의 이념으로서 내적 심리 현상의 절대 주체로서의 영혼, 모든 현상의 총괄, 즉 세계를 대상으로 하는 선험적 우주론의 이념으로서 외적 물질현상들의 절대적 실체로서의 세계, 사유할 수 있는 것의 가능성의 최고의 제약을 포함한 물(物)을 대상으로 하는 선험적 신학의 이념으로서 내외적이고 주객적인 모든 존재들의 근원으로서의 존재자의 존재인 신이 그것이다. '영혼'은 내적 현상에 관한 오성적 인식에 이성이 궁극적 통일을 주려는 데서 생기고, '세계'는 외적 현상에 관한 오성적 인식에 이성이 궁극적 통일을 주려는 데서 생기며, '신'은 내외적 현상 전반에 관한 오성적 인식에 이성이 최후의 절대적인 통일을 주려는 데서 생기는데, 이들은 이성이 무제약자를 구하는 데서 생기는 필연적이고 당연한 귀결이다.

그러나 칸트는 이성이 발견하고자 하는 무제약자는 현실적으로 발견되거나 "주어져 있는"(gegeben) 것이 아니라 이성의 본능에 의해 이성에 대해 당위로서 "과해져"(aufgegeben) 있을 뿐이라고 한다. 그런데도 우리는 이 무제약자가 현실적으로 존재한다고 생각하고 그것에 의해 체계적 통일을 완성하려는 경향이 있다. 그러나 이 무제약자는 경험의 범위 내에서는 찾아낼 수 없다. 따라서 그러한 무제약자는 경험계, 즉 현상계에만 제한된 이성의 능력을 망각하고 초경험적인 대상을 인식할 수 있다고 잘못 생각한 데서 연유하는 선험적 가상(transzendentaler Schein)으로서 이성의 필연적 오류이며 이성의 월권(越權) 행위이다. 다시 말해 '선험적 이념'은 오성보다도 고차적인 별개의 능력인 이성에 선천적으로 존재하는 개념인데 우리는 이 '과해져' 있기만 한 '선험적 이념'에 의하여 '주어져' 있다고 기만당하여 무제약자가 실재한다고 생각하고 이 무제약자를 카테고리에 의하여 인식하려는 데에서 선험적 가상이 생긴다. 이것은 오성의 작용을 통일하고 통제하기 위해 사용되어야 할 이성이 자신만에 의하여 대상을 구성하려고 하는 잘못된 사용으로 빚어지는 현상으로서 종래의 형이상학이 빠진 오류도 모두가 통제적(統制的, regulartiver)으로 사용해야 할 이성을 구성적(構成的, constitutiver)으로 사용한 데에서 연유한다.

칸트는 이들 세 가지 선험적 이념에 따라서 세 가지의 선험적 가상이 생기게 된다고 한다. 첫째는 사유적 주관을 대상으로 하는 선험적 심리학에 있어서의 오류, 둘째는 모든 현상의 총괄, 즉 세계를 대상으로 하는 선험적 우주론에 있어서의 오류, 셋째는 사유할 수 있는 모든 것의 가능성의 최고의 제약을 포함한 물(物)을 대상으로 하는 선험적 신학의 오류이다. 보통 영혼에 관한 것은 선험적 오류(誤謬) 추리, 세계에 관한 선험적 가상은 순수이성의 이율배반(二律背反), 신에 대한 선험적 가상은 순수이성의 이상(理想)이라고 부른다.

(2) 선험적 오류추리

선험적 오류추리(Paralogismus)란 '나는 생각한다'는 개념에서 출발하여 사유체로서의 자아, 즉 마음이라는 실체인 영혼의 존재를 상정하고 이에 대해 경험을 전적으로 무시하여 선천적으로 여러 가지 규정을 주려고 하는 데서 생기는 가상이다. 칸트에 따르면 "나는 생각한다"는 것은 결코 경험적인 것이 아니라 선험적인 것이기에 가장 확실하기는 하지만, '나'라는 것은 사유에 있어서 논리적인 판단 주체이지 결코 이 '나'를 실체로서의 자아라고 생각할 수 없다고 한다. 다시 말하면 "나는 생각한다"는 것을 출발점으로 하여 전적으로 그것으로만 자아나 마음에 대해 여러 가지 규정을 하려는 것은 결코 정당한 추리라고 말할 수 없다는 것이다.

그럼에도 불구하고 이 같은 오류를 범하여 실체로서의 마음, 즉 영혼의 존재를 생각하게 되면 우리는 이 영혼에 대해 '단순하고 단일한 실체,' '비물질적이며 영원불멸한 것'과 같은 여러 가지 규정을 주게 된다. 그러나 칸트는 이 같은 영혼에 대한 규정은 '나'를 실체로 생각한다는 것을 기초로 하여 비로소 성립하는 것인데 그것이 오류추리이기 때문에 모두 붕괴해버리고 만다고 한다.

(3) 순수이성의 이율배반

순수이성의 이율배반(二律背反, Antinomie)이란 이성이 그 이상 아무 것도 전제하지 않는 전제를 구하여 현상 계열의 절대적 통일을 구하려는 데서 생기는 선험적 가상이다. 선험적 오류추리가 주어에 관한 절대적 통일을 구하려는 데에 대하여 이것은 현상으로서의 객관의 절대적 통일을 구하려는 것이다. 칸트는 이 경우에 이성은 스스로 "자기의 요구를 포기하지 않을 수 없는 모순에 말려들고 만다"고 한다. 즉 현상의 객관적 종합에 이성을 적용하려고 할 때 상호 대립하는 두 주장은 동등한 권리를 가지고 성립하게 되고 이성은 불가피하게 이율배반에 빠지게 된다. 칸트는 카테고리표를 이용하여 양, 질, 관계, 양상의 각각이 이율배반에 빠진다는 사실을 구체적으로 설명한다.

칸트에 의하면 이율배반의 정립과 반정립은 상호 모순된 주장을 하면서 또한 다 같이 동등한 권리를 가지고 성립하는 것처럼 보이는데, 그것은 실은 양자가 다 같이 그릇된 기초 위에 서서 주장하고 있기 때문이라고 한다.

(4) 순수이성의 이상

순수이성의 이상(理想, Ideal)이란 사유 일반의 모든 대상의 절대적 통일을 찾기 위해 상정하는 신에 대한 선험적 가상을 말한다. 칸트는 이러한 순수이성의 이상은 단지 인식의 완전성을 위해 생각하게 된 이념을 곧 실체적인 존재라고 생각한 데서 연유하는데 그것은 통제적이어야 할 이성이 구성적으로 잘못 사용했기 때문이라고 한다. 이성은 최고의 실재성이라는 이념을 실체화하여 신 존재를 생각하고 그에 대한 증명을 하는데 칸트에 따르면 그 방식에는 자연신학적 증명, 우주론적 증명, 존재론적 증명 세 가지가 있다고 한다.

칸트는 이들 증명은 모두 틀린 이성 추리에 의해 이루어져 있으며, 논리적으로 볼 때 가장 기초적인 것은 존재론적 증명이며 다른 것은 이것을 기초로 그 위에 성립하고 있다면서 그들을 모두 비판했다.

첫째, 존재론적 증명(ontologischer Beweis)에 따르면 모든 실재 중에서 가장 실재적인 존재인 신은 그 개념 속에 필연적인 존재를 지니고 있으므로 존재한다고 한다. 그러나 칸트는 주어와 술어의 필연적 관계는 논리적 관계일 뿐이지 결코 주어가 언표하는 것이 현실에 존재함을 의미하지는 않는다고 비판한다. 즉 어떤 개념에 존재가 빠져 있어도 그 성질은 하나도 적어지지 아니하며 모든 성질을 가지고 있더라도 그것이 절대적으로 존재한다는 것은 아니라고 비판한다. 이에 대해 칸트는 가능적인 100달러와 현실적인 100달러의 예를 들면서 가능적이든 현실적이든 100달러라는 개념에는 차이가 없다고 한다. 마찬가지로 신이라는 개념이 존재를 그 속에 포함하고 있다고 할지라도 그것이 신의 현실성을 증명하지는 않는다고 했다. 결국 신이 현실에 존재한다고 말할 수 있으려면 개념을 초월하여 경험적 직관과의 결합이 필요하지만 그것이 불가능하기 때문에 신의 현실적 존재를 증명할 수 없다고 했다.

둘째, 우주론적 증명(kosmologischer Beweis)에 따르면 만일 무엇인가 존재한다면 절대적으로 필연적인 존재자가 존재하지 않으면 안 된다는 전제 아래 적어도 나 자신은 현존하고 있기 때문에 나의 원인으로서 필연적인 존재도 현존한다고 한다. 그러나 칸트에 따르면 이 추론은 현상하는 우연적인 것에서 경험을 초월하여 필연적인 존재자를 추론하는 잘못을 범하고 있다고 한다. 즉 이 증명은 감성계에서만 의미를 갖는 인과율에 근거하고 있는데 여기에서는 인과율이 감성계를 초월하여 사용되고 있다. 그리고 이 증명은 필연적으로 존재한다고 말할 수 있는 것은 오직 가장 실재적인 것이라고 주장하는데 이는 '가장 실재적인 것은 가장 필연적으로 존재한다'는 존재론적 증명의 형태를 바꾼 주장에 불과하다는 것이다.

셋째, 자연 신학적 증명(physikotheologischer Beweis)에 따르면 현재의 세계가 우리에게 다양성과 질서와 합목적성과 미의 헤아릴 수 없는 광경을 전개한다는 경험적 사실에서 출발하여 이 같은 사실은 자연의 작용만으로는 설명할 수 없기 때문에 세계의 근저에 예지적인 세계 창조자로서의 신을 생각하지 않으면 안 된다고 한다. 그러나 칸트는 이에 대해서 자연신학적 증명은 가장 오랜 옛날부터 있었고 가장 명백하며 가장 상식에 적합하지만 옳지는 않다고 비판한다. 이 증명으로는 세계의 질료를 형성하는 세계 건설자에는 도달할 수 있을지 몰라도 질료까지도 스스로 창조하는 세계 창조자로서의 신에는 이르지 못한다고 한다. 단지 이 증명은 세계의 형식뿐만 아니라 질료도 우연적이라고 생각하고 세계의 사물이 우연적이라는 데에서 절대로 필연적인 존재자가 존재하지 않으면 안 된다고 추론한다. 그러나 이것은 우주론적 증명이 행한 논증이다.

이렇게 신 존재의 세 가지 증명 방식은 목적론적 증명에 근본에는 우주론적 증명이, 우주론적 증명의 근본에는 존재론적 증명이 전제되고 있는데, 가장 근본적인 존재론적 증명이 오류인 이상 거기에 근거를 두고 있는 다른 두 증명도 오류임은 당연하다.

칸트는 이렇게 「선험적 변증론」에서 무제약자를 구하려는 이성에는 세 가지 선험적 이념이 있으며, 이 이념에 의하여 인간은 불가피하게 가상(假象)에 빠지게 됨을 밝혔다. 칸트는 이 선험적 가상을 폭로하여 우리의 오성으로 하여금 그 본래의 영역인 경험의 범위를 초월하지 않게 하려는 것이 목적이었다. 그래서 종래의 형이상학을 부정했지만 영혼이나 신의 존재를 부정하지는 않았다. 단지 영혼이나 신은 우리의 이론적 인식으로는 정초할 수 없는데도 종래의 형이상학은 그런 우를 범했다는 사실을 지적했다.

결국 칸트는 『순수이성비판』 전반을 통해 인간의 이성이 시·공의 감성계에 제한되었다는 사실을 명확하게 하고 동시에 선험적 이념에 의해 본능적으로 저지를 수밖에 없는 이성의 오류들을 지적하여 그것이 오류임에도 불구하고 실제로 존재하는 것으로 생각한 종래의 전통적인 사변적 혹은 이성적 형이상학을 부정했다. 그리고 그것은 새로운 형이상학, 즉 후에 제2비판서인 『실천이성비판』에서 전개되는 도덕적 의식을 통한 형이상학의 전제요 출발이었다. 그는 제2비판에서 도덕적 형이상학을 정초하고 제1비판에서 인식의 대상 밖에 있었던 물자체를 이론이성에 의해서가 아니라 실천이성을 통한 도덕적 의식을 통해 해명한다.

4. 『실천이성비판』과 윤리학

『순수이성비판』에서 이론적인 인식만으로는 결코 물자체의 세계를 파악하지 못한다는 사실을 드러낸 칸트는 『실천이성비판』에서 우리의 도덕적 의식을 통하여 물자체의 세계의 존재를 드러낸다. 칸트는 이를 위해 이성이 이중의 사용을 갖는다고 보고 이성을 '순수 사변이성'과 '순수 실천이성'으로 나누었다. 칸트에 따르면 사변이성은 인식에 관계하는 인식 능력적인 이성이요 실천이성은 도덕적인 행위에 관계하는 행위 규정적인 이성으로서 의지의 규정 근거를 다루는 이성이다.

따라서 실천이성은 경험적으로 제한된 사변이성이 그 한계를 넘어 행위를 규정하는 측면에서까지 실천이성을 배척하면서 자기만의 규정 근거를 결정하려는 월권을 제지할 의무가 있다.

그래서 칸트는 먼저 "인간의 의지는 무엇으로 규정되어야 하는가?" 하는 가장 근본적인 문제를 제기한다. 그는 이에 대해 두 가지의 가능성이 있을 수 있다고 한다. 하나는 의지가 이성 자체의 법칙을 좇아서 규정되는 것이요, 다른 하나는 이성의 영역을 넘어선 곳에 존재하는 외부의 것에 의하여 규정되는 것이다. 전자의 경우는 자율적이며, 후자의 경우는 타율적이다. 칸트는 종래의 모든 윤리학은 인간의 의지를 규정하는 준거를 외적인 데에 두려는 오류를 범해왔다고 지적했다. 즉 최고 가치로서 행복이나 최고선을 먼저 설정하고 어떻게 그것에 도달할까를 제시하려고 했는데 이 모든 것들은 타율성을 강조한 것이라는 것이다. 그러나 이와 같은 방법으로는 필연적으로 보편타당한 행위의 법칙을 얻을 수 없기 때문에 타당성 있는 진정한 원리를 포착하려면 그것은 이성 자체에서 도출되어야 한다고 했다.

이러한 칸트 윤리학은 도덕률의 절대적인 보편성을 확보하기 위해 도덕 법칙에서 경험적 요소를 모두 제거하여 오직 의무를 위한 의무라는 동기를 중시하는 법칙주의적, 동기주의적, 의무주의적, 엄숙주의적 성격을 띠고 있다는 점에서 큰 특징을 보이고 있다.

1) 도덕률과 의지의 자유

칸트는 행위의 법칙, 즉 실천 법칙을 기독교에서처럼 하나님이 존재한다고 전제하고 그 절대자인 하나님의 명령이니 그 명령도 절대적이라는 식으로 독단적으로 전제하지 않고 확고한 사실의 토대 위에 발견하려 했다. 그리고 다름 아닌 도덕의 사실만이 그것을 발견하기 위한 토대의 구실을 할 수 있다고 믿었다.

칸트는 '순수이성의 사실'(Faktum der reinen Vernunft)로서의 도덕률(道德律)이 존재한다는 의식에서 출발한다. 그에 의하면 도덕률이 존재한다는 것은 결코 부정할 수 없는 사실이다. 물론 이 경우의 사실이라는 말은 경험적 사실이라는 의미는 아니다. 감성적 직관으로는 결코 도덕률을 직관할 수 없기 때문이다. 도리어 경험적인 요소를 사상(捨象)함으로써 순수한 도덕의 법칙을 발견하려 함이 칸트의 기본 방침이다.

　우리는 모두 도덕 판단을 하고 또 그 판단에 따라 행동한다. 즉 우리는 어떤 사람은 선하며 어떤 사람은 악하다고, 또 어떤 행위는 옳으며 어떤 행위는 그르다고 판단한다. 그리고 그 판단에 따라 비난이나 칭찬도 한다. 나아가 우리는 행위와 실천에 있어서 항상 무엇을 해야 하는가를 스스로 자진해서 생각한다. 다시 말해 자신의 이익과 행복을 위해서 "어떻게 해야 하는가?"를 생각하기도 하지만 그보다는 "무엇을 해야 정당한가?"를 더 많이 생각한다. 바로 그러한 생각은 도덕률의 존재를 생각함과 같다. 이것이 곧 '이성의 사실'이다. 우리가 자신의 실천에 대하여 절실한 태도를 취할 때 우리의 도덕적 의식은 도덕률의 존재를 부정할 수 없는 사실로 받아들이지 않을 수 없게 한다.

　도덕률(道德律)은 무제약적으로 타당한, 즉 모든 사람에 대하여 타당한 객관성을 가진 실천 법칙이다. 따라서 모든 이성 존재에 대한 무제약적 타당성을 가져야 하는 보편성(普遍性, Allgemeinheit)과 의무로서 명령하는 예지적인 강제력인 필연성(必然性, Notwendigkeit)을 가지고 있다. 그래서 도덕률은 우리에게 존재해야만 하는 것 또는 행해져야만 하고 행해야만 하는 것, 즉 당위(當爲, Sollen)에 관하여 말한다. 도덕률은 사람마다 다른 주관적인 실천 원리와는 엄밀하게 구별되어야 한다. 도덕률은 개개인의 임의의 선택을 허용하지 않기 때문이다. 도덕률이 모든 이성적 존재자에 대하여 보편적으로 타당하다면 결코 경험적인 성격의 것이 아니다. 경험적인 것은 결코 보편타당성을 가질 수 없기 때문이다. 선천적인 것만이 필연적이므로 모두에게 보편타당한 행위의 법칙인 도덕률은 선천적인 행위의 원리이다.

　그러나 욕구 능력의 대상이 의지 규정의 근거가 되는 모든 실천적인 원리는 경험적이다. 즉 어떤 행위를 하고자 하는 이유가 무엇을 얻고자 하기 때문이며 그것이 우리의 의지를 규정하여 어떤 행위를 하게 만든다면 그러한 행위의 원리는 경험적이라는 말이다. 우리가 어떤 대상을 욕구함은 그 대상을 획득함으로써 쾌를 얻어 궁극적으로 행복하고자 함이다. 그런데 어떤 대상이 우리에게 쾌를 주는지 불쾌를 주는지, 혹은 행복을 주는지 불행을 주는지는 선천적으로 결정할 수 없고 경험적으로 결정되기 때문에 그것들은 경험적인 성격의 것이다. 욕구 대상의 쾌와 불쾌는 주관이나 조건에 따라 다르게 느껴질 뿐 모두에게 똑같이 적용될 보편성은 없다. 그러므로 보편성을 띤 도덕률은 결코 욕구 능력의 대상에 의해서 의지를 규정할 수도 없고 해서도 안 된다.

칸트는 도덕률의 성격을 이렇게 규정하고 그것은 다만 형식상에서 의지를 규정하는 것이라고 했는데, 이러한 도덕률이 존재하는 한 우리의 의지는 자유를 갖지 않으면 안 된다고 주장한다. 왜냐하면 만일 우리의 의지가 자연 인과율에 의해 규정된다면 우리는 욕구의 대상에 의해서만 규정될 텐데 우리가 쾌나 행복을 무시하며 욕망에 흔들리지 않고 도덕률에 합치하는 행위를 할 수 있는 이상 우리는 자연 인과율로부터 독립해 있다고 하지 않을 수 없기 때문이다. 한 마디로 의지는 자유를 가진다고 할 수밖에 없다. 예를 들면 정의로운 사람이 불의한 일을 저지르면 큰 돈을 벌어 부자가 될 수 있음을 알면서도 그렇게 행동하지 않음은 우리의 의지가 인과적이지 않고 욕구 대상으로부터 자유로움을 알려 준다.

자유란 인간이 감각적 욕구를 이기고 도덕률에 의해서 자기 자신을 지배할 때에 이루어진다. 그런데 칸트가 말하는 객관적으로 실재하는 자유는 의지의 도덕적 자유, 즉 자율(自律, Autonomie)이다. 도덕적인 자유는 어떤 대상의 성질에도 구애됨이 없이 의지 자신을 제약하는 스스로의 원인성으로서의 법칙이다. 또한 경향성(傾向性, Neigung)으로부터 독립해서 자신의 입법 근거를 마련해서 행위의 법칙을 자신에게 제공하는 실천이성의 성격이다.

결국 칸트는 실천적인 측면으로 볼 때 우리가 자신의 욕구대로 행하기도 하고 때로는 그것을 물리치고 도덕률에 합치하는 행동을 하는 것을 통하여 객관적인 도덕 법칙과 의지의 자유가 있음이 '이성의 사실'로서 밝혀진다고 했다. 그러므로 칸트는 『순수이성비판』에서는 그 존재를 확증할 수 없었던 자유의 문제를 『실천이성비판』에서는 도덕률의 존재라는 '이성의 사실'에서 출발하여 의지의 자유를 적극적으로 주장할 수 있었다. 의지의 자유가 존재하지 않는다면 도덕률은 성립할 수 없기 때문에 "의지의 자유는 도덕 법칙의 존재 근거"요 우리에게 의지의 자유를 의식하게 하는 것은 도덕 법칙이므로 "도덕 법칙은 의지의 자유의 인식 근거"이다. 양자는 결국 불가분의 관계이다.

이렇게 해서 의지의 자유가 확보되고 이를 통해 우리는 예지적 질서 속으로 이

입이 가능하게 되었다. 왜냐하면 이론이성의 대상인 감성계에서는 자유라는 것을 생각할 수 없었으나 실천이성을 통해 자유가 확증되었다면 이는 감성계를 넘어선 초감성계이고 예지계이며 물자체계일 수밖에 없다. 따라서『순수이성비판』의「선험적 변증론」에서 거부당했던 이론이성에 의한 물자체의 세계가 실천이성에 의해 확실해졌으며 실천적 견지에서 그 존재를 생각하는 것이 허용되어 새로운 형이상학, 즉 이론적 형이상학이 아닌 도덕적 의식을 통한 실천적 형이상학이 가능하게 되었다. 이는『순수이성비판』에서 해결하지 못했던 초경험계에 관한 과제가『실천이성비판』에서 실천적으로 해결되었음을 의미한다.

2) 준칙과 법칙

칸트는 우리의 의지가 자유이기 때문에 행위로 옮기게 하는 의지의 규정도 자유롭다고 본다. 그는 의지를 규정하는 원리를 크게 둘로 나누었다. 준칙(準則, Maxime)과 법칙(法則, Gesetz)이 그것이다. 준칙과 법칙 양자 모두 "…하게 행위하라"고 명령하는 행위의 원리이다.

준칙이란 욕구 능력의 대상을 의지의 규정 근거로 삼는 경험적 행위 원리로서 주관의 의지에 대해서만 타당한 규칙, 곧 의지의 주관적 원리이다. 쉽게 말하자면 사람마다 하고자 하고 원하는 것이 다를 뿐 아니라 그 이유도 각양각색인데 어떤 행위를 함에 있어 자기가 원하는 목적 때문에 어떤 행위를 하는 원칙을 말한다. 예컨대 어떤 사람이 아침마다 운동을 하기로 했는데 그 이유는 건강하게 살기 위해서였다면 그 사람의 '운동'은 '건강'이라는 욕구에 의한 행위이다. 따라서 건강은 운동의 행위를 규정한 셈이요 건강이 행위의 원리가 된 것이다. 물론 심장이 약한 사람에게는 운동이 오히려 건강을 해칠 수 있으므로 그렇게 어떤 욕구를 이루고자 하는 목적적인 행위의 원리는 객관적이거나 필연적이지 못하며 오로지 그 사람에게만 타당한 행위의 원리일 뿐이다. 그러므로 준칙은 자신의 행위를 결정하는 근거이지만 '나'의 준칙은 '나' 아닌 다른 어떤 사람에게도 타당하다고 주장할 수 없으며 그것은 좋을 수도 있고 나쁠 수도 있는 원칙이다.

이에 반하여 법칙은 주관이 제약하는 의지가 모든 이성적 존재자의 의지에 대해 객관적으로 타당한 것으로 인식되는 원칙들, 곧 '실천 법칙'이다. 즉 누구에게나

타당한 행위의 원리이다. 예를 들면 "거짓말하지 말라," "살인하지 말라," "정직하게 살아라"와 같이 이유나 목적이 없이 인간이라면 누구나 따라야 할 행위의 원리를 말한다. 그러한 법칙은 상황을 허락하지 아니하며 조건이 수반되지 아니한다. 다시 말하면 준칙은 주관적인 의지의 욕구가 대상이 되어 "…을 얻는 것을 목적으로 행위하라"고 명령하지만, 법칙은 그냥 아무런 목적이나 이유 없이 "…하게 행위하라"고 무조건적으로 명령한다.

　그런데 현실적인 인간의 의지는 주관적 동기의 세력 밑에 있는 까닭에 보통 객관적 실천의 법칙과 잘 조화되지 않는다. 다시 말해 인간은 자신의 욕구에 민감하기 때문에 욕구와는 직접적 관련이 없는 객관적 실천 법칙인 도덕률에 따르기보다는 자신이 욕구하는 것을 얻는 방향으로 행위하려는 경향이 있다. 이것이 칸트가 말하는 우리의 의지가 갖는 경향성(Neigung)이다. 그렇기 때문에 우리는 눈앞에 펼쳐진 나의 이익과 관련된 행위를 할 것이냐, 아니면 마땅히 따라야 할 실천 법칙인 도덕률에 따라 행위할 것이냐 고민하게 된다. 실천이성의 법칙은 마땅히 그렇게 해야 한다는 요청적 성격을 띠고 있지만 현실적 인간의 의지는 주관적 동기인 경향성에 따르려 하기 때문에 의지와 실천 법칙 간에는 저항이 개재한다. 예를 들면 누군가가 흘리고 간 적지 않은 돈을 주운 보통의 사람은 갈등한다. 흘리고 간 저 사람에게 돌려 줄 것인가, 아니면 데이트 자금으로 사용하기 위해서 눈 딱 감을 것인가? 돌려주고자 하는 마음은 법칙에 따르고자 함이요, 모른 체 하고자 하는 마음은 주관적 경향성에 따르고자 함이다. 그 사이에서 갈등함은 법칙에 따르고자 하는 의지와 경향성에 따르고자 하는 의지 사이에 발생한 저항 때문이다.

　물론 칸트는 도덕률에 따라야 한다고 말하고 또 그것을 목표로 하고 있다. 그러므로 객관적 도덕 원리는 단적으로 실현되어 있는 것이 아니고 의지에 대하여 실현을 강요하는 것이어야 한다. 이와 같은 이성이 명하는 방식을 칸트는 명법(命法, Imperativ)이라 한다.

3) 정언명법

　칸트는 우리에게 당위적 행위의 명법, 즉 명령에는 두 가지가 있다고 했다. 준칙에 의한 명법인 가언명법(假言命法, hypothetischer Imperativ)과 법칙에 의한 명법인

정언명법(定言命法, kategorischer Imperativ)이 그것이다. 양자는 모두 강제성을 갖지만 준칙에 의한 가언명법은 조건적으로 보편타당하고 법칙에 의한 정언명법은 무조건적으로 보편타당하다.

가언명법은 원하는 것을 얻는 데에 도움이 되기 때문에, 즉 행위와 관련된 소원이 있기 때문에 행위를 그 원하는 방향으로 결정짓게 하는 강제력을 갖는 목적 달성을 위한 실천적 명령이다. 따라서 가언명령은 "만약 X를 원한다면 Y를 하라"는 식의 조건적인 명령이므로 X를 원하는 것을 포기하면 Y를 하지 않아도 된다. 즉 그것은 조건적이다. 그리고 그때만 타당하다. 그러므로 그 소원을 버리기만 하면 그 당위성에서 벗어날 수 있다. 다시 말해 가언명령도 강제력을 가진 명령이지만 그 강제력의 제약적 조건인 욕구 대상을 포기하기만 하면 그 강제력에서 벗어날 수 있다. 그러므로 그것은 절대적인 명령이 아니며 보편타당한 행위의 법칙이 될 수 없다. 이것은 행위를 욕망된 결과에 따라서 규정하고 의지를 의지로써 규정하지 않는 하나의 훈계로서 법칙과는 구별된다. 이에 반하여 정언명법은 다른 목적과는 관계없이 행위를 자체로서 필연적인 것으로 생각하는, 오직 의지를 의지로써 단적으로 그리고 넉넉히 규정하는 실천 법칙이다. 즉 정언명법은 필연적인 실천 원리로서 행위의 목적이나 효과에 관계없이 그 자체가 객관적으로 필연적이라고 선언하는 명법이다.

도덕적 의무들은 어떤 특정한 소원에 의존해 있지 않다. 그것은 무조건적이다. 즉 도덕적 의무들은 우리의 특수한 소원이나 욕구 등의 어떤 것에 관계없이 반드시 해야 한다. 따라서 개인적으로 관심이 없다고 해서, 또는 자기의 이익과 무관하다고 해서 그 도덕적 요구를 피할 수는 없다. 바로 이같이 이유나 전제가 없는 무조건적으로 따라야 하는 무상명령을 칸트는 정언명법이라고 했다. 그러므로 정언명법만이 실천적 명령이라고 할 수 있고 그 이외의 모든 명법은 의지의 주관적 원리, 즉 준칙이라고는 말할 수 있으나 법칙이라고는 말할 수 없다.

칸트는 도덕적 실천 법칙은 단순히 주관적 의지의 규정 근거인 준칙과 구별되어야 하며 또한 어떤 조건 아래에서만 타당한 가언명령과도 구별되어야 하므로 정언명령이 아니면 안 된다고 주장한다. 가령 "약속을 지켜야 한다"는 명령에 대해 그것을 준칙으로 선택할 수도 있고 거부할 수도 있으나 도덕률은 결코 임의의 선택을 허용하지 않고 필연적 선택을 요구한다. 준칙은 예상되는 행위의 결과가 의지를 규정하므로 경험적이지만, 도덕률은 모든 이성적 존재자에 대해 타당한 것이므로 그것은 결코 경험적인 성격을 가질 수 없다. 그러므로 "…을 목적으로 하여 행위하라"는 실천적 원리는 결코 도덕률일 수 없다.

실천 법칙으로서의 도덕률은 객관적이고 선천적이어야 하며 필연성과 보편타당성을 가져야 한다. 그러므로 후천적이고 경험적인 것은 보편성을 가질 수 없으므로 사상(捨象)이 요구되며 어떤 목적 달성을 위한 수단의 제시를 골자로 하는 가언명령은 의무를 강요하는 필연성이 없으므로 감성적 욕구의 대상이 되는 모든 실질적 내용의 배제가 요구된다. 이와 같이 모든 경험적 요소 및 실질적 요소를 배제한 다음 남는 것은 오직 선천적 입법의 형식만이 남는다. 그래서 칸트는 보편성과 필연성을 구비한 실천의 법칙은 오직 선천적 입법의 형식만의 제약을 받고 성립해야 한다는 결론에 도달한다. 즉 도덕률은 모든 욕구 대상을 무시하고 오직 의지의 준칙이 도덕률의 보편적 입법에 합치하도록 요구한다.

칸트는 실천이성의 근본 법칙, 즉 선천적 입법의 형식을 "네 의지의 준칙이 항상 동시에 보편적 입법의 원리로서 타당하도록 행위하라"는 말로 표현한다. 칸트는 이것은 특별한 논증을 할 필요가 없이 그대로 실천 법칙의 규정 원리로서 타당한 '순수이성의 사실'로 받아들인다. 여기에 직각론자(直覺論者)로서의 칸트의 일면이 있다. 또한 칸트는 정언명법의 가능 근거로 인간의 이중성과 자유를 전제했는데 감성계의 일원으로서의 우리는 반드시 무상명령에 복종하는 것이 아니라 오히려 욕구의 지배를 받지만 예지계의 일원인 자기를 깨닫는 순간 자율적으로 무상명령에 복종하지 않을 수 없다고 보았다.

칸트는 실천이성의 근본 법칙을 또 다른 두 가지 형식으로 표현하고 있다. 그의 둘째 형식에 의하면 "너 자신을 포함한 모든 인격에서의 인간성을 항상 동시에 목적으로서 대우하고 결코 단순한 수단으로 사용하지 말라"는 것이다. 셋째 형식은 "모든 이성적 존재자는 그 준칙에 의하여 항상 보편적 목적의 왕국의 입법적 성원인 것같이 행위하라"고 명령한다. 칸트가 말하는 실천이성의 근본 법칙이 의미하는 바는 일정한 상황에서 나에게 옳은 행위는 누구에게나 옳은 행위요 나에게 그른 행위는 누구에게나 그른 행위라는 말이다. 각 개인의 욕구, 감정, 의견 등의 경험적 사정의 차이는 행위의 시비를 가리는 데에는 전혀 무관하다.

요컨대 그 근본 법칙은 어떤 행위의 법칙이 참된 도덕률, 즉 정언명령이 되기 위하여 갖추어야 할 조건을 밝히는 원리이므로 그것은 오직 형식의 원리이며 우리가 어떻게 행위해야 할 것인가 하는 물음에 대해 어떠한 내용도 구체적으로 언급하는 바가 없다. 이것이 소위 칸트의 윤리학이 내용이 없는 형식주의라고 비판받는 일면이기도 하다. 따라서 내용을 갖춘 구체적 행위의 법칙은 근본 법칙에 의거하여 따로 발견되어야 하는데 특정한 도덕률이 실천이성의 근본 법칙에의 적합성 여부를 판정하기는 쉽지 않다.

그러나 칸트는 실천적 판단력이 (감성계에 속하는) 개별적 행위의 (예지계에 속하는) 실천이성의 근본 법칙에 대한 적부를 판정할 수 있으려면 전혀 이질적인 예지계와 감성계를 연결해 줄 매개가 필요했는데, 이를 위해 그는 전형(典型, Typus)이라는 개념을 도입하여 자연의 법칙을 도덕법칙의 전형이라고 불렀다. 즉 실천적 판단력은 개개의 행위가 실천이성의 근본 법칙에 합치하는가 위반되는가를 직관적으로 판가름할 수는 없으나 자연의 법칙에 비추어 이를 판정할 수 있다고 했다.

4) 선의지

칸트에 따르면 객관적 실천 법칙은 자유인 의지에 대하여 명령의 형태로 나타나며 '옳다'라는 관념은 당위, 즉 의무로서의 압력을 대동하고 육박해 온다. 우리의 의지는 자유롭기 때문에 욕구에 근거한 준칙에 따라 행위할 수도 있지만 우리의 실천이성은 객관적 실천 법칙인 도덕률을 무조건 따르라고 명령한다. 그렇지 않으면 도덕률은 아무런 의미가 없기 때문이다. 그러나 우리의 의지는 어디까지나 자유이기 때문에 도덕률을 따를 수도 있고 그렇지 않을 수도 있다. 우리의 의지는 다양하게 나타날 수 있으며 그 의지가 선할 수도 있고 악할 수도 있다. 그러나 칸트는 객관적 실천 법칙인 도덕률이 우리의 의무이기 때문에 그것을 지켜야 한다는 의식에서 그것을 따르는 의지야말로 무조건적으로, 그리고 자체적으로 선하다고 말한다. 그것이 선의지이다.

이 선의지에 관한 개념은 칸트 윤리학의 출발인 동시에 그 기본 전제인데 그는

『도덕 형이상학 원론』(*Grundlegung zur Methaphysik der Sitten*) 제1장의 첫 구절에서 "이 세상에서 또는 이 세상 밖에서까지라도 선의지 이외에 무조건 선하다고 볼 수 있는 것은 하나도 생각할 수 없을 것이다'라고 말했다. 이는 그 자체로서 선한 것, 즉 본래적 선의 가치를 가진 것은 오직 선의지뿐임을 의미한다.

칸트가 말하는 선의지란 행위의 결과를 고려하는 마음이나 또는 자연적인 경향성에 따라 옳은 행동을 하는 의지가 아니라 단순히 어떤 행위가 옳다는 그 이유로 말미암아 그 행위를 선택하는 의지를 말한다. 한 마디로 선의지란 객관적 실천의 법칙을 순수한 동기에서 따르는 의지이다. 그러므로 선의지란 의무 그 자체를 존중하는 마음에서 의무를 수행하고자 하는 의지라고 말할 수 있다. 그래서 칸트는 "오직 의무를 위하여 의무를 수행하려는 의지인 선의지만이 본래적으로 선하다"고 말한다. 칸트는 바로 그 선의지에 의해 도덕 법칙에 따르고자 하는, 즉 의무를 지키고자 하는 동기에서 출발한 행위만을 도덕적으로 보았다. 욕구에 의한 준칙에 따른 모든 행위, 또는 의무에 배치되는 행위에 대해서는 그것이 아무리 결과적으로 선하고 유익하다손 치더라도 도덕적 가치를 부여하지 않았다. 준칙에 따른 결과가 선해도 그것은 선한 행위가 아니며 결과가 선하지 않다 해도 도덕법을 지키려는 의무에서 출발한 행위가 선하다는 말이다. 다시 말하면 도덕적으로 선한 행위는 의무와 일치하기만 해서는 안 되며 의무로 말미암아 의욕되어야만 한다.

도덕적 행위는 다만 개인의 자의적 욕망 내지 경향에서 나온 것이 아니라 전적으로 의무에서 나온 것이다. 행위가 도덕률에 들어맞을 경우라도 그것이 행복을 바라는 감정, 감성적 욕구에 의해서만 일어나고 도덕률 그 자체를 위해 일어난 것이 아니라면 거기에는 단순한 적법성이 있을 뿐이고 도덕성은 없다. 그래서 칸트는 "어떤 행동이나 그 행동이 의무 관념에 동기를 가진 것이라면 그 결과가 불행을 초래할지라도 그것은 선이다"라고 말하고 있다. 어떤 행위가 결과적으로 의무에 부합되었다 해도 그것이 의무에 대한 존중을 동기로 삼지 않고 다만 경향성에서 유발된 것이라면 도덕적인 행위라고 말할 수 없다. 한 마디로 의무에 부합하기는 해도 "의무로부터" 나온 것이 아니면 도덕적인 가치를 부여할 수 없다는 것이 칸트의 지론이다.

칸트는 이를 위해 다음과 같은 여러 가지 예를 들어 설명했다.

어떤 사람이 천성적으로 동정심이 가득 차고 남을 도움에 기쁨을 느껴 남에게 친절을 베풀었다고 하자. 외견상 그리고 일반적으로 우리는 그의 행위를 도덕적이라고 할지 모르나 칸트에 따르면 그러한 행위가 아무리 의무에 합당하고 아무리 가상할 만한 행동이라 할지라도 결코 참된 도덕적 가치를 갖지는 못한다. 자신의 기쁨을 위한 친절이기 때문이다.

어떤 상인이 속이지 않고 정직하게 물건을 판다고 하자. 그러나 정직하게 물건을 판다는 행실만으로 그 행위가 고객을 끌기 위한 행위인지 이해와는 상관없이 정직을 의무로 생각하고 하는 행위인지 분명치 않다. 그 상인의 의도는 정직하게 상행위를 했음에도 불구하고 파산하게 되지 않을 수 없을 때 비로소 분명해진다. 정직함이 옳기 때문에 그렇게 했다면 파산을 하더라도 정직하게 상행위를 계속할 것이요, 고객을 끌기 위해서였다면 파산하지 않기 위해 정직을 포기할 것이다.

어떤 사람이 건강을 위해 어려움을 참으며 절제 생활을 한다고 하자. 생명을 유지하기 위해 갖은 고생을 다 참는다는 사실만으로는 그 행위가 의무에서 나왔다고 단정할 수는 없다. 죽는 것이 사는 것보다 훨씬 편하다고 생각되는 경우에 처했을 때도 모든 고통을 참고 꿋꿋이 살아간다면 비로소 그 행위가 의무에 합당한 행위이다.

어떤 사람이 절박한 위험에 처해 어쩔 수 없이 거짓말을 했을 경우도 그것은 무조건 불의이다. 거짓말의 결과 위험은 사라지고 더 없는 행복이 왔다고 해도 그것은 윤리적으로 아무 가치가 없다. 의무 의식이 지배적 동기가 되어 나온 행위가 아니라면 그 행위는 영리한 행위, 빈틈없는 행위는 될지언정 도덕적 가치는 없다.

결국 칸트는 오직 의무의 요구를 따르려는 동기만이 행위에 도덕적 가치를 부여한다고 믿었으며 그래서 행위가 의도하는 목적이나 행위에 의해 도달되는 결과는 행위의 도덕적 가치와 아무런 관계가 없다고 주장했다. 이것이 그의 동기주의(動機主義)이다.

의무에서 나온 행위는 어떤 특별한 목적을 달성하려는 의도에서 나온 것이어서는 안 된다. 그래서 칸트는 "의무란 법칙에 대한 존경으로 말미암아 행위하지 않을 수 없는 필연성이다"고 말한다. 우리가 법칙에 대한 존경심을 느끼는 이유는 법칙이 우리의 의지를 구속하고 있음을 알기 때문이다. 즉 법칙이 법칙인 한 우리는 개인적 욕망을 버리고 거기에 복종해야 한다. 법칙에 대한 존경 그것만이 행위에 내면적인 가치를 부여하는 근거가 될 수 있다. 칸트의 이런 면을 법칙주의, 의무주의라 말한다. 칸트에게 있어 법칙에 대한 존경심에서 행위하는 것은 의무에서 행위하는 것 또는 의무, 법칙 그 자체로 말미암아 행위하는 것과 똑같은 것이다. 엄숙주의라는 칸트 윤리의 성격은 바로 이 법칙에 대한 존경심 때문이다.

5) 영혼불멸과 신 존재의 요청

칸트는 『순수이성비판』의 「선험적 변증론」에서 '순수이성의 이념,' 즉 영혼, 자유, 신은 선험적 가상(假象)이라고 하여 그에 대한 인식은 이론이성의 월권이며 사실상 인식될 수 없다고 주장했다. 그러나 『실천이성비판』에서 칸트는 그것들을 도덕을 성립시키는 절대적 필요조건으로서 요청(Postulat)한다.

그는 먼저 의지의 자유에 대해서는 '이성의 사실,' 즉 실천 법칙의 존재에 대한 도덕적 의식을 통해 보여주었다. 실천 법칙의 존재는 필연적으로 의지의 자유를 요청한다. 도덕적 행위는 언제나 다른 사람에 의해 강요됨이 없이 전적으로 인간의 자유의지에 의하여 결정된다. 그리고 도덕적 행위의 주체는 언제나 책임을 지는 주체이기 때문에 자발적인 행위가 아니면 절대로 책임을 물을 수 없다. 그러므로 자유는 칸트에게 도덕의 첫 번째 요청이다.

자유가 요청되는 이유는 이성적인 행위자로서의 인간은 행위에 있어 자신의 이성적 의지가 행위의 근본 원리가 되어야 하며 이 원리에 따라 행위할 능력이 전제되어야 하기 때문이다. 다시 말해서 인간 행위는 소극적으로든 적극적으로든 자신의 이성적 의지가 자유임이 전제되어야 한다. 만약 인간에게 자유가 없고 필연적인 행위만 있다면 행위에 대한 책임이 문제되지 않을 것이며 따라서 "…을 행하라"는 도덕적 명령도 무의미할 것이다. 또한 의지가 필연적으로 결정되어 있다면 도덕률에 따르려는 노력도 무의미하게 될 것이다. 그러므로 의지의 자유는 도덕이 성립하기 위한 최대 요건으로서 요청된다.

의지의 자유를 실천이성의 사실을 통해 보여준 칸트는 계속해서 '요청'의 원리로서 영혼의 불멸과 더불어 신의 존재에로 나아간다. 이러한 그의 입론은 소위 '도덕론적 신 존재 증명' 또는 '윤리학적 신 존재 증명'으로 알려져 있다. 그러나 그의 신 존재 증명은 적극적인 의미의 증명이라기보다는 자신의 윤리학적 체계를 위한 필요에서 요청된 것이다.

먼저 영혼불멸은 최상선의 개념을 중심으로 설명된다. 칸트에 의하면 우리의 실천이성은 의무를 위해 의무를 수행하는 유덕한 인격의 실현, 즉 최고선의 실현을 끊임없이 구한다. 그런데 최고의 개념은 최상과 완전이라는 것을 의미한다. 최고선은 최상의 덕이라는 조건 하에서만 보장되는 완전한 행복이다. 그러므로 최고선이 실현되기 위해서는 먼저 도덕률을 무조건 따르는 최상의 덕, 즉 최상선이 획득되지 않으면 안 된다. 그러나 최상선은 아직 완전이라는 의미에서의 최고선이 아니다. 최상선을 획득한 결과 완전한 행복이 보장되어야 최고선이다. 최고선은 최상선 없이는 성립되지 못하지만 최고선은 최상선뿐만 아니라 그에 의거하여 행복이 실현되기를 요구한다.

행복을 의지의 규정 원리로 한다는 것은 최상선과 모순되지만 도덕적 생활의 결과로 오는 행복은 도덕률과 상반되는 것이 아니다. 오히려 인간의 실천이성은 도덕률을 따르면 행복하게 된다는 것, 즉 덕과 행복의 일치를 추구한다. 행복하기 위해서 도덕률을 따르는 것이 필연적인 것이 아니라 도덕률을 따르면 행복하게 되는 것이 필연적이다.

불행히도 감성계에 속하여 거기에서 벗어나지 못하는 인간으로서는 최상선의 실현이 현실에 있어서는 불가능하다. 그러나 최상선의 실현, 즉 의지가 도덕률과 완전히 일치한다 함은 인간 존재에게 부과된 실천적이고도 필연적인 요구이다. 따라서 이 완전한 일치를 위해서는 인격적 주체인 인간의 무한한 존속도 필연적이다. 왜냐하면 의지와 도덕률의 완전한 일치가 불가능하다 해도 그것이 필연적이라면 우리는 그것을 향하여 무한히 매진하지 않으면 안 되기 때문이다. 우리는 최상의 덕에 무한히 접근할 수는 있어도 완전하게 도달할 수는 없다. 그런데도 무한한 노력으로 도달하는 것이 우리에게 부과된 과제이기 때문에 이 도달을 위해 이성적 존재자가 무한히 계속된다. 그러므로 영혼의 불멸이 실천적으로 요청된다.

요컨대 최상선의 실현이 의무라면 그것은 반드시 가능한 일이어야 하며 이를 위해서 무한한 시간의 길이가 필요하고 우리는 영원한 시간을 가져야 하므로 영혼의 불멸은 필연적으로 요청된다. 그러므로 최고선은 실천적으로 다만 영혼의 불멸

을 전제해서만 가능하며 따라서 영혼의 불멸은 도덕성과는 불가분하게 통합된 것
으로 도덕률의 존재에 수반되는 필연적 요구요 실천이성의 요청이다.

다음으로 신의 존재는 완전선의 개념을 중심으로 전개된다. 완전선이란 최상의
선을 구현한 인격이 그 덕에 알맞은 행복을 누리는 상태, 즉 완전한 덕과 완전한
복의 결합을 의미한다. 다시 말해 최상의 덕에는 가장 완전한 행복이 대응해야 한
다는 것, 적어도 실현된 덕만큼은 그것에 상응한 행복이 주어져야 한다는 것이 실
천이성의 필연적 과제이다. 그러나 최상선이 실현되었다고 해도 최고선이 실현된
것은 아니다. 또한 덕과 행복과의 일치는 인간의 힘으로는 결코 실현시킬 수 없다.
착한 의지의 소유자는 복을 받아야 마땅하고 악한 의지의 소유자는 벌을 받아야
마땅하지만 현실의 세계는 꼭 그렇지만은 않다. 그러나 그것은 분명히 마땅히 있
어야 할 사태이므로 또 있을 수 있는 사태가 아니면 안 된다. 그것은 자연의 최고
원인이며 도덕법의 실현에 적응하게 조정할 수 있는 존재인 무한한 예지적 의지,
즉 신의 존재를 상정할 때만 가능하다. 그것은 최고선 실현의 요청인 동시에 최고
의 근원적인 선의 현실성, 즉 신의 존재의 요청이다.

요컨대 덕과 행복과의 일치는 실천적이고도 필연적으로 요구되는 것이므로 덕
과 행복과의 일치를 가능하게 하는 전능한 신의 존재를 상정함은 도덕적으로 필연
적이다. 다시 말해 마땅히 있어야 할 완전선의 경지가 실현될 수 있기 위해서는
무한히 예지적인 존재인 신의 존재가 요청된다. 결국 덕과 행복, 이상과 현실의 조
화는 신의 존재를 요청한다.

우리가 살펴본 대로 칸트의 윤리학은 그의 인식론에서와 마찬가지로 이원론적
구도를 가지고 있다. 인간은 한편으로는 욕구와 경향성을, 다른 한편으로는 순수
한 실천이성을 가지고 있다는 점에서 그렇다. 전자는 감성계에 속하는 반면 후자
는 예지계에 속한다. 인간에게 있어 도덕은 인간 안에 들어와 있는 이 두 세계 사
이의 긴장, 갈등, 투쟁의 과정으로 이루어져 있다. 도덕법칙은 인간 안의 예지계,
다시 말해서 신의 나라의 씨앗인 실천이성이 세운 것으로서 유한한 인간으로 하
여금 전자를 극복하고 후자를 향해 나아가도록 명령한다. 그리고 이렇게 나아가
는 과정의 최종 지점은 인간의 의지와 도덕 법칙의 완전한 일치이다. 그러나 이것
은 단지 하나의 이념일 뿐 현세의 인간에게는 그것을 향한 끊임없는 전진만이 가

능할 뿐이다. 그런데 최고선의 실현을 필연적으로 추구하는 실천이성은 당연히
또한 도덕성에 걸맞는 행복을 요구한다. 하지만 예지계에 속한 도덕법칙은 자기
스스로의 힘만으로는 현상계와 관련된 행복까지 보장할 수가 없다. 여기서 그 일
치를 보장해줄 신의 현존이 요청된다. 이로써 하나의 실천이성에 근거한 도덕 신
앙이 생겨난다.

6) 이성적 도덕 신앙

칸트는 영혼불멸과 신의 존재를 실천이성의 요청으로 인정했는데 그는 이 요청
을 절대적이라고 생각했다. 그는 결코 신에 의해서 도덕을 정초하지 않고 역으로
도덕에서 출발하여 신을 요청했다.

칸트는 이성의 사실을 통해 확보한 도덕법칙이 필연적이요 그것을 따르는 인간
의 의지도 필연적이어야 하며 그 결과도 필연적이어야 하기 때문에 영혼의 불멸과
신의 존재를 인정하지 않을 수 없었다. 즉 도덕법이 존재함은 자명한 이성의 사실
이었는데 이러한 도덕법이 존재하기 위해서는 영혼불멸과 신의 존재는 요청적일
수밖에 없었다. 그것을 요청할 수밖에 없었던 것은 영혼의 불멸과 신의 존재는 인
식의 대상이 아닐 뿐 아니라 유한자인 인간은 최고선을 현실에서 실현할 수 없었
기 때문이다. 한 마디로 칸트는 자신의 도덕법의 정초를 위해 의지의 자유와 영혼
불멸, 그리고 특히 신 존재를 요청하지 않을 수 없었다.

칸트의 말에 의하면 신의 존재는 우연한 현상을 설명하기 위해서 나름대로 고안
해 낸 장치나 가설에 불과한 것이 아니라 도덕성이라는 우리의 명백한 본성에 필
연적으로 따라 나오는 하나의 필연적인 요청이다. 그것도 사변적인 것으로는 증명
불가능한 실천적이고 도덕적으로 필연적인 요청이다. "왜냐하면 도덕성은 우리가
신을 필요로 할 뿐 아니라 신 또한 이미 사물의 본성 속에 들어 있으며 사물의 질
서의 원인이 그에게 있음을 우리에게 가르쳐 주기 때문이다." 칸트의 신은 이론적
으로는 증명 불가능한 우리의 인식의 한계를 넘어서는 대상이므로 모든 사변적인
신 존재 증명은 이율배반의 오류를 범하게 된다. 신은 다만 실천적으로, 즉 도덕적
으로만 그 타당성을 갖게 되는 실천이성의 필연적인 요청 개념으로서 이는 인간의
선천적으로 타고난 도덕성에 기초해 있다. 그런 점에서 그의 신 개념은 기독교적

의미의 신과는 많은 차이를 보인다.

결국 자유의 개념을 매개로 하여 신과 영혼의 불멸성의 이념에 객관적인 실재성이 주어지고 순수한 이성의 요구가 주어진다. 이러한 요구는 필연적으로 그 무엇을 가정하는 법칙적 요구이다. 그러므로 인간은 신과 영혼의 불멸성을 전제로 행동의 목적이 필연적으로 주어진다. 그러므로 신의 존재는 이론적으로는 가설이지만 실천적으로는 신앙이다. 최고선의 실현이 실천이성의 최고의 과제가 되고 그것을 실현시키기 위해 신의 존재가 요청된 이상 모든 도덕적 명령은 최고선의 실현에 참여하는 것으로 그것의 가능 근거를 이루는 신 의지의 표현이며 모든 의무를 신의 명령으로 인식하도록 하는 종교에로의 인도이다.

『실천이성비판』은 험난한 길을 걸어 마침내 신과 종교에까지 도달했다. 실천은 신앙을 낳고 도덕은 종교를 부른다. 종교란 지금 말한 대로 모든 의무를 신의 명령으로 받아들이는 것이다. 그런데 주의할 점은 종교가 먼저 도덕에게 기초를 부여하는 것이 아니라 다만 도덕적 실천이 궁극에 있어서 신에게로 우리를 인도한다는 점이다. 그것은 우연의 결과가 아니고 필연의 결과이다. 실천은 신앙을 내포한다. 순서가 전도되어서는 안 된다. 실천이 신앙을 낳는다고 할 때의 그 신앙은 다만 비합리적인 신앙이 아니고 실천이성에 매개된 신앙으로서 이성적이요 합리적이라 할 수 있다. 그것은 순수이성에 근원을 둔 이성적인 신앙인 까닭에 칸트는 이를 '순수한 이성신앙'이라고 불렀다.

도덕은 성실한 도덕법의 준수를 명령한다. 그것은 직접적으로는 우리를 행복하게 해주지 못할지 모른다. 그러나 그것은 우리를 행복된 가치가 있는 존재가 되게 해준다. 도덕법의 준수는 그것에 상응한 행복을 받을 수 있다는 희망을 실천적으로 허용한다. 우리는 여기에서 칸트의 이론이성에 대한 실천이성의 우위를 보게 된다. 그것은 『순수이성비판』에서는 이론이성으로는 영혼이나 신을 인식 불가능하다고 결론지었으나 『실천이성비판』에서 영혼불멸과 신 존재를 실천이성의 요청으로 인정했다는 점이다. 즉 이론이성으로는 닫혀졌던 세계가 실천이성을 통해 열려진 것이다.

칸트는 신앙이 지식과 과학 안에서는 그 설 자리를 찾을 수 없다고 믿었다. 따라서 지식으로서의 신앙을 부정한 셈이다. 칸트가 생각하는 신앙은 현상 세계를 초월한 세계, 즉 윤리적 세계, 가치의 세계, 혹은 종교적 세계와 관련되기 때문에 현상 세계에 적용한 감성이나 오성의 기능을 적용시켜서는 안 된다고 했다. 그 세계는 초시간, 초공간적 세계이며 12개의 명제 형식으로 기술할 수 없는 세계이다.

그러나 주의할 것은 칸트가 신학적 발언들, 즉 인간 영혼이나 신이나 우주 전체에 대하여 하는 발언들을 부정했다고 해서 신의 존재를 부정하거나 영혼의 존재를 부정한 것은 아니다. 칸트는 무신론자가 아니다. 물론 그가 기독교적 의미의 신을 믿었느냐는 다른 문제이지만, 신을 감각의 대상으로 삼지 않고 오히려 초월적인 존재로 생각했다는 점에서 이론적으로 철저한 유신론자라고 할 수 있다. 칸트는 형이상학적 이념들, 즉 우주 전체, 영혼, 그리고 신은 감성의 기능과 오성의 기능을 넘어선 이성의 기능으로서 그것들은 현상 세계를 넘어선 윤리적 세계를 뒷받침하는 근거로서 요청된다고 믿었다. 그러므로 신이나 신에 대한 신앙은 비록 지식은 못 되더라도 인간 지식의 질서와 일관성을 가능하게 하는 인식의 기반으로서 그리고 인간의 자율적인 윤리 생활과 가치의 기반으로서 요청된다는 말이다.

어쨌건 칸트는 철학과 신학 양자와 관련하여 토론의 무대를 설정해 주었다. 그것은 계몽주의 시대의 주요한 진보들을 융합하는 것이었을 뿐 아니라 계몽사상에 대한 하나의 답변이었다. 그러나 그도 그 시대의 몇 가지 파괴적 사상적 경향들을 극복하지 못했다. 그는 종교란 초월적 입법자에 대한 경배로서 그 입법자의 뜻이 인류의 목표가 되어야 한다는 사상을 수립하려 했다. 그러나 전통적 신학의 입장에서 볼 때 칸트의 방법에 의하여 만들어진 신학은 인간 중심적인 것이었다. 그래서 그것은 그 자신이 그렇게 애써 거부하려고 했던 신의 내재성을 어쩔 수 없이 강조하는 결과를 가져오게 되었다. 즉 그의 윤리학적 견지에서 보았을 때 자율적인 인간의 이성이 보편적으로 듣게 되는 '신의 음성'은 다름이 아니라 바로 인간 자신 안에서부터 들려오는 소리가 된다. 그것은 초월적인 '저편'으로부터 오는 말씀이 아니다. 칸트의 윤리학의 결론에 따르면 초월적 신은 인간의 '실천적 이성'의 심연 어딘가에서 발견되는 정언명법의 음성 속으로 쉽게 묻혀 버린다. 또한 성경의 해석도 이성의 한계 내에 국한되어서 결국 이성이 성경보다 우위에 서게 된다. 이러한 칸트의 철학은 이후의 자유신학이 배태되는 근본적인 뿌리가 되었다.

5. 『판단력비판』과 미학

1) 칸트 철학 내에서의 『판단력비판』의 위치

칸트철학의 궁극적인 관심사는 '이성적 존재'로서의 인간은 어떤 존재인가 하는 것이다. 그래서 칸트는 그 답을 얻기 위해 세 가지를 물었다: ①나는 무엇을 인식할 수 있는가? ②나는 무엇을 행해야만 하는가? ③나는 무엇을 희망해도 좋은가? 이 물음을 통해 밝히고자 한 것이 바로 인간 이성에게 허용되는 지식, 행위, 희망의 가능 근거와 범위이며 이것을 위한 작업이 이성비판이다.

칸트에 따르면 인간 이성에는 있는 것을 표상하고 관조하는 능력, 있는 것을 극복하거나 있지 않은 것을 있도록 만드는 실천 능력, 그리고 개별적으로 주어지는 특수한 사례들에 대한 반성을 통해 통일적 원리를 생각해내는 능력이 있다. 이 세 가지 능력은 각각 '이론이성,' '실천이성,' '반성적 판단력'과 연관된다. 그리고 이들은 각각 인식작용, 도덕행위, 합목적적 판단을 수행한다. 그러므로 칸트의 이성비판은 인간 이성이 인식할 수 있는 것과 인식할 수 없는 것(이론이성의 영역), 마땅히 행해야만 할 것과 행해서는 안 될 것(실천이성의 영역), 합당하게 희망해도 좋은 것과 그럴 수 없는 것을 분간해 내는 일(반성적 판단력의 영역)이요, 이것은 바로 이성 자신이 자신의 한계를 규정하는 작업을 의미한다.

『순수이성비판』에서 칸트는 세계를 서로 구별되는 두 영역으로 양분했다. 하나는 감성에 의해 직관되고 오성에 의해 사유될 수 있는 물리적인 시공(時空)의 현상계이고 다른 하나는 오성적 인식이 불가능한 물자체(物自體, Ding an sich)의 초감성적 본체계이다. 지식의 영토를 구성하는 감성적 현상계는 이론이성에 의해 지배되면 사물 자체의 세계인 본체계는 실천이성, 곧 의지에 의해 통치된다.

그러나 이론이성을 비판한 결과 드러나게 된 인식 불가의 영역은 『실천이성비판』에서 해명된다. 욕구와 법칙 사이의 선택적 자유에 놓인 '실천이성의 사실'을 통해 의지의 자유, 영혼의 불멸성, 신의 존재 등 도덕법칙의 세 공리를 확립했다. 실천이성의 영역에서는 존재하는 것(사실)이 문제가 아니라 마땅히 존재해야 할 것(당위)이 문제이다. 그리고 당위는 오직 자유가 있는 곳에서만 가능하다. 그래서 칸트는 자유의지와 연관되어 있는 모든 것을 "실천적"이라고 불렀다.

이제 『판단력비판』에서 칸트는 앞의 두 비판서, 즉 자연의 세계와 도덕의 세계의 일치 내지는 연속성을 수립함으로써 그의 철학적 구도를 완성시키려고 한다. 그래서 제3비판서는 과학의 영역과 형이상학의 영역, 필연과 자유, 현상과 본체간의 교량을 제공할 것을 목적으로 하고 있다. 그리고 이 점에서 판단력이 중심 문제로 대두된다. 왜냐하면 판단력은 오성과 이성의 중간에 있는 능력이기 때문이다.

칸트는 그의 세 개의 비판서에서 각각 우리의 인식 주장, 도덕 판단, 그리고 취미 판단이 어떻게 개인적인 타당성을 넘어서서 보편성과 객관성을 가질 수 있는지를 보여주고자 노력했다. 즉 우리의 도덕 판단 및 미적 판단이 단순히 내게만 옳은 주관적인 것이 아니라는 것을 무엇을 근거로 알 수 있는가를 명백히 밝히고자 한다. 특히 『판단력비판』에서는 쾌 또는 불쾌의 감정에 바탕을 둔 판단이 동시에 어떻게 보편타당하다고 주장할 수 있는지를 설명함으로써 주관과 객관의 이분법을 분쇄하고자 노력한다. 따라서 칸트의 세 개의 비판서는 방법론과 내용에 있어서 통일되어 있는 바, 1,2,3 비판서는 각각 칸트 철학의 서론, 본론, 결론에 해당한다고 말할 수 있을 것이다.

2)『판단력비판』의 과제

한 마디로 칸트의 미학의 주요 과제는 "이것이 아름답다"라는 미적 판단의 형식적인 구조에 대한 분석을 하여 선천적으로 주관이 지닌 보편적이며 필연적인, 감정을 통해 미를 판단(취미판단)하는 능력의 원리를 밝혀내고, 그 원리의 보편타당성에 대해서 정당화시키는 것이었다. 취미 비판으로서의 칸트 미학은 미적 대상이 지닌 아름다움의 의미보다는 미적 판단의 원리를 규명하는 것을 주요 과제로 삼았기 때문에 형식미학이라고 한다.

『순수이성비판』에서 이론이성을, 『실천이성비판』에서 실천이성을 다루어 비판철학체계를 형성한 칸트는 『판단력 비판』에서 오성과 의지의 중간에 있는 판단력이 반성적으로 작용할 때 생기는 반성적 판단력의 작용을 다룬다. 즉 『판단력비판』은 자연과 자유 사이에 놓인 틈을 연결하는 것을 중심 문제로 삼는데, 이를 위해 칸트는 이론철학과 실천철학을 하나의 전체로 연결해주는 매개로서 판단력, 특히 '반성적 판단력'을 등장시킨다.

자연 개념들은 오성의 입법 능력 위에 기초하고 있으며, 자유 개념들은 이성의 입법 능력 위에서만 가능하다. 판단력은 오성과 이성 능력의 중간 항으로서 특수를 보편 아래에 포섭하는 사유의 능력이다. 특히 이론이성의 규정적 판단력과는 달리 반성적 판단력은 오직 특수만이 주어져 있고 이 특수에 적합한 보편을 발견하는 능력이다. 즉 반성적 판단력은 하나의 보편적 원리에 따라서 자연을 하나의 체계 속에서 합목적적으로 다루고자 한다. 칸트는 『판단력비판』에서 바로 이 반성적 판단력을 통해 합목적성을 논의한다.

칸트는 이전의 두 비판서를 통해 두 개의 서로 다른 영역, 즉 인과성의 현상계와 예지적인 자유의 초감성적 본체계를 확립했기 때문에 그의 철학 체계의 완성을 위해서는 이들을 매개하는 작업이 필요했다. 즉 이 매개를 통한 두 영역들의 통일 가능성을 『판단력비판』에서 찾고자 했다. 그래서 칸트는 『판단력비판』을 "철학의 두 부문을 하나의 전체로 결합하는 수단"으로 간주했다. 이성 영역의 분열을 조화시키기 위해서 '판단력'을 도입하여 자연의 세계와 도덕(자유)의 세계와의 일치성, 혹은 연속성을 수립함으로써 그의 철학적 구도를 완성시키고자 기도했다.

결국 제3비판서는 과학의 영역과 형이상학의 영역, 필연과 자유, 현상과 본체간의 교량을 제공할 것을 목적으로 하고 있다. 그리하여 칸트는 오성과 이성 능력의 중간 항을 '판단력'으로 규정한다. 판단력은 특수를 보편 밑에 포함되어 있는 것으로서 사고하는 능력이기 때문에 그것은 자연의 경험적 다양성을, 다양의 통일의 근거를 그 안에 내포하고 있는 하나의 초감성적, 선험적인 원리에 관계지어 주는 것이다. 따라서 판단력의 대상은 자연의 합목적성이다. 그러므로 『판단력비판』은 반성적 판단력이 보편적 원리에 따라서 자연을 하나의 체계 속으로 합목적적으로 다루는 작용을 다룬다.

3) 자연의 합목적성

초감성계와 감성계의 통일을 위해 칸트는 자연의 합목적성이라는 개념을 내세운다. 칸트에 의하면 자유의 개념은 그 법칙에 의해 과해진 목적을 감성계 속에서 실현해야 하므로 이것이 가능하려면 "적어도 자연의 형식의 합법칙성이 자유의 법칙에 의하여 자연 속에서 실현되어야 할 목적의 가능성과 조화된다"고 생각하지 않으면 안 된다. 현상계로서의 자연계는 단지 자연인과율에 의해 규정되며 따라서

자유의 원인성과 조화될 수 있는 가능성은 없는 것처럼 보이지만, 자연계가 그 초
감성적인 근원에 있어서 자유의 법칙과 조화될 수 있는 합목적성을 가지고 있다면
적어도 자연계의 법칙이 자유의 법칙과 모순되지 않다는 것은 가능하게 될 것이다.
따라서 자연의 합목적성을 생각할 수 있다면 이것으로 초감성계와 감성계를 통일
할 수 있다. 다시 말하면 자연의 근원에 초감성적인 것이 있고, 이 초감성적인 것의
목적을 따라서 자연이 만들어져 있다면 자연인과율을 따르는 자연의 법칙이라 할
지라도 그 근저에는 목적이 잠재해 있는 셈이며, 자연은 합목적성이라는 성격을
가질 수 있게 된다. 그리고 이렇게 생각할 수 있다면 자유의 법칙과 자연의 법칙은
서로 모순되는 것이 아니며 그 근저에 있어서 조화될 수 있다고 해석할 수 있게
된다. 칸트는 바로 이러한 자연의 합목적성이라는 개념의 의해 초감성계와 감성계
의 통일을 시도했는데, 그것은 오성과 이성의 중간적인 판단력에 의해 가능하다고
했다.

4) 취미판단

우리들이 어떤 것을 아름답다고 말하는 미적 판단은 중요한 미적 경험의 하나인
데, 칸트는 그러한 판단을 바로 취미판단(Geschmacksurteil)이라고 불렀다. 여기서
말하는 '취미'라는 것은 영어의 hobby가 아니라 taste의 의미로서 어떤 것을 아름답
다고 판정하는 능력, 곧 미감(美感)을 말한다. 그런데 칸트는 취미판단은 대상의
개념에 의존하지 않고 구상력과 개념에 의해 사유하는 능력과의 자유로운 조화적
활동에 기초해 있기 때문에 다른 사람에게도 정당하게 동의를 구할 수 있다고 한
다. 그리고 미적 판단은 "판단력이 전혀 선천적으로 자연에 관한 그의 반성의 기초
로 삼고 있는 원리, 즉 자연이 그의 특수한 (경험적) 법칙들에 따라 우리들의 인식
능력에 대하여 가지는 형식적 합목적성의 원리를 포함"한다고 한다. 그리하여 미
적 판단력은 자연의 합목적성의 개념을 통하여 자연의 영역과 자유의 영역을 매개
하며 이 매개는 자연 개념에 의한 합법칙성의 세계에서 자유 개념에 의한 궁극 목
적의 세계에로의 이행을 가능케 한다. 그런데 칸트는 미적인 것과 도덕적인 것은
모두가 어떠한 관심과도 결부되지 않은 채 직접적인 즐거움을 준다는 점에서 유사
성을 띤다고 하면서 미를 도덕성의 상징으로 본다.

제13장
독일 관념론

독일 관념론이란 정신의 보편적인 원리에 따라 이념적 실재(實在)를 추구함으로써 낙후된 민족의 현실과 역사의 이성적 발전, 그리고 형이상학의 체계적 완결을 지향하려는 일련의 사상체계를 말한다. 칸트의 뒤를 이은 독일 관념론은 피히테의 주관적 관념론과 셸링의 객관적 관념론을 거쳐 헤겔에 이르러 절대적 관념론으로 마무리된다.

관념론자들은 한결같이 칸트의 영향을 받고 자극을 받되 그 문제의 심각성을 보완하고 극복하는 일련의 사고활동을 통해 그들 자신의 사상체계를 전개시켰다. 그들에게 공동의 목표가 있었다면 그것은 포괄적이고 통일적인 사상체계의 수립과 실천운동을 통하여 정체된 역사 과정의 이성적 발전을 도모하는 일이었다. 이는 칸트가 의도했던 의식과 대상, 또는 자유와 자연의 형식적 종합을 넘어서야 하며 이성과 현실 전반의 구체적 통일이어야 한다. 칸트의 비판철학의 경우 그것은 전통적 형이상학과 이성의 독단에 대한 비판적 반성에서 출발하는 것으로 그 특징은 오성적 분석의 방법에 있었다. 먼저 주관과 객관의 대립 관계를 설정하며 주관은 다시 감각 주관과 사유 주관으로, 객관은 또한 물자체와 현상으로 각각 이원화시킬 뿐 아니라 동시에 이성의 능력을 현상 일반에만 한정하여 그 결과 물자체의 실재는 확인되지 않은 채 미제로 방치하고 말았다. 이러한 칸트 이래 경험적, 분석적 사고의 유행은 전통적인 모든 사회정치체제에 이르기까지 극단적인 대립과 분열을 조장하고 도처에서 모순과 갈등이 팽배하게 했다. 따라서 오성 인식의 모순과 분열된 세계관의 극복은 칸트 이후 독일 관념론의 으뜸가는 논란거리가 되었다. 따라서 사유와 존재, 이성과 현실, 그리고 인간의 의식과 대상 세계라는 모든 이원적인 대립에 하나의 통일적인 원리를 부여하여 그것들을 유기적인 생의 관련 체계로 환원, 재구성하는 일은 칸트 이후의 피히테와 셸링, 그리고 헤겔이 수행해야 할 시대적 과제였다.

피히테의 자아철학과 셸링의 동일철학은 다같이 칸트의 사상을 일면적으로 계승하고 있으면서도 또한 문제의 극복을 위해 정신활동의 모든 역량을 경주했었다. 무엇보다도 방법론상 오성주의적, 분석적 사고의 고착성에 따른 역사적 변화의 상황 무시, 체계상 실체 개념의 존재론적 실패와 도덕 형이상학적 변질 등이 문제의 핵심을 이루었다. 사고와 존재의 원리적 통일과 전체성의 회복을 꾀하는 과정에서 피히테는 극단적인 주관주의로, 또 셸링은 추상적, 심미적 객관주의로 양극화되기에 이르렀다. 특히 셸링은 그의 말기 사상에서 신비주의와 범신론의 경향이 강하게 작용한 나머지 절대자의 무차별적 동일성은 근원에의 동경이나 충동, 그리고 예술적 천재의 지적 직관에 호소하여 실제적 의의를 상실하는 결과가 되고 말았다. 헤겔은 이와 같은 절대자 개념은 현실로부터 단절된 "모든 암소가 새카맣게 보이는 밤"과도 같은 '악무한성'이라 비판하면서 '참된 무한성'이란 사유와 존재, 이성과 현실, 정신과 자연은 물론 절대와 상대 또는 무한과 유한까지의 모든 대립과 모순의 현상이 내적으로 포섭된 총체성 혹은 전체성이어야 한다고 보았다. 뿐만 아니라 무한으로서의 절대자는 '정신'의 형태를 취하면서 역사적 과정을 거쳐 생성, 발전하는데 이 과정이 곧 정신의 자기인식의 과정인 동시에 자기실현의 과정이라고 했다.

1. 피히테

칸트 철학의 낭만화로 불리는 피히테(J. G. Fichte, 1762~1814)의 자아철학 내지 사행철학은 칸트를 계승하면서도 비판철학의 문제점을 극복하려는 최초의 시도이다. 칸트 철학의 문제점은 현상과 물자체의 매개 불가능한 대립인데 이것은 주관에 속하는 인식 형식과 주어진 내용 또는 재료를 구분했기 때문이다. 피히테는 바로 그것, 즉 의식과 존재의 전 영역에 확산되는 오성적 분열의 현상과 형이상학적 실체 개념인 물자체의 문제점을 극복하려 했다. 피히테는 칸트를 철저히 신봉하며 그 철학체계로 자족할 것을 공언한 바 있지만 이 문제를 해결하기 위해 칸트의『실천이성비판』으로부터 절대아(absolutes Ich)의 개념을 도출해 물자체를 완전히 부정했다. 즉 그는 현상과 물자체의 구별을 거부하여 물자체와 현상이라는 존재의 이원론적 분리를 극복함으로써 객관적 세계는 자아가 설정한 것임에 불과하다는 주관적 관념론을 제창하여 독자적인 철학적 사유의 길을 걷는다.

　피히테에 따르면 철학의 시초는 사유하는 주체요 그것은 자기 자신, 곧 '자아'로서의 '나'이다. 즉 지식학(Wissenschaftslehre)으로서의 철학은 바로 이 자아의 규정으로부터 시작된다. 그에게서의 자아는 단순한 개인을 의미하는 것이 아니다. 자아는 곧 의식이며 이 의식의 규정을 이끌어내는 방법은 변증법적 단계를 밟는다. 모든 의식의 근원적인 시초는 '나'가 나 자신을 정립한다. 그래서 우리는 의식 속에서 언제나 우리들 자신, 즉 '나로서의 나'를 체험한다. '나'의 정립은 곧 '나 아닌 것'이 뒤따르게 되고 그로 인해 '나'는 '나 아닌 것'에 맞서 스스로를 정립한다. 여기에서 나와 맞서는 외계가 성립한다. 즉 외계의 대상은 나의 의식을 떠나 독립적으로 있는 것이 아니라 나에 '대해서' 있으며 외계에 나에게 접해 있다는 의미에서 비아(非我)이다. 그러나 그것은 '나'의 제한이고 분열이다. 따라서 주관으로서의 자아는 가분적 자아로 정립된 것이며 동시에 가분적 비아(非我)의 산출이 따르고 상호대립관계를 형성하게 된다. 절대아의 존재방식은 바로 이러한 모든 개별적, 상대적인 자아와 비아를 전체적으로 통일하는 활동 자체로서 보편적으로 이해되어야 한다. 결국 피히테는 철학의 시초는 사유하는 주체요 이것이 자기 자신을 정립한다고 생각했다. 즉 주관이 객관에 대해 규정적이라고 보았다. 그런 점에서 전체 세계 내용은 자아에 근거를 가진다. 자아는 처음에 자기 자신을, 다음에는 비아를 정립한다. 그리고 자아와 비아의 상호 제한을 통해 세계는 현상으로 성립한다. 즉 전체 현상계는 자아에 의해 규정된 세계이다. 따라서 현상계의 전체 내용은 자아로부터 연역될 수 있다. 피히테의 자아철학이 주관적 관념론이라 불리는 이유가 바로 이것이다.

그런데 칸트철학의 충실한 후계자로 자처한 피히테는 이론이성, 즉 이론적 자아
는 대상에 대하여 수동적 태도를 취하지만 실천이성, 즉 실천적 자아는 대상에 대
하여 능동적 태도를 취한다고 하면서 실천이성의 우위를 확립하려고 했다. 피히테
는 철학은 사유하는 주체가 자기 자신을 정립하는 것이므로 철학의 시초를 이루는
것은 행위라고 본다. 왜냐하면 자아가 대상을 정립한다 함은 이성이 창조적 행위
를 함을 의미하기 때문이다. 즉 주관의 실천적 측면은 순수한 활동이요 행동이다.
자아에 대립된 비아, 즉 대상은 어디까지나 주체적 자아의 행위와 활동을 전제함
으로써만 가능하며 객관의 대상성도 오로지 이 주관의 행위를 통해서만 의식된다.
따라서 비아는 자아를 위해 존재하고 객관적 세계는 주관적 활동을 위해 있으며
인식을 위해 있다. 피히테의 철학은 자아의 주체적, 실천적 행위의 측면을 중시하
기 때문에 윤리적 관념론이라고도 말한다.

2. 셸링

셸링(F. W. J. Schelling, 1775~1854)의 동일철학 체계는 피히테의 자아철학에 대
한 비판에서 시작된다. 셸링에 의하면 피히테는 자연을 절대아의 산물로 설정하여
그것을 비아로서 규정하고 자아에 대립시켰다. '절대아'는 이론이성과 실천이성에
기초하면서 주관과 객관, 자아와 비아의 절대적 통일로서 나타나거니와 자아(주관)
의 정립이 비아(객관)의 존재에 무조건 선행될 뿐 아니라 후자는 전자의 제약 하에
놓이게 된다. 따라서 자아의 이 우월성에는 대등한 비아의 객관적 설정이 불가능
하며 비아는 단지 자아의 부단한 행위를 통해서만 발견되는 도구적 성격의 것이
되고 만다. 또 자아의 이 절대성에는 대립되는 어떤 비아의 설정도 불가능하게 된
다.

그러나 셸링은 자아만이 절대자일 수 없다고 생각했다. 모든 앎은 언제나 주관
과 객관이 관련되어 있기 때문에 어느 한 쪽으로 기울어져서는 안 되며 객관적인
것은 주관적인 것과 또 주관적인 것은 객관적인 것과 통하고 있다는 것이다. 즉
셸링은 절대자의 존재를 추구함에 있어서 자아와 비아, 의식과 대상, 그리고 정신
과 자연, 객관과 주관, 실재성과 관념성을 동일 선상에 놓았다. 셸링에 따르면 모든
것들이 구별이 있음에도 불구하고 언제나 하나다. 셸링은 이 하나, 즉 동일자를 절

대자 또는 신적인 것이라고 말한다. 따라서 절대자는 주체도 객체도 아니고 정신도 자연도 아니다. 그것은 두 대립자의 동일성, 혹은 중립성이다. 그러므로 셸링에게는 진정한 절대자는 정신과 자연과의 대립을 초월한 양자의 근원이다. 이렇게 진정한 절대자란 주·객의 대립을 초월한 무차별적 동일자라는 셸링의 철학을 동일철학이라고 부른다. 그리고 이러한 셸링의 동일철학은 예술의 영역까지 나아간다. 그는 세계와 자아, 실재적인 것과 관념적인 것, 그리고 무의식적 내지 의식적인 자연의 움직임이 완전히 조화를 이루며 나타나는 영역이 예술이라고 했다. 그리고 이 조화는 정신과 자연의 동일성의 신비로서 그것은 이론적으로가 아니라 지적 관찰에 의한 예감이나 느낌을 통해서만 포착될 수 있다고 했다.

　셸링의 동일철학은 비아에 대한 자아의 우위라는 시각을 극복하고 절대성의 개념을 객관적 자연에서 얻었다는 점에서 피히테의 주관적 관념론에 견주어 객관적 관념론이라고 명명된다. 또 절대성이 특히 자연의 전체적인 미와 조화의 관점에서 강조되었다 하여 미적 관념론이라고도 한다.

제14장
헤겔

1. 헤겔의 근본 사상

가장 난해한 철학 중의 하나로 알려진 헤겔(G. W. F. Hegel, 1770~1831) 철학의 근본 사상은 의외로 간단명료하다. "역사 속에는 하나의 커다란 법칙적인 흐름이 있으며 그것은 우리 인간의 힘으로는 어찌할 수 없는 필연적인 것이다. 따라서 우리가 머릿속에서 생각한 이상을 실현하려고 노력해도 그 이상이 역사의 법칙적 흐름에 적합하지 않다면 그 노력은 성공할 수 없다." 이 말은 우리의 이상은 역사 속에서 그것이 실현될 때가 오지 않으면 실현될 수 없다는 뜻이다. 헤겔은 이 법칙을 절대자 혹은 신의 자기실현의 과정이라고 했다.

사실 헤겔의 철학은 칸트 철학의 문제점, 그리고 이를 극복하려는 피히테와 셸링 철학의 종합이라 할 수 있다. 칸트의 형이상학 체계의 모순을 시정하며 오성적 사고의 원리적 통일을 시도했던 피히테의 자아철학이나 셸링의 동일철학은 완결을 보지 못하고 말았다. 피히테의 자아철학은 셸링에 의해 동일철학으로 발전했으나 절대자를 자연과 정신의 무차별적 동일성으로 본 나머지 유한자와의 절대적 단절이라는 논리적 모순에 빠져 차별·대립적인 현실 세계를 설명할 수 없었다.

유한자의 본성은 생성과 변화이지만 헤겔이 알고 있는 절대자는 진실로 역사적 시간에서 생멸·변화의 도상에 있는 모든 존재를 자기의 내적 계기와 필연적 요소로 함축 집약하는 가운데 자기 발현의 역사적 과정을 통해 스스로를 실현하며 인식해 나아가는 것이 아니면 안 되었다. 그래서 헤겔은 무한으로서의 절대자는 '정신'의 형태를 취하면서 역사적 과정을 거쳐 생성·발전하는데 이 과정이 곧 정신의 자기 인식의 과정인 동시에 자기실현의 과정이라고 했다. 즉 헤겔에게는 참된 절대자란 차별성을 초월한 것이 아니라 차별성을 인정하면서도 차별성에 내재하는 것이어야 했다.

헤겔에 의하면 바로 그러한 절대자란 정신이며 이성이다. 그리고 그 본질은 자유이다. 그러므로 역사는 절대자가 그 속에서 자기의 본질을 점차 실현해 가는 과정이므로 역사에는 자유의 진전이 있다. 세계사가 이렇게 인간의 자유를 실현해 가는 과정이라는 사실은 신의 섭리이며 필연적으로 정해져 있다. 그것은 역사를 지배하는 법칙이며 인간은 이 법칙에 결코 저항할 수 없다. 물론 인간은 이 같은 역사의 법칙을 자각하고 있는 것은 아니다. 오히려 개개의 인간은 자신의 관심과 정열에 의해서 행위의 목적을 정하고 그 목적을 실현하려고 노력한다. 그러나 개개인의 행위 가운데 그 목적이 세계사의 법칙적 진전에 적합하지 않은 것은 성공하지 못하며 오직 세계사가 나아가야 할 방향에 적합한 목적을 실현하는 사람만이 성취하며 세계사적 의의를 가진다.

그러므로 절대자가 자기의 목적을 세계사 속에서 실현해 가기 위하여 개개인의 활동을 이용한다고 말할 수 있다. 절대자라 할지라도 개개인의 활동 없이는 그 목적을 역사 속에서 실현해 갈 수 없기 때문이다. 인간의 활동을 통해서만 이 절대자는 자기의 본질을 역사 속에서 실현해 간다. 따라서 역사의 진로는 이미 정해져 있다. 단지 절대자는 개개인으로 하여금 자유롭게 행위하게 하여 어떤 자는 실패하게 하고 어떤 자는 성공하게 하여 자기의 목적을 실현해 갈 뿐이다. 헤겔은 그의 『역사철학』(*Philosophie der Geschichte*)에서 이것을 '이성의 간지(奸智)'(List der Vernunft)라고 했다. 헤겔이 이처럼 세계사를 신의 섭리에 의한 목적론적 과정으로 본 것은 기독교의 신앙에 근거한 것으로 여겨지고 있다.

2. 헤겔의 절대자 개념과 본성

헤겔은 절대자에 대한 독특하고도 독자적인 규정을 내렸다. 절대자는 역사 속에서 자기를 실현하여 가는 것이라고 생각되었기 때문에 절대자는 역사에 있어서 유한자의 변화를 떠나서는 존재할 수 없다. 절대자는 유한자의 피안에 존재하는 것이 아니라 오히려 유한자의 변화를 통해서만이 존재할 수 있다. 절대자는 유한자와 대립하는 것이 아니다. 즉 칸트에서처럼 유한자의 피안에 존재하는 것도 아니고 셸링에서처럼 유한자의 근저에 자기동일적으로 존재하는 것도 아니다. 오히려 자기 속에 유한자를 포함하고 있다. 유한자의 변화를 통하여 절대자는 자기를 실현하여 간다. 따라서 절대자는 유한자를 떠나서 존재할 수 없으며 유한자는 절대자의 본질적인 계기가 된다. 헤겔은 이를 그의『논리학』(*Wissenschaft der Logik*)에서 악무한(惡無限, die Schlechte Unendlichkeit)과 진무한(眞無限, die Wahrhafte Unendlichkeit)이라는 개념으로 설명한다.

헤겔에 의하면 일반적으로 절대자는 유한자와 대립하는 무한자, 즉 악무한으로서 파악되는데 실은 이 같은 절대자는 결코 참다운 의미의 절대자가 아니라고 한다. 왜냐하면 자기의 외부에 유한자의 존재를 허용하고 있어서 유한자에 의해 규정되므로 그러한 존재는 유한자라고 할 수밖에 없기 때문이다. 즉 악무한으로서의 절대자는 그 자신이 하나의 유한자에 지나지 않게 된다. 따라서 참다운 절대자는 진무한이어야 한다. 진무한이란 유한자와 대립하는 것이 아니고 유한자를 자기 속에 포유하는 것이며 유한자의 변화를 통하여 자기를 실현해 가는 것이다. 즉 진무한이란 일체를 자기 속에 포함한 전체로서 한낱 유한자도 아니고 한낱 악무한으로서의 무한자도 아니며 이들 양자를 종합 통일한 것이다. 따라서 참된 절대자, 진정한 무한자란 유한자와의 이질적 대립 관계에 서 있지 않고 차별성을 초월한 것이 아니라 차별성을 인정하면서도 차별성에 내재하는 것으로서 오히려 모든 상대적 유한성을 자신의 필연적 계기로 포괄, 수용하는 존재이다. 여기에는 무한과 유한, 절대와 상대, 사유와 존재, 정신과 자연의 모든 대립상이 내포적으로 이해되어 '하나'의 총체적 자기동일성을 이루고 있다. 즉 진무한성이란 모든 대립과 모순의 현상이 내적으로 포섭된 총체성 혹은 전체성이어야 한다.

헤겔에 의하면 절대자를 악무한으로 파악하는 경우 절대자는 전적으로 공허한 것이 되어버린다. 왜냐하면 악무한으로서의 절대자에 대해서는 어떠한 규정도 부여할 수 없기 때문이다. 무엇인가를 규정한다 함은 그것을 한계 짓는다 함이요, 한계 짓는다 함은 그것을 유한화한다는 의미이다. 절대자에 대하여 어떤 규정을 내림은 그것을 유한자의 영역으로 끌어내림인데 악무한으로서 절대자는 유한자와 대립하는 것이므로 이와 같은 절대자에 대해서는 그 본질상 어떠한 규정도 부여할 수 없다. 반면에 절대자를 진무한으로 파악한다면 그것은 유한자를 자기 속에 포함하는 무한자이므로 결코 무순정적인 공허한 추상적 무한자가 아니라 구체적 규정을 가진 무한자이다. 유한자가 가지는 규정은 모두 진무한으로서의 절대자 자신의 규정에 속하는 것으로 유한자의 전체가 곧 절대자의 현현이다. 진무한으로서의 절대자는 우선 무한하며 거기에서 유한자가 생기는 것이 아니고 처음부터 유한자를 자기 속에 포함한 것으로 그 자신에 있어서 무한함과 동시에 유한한 것이다. 따라서 절대자는 보편과 특수의 종합이라는 결론이 나온다. 이것은 진무한이라는 절대자의 규정을 논리학적으로 표현한 것이라고 할 수 있다. 이렇게 볼 때 헤겔의 절대적 관념론은 피히테와 셸링에 의하여 전개된 상호 모순적 양극단, 즉 서로 반정립 상태에 있는 양자를 조정하고 종합한 것으로 주관적 및 객관적 관념론에 뒤따라 나타나 이 주관적 및 객관적 정신을 넘어 그 상위에 자리 잡은 철학이라고 할 수 있다. .

3. 변증법

세계를 하나의 유기체적 과정으로 간주한 헤겔은 칸트가 절대자를 인식할 수 없다고 했던 것과는 달리 절대자가 인간 정신의 작용에는 물론 자연에도 현현되어 있기 때문에 인간의 이성이 절대자의 내적 본질에 도달할 수 있다고 믿었다. 그에 따르면 이 삼자, 즉 절대자, 자연, 인간의 정신을 관련 지우는 것은 사유 그 자체이다. 그래서 인간은 절대자가 자기 스스로를 자연에 표현하는 방식으로 자연에 대해 사고한다. 그리고 절대자와 자연이 역동적 과정인 것처럼 인간의 사유도 역시 하나의 과정, 즉 변증법적 과정이다.

헤겔에 의하면 세계사의 전 과정은 곧 정신의 자기 전개의 과정이며 철학의 유일한 임무는 바로 그 정신의 역사적 발전 및 자기실현의 과정, 즉 변증법적 전개상을 서술(auslegen), 묘사(darstellen), 추고(nachdenken)하는 일이다. 그의 체계는 모두 이 일에 종사하며 정신의 존재 방식을 서술함이 관념론 체계인 반면 정신의 발전의 논리적 형식을 추고함이 변증법이다. 즉 전체 현실을 형이상학적 이념의 자기 실현으로 파악하는 헤겔은 세계정신이 이 세계 과정을 움직이는 데에 사용하는 방법이 변증법이라고 보았다.

독일 고전철학의 최대의 성과로 일컬어지는 헤겔의 철학은 변증법 논리에 의해 확고한 지위를 얻게 되는데 그것은 체계와 방법의 두 측면이 거의 완벽할 만큼 사변적으로 통일되어 있으며 또한 총체성의 개념 아래 정연하게 구성되어 있기 때문이다. 그의 철학적 체계는 관념론이고 그 방법은 변증법이다. 방법의 측면에서 볼 때 그의 변증법을 관념변증법이라 하는데 후일 마르크스(K. Marx)의 유물변증법은 이에 대한 단순한 반립이라 할 수 있다.

변증법의 근본 법칙은 모든 개념이 자신의 개념적인 반대를 자기 자신으로부터 정립한다는 점이다. 이 새롭게 정립한 반대는 원래의 개념과 알맞게 관계하며 그것보다 새로운 보다 높은 통일로 결합되고 이 통일에서 양자가 지양(止揚, aufheben)된다. 그리고 이러한 과정은 반복된다. 헤겔의 이러한 변증법 논리는 역사철학적으로 기초, 확증된 현실 파악의 방법이다. 그에 의하면 "철학은 결코 그 시대를 초월할 수 없으며, 모든 철학 체계는 현전(現前)의 세계(시대 상황)를 사고 속에 포착해야 한다"고 한다. 이 말은 존재의 실상을 궁리하기에 앞서 공허한 전망을 일삼는 모든 추상적 사유를 거부한다는 뜻이다.

그에 따르면 정신사로서의 세계사의 발전은 변증법적 3단계의 형식과 리듬에 입각해 있으며 또한 이 과정을 사유하며 서술하는 철학적 인식의 체계도 동일한 구조로 되어 있다. 헤겔의 절대자는 모든 유한성과 상대성을 자신의 필연적 계기로 삼고 그것의 전체이면서 자신 외에 아무 것도 설정할 수 없는 총체적 절대자이다. 그러므로 개념적 인식으로서의 변증법 논리는 자연히 오성적 사고나 지적 직관과는 달리 발전적, 역사적, 동적 인식의 원리일 수밖에 없다. 이 사유의 발전 논리이자 존재의 발전 논리이기도 한 변증법의 구조적 원리는 정반합의 과정이다.

첫 번째 단계는 사물이 직접적으로 주어지는 단순한 긍정이다. 이것은 추상적, 무반성의 즉자태(即自態, These)이다. 두 번째 단계는 즉자태로서의 직접적 소여(所與)가 내적 모순과 자기 분열에 의해 새로운 사고의 입장이나 사물의 존재가 생기된 즉자태의 부정이요 반성이다. 이것은 구체적이며 향자적(向自的)인 대자태

(對自態, Anti-these)이다. 세 번째 단계는 즉자태와 대자태 양자의 대립과 모순, 갈
등과 투쟁을 통해 양자의 일면성과 상대적 유한성이 자각되어 제3의 단계에서의
고차적이고 발전적인 해소 및 통일이다. 이것은 부정의 부정으로서 가장 구체적이
며 강력한 긍정에 나아간 즉자대자태(卽自對自態, Syn-these)이다. 첫 번째 단계를
정(正) 또는 정립(定立), 두 번째 단계를 반(反) 또는 반정립(反定立), 그리고 세 번
째 단계를 합(合) 또는 종합(綜合)이라고도 한다. 그러나 세 번째 종합의 단계는 동
시에 새로운 테제로 다시 정립되며 이와 같이 모든 사유나 존재, 즉 역사의 발전은
지속적인 진보의 과정에서 파악된다.

그런데 이 세 단계들은 단순한 도식이 아니라 모든 사유와 존재의 발전을 규정
하는 필연적 연관 체계이다. 여기에는 정과 반의 대립 관계에 있어서 모순의 현상
이 본질적으로 개재하며 이것은 동시에 발전적으로 지양(aufheben)되어야 한다. 지
양은 파기(vernichten)와 보유(aufbewahren)의 의미가 동시에 내포되어 있다. 파기는
첫 번째와 두 번째의 두 규정의 모순 대립에 있어서 어느 한 쪽을 고수하는 폐쇄된
입장을 배격, 부정함이다. 즉 비본질적 요소의 폐기이다. 보유는 이 모순 대립되는
두 규정에서 공통의 특성을 한 단계 높은 차원에 통일적으로 고양, 긍정함으로써
본질적 요소를 적극적으로 수용함이다. 따라서 지양은 우리말로는 '없애가짐'이라
고 할 수 있다.

그런데 계기로서의 모순은 변증법 논리의 전개를 위해 필수불가결의 요인이 된
다. 역사적 과정에서 생성과 발전이란 사실상 분열과 대립, 그리고 모순과 투쟁의
연속이라 할 수 있으며 변증법 논리는 이러한 모순 개념의 실제적 계기를 배제하
지 않음은 물론, 적극적으로 수용하므로 모순의 논리이기도 하다. 헤겔 변증법의
탁월성은 바로 이 모순의 계기에 착안한 점에 있다.

변증법은 발전의 과정 안에서 상호작용에 의한 구체적 통일이요, 분열과 대립,
그리고 모순의 극복과 지양으로 얻어진 매개적 종합이다. 역사의 단계나 발전의
단계마다 그에 해당하는 통일의 형식이 있으나 최종적으로는 절대 정신의 단계에
이르러 총체적 통일이 이루어지고 절대성을 획득하게 된다. 이 때 절대성은 또한
가장 구체적이며 최대의 현실성을 갖는다. 그런 뜻에서 헤겔의 변증법은 사유의
논리(변증법적 인식론)인 동시에 존재의 논리(변증법적 존재론)가 된다. 또 사유와

존재, 정신과 자연 및 이성과 현실의 전체를 발전의 과정에서 역사성의 원리에 따라 서술하므로 발전의 논리라고도 한다.

4. 헤겔 철학의 체계와 구조

헤겔 철학을 관통하고 있는 것은 변증법 논리이다. 헤겔은『피히테와 셸링의 차이』(*Differenz des Fichteschen und Schellingschen Systems der Philosophie*)라는 논저에서 주체에서 발단된 피히테의 자아철학을 주관적 관념론으로, 자아를 통하여 자연의 인식에 도달하면서 동시에 이 자연 속에서 무의식적으로 창조 행위를 전개하는 정신을 발견하려 한 셸링의 동일철학을 객관적 관념론으로 규정하였다. 그리고 헤겔은 정립과 반정립에 해당하는 양자의 종합을 시도했다.

그는 세계 전체의 진행 과정은 정신의 자기 전개에 지나지 않는다고 보고 철학의 과제를 이 정신의 자기 전개 양상을 이론적으로 고찰하는 데에 있다고 했다. 헤겔에 따르면 이 정신의 자기 전개는 변증법적 법칙에 따라 3단계의 발전을 거친다. 따라서 철학의 과제도 이에 준하여 3단계적 성격을 띨 수밖에 없다고 하여 이에 따라 자신의 철학을 세 부분으로 나누었다. 그것이 변증법 논리에 의해 전개되는 정신의 3단계를 고찰하는 논리학, 자연철학, 정신철학이다. 헤겔의 첫 번째 주저『정신현상학』(*Phänomenologie des Geistes*)은 바로 그 정신의 자기실현의 역사적 과정, 즉 정신의 가장 단순하고도 추상적인 단계인 의식으로부터 시작하여 생성과 발전의 자기 운동을 전개하는 과정을 서술한다. 즉 포괄적이며 총체적인 존재 인식의 방법인 전체성의 역사적 연역으로서의 변증법적 방법이 전개된다.

의식은 내용이 풍부하나 논리적 형식에 있어 빈약하며 가장 단순한 소여(所與)이다. 의식은 곧 자기의식이라는 대립적 부정 형식을 낳게 된다. 의식은 내적으로 모순과 갈등을 일으키며 대립, 분열의 생성 과정에 들어가는데 이 때 분화된 자기의식은 정신의 자기 소외의 존재 방식이기도 하다. 분열된 정신의 두 형식은 변증법적인 지양으로 한 단계 더 높은 차원에서 다시금 통일된다. 즉 외화되었던 자기의식의 자기 환귀가 이루어지면서 이제 이성의 단계에 발전적으로 종합된다. 이성은 의식과 자기의식이 발전적으로 통일된 제3의 사유 형식이자 진리 인식의 최초의 근거가 된다.

이성은 계속해서 정신의 최종 단계인 절대지 또는 절대 정신에까지 발전하는데 마침내 이 정신의 완성태에서 자유의 현실태가 동시에 실현된다. 왜냐하면 진리 인식의 이성적 조건은 자유이며 자유는 부정적 본질을 자체의 계기로서 내포하고 있으므로 정신의 역사적 발전과 자기실현도 역시 이 부정성의 원리에 따르기 때문이다. 자유로운 존재는 항시 타자와 대립적 상호관계를 설정함으로써 자아의 고유성을 경험할 수 있으며 그 결과 더욱 구체적 현실적인 자기지를 획득하게 된다.

정신의 경우 추상적 즉자태의 정립을 부정하면서 매개적 대자태의 반정립에로 분열되어 모순 대립의 관계가 설정된다. 다시 반정립에 대한 2차적 부정, 즉 부정의 부정과 함께 적극적 긍정이 수행되는데, 이것은 정립과 반정립 양자의 변증법적 지양이며 종합이다. 이 즉자대자적인 단계에까지 발전한 정신은 적어도 이 과정에서 가장 구체적이며 가장 현실적이다. 정신은 그의 절대성에 이르는 전 과정에서 이러한 정→반→합의 단계적 변증법적 운동을 지속적이고 반복적으로, 그러나 더욱더 구체화하고 심화시켜 나아간다.

그 구체적인 첫 번째 단계는 정신이 즉자적 존재의 상태에 있다. 이 양상을 고찰하는 철학의 분과가 논리학이다. 두 번째 단계에서는 정신이 외화, 자기 소외, 또는 타자적 존재의 상태에 들어간다. 이것은 공간과 시간의 구속을 받는 자연의 형식으로 외화됨을 뜻하므로 이 단계를 고찰하는 것은 자연철학의 과제이다. 마지막 세 번째 단계에서는 정신이 자기 외화의 상태를 벗어나 다시 자기 자신으로 복귀한다. 여기서 정신은 즉자대자적 존재의 상태로 접어든다. 이에 해당하는 것이 정신철학이다. 다시 말하면 논리학은 정신의 고유한 직접태로서 정립의 형식인 이념을, 자연철학은 정신이 분열·외화되어 타재하는 형식인 반정립의 자연을, 그리고 정신철학은 자연의 부정과 자아 회복을 통해 고차의 단계에 지양된 종합의 형식인 정신을 단계적으로 서술하고 있다.

그의 표현을 빌자면 논리학은 그 자체로서 그리고 그 스스로를 위해 있는 그대로 다루고, 자연철학은 이념을 그 달리 있음 속에서 다루고, 정신철학은 자기 자신에게로 되돌아가는 이념을 그 자신에 있는 중에 다룬다. 다시 말해 논리학은 이념적 존재의 학으로서 정신의 즉자적 내재의 본질 규정이요, 자연철학은 저 이념 존재의 타재적 외화요 정신의 자기 소외라는 대자적 반성 형식이며, 정신철학은 이

넘의 외재 현상으로부터의 통일적 환귀이며, 승화·고양된 자아 회복이다. 이념적 정신의 역사적 발전은 이 같은 동적, 변증법적 이해이다. 이는 헤겔 철학의 기본 체계의 표현인 동시에 세 가지 단계의 발전적 계기들로 형성되는 일종의 리듬의 원리라고 할 수 있다.

체계의 각 부분이 이처럼 변증법적으로 구성되고 서술될 뿐만 아니라 각 부분별 하위 체계도 마찬가지의 구조와 형식을 취하면서 변증법 논리의 방식에 의해 묘사된다. 이를테면 논리학에서 이념의 변증법은 존재, 본질, 개념의 순서로, 정신의 타재 존재인 자연의 변증법은 무기물, 화합물, 유기물의 순서로, 또 정신의 변증법은 주관 정신, 객관 정신, 절대 정신의 순서로 각각 단계적 이행이 서술되어 있다. 더 하위의 단계로도 세분되는데 역시 마찬가지의 내적 발전과 변증법적 질서에 따른 운동으로 논술되고 있음을 볼 수 있다.

체계의 3가지 구성 요소와 변증법 논리의 3단계 형식이 구조적으로 일치하며, 중요한 것은 이 사유의 체계적 변증법적 발전이 동시에 역사적 과정에서 구체적 존재의 발전과 일치하고 있다는 점이다. 정신의 변증법적 발전이 곧 역사적 발전이므로 철학적 사유 체계의 동적 구조와 발전은 동시에 역사 현실에 있어서 존재의 유기적 생성·발전과 함께 변증법적으로 동일한 형식을 취한다.

1) 논리학

헤겔의 논리학은 통속적 의미의 형식 논리학과는 전혀 다르다. 그의 논리학은 진실한 존재, 즉 절대자를 파악하기 위한 카테고리의 변증법적 전개를 서술하는 이념적 존재의 학으로서 존재론, 본질론, 개념론의 순서에 따라 내재하는 정신, 즉 이념의 내면적 운동 구조를 설명한다.

그는 순수유라는 카테고리에서 출발한다. 그러나 절대자에 대해서는 그것이 있다고 할지라도 그것으로 절대자가 구체적으로 파악되지는 않는다. 절대자가 아니더라도 유한한 사물도 있다고는 할 수 있다. 따라서 절대자를 구체적으로 파악하려면 유가 더욱 구체적인 카테고리로 옮아가야 한다. 이렇게 헤겔은 유라는 카테고리에서 출발하여 점차 이것이 변증법적 전개에 의해 구체적인 카테고리로 옮아가고 마침내 절대자를 파악하여야 할 절대적 이념이라는 가장 구체적인 카테고리에 이르기까지의 과정을 서술한다. 따라서 헤겔의 논리학은 이념의 즉자적 내재의 단계를 서술하는 존재론이다.

헤겔에 의하면 논리적인 것은 진리의 절대적 형식이다. 이러한 진리란 단순한 추상적 진리가 아니며 구체적인 존재의 진리이다. 그러므로 논리학은 정신이라는 기본 개념의 단계적 발전의 이론이며 개념의 종합, 즉 절대적 이념을 위한 존재의 범주적 체계의 규정이다. 그래서 포이어바흐는 헤겔의 논리학을 일종의 존재 논리학(Onto-logik)이라 규정하여 기존의 논리학과 구별했고 헤겔 철학을 철학적 신학 또는 기독교의 철학적 지양으로 보는 뢰비트(K. Löwith)는 헤겔 논리학을 존재 신학적 논리학(Onto-theo-logik)으로 보았다.

2) 자연철학

이념의 대자적 외재요 반성태인 자연철학은 실재 세계, 즉 자연의 발전에 관한 이론으로서 이념 존재에 대한 1차 부정과 자기 분열의 결과 나타난 정신의 타재 상태로서의 자연에 관해 역학, 물리학, 유기체학의 순서로 서술한다. 이는 특히 셸링과의 관련을 주목해야 한다. 셸링에서의 객관적 자연은 주관적 자아와의 무차별적 동일성에 있으며 당시의 낭만주의 문학 사조에 심취한 나머지 유기적 자연의 생명력과 여기서 나타나는 조화와 미적 객관주의에 서 있었다. 그러나 헤겔에 있어서 자연이란 즉자태인 정신의 자기 분열에 따른 대자적 간접태에 불과하며 자연의 모든 법칙성이나 필연성은 결국 절대 이념에 종합되고야 마는, 즉 정신의 자유를 성취하는 한 계기에 해당한다. 주체적 정신이 객체적 자연의 필연성과의 투쟁에서 확보하는 것은 자유이기 때문이다.

이념은 원래 정신적인 것이다. 그러나 그런 이념도 자기 자신을 발전시키기 위해서는 무의식적인 자연의 형태로 우선 나타나야 한다. 이것은 고귀한 자가 일단 비천한 자태를 보이는 것과 같다. 이념이 자연으로 변모하는 것은 자연의 정상인 인간에 있어서 정신이 의식으로서 발현하기 위함이요 정신이 자기를 실현하기 위함이다. 이런 논리적인 진행 과정에서 이념이 일시적으로 타재하는 형태가 자연이다. 즉 자연은 타재중인 이념이요 이념이 자신에서 떨어져 나가서 직접 외화된 것이 자연이다. 다시 말해 정신은 직접태인 자신에만 머물러 있지 않고 필연코 출타

하여 외화의 상태로 나아가며 동시에 정신의 자기 소외의 현상이 나타난다. 즉 정신은 공간과 시간 속에서 스스로를 실현하는 가운데 자연이 된다. 이 자연의 발전은 먼저 양의 세계인 역학으로부터 질의 세계인 물리학으로, 마침내 양자의 종합인 유기체학(오늘날의 생물학에 해당)에 이르는 세 가지 단계를 포함한다.

3) 정신철학

정신철학은 자연에 대한 부정, 즉 2차 부정의 결과로서 이념과 자연의 변증법적 통일인 정신의 총체성에 대해서 주관 정신, 객관 정신, 절대 정신의 발전 과정을 따라 논술한다.

정신은 그의 외화된 자연에서 모든 필연적 계기들을 극복하여 자신에 복귀함으로써 한층 고차적으로 지양되는데 정신의 이 체험과 투쟁의 결과 마침내 자유가 성취된다. 헤겔은 정신의 개념과 자유의 개념을 동일시하며 정신의 발전과 자유의 실현을 동일한 역사성의 지반 위에서 자체의 고유 원리인 부정성의 원리에 따라 발전, 운동, 노동하는 가운데 스스로 완성되어 가는 전체로 파악한다. 절대 정신은 정신의 역사적, 구체적 발전과 역사 현실의 이성적 고양을 내적으로 통일한 것이며, 또한 피히테의 주관적 관념론 및 셸링의 객관적 관념론을 체계적으로 종합했으므로 헤겔의 그것은 절대적 관념론이라 부른다.

세 단계에 걸치는 정신의 체험의 과정은 절대 정신에 이르러 일단 완료된다. 헤겔의 절대 정신이란 이념의 자기 발전의 최고 단계이며 세계 원리로서의 정신이다. 즉 절대 정신은 변증법적 운동에 있어서 스스로를 실현하면서 인간 정신의 내적 작용인 주관적 정신과 사회 정치적 제도들에 외적으로 구현된 객관적 정신을 거친 그것의 종합에 해당한다.

이성은 지의 최종적 형태인 절대지에로 전개되는데 주체적 입장의 세계로부터 공동사회의 조직체인 인류의 자각된 정신에로, 그리고 마침내는 예술과 종교와 철학의 이성이 현실과 총체적으로 융화된 절대지(absolutes Wissen) 또는 절대 정신(absoluter Geist)의 왕국으로 발전하게 된다. 즉 절대 정신의 단계는 마침내 예술과 종교와 철학이 융화 종합된, 동시에 이념과 실천, 정신과 자연이 하나로 통일된 문화의 제국이다. 여기서는 인식이 대상을 완전히 포착함으로써 정신과 자연이, 또한 이성과 현실이 하나로 통일되며 절대 정신의 자기 완성과 함께 데카르트가 제기한 근세철학의 이념인 사유와 존재의 일치가 실현된다. 따라서 거기에서 정신은 완전한 자각에 도달하여 신과 동일시되고 신적 정신으로 그리고 영원한 이념으로서 스스로를 역사 사이에 발전시킨다. 그러므로 인류 사상의 발전은 절대 이념의 참된 자의식의 과정이다. 이 과정은 절대 이념이 고도한 자기에게로 환원하는 과정이다. 이러한 이념의 자기 발전은 변증법적 법칙에 의해서 행해진다. 즉 세계는 절대 이념이 최고로 발전한 절대 정신의 자기 현현이며 역사는 이 절대 정신의 자기 발전의 필연적 과정의 표현이다.

　두 번째의 객관적 정신의 단계는 헤겔의 네 번째 주저인 『법철학 강요』 (Grundlinien der Philosophie des Rechts)에서 상론된다. 법철학은 앞서 말한 객관 정신의 구체적 전개와 실현으로서 추상적 법, 도덕, 인륜의 세 단계 형식을 통해 성취된다. 인륜은 다시금 가족과 시민사회 그리고 국가로 삼분되거니와 국가는 인륜적 이념의 현실태로서 이성과 현실의 통일체로서 지상의 신을 모신 객관 정신의 최고의 형태이자 최종 단계이다. 국가는 본래 역사적으로 발전하며 세계정신은 각 시대의 민족정신과 역사상의 위대한 인격들을 통해 현현된다.

5. 역사철학

　헤겔에 의하면 세계사란 정신 또는 이념의 자기 실현으로서 동시에 정신의 역사로 규정되며 정신의 역사적 발전은 최종적으로 절대 정신의 자기 인식인 절대지를 달성함으로써 정신의 본성인 근원적 자유가 쟁취된다. 즉 정신의 변증법에 의해 정신의 최초의 추상적 개념은 그에 대립되는 부정적인 대립 개념을 산출하며 상호 모순의 이 양자는 제3의 개념에 있어서 더욱 구체적으로 합일되고 진보적 추진의 이 역사적 변증법은 마침내 최종적인 종합에 이르러 개념의 가장 구체적 형식, 즉 이성과 현실의 통일로서의 절대지 또는 절대 정신의 개념을 획득하게 되는데 이 과정이 바로 현실적 역사 발전의 과정이다.

　그러므로 정신사로서의 이 역사는 자유의 의식에 있어서의 진보의 역사이다. 정신의 과업은 세계사의 여러 단계들에서 역사적 위인을 통해 각 민족정신으로 표현된다. 세계정신 자신은 그 배후에 숨어서 소위 역사적으로 위인(偉人)이라 불리는 개인을 조정하여 그들을 대리인이나 도구로 사용하여 자기의 과업에 종사시켜 그들로 하여금 한 민족 국가의 역사적 과업에 종사시킬 뿐 아니라 그에 응분한 개인의 복리와 영예를 보장하면서 자기의 목적을 실현한다. 이렇게 세계정신이 자기실현이라는 세계사의 과정을 교활한 이성의 궤계(詭計)를 통해 성취하는 것을 이르는 말이 바로 "이성의 간지(奸智)"(List der Vernunft) 또는 "이성의 교지(狡智)," "이성의 궤계"이다. 그러나 세계사는 물론 한 민족사라 할지라도 보편적 이념은 유한자인 역사적 개체(헤겔은 위인을 이렇게 부른다)의 역량과는 무관하며 그것은 실로 절대적 정신, 즉 이념의 고유한 임무에 속하는 것이다. 이 이성의 교지론은 역사의 정신사적, 계시 종교적 해석이 초래한 일종의 신비적 사관이요 논리적 비약이라 볼 수 있다.

이러한 헤겔의 역사 이해는 일종의 목적사관이라 하겠는데, 이것은 반드시 서양적인 것만은 아니며 역사가 하나의 최종 목표에로 그리고 신적 의지의 예견에 의해 이미 조정되어 있다는 성경의 소위 종말론적 사상과도 같다. 헤겔의 기본 개념들에서 보면 세계사적 방향이나 역사의 최종 목적이란 바로 절대 정신 또는 절대자에 의해 설정되는 그들 자신의 목표이다. 그에 의하면 철학이 역사를 관찰함에 있어서 우선 이성이 세계 또는 세계사를 지배한다는 확고한 신념이 전제되어야 한다. 이러한 입장은 오직 역사적 발전의 과정이 미래에 있어서 신국의 실현이라는 기독교적 징표로 이해된 것이며 따라서 그의 역사철학은 일종의 변신론의 형식을 취하고 있다.

역사, 적어도 서양사 내지 유럽사의 과제는 종교가 오직 인간의 이성에로 구현되는 것, 그리고 인간의 심성에 내재하는 종교의 원리가 다시 세계의 자유로 부각되어야 한다는 것이다. 그리하여 기독교 정신의 현실화 및 세속화로서의 세계사는 현실 세계의 모든 사상에 있어서 자연히 신의 변호로 나타날 수밖에 없으며, 헤겔에 있어서 정신사의 전 과정은 기독교적 신 안의 참된 세계화의 역사적 과정으로 이해될 수 있을 것이다.

6. 영향 및 평가

헤겔의 철학은 처음부터 기독교 신앙으로 채색되어 있어 철학적 신학이라는 비판을 받았는데, 그의 종교의 철학적 합일은 적어도 철학과 종교와 한 국가 사회의 화해의 이론 체계이다. 즉 헤겔의 관념론은 당초 목표했던 기독교적 문화 전통에 걸맞은 형이상학 체계의 재구성, 그리고 민족의식 고취를 통한 신생국가 프로이센(Preussen)의 역사적 정당성 부여라는 명제에 있어서는 그 취지를 십분 달성한 편이다. 그러나 범신론적 총체성의 철학자 헤겔은 급진주의자들에 의해 철학적 군주 또는 어용 철학자로 혹평되기도 했다. 본의와는 상관없이 그의 철학이 당대의 프러시아는 물론 제3제국의 정치 발전에 기여했다는 점이 그 이유이다.

　실존철학에서 마르크스주의, 그리고 신칸트학파에서 논리실증주의에 이르기까지 또한 현상학이나 실용주의 그리고 오늘날 프랑크푸르트학파의 비판적 사회이론에 있어서도 헤겔 철학은 역사적 전제가 되고 있다. 마치 헤겔이 칸트의 오성 철학을 비판하는 가운데 그의 변증법 논리를 수립했듯이 모든 현대의 철학적 경향과 방법들은 거의 예외 없이 헤겔에 대한 비판적 이해에 그들의 일차적인 근거를 마련하고 있다.

제15장
현대로의 가교

실증주의나 영국의 공리주의는 독일 관념론의 반동으로 나타난 철학인데 시기적으로 볼 때 근세와 현대의 연결점에 위치해 있다. 그래서 어떤 사람은 그것을 근세철학의 영역에 넣기도 하고, 또 다른 사람들은 현대철학의 영역에 넣기도 한다. 그 이유는 그것들이 근세와 현대를 이어주는 가교 역할을 하고 있기 때문이다. 특히 양자는 모두 실증적이고 감각적인 경험을 중시한다는 점에서 경험론적 경향을 강하게 띠고 있다.

1. 콩트의 실증주의

실증주의(Positivism)를 하나의 개념으로 정립한 사람은 프랑스의 아우구스트 콩트(Auguste Comte, 1798~1857)이다. 그래서 그를 실증주의의 창시자라고 말한다. 실증주의는 주어져 있는 것, 실재하는 것, 즉 실증적인 것만을 그 대상으로 하여 이 같은 경험적 사실을 벗어난 일체의 것을 부정하고 철학과 학문을 현상계에 국한시킨다. 따라서 경험적 사실의 배후에 어떤 초경험적 존재자도 인정하지 않을 뿐 아니라 자연이 궁극적인 목적이나 결과를 가지고 있다는 것도 거부한다. 실증주의는 사물의 본질이나 내부에 숨겨진 원인들을 발견하려고 하지 않는다. 단지 우리가 할 수 있는 일은 현상계를 통하여 주어진 일체의 사실을 있는 그대로 받아들이고 그것을 일정한 법칙에 따라 정리하며 여기서 인식된 법칙을 토대로 앞으로 나타날 현상을 예견하여 거기에 대처할 준비를 하는 것이라고 한다.

콩트의 최대 목표는 모든 사회체계의 재조직이었다. 이를 위해 그는 시대의 지적 방향을 재구성하거나 개혁하는 일이 필요하다고 생각했다. 그는 당시 정치적인 혁명으로 야기된 혼란을 극복하고 정치적 무질서를 불가피하게 하는 철학의 혼란을 극복하기 위해 과학 지향적인 실증주의에 기반을 둔 사회학을 발전시킴으로써 그 개혁에 착수했다. 그런 점에서 그의 실증주의는 단순한 사고방식이라기보다는 사회 문제들에 대한 해결 방식이었다. 그는 어지러운 사회 현실 속에서 실증주의만이 사회의 유대를 보장해 줄 수 있는 유일한 방법이라고 주장했다. 그의 실증주의는 소위 그의 3단계 법칙에 의해 정립되었다. 콩트에 따르면 인류의 정신사는 세 단계의 발전을 거치는데, 각각의 단계는 진리를 발견하는 서로 다른 방식을 보여주고 있다.

첫 번째 단계는 신학적인 단계이다. 이 시기에는 모든 현상이 신성한 힘에 의해 실현된 것으로 설명된다. 이 신학적 단계는 다시 세 가지 상태로 구분된다. 그에 따르면 인간의 정신은 가장 원초적인 단계에서는 모든 대상이 생명력이나 영혼을 지니는 것으로 간주하는 만유정령론을, 다음에는 현상계의 모든 영역이 각기 그 영역의 고유한 신에 의해 연유한다는 다신론을, 그리고 마지막에는 다수의 개별 신이 아니라 최고의 유일신에 의한 섭리에 의한다는 유일신론을 만들어낸다.

두 번째 단계는 형이상학적 단계이다. 이 단계에서는 신성한 힘의 개념이 비인격적이며 추상적인 힘들로 대치된다. 이 시기에는 모든 개별적 실체들이 자연으로 불리고 그 자연이 모든 현상의 원천을 이루는 것으로 간주한다.

마지막 세 번째 단계는 실증적 또는 과학적 단계이다. 이 단계가 되어서야 비로소 인간은 절대적 인식에 도달하고자 하는 것이 무의미하다는 사실을 깨닫고 경험을 초월한 존재에 의해 사물을 설명하려는 시도도 사라진다. 그리고 이성을 활용하여 오직 주어진 사실만을 통하여 현상들 간의 불변적인 관계와 법칙만을 파악하고자 한다.

콩트는 이 3단계의 법칙이 인류 전체의 정신사에 적용되는 것으로만 생각하지

않고 모든 인간의 개체적 발달과 개별 과학, 정치 질서에도 적용되는 것으로 생각
했다.

2. 영국의 공리주의

공리주의(公利主義, Utilitarianism)는 "만인은 쾌락과 행복을 원한다"는 명제에서
출발한다. 그리고 그 사실로부터 선에 대한 모든 도덕적 관념이 가장 잘 이해될
수 있다고 주장한다. 공리주의자들은 행복의 원리를 최대 다수의 최대 행복(the
greatest happiness of the greatest number)이라고 말하는데 그것은 쾌락의 총합이 고
통의 총합보다 더 클 때 선이 성취된다는 의미이다. 그러므로 만일 한 행위가 쾌락
을 성취하고 고통을 제거하는 데 유용하다면 그것은 선이다. 그것이 곧 공리주의
가 따르는 유용성의 원리(the principle of utility)이다. 이것은 도덕이란 이 세계에
가능한 한 많은 행복을 가져오게 하는 의도 이외에 아무 것도 아니라는 원리이다.
즉 한 행위가 바람직하거나 좋은 목적, 즉 본래적 가치를 갖는 목적을 달성하는
데 유용할 때 그 행위는 옳다는 원리이다.

종래의 윤리학 이론들은 선을 신의 계명, 이성의 명령, 인간성의 목적 완수, 정
언명령에 대한 복종 등으로 규정했기 때문에 이 모든 이론들은 바로 이들 신의 계
명, 이성의 명령, 인간성의 목적, 정언명령들이 무엇으로 구성되어 있는가 하는 질
문들을 제기했다. 그렇지만 공리주의의 원리는 모든 행위를 만인이 알고 있는 하
나의 기준, 즉 쾌락(pleasure)으로 측정한다. 공리주의는 "옳은 것은 좋은 것에 의존
한다"고 보기 때문에 한 행위가 도덕적으로 옳은가 하는 것은 그 자체로서가 아니
라 그 행위의 결과가 무엇인가에 달려 있다. 즉 옳은 행위는 최대의 선을 낳는 행
위이다. 따라서 공리주의 원칙에 따르면 행위는 행복과 쾌락을 증진시키는 경향과
비례해서 옳으며 그에 반대되는 것을 증진시킬 때는 나쁘다. 이것은 선택 가능한
여러 가지 가운데 하나를 선택해야 할 경우에 모든 사람에게 가능한 한 최선의 전
체적 결과를 낳는 행동을 선택해야 한다는 원리이다.

공리주의는 우리가 어떤 선택의 상황에서 도덕적으로 해야 할 바를 알 수 있도
록 의사 결정 절차를 정해주고 있다. 첫째로 우리가 선택할 수 있는 가능한 행동
방향에 관한 모든 대안을 구체적으로 밝힌다. 그리고 나서 우리의 능력을 최대한

으로 발휘하여 각 대안을 선택할 때 뒤따를 가능한 결과를 계산한다. 이러한 절차 뒤에 여러 대안의 결과를 서로 비교하여 어느 대안이 더 많은 쾌락과 더 적은 불행을 산출하는가를 찾아낸다. 이렇게 나타난 행위는 우리가 반드시 해야 하는 행위가 되고 주어진 상황에서 다른 행위를 하는 것은 도덕적으로 그르다.

1) 벤담

런던에서 태어나 어렸을 때부터 비상한 지적 능력을 보여주었던 제레미 벤담(Jeremy Bentham, 1748~1832)은 당시 개탄할 만한 상태였던 법률과 그 법률이 자아낸 사회적 현실에 대해 질서와 도덕적 방어 능력을 부여해 주고자 노력했다. 그런 점에서 벤담은 일종의 개혁가였는데 그의 철학적 경향의 대부분은 경험주의자 로크(Locke)와 흄(Hume)에 의해 마련되었다. 로크의 계몽철학적인 자유로운 사상은 벤담에게 편견에 기초한 사상들을 공격할 강력한 무기를 제공해 주었고 흄에게는 『인성론』의 도움을 크게 받았다.

『도덕 및 입법 원리 입문』(*An Introduction to the Principles of Morals and Legislation*)에서 벤담은 "고통과 쾌락만이 우리가 무엇을 할 것인가를 결정해 주는 동시에 우리가 마땅히 행하여야 할 바를 지적해 준다"고 말한다. 그리고 "인간의 모든 행동은 고통의 회피 혹은 쾌락의 획득을 목적으로 한다"는 사실을 "쾌락을 추구해야 한다"라는 당위의 근거로 삼고 있다. 즉 심리학적 사실로부터 공리성의 원리로 나아간다. 그에게 있어서 공리성의 원리(principle of utility)란 "무슨 행위이든 그것이 행복을 증가시키는 경향을 가졌느냐 아니면 … 감소시키는 경향을 가졌느냐에 따라 용인하거나 부인하는 원리"를 의미한다. 그러므로 인간은 오직 공리성의 원리에 맞는 행위에 대해서만 마땅히 행해졌어야 할 행위라거나 옳은 행위라는 말을 할 수 있다.

벤담은 자신의 이론에 수학적 엄밀성을 기하려는 하나의 시도로서 쾌락과 고통의 총량에 대하여 언급하면서 우리는 행동하기 전에 이 총량들의 값을 계산해야하며 또 실제로 하고 있다고 주장한다. 그리고 특정한 쾌락과 고통의 가치와 그것을 산출하는 행동에 관하여 선악을 평가하는 객관적인 기준이 되는 쾌락의 양을 측정하는 방법을 제시했다. 강도, 확실성, 근접성, 지속성, 다산성, 순수성, 범위의 일곱 가지가 그것이다. 그는 이러한 과학적 계량을 하기 위해서 쾌락 자체에 아무런 질적 차이를 두지 않고 오직 양적 대소만을 인정하고 쾌락은 양적인 차이만으로 평가해야 한다고 주장했다. 그래서 벤담의 공리주의를 양적 공리주의(Quantitative Utilitarianism)라 한다. 이 원칙에 의해 만일 모든 행위들이 동일한 쾌락의 양을 산출한다면 그것들은 동등한 선이다. 결국 우리는 "한 쪽에 모든 쾌락들의 모든 값을, 또 다른 한 쪽에는 모든 불쾌의 모든 값을 합산한다. 만일 대차 균형이 쾌락의 쪽에 있다면 그 행위에 선의 경향이 있게 되고 … 만일 고통 쪽이라면 … 악의 경향이 있게 된다."

그는 또 쾌락의 계산법에 덧붙여 개인의 이기적인 행위가 공공의 복리를 해칠 것을 우려하여 행동에 동기를 주고 쾌락과 고통의 원천이 되는 네 가지 제재 방법, 즉 신체적, 정치적, 도덕적, 종교적 제재 방법을 제시했다. 그러므로 입법자들은 "어떤 행동 형식들이 사회의 행복을 증가시켜 줄 것인가?"와 "무슨 제재들이 이같이 증대된 행복을 가져오게 할 수 있을 것인가?"를 결정하는 일에 관심을 가져야 한다.

모든 법률들은 공동사회의 전체 행복을 증대하는 것을 목적해야 한다. 그러나 벤담은 법에 의한 "모든 처벌은 본래가 악이다"고 한다. 왜냐하면 그것은 괴로움과 고통을 가하기 때문이다. 그럼에도 불구하고 처벌이 공리주의적 관점에서 정당화될 수 있는 것은 처벌에 의해 가해진 고통이 어떠한 방식으로든 보다 큰 고통을 억제 또는 배제하기 때문이다. 즉 처벌은 쾌락과 행복의 총합의 확대를 이루는 데 유용하다. 그러나 만일 처벌 결과가 공동 사회에 고통의 단위 또는 총량을 더 증가시킬 뿐이라면 결코 정당화되지 않는다.

2) 존 스튜어트 밀

존 스튜어트 밀(John Stuart Mill, 1806~1873)은 9명의 아이들 중 장남으로 태어났다. 아버지인 제임스 밀(James Mill)도 역시 공리주의적 태도를 가진 사람이었다. 그는 벤담과 밀접하게 교류하면서 벤담의 철학 형성에 많은 도움을 주기도 했다. 존 스튜어트 밀은 그의 부친의 사상을 공유했을 뿐만 아니라, 아버지를 통해서 당시의 몇몇 지도적 인물들의 사상도 수용하였다.

밀은『공리주의』(*Utilitarianism*)에서 "공리주의 이론은 행복은 바랄 만한 것이고 더욱이 목적으로서 바랄 만한 가치가 있는 유일한 것이며 다른 모든 것들은 그 목적을 위한 수단으로서만 바랄 만한 가치가 있다는 것이다"고 말하고 도덕의 기초가 공리성 또는 최대 행복의 원리이며 행복은 쾌락 또는 고통의 부재를 의미하고 불행은 고통이나 쾌락의 결여를 의미한다는 벤담의 공리주의 원칙을 그대로 받아들였다.

벤담은 쾌락은 오직 그 양에서 차이가 나는 것으로서 선은 특별한 종류의 행동에 관계된 것이 아니라 계산에 의해 측정되는 쾌락의 양에 관계된다고 했다. 그러나 밀은 벤담의 공리성의 원리를 옹호면서도 그가 양적으로 쾌락에 접근하려는 것을 수정하여 쾌락은 양에서뿐만 아니라 종류와 질에 있어서도 각각 다르다는 질적 공리주의(Qualitative Utilitarianism)를 주장했다.

벤담은 동일한 양의 쾌락만 산출한다면 그것이 날카로운 압정이든 예술가의 시작(詩作)이든 상관하지 않는다. 그러나 만약 벤담의 주장처럼 최대의 유일한 선이 쾌락이고 쾌락은 오로지 양으로만 계산할 수 있는 단순한 성질의 것이라는 기본 전제가 사실이라면 중대한 문제점이 발생한다. 쾌락을 즐기고 있는 감각적인 주체가 사람이든 동물이든 다를 바가 없으며 쾌락의 양만이 문제된다. 예컨대 어떤 배고픈 불쌍한 사람이 불쌍한 사람으로서의 인간의 지위를 버리고 오히려 배부른 돼지가 되어 최대한의 쾌락을 즐기는 한 문제가 되지 않는다는 말이 된다. 밀은 바로 이 점을 발견했다. 밀은 인간성을 통찰하고 정상적인 사람이라면 누구나 보다 높은 기능을 행사할 수 있는 존재로서의 인간의 지위를 버리고 짐승이 되기를 원치 않을 것이라고 단정한다. 밀에 따르면 쾌락은 그 양으로서가 아니라 그 질로서 등급 지워져야 한다. 예컨대 지성, 정서, 상상력, 도덕적 감정 등의 쾌락은 단순한 감각적 쾌락보다 높은 가치를 갖는다고 한다. 즉 단순한 쾌락의 양은 동질의 쾌락들 간에 하나의 선택이 행해져야 할 때 부차적 중요성을 갖는다. 그래서 밀은 "단 하나의 명확한 행복의 준칙, 혹은 도덕의 기준은 최대 행복이다. 그러나 행복의 철학적 평가가 먼저 있어야 한다. 질적으로 높은 소량의 쾌락은 질적으로 낮은 다량의 쾌락보다 더 바람직하기 때문이다. 그러므로 행복의 양에 못지않게 질의 문제가 고려되어야 한다"고 말한다.

이런 이유로 밀은 "동물적 쾌락을 완전히 보장해 준다 하더라도 하등 동물로 변하게 되는 데에 동의할 인간은 거의 없을 것이다. 즉 비록 바보, 무식한 사람, 불량배들이 지성적인 인간, 교육받은 사람, 정서적이고 양심적인 사람들보다도 자신들의 운명에 훨씬 더 만족하고 있다고 설득 당한다 할지라도 후자의 인간들은 아무도 바보가 된다거나 무식한 사람이 된다거나 이기적이고 비천한 사람이 되는 데에 결코 동의하지 않을 것이다"고 말했다. 그러므로 밀에게는 만족한 바보보다는 차라리 불만족한 소크라테스가, 만족한 돼지보다는 오히려 불만족한 인간이 되는 것이 더 낫다. 이것이 그의 질적 공리주의이다.

밀의 질적 공리주의는 벤담의 양적 공리주의에 비해 또 다른 특징을 가지고 있다. 벤담은 우리가 행위할 때 우리에게 최대 행복의 양을 제공해 주는 행위들을 선택해야 하며 타인들이 행복을 성취하도록 도와야 하는데 이는 우리가 그러한 방식으로 우리 자신의 행복을 보장하기 때문이라고 했다. 그러나 이것은 분명히 이기주의적인 동기에 근거한다. 그러나 밀은 공리주의 원리에 이타주의의 질을 첨가하여 "옳은 행위의 공리주의적 기준을 형성하는 행복은 행위자 자신의 행복이 아니라 관련된 모두의 행복이다"라고 말함으로써 벤담의 이기주의적 쾌락 추구를 수정했다. 즉 밀은 최대 행복의 원리는 나의 최대 행복이 아니라 최대 다수의 최대 행복을 의미하는 것으로 해석했다. 그가 강조한 대로 중요한 것은 단순히 쾌락의 양이 아니라 그 질이다. 그리고 더구나 우리가 추구해야 할 것은 나의 쾌락이 아니라 전체의 선이다.

3) 허버트 스펜서

스펜서(Herbert Spencer, 1820~1903)는 교육자의 아들로 태어나 어릴 때부터 병약하여 주로 집안에서 교육을 받았다. 그는 19세기 중반에 전성기를 이룬 다윈(C. Darwin)의 진화론에 찬성하면서 사회학을 일으켰고 진화론에 근거해서 공리주의를 받아들이면서도 이를 시정하여 진화론적 쾌락주의를 이끌어냈다. 이렇듯 그의 사상은 진화론으로 점철되어 있다. 스펜서에 따르면 발전이란 헤겔에게서처럼 법칙들이나 이념들의 결과가 아니라 자연 자체의 본질 그 자체이다. 그것은 인간에게도 마찬가지이다. 그에 따르면 종래의 쾌락주의는 한갓 개인주의에 서 있는 점에서 그릇된 것인데 일반적 쾌락주의라고 하는 공리주의도 필경 개인의 쾌락만을 본위로 한 점에서 잘못이라 한다. 여기서 그는 일반 사회의 행복과 안녕을 본위로 하는 최대 다수의 최대 행복을 중시하였다.

스펜서는 사회를 유기체로 보되 개인의 집합체로 보지는 않았다. 그에 따르면 인간의 사회는 생물계와 마찬가지로 생존경쟁과 자연도태와 적자생존의 이법에 의하여 진화하고 발전한다. 사회가 진화하면 할수록 쾌락은 곧 도덕과 일치하게 된다. 최대의 쾌락은 직접적으로 얻는 것이 아니라 사회를 진화하게 하는 도덕 법칙을 실행함으로써 비로소 얻어지는 것이다. 개인은 결코 실재가 아니라 사회만이 실재요 모든 원동력은 개인에게 있는 것이 아니라 사회에 의해서만 생기는 것이다.

제16장
19세기의 신학적 동향

1. 사상적 토양과 배경

르네상스와 맞물려 진행된 종교개혁 이후 이성 중심의 철학이 인간의 의식을 지배하면서 19세기 이후의 신학도 커다란 변화를 맞게 되었다. 19세기의 신학에 영향을 준 이전 시대의 사상은 경건주의와 합리주의였다.

첫째, 경건주의는 종교개혁 이후의 개신교 정통주의 신학의 객관주의에 대한 종교적 주관주의의 반동이라고 할 수 있다. 종교개혁에 맞선 카톨릭의 반종교 개혁을 통해 로마 카톨릭은 나름대로의 교회 개혁과 정비에 나서면서 선교에 대한 열정을 보였다. 반면에 개신교 각 교파는 교리 확립을 통해 자신들의 정체성을 확립하기에 힘썼다. 이에 따라 개신교는 자신들의 특수성을 강조하는 신앙고백서를 작성하고, 개신교 스콜라 신학을 발전시켜 나가게 되었다. 그것은 신학과 철학, 특히 아리스토텔레스를 연결시켜 이성적인 신학체계를 만드는 것이었다. 이렇게 하여 17세기에 교회의 전통이나 제도, 그리고 신학적인 체계에 있어서 객관주의를 지향하는 개신교 정통주의 시대가 열린다. 그러나 개신교 정통주의는 교리화에 집착한 나머지 신앙이 화석화, 사변화되는 현상을 낳게 되었다. 바로 이러한 경직된 교리에 대한 반항으로 회개와 기도가 중심이 된 헌신적 생활을 강조하고, 열광적이고 인격적인 종교 체험과 엄격한 도덕적 통합성에 큰 비중을 두고 나타난 것이 경건주의이다. 따라서 경건주의는 주관주의, 개인주의 및 내세주의를 함축하고 있었다.

둘째, 데카르트 이후에 형성된 합리주의는 중세의 신앙 중심적 사고를 대체하여 19세기 이전까지 지속적으로 서구 사상을 지배하고 있었다. 특히 고대 그리스의 주지적 전통과 맥을 같이 하며 인문주의를 모토로 한 르네상스와 맞물리면서 더욱 그 힘을 발휘한 결과 마침내 인간과 세계의 궁극적 존재 근거로서의 신을 밀어내고 인간 자신의 이성을 진리의 원천으로 상정하였다. 따라서 전통적인 창조론 대신에 이신론(理神論)으로 기울어진 것은 당연한 귀결이었고, 죄와 구원의 교리를 불필요하게 생각하는 것 역시 마찬가지였다. 이신론은 신을 인정한다는 점에서 무신론은 아니다. 또한 신이 세계와 그 영원, 보편적인 법질서의 창조자라고 보면서도 세계 밖에 있는 초월적 존재자라고 하는 점에서는 범신론(汎神論), 내재론(內在論)과도 구별된다. 그러나 만물의 주관자로서의 신을 인정하지 않고 세계는 일단 창조된 후에는 자동적으로 운동을 계속한다고 생각하며 따라서 인간생활에 직접 관계하는 신의 섭리나 은총, 기적, 계시도 인정하지 않는다는 점에서 정통적 유신론과는 완전히 다르다.

경건주의와 합리주의와 더불어 19세기 신학에 결정적인 영향을 끼친 사람은 칸트이다. 그는 이성을 능력을 강조하면서도 인간 이성의 인식적 유한성을 분명하게 드러냈고, 그의 윤리학적 사상에서는 '실천이성의 사실'에서 출발한 정언명령으로 구성된 절대적인 도덕법을 통해 신을 요청함으로써 이성신앙의 길을 열어놓은 것이다. 칸트는 1비판서인 『순수이성비판』의 서문에서 "신앙의 여지를 마련하기 위해서는 지식을 부정하는 것이 필수적"이라고 말하고 이성비판에 착수했다. 그래서 칸트는 '신앙 대 이성'이 아니라 '신앙 대 경험 지식'을 대비시키고, 합리적 인간이 경험적 분석에 함축된 것을 인식하게 되는 합리적 신앙의 형식이 있다고 확신하였다. 그런 점에서 근대 신학에서 차지하는 칸트의 역할은 그가 종교적 신앙의 합리성을 주장하면서도 신학을 고전적 경험론의 침식으로부터 구했다는 데 있다. 칸트는 "도덕성이 불가피하게 종교로 인도되고, 종교는 인간의 도덕적 신앙에 기초하기 때문에" 도덕적 필연성이 주관적인 것, 곧 '요청'이지 객관적인 것, 곧 '의무'가 아니라고 했다. 따라서 참된 신앙은 "우리의 모든 의무를 신적 명령으로 인식하는 것"과 동일시하여 신앙을 도덕과 윤리의 세계로 이해했다.

2. 슐라이어마허와 자유주의의 태동

슐라이어마허(F. D. E. Schleiermacher, 1768-1834)는 독일 개혁교회 출신이지만 신학을 인간의 종교경험에서 시작하고 또 그것을 신학의 기준으로 삼아 자유주의 의 아버지가 되었다. 그는 칸트의 합리주의와 도덕주의에 반대하면서도 칸트의 물 자체 개념을 받아들여 우리는 결코 본질 그대로의 신을 알 수 없고 단지 우리와의 관계 속에서만 알려진다는 종교적 주관주의를 강조했다. 즉 초자연과 초월을 모두 배제하고 모든 것을 내면화한 종교경험에서 신학을 시작했다. 이는 신학의 출발점 이 하나님과 하나님의 말씀으로부터 인간과 인간의 종교경험으로 옮겨졌음을 의 미한다. 그리고 그는 신학을 인간의 종교적 경험을 정확하게 분석하고 종합하는 것으로 정의했다. 그의 신학을 내재신학이라고 부르는 이유도 이렇게 신학의 출발 점과 표준을 인간 내부에로 옮겨왔기 때문이다.

슐라이어마허는 자신의 신학의 출발점에 따라 전통적인 신학 내용을 모두 재구 성하여 인간의 경험으로 내재화했다. 그래서 그는 종교란 절대의존의 감정이요, 하 나님은 종교경험의 참조점일 뿐이라고 한다. 절대자가 존재하기 때문에 절대의존 의 감정을 가지는 것이 아니고 절대적으로 의존하는 믿음이 하나님의 존재를 가능 하게 한다는 것이다. 이렇게 종교 경험을 강조하고 신학의 중심을 인간에게 둔 신 학을 함으로써 그는 현대 프로테스탄트 신학의 아버지, 낭만주의의 창시자, 자유주 의 신학의 효시라고 불리게 되었다.

슐라이어마허는 모라비안의 경건주의와 계몽주의, 그리고 낭만주의의 사상조류 를 모두 경험한 후에 그의『종교론』을 썼다. 이것은 종교를 경멸하거나 종교를 형 이상학이나 도덕으로 간주하는 합리주의적 지성인들과 계몽주의의 후예들에게 종 교의 본질을 변증하려는 목적으로 씌어졌다. 슐라이어마허에 의하면 종교는 유한 자 속에서 무한자를 느끼는 우주의 직관적 감정이며 무조건적인 절대의존의 감정 이다. 즉 종교는 형이상학이나 도덕이 아니며 우주와 무한자에 대한 직관적 느낌 이다. 슐라이어마허에게 있어서 '감정'은 인간 정신 자체의 본래적인 행위로서 한 인간이 우주와의 조우 속에서 구체적으로 이루어지는 개인 실존의 경험이다. 그러 므로 기독교 신앙은 정확한 신학적인 이해나 형식에 근거하는 것이 아니라 구원의 확실성과 신앙의 확실성이 계시에 대한 실존적인 경험에 근거한다고 한다. 즉 신앙은 정확한 교리와 죽은 문자 속에 있는 것이 아니라 하나님과 인간 사이의 현존하는 관계에 있다는 것이 슐라이어마허의 지론이다.

슐라이어마허에 의해 태동된 19세기의 자유주의적 전통은 리츨, 트뢸치, 하르낙으로 이어지면서 정통주의 신학의 상대 개념으로 전개된다. 또한 자유주의 신학은 현대의 세계관을 바탕으로 한 계몽주의, 관념철학, 낭만주의 정신을 연장, 계승한다. 그런데 이러한 개신교 자유주의 신학은 19세기말의 철학과 문화적 환경에 영향을 받은 바가 크다. 당시 전통적 형이상학은 비난을 받고 있었으며, 성경과 교회 교리는 엄격한 역사적 재검사를 받고 있었다. 또한 기독교를 가장 단순한 형식으로 환원시키려는 관심이 일어났는데, 대부분의 자유주의 신학자들에게 그것은 예수의 윤리적 메시지의 부활을 의미했다. 그들은 종교적 권위를 성경 정경이나 교회 교리보다는 예수를 통한 개인적 칭의와 화해의 경험에 두고 구원도 도덕적, 사회적, 그리고 진보적 관점에서 해석했다.

3. 리츨의 윤리신학

리츨(A. Ritschl, 1822~1889)의 신학은 헤겔의 형이상학적 이상주의와 슐라이어마허의 감정의 신학에 대한 반항적 성격을 띤다. 리츨은 종교란 이론적이어서는 안 되고 실제적이어야 한다고 주장했다. 그는 철학자들의 철학적 사변뿐 아니라 슐라이어마허의 체험에 대한 강조도 배척하면서 종교가 지니는 윤리적 가치의 중요성을 강조하였다. 나아가 리츨은 원죄, 성육신, 그리스도의 신성, 그리스도의 대속(代贖), 그리스도의 육체적 부활, 기적 등 중요한 전통적 교리들을 배척하였다. 이 교리들은 실제적이 아닐 뿐 아니라 인간의 도덕적 행위에 별 영향을 끼치지 못하므로 중요하지 않다고 했다.

리츨에 의하면 기독교는 하나님의 나라를 세운 예수 그리스도의 인격과 사업 위에 세워진 절대 윤리의 종교이다. 예수가 종교적 숭배의 대상이 되는 것도 예수의 인격이 우주의 보편적이고 도덕적 목적들에 대해 소명, 복종, 충성의 윤리적 이상이 최고로 표현되었기 때문이라고 한다. 즉 예수에게서 특수한 도덕적 의의를 발견하기 때문에 그를 하나님으로 판단한다는 것이다. 그리고 신앙이란 그리스도 안에서 가지는 이러한 가치 판단을 말한다고 한다. 더구나 그리스도의 죽으심은

죄인을 위한 희생이 아니라 그의 부르심에 대한 충성의 모본으로서 다른 사람들로
하여금 유사한 삶을 살도록 북돋는 도덕적 의미만 가질 뿐이라고 했다.

그러므로 리츨에게의 계시는 윤리적 모범 또는 인간의 윤리적 이상의 역사적
실현을 위한 자극에 불과하다. 결국 리츨은 기독교를 구원의 종교가 아니라 절대
윤리의 종교로 규정하여 하나님의 말씀과 계시를 인간의 내적인 윤리의 범주로 환
원시켜 버렸다.

4. 트뢸치의 역사주의

트뢸치(E. Troeltsch, 1865~1923)는 기독교의 본질이 초역사적 진리인 교의에 기
초한 교의학적 또는 심리학적 방법이 역사적 방법으로 해명되어야 한다고 주장함
으로써 역사 개념을 신학의 중심에 올려놓았다.

트뢸치의 관심은 헤겔과 같이 '이성과 계시의 조화' 또는 '역사에 있어서의 형이
상학,' 즉 역사철학의 과제에 있었다. 그래서 그는 기독교의 본질을 목적 지향적이
고 가치 창조적인 윤리적 일원론으로 파악하고 하나님 자신은 역사적 창조 과정과
구원사 과정에서 자기 목적을 지닌 존재이며 전체성과 통일성을 지니며 피조 세계
를 끝없는 문화 통합 과정으로 인도한다고 했다.

그래서 그는 '계시와 이성의 근본적인 연속성'을 전제한다. 그리고 인간은 자기
가 속하는 생명, 즉 우주의 이성을 의식함으로써 인간의 자각이 최고도에 도달하
며 또한 반대로 인간의 이상적인 자각은 그 자체가 그 근원을 우주적 이성 또는
역사의 생명을 가지고 있기 때문에 그것은 객관적인 진리이며 동시에 주체적인 의
미를 가지고 있다고 본다. 계시란 이런 의미에서 이성의 자기 이해 또는 자기 발전
으로 생각할 수 있다. 이러한 궁극의 이성 자체가 계시가 되며 계시된 것은 일견
비합리적인 것 같이 보이지만 본질적으로는 이성적인 것이다. 따라서 그에게 있어
서 신은 근본적 이성 또는 우주적 정신으로서 종교적 자각은 이 세계에 내재하는
우주적 정신의 이해에 불과하다.

결국 트뢸치에 따르면 역사는 영원한 유동 또는 연속성으로서 상대적이다. 역사
에는 이 상대성에서 유리될 수 있는 자존적인 실체들은 없다. 성경의 역사도 또한
그 과정의 하나로서 다만 세계 역사의 한 면에 불과하며 이스라엘 역사와 기독교

종교는 종교 일반의 역사의 흐름 가운데 한 요소에 불과하다. 역사에 절대적인 종교가 있을 수 없고 모든 것이 상대적이라면 기독교도 그러하다.

5. 하르낙의 윤리신학

하르낙(Adolf von Harnack, 1851-1930)은 19세기 자유주의 신학이 낳은 가장 뛰어난 교회사가이며, 자유주의 신학의 마지막 보루였다. 그는 리츨에게서 가장 큰 영향을 받아 형이상학적 사변을 거부하고 기독교의 역사적 해석을 강조했는데, 리츨보다 더 역사에 큰 관심을 기울였다.

하르낙은 예수님이 스스로 신성(神性)을 주장하신 적이 없다고 주장할 뿐 아니라 기적들도 부인하였다. 또한 바울이 예수의 단순한 종교를 타락시켰다고 주장하면서 예수에 관한 종교가 아니라 예수의 종교로 돌아가야 한다고 역설하였다. 그리고 이를 위해서는 진리를 둘러싸고 있는 문화의 껍질을 벗겨내고 진리의 알갱이, 곧 핵심을 찾아낼 필요가 있다고 했다. 그래서 그는 『기독교란 무엇인가?』에서 기독교의 영원한 본질인 복음을 정의하는 역사적 책임을 스스로에게 부과하고, 예수의 가르침을 하나님의 나라와 그의 현재(顯在), 하나님의 아버지 되심과 인간의 영혼의 영원한 가치, 보다 높은 의와 사랑의 계명의 세 가지로 요약했다. 특히 그는 복음을 윤리적 메시지로 규정하고, 도덕적 삶을 "하나의 뿌리로, 그리고 하나의 동기, 곧 사랑"으로 환원시켰다는 점에서 예수의 복음이 다른 윤리사상과 다르다고 했다.

결국 하르낙은 종교와 도덕은 결합될 수 있는 것이며, 종교는 도덕의 영혼이요 도덕은 종교의 육체라고 부를 수 있다고 한다. 나아가 하르낙은 이웃에 대한 사랑으로 고무된 공동체를 수립하는 윤리적 과업 수행을 예수의 복음의 필수불가결의 영역으로 보았다. 즉 그리스도인의 삶을 본질적으로 사회적이거나 집합적인 것이라고 보았다.

제4부
현대철학

제1장
현대철학의 특징과 경향

　현대철학의 시기와 범주에 대해서는 사람마다 그 의견이 다르지만 일반적으로
는 20세기의 현대에 생생하게 작용하고 있는 정신적인 힘으로서의 모체를 이루고
있는 철학을 가리킨다. 그러나 사실 그러한 시대 구분도 애매하다. 왜냐하면 비록
19세기 말에 시작되었지만 오늘날에도 영향력을 미치고 있는 철학사조가 있기 때
문이다. 그런 점에서는 근세와 현대로의 시대 구분보다는 세기별로 시대를 구분하
는 것이 적절할지 모른다. 그러나 현대철학은 이전 시대와 비교하여 뚜렷한 특징
을 보인다. 하나는 독일 관념론, 특히 헤겔 철학에 대한 반발이요, 다른 하나는 실
증적 경향이다. 이 두 가지의 특징이 철학에 있어서의 현대로 들어가는 출발점이
되었다. 다시 말해 근세 말기였던 19세기 전반의 철학은 헤겔 철학으로 대변되는
이성주의 철학을 중심으로 하는 형이상학적 철학이었다면 현대에로의 진입기였던
19세기 후반의 철학은 헤겔 철학의 붕괴를 의미하는 반형이상학적 철학의 성격을
띤 실증주의적 경향으로 특징지을 수 있다.

　먼저 대부분의 20세기 철학은 헤겔의 철학사상을 공격함으로써 시작되었다는
점에서 현대철학은 헤겔 철학의 붕괴 내지 헤겔 철학에의 반항에서 비롯된 것이라
고 말한다. 그 중에서도 마르크스주의나 실존철학은 헤겔 철학의 가장 큰 반항이
라고 할 수 있다. 헤겔은 현대철학의 발흥기에 주류를 이루었던 마르크스주의, 실

존철학 외에도 프라그마티즘의 창시자들에게 영향을 끼쳤을 뿐만 아니라 논리실
증주의, 실재론, 분석철학 등 보다 더 전문적인 철학 운동의 창시자들에게도 상당
한 영향을 미쳤다. 마르크스(Marx), 키르케고르(Kierkegaard), 듀이(Dewy), 러셀
(Russel), 무어(Moore) 등도 한 때는 착실한 헤겔 학도였으며 또한 이들의 독자적인
학설은 대개가 헤겔과의 투쟁의 흔적을 보여주고 있다는 점이 그 사실을 잘 보여
준다.

    또한 현대철학의 특징으로 실증적 경향을 강조하지 않을 수 없다. 20세기 현대
철학에의 가교 역할을 한 콩트(A. Comte)의 실증주의는 주도적인 하나의 학파로
형성되지는 못했지만 19세기 후반의 대부분의 유럽사상은 모두 실증주의적이라
해도 과언은 아니다. 특히 영국의 공리주의도 실증주의임에 틀림없다. 실증주의는
경험적 사실의 배후에 결코 어떠한 초경험적 실재를 인정하려 하지 않고 모든 지
식의 대상을 오직 경험적 소여인 사실에만 국한하여 검증되지 않은 것은 모두 지
식으로 인정하지 않았다. 그런 점에서 실증주의는 반형이상학적이고 경험주의적
이며 자연과학적인 특징을 띠고 있다.

    현대철학은 바로 이러한 실증주의 철학을 근거로 하여 헤겔의 이성 만능의 철학
에 대항했다. 이런 점에서 현대철학은 이상적이고 이성적인 것에서 현실적이고 실
제적인 것으로의 전환이라고도 말할 수 있다. 그러나 이러한 특징들은 현대철학의
진입기의 특징일 뿐 이 시대 이후의 오늘날까지의 철학을 모두 놓고 볼 때 어떤
일정한 특징을 규정하기는 힘들다. 급속도로 발전해 가는 과학과 이에 뒤질세라
변해 가는 사회만큼이나 오늘날의 철학은 매우 다양하게 나타나고 있다. 따라서
현대철학의 일반적 경향을 명확하게 구분지어 말하기는 무척 어렵다. 분석철학, 언
어철학, 생철학, 현상학, 철학적 인간학, 과학철학, 사회철학 등등 탐구하는 분야
및 방법론이 판이한 철학들이 공존할 뿐만 아니라 한 철학 분야 자체 내에서도 서
로의 견해가 상치하는 경우가 많이 있기 때문이다.

제2장
유물론

　독일 관념론의 반동으로서의 유물론은 존재하는 것은 관념이 아니라 물질인 바 우주의 모든 사물은 물질로 되어 있고 실체의 본질은 물질 자체라고 생각하는 사상이다.

　유물론적인 사상은 19세기의 자연과학의 급격한 발달과 관계가 깊다. 자연과학에 따르면 우리의 감관에 직접 비추어지는 세계가 모두 자기대로의 형태를 가지고 일정한 공간을 접하고 있는 성질이지만 직접 지각할 수 없는 현상도 물질적인 공기라든가 에테르의 진동이라고 이해되기도 하고 분자나 전자의 운동이라고 생각되기도 한다. 더구나 전혀 비물질적인 현상이라고 생각되는 정신현상도 과학적 연구의 결과 그것은 뇌수 세포의 어느 물리 화학적 작용에 불과하다고 한다. 여기에서 전 우주의 궁극의 실재를 물질로 보고 만유를 설명함에 있어서 연장성을 갖는 성질의 기계적 운동이라고 보려는 유물론이 성립한다.

　유물론에서는 비물질적인 정신 현상의 독자적 존재는 인정되지 않고 그것은 단지 물리적 현상에 의존하든가 또는 그것에 수반한다고 한다. 모든 현상은 물질적 실체의 변화 과정에 불과한 것이다. 이러한 사고방식은 이미 철학의 발생과 동시에 존재했고 더구나 근세에 이르러 자연과학의 영향을 받아 점점 더 세력을 갖게 되었다.

1. 포이어바흐

루드비히 포이어바흐(Ludwig Feuerbach, 1804~1872)는 헤겔의 관념론 비판에서 출발하여 감각론적 유물론을 주장했다. 그는 헤겔의 절대자는 유령처럼 떠돌아다니는 죽은 정신에 지나지 않는다고 비난하면서 헤겔을 극단적인 관념론자라고 선언한다. 포이어바흐에 따르면 신은 초월적인 절대자가 아니라 인간이 자기의 이상과 소망을 외부로 투사해서 붙인 명칭에 불과하다. 즉 종교와 철학에서 말하는 무한자란 유한하고 감성적인 것에 지나지 않으며 이것들이 신비화되어 있을 뿐이라는 말이다. 이에 대해 그는 이렇게 말했다; "인간이 신들을 믿는 이유는 환상이나 감정이 있기 때문이 아니라 행복해지고자 하는 본능이 있기 때문이다. ··· 신이란 실재하는 존재로 상상된, 즉 현실적인 존재로 탈바꿈한 인간의 소망에 불과하다". 이 말은 포이어바흐가 종교의 발생을 행복을 추구하는 인간 개개인의 본능을 바탕으로 설명하고 있음을 말해 준다. 그는 또 "인간이 그와 같은 소망이 없었더라면 종교나 신은 발생할 수 없었을 것이다"고 하여 종교의 힘을 빌려서 소망을 충족시키려는 것을 유치한 꿈이라 했다. 따라서 인간은 그러한 꿈을 깨고 이제부터는 자기 스스로의 행동을 통하여 현실계에서 구체화시켜야 한다고 역설했다.

포이어바흐는 이렇게 초자연적인 것을 거부하여 진정으로 현실적인 것은 신도 아니고 개념도 아니며 단지 감각에게 주어져 있는 것이라는 감각주의와 유물론을 고수했다. 이러한 사상은 마르크스에 의해 유물변증법에 포섭되게 된다.

2. 칼 마르크스

칼 마르크스(Karl Heinrich Marx, 1818~1883)는 독일의 트리어(Trier)에서 변호사의 아들로 태어났다. 그는 베를린 대학에서 법학을 전공했으나 베를린으로 옮겨가서 철학으로 관심을 돌려 헤겔 철학과 좌파적인 청년 헤겔주의자들과 교제했다. 이런 이유로 마르크스의 철학은 헤겔의 철학에 많은 영향을 입고 있다.

마르크스는 그의 추종자들에 의해 과학적인 사회주의의 아버지라고 추앙된다. 그 예로 스탈린은 마르크스의 기본적 입장을 자연과 사회의 발전 법칙에 관한 과학, 억압되고 착취당하는 대중의 혁명에 관한 과학, 모든 나라들에 있어서의 사회주의 승리에 관한 과학, 공산주의 사회 건설에 관한 과학이라고 규정했다. 마르크스도 자신의 사상은 단순한 교조의 체계가 아니라 계급투쟁의 발전에 따라서 무한히 완성되어 가는 과학이며 결코 추상적인 사변에 그치는 것이 아닌, 오히려 혁명에 관한 행동적 지침이 되는 것이라고 했다.

1) 사상적 배경

마르크시즘은 새로운 계급으로서의 프롤레타리아가 세계사 위에 뚜렷한 모습을 나타내기 시작한 시대에 성립했는데 그것은 원래 헤겔의 철학체계를 바탕으로 했다. 여기에 포이어바흐의 유물론, 영국의 고전 경제학, 그리고 프랑스의 사회주의가 가미되었다.

첫째, 칸트로부터 시작되는 독일의 관념론은 헤겔에 이르러 변증법으로 발전되었지만 포이어바흐가 프랑스 유물론의 정신을 계승하여 헤겔 철학의 관념적 성격을 비판했다. 마르크스는 바로 이 유물론의 입장에 변증법을 적용시켜 변증법을 유물론으로 전개했다. 그것은 변증법적인 사적 유물론의 단계로 비약시킨 점이 특색이다.

둘째, 아담 스미스(Adam Smith)에서 리카르도(Ricardo)까지의 영국 경제학은 모든 상품의 가치가 그 상품의 생산에 사용되는 사회적 필요 노동의 양에 의해 결정된다는 노동가치설을 주장했는데, 마르크스는 노동자만이 잉여가치의 창조자이며 그 주인이라고 하는 잉여가치설을 주장했다.

셋째, 자본주의의 모순과 해악을 엄격하게 비판하고 무계급 사회라는 이상을 적극적으로 표방한 프랑스 사회주의의 영향을 받아 마르크스는 자본주의 사회를 변혁할 원동력을 사회의 상층에 속하는 사람들의 자각이나 반성 혹은 협조에서 구하려 하지 않고 프롤레타리아의 혁명적 투쟁에서 구하려 한다. 바로 여기에서 부르주아지와 프롤레타리아의 계급투쟁론이 나온다.

헤겔 좌파의 대표자인 포이어바흐에 의하면 헤겔 철학은 철학을 가장한 신학에 불과하며 신은 인간이 자기의 소원과 이상을 객관 세계로 투사하여 그것이 마치 독립한 실재인 것처럼 상상한 것에 불과하다고 한다. 또 헤겔 철학은 종교와 철학의 용인할 수 없는 야합이며 논리의 겉치레를 한 신학에 불과하고 헤겔의 이른바 절대정신도 망령에 불과하다고 비판한다. 그래서 신에게 부여했던 속성들을 모두 인간에게 귀속시켜야 한다고 주장한다.

마르크스는 이와 같은 비판 방법을 그대로 헤겔 철학, 특히 『법철학』의 비판에 적용했다. 그래서 종교가 인간을 만드는 것이 아니라 인간이 종교를 만들어 내듯 헌법이 국민을 만드는 것이 아니라 국민이 헌법을 만들며 인간이 법률을 위해 존재하는 것이 아니라 법률이 인간을 위해 존재한다고 주장한다. 마르크스가 이같이 헤겔을 비판하기는 했지만 헤겔을 전적으로 버리지는 않았다.

2) 유물변증법

헤겔은 자연계와 인간계를 포함한 전 세계를 하나의 과정으로서, 즉 끊임없는 운동, 변화, 변형, 발전으로 파악하고 그 내면적 관련과 합법칙성을 변증법에 의해 해명했다. 마르크스는 헤겔의 그 변증법적 구조만은 수용했다. 마르크스는 이러한 헤겔 철학과 함께 포이어바흐의 유물론을 접하고 이들의 결합을 시도했다. 그는 감각 경험은 마음이나 정신과는 무관한 자연적, 물질적 세계를 드러내며 역사를 움직이는 힘은 물질적, 경제적 구조이지 관념이 아니라고 하여 헤겔의 관념론을 반대했다.

유물론은 원칙적으로 물질이나 존재가 정신이나 관념보다 근원적이며 관념은 의식에 있어서의 물질의 반영에 불과하고 물질은 의식에서 독립한 실체라고 주장한다. 즉 외부 세계는 객관적으로 존재하고 현실적 세계의 본질은 물질이며 그 현실적 세계는 물질의 운동 과정에로 환원시킬 수 있으며 만일 정신과 전통, 신앙 및 심리적 변화가 있다면 그것은 물질의 산물이거나 그 자연 물질의 일부로서 인식된다고 한다. 나아가 모든 사물을 물질의 운동 과정에서 이해하려고 하는 바, 영혼이나 정신도 물질의 운동에서 발생한 것이며 신이라는 관념도 공상의 산물에 불과하다고 본다. 이렇듯 세계의 일차적 근원적 존재를 물질로 보는 유물론은 필시 무신론이 되고 만다.

마르크스는 전세계가 하나의 과정으로 변화한다는 헤겔의 변증법과 물질적 실체를 주장하는 유물론을 결합해 유물변증법을 주장하게 되었다. 그는 세계의 본질을 물질로 보고 헤겔 변증법의 핵심에서 정신적 이념 대신 물질로 바꾸어 세계의 발전도 이 물질이 모순에 의해 자체를 전개시켜 나가는 자기 운동의 과정이라 파악했다. 따라서 유물 변증법은 변증법을 그 틀로 하고 본래의 변증법의 핵심 개념을 물질로 대치시킨 것이라고 할 수 있다. 이러한 변증법적 유물론은 불변의 고정적 실체를 인정하지 않고 양에서 질로, 질에서 양으로 부단히 이행하는 영원한 운동 과정 속에서 물질을 이해하는데 이 견해는 자연현상뿐만 아니라 사회와 역사의 영역에까지 확충하여 사적 유물론 또는 유물사관으로 전개된다. 유물사관이란 인간 사회의 역사 발전도 유물 변증법에 따라 진행된다는 역사관을 말하는데 이는 인간 사회 발전에 있어서 궁극적 원동력을 물질적인 힘, 즉 생산력에 귀착시킨다. 그래서 유물사관을 경제적 유물론 또는 경제사관이라고 부르기도 한다.

3) 역사 발전의 5단계

마르크스에 따르면 의식을 결정하는 것은 삶이며 한 사회의 지배적인 관념은 곧 지배 계층의 관념이지만 지배 계급의 이데올로기는 단지 물질적인 힘을 유지하기 위한 합리화에 지나지 않고 피착취 계급의 물질적 이해와 상충되기 때문에 역사의 변증법은 곧 계급투쟁이라고 한다. 그래서 그는 생산력과 생산 관계의 모순을 통한 역사 발전이라는 관점에서 인류 역사의 발전을 결정론적으로 5단계를 제시한다.

마르크스에 따르면 최초의 원시적 단계에서는 사유 재산이나 계급의 분화, 국가도 없는 원시 공산사회였으나 사유재산이 생기면서 계급의 분화가 생기게 되었다. 그리고 그로 인한 최초의 계급사회는 노예제 사회로서 노예가 재산으로 사유되었다. 그러나 그것도 봉건 지주가 신흥 세력으로 등장해 봉건제 사회의 지배계급을 형성했다. 그러나 또 이것도 상인계급이 서서히 혁명적 세력이 되어 마침내 봉건 권력을 타도하고 그들에게 유리한 자본주의 사회를 형성하여 무너졌다. 그러나 자본주의 사회도 자체의 멸망을 재촉하는 프롤레타리아 계급을 성장시켜 그들의 승리로 혁명이 종결되고 결국 사회주의 사회로 넘어가게 된다. 그리고 종국에는 계급투쟁이나 억압, 그리고 더 이상의 혁명도 없는 이상 사회인 현실적 공산사회가 도래한다고 한다.

마르크스에 의해 꽃을 피운 유물론은 가장 확실한 경험적 지식을 기초로 하여 자연과학적 지식과도 모순되지 않고 또한 우주 전체를 유일한 물질로 귀결한다는 점에서 세계에 궁극의 통일을 구하는 형이상학적 요구에도 합치하는 매우 정당한 학설이라고 생각되기도 한다. 그러나 철학의 학설로서 이것을 관찰할 때에는 그것은 가장 단순 소박한 것이며 그 중에는 인정할 수 없는 몇 가지 난점이 포함되어 있다.

첫째로, 유물론은 직접 확실한 경험적 사실에 의거한다고 하지만 직접적인 경험은 오히려 선험성을 스스로 내포한 순수 경험이며 주객이 분리되지 않고 심물이 나뉘지 않은 통일체라는 점에서 유물론이 직접적이며 확실한 지식을 근거로 한다는 주장은 정당하지 않다. 나아가 유물론은 과학적 견해를 존중하고 그 결론 위에 서는 것이므로 가장 확실한 학적 성질을 가지는 것 같이 자인하고 타학문과의 관계에 있어서도 그렇다고 생각하는 것이 보통이다. 그러나 유물론은 물질적 해석이 미칠 수 있는 범위를 자각하지 못했다는 점에서 진정한 과학적 정신에 위배된다.

둘째로, 유물론은 물질의 독립적 존재를 무비판적으로 확신하고 있다는 점에서 인식론적으로 소박적 실재론에 빠져 있다. 물질이 물질로서 인정되는 것은 바로 마음에 기인하며 마음이 없이는 물질의 존재는 의미를 가질 수 없다. 그러는 한에 있어서 정신의 존재는 물질의 존재보다 앞서야 한다. 물론 정신은 물질 없이 작용할 수 없을는지 모른다. 그러나 그것 이상으로 물질은 정신 없이는 존재할 수 없다. 그러므로 물질을 떠난 마음의 존재를 주장하는 것이 잘못이라면 그것 이상으로 마음을 떠난 물질의 존재를 믿는 것은 독단이다.

셋째로, 유물론은 정신현상까지도 모두 물질적으로 설명하려고 하지만 이것은 근본적인 과오이다. 마음과 물질은 전혀 다른 이질적인 존재이다. 인간이나 전 세계의 활동 과정에는 항상 정신적 동력이 작용하고 있다. 따라서 인간의 역사를 오로지 경제적 물질 관계로만 이해하려는 유물사관도 또한 과오라 하지 않을 수 없다.

이처럼 유물론은 여러 가지 난점을 내포하고 있음에도 이를 지지하는 사람이 많다. 그리고 그 중에는 이러한 잘못된 견해 위에 유물사관을 세워 사회개혁론을 주장하고 이것을 실천하려는 사람도 있다. 그러나 실천에 앞서 이에 대한 논리적 비판을 먼저 해봄이 바람직할 것이다.

제3장
생철학

1. 생철학의 일반적 특징

생철학(Lebensphilosophie)은 19세기말에서 20세기 초인 1920년대까지 시대를 풍미했던 사조로서 선험적 또는 절대적 관념론을 거부하고 생의 직접적 파악을 목표로 삼는 현실주의 철학이다. 그래서 생철학은 논리적이고 수학적인 방법이 다루지 못하는 삶의 생동적인 현실을 체험하고 파악함으로써 삶의 창조적인 성격에 충실하려고 애썼다.

당시의 서구 유럽은 정신적인 면에서 르네상스 이래의 지나치게 사변적인 합리주의와 주지주의 사상이 인간의 심정을 마구 경화시켰고 물질적인 면에서는 고도로 성장해 가는 기계 기술 문명이 인간 생명의 고동 소리를 압살해 가는 느낌마저 주었다. 생철학은 이러한 것들에 반발하여 생의 응결과 경화에서 벗어나 생생하게 살아서 새로운 내용을 창조해 가는 생(Leben) 그 자체를 파악하려 했다. 나아가 사회적 관습 및 사변적 인식의 굳어진 틀 안에서 상실되어버린 인위적이고 피상적인 삶을 떠나 인간에 의해서 체험되고 이해되는 삶과 그 삶의 생동 속에서 인간의 본원성을 찾으려 한다.

생철학은 18세기에 질풍노도(Strum und Drang) 운동의 대표자들과 낭만주의 사상가인 헤르더(Herder), 괴테(Goethe), 야코비(Jacobi) 등을 중심으로 독일에서 일어났다. 뒤 이어 니체(Nietzsche)와 딜타이(Dilthey)가 문화비판과 비이성주의의 입장에 서서 자연철학에 대비하여 정신과학의 새로운 방법론을 모색하였다. 그러나 이 생철학이라는 말이 실제적으로 등장하고 하나의 사조로서 확립되기 시작한 것은 슐레겔(F. Schlegel)이 강단철학에 반대해서 강의 제목으로 이 말을 사용함으로써 비롯되었다. 그런데 생철학이라는 말은 체계적인 철학사조로서 생철학자들 사이에 어떤 통일된 이론이 있어서 그렇게 말하는 것은 아니다. 단지 생철학은 인간의 삶의 창조적인 성격에 관심을 갖고 강단철학의 굳어 있는 딱딱한 체제의 틀을 깨뜨리려고 했다는 점에서 공통성이 있다. 그러나 공통된 특징을 열거하자면 다음과 같은 점을 지적할 수 있다.

첫째, 생철학은 현세 중심적이다. 생철학자들은 초월적인 존재나 원리를 철학 안으로 끌어들이기를 거부하고 형이상학적인 사변을 싫어한다. 즉 생동하는 삶을 추상적이며 초월적인 원리를 통해서 파악하고 고정된 틀 속에 사로잡으려는 것을 부정한다. 또한 논리적이고 수학적인 사고방식에 알맞은 경험만을 인정하는 경험주의와 실증주의에도 반대한다. 실증주의는 정신적인 세계를 외부적인 세계의 틀 속에 잡아넣기 위해서 절단된 경험, 그리고 처음부터 인간의 정신생활에 대한 생물학적이고 물리학적인 이해를 통해서 변조된 경험에 기초하기 때문이다.

둘째, 생철학은 근대정신의 출발점이었던 인간의 이성을 거부한다. 왜냐하면 주관과 객관을 분리하는 사유의 객관화에 의해서는 주객이 대립되지 않은 삶의 본원적인 통일성을 파악할 수 없기 때문이다. 생동하는 삶, 즉 쉴 새 없는 흐름으로서의 삶은 체험하고 이해하는 한에 있어서 의미를 갖는 것이지 어떤 고정된 관점을 가지고 파악되는 것이 아니다. 생철학이 다루는 생은 학적으로 파악되거나 대상화되고 고정된 생이 아니라 직접 체험된 살아 있는 생이며 과학적으로 분석되는 생이 아니라 모든 대립 이전의 미분의 통일체인 전체로서 살아 있는 생이다.

헤겔을 정점으로 하는 사변적이고 추상적인 독일 관념론의 이성주의에 대한 반항과 비판에서 비롯된 생철학은 고정된 토대 위에 조직적이고 관념적인 체제를 세우려는 합리주의적 경향에 반대하는 비이성주의이다. 따라서 비합리적이고 정의적이며 충동적인 살아 있는 생을, 즉 싸늘한 로고스적인 생이 아니라 따스한 파토스적인 생을 중시한다. 따라서 생철학자들이 다루는 삶은 생물학적인 삶이 아니라 해석과 해명된 인간의 삶이다. 그리고 이때의 인간 존재는 생물학, 생리학, 해부학의 대상으로서의 존재가 아니라 자신이 스스로를 이해하는 존재를 가리킨다. 그래서 생철학은 대부분 간접적인 수단을 사용하지 않고 직관적인 방법에 의존하여 생을 파악하려 한다.

셋째, 생철학은 삶을 생성과 흐름으로 파악한다. 생철학은 생의 흐름 배후에 어떤 고정된 실체가 있는 것이 아니라 생성과 흐름이 생 자체라고 본다. 즉 파르메니데스적인 존재의 틀을 벗어나 삶을 움직임, 생성과 소멸의 과정, 끊임없는 흐름으로 이해하여 헤라클레이토스적인 사고를 취한다. 따라서 생성을 중요시하는 생철학자들은 언제나 새로운 가능성이 솟아나는 삶의 창조적 성격을 강조하며 인간이 부단히 스스로를 창조해야 한다는 점에서 우리의 삶이 본질 그 자체에서 자유롭다는 점을 인정한다.

결론적으로 생철학자들은 기계 문명, 이성 지상주의, 자연과학주의에 대한 비판, 즉 현대의 문화 비판을 사명으로 삼았다. 이들은 추상적인 이상주의에 불만을 품고 형식주의적 경향에 흐르고 있던 이른바 학의 철학에 반항했다. 그래서 생철학은 정적이고 직관적이고 비합리적인 경향을 띠고 한결같이 기계주의적인 것에 대해 생명주의적인 면을 강조하며 이성주의적인 것에 대해서 직관주의적인 면을 중시하고 자연주의적인 면에 대해서 역사주의적인 면을 중시하는 공통점이 있다.

대표적인 생철학자로는 쇼펜하우어(A. Shopenhauer), 딜타이(W. Dilthey), 짐멜(G. Simmel), 베르그송(H. Bergson) 등을 들 수 있는데, 생이란 개념의 해석의 다양성으로 인해 학자에 따라서는 실존철학자로 분류되기도 하는 니체(F. Nietzsche), 유물론자 포이어바흐(Feuerbach), 그리고 헤르더(Herder), 괴테(Goethe)와 같은 문인들도 여기에 포함시키기도 한다.

2. 쇼펜하우어

일반인들에게는 염세주의 철학자로 잘 알려져 있는 아더 쇼펜하우어(Arthur Shopenhauer, 1788~1860)는 단치히(현재의 폴란드 그다니스크)에서 고집과 독립심이 강하고 자유를 사랑했던 아버지와 지성적인 어머니 사이에서 출생했다. 가정은 부유했으나 행복하지는 못했다. 불행히도 그의 아버지는 자살한 것으로 보이며 할

머니 역시 정신병으로 죽었다. 그의 어머니는 당시 인기 있는 여류 소설가 중의
한 사람으로서 정열적이며 매우 사교적이어서 남편이 죽자 새로운 연인을 구했다.
햄릿이 어머니의 재혼에 반발하였던 것처럼 쇼펜하우어도 어머니의 행동을 받아
들이지 못하고 고뇌에 빠져 결국은 어머니와 인연을 끊고 살았다. 이런 연유로 어
머니의 사랑보다는 어머니에 대한 저주와 증오 속에 살았던 그가 염세주의자가 된
것은 필연인지 모른다. 그는 사랑과 세상을 저주했고 그것은 그의 성격과 철학에
도 적지 않은 영향을 미쳤다. 헤겔과 강의 시간과 같은 시간에 자기의 강의를 배정
하여 헤겔에게 도전했으나 비참할 정도로 참패하고서 교수직을 그만두고 여행을
떠났다는 일화는 널리 알려져 있다.

쇼펜하우어의 사상은 칸트의 인식론을 기초로 하고 있지만 그 안에는 베다
(Veda)와 우파니샤드(Upanisad)와 같은 인도인들의 지혜, 셸링의 낭만주의, 영국의
경험론, 플라톤주의적 요소가 골고루 스미어 있다.

1) 의지와 표상으로서의 세계

쇼펜하우어의 사상은 칸트 철학의 수용 및 비판에서 시작한다. 칸트는 세계를
인식 가능한 현상계와 현상계의 배후에 그것을 가능하게 하는 물자체의 세계로 구
분했으며 현상계는 인식 주관에 의해 구성된 것으로 그리고 물자체는 불가지의 세
계로 규정했다.

쇼펜하우어는 칸트가 현상계와 물자체로 구분하여 세계의 현상은 주관적인 표
상에 지나지 않는다는 생각은 지지했지만 우리가 세계를 인식하기만 하는 것이 아
니라 체험도 하며 세계에 대한 표상 외에 의지도 가지고 있어서 이 의지로 물자체
의 세계와 접촉한다고 했다. 즉 쇼펜하우어는 우리의 사유에 나타나는 세계를 표
상으로서의 세계와 그러한 세계의 이면에 본래적인 존재의 세계인 의지로서의 세
계로 이분했다.

쇼펜하우어는 자신의 주저인 『의지와 표상으로서의 세계』(*Die welt als Wille und
Vorstellung*)의 첫 머리에서 "세계는 나의 표상이다"(Die Welt ist meine Vorstellung)
라고 말한다. 이 말은 모든 인식자에게 적용되는데 이러한 진리를 깨달은 사람은
자신을 둘러싸고 있는 세계가 오직 표상으로만 존재하고 자기 자신에 지나지 않은

타자와의 관계 속에만 존재하고 있음을 안다. 그러나 표상 세계인 현상계는 은폐되어 있어서 그 진상을 알 길이 없다. 세계란 결코 지성만의 산물이 아니고 세계의 근저에 그 지성에서 아주 독립적으로 있는 물자체가 있다. 물론 물자체는 인식이 불가능하지만 다만 천재의 직관에 의해서만 가능할 뿐인데 그것이 바로 의지이다.

결국 쇼펜하우어는 칸트가 불가지의 세계로 남겨 둔 물자체를 "맹목적 의지"라고 이름하게 된다. 따라서 쇼펜하우어의 맹목적 의지는 칸트의 물자체처럼 인간이 쉽게 인식할 수 없는 세계의 본질이다. 세계가 먼저 개념으로 파악되는 표상으로 나타나지만 그것은 세계의 본질이 아니다. 쇼펜하우어 이전의 독일 관념철학, 특히 헤겔은 세계의 본질이 이성이므로 세계는 이성적으로 파악할 수 있다고 생각했으나 쇼펜하우어는 세계의 본질은 의지이며 그 의지는 비이성적이요 맹목적이라고 생각했다.

2) 맹목적 의지와 염세주의

쇼펜하우어가 말한 세계의 본질로서의 의지는 비이성적이고 비의식적인 맹목적으로 살려는 의지(blinder Wille zum Leben)이다. 우리는 우리 자신이 의지이며 우리의 삶 전체가 체험이요 살려는 의지이다. 우리의 몸은 의지가 객관화된 것에 지나지 않는다. 걸으려는 의지는 발로, 잡으려는 의지는 손으로, 소화시키려는 의지는 위장으로, 생각하려는 의지는 뇌로 나타난다. 세계 전체도 마찬가지로 의지가 세계의 모든 현상들의 밑바탕에 깔려 있다. 중력, 구심력과 원심력, 자기, 화학적 친화성, 식물들의 성장, 식물들의 굴광성, 생물들의 자기 보존 본능 등 모든 것이 세계의 의지이다.

맹목적으로 살려는 의지는 그저 의지이며 영원한 욕망이다. 이 의지는 아무런 뜻도 없고 괴로움뿐이다. 그리고 이러한 의지에 근거한 개체는 행복 추구의 이기성을 특성으로 하고 있기 때문에 양자는 대립되어서 싸우기 마련이다. 그래서 매일 새로 생기는 여러 가지 어려운 욕구들에 짓눌리고 있는 생존을 유지시키기 위한 근심이 인간의 삶 전체를 가득 메운다. 따라서 세계는 끝없는 고뇌의 연속이다. 즉 고뇌의 근원은 맹목적으로 살려는 의지의 비이성적인 주장과 개체의 이기성 때문이다. 따라서 의지는 삶의 고뇌를 가져다주는 근원이다. 사람들은 이 괴로움에서 벗어나기를 원하나 생존이 보장되자마자 지루함에 빠지게 된다.

쇼펜하우어는 행복이나 쾌락도 불행이나 고통이 일순간 부재한 데서 오는 환상이라고 해석한다. 만족이나 행복감은 고통으로부터의 일시적인 해방에 불과하며 고통은 또다시 도사리고 있다. 인간의 소원이나 욕망은 맹목적인 세계 의지의 표현에 불과하며 인간은 세계 의지가 시키는 대로 놀아나는 장난감에 불과하므로 영원한 만족이나 행복은 불가능하다. 의지는 목적도 끝도 없이 움직여 가므로 만족을 모르기 때문이다. 그가 맹목적인 의지를 본질로 하는 생을 부정하는 염세적 태도를 취하는 이유가 바로 여기에 있다.

쇼펜하우어는 이렇게 삶의 무가치를 강조하면서 삶에의 의지로부터 벗어나는 길을 제시한다. 예술 속에 침잠하는 것도 일시적인 해탈의 방법이 되기는 하지만 그보다는 금욕을 기저로 하는 윤리적, 종교적 해탈이 더 영속적이라고 한다. 고통은 맹목적인 의지로부터 발생하므로 모든 고통은 의지를 부정하고 의지의 속박으로부터 벗어날 때만 극복된다. 이러한 그의 사상은 불교 철학을 연상시키는데 그는 스스로 천재라 자부하면서 '서양의 부처'로 일컫기도 했다.

3. 딜타이

개신교 목사의 아들로 태어난 딜타이(Wilhelm Dilthey, 1833~1911)는 하이델베르크와 베를린 대학에서 신학, 철학, 역사를 공부했다. 딜타이는 자신의 생철학의 기조로서 "생을 생 그 자체로부터 이해한다"는 입장을 내세우며 "생만이 모든 현실이다"라고 주장했다. 그가 말하는 생은 생물학적인 생명도, 형이상학적인 것으로서의 절대적인 생도 아니다. 그것은 함께 살고 서로 매개하면서 살고 있는 인간적 현실을 현실 그것으로부터 이해하는 의미의 삶이다.

딜타이가 본 인간의 생은 단순한 개인적인 생만을 뜻하는 것이 아니라 나아가 그 생은 역사에 통하여 있으며 사회적 연관성을 지니고 있다. 바로 이러한 개인적 존재 이상의 역사적, 사회적 존재로서의 생을 철학의 대상으로 여기는 점이 딜타이 철학의 특징이다. 그래서 역사를 공부한 탓인지 "생이란 본질적으로 역사적인 생이다"라고 말했다.

1) 삶의 연관

딜타이는 인간 존재를 단지 지적인 존재가 아니라 의욕하고 정감하는 존재로서 파악한다. 그는 인간의 정신 구조는 어떤 대상을 지적으로 파악하는 표상이 기초가 되어 있으나 그 위에 어떤 목적을 설정하는 의욕이 있고 가장 높은 자리에는 가치를 평가하는 감정이 있다고 하였다. 이렇게 딜타이는 인간을 표상하고 의욕하고 감정을 지니고 있는 전체적 인간으로서 파악하였다. 그리고 정신생활로서의 삶을 사고와 구별된 체험을 통하여 생의 일반적 특징으로서 세 가지의 연관을 들었다. 구조연관, 발전연관, 획득연관이 그것이다.

정신생활은 부분들의 집합체도 감각적 분자들의 합동도 아니다. 그것은 아무리 분석해도 결코 단순 요소로 환원될 수 없는 살아 있는 구조를 가진 통일체이다. 이것이 삶의 구조연관이다. 삶은 구조연관을 지닐 뿐 아니라 종적으로 발전하는 발전연관이다. 삶은 불꽃이요 단순한 존재가 아니다. 그것은 에너지요 충동들의 체계로서 발전하는 것이다. 또한 삶은 역사적인 것이다. 과거의 구조연관으로서의 습관, 성격, 전통은 무의식적으로 나를 움직이고 있는 힘이다. 이렇게 역사 속에서 확실한 소유물이 된 과거의 체험이 획득연관이다. 획득연관은 삶과 역사와의 관계이지만 이런 관계는 타인의 삶과 나의 삶 사이에 삶의 교섭이 있다는 것을 전제한다. 획득된 연관은 살아 있는 과거요 그런 점에서 과거의 체험을 완전히 동일하게 반복함을 의미하지는 않는다. 따라서 딜타이의 생은 개인적인 생이 아니라 역사적이고 사회적 실재이며 이성으로는 파악할 수 없는 비합리적 생이다. 이것은 역사적 생을 강조하는 역사적 삶의 철학자로서의 딜타이의 특징이기도 하다.

2) 삶의 해석

삶 속의 '너'와 '나'는 공동성을 이루고 있고 이런 공동성 속에서 역사적인 삶이 표현되어 있다. 생을 생 자체로부터 이해하는 것을 목표로 하는 딜타이는 공동성 속의 역사적 삶을 파악하려고 한다.

딜타이가 공동성 속의 역사적인 삶을 구체적으로 이해하는 방식이 바로 해석(Auslegung)이요 그 해석의 의미를 밝히는 것이 해석학(Hermeneutik)이다. 딜타이는 문서로서의 기념물을 해석하는 기술을 의미하는 Hermeneutik를 삶의 표현을 통해 표현의 속 깊이 들어 있는 내면적인 것을 해석하는 방식이라는 의미로 사용했다. 이러한 딜타이의 해석학은 후에 하이데거(Heidegger)에 의해 존재하는 것의 존재 혹은 존재성을 해명하는 존재론으로 나타났다.

딜타이에 의하면 외부에서 감성적으로 주어진 기호에서 내면적인 것을 인식하는 과정이 이해이고 지속적으로 고정된 표현의 방법적이고 기술적인 이해가 해석이라 한다. 딜타이는 삶을 해석하는 방도로서 세 가지를 제시했다. 체험, 체험의 표현, 체험의 이해가 그것이다.

삶은 체험(Erlebnis)에 내재한다. 삶은 체험을 넘어설 수 없다. 삶은 직접적인 사실로서 우선 주어져 있다. 체험은 근원적인 생을 직접적으로 파악하는 활동이다. 인식론적 주관과 객관의 대립도 삶의 체험에 의해 해명된다. 즉 객관은 의식의 사실로서 우리에게 주어지고 체험된다. 그러므로 체험에 있어서는 주관과 객관이 분리되지 않고 근원적으로 통일되어 있다.

체험은 보다 더 높은 단계에서 구체적으로 생을 파악하기 위해서 표현(Ausdruck)을 통한 이해가 요구된다. 표현이란 내면에서 체험된 것이 외면화, 객관화된 것이다. 즉 체험이 생의 내재라면, 표현은 생의 외화이다. 따라서 구체적인 생의 구체적인 파악을 위해서는 양자를 모두 포함해야 하며 내적 체험에서 외적 표현에까지 나아가야 한다. 이 생의 표현의 파악이 이해(Verstehen)이다.

생의 어떤 표현을 이해하게 될 때 그 이해는 생의 내적인 것과 외적인 것의 통일에서 이루어진다. 그러나 타인의 신체적 표현을 통해 이해할 때는 그것이 순간적이기 때문에 정확성이 부족하지만 예술작품이나 법제와 같이 지속적이며 고정적인 표현의 경우에는 좀더 기술적이고 정확하게 이해할 수 있다. 그는 이렇게 지속적이고 고정된 표현의 기술적 이해를 해석이라 했다. 따라서 해석은 이해에 비해 더 객관적이라 할 수 있다. 이처럼 딜타이의 생은 체험, 표현, 이해에 의한 원환운동으로 그 내용이 더욱 풍부해진다. 이것이 바로 딜타이의 해석학적 방법이다.

4. 짐멜

유대계 철학자 짐멜(Georg Simmel, 1858~1918)은 베를린 출신으로 그곳의 대학에서 교수 자격을 얻었으나 유대계라는 이유로 임용에 어려움이 많았다. 1914년에야 비로소 슈트라스부르크 대학의 철학과 정교수 자리를 얻었으나 암에 걸려 고생하다가 4년 후 평온하게 생을 마쳤다.

짐멜 철학의 특징을 한 마디로 표현한다면 생의 자기 초극이라 할 수 있다. 그는 삶이란 단지 흐름만으로는 이해될 수 없다고 보고 삶이란 흐름일 뿐만 아니라 그 가운데서 형식과 한계를 스스로 설정한다고 했다. 흐름과 형식, 역동성과 정체성, 자유와 구속은 어떻게든 통일되어야 한다. 이에 관하여 짐멜은 자신의 주저 『삶의 직관』(Lebensanschauungen)에서 두 가지의 핵심적인 명제를 제시했다.

첫째, "삶은 삶 그 이상(Mehr als Leben)의 것이다." 자연적 생활에 만족하는 순수 충동적인 삶은 충만한 것이 못된다. 인간의 삶은 순수 생물학적인 삶으로서 완전히 이해될 수 없다. 생물학적 삶을 훨씬 능가하는 정신적 삶도 존재한다. 인간의 삶은 항상 창조적으로 자기에게 어떤 형태를 부여하는 삶 이상의 것이다. 정신은 그 독자적인 존재와 타당성을 가지고 있다. 만일 인간을 육체적으로만 고찰하여 정신을 고려의 대상에서 제외한다면 인간의 삶을 이해할 수 없다.

둘째, "삶은 높은 단계의 삶(Mehr Leben)이다." 정지는 곧 죽음이다. 정신적 삶도 마찬가지이다. 정신은 그림과 동상, 희곡과 가곡, 학문과 종교를 만들어 낸다. 그러나 언제나 다시 정신은 이미 완성된 것을 파괴해버리고 그 자리에 보다 새롭고 좋은 것을 창조해 놓는다. 삶은 단순히 생성하고 있는 것이 아니라 항상 스스로에 한계를 주고 그것에 개성적인 어떤 형식을 주면서도 그 형식을 타파하여 그것을 다시 생의 흐름 속에 해소한다. 이렇게 정신적 삶은 그때그때마다 이루어진 것을 넘어서는 항구적 이행 내지 초월성에 존재한다. 삶이란 언제나 이미 저편을 스스로 짊어지고 있는 이편이다. 삶이란 현실적으로는 한정된 자기의 형태를 부단히 초월해 가는 '보다 많은 생'이다.

그런데 삶 자체가 설정한 형식 안에 포함되어 있는 것이 죽음이다. 죽음은 결코 삶의 밖에 있지 아니하고 이미 삶 속에 들어가 있다. 따라서 우리는 이미 매순간마다 죽음에 내맡겨져 있는 존재이다.

짐멜에 따르면 고대 그리스 철학의 중심 개념은 존재 문제였으나 중세에는 신의 개념이, 르네상스 이후에는 자연의 개념이 그 자리를 대신했으며 19세기에는 사회의 개념이, 20세기에 이르러서는 생의 개념이 그 중심적 위치를 자리 잡았다고 한다. 그는 이 생의 개념을 세계관의 역사에 있어서 고찰하려 한다. 그래서 그의 철학은 삶에 있어서 시간성을 아주 중요시하여 시간이 바로 삶 그 자체의 구체적 존재 형식이라 한다. 삶이란 실존의 형식으로서 "과거를 실제적으로 현재 안에서 실존케 하는 것이고 현재를 실제적으로 미래 안에서 실존케 하는 것이다." 이런 점에서 짐멜은 실존철학적인 성격을 띠고 있다.

5. 베르그송

베르그송(Henry Bergson, 1859~1941)은 생성과 흐름, 창조로서의 삶을 주장하고 개념의 굳은 틀에 의해서 파악하려는 철학을 부정한다. 그는 체계를 통하여 전 우주를 그 체계에 끌어넣으려는 것이 아니라 오히려 이 우주는 그러한 철학자가 세우는 거대한 형이상학적 체계에 속할 수가 없는 창조적이며 자유로운 세계라는 점을 밝히려고 한다. 그래서 베르그송은 도식적이고 체계적인 철학을 거부하고 기계론적이며 결정론적인 우주관에 대해서도 반대한다. 나아가 살아 있는 생명을 생명 그 자체로써 보려는 유기체적이고 창조적인 세계관을 내세운다. 그래서 그는 우주의 본질을 지속과 생성으로 파악하려고 하며 순수한 지속으로서의 우리의 의식은 분할될 수도, 똑같이 두 번 반복될 수도, 역으로 흐를 수도 없으며 다만 기억에 의해서만 과거를 현재에 끌어들일 수 있다고 주장한다.

1) 과학과 철학

베르그송은 개념과 분석을 사용하여 과학을 종합하고 과학에 바탕을 두는 그러한 학문으로서의 철학을 반대한다. 그러나 베르그송이 과학적인 방식, 즉 분석과 개념을 활용하는 오성적인 방식을 경시하는 것은 절대로 아니다. 과학은 우리의 습관적 사고방식에 알맞은 것이고 일상적 생활에 응용할 수 있는 실용적인 것임을 인정한다. 그러나 "과학은 완전히 일어난 일에 대해서 파악하는 방법이므로 일어나고 있고 움직이고 있는 사물의 생명인 생성을 파악할 수는 없다." 그러므로 철학과 철학자의 역할을 과학에 바탕을 두고 과학을 종합하는 것으로 간주함은 철학과 과학 모두에게 잘못된 일이다.

베르그송은 철학과 과학은 서로가 다루는 영역이 다르다고 한다. 그것은 우리의 경험이 서로 다른 두 가지 방식으로 나타나기 때문이다. 하나의 경험은 사실과 병합해서 나타나고 대개 반복적이며 계량 가능하고 마침내 명확히 구분되는 다양성과 공간성의 의미로 전개되는 사실의 형식이며 다른 하나는 법칙이나 계량을 용서하지 않는 순수지속의 상호침투의 형식으로 나타나는 경험이다. 그러므로 베르그송에 따르면 철학은 순수지속의 상호침투를 이해하기 위해서는 개념적인 사고방식에 의해서가 아니라 개념을 초월하여 직관에까지 도달하여야만 한다. 왜냐하면 철학은 참으로 실재하는 것이 무엇인가를 탐구하는 형이상학이어야 하고 그런 의미에서 생성으로서의 지속을 탐구해야 하는 것인데 지속은 직관에 의해서만 직접적으로 우리에게 제시될 수 있으며 간접적으로는 이미지에 의해서 시사될 수 있을 뿐 개념적 표상에 가두어 둘 수는 없기 때문이다.

2) 오성과 직관

베르그송 철학의 특징은 시간성에 있다. 나아가 그에게는 무엇보다 공간과 시간의 관계가 모든 문제의 기초를 이루고 있다. 양자를 동등한 직관의 형식으로 취급한 칸트와는 달리 그는 양자 간에 어떤 본질적 차이가 있다고 했다. 우선 공간은 그 자체에 있어서 동질적 요소를 지니고 있다. 그것은 무수히 많은 동일한 성질을 지닌 점들의 총합물을 뜻하며 우리는 임의로 어떤 한 점에서 다른 한 점으로 이행할 수 있다. 이런 의미의 공간을 연구 대상으로 삼는 자연과학에서의 시간의 측정이라는 문제도 실은 공간 내에서의 변화를 의미할 뿐이다.

그러나 시간은 내적인 동질성을 바탕으로 하는 것이 아니다. 시간에는 순서를 바꿔 놓을 수도, 전위될 수도 없는 계열이 있을 뿐이다. 시간의 계열 속에서는 누구도 자기 마음대로 어떤 한 점에서 다른 한 점으로 이행이 불가능하다. 하나하나의 순간마다 새롭고 일회적이며 어떤 반복도 불허한다. 따라서 여기서 의미하는 시간은 자연과학적 대상으로서의 시간과는 전적으로 상이한, 어떤 유일무이하고 그 자체 내에서의 분할이 있을 수 없는 끊임없는 흐름 또는 생성이라고 할 수 있다. 그러므로 공간이 존재하는 것이라면 시간은 어떤 고정된 형상으로 파악할 수 없는, 즉 항상 어딘가를 향해서 움직이는 것이다.

인간에게도 공간과 시간에 상응하는 두 가지 인식 능력이 있다. 오성과 직관이 그것이다. 오성은 연장된 것과 물질적인 것에 관한 최고의 정확한 표상을 제공해 줄 수 있기 때문에 자연과학의 인식기관으로서 무기적 세계를 지배함에 중요한 도구이다. 그러나 베르그송은 삶에 대한 분석에서는 기호와 개념을 사용하는 오성을 통한 분석을 비판한다. 오성은 제한된 지속적인 공간적 사물들을 제시할 뿐 결코 순수지속으로서의 구체적 시간은 파악할 수가 없다. 따라서 오성은 우리들에게 삶 자체가 아니라 단지 삶의 물리적 및 화학적 조건들만을 설명해 줄 수 있다. 이에 베르그송은 직관을 방법론으로 택하고 직관만이 사물과 생명의 본질을 파악할 수 있는 유일한 방법이라고 주장한다. 그래서 베르그송의 철학은 일반적으로 직관론, 직관철학이라고 불린다.

　　오성은 운동성과 변화를 불변하는 것으로 고정화해 버린다. 즉 불연속적인 것만을 명료하게 표상하는 오성은 운동성 자체에는 관심을 두지 않고 부동성으로부터 출발한다. 오성은 이러한 운동성을 직접 파악하지 못하며 부동성밖에 제시하지 못한다. 나아가 오성은 복합적이며 구분이 불가능한 전체로서의 사물을 부분으로 나누고 분석한다. 오성이 사물을 부분으로 나누어 분석하는 까닭은 그것들을 통일해서 실재를 재구성하려 함이다. 그러나 분할의 방식이 필요한 경우도 있지만 결코 분리 또는 재구성될 수 없으며 부분으로 파악할 수 없는 것이 있다. 따라서 부동성에서 출발하여 분할의 방식을 적용시키는 오성은 변화와 전체성으로서의 유기체인 생명체에는 적절하지 못하다. 즉 유기체와 생명에 관한 한 오성은 실제를 파악할 수 없다. 오성의 분할과 그 분할에 의한 종합의 대전제는 분할될 수도 없고 구분 지어질 수도 없는 총체성으로서의 생명이다. 이것이 없이는 어떠한 오성의 작용도 의미를 지닐 수 없다. 그리고 부분으로 나누어 이를 다시 종합하는 오성의 능력으로는 도저히 생명 그 자체를 파악하거나 다룰 수 없다.

　　또한 "오성은 언제나 주어진 것을 가지고 재구성하려고 하기 때문에 예견 불능인 것을 인정하지 않는다." 오성은 생명의 창조적 기능과 유기체의 자율적인 삶을 무시하고 이를 기계화하고 도식화해 버림으로써 실제를 변질시키고 만다. 그래서 오성은 동일하거나 유사한 원인은 동일한 결과를 가져오리라 믿는다. 그러나 인간의 삶에 있어서는 동일한 조건하에서 동일한 결과가 나오지 않는다는 것은 쉽게 짐작할 수 있는 일이다. 더구나 동일한 조건이라는 것도 유기체의 삶 속에서는 사실 거의 불가능하다. 그래서 베르그송은 생명을 가진 유기체의 삶은 예견 불능의 창조적인 성격을 지닌다고 하며 오성의 능력으로는 이러한 세계를 파악할 수 없다고 한다. 그럼에도 불구하고 오성은 유기체의 삶을, 특히 인간의 삶마저도 동질화된 자동조절장치로 생각하고 기계화하는 오류를 범하고 있다고 한다.

한편 오성의 또 하나의 커다란 오류는 순수하게 질적인 정신을 양화(量化)하고 순수지속을 공간화해 버린다는 점이다. 우리의 의식은 순수지속이다. 따라서 양이 아니라 질이며 부동성이 아니라 끊임없이 흐르는 운동성이다. 그런데도 부동성만 파악할 수 있고 실재를 부분으로 나누어서만 재구성하며 사물을 도식화하고 기계화하는 오성은 우리의 의식을 양화하고 공간화해 버린다. 그리고 오성은 또 사물의 개별적인 성질을 무시하고 사물들 사이의 관계에만 관심을 가짐으로써 사물을 단순화하고 동질화한다. 이러한 오성은 실제생활에 유용하며 과학의 기초가 되고 기계화된 산업사회에 알맞은 사고방식이기는 하다. 그러나 생성 변화하는 운동성이며 예견 불능의 창조성인 실재하는 지속을 파악하기에는 알맞지 않다.

베르그송의 직관(intuition)은 앞에서 언급한 오성과 반대의 능력을 가진 실제를 직접 파악하는 것이다. 즉 대상과의 언어로 표현할 수 없는 일치를 위해 대상의 내부에 자신을 옮기고자 하는 공감이며 사물을 전체로서 그리고 총체성으로서 파악하려는 그 자체 하나의 단순한 행위이다. 직관은 구체적이고 독창적인 실제를 파악하는 본능의 소산이며 능력이다. 그러나 직관이 곧 본능을 의미하는 것은 아니다. 베르그송이 말하는 직관이란 본능이 이해로부터 자유로워져서 자신을 의식하고 대상에 대하여 심사숙고하며 그 범위를 한없이 확장해 가는 발전된 본능이기 때문이다.

베르그송은 직관이 이성의 능력이 아님을 명백히 하면서도 직관에 의해서 실재하는 것을 직접 파악할 수 있다고 본다. 그리고 직관에 의해서 파악되는 것은 우리의 의식 속에 이미 들어 있는 개념들의 범주에 의해서 절단되고 왜곡된 사물이 아니라 생성하는 실제 그 자체라고 한다. 즉 직관의 능력에 의해서 파악될 수 있는 것은 부단한 생성, 변화, 운동, 흐름인 지속이며 이 지속을 올바르게 파악할 수 있는 방법은 직관뿐이다.

3) 순수지속

베르그송에 따르면 외적 세계는 물질적 공간으로서의 물질의 세계이며 통속적인 시간도 이와 같은 공간에 투영된 시간에 불과하다. 이와는 달리 내적 세계는 부단히 생성하고 변화하는 자유의 세계로서 이 시간 속의 의식은 지속(durée)이다. 즉 우리의 자아는 순수지속(pure durée)이다. 지속은 변화와 생성으로서의 부단한 흐름으로서 과거의 시간으로 되돌릴 수 없는 불가역적인 것이다. 그러나 물질적인 사물의 상태는 얼마든지 원하는 대로 반복할 수 있다. 물질에는 지속으로서의 시간이 없기 때문에 역사가 없다. 물리적 시간은 되돌릴 수 있어서 상정할 수 있지만 지속으로서의 시간은 그것이 불가능하다. 기억에 의해서 되돌린다는 것도 과거가 현재화함이지 현재가 과거로 옮겨감은 결코 아니다. 따라서 현재는 부단히 과거에로 사라져 가고 과거는 기억에 의해서 현재화할 때 그 의미를 갖는다.

또 한편 지속으로서의 시간 안에서 미래는 예견 불능이다. "우리는 변화하고 있으며 이 변화는 성숙을 의미하고 성숙은 한없이 자신을 창조하는 데 있다." 따라서 우리에게의 미래는 부단히 스스로가 창조해야 하는 것이다. 예견 불능이란 언제나 새롭고 변화무쌍하며 개방되어 있음을 의미한다. 즉 현재에 있어서는 단정 지울 수 없는 미래 개방성을 의미한다. 그리고 목적론자들이 말하듯이 어떠한 목표와 목적을 가지고 그 귀착점을 향해서 나아가는 것이 아님을 의미한다.

사실 우리 자신을 생각해 볼 때 현재로서의 지금 이 순간이 지난 후 내가 무엇을 할 것이며 어떻게 되어 있을지 우리는 모른다. 그러므로 베르그송은 우리의 미래는 우리 자신의 자유로운 행위에 의해서 부단히 창조해야 한다고 주장한다. 그리고 이것이야말로 삶과 지속의 본래의 의미라고 한다. 이것이 바로 세계의 내적 본질로서의 생명의 약동이다.

4) 생명의 약동

베르그송에 따르면 우리가 주변의 생의 대해로 뛰어들면 모든 현실이 생성이라는 한 마디로 표현될 수밖에 없다. 만물의 근원을 이루는 것은 생성과 행위와 행동이다. 이같이 움직이고 변화하는 상태 속에는 생의 고양과 물질의 쇠퇴현상이라는 두 측면이 있다. 그러므로 우리의 세계가 전혀 다른 두 개의 영역으로 분리되어 있으므로 생의 본질이 오성의 힘만으로 해명되리라는 생각은 어리석은 일이다. 게다가 복잡하고도 합목적적인 유기적 형상들이 단지 맹목적인 변화와 도태과정을 통해 발생했다고 보는 이론은 어떤 기적 이야기와 다를 바가 없다.

삶은 고정된 것이 아니라 영원한 새로운 형성, 즉 창조적 진화이다. 그것이 바로 매순간 자신의 고유한 목표를 만들어 가는 '생명의 약동'(*élan vital*)이다. 진정한 실재는 단순히 외계의 조건에 의해서만 진화해 가는 것이 아니라 오히려 스스로의 생 충동에 촉구되어서 안으로부터 비약적으로 진화해 간다. 이처럼 세계는 부단한 창조적 진화 속에 있으며 우주 전체에는 근원적 생명의 진화, 즉 창조적 진화가 일관하고 있다. 결국 실재는 생명이요 생명은 부단한 창조적 생의 약동을 한다. 그러므로 이러한 생명은 자연과학의 필연법칙에 의해서 포착할 수 없다. 생명은 연장을 지닌 양적인 것이 아니라 질적인 강도를 가진 순수 지속이기 때문이다. 바꿔 말하면 자유로운 어떤 것을 결정적인 어떤 것으로 만들어 버리는 오성에 의해서는 삶을 파악할 수 없고 단지 직관에 의해서만 파악할 수 있다. 우리는 직관을 통해서만 순수지속의 참 뜻을 파악할 수 있다.

직관이란 앞에서도 말했듯이 시간 속에서 '생명의 약동'을 그대로 포착하는 일종의 공감작용과 같은 것이다. 따라서 오성적 기능을 행사하는 데에 너무 습관화되어 있는 인간이 그와 같은 타성을 벗어버리고 순수직관의 힘을 통해 유동적이며 지속적인, 즉 시간의 유기적 성격을 내감적으로 파악한다는 것은 결코 쉬운 일이 아니다. 직관 작용은 실천적 행위에 기여하는 것이 아니라 관조적 입장에서 인식 행위에만 주력하는 인간의 기능이다. 이렇듯 오성은 주로 실제적인 문제를 지향하는 성질을 띠고 있으므로 철학은 직관을 통해 그 본래의 사명을 다할 수밖에 없다.

베르그송에 따르면 이 직관은 우리들에게 다음과 같은 것을 알려 준다고 한다. 그것은 베르그송의 직관철학의 요약이기도 하다.

첫째, 살아 있는 것은 불연속적인 것이 아니라 흐름이다. 둘째, 살아 있는 것에는 완전히 동일한 두 계기들이 존재하지 않는다. 즉 삶은 궁극적 개성이며 영원한 변형이다. 셋째, 존재하는 것은 오직 철저한 자유, 즉 살아있는 것의 완전한 비결정성이다. 넷째, 역학적인 시간 개념은 삶의 영역에서는 타당하지 못하다.

5) 도덕과 종교

베르그송의 저서 제목이기도 한 『도덕과 종교의 두 원천』(*Die beiden Quellen der Moral und der Religion*)이란 바로 앞에서 말한 오성과 직관을 말한다. 그는 사회를 폐쇄 사회와 개방 사회로 나누듯이 도덕도 역시 폐쇄도덕과 개방도덕으로 나누었다.

폐쇄도덕은 개인의 자유 대신에 사회적 관습, 창조적인 직관 대신에 자동적인 본능이 밑받침이 되는 도덕이다. 이러한 도덕은 삶의 보편적인 현상으로부터 발생했기 때문에 현존하는 사회의 자기 보존에만 급급하여 사회적 관습을 유지하려고 하고 개인적인 것을 사회적인 것과 결부시키려 한다. 또한 하나의 습관과 억압에 의해서 일정한 행동양식만을 강제한다. 따라서 그것은 전 인류가 아닌 특수 계층에만 통용되는 도덕이며 그 사회를 넘어서면 타당성을 지니지 못하는 도덕이다.

개방도덕은 사회에 의존하지 않는 순수 인간적인 도덕이다. 그것은 사회의 압력에 의해서가 아니라 개인적인 호소에 의해서 발생하고 고정되어 있는 것이 아니라 창조적으로 발전한다. 그것은 오성 이상의 무한한 사랑 속에 모든 것을 포용하는 보편성을 지닌 것으로서 거기에는 '생명의 약동'이 새로운 사회, 새로운 도덕을 창조하는 원동력이 있다.

종교에 있어서도 마찬가지이다. 저차원적 종교는 단지 실천적 삶의 관심에만 봉사하여 공포를 제거하고 행복한 삶을 추구하고자 할 뿐이다. 그러나 고차원적 종교는 인간이 신을 발견하고, 사랑의 승리를 찬미하는 신비 속에서 계시된다. 그러나 그것은 저차원적 종교에서 생성되는 것이 아니고 새로운 창조를 통해 생성되는 것이다.

제4장
실용주의

1. 실용주의의 의미

　실용주의는 19세기말에 성립하여 20세기 초반에 특히 미국에서 가장 큰 영향력을 행사했던 철학 사조로서, 진화론을 출발점으로 하는 19세기에 발달한 생물학, 생리학, 심리학의 영향을 많이 받아 철학의 기초를 구체적 경험에 두려고 한다.

　프라그마티즘(Pragmatism)이라고 했을 때의 프라그마(pragma)가 실행, 실험, 행동 등을 의미하는 그리스어 프라그마타(*pragmata*)에 그 어원을 두고 있듯이 실용주의는 실험과 행동에 밀접하게 관련되어 있다. 퍼스, 제임스, 듀이로 대표되는 실용주의자의 대부분이 처음에는 과학자였다는 사실이 보여주듯이 그들은 철학에 실험적 방법을 도입한다. 그래서 그들은 과학적 조작, 더 넓게는 행동을 떠난 어떠한 개념이나 사색도 허용하지 않는다.

　실용주의는 지식을 그 자체로서 다루지 않고 언제나 생활상의 수단으로 간주하며 진리를 실제 생활과의 관계에서 찾고 나아가 우리의 행동과 관련해서만 진리를 고찰한다. 그래서 지식은 실제생활에 있어서 성공적이거나 만족스러운 결과를 만들어 낸다거나 편리하고 유용하다거나 하는 실제 효과(effect)를 나타낼 때 참이라고 한다. 결국 어떤 관념이 옳은가 하는 것은 그 관념이 과연 실제의 행동에까지 이르느냐에 달려 있다. 즉 어떤 것이 진리이냐 아니냐 함은 그것이 우리에게 실제로 유익하냐 그렇지 않느냐에 따라서 결정된다.

처음에 실용주의는 전통적인 강단철학을 비판적으로 배격하기 위한 운동이었는데 실용주의라는 말을 처음으로 사용하고 그것을 철학적 방법으로 응용한 사람은 퍼스(C. S. Peirce)였다. 퍼스는 그의 실용주의를 주로 과학 방법론 내지는 기호의 의미론으로 전개하였으나 당시에 그렇게 큰 호응을 얻지는 못하였다. 퍼스의 실용주의가 주의를 끌게 된 것은 약 20년 후 캘리포니아 철학회 석상에서 퍼스의 친구였던 제임스(W. James)가 「철학적 개념과 실제적 결과」라는 제목으로 강연을 할 때에 퍼스의 의견을 추천하고 자신의 실용주의가 퍼스에서 비롯되었다고 밝히면서 그를 실용주의의 창시자라고 부른 데서부터였다. 그리고 제임스가 퍼스의 이론을 진리론으로 부활시키면서 실용주의에 도덕철학적인 색채를 가미함으로써 실용주의는 하나의 확고한 사상 체계로 확립되었다. 이어서 듀이(J. Dewey), 실러(F. C. S. Schiller)에 의해서 실용주의는 독자적인 방향으로 가일층 발전되고 확장되어 미국 철학의 큰 줄기가 되었다.

2. 퍼스

실용주의의 창시자인 퍼스(Charles Sanders Peirce, 1839~1914)의 프라그마티즘은 아직 초보적인 단계이고 그 적용 분야도 인식론에 한정되어 있었다. 그의 주요 관심사는 "우리의 생각을 어떻게 명료화할 수 있는가?"에 있었는데, 이를 위해서 불분명한 개념들을 분명한 개념들로 바꾸어야 한다고 주장했다. 그것은 어떤 대상에 대하여 우리가 처음 가지고 있던 개념을 그 대상으로부터 생각될 수 있는 실질적인 태도나 효과의 개념으로 바꾸는 일이다.

1) 회의에서 신념으로의 탐구, 그리고 진리

퍼스의 실용주의는 인간의 사유와 언어적인 기호의 용법에 관한 연구에서 발전하였다. 퍼스에 의하면 인간은 실제의 삶의 과정에서 어떤 회의(doubt)에 봉착했을 때 사유를 시작한다. 퍼스가 말하는 회의는 데카르트의 방법적 회의와는 다르다. 데카르트의 방법적 회의는 생명체로서의 인간이 생존의 필요에서 하는 자연스런 회의가 아니라 어떤 지적인 목적을 달성하기 위해 인위적으로 하는 회의이다. 그러나 인간은 일반적으로 순전히 이론적인 동기에서가 아니라 그럴 만한 실제적인 이유가 있어야 회의를 하게 된다. 인간을 비롯한 모든 생명체의 일차적인 목적은 생존이기 때문에 생존을 위해 주어진 조건하에서 자신의 욕구를 충족시키는 길이 무엇인지를 알아야 한다. 그러나 그것을 알지 못할 경우 회의에 봉착하게 된다.

회의의 상태에 봉착했다 함은 곧 어떻게 행동하면 자신이 원하는 목적을 달성할 수 있는지에 대한 신념(belief)이 결여되어 있음을 말한다. 따라서 회의에 빠진 인간은 심적으로 불안정해질 수밖에 없으며 그러한 불유쾌한 상태에 빠지면 회의에서 벗어나 신념이라는 안정된 심적 상태 내지는 지적인 만족 상태에 도달하고자 사유를 하게 된다. 퍼스는 그러한 지적 노력을 탐구(inquiry)라고 불렀다. 그리고 회의를 제거하고 신념을 고정하는 탐구의 방법을 네 가지 들었다. 첫째는 고집(tenacity) 내지 독선의 방법인데, 이는 문제들이나 어려움 등을 도외시한 채 오로지 정신의 평정이나 도움이 되는 단순한 결론들에 귀착하고 마는 방법이다. 둘째는 권위(authority)의 방법으로서 이는 통치자들이 지적으로 자기들의 노예가 되어 버린 공동체 전체에 신념을 강요하는 방법이다. 셋째는 선험적(a priori)인 방법이다. 이는 논리적으로 정돈된 명제들을 경험적 고찰이나 과학적 탐구에 회부하지 않은 채 무작정 받아들이도록 타인을 설득시키는 형이상학자들의 방법이다. 넷째는 과학(science)의 방법인데 이 방법은 실천적 가치들과 참된 결론들을 만들어내는 실용적으로 건전한 객관적인 신념들을 구축하기 위한 방법이다. 따라서 가장 바람직한 방법은 안정된 신념을 확보해 주는 과학적인 방법이다.

퍼스는 이와 같은 회의에서 신념으로의 탐구를 통해 진리를 설명한다. 그에 따르면 진리는 탐구와는 독립적인 어떤 형이상학적인 실체가 아니라 과학적인 탐구를 통해 얻어진다고 한다. 물론 탐구에 의해 어떤 신념에 도달함으로써 일단 심적인 만족을 얻었다고 해서 그 신념이 곧 진리가 되지는 않는다. 그러나 탐구의 과정을 거듭하면 탐구하는 모든 사람이 궁극적으로 동의할 수밖에 없는 어떤 절대적으로 확고한 신념에 도달하게 되는데 그러한 신념이 바로 특정한 탐구자의 판단 내지는 사유와는 무관하게 존재하는 실재(reality)에 관한 진리이다.

결국 퍼스는 모든 탐구가 궁극적으로 하나의 신념으로 수렴하며 그러한 수렴 과정 끝에 도달된 신념이 사유와는 무관하게 존재하는 실재와 부합한다는 의미에서 진리라고 주장한다. 이런 점에서 그는 실재론자라고 할 수 있다. 그러나 어떻게 해서 실재에 관한 절대적으로 참인 신념, 다시 말해서 절대적인 신념의 고정화에 도달할 수 있을지는 의문이다.

2) 기호의 명료화로서의 실용주의

퍼스는 인간의 사유와 탐구 방법을 연구함에 있어 인간이 사용하는 각종의 기호(sign)에 관한 일반적인 이론을 확립함이 중요하다고 생각했다. 기호론 가운데 그가 가장 큰 관심을 보인 부분은 "기호의 의미를 어떻게 결정할 수 있는가" 하는 의미 기준의 문제였다. 그리하여 기호의 의미 내지는 낱말의 의미를 명료하게 밝힐 수 있는 방법적인 절차를 제시하게 되었는데 그것이 그의 실용주의이다. 다시 말해 퍼스의 실용주의는 기호의 의미를 명료하게 밝히고 확정짓는 방법인데 그렇기 때문에 그는 자신의 실용주의가 철학 이론이나 형이상학 내지는 진리론이 아니라 철학의 방법론임을 누누이 역설했다.

기호란 다른 어떤 것을 가리키는 데 사용되는 모든 것을 말한다. 그러나 퍼스가 그 의미 기준을 제시하고자 한 기호는 추상적인 개념 내지는 지적인 개념을 나타내는 기호에 한한다. 퍼스는 개념의 의미를 결정하기 위해서는 그 개념만을 고립적으로 고찰해서는 안 되며 그 개념이 포함된 신념을 진술하는 명제의 의미를 밝혀야 한다고 생각했다. 즉 퍼스에 있어 우리의 관념을 명백히 하는 법이란 곧 우리의 신념의 의미를 확정하는 방법이다.

3) 실천적 결과로서의 실용주의적 의미론

퍼스는 신념이란 회의에서 벗어난 지적인 만족의 상태라고 했다. 그러나 그것은 동시에 적절한 상황에서 어떤 종류의 행동을 불러일으키는 습관적인 정신의 상태이기도 하다. 그러므로 신념의 의미를 밝히자면 그 신념을 지닐 경우 우리가 하게 되는 특정한 행위가 무엇인지 살펴볼 필요가 있다.

이에 대해 퍼스는 "한 지적인 개념의 의미를 규명하려면 그 개념이 참일 경우 그로부터 필연적으로 귀결될 것으로 생각할 수 있는 실제적인 결과가 무엇인지를 고찰해 보아야 한다. 그러한 결과의 총화가 바로 그 개념이 지니고 있는 의미의 전부이다"고 말하고 있다. 이 말은 어떤 대상에 대한 우리의 관념 혹은 사상을 완전하게 밝히려면 그 대상이 어떤 종류의 실천적 결과를 가져올지를 생각해야 한다는 의미이다. 그리고 그 결과에 대한 우리의 관념은 그 대상에 관한 우리의 관념의 전체라는 뜻이다. 그러므로 어떤 대상에 대한 우리의 관념을 밝히려면 그 관념의 실천 혹은 실험상의 가능성을 고찰하면 된다는 말다.

그런데 지적인 개념, 추상적인 개념이란 일반적인 기호(general sign)이다. 또 그것이 일반적인 기호이니만큼 그러한 개념을 설명해 주는 문장은 일반 법칙을 진술하는 문장과 마찬가지로 조건문의 형태를 지녀야 한다. 퍼스가 의미하는 바는 그러한 조건문의 전건 내지 조건절에는 실험적인 조작(operation)을 진술하는 문장이, 그리고 후건 내지 주절에는 그러한 조작으로 말미암은 실제적인 결과(practical consequences), 혹은 지각 가능한 효과(sensible effects)를 진술하는 문장이 와야 한다는 것이다. 다시 말해 C를 어떤 일반 개념(Concept)이라고 하고, O를 어떤 대상 X에 가하는 실험적인 조작(Operation), 그리고 E를 그 조작의 실제적인 결과(Effect)라고 할 때, 어떤 대상 "X는 C이다"라는 문장의 의미는 "O이면 E일 것이다"라는 조건문으로 주어진다는 말이다.

주어진 신념의 의미를 결정하기 위한 퍼스의 실용주의적인 준칙을 이용하면 불명료한 개념의 의미를 명확하게 밝힐 수가 있다. 그 개념을 대체할 수 있는 조건문만 찾으면 되기 때문이다. 그러나 그러한 조건문을 전혀 찾을 수가 없다면 그것은 문제의 개념이 무의미(meaningless)함을 말해 준다. 따라서 퍼스의 실용주의적인 의미 기준은 어떤 철학적인 논쟁이나 문제가 무의미함을 밝히기 위한 비판적인 목적에도 활용될 수 있다. 예를 들면 실용주의의 의미 기준을 형이상학에 적용할 때 "거의 모든 형이상학의 명제가 무의미한 것으로 드러난다." 왜냐하면 형이상학적인 명제들은 그것을 대체할 수 있는 조건문이 없기 때문이다. 이러한 비판적인 각도에서 볼 때 실용주의는 철학적인 문제를 해결(solve)하는 것이 아니라 단지 철학적 문제로 생각했던 점이 실은 진정한 문제가 아님을 보여주게 된다.

퍼스의 실용주의적인 의미론은 의미의 일반적인 기준을 제시하기 위한 이론이라기보다는 경험적인 의미를 찾기 위한 이론적인 장치로서 개념의 의미를 경험적으로 검증 가능한 일단의 명제로 보았다는 점에서 그의 이론은 후에 분석철학에서 등장하는 의미의 검증이론(verification theory of meaning) 내지는 조작주의 (operationism)의 선구라고 볼 수 있다.

3. 제임스

실용주의는 처음에는 퍼스의 노력에도 불구하고 별반 호응을 받지 못하다가 윌리엄 제임스(William James, 1842~1910)가 발표한 일련의 논문과 강연 등에 의해 미국의 새로운 철학으로 확고한 위치를 잡았다. 그는 작가로 널리 알려진 헨리 제임스의 형이다.

1) 퍼스와 제임스

제임스는 퍼스의 오랜 친구로서 그와 많은 사상을 서로 주고받기도 했으나 퍼스의 사상을 발전시키는 과정에서 중요한 수정을 가했으며 따라서 양자의 실용주의는 몇 가지 점에서 큰 차이를 보이고 있다.

첫째로, 퍼스는 실재론자였지만 제임스는 명목론적인 색채가 강했다.

둘째로, 퍼스는 과학적인 성향의 철학자로서 그의 실용주의는 과학적인 탐구 과정에서 등장하는 일반적인 지적 개념의 의미를 명확하게 밝히기 위한 것이었으나 제임스는 비록 그 자신 저명한 과학자이기는 했으나 일반적인 개념의 의미보다는 보다 구체적이고 개별적이며 특수한 세계관 내지는 종교적인 신념의 의미를 파헤치는 데 지대한 관심을 가졌으며, 따라서 그의 실용주의도 과학적인 색채보다는 종교적이고 윤리학적인 색채가 강했다. 또한 퍼스가 명료한 개념은 행위에 대해 실제적인 결과를 가져와야 한다고 했을 때 실제적인 결과란 과학자들이 반복해서 행할 수 있는 실험에서 야기되는 어떤 관찰 가능한 결과를 말하는 것이었다. 그러나 제임스는 그것을 개별적인 종교적 혹은 윤리적 신념 등이 개인의 삶에서 갖는 의의로 확대해서 해석했다.

이렇게 해서 논리적이고도 과학적인 색채가 강했던 퍼스의 실용주의가 제임스에 의해 인간적인 측면이 강조되는 방향으로 크게 탈바꿈되었다.

2) 현금가치설

제임스는 사유의 기능에 관한 그의 연구에서 확립한 진리론을 보강하는 데에 퍼스의 실용주의적 의미론을 원용했다. 또한 그러한 의미론을 바탕으로 그의 일차적인 관심사인 종교적, 형이상학적인 신념을 정당화하는 작업에 심혈을 기울이기도 했다.

제임스에게의 사유의 본질적인 기능은 실재(reality)를 모사함에 있지 아니하고 우리 각자가 주위 환경과 만족할 만한 관계를 성취하고 그것을 유지하도록 함에 있다. 따라서 우리의 행위에 아무런 결과를 가져오지 않는 관념은 한낱 말로만 그치는 공허하고 무의미한 관념이다. 제임스가 말하는 유의미한 관념이 가져와야 하는 결과는 다음과 같은 그의 표현에서 알 수 있다. "실용주의가 통상적으로 제기하는 질문은 다음과 같은 것이다; 어떤 관념이나 생각이 참이라고 할 때 그것이 참이라는 것이 어떤 사람의 실제생활에 어떤 구체적인 차이를 가져다주는가? 참이 어떻게 현실화될 것인가? 그 생각이 만약에 거짓일 경우 당하게 될 경험과 얼마나 다른 경험을 얻게 될 것인가? 한 마디로 경험으로 나타나는 진리의 현금가치(cash value)는 무엇인가?"

이렇듯 제임스가 말하는 실제적인 결과란 바로 실제생활에 미치는 결과를 말한다. 다시 말해서 의미 있는 생각이나 관념은 실제생활에 어떤 결과를 미쳐야 하며 특히 참인 관념은 실제생활에 유익한 결과를 가져와야 한다. 이러한 관점에서 제임스는 실제생활에서 유용한 결과를 가져다주는 관념만을 진리로 부를 수 있다고 주장한다. 따라서 어떤 관념이 참인지의 여부를 알기 위해서는 그 관념이 초래하는 유용성을 평가해 보지 않으면 안 된다. 오직 유용한 결과를 가져다주는 관념만이 참된 관념이다. 예를 들어 어떤 종교관 내지는 형이상학적인 세계관이 개인의 삶에 좋은 결과를 가져왔다면 그러한 신념들은 모두 참된 신념으로 정당화될 수 있다. 이러한 점에서 신에 대한 신앙이 실생활에 유익하다면 신이 참으로 존재하느냐 존재하지 않느냐에 관계없이 역시 진리라고 한다.

제임스가 진리의 기준을 실제 효과에 두고 경험을 통하여 진위를 판단한다는 점에서 그의 철학은 선험적 주지주의에 반대하는 경험적 행동주의이다. 그래서 그는 경험론자는 강건한 마음(tough-mind)을 가진 사람임에 비해서 합리론자는 유연한 마음(tender-mind)을 가진 사람이라 하고 여러 가지로 대비하기도 했다. 이에 대하여 프라그마티즘은 그 어느 편에도 기울어짐이 없이 양자의 요구를 충족시킬 수 있다고 하고 그의 철학적 근거를 근본적 경험론이라고 내세웠다.

결국 제임스에 의하면 진리와 가치 내지는 유용성은 서로 별개의 범주에 속하는 것이 아니다. 즉 "명제 P는 참이다"라는 진술은 "P라고 생각하는 것이 유용하다"라는 진술과 동일하다. 다시 말해 진리란 가치와 유용성이라는 보다 근본적인 범주에 포섭된다. 제임스의 말을 빌자면 어떤 관념의 의미란 그것의 현금가치에 불과하기 때문이다. 그러므로 제임스에 의하면 우리 생활에 유익한 것이 진리이며 선이다. 따라서 진리란 그것이 우리의 생활에 유용하게 이용되는 도구에 불과하며 어떤 논리나 경험도 그것이 우리의 구체적인 행위의 사실에 효과와 이익을 주는 한 생활수단이 될 수 있다고 주장했다.

이러한 프라그마티즘은 듀이에 의해서 도구주의로 한층 더 발전되는데 그것은 논리학이나 인식론뿐만 아니라 심리학, 미학, 도덕, 종교, 정치, 교육 등 여러 문화의 지도 원리가 되었다.

4. 듀이

존 듀이(John Dewey, 1859~1952)의 철학적 관심은 그 범위가 매우 넓어서 철학의 영역 가운데서 그가 종사하지 않은 분야는 거의 없을 정도로 여러 가지 문제를 다루었다. 그러나 그의 궁극 목표는 복된 사회의 건설을 위한 지도 원리 및 기본 방안의 발견에 있었다. 그런 의미에서 그는 다른 무엇이기보다는 윤리학자요, 또 교육학자이다.

1) 도구로서의 관념

실용주의자로서의 듀이는 논리적인 색채가 강한 퍼스의 사상과 인간주의적인 경향이 뚜렷한 제임스의 철학을 종합하여 도구주의의 형태로 실용주의를 다시 정식화하였다.

듀이의 도구주의는 논리와 과학적 방법에 관한 이론이자 윤리적인 분석과 비판의 원리이다. 따라서 듀이는 자신의 도구주의에 의해 현대 사유의 특징인 지식과 가치, 과학과 도덕의 이분법이 극복되었다고 보고 있다. 그에 의하면 과학적인 탐구와 도덕적, 사회적 체험의 대상은 다를지 몰라도 각 경우에 미래의 결과를 실험적으로 결정함에 있어 사유방식이나 형식은 질적으로 차이가 없다고 한다.

퍼스와 마찬가지로 듀이도 인간이 아무 실제적인 문제가 없는 상황에서 고의로 회의를 하거나 사유를 한다고 생각하지 않았다. 인간은 숲 속에서 길을 잃은 경우처럼 어떤 불확실한 상황에 부딪쳤을 때 지적인 탐구(inquiry)를 하게 된다. 다시 말해 탐구는 절실한 난관에 부딪쳐서 지적인 망설임과 내적인 갈등을 겪음으로써 시작되며 더 이상 회의를 할 필요가 없어지는 상황을 마련함과 동시에 끝나게 된다.

우리가 생활하고 있는 구체적인 상황에서 제기되는 실제적인 문제가 바로 탐구의 선행조건이다. 그러한 문제에 부딪치면 우리는 우선 우리가 해결해야 하는 문제가 어떤 것인가를 명료하게 정식화하게 되는데, 그 문제를 해결하려 노력하는 과정에서 문제는 갈수록 정교하게 정식화되게 마련이다. 일단 문제가 무엇인가를 정식화한 다음에는 가설 확립의 단계에 들어가게 된다. 이 단계에서는 직접 관찰한 사실에 입각하여 당면 문제를 해결할 수 있는 갖가지 가설을 일단 수립한다. 그러한 가설에 입각하여 우리는 몇 가지 장래의 결과를 예측할 수 있는데 탐구의 마지막 단계에서 우리는 가설로부터 논리적으로 이끌어 낸 결과가 사실인지를 시험함으로써 문제의 가설을 확증하거나 반증하게 된다. 예측이 만일 사실과 부합하는 것으로 드러날 경우 그 가설은 참인 것으로 확증되며 그것으로 탐구는 끝나게 되지만 그렇지 못할 경우 다른 가설을 수립함으로써 위와 똑같은 문제 해결의 과정을 다시 밟게 된다.

듀이의 경우 우리의 모든 이론 체계라든가 관념은 우리가 처한 실제적인 문제 상황을 극복하기 위한 탐구 과정에서 제안된 하나의 가설에 불과한 것으로서 단지 문제 해결을 위한 도구적인 의의밖에 없다. 다시 말해 이론이나 관념은 그 자체로서 가치가 있는 것이 아니라 오직 문제 해결의 도구로서 효과가 있을 경우에 한해서만 가치를 갖게 된다. 이것이 듀이가 말하는 소위 도구주의(Instrumentalism)이다.

2) 진리와 가치평가

듀이에 있어 관념이라든가 이론은 어디까지나 문제 해결을 위한 것이므로 그 관념이나 이론이 예측하는 결과가 실제로 사실에 의해 확인되기 전까지는 참도 거짓도 아니다. 그러한 탐구에 의해 이론이 실재와 부합(correspond)하는 것으로 판명이 나면 그 이론은 참이 된다.

듀이에 의하면 진리란 어디까지나 사실과의 대응에서 성립하는 바, 그러한 대응은 탐구 과정에서 확인되기 때문에 진리를 탐구와 무관하게 존재하는 것으로 보는 견해는 옳지 않다고 한다. 진리란 어떤 관념이 확인될 때 그 관념에 따르게 되는 어떤 것으로서 검증된 혹은 보증된 주장(warranted assertion)이라는 것이다.

가치를 평가하는 과정도 진리를 탐구하는 과정과 본질적인 차이는 없다. 인간은 본래 스스로 높은 점수를 매기는 사물이라든가 행위가 항상 존재한다는 의미에서 가치 지향적인 동물이다. 그런데 욕망 간에 충돌이 일어나 정말로 무엇을 욕구해야 할지에 대해 내적인 갈등을 겪는 상황이 되면 자신이 목적으로 해야 할 것을 결정하고 또 그것을 얻기 위해 추구해야 할 수단을 정하기 위한 노력이 시작된다. 이러한 노력은 자신이 처한 상황을 분석 평가하고 또 그 상황에서 자신이 취할 수 있는 여러 가지 행동 방향을 검토한 다음 궁극적으로 자신이 선택한 바를 행동에 옮기기로 결심함으로써 끝나게 되는데 그와 같은 과정을 듀이는 가치평가(valuation)라고 부르고 있다.

행동 방향을 선택하는 과정에서 인간은 자신이 선택할 수 있는 여러 행위의 결과를 면밀하게 따지게 된다. 그러한 숙고는 지금까지 우리가 닦은 지성에 따라 이루어지는 한에서 합리적이며 편견이나 무지에 의존할 경우 비합리적이 된다. 구체적인 상황에서 우리가 실천에 옮길 행동을 선택하기 위해 숙고를 하는 데는 언제나 현실적인 제약이 따르지만 지적인 사고훈련을 받았다면 제한된 상황에서도 지적인 성찰을 하게 된다.

인간의 삶이 영위되는 한에서는 항상 지적인 숙고를 요구하는 내적인 갈등상황이 계속 등장하는데 그러한 의미에서 인간사에서 도덕적인 생활은 끊임없이 이어질 수밖에 없으며 이미 목적으로 획득된 것이 이제 새로이 등장한 목적을 성취하기 위한 과정이 거듭 반복되는 것이다.

제5장
해석학

1. 해석학의 의미와 특징

일반적으로 말하자면 해석학(hermeneutics)은 문헌이나 예술 등 인간 정신의 소산을 이해하기 위하여 해석의 방법과 해석의 규칙 및 이론을 다루는 학문적 방법을 말한다. 해석학의 관심은 언어에 대한 이해와 이해된 언어를 통한 세계 이해에 집중된다. 그래서 언어가 내포하고 있는 의미를 밝혀내고 언어가 지시하는 대상과 은유와 비유, 환유를 통하여 드러나는 언어의 숨겨진 의미를 찾아내기 위해서는 올바른 해석의 기술을 확보하고자 한다. 그리고 올바른 해석의 기술을 통하여 해석자는 언어가 지시하는 세계와, 세계를 이해하는 자기 자신을 파악하고자 한다.

따라서 해석학에서는 무엇보다 언어가 중요하다. 해석학 자체가 언어에 대한 이해와 이해된 언어를 통해 세계를 이해하고자 하기 때문이다. 해석학의 중심 주제인 언어에 대한 올바른 이해와 언어가 드러내는 세계에 대한 이해는 현대 문학과 철학에서 시도하는 언어에 대한 정확하면서도 다양한 이해에의 욕구와 일치한다. 언어의 명료화와 다양한 의미 이해는 언어가 담고 있는 의미와 언어가 지시하는 세계에 대한 명확하면서도 포괄적인 이해를 가능하게 한다. 언어가 현대 문학과 철학에서 중심 주제가 되어야 하는 이유는 언어가 인간과 세계를 이해하는 매개이면서 동시에 세계 자체의 의미이기도 하며 인간의 인간됨의 의미가 언어로 표현되는 인간의 규정에 의존하기 때문이다. 해석학에서 언어가 중요한 가장 큰 이유는 언어 자체에 대한 이해는 해석자가 주어진 텍스트를 바르게 이해하기 위하여 텍스트를 구성하고 있는 단어나 문장의 직설적 의미와 숨겨진 의미들을 찾아내는 단초를 제공하기 때문이다.

현대적인 의미의 해석학은 슐라이어마허가 언어 이해의 중요성을 강조하면서 해석학에서 언어의 의미와 역할, 그리고 언어와 사유의 변증법적 관계를 해명하고 이를 바탕으로 텍스트 이해의 다양한 가능성들을 모색하면서 시작되었다. 그후 19세기말 생철학자 딜타이는 인간의 자기 이해라는 근대 해석학의 특징을 제기했다. 딜타이는 인간의 체험을 객관적으로 이해할 보편타당한 해석의 방법과 규칙 및 이론을 다루는 해석학을 정신과학·역사학의 기초적 방법으로 삼았다. 딜타이가 그의 정신과학의 기초로서 이것을 생각한 이래 해석학은 현대철학의 주요 주제가 되었다. 그 뒤 후설, 하이데거, 가다머 등을 거쳐 존재와 역사 및 전통의 의미를 밝히는 방법으로 심화되었다. 특히 가다머의 세계지평의 언어성, 경험의 근원적 언어성 사상은 해석학에서의 언어의 중요성을 매우 부각시켜 주었다.

2. 슐라이어마허의 언어 해석학

신학적으로는 자유주의 신학을 태동시킨 사람으로 알려진 슐라이어마허(Schleiermacher)는 해석학을 학문의 중심으로 끌어들여 현대 해석학을 정립하기도 했다. 그는 이전 해석학자들이 주장하였던 텍스트의 형태와 종류에 따라서 다르게 해석될 수 있었던 해석의 상대성을 극복하고 이해라는 개념을 중심으로 보편적 해석의 기술을 정립한다.

1) 해석학적 관심

슐라이어마허에 따르면 언어는 언어를 통하여 전달되는 사상과 밀접한 관계를 갖는다. 우리는 언어를 통하여 자기의 사상을 드러내고 사상을 통하여 언어는 생명력을 갖게 된다. 언어는 화자가 의도하는 바를 전달하는 매개적인 역할을 감당하면서 동시에 화자가 의도하는 사상 그 자체를 설명하고 이해하게 하는 역할을 한다. 따라서 사람은 자신이 사용하는 언어의 의미와 내용에 따라서 규정되고, 사용하는 언어에 대한 이해의 내용만큼 자기와 세계에 대한 이해의 폭과 깊이를 갖는다고 할 수 있다. 슐라이어마허가 말과 글을 바르게 읽어서 말과 글의 의미들을 정확하게 해석하는 방법에 관심을 가진 이유가 여기에 있다. 이를 위하여 그는 텍스트가 전하려는 다양한 의미를 이해하고 해석하는 해석의 방법 내지는 해석의 기술로서의 현대 해석학을 정립하였다.

슐라이어마허는 단순히 텍스트를 해석하는 이론적 작업에 그치지 않고 텍스트와 콘텍스트의 해석을 통하여 인간의 자기 이해와 세계 이해, 그리고 이해된 자기와 세계의 관계를 새롭게 정립하려는 실천적인 철학을 목표한다. 이를 위하여 슐라이어마허는 언어 이해의 중요성을 강조하면서 해석학에서 언어의 의미와 역할, 그리고 언어와 사유의 변증법적 관계를 해명하고 이를 바탕으로 현대 해석학이 추구하는 텍스트 이해의 다양한 가능성들을 모색한다. 즉 슐라이어마허는 문법적 이해와 심리적 이해라는 언어 이해의 두 가지 방법을 제시하고 이 두 방법의 변증법적인 상호 순환작용을 통하여 해석의 영역을 넓혀 갔다.

2) 언어 이해의 방법

이해의 보편성을 확보하기 위하여 슐라이어마허는 두 가지 해석 방법을 제시했다. 하나는 표현된 텍스트를 문법적으로 분석하여 이해를 시도하는 문법적 이해요, 다른 하나는 저자의 심리상태 분석을 바탕으로 하는 심리적(혹은 기술적) 이해이다. 이 두 가지 이해의 방법은 서로 독립적인 해석의 방법이면서도 동시에 상호 순환적인 관점에서 상보적인 관계에 있다.

문법적 이해가 문장에 대한 정확한 해석을 바탕으로 문장이 드러내는 정확한 의미를 이해하는 이해의 방법이라면, 심리적 이해는 저자의 시대적인 상황과 정신적이고 심리적인 상황을 저자의 입장에서 정확하게 읽어내야 하는 이해의 방법이다. 즉 문법적 이해는 문장을 통해 드러나는 사실 해석을 강조하는 객관적인 해석이고 심리적인 해석은 숨겨진 상황들을 재해석하는 주관적인 해석이라는 말이다. 심리적 이해는 문법적 이해가 범하기 쉬운 표면적 이해의 한계를 극복하게 해 주며, 문법적 이해는 심리적 이해가 갖는 주관성의 한계를 극복하게 한다는 점에서 이 두 가지 해석방석은 끊임없는 상호 작용을 통하여 전체적인 해석을 가능하게 한다.

3) 이해의 기술과 해석의 목표

슐라이어마허에 따르면 해석의 대상은 언어이고 언어를 해석하는 매개 역시 언어이다. 따라서 해석의 작업은 텍스트 속에 표현된 언어를 언어로 해석하고 설명하며, 해석되고 이해된 내용이 다시 언어로 표현된 그 언어의 의미를 분명히 드러내는 것이다. 따라서 언어가 드러내고자 하는 표면적인 이해와 언어가 내포하고 있는 내면적인 이해, 그리고 단어의 본래적인 의미와 해석될 당시 통용되고 있는 단어와 문장의 의미를 정확하게 이해하지 못한다면 주어진 텍스트 해석은 불가능하다고 할 수 있다.

이해의 가장 근원적인 목표는 저자의 사상이 표현된 텍스트의 언어에 대한 정확한 이해이다. 따라서 언어의 전체적인 의미를 알기 위해서는 그 언어가 갖는 역사적인 의미와 현재 통용되는 본질에 대하여 정확히 이해하여야 한다. 그러나 언어는 단순히 표면적이고 문자적인 의미만을 갖는 것이 아니다. 언어는 생동적일 뿐 아니라 시간과 공간 그리고 언어를 구사하는 사람의 지적이고 정서적인 상황에 따라서 다른 의미를 가질 수 있다. 따라서 언어는 고정된 의미체가 될 수 없고 언어가 드러내는 사상 역시 항상 동일할 수 없다. 그러기에 해석이 필요하다. 언어로 표현되었지만 그 속에 많은 암시를 내포하고 있는 언어의 의미를 인식하고 예감하며, 설명하고 분석하며 파악하고 전달해야 하는 해석은 그 말 자체 속에 이미 다양한 해석의 가능성을 내포한다. 따라서 언어는 처음부터 다양한 이해의 기술들을 필요로 한다. 단순한 문법적 이해의 한계를 뛰어넘어 언어의 숨겨진 의미체를 해석해야 하는 이유가 여기에 있다.

또한 언어를 분명하게 이해하기 위해서는 그 언어를 사용한 사람을 먼저 이해해야 한다. 왜냐하면 단어와 문장은 그것을 사용하는 사람에 따라 다른 의미를 포함하고 있고 사용되는 맥락에 따라서 다른 의미를 전달할 수 있기 때문이다. 언어는 그 언어를 사용하는 사람의 전체적인 삶과 밀접한 연관관계 속에 있다. 언어는 그 언어를 표현하는 사람의 삶을 담고 있는 내용이며 동시에 그 사람의 삶을 드러내는 수단이라는 말이다.

그런데 언어는 직설적인 방법으로 언어의 의미를 드러내기도 하지만 많은 경우에는 은유와 환유 등의 비유법을 통하여 의미를 전달한다. 표현된 문장에 대한 의미는 직설적인 방법으로는 결코 이해할 수 없다. 오히려 전체적인 이해를 위하여 가려지거나 숨겨진 의미들의 베일을 벗겨서 탈은폐(entbergen)시키는 기술이 필요하다. 이 기술은 언어로 표현된 문장의 해석을 위하여 해석학적 상황을 재구성하고 드러나는 말의 의미를 반성하며 숨겨져 있는 의미를 해명하려는 비판적 이해의 기술이다. 이 이해의 기술은 문장의 유형과 그 유형을 통하여 드러내려는 의미의 완전한 이해를 가능하게 하고 해석자를 저자의 심리상태 속으로 들어갈 수 있게 한다. 해석자가 텍스트를 해석함에 있어서 가장 중요한 사실은 해석자가 자신의 신념으로부터 벗어나서 저자의 신념 속으로 들어가는 것이다. 이러한 저자의 내면성 속으로의 이행을 통해 내용 이해의 우선성과 우월성이 저자보다 해석자에게 주어진다. 즉 해석자는 저자의 사상을 먼저 저자의 관점에서 이해하고 자신의 비판적 관점에서 교정한 후에 저자와 자신의 관계에서 파생하는 제3의 합에 도달할 수 있게 된다. 이러한 결과는 독자가 저자의 자기이해보다 저자를 더 잘 이해할 수 있는 가능성을 제공한다. 결국 해석의 궁극적 목표는 "저자가 자기 자신을 이해하는 것보다 더 잘 저자를 이해하는 것"이다.

4) 슐라이어마허 이후의 해석학

슐라이어마허의 해석학이 그 이후에 미친 영향은 참으로 절대적이라 할 수 있다. 딜타이는 슐라이어마허의 해석학적 전통을 방법론적인 관점에서 수용하면서 동시에 심리적 이해가 갖는 한계를 비판하여 삶의 해석학을 정립했다. 이를 위하여 그는 이해의 기술로서의 해석학을 역사와 삶을 이해하는 해석의 기술로 도입하였고 해석해야 할 텍스트를 역사의 지평으로 확장시켰다.

실존철학자인 하이데거는 인간의 근본 존재방식을 이해에다 설정하고 이해 자체를 해명하려는 작업을 시도하여 현상학적 해석학 내지는 해석학적 존재론을 정립했다.

가다머는 슐라이어마허의 언어적 관점을 수용하여 언어를 통하여 형성되는 역사적 지평의 이해를 시도하면서 철학적 해석학을 정립했다. 동시에 이러한 입장을 언어와 역사와의 관계 개념으로 연결시키고 역사진행의 과정 속에서 끊임없이 확장되는 언어와 세계이해의 가능성을 개방하여 철학적 해석학의 틀을 정립했다.

이에 반하여 하버마스는 해석학을 이론의 차원을 넘어서 실천의 차원으로 전이시킨다. 그리하여 그는 왜곡된 의식구조와 사회구조를 극복하기 위한 대안으로 왜곡된 언어구조를 비판적 관점에서 바로 세우며 해방된 의식과 사회를 지향하는 비판적 해석학을 제시했다. 왜곡된 언어를 수정하여 왜곡된 의식을 수정하며 올바른 언어구조의 정립을 통하여 억압된 사회구조를 바로잡으려는 그의 작업은 정확한 해석과 이해를 통하여 왜곡된 의식과 사회를 억압으로부터 해방시키려는 비판적 해석학을 낳게 되었다.

3. 가다머의 철학적 해석학

가다머(Hans Georg Gadamer, 1900~2002)에 있어서 해석학적인 현상은 기본적으로 방법론의 문제가 아니고 진리의 문제이다. 그에 따르면 해석학은 인간과 세계와 존재가 해명되는 과정 곧 진리가 드러나는 과정에 대한 이론이다. 그래서 가다머는 인간과 세계와의 관계에 대해 인간이 세계를 환경으로서 갖고 사는 존재로 보는 것이 아니라 인간의 해석학적 반응과 해석학적 경험의 방식이 세계를 구성한다고 한다. 따라서 가다머의 철학적 해석학적 관점에서 보면 미술, 음악, 그림, 조각 등 예술 작품과 연극공연을 경험하는 것, 문학작품 세계를 추체험하는 것, 역사적 문화전통의 정신적 삶의 내용을 교육과정을 통해 내면화하는 것, 법률 조항 및 종교적 경전을 해석하면서 그 의미를 경험하는 것, 윤리적 실천을 통해 현실을 변혁하는 것 등이 모두 인간의 독특한 해석학적 이해의 사건이며, 이해의 과정 속에서 발생하는 사건이다.

가다머의 철학적 해석학이 말하려는 핵심은 인간 자체의 존재방식이다. 인간의 존재방식 자체가 해석학적 과정이며 해석학적 이해의 연속동작이라고 할 때, 인간은 언제나 삶과 실재를 조망하는 어떤 지평 안에 있다. '지평'이란 인간의 시각적 조망능력과 그 한계를 동시에 함축하는 시각기능과 관련된 은유적 개념이다. 그러므로 지평은 유한한 인간 존재의 진리체험과 진리인식의 한정된 범위를 가리킬 뿐만 아니라, 전망범위의 확장 가능성을 암묵적으로 나타낸다.

이런 관점에서 가다머는 이해란 곧 "지평 융합"이라고 한다. 나아가 이러한 지평은 폐쇄적이고 고정된 것이 아니라 해석자 자신이 변함에 따라 변화하는 것이라고 강조한다. 또한 해석학적 상황은 우리가 지니고 있지만 그에 대한 이해는 "특정한 현재의 지평"을 이루는 선입견에 의하여 결정된다고 주장한다. 결국 참 이해는 과거와 현재, 또는 텍스트와 해석자 사이에 지평의 융합이 일어날 때 생긴다는 것이다.

그런데 가다머는 이해의 과정 가운데에는 항상 지평의 융합이 발생하는데, 모든 지평들은 역사적 지평들로서 낙인찍혀 있고 새로운 지평의 형성과정 속에서도 항상 "영향사적 의식"(the effective-historical consciousness)이 작용하고 있다고 한다. '영향사적 의식'이란 인간이 어떤 예술작품, 종교적 경전, 문학 작품 등 정신세계를 이해하려 할 때, 이미 이해자의 이해행위 안에 그가 그것을 의식하든지 의식하지 않든지 역사적 영향이 작용하고 있는 이해지평을 갖는다는 뜻이다. 작품의 역사성을 깊이 통찰함과 동시에 작품 이해자의 역사성이 그 작품의 이해과정 속에 구성적으로 작용하고 있기 때문에 이해란 사실 과거 역사적 지평과 현재 역사적 지평과의 만남이요 두 역사적 지평의 융합과정이라는 말이다.

4. 신학에서의 해석학

종교철학의 중요한 논점 가운데 하나는 종교언어의 의미에 관한 것이다. 과연 신적 의지를 담은 신적 세계에 관한 내용을 인간들이 사용하는 언어로 제대로 묘사하고 표현할 수 있느냐는 것이다. 예를 들면 "하나님은 사랑이시다"라고 했을 때 하나님에 관한 술어로 사용된 사랑이라는 말은 우리 인간 세계에서 사용되는 개념인데, 과연 유한한 인간 세계에서 사용되는 언어적 개념을 무한한 초월자에게 적용 가능하느냐는 문제이다. 한 마디로 종교적 언어는 일상적 언어와 동일하냐 아니면 전혀 다르냐는 문제이다. 존재적 차원에서 전혀 다른 존재이기에 동일하다고 할 수는 없다. 그러면 과연 전혀 다르다고 해야 하는가? 만약에 전혀 다르다면 우리는 신에 관한 어떠한 진술도 할 수 없다. 그래서 종교철학자들은 소위 말하는 유비, 즉 아날로기아라는 개념으로 설명했다. 이렇게 철학적인 의미에서도 종교 언어의 의미 분석과 해석은 매우 중요한 문제이다.

해석학이 언어의 정확한 의미 파악을 목표로 한다고 보았을 때, 신적 계시의 말씀인 성경이 인간의 언어로 표현된 이상 이에 대한 해석학은 성경 이해를 위해 필수적이라고 할 수 있다. 잘못된 해석학적 방법이나 원리로 성경에 접근하게 되면 왜곡과 오류에서 벗어날 수 없기 때문이다. 성경을 오류 없는 하나님의 말씀으로 받아들이는 한 우리는 우리 문화의 음성이나 우리 자신의 편견이 아니라 하나님의 음성을 오류 없이 듣기 위해 성경을 체계적이고도 주의 깊게 해석할 필요가 있다. 여기에 신학에서의 해석학의 필요성과 중요성이 제기된다.

무엇보다 신학에서 해석학은 하나님의 메시지를 올바로 분별하기 위해서 반드시 필요하다. 하나님의 진리를 이해하기 위해서, 또한 하나님이 전달하고자 의도했던 바를 정확하게 이해하기 위해서 정선된 해석학적 체계가 필요하다. 즉 바른 해석학은 정확한 주해를 통해서 성경을 올바르게 해석하는 데 필요한 개념상의 뼈대를 마련해준다.

또한 성경에 관한 그릇된 생각이나 잘못된 시각들과 결론들을 피하거나 일소하기 위해서 해석학은 신학에서 중요한 역할을 담당한다. 잘못된 해석은 잘못된 행동, 잘못된 신앙으로 이끌어 간다. 반면에 성경에 대한 바른 이해와 해석은 신앙과 행위를 바로잡게 해준다. 바꿔 말하면 바른 해석을 통해 사람들이 잘못된 행동을 정당화하고자 사용하는 잘못된 가르침들을 잠식시킬 수 있다는 점에서 해석학은 신학에서 매우 중요하다.

나아가 성경의 메시지를 우리의 삶에 적용할 수 있게 하기 위해서도 해석학은 신학에서 필수적이다. 성경은 비록 고대 사람들에게 들려지고 그들에 의해 쓰인 것이기는 해도 그 내용은 유비적인 방식으로 우리에게 진리를 전달한다. 따라서 올바른 해석학적 방법을 적용하지 않으면 성경은 한낱 옛날이야기에 불과하며 오늘날의 우리에게는 아무런 의미도 가져다 줄 수 없는 책 속의 이야기가 되어 버린다. 그러나 바른 성경 해석학은 성경을 책 속의 옛날이야기가 아니라 오늘 지금 나에게 말씀하시는 하나님의 인격적인 말씀으로 대하게 한다.

제6장
현상학

1. 현상학의 성격

후설(Edmund Husserl, 1859~1938)의 현상학(現象學)은 의식으로 경험한 현상을 인과적으로 설명하거나 어떤 전제를 가정하지 않고 직접 기술하고 연구하는 것을 제1차적 목표로 삼는다. 후설은 그것을 "사상(事象) 그 자체에로!"(Zu den Sachen selbst!)라는 슬로건으로 표현했는데, 이는 구체적으로 경험하는 현상에 대한 아주 새로운 접근법, 즉 가능한 한 개념적 전제를 벗어 던지고 그 현상을 충실히 기술하려는 시도를 의미한다. 다시 말하면 후설은 철학의 사변적 구성을 완강히 반대하고, 현상학의 철학 이념과 근본 동기를 자신의 저서 제목과 같이 『엄밀한 학문으로서의 철학』(Philosophie als strenge Wissenschaft)을 목표로 인식의 명증적인 지반을 찾고 이 지반이 모든 인식의 최종적인 원천임을 철저히 규명하는 데에 두었다. 후설의 표현에 따르면 엄밀한 학문이란 최종적인 정초에서 유래하는 학문, 최종적인 자기 책임에서 유래하는 학문을 말한다. 다른 말로 표현하면 철학이란 그 이론 체계 내에 어떤 명제나 원리도 자명한 것으로 받아들이거나 전제하지 않고 오히려 이 자명성과 그 원천이 철학에서 객관적으로 타당한 인식으로서 받아들여져야 할 권리 근거를 인식 비판적으로 해명하는 학문이란 뜻이다.

엄밀학(嚴密學)이란 이런 의미에서 절대 명증적인 제일원리에 관한 학, 즉 제일

철학이란 뜻이다. 그러므로 현상학은 모든 철학 중의 제일철학이고자 하므로 여러 철학 중의 하나의 철학이 아니라 모든 철학, 모든 학의 기초학이라는 성격을 띤다. 따라서 현상학이 엄밀한 학문으로서의 철학의 이념을 실현할 수 있는 이유는 바로 그 출발점의 명증성을 철저하게 해명하는 데에 있다. 후설은 이 최후의 근원으로서의 절대적 명증을 우리의 직관에 근원적으로 제공되는 것 또는 우리가 의식 자체에서, 즉 순수 내재성에 있어서 본질적으로 통찰할 수 있는 것에서 찾으려 했다. 다시 말하면 어떤 존재 정립이나 주장이건 간에 그 정당성의 근원은 오직 의식의 직관적 소여에 있다고 보고 모든 입언이나 개념은 결국 근원적인 직관으로 돌아가서 증명되어야 한다는 뜻이다.

하이데거(M. Heidegger, 1889~1976)가 지어낸 현상학의 구호 "사상 그 자체에로!"는 바로 이 의식의 직관에로의 귀환을 뜻한다. 후설은 먼저 선입견을 배제하고 사상 그 자체로 돌아가서 소여된 사상을 직관, 기술함으로써 순수 의식의 선천적 구조를 구명하려고 했다. 이것이 현상학의 근본 태도이다. 후설 자신은 이러한 동기가 데카르트의 저 유명한 『제일철학에 관한 명상』에서의 이른바 "*cogito ergo sum*"에서 영향을 받았다고 고백했다. 그는 데카르트의 정신에 따라 철학의 새로운 정초를 시도한 바, 데카르트가 체계적 회의를 택했던 반면에 후설은 단순히 자신의 경험에 대한 어떠한 판단도 유보했을 뿐이었다. 다시 말해 현상학이 엄밀학으로서의 철학으로 정초되기 위해서는 의심할 수 없는 확실하고 절대적인 시원을 찾아야 했으며 이를 위해 *그가 창안한 방법이* 바로 환원(Reduktion), 판단중지(Epoche), 괄호침(Einklammerung), 제거(Ausschaltung) 등의 술어로 지칭되는 현상학적 방법인 바, 그것은 형상적 환원과 선험적 환원이라는 2단계를 거친다. 그리고 이로써 도달된 시원이 곧 순수 의식으로서의 선험적 주관성인 순수 자아이다. 후설 자신은 현상학을 사실에 내재하는 본질, 즉 선험적으로 순화된 순수 의식을 구체적으로 반성하며 기술하는 본질학이라고 했다.

2. 현상학적 환원

후설은 현상학이 엄밀한 제일철학으로서 확립되려면 그 기반이 될 시원 자체가 절대적 확실성 내지 절대적 불가의성, 즉 필연적 명증성을 가져야 한다고 보고 이러한 명증성을 갖지 못한 것을 괄호에 넣어 배제하고 근원적인 기반을 찾으려 했다. 그리고 그는 현상학의 대상 영역인 순수 의식의 세계를 우리 눈앞에다 이끌어 내기 위한 예비적 행위 내지 방법을 '현상학적 환원' 또는 '현상학적 판단중지'라 하고 이 방법에 의해 도달된 기반을 순수 의식으로서의 선험적 주관성, 즉 순수 자아라 했다.

현상학적 환원은 본질 인식의 근원에로 되돌아가기 위해 인식 대상에 대해 판단을 중지함을 말한다. 그래서 현상학적 환원을 현상학적 판단중지라고도 한다. 판단중지를 의미하는 '에포케'(*Epoche*)라는 용어는 이미 그리스 말엽에 객관적 인식의 불가능을 확신한 회의론자 피론(Pyrrhon)이 단정적 판단을 중지하라는 의미로 사용했던 적이 있으나 후설은 피론과는 반대로 인식의 가능성을 입증하기 위해 판단중지를 수행한다.

후설이 말하는 판단중지란 어떤 사물에 대한 진술이 진이라거나 위라고 단정적으로 주장하지 않음을 의미하는 것이 아니라 다만 어떤 사물에 관한 우리의 일상적인 판단을 배제하거나 그 타당성을 일단 괄호 속에 묶어 무효화함을 의미한다. 이렇게 함으로써 사물의 우연적 속성을 배제하고 본질을 찾아낼 수 있다. 그러나 사물의 본질은 사물 속에 들어 있지 아니하고 사유작용을 통하여 우리의 의식 속에서 구성된다. 그러므로 우리는 본질을 발견하기 위해서 그것을 구성하는 원천인 의식의 내부에로 되돌아가야 한다. 바로 이러한 인식적 상황에 적용되는 방법이 후설이 말한 현상학적 환원이다.

환원은 무엇으로 돌아감을 의미하는데, 그것이 바로 본질 인식의 근원이다. 후설은 이 현상학적 환원이 두 가지 과정을 거친다고 한다. 형상적 환원과 선험적 환원이 그것이다.

1) 형상적 환원

형상적 환원은 우리가 일상적으로 취하고 있는 무비판적이고 생래적인 태도, 즉 세계가 지각된 그대로 실재한다고 확신하고 있는 자연적 태도(naturale Einstellung)를 버리고 사실의 본질을 그 직접성, 구체성에서 직관하는 것을 말한다(이것을 본질 직관이라 한다). 즉 형상적 환원은 자연적인 태도로부터 형상적인 태도로의 전환이다. 여기서 말하는 자연적 태도는 일상적인 태도로서 소박한 실재론적 태도이며 개인적이고 주관적인 태도를 말한다. 그러한 자연적인 태도는 형상적 환원에 의해 배제하거나 괄호 속에 넣어진다.

다시 말해 형상적 환원은 사물을 인식 비판적으로 검토함이 없이 그 존재를 자명한 것으로 받아들이는 존재 확신을 배제하고 그 사물을 명증적으로 인식하기 위하여 먼저 그 본질을 찾아가는 절차이다. 이를 위해서 사물의 경험적인 현상에 관한 판단을 중지하고 그것에 관해 우리가 갖고 있는 존재 확신을 인식 비판적으로 아무런 타당성도 갖지 못한다는 의미에서 0(zero)이란 지표를 붙여 괄호 속에 보류한다. 바꿔 말하면 사물이나 세계의 존재 정립을 잠시 보류하고 그 존재 확신을 괄호 쳐서 이 확신의 힘을 배제한다. 그렇게 함으로써 우리는 자연적 태도에서 오는 오직 외부의 대상으로만 향해 있던 우리의 시선을 의식 내재적인 세계에로 돌릴 수 있게 된다.

그런 후에 문제의 사물에 관하여 '자유로운 변경'이란 일종의 사유 실험을 진행하고 이 자유 변경을 통하여 변경되는 것과 변경되지 않는 것(이것이 바로 본질이다)을 분석하여 그것들을 체계적으로 정리, 서술하여 기술한다. 이런 과정을 통해 얻는 것이 바로 본질이다. 그러므로 형상적 환원을 통해 우리는 사실의 우연적이며 초월적인 것으로부터 필연적, 내재적 본질에로 옮아가며 나아가 사실을 대상으로 하는 자연과학이나 정신과학 등의 사실학(事實學)을 배제하고 본질학(本質學)에로 옮아간다. 이처럼 형상적 환원은 판단중지, 자유로운 변경, 분석, 기술을 통해 사물의 본질을 찾아내는 것이기 때문에 본질적 환원이라고도 한다.

2) 선험적 환원

선험적 환원은 본질을 직관하는, 즉 직접적으로 그 구체성에 있어서 파악하는 형상적 태도에서 다시 현상학적 태도로 전환하여 초월적인 본질을 의식에 내재적인 본질로 내재화하는 절차를 말한다. 즉 형상적 환원을 통하여 얻어진 본질을 다시 의식 내재화하는 절차이다.

형상적 환원이 사물의 경험, 즉 현실성을 배제하고 그의 본질을 찾아내지만 이 본질은 마치 플라톤의 이데아처럼 의식의 영역을 초월하여 어디엔가 실재하는 것으로 간주되기 쉬우며 이렇게 파악된 본질은 경험적인 현실성을 가진 대상과 그의 존재 근거가 의식 속에서 아직 명증적으로 정초되지 못하고 있다. 따라서 본질을 우리의 의식 속에 명증적으로 근거 짓기 위해서는 그것을 일단 의식의 내면으로 끌어들여야 한다. 이와 같이 초재적인 본질을 의식에 내재화하는 절차가 바로 선험적 환원이다. 따라서 선험적 환원은 초월적 본질이 의식의 본질로 환원되는 과정이다. 여기에서 초월적 본질을 대상으로 하는 모든 본질학을 배제하고 순수한 현상학에 도달한다.

이와 같이 형상적 환원과 선험적 환원의 두 단계의 수속을 거쳐 획득한 현상학적 잔여가 바로 순수 의식이며, 이것의 구조를 분석, 기술하는 것이 바로 현상학이다. 그러므로 현상학이란 형상적 환원에 의하여 자연적 사실을 배제하고 선험적 환원에 의하여 초월적인 본질을 배제한 뒤에 남는 소위 현상학적 잔여로서의 순수 의식의 현상의 구조를 분석하고 기술하는 모든 학의 기초학이라고 말할 수 있다.

3. 의식의 지향성

1) 지향성의 의미

후설의 스승 브렌타노에 따르면 물리적 현상에 대립되는 심리적 현상은 지향성(志向性)에 그 특징이 있다. 지향성이란 마음의 모든 움직임이 반드시 그 대상을 가지고 있음을 말한다. 슬픔이나 기쁨의 심리적 현상은 그런 현상이 있게 하는 대상이 있듯이 모든 심리현상과 대상도 서로 일대일 대응한다.

후설은 지향성의 개념을 브렌타노에게서 이어받고 있으나 의식은 마치 거울에 사물이 비치듯이 여러 대상을 단순히 의식함만을 의미하지 않고 목표 지향적인, 진리의 이념을 목표로 하는 작용(Leisten)이라고 한다. 따라서 지향성은 의식작용이 대상성을 형성하는 기능이며, 의식은 여기에 목적론적 기능을 가진다. 그러므로 후설에게의 지향작용은 브렌타노처럼 의식이 대상과 일대일로 대응한다는 뜻이 아니라 대상을 대상성으로 형성하는 의식작용이며, 대상과의 정적인 관계가 아니라 대상을 성립케 하는 동적인 의식작용이다.

의식은 반드시 '그 무엇에 대한' 의식이며 객관적인 어떤 대상과의 일종의 독특한 관계이다. 의식은 언제나 무엇에 대한 의식으로서 결코 공허한 의식이 아니라 대상을 가지고 있다. 즉 생각되는 것 없는 생각이나 판단되는 것 없는 판단, 느껴진 것 없는 느낌은 있을 수 없다. 후설은 바로 이것, 즉 의식이 대상과 갖는 관계를 지향성이라고 부르고 이것을 의식의 본질적 특성이라고 했다.

지향성으로 번역되는 Intentionalität는 라틴어 *intentio*에서 연유한다. 이 낱말은 '…에 향하고 있음'(sich richten auf)을 의미한다. 모든 체험이나 정신적 행동은 무엇에 향해져 있다. 지각으로서의 지각은 무엇에 대한 지각이다. 독일어 intendieren은 '뜻하다,' '꾀하다'를 의미함으로써 또한 행위자의 의도를 가리킨다. 그러나 후설에서는 Intentionalität가 의도적 행위와는 엄밀히 구별되어야 한다. 지향성은 대상으로서의 어떤 것에 의식이 향하고 있음을 의미한다. 그가 말하는 지향성은 나의 의식의 모든 대상들은 나에 의해 의도되고 구조되고 구성된 어떤 것이라는 뜻이다. 그러므로 그 어떤 대상에 관한 의식이 되지 않는 의식이란 없다. 결국 지향적 의식은 대상화 작용으로서 지향성의 관계는 대상화의 의식작용을 말한다.

후설은 대상과 주관 작용 사이의 상관관계에서 대상 쪽보다는 대상을 형성하는 주관 작용 쪽에 관심을 두고 궁극적으로는 대상의 형성이 어떻게 이루어지는가를 살핀다. 이것이 지향성의 기본 형태이다. 이른바 후설의 기술적 심리학이란 이러한 관점에서 의식의 지향작용을 기술하려는 작업을 말하며 바로 이것에 후설은 현상학이라는 이름을 붙였다.

2) 노에시스와 노에마

우리의 의식은 의식하는 작용과 의식되는 대상과의 양극을 갖는 주관과 객관의 상관관계로서 성립한다. 의식의 본질인 지향작용은 대상을 대상으로 성립케 하는 작용이기 때문에 대상은 언제나 지향 작용에 의해서 형성된 형성체이다. 따라서 의식의 내면에도 작용적인 요소와 대상적 요소가 구별되는데 전자를 노에시스(*noesis*)라고 부르고 후자를 노에마(*noema*)라고 부른다. 달리 말하면 주관이 감성적으로 받아들인 질료에 의미를 부여하는 작용, 즉 대상을 형성하는 작용을 노에시스라고 하고, 그 결과 이루어진 의미 형성체를 노에마라고 한다. 그리고 이렇게 노에시스가 질료를 소재로 하여 노에마를 형성하는 것을 후설은 구성(Konstitution)이라고 했다.

노에시스는 의식의 작용적 측면이고 노에마는 의식의 내용적 측면이다. 또한 전자가 의식의 심적이며 실재적 요소라면 후자는 의식의 의미적 요소이다. 따라서 노에시스는 반드시 상관자의 의미를 갖는데 그것이 노에마이다. 그러므로 노에시스를 떠난 노에마는 물론이고 노에마를 떠난 노에시스도 있을 수 없다. 다시 말해서 형성 작용과 형성체, 노에시스와 노에마가 서로 상관관계에 있다는 것이 바로 지향적 의식의 근본 구조이다. 따라서 후설에 있어서의 대상은 어디까지나 인식되고 지향된 대상이어야 한다. 즉 대상은 주관에 의해서 형성된 형성체이어야 하며, 이것을 가능하게 해 주는 것이 노에시스—노에마의 상관관계로서의 지향성 개념이다.

이와 같은 구조를 가진 우리의 의식은 분산, 고립한 것이 아니라 통일하여 하나의 흐름을 이루고 있는데 이 의식의 흐름을 후설은 현상학적 자아라고 부른다. 그러므로 후설의 자아는 다양한 의식이나 체험의 독특한 결합, 통일을 말한다. 그것은 정신과 육체를 구유한 실재적 존재로서의 자아가 아니라 현상학적 환원을 거쳐 온 순수 자아로서 변화하는 모든 체험에서도 불변적이며 자기동일적인 자아를 말한다.

결국 후설은 판단중지라는 현상학적 방법을 통하여 순수 자아의 세계로 들어가서 그 의식의 세계가 지향성을 가지고 있음을 밝히고 이로써 선험적인 순수 자아에까지 이르러 엄밀한 학으로서의 기초에 도달한 것이다.

제7장
실존철학

1. 실존철학의 의미와 배경

　현대의 정신적 사조 가운데 가장 두드러진 것이라 할 수 있는 실존주의 또는 실존철학(Existenzphilosophie)은 19세기의 합리주의적 관념론 또는 실증주의에 대한 비판과 도전으로부터 시작되었다. 실존철학은 우선 인간을 이성이나 논리, 과학 등의 합리적 체계로는 결코 파악할 수 없는 구체적이고 개별적인 단독자로서의 존재로 본다. 그리고 현실 존재 또는 참된 진실 존재로서의 인간의 주체적 존재 성격과 존재 방식을 실존이라 규정하고 그것의 본질과 구조, 그리고 그 문제성을 밝히려는 철학사조이다. 그래서 실존철학은 인간이 기계의 한 부분품처럼 되어 인간적 실존이 억압당하고 비인간화되어 가는 모습과, 무(無) 위에 내던져진 인간의 불안한 실태를 백일하에 드러내어 고도로 발달한 기계 문명으로 인한 인간 소외와 인간성 상실의 이 시대에 인간 구제의 성스러운 사명을 띠고 등장했다. 나아가 실존철학은 인간 실존의 부조리와 불안을 남김없이 폭로하면서 동시에 세기적 불안의 정체를 정확하게 파악하여 그것을 초극할 방도를 강구하고자 했다.

　실존철학의　대표자로는　니체(Nietzsche),　키르케고르(Kierkegaard),　야스퍼스(Jaspers),　마르셀(Marcel),　하이데거(Heidegger),　사르트르(Sartre)　등을 들지만 정작 자기의 철학을 직접 실존철학이라고 부른 사람은 야스퍼스 한 사람뿐이다. 실존철학의 계보를 사르트르의 말을 따라 두 부류로 나누어 말한다면 니체, 하이데거, 사르트르는 무신론적이고, 키르케고르, 야스퍼스, 마르셀 등은 유신론적이다. 그러나 사람에 따라서는 이 밖에도 작품 내용이 실존의 모습을 담고 있는 체홉, 릴케, 카프카, 카뮈 등과 같은 문학권에 있는 사람들을 포함시키기도 한다.

실존철학은 모두가 인간의 불안하고 불완전하며 유한한 실존 모습을 드러내기 때문에 그 구조와 문제점을 해결하고 극복할 방법을 제시함에 있어 어떤 철학자는 신과 연관을 시키고 또 어떤 철학자는 신을 도외시하기도 한다. 물론 철학자에 따라 출발부터 신을 긍정하고 전제하는가 하면 반대로 부정하고 도외시하기도 한다. 이것이 실존철학자들이 두 계열로 나뉘는 이유이다. 물론 유신론적 실존철학자들은 인간의 유한한 모습을 자각하고 그 모습 그대로 신 앞에 서서 신과 조우하고 신에게 귀의할 것을 제시하지만 무신론적 실존철학자들은 대부분 인간의 능동성과 이성 및 자유를 강조하여 책임 있는 주체자로서 살 것을 역설한다.

실존철학자들이 이렇게 신과 종교적인 면을 대하는 태도로 인해 구분되기도 하지만 이들은 공통점도 가지고 있다. 무엇보다 역사나 과학의 일반적 법칙으로는 인간의 개별적 주체성을 다 설명할 수 없다는 점, 그리고 죽음, 절망, 불안, 허무 등 개개인이 일정한 상황에서 스스로 진지하게 다루지 않으면 안 될 문제를 통하여 자유로운 주체성을 돌이킬 것을 주장한 점은 모든 실존철학자가 강조한다.

실존철학이 철학으로 형성되게 된 데에는 몇 가지 이유가 있다.

첫째, 실존철학은 추상적인 합리 및 지성주의에의 반항에서 출발했다. 실존철학자들은 모두가 인간은 합리적으로 설명할 수 없는 존재라는 데에 동의하고, 인간을 합리적으로 설명하려 하지 않는다. 단지 실존철학에서는 구체적이고 생생한 현실적인 생을 문제시한다.

둘째, 실존철학은 기계 문명에 처한 인간 현실에서 벗어나고자 했다. 날로 팽배해 가는 기계문명으로 인한 자본주의적 대량생산, 거대하게 조직화되어 가는 사회 기구, 인간의 대중화, 평균화, 도구화, 전문화, 부분품화 현상 등을 통하여 인간의 주체적 자유가 마구 상실되고 이른바 자기 소외라는 병든 상태에 놓이게 되었다. 실존철학은 바로 이러한 상황, 즉 인간이 자신들을 위해 발전시켰던 기계문명에 의해 오히려 인간 스스로가 구속되어 버린 주객전도 현상을 극복하고자 한다.

셋째, 실존철학이 싹트게 된 또 하나의 커다란 요인은 전쟁이었다. 두 차례에 걸친 처참한 세계대전은 인류에게 빈곤과 파괴와 희생과 폐허를 가져다주었을 뿐만 아니라 절망과 허무를 안겨 주었다. 거기에는 단순한 논리와 사고는 그저 무력할 뿐이며 더구나 예상될 수 있는 원자전쟁과 같은 것 안에는 더 말할 나위도 없다. 따라서 무엇보다 인간의 실존이 중요했다.

이러한 상황 속에서 실존철학은 인간의 본질로서의 실존을 부르짖으며 범인(凡人)이 아닌 본래적 자기에게로 돌아갈 것을 외쳤다.

2. 실존철학의 경향과 특징

실존(existence)이라는 말은 원래 '밖에'(ex) '나타난다'(sistere)는 뜻을 가진 라틴어 'exsistere'에서 온 말로서 관념적 본질 규정 혹은 합리주의적 체계의 밖으로 나온 구체적이고 개별적인 현실적 존재자를 의미하는 동시에 자기 자신에서 밖으로 초월하는 존재임을 의미하기도 한다. 인간의 본질은 개별성과 주체성을 제거하고 인간을 일반화하여 성립하지만 인간의 현실 존재에는 각자의 개별성과 주체성이 포함되어 있으므로 인간의 본질 밖으로 나와서 각자가 독자적인 방식으로 자기를 형성해 간다. 그런데 이 실존이 어떻게 나타나는가 하는 문제에서는 그 입장이 각각 다르다.

키르케고르(Kierkegaard)는 불안과 절망에서 비약하여 신 앞에 선 단독자로서 신에 대한 절대적 귀의와 신앙에 사는 종교적 실존에서 실존의 최고 단계를 발견하려 했다. 야스퍼스(Jaspers)는 초월자에 대한 신앙을 역설하면서 동시에 역사성과 이성, 그리고 다른 실존과의 진정한 실존적 교통을 중요시한다. 마르셀(Marcel)은 신과의 신앙을 통한 성실한 대화 속에서 종교적, 인격적 실존을 부르짖는다. 니체(Nietzsche)는 대담하게도 "신은 죽었다"고 선언하고 대지(大地), 즉 현실에 충실을 기하고 현실적 생에 대한 긍정적 사랑을 역설하는 무신론적 실존을 주장하면서 그 목표로 '운명애'와 '힘에의 의지'를 원리로 삼는 초인(Übermensch)을 내세웠다. 하이데거(Heidegger)는 인간을 현존재로 규정하고 신보다 인간의 양심의 소리에 응답함으로써 본래의 자기의 모습을 되찾으려는 존재론적 실존을 주장한다. 사르트르(Sartre)는 신의 존재를 니체와는 다른 의미에서 부정하고 자유로운 선택과 결단에 의해서 자기 운명에 스스로 책임을 지며 살아가는 행동적 실존, 그리고 인류의 해방과 책임 의식을 북돋우는 사회적 실존을 부르짖는다. 이렇게 학자마다 그 색채가 모두 다르지만 실존철학은 다음과 같은 공통적인 몇 가지 특징을 가지고 있다.

첫째, 실존철학에서 말하는 실존은 본질(essence)에 대한 실존에서 나온 말로서 그것은 밖에 나타나는 것을 의미한다. 따라서 실존이란 하나의 새로운 인간 파악으로서 현실적 존재를 의미한다. 다시 말해서 보다 더 현실적이고 구체적이고 유일한 개별 존재인 바로 제각기의 나 자신을 뜻한다. 여기서는 추상적인 것이 완전히 배제된다.

둘째, 실존은 객관화될 수 없고 대상화될 수 없는 내면성 그리고 주체성을 지닌 존재이다. 객관화될 수 없고 대상화될 수 없다 함은 제각기 자기 이외에는 그 아무도 자기의 진리에 관해서 파악할 수 없음을 말한다. 개별자, 유일자, 단독자로 표현되는 실존은 내면성과 아울러 주체성을 매우 중요시하며 파토스(pathos)적 기분을 문제시한다.

셋째, 실존은 본래적 존재로서의 자기를 의미한다. 보통 인간은 대중 속에 묻혀서 평균화, 대중화되고 따라서 거의가 유행과 격변 속에 비본래적인 인간 존재가 되기가 쉽다. 그러나 대중화, 평균화, 유행화 되지 않은 존재가 본래적 존재이다. 그러므로 비본래적 인간이 된 자는 본래적인 자기를 회복하고 자기를 부활시켜서 본래적 존재로 돌아가라는 것이 실존철학이다. 실존철학에서는 언제고 새로운 인간의 가능성을 불러일으키는 하나의 가능적 존재로서의 인간을 중요시한다. 성경의 "사람이 거듭나지 아니하면 하나님 나라를 볼 수 없느니라"고 한 말도 바로 이 점과 서로 통한다고 하겠다.

넷째, 실존은 스스로의 유한성과 허무성에 직면해서 불안과 괴로움을 걸머지는 것과 아울러 나아가서는 그것을 초월하는 성격을 지니고 있다. 인간이란 모두 제각기 스스로 언젠가 한 번은 꼭 죽음에 이르고야 말 유한한 존재, 불안한 존재, 허무한 존재, 죽음에 이르는 존재이다. 영원한 존재가 아니고 시간성을 지닌 존재인 인간은 늘 불안과 괴로움과 허무 속에서 허우적거린다. 키르케고르가 인간을 "천장에서 한 가닥의 거미줄을 타고 내려오는 거미가 땅 위에 아주 떨어지지 않고 그렇다고 아주 천장에 오르지도 않은 채 그저 허우적거리는 가련하고 불안한 모습"
에 비유한 것은 너무도 유명한 이야기이다.

다섯째, 실존의 또 하나의 특징은 이제까지 철학에서 매우 등한시하고 무시되어
온 비합리성을 중요시하여 싸늘하게 지적이고 합리적인 로고스가 아니라 비합리
적이고 따스한 파토스를 중요시한다.

결국 실존철학 역시 대부분의 현대철학이 그러하듯이 합리적인 철학에 반대한
다. 특히 인간을 합리적으로는 파악할 수 없는 주체적인 존재라 하여 인간 실존의
구조와 문제성을 밝히려는 비합리적 경향의 철학이라고 말할 수 있다.

3. 니체

니체(Friedrich Nietzsche, 1844~1900)의 철학을 전체적으로 반기독교적인 것으로
규정했을 때 그의 가정환경은 놀랍게도 그의 사상과는 전혀 반대로 매우 기독교적
인 경향을 지니고 있다. 그는 작센의 프로이센 지방에 있는 뢰켄에서 태어났는데
아버지 역시 목사의 아들로서 당시 루터교 목사였고 어머니 또한 루터교 목사의
딸이었다. 그는 독일 낭만파 최대의 작곡가인 바그너(Wagner)와 아주 가깝게 지내
다가 바그너가 오페라 파르치팔(Parsifal)을 작곡하는 것을 계기로 기독교 신자가
되자 최고의 찬사를 보내던 그에게 최고의 적대감을 가졌다. 그만큼 그는 반기독
교적이었다. 그의 아버지는 프로이센의 왕인 프리드리히 빌헬름 4세의 이름을 따
서 세례명을 프리드리히 빌헬름이라고 지었다. 니체는 바로 이 왕의 생일에 태어
났는데 빌헬름 왕은 수년 후 정신 이상으로 죽었으며 니체의 아버지 또한 정신 이
상으로 죽었고 기이하게도 니체도 역시 3년 동안 동생의 간호를 받다가 그렇게 죽
었다.

일반적으로 니체의 철학의 중심 테마는 5가지라고 말한다. 가치전도, 허무주의,
초인, 힘에의 의지, 영원회귀가 그것인데 그 외에도 디오니소스적인 것, 운명애 등
도 빼놓을 수 없다. 이들은 종래의 사상에 대한 철저한 비판으로서의 가치전환의
결과 형성된 사상으로서 내적으로 긴밀히 연결되어 니체 철학의 통일적 전체상을
이루고 있다.

1) 니체 철학의 과제와 목표

니체의 철학은 19세기 후반기 독일 철학의 문제 상황 및 사상적 조류로 인해 대두했다. 당시의 독일은 헤겔이 주장한 역사에서의 이성에 대한 신앙이 붕괴되어 버리고 이에 따라 헤겔류의 관념론적 체계의 합리주의적 성격이 쇠퇴하면서 이러한 비합리주의적 분위기는 세력을 확장하여 유물론과 염세주의의 정신적 기초를 다져 갔다. 이러한 배경 속에서 니체의 사상은 특히 쇼펜하우어(Schopenhauer)의 사상에 상당한 영향을 받아 형성되었다.

니체는 종래의 철학 및 초감성적인 가치관을 철저히 부정하고 현실적 삶의 긍정을 통해 새로운 가치에로의 전환을 시도하였다. 그것이 그의 철학의 목표이자 전체 내용이다. 그는 삶을 형이상학적인 초월적 원리에 준하여 인식하거나 또는 기계적인 인과 법칙에 의거하여 설명하려는 일체의 것에 반대하고, 삶 그 자체를 철학적 탐구의 대상으로 하였다. 이러한 목표 아래 니체는 플라톤적, 기독교적인 형이상학에 의해 유린된 삶의 의미를 되찾고자 했다. 그래서 니체를 실존철학자가 아니라 생철학자로 분류하기도 한다.

『인간적인, 너무나도 인간적인』(*Menschliches, allzumenschliches*)이라는 그의 저서 제목만큼이나 매우 인간적인 니체의 철학은 당시 유럽의 인간상이 기독교와 플라톤적인 이원론적 철학에 의해 차츰 수평화, 왜소화되어 감에 대한 인간의 고양화를 주된 내용으로 하고 있다. 니체에 따르면 기독교적 이원론적 세계관은 세계를 이편과 저편으로 나누고 저편은 영원하고 완전하지만 이편은 저편의 그림자에 불과한 불완전하고 덧없는 세계로 보도록 하여 이 땅 위에서의 삶을 무가치한 것으로 전락시켰다고 한다. 니체는 이러한 이원론적 세계관을 허구라고 배척하고 우리가 태어나 살고 있는 이 세계만을 유일한 현실로 인정한다.

니체에 따르면 플라톤적인 형이상학의 등장과 더불어 지상에서의 인간 문화는 몰락의 길을 걷게 되었고 인간성 또한 상실되어 갔다고 한다. 이것은 중세를 지나면서 한층 더 뚜렷해졌으며 이러한 현상은 역사적 전기가 마련되지 않는 한 앞으로도 지속되리라고 했다. 니체는 이러한 역사적 과업을 수행하기 위해 먼저 그 동안 절대적인 가치로 인정되어 온 플라톤적, 기독교적인 이원론적 세계에서의 모든 가치 질서가 거짓임을 터득하고 이를 분쇄해야 한다고 역설한다. 따라서 이런 파괴 작업에는 거짓된 가치의 기반인 신의 죽음을 피할 수 없다.

니체의 이러한 생각의 이면에는 그리스적 사고방식이 깔려 있다. 니체가 보기로는 그리스 정신의 위대성은 세계의 고뇌에 직면한 인간이 그것을 삶의 근원으로 인식하고, 그에 도취되는 디오니소스적인 정열과 용기, 그리고 아폴로적인 냉철함의 상호충동적인 사고방식이었다. 디오니소스(Dionysos)는 그리스 신화에 나오는 술, 포도, 노래와 춤, 시와 음악의 신을 말하는데 니체의 디오니소스적인 것이란 현상의 모든 존재의 심연에 자리 잡고 있는 공포적 욕망과 혼돈과 광란적 환희가 소용돌이치는 전율적인 자연의 근원적인 힘으로서 깊고 깊은 삶의 충동이며 영원한 자기 창조와 파괴의 영원회귀를 그 본질적 성격으로 갖는 힘의 대해를 의미한다. 즉 니체는 이 세계를 창조하고 파괴하고 다시 재건하는 끊임없는 생성과 소멸의 영원한 원환 운동의 근원적인 힘을 하나의 거대한 예술력으로 보고 이것을 디오니소스적인 것이라 했다. 바로 이 디오니소스적인 것이 그의 주저 중의 하나인 『음악의 정신으로부터의 비극의 탄생』(*Die Geburt der Tragödie aus dem Geiste der Musik*)의 주제이다. 니체는 인간의 삶과 본질도 차가운 이성과 디오니소스적인 뜨거운 감정이 서로 조화를 이루어야 한다고 한다. 그래서 일반적인 시각과는 달리 니체는 소크라테스를 비극의 반대자로 규정하고 그로부터 이성이 감정을 억누르고 승리함으로써 차츰 퇴락의 길을 걷게 되었다고 한다.

결국 니체는 디오니소스적인 면을 생의 본질로 파악하고 이러한 인간의 본질적 생을 억누르는 이원론적 세계관을 부정한다. 그래서 니체는 당시의 절대적인 가치로 인정되어 온 기독교를 공격 목표로 삼았다. 이렇게 반기독교적 태도를 가졌던 니체는 인간은 죄인이라는 사실에서 출발하는 기독교적 윤리와 도덕이 강렬한 생을 자기 자신 속에서 찾지 못하고 생을 부정하며 고귀한 생명을 약화시킨다고 보고 그러한 기독교의 도덕을 노예도덕이라 비난하고 그 대신 강력한 초인을 목표로 하는 군주도덕을 목표로 했다.

니체는 기독교로 대표되는 가치관에 의해 압살 당하는 인간의 위기에서 벗어나기 위해 신의 죽음을 선언하고 힘에의 의지(Wille zur Macht)를 통한 초인을 이상으로 삼아 그리스적인 것에 근거를 두고 가치전도를 위해 기독교의 비판과 극복을 자신의 철학의 최대 과제로 삼았다.

2) 문화 비판

니체는 자신이 궁극적으로 목적했던 가치 전도를 수행하기 위해 종래의 문화를 비판하는 작업부터 시작한다. 그는 종래의 철학과 도덕과 종교를 차례로 비판하고 그러한 가치의 근원이요 구심점인 신의 죽음까지 몰고 가서 허무주의에 귀착한다. 니체가 허무주의를 수행하는 단계에서 나타나는 최고 가치의 비판은 종교, 도덕, 철학에 관한 것이다.

(1) 철학 비판

"인간이 세계의 상을 구하는 것은 우리들의 기분을 가장 힘찬 충동이 자유롭게 자기 활동을 영위할 수 있다고 느끼게 해 주는 철학 속에서이다." 이러한 견지에서 니체는 소크라테스 이래의 서양철학의 잘못된 점을 비판하였다. 일반적인 견해에 의하면 그리스 문화는 소크라테스, 플라톤, 아리스토텔레스를 주축으로 하는 아테네의 철학 시대가 정점을 이룬다. 그러나 니체는 이와 반대로 냉철한 아폴로적인 것 대신에 황홀한 디오니소스적인 것이 우세한, 혹은 두 요소가 서로 조화를 이루는 앗티카 비극 시대를 정점으로 생각하며 오히려 소크라테스로부터 퇴락의 길을 걷기 시작했다고 한다.

니체는 『비극의 탄생』에서 "비극을 사멸케 한 도덕에 있어서의 소크라테스주의야말로 몰락과 피로와 질병, 그리고 무질서하게 해체되어 가는 본능의 한 징조가 아닌가?"라고 소크라테스에 대해서 신랄하게 비판한다. 또 『우상의 황혼』(*Götterdämmerung*)에서는 "소크라테스의 문제점"이라는 항목 아래 다음과 같이 요약하여 소크라테스를 비판하고 있다; 첫째, 소크라테스는 생의 혐오로 가득 차 있다. 죽을 때 인생이 오랫동안 병들은 상태였음을 은연중 암시하는 소크라테스는 판단될 수 없는 삶의 가치를 판단하고 그것을 저항시켰다; 둘째, 소크라테스의 '이성=덕=행복'이라는 원리는 하나의 병적인 것으로 서구 사상의 퇴폐주의를 조장하고 결국 기독교와 더불어 허무주의의 근원을 만드는 요소가 된다; 셋째, 소크라테스의 변증법은 상대방을 설득하는 것이 아니라 복수하는 천한 방법이다; 넷째, 소크라테스는 철학자나 도덕주의자의 자기기만에 불과한 이성의 절대성이란 것으로부터 하나의 폭군, 즉 이성철학을 만들었다.

니체는 칸트 역시 비판한다. 그에 따르면 칸트는 도덕적인 규범에 따라 삶을 판단하기 때문에 현세가 단순한 현상계로 격하된다. 그것은 도덕적인 편견에 지나지 않는다. 니체의 눈에는 칸트의 비판철학이 기독교가 이상으로 하는 도덕성을 은밀하게 철학적으로 표현한 것에 불과하며 칸트는 소크라테스와 마찬가지로 다만 도덕을 유지하기 위하여 철학을 했을 뿐이다. 그러므로 도덕을 벗어나 종래의 도덕과 무관한 사람에게는 칸트의 철학이 타당성을 갖지 못한다.

칸트의 이성철학에 대해서도 니체는 반대한다. 삶이라는 거대한 현상은 정신과 육체로 구분될 수 있는 것이 아니고 혼연일체의 단일체이다. 육체는 위대한 이성이며 이성이 감정이나 육체에서 분리된 순수한 것이라는 말은 하나의 착각이다. 이성은 우리의 육체가 움직이고 활동하기 위한 하나의 도구일 뿐이다. 우리의 삶에 감각이 필요하듯이 이성도 필요하다. 그것은 곤충의 더듬이처럼 어떤 방향을 예견할 수 있지만 육체나 감정을 명할 수는 없다. 흔히 감정이나 욕망을 벗어난 이성적인 삶이 가장 바람직한 것처럼 생각되는데 그것은 자체로 모순이다. 이성이 감정을 억누른다는 함은 결국 이성화된 감정이 감정을 억누르는 것과 같기 때문이다. 그것은 마치 감정과 분리된 어떤 이성이 존재하는 것처럼 상상하는 우리 사고 능력의 착각이다.

니체는 소크라테스와 칸트를 거쳐 헤겔, 쇼펜하우어에 이르기까지 이러한 영향은 계속되어 그의 시대에 이르기까지의 종래의 모든 철학이 삶의 진실성, 즉 삶은 힘에의 의지를 본질로 한다는 진실성을 망각함으로써 온갖 오류를 빚어 온 것이라 주장한다. 한 마디로 니체는 전통적인 철학자들이 초감성계라는 허구를 조작해 내고, 그것으로써 삶을 규정하려 함으로써 삶의 자연적 가치를 하락시키고 파괴시켰다고 한다.

(2) 도덕 비판

니체의 종래 도덕에 대한 비판은 기독교적 윤리에 대한 반발로서 선악 대신에 강약이라는 가치기준을 대치시킴으로써 도덕에 있어서 가치전도를 꾀한다. 니체가 진단했던 인생의 진정한 목표는 강건한 생의 실현, 즉 힘에의 의지(Wille zur Macht)이다. 니체는 이러한 생을 위한 가치를 생의 자유로운 발전을 구속하는 목적과 수단으로 전도시킨 원흉으로 소크라테스에서 시작되는 서구 형이상학의 전통과 유대교에서 시작되는 기독교 문화 전통을 지적했다. 그리고 서구 문명의 원천인 그리스철학과 기독교 문화에 유죄를 선고하고 소크라테스 이전의 그리스 비극 시대의 자연 세계로의 귀향을 역설한다.

니체는 선악의 도덕적 개념을 강약의 개념을 사용하여 전도시키려 하였다. 그에 의하면 선이란 인간에 있어서의 힘에의 의지, 즉 힘을 증대시키는 것이며 악이란 유약함에서 오는 모든 가치 관계라고 한다. 따라서 선은 강한 것을 의미하며 악은 약한 것을 의미한다. 그러므로 니체에게는 도덕의 보편타당성은 존재하지 않는다. 삶을 강화시킬 수 있는 도덕은 좋은 도덕이며 약화시키는 도덕은 나쁜 도덕이다. 종래처럼 선악을 도덕에서 구분하는 것은 잘못이며 다만 강약에 의해 좋은 도덕이냐 좋지 않은 도덕이냐의 구분이 있을 뿐이다. 삶을 강화시키는 강한 자의 참된 도덕이 군주도덕이고 약화시키는 약한 자의 도덕이 노예도덕이다. 즉 니체는 선악이라는 예속적인 가치규범에 얽매인 도덕을 가축 또는 노예도덕이라 부르고 강약이라는 지배적인 가치규범에 속해 있는 도덕을 군주도덕이라고 불렀다.

니체에 따르면 원래는 이러한 두 종류의 도덕이 있었는데 기독교 및 이성철학이 강한 자의 도덕을 악이라 낙인찍고 약하고 병든 자의 도덕을 선이라 부름으로써 도덕이 전도되었다. 약하고 비열하고 음험한 자들이 그들의 얕은 지혜를 동원해서 강하고 고귀하고 단순한 자들을 파멸시키려는 복수의 본능이 도덕의 기초를 이루게 되었다. 그러나 이러한 도덕관을 통해서 인류는 전체적으로 점점 하강하기 시작했다는 것이 니체의 주장이다. 다시 말하면 지금까지 보편적인 도덕으로 통용되어 온 선악의 개념은 기독교적인 도덕에서 유래한 것이며 인류를 허약하게 만드는 도덕이라는 말이다.

니체에 따르면 소크라테스 이후의 대부분의 도덕가들은 충동적인 면은 비도덕적인 것이고 이성적 생활 속에서 나오는 덕목이 선이라고 규정하였다. 이러한 생각 때문에 인간의 욕망과 충동력은 단지 인간에게 남아 있는 동물적 성격으로만 취급되었다. 그리고 욕망과 충동력은 그 자체가 인간을 동물적인 것으로 만드는 것이기 때문에 악이라고 규정하였다.

이와 같이 천시 받고 버림받았던 감성적이고 충동적인 면을 오히려 인간을 생의 원천으로 전도시킨 것이 니체의 힘의 윤리이다. 이같이 선악의 가치 개념까지도 강약이라는 가치 개념에서 파생 또는 종속된 개념으로 보려 함이 힘을 기초로 하는 니체의 군주도덕과 노예도덕의 이론적 근거이다. 즉 선이란 군주의 상태를 반영하거나 군주의 성격에 적합한 모든 것이고 군주와 반대되거나 노예적인 것과 관련된 것은 악이다.

(3) 기독교 비판

니체가 기독교를 비판한 이유는 내세를 더 참된 것으로 간주하여 현세의 삶을 약화시킨다고 생각했기 때문이며 종교에서 말하는 사랑이란 결국 노예도덕에 속하는 근본 특성의 하나인 복수심이 동정이라는 외투로 위장하고 나타난 것에 불과하다고 보았기 때문이다. 특히 니체는 생을 부정하는 경향이 가장 현저하게 나타나 있다고 믿었던 기독교에 대해 다음과 같이 신랄하게 비판한다.

"기독교는 약하고 저속하고 잘못된 모든 것들의 편을 들어 왔으며 강한 생명의 자기 보존 본능에 대한 항의로부터 하나의 이상을 만들었다."

"삶 자체는 성장, 지속, 힘의 축적, 권력에 대한 본능이라고 생각된다. 힘에의 의지가 결핍되어 있는 곳에는 몰락이 있다. 나의 주장은 인류의 모든 최고 가치에 이 의지가 결핍되어 있으며 몰락의 가치, 허무주의적 가치가 신성한 이름 아래 지배권을 휘두르고 있다는 것이다."

"기독교의 신 개념은 지상에서 도달된 가장 부패한 신 개념의 하나다. … 신은 삶의 신성화와 영원한 긍정 대신에 삶의 모순으로 퇴화되었다. 이것으로 나는 결론에 도달한 것이며 그래서 나는 나의 판단을 말하련다. 나는 기독교에게 유죄를 판결한다. 나는 일찍이 탄핵자가 입에 붙인 모든 탄핵 중에서도 가장 무서운 탄핵을 기독교회에 가하는 것이다. 내가 본 바로는 기독교회는 생각할 수 있는 모든 부패 중에서도 가장 심하게 부패된 것이다. 그것은 … 삶에의 모든 피, 모든 사랑, 모든 희망을 빨아 버리는 것이다. 피안이란 모든 현실을 부정하려는 의지이다. 십자가란 건강, 아름다움, 양질, 용감, 정신, 선량한 심령에 거슬려서 삶 자체에 거슬려서 일찍이 있었던 가장 지하적 음모의 인식 기호였던 것이다."

이러한 비판을 통해 니체는 기독교는 생에 대한 반대 개념으로 신의 개념을 발명하여 생의 본능과 기쁨, 풍요함을 억압하고, 피안을 발명하여 차안을 무가치하게 했으며 영혼을 발명하여 육체와 모든 육체적인 것을 비방했고 죄, 양심, 의지의 자유를 발명하여 강자와 긍지 있는 자들에게서 그 힘을 빼앗아 버렸다고 주장한다. 나아가 그는 기독교를 왜곡된 인간 이해로부터 태어난 산물로 보고 그것은 인간의 위대함을 추락시킨 삶의 본성에 배리되는 종교로 파악했다.

그에 따르면 기독교는 저변에 훌륭한 자나 지배권을 가진 자에 대한 원한을 품고 그들에 대한 저주를 나타내는 상징을 필요로 한다. 그것은 또한 모든 정신적 운동이나 모든 철학과도 대립한다. 그것은 백치의 편이 되고 정신에의 저주를 표명한다. 학식 있는 자, 정신적 독립자에 대한 원한이 기독교의 저변에 깔려 있다. 기독교적이란 자연적인 것을 부정하는 것, 자연적인 상태에서의 훼손 감정, 반 자연성을 말한다.

니체는 이렇게 삶에 배반하는 관념성이라는 의미에서 기독교를 비판하면서 또한 기독교의 미신적 세계 해석을 통렬히 비판하였다. 니체는 기독교를 고귀한 본능을 해치는 것, 인격성의 통일을 해체시켜 병적으로 몰아넣는 것, 삶의 본질인 힘에의 의지를 감퇴시켜 결과적으로 인간의 삶을 생생한 삶의 본능을 무기력하게 만들고 적대시하는 해악적 요소로 비판했다.

구체적으로 말하자면 기독교는 첫째, 영혼의 건강은 질환으로 간주되어 신용되지 않는다는 것, 둘째, 강하고 왕성한 삶에 있어서의 전제인 강한 욕망이나 격정은 강한 삶에 대한 이의로 간주된다는 것, 셋째, 인간을 위험 앞에 드러내는 모든 것은 스스로의 영혼으로부터 뿌리째 뽑아 버려야 할 악으로 판단된다는 것, 넷째, 죄인이라는 의식을 강하게 지니고 비굴하리 만큼 스스로의 약함을 의식하는 인간이야말로 바람직한 유형으로 평가된다는 점이다.

이러한 니체의 기독교 비판은 인간의 현실적인 삶을 중시하는 그의 태도에서 나온 것이지만 기독교의 교리에 대해 너무 피상적으로만 보고 기독교 안에 들어 있는 생명력과 창조성을 보지 못한 것이라고 비판받아 마땅하다.

3) 신의 죽음과 허무주의

삶의 의미를 함몰시킨 기존의 가치관, 즉 플라톤적이고 기독교적인 이원론적 세계관을 극복하고 지상에서의 삶의 의미를 회복시켜야 한다는 니체의 생각은 그의 주저 중 하나인 『자라투스트라는 이렇게 말했다』(*Also sprach Zaratustra*)에서 "신은 죽었다"(Gott ist tot)라는 말로 표현된다. 신의 죽음은 니체가 플라톤적 이원론이라고 이해하는 서양철학이 끝났음을 선언한 말이며 새로운 가치전환을 예고한 말이기도 하다. 즉 인간에 대한 초월적 원리의 지배의 부정임과 아울러 내재적 원리의 지배를 예고하는 선언이기도 하다.

니체는 일체의 초감성적인 것을 한낱 덧없는 인간 의식의 산물로 돌려버리고 초감성적인 것을 부인함으로써 종래의 모든 가치관에 일대 단절을 시도하고 강력한 현세 중심적 사상을 주장한다. 니체는 그 사상의 토대를 초감성적 이념의 세계에 두지 아니하고 생생한 현실적 삶의 공간에 뿌리내리고 있다. 즉 종래의 철학이 인간을 초감성적 세계 및 신이라는 절대적 존재에 근거하여 해명하려고 한 데 반하여 니체는 인간을 그 삶의 생생한 현실성으로부터 이해하려고 한다. 따라서 니체에게는 당시의 전통적이요 절대적인 가치로 인정되어 온 플라톤적, 기독교적 세계관과 이원론적 가치관의 근거라 할 수 있는 신을 거부할 수밖에 없었다.

전통적으로 믿어져 온 신은 자족하는 절대자로 인간 사유의 궁극적 근거이고 현세 질서의 근원적인 보루이다. 동시에 사유의 가능성 밖에서 전혀 판단의 형식으로 나타날 수 없는 피안에서 스스로 있는 자로서 모든 세계를 규정해 왔다. 그러나 세계를 그것 자체로부터 본질적으로 사유한 과학적 정신에 의하여 신에 대한 믿음은 미망으로 떨어져 버린다. 니체에 의하면 사유 속에서 신의 속성만이 거부되는 것은 아니다. 세계의 유한성과 그의 무목적성이 간파된 후 신은 죽었을 뿐 아니라 그가 있던 터전도 함께 제거되어야 한다. 그리하여 니체는 신뿐 아니라 신의 그림자까지도 제거할 것을 요구한다. 물론 죽음을 선언한 니체의 신은 기독교적 유일신인 여호와(Jehovah)를 의미하기도 하지만 그보다는 오히려 그가 거부하는 플라톤적 형이상학을 통칭하는 것으로서 이원론과 목적론에 근거한 모든 형이상학적 세계 내지 가치체계를 뜻한다고 보아야 할 것이다. 니체의 신은 최고의 초감각적인 존재로서 우리의 삶에 의의와 가치를 부여하는 모든 가치의 중심적 근거가 되는 최고 가치로서의 그 무엇을 가리킨다.

니체의 신의 죽음을 역사적 맥락 속에서 이해하자면 이성적 질서의 몰락을 뜻하

고 서양사상의 주류를 형성하는 목적론적 사상의 거부를 뜻한다. 그리고 이 목적
론적 사상에는 기독교의 속죄사관, 근대 초기의 낙관사관, 그리고 헤겔의 변증법적
인 역사관 등이 속한다. 다른 말로 한다면 역사 진행의 궁극적인 목적이 없다는
뜻이며 기독교적 신의 법칙이 세계의 본질이 아니라는 뜻으로 이해된다. 마침내
니체는 신, 이념, 이상이라는 종래의 최고 가치들의 무가치화를 수행하는 허무주의
(Nihilism)를 선언한다. 니체에게의 허무주의는 종래의 모든 가치의 전환을 향한 필
연적 과정이다. 그리고 이러한 가치 전환의 결과 새로운 가치 설정의 원리로서 힘
에의 의지를 주장한다.

최고의 가치요 삶의 의의였던 신이 죽었다는 것은 최고 가치의 무가치화를 의미
한다. 따라서 신을 상실해 버린 사람들에게 최고 가치의 상실로 인한 허무주의가
도래함은 필연적이다. 즉 사람들은 정신적인 지주와 방향에 대한 감각을 잃어버리
고 삶의 표적과 의미를 상실하게 되는데, 이것이 신의 죽음을 외친 이들에게 찾아
오는 허무주의이다. 니체는 허무주의를 둘로 구분한다. 하나는 모든 것은 무이며
삶은 아무런 가치도 없다는 입장으로서 그는 이것을 퇴폐주의 혹은 염세주의 혹은
소극적 허무주의라 부른다. 다른 하나는 절대적 가치가 무너지더라도 결코 절망하
지 않으며 오히려 그 절대적인 가치들을 스스로의 힘으로 파괴해 버리고 현세에
눈을 돌려 현재의 삶을 철저하게 사랑하는 운명애에로 나아가는 것, 즉 허무주의
로 들어가 허무주의의 본질을 파헤치고 그것을 극복하는 입장으로서 니체는 이것
을 적극적 허무주의라 일컬으며 자신을 유럽 최초의 적극적 허무주의자라 칭한다.

니체의 허무주의는 그의 말대로 종래의 최고 가치의 무가치화인 동시에 더욱
적극적 의미에서 종래의 가치들의 전도로서 새로운 가치 설정의 원리이다. 따라서
그의 허무주의는 일반적 의미의 어둡고 무력한 허무주의가 아니라 창조적이면서
적극적 성격을 띤 허무주의이다. 다시 말해서 니체의 허무주의는 종래의 가치 상
실이라는 관점에서 파악되지만 그것의 도래는 하나의 역사적 사실이며 필연적인
것으로서 새로운 가치 정립을 위해 요구되는 기반이 되기 때문에 긍정적이고 건설
적인 의미를 가지고 있다.

그런데 니체의 허무주의가 수행하는 가치전도는 단순히 새로운 가치를 종래의
가치들의 위치인 초감성계의 이상적 영역이라는 여전히 낡은 자리에 바꿔 앉힌다

는 의미가 아니라 자리 자체를 아주 다르게 설정한다는 뜻에서의 가치전도이다. 니체는 종래 가치 체계의 붕괴를 지금까지의 모든 최고 가치의 가치상실 또는 가치의 무가치화로 대신하여 부르고 있으며 그 체계가 새로운 것으로서 쇄신되는 전 과정을 지금까지의 모든 최고 가치의 전도라 부른다. 이 가치전도는 니체 철학의 처음이자 마지막이 되는 중요성을 지닌다.

4) 초인과 힘에의 의지

가치전도를 목표로 최고 가치로서의 신의 죽음을 선언한 니체에게는 초인 (Übermensch)의 출현은 요청적이었다. 니체는 초감성적 세계를 주장하는 기독교적 세계관이야말로 거짓된 세계관이며 인간의 참된 생명의 힘을 퇴화시키고 모독하는 것이라 하여 참된 생명의 실상에 충실한 존재로서의 초인을 주장한다.

니체가 볼 때 기독교의 지배 아래 있었던 종래에는 인간의 본질이 모든 존재자와 마찬가지로 생명의 근본 성격인 힘에의 의지(Wille zur Macht)로 규정되어 있음을 모르고 오로지 초감성적 세계에다 인간의 본질을 제약하고 묶어 둠으로써 스스로의 삶의 생기를 약화시키고 파괴시켰다. 그러나 인간 역시 힘에의 의지를 삶의 본질로 하는 존재이다. 따라서 가치전도를 수행하기 위해서는 이 사실을 받아들여야 한다.

니체에 따르면 가치의 전도는 역사 스스로가 수행해 가는 것이 아니라 기존 가치의 허구를 통찰하고 새로운 가치를 제시할 수 있는 새로운 유형의 우수한 인간에 의해서 성취되어야 한다. 그가 바로 자신의 잃었던 자유를 되찾고 종래의 허구적 가치의 붕괴를 성취하는 초인이다. 이 초인은 앞에 주어진 목표를 향해 계속 상승, 발전해 가야 하는데 그 초인의 목표를 니체는 힘 또는 권력(Macht)이라고 했다.

니체는 세계의 본질을 같은 것이 늘 되돌아오는 회귀 속에서 보다 더 강하고 많은 힘을 추구하려는 힘에의 의지로 규정하고 우주의 모든 변화와 움직임은 모두 힘을 더 얻고자 하는 부단한 의지에 의해 이루어진다고 했다. 곧 삶의 내적 본질은 힘에의 의지라는 말이다. 그리고 이 힘에의 의지를 구현해 가는 자가 바로 초인이다. 그러므로 초인은 가치전도를 담당하고 힘에의 의지를 구현할 뿐 아니라 이원론적인 세계관으로부터 자신을 해방한 인간이다. 니체가 말하는 힘에의 의지는 곧

세계의 본질이요 존재의 가장 내적인 본질이다. "이 세계는 힘에의 의지이다. 그리
고 이 이외에는 아무것도 없다. 그리고 너희들 자신들도 이 힘에의 의지이다. 그리
고 이 이외에는 그 아무것도 아닌 것이다." 세계의 모든 존재는 힘에의 의지라는
유일한 원리에 의해 지배되며 인간, 유기체, 무기체 모두가 힘에의 의지 또는 힘의
형태에 의해 존재의 활동성을 갖는다. 이는 쇼펜하우어의 『의지와 표상으로 세계』
에서 많은 영향을 받았다. 그러나 쇼펜하우어가 의지를 "생에의 맹목적 의지"라
하여 의지 자체를 삶의 고뇌를 가져다주는 근원으로 보아서 생을 부정하는 염세적
태도를 취했지만 니체는 이에 반대하여 생에의 맹목적 의지 대신에 삶을 추구하는
원동력으로서 힘에의 의지를 대치시킴으로써 생의 절대적 긍정을 역설하였다.

　그런데 이 힘에의 의지는 생존의 본질을 의미하는 것으로서 사변적이 아닌 생동
하고 투쟁하는 힘의 의지이다. 그래서 니체는 "생물이란 우선 자기의 힘을 발휘하
고 싶어 한다. 생명 그 자체가 힘의 의지이다"고 말한다. 결국 힘에의 의지는 이편
세계의 모든 만물들이 그 자신으로 하여금 끊임없이 형성해 나가도록 하는 대지의
생성적인 힘이며 그 본질은 창조성에 있다. 힘에의 의지의 본질은 자기 보존이 아
니라 자기 초극적인 삶에의 의지이다. 초인이란 바로 이 힘에의 의지를 자기 자신
의 의욕으로 삼고 자기 자신을 그 힘에의 의지의 본성에 맞추어서 욕구하는 존재
를 말한다. 즉 세계의 본질을 운명애로 받아들이는 인간, 다시 말하면 힘에의 의지
를 자신의 본질로 깨달은 새로운 인간이 이른바 초인이다. 그러므로 초인은 생명
의 본래적인 가치 창조자임과 동시에 인간 최고의 모범적 유형이다. 대지에 발 딛
고 있으면서 어떠한 고난도 자기의 운명으로 감수하며(amor Fati) 정체되지 않고
앞으로 나아가려고 하는 힘에의 의지, 강한 생의 지속 정신, 이것이 바로 초인의
성격이다.

　이와 같이 초인은 하등의 초자연적 초현실적인 존재가 아니다. 그것은 현실에서
태어나 성장하고 있는 인간이 노력에 의하여 도달할 수 있는 하나의 이상적인 인
간의 모습이다. 초인은 종래 최고 가치의 전도를 담당하고 힘을 더 얻고자 하는
의지를 그의 삶을 통하여 구현할 뿐 아니라 생성 소멸하는 우주의 운동 어느 곳에
도 기독교적인 의미의 최종 목적이 있을 수 없다는, 즉 목적론적인 세계관의 허구
를 통찰한 인간이며 플라톤 이래의 이원론적인 세계관이 근거가 없음을 터득한 계

몽된 인간이다. 니체는 종래의 가치에 대한 부정을 통해서 새로운 가치, 즉 삶에의 강한 긍정을 표현하고 있다. 삶에 대하여 적극적으로 그리고 창조적으로 긍정하는 인간 전형이 바로 초인이다.

니체의 초인 개념은 인간적인 것에 뿌리를 박고 있으므로 영웅 개념과는 질적으로 다르다. 왜냐하면 니체가 보기에 나폴레옹과 같은 영웅은 설사 역사를 만들고 역사의 방향을 전환시키고 또한 사회는 영웅 숭배에 의존한다고 할지라도 너무나도 비인간적이어서 초인이 될 수는 없기 때문이다. 니체가 초인의 개념을 형성하는 데 가장 영향을 많이 받은 인물은 시저(Caesar)와 괴테(Goethe)이다. 니체가 시저에게서 찾은 것은 그의 군사 정치적인 성격이 아니라 자신의 정열을 조정하는 열정적인 한 인간의 모습에서였다. 또한 니체가 괴테에게서 찾은 것은 동물적인 본성을 극복하고 자신의 정열이 내부에서 일으키는 카오스(chaos)를 조화시키고 스스로의 충동을 승화시켜 자기 스스로를 전체로 끌어올림으로써 자유를 쟁취한 정신에서였다.

니체의 철학에 비추어 본다면 초인은 다음과 같은 특징을 갖는다.

첫째, 아폴로적인 것과 디오니소스적인 것, 이성과 감정이 조화를 이룬 인간이다. 그 어느 하나만을 강조한다면 그것은 소크라테스적인 창백한 지식인 혹은 성실하지 않은 본능적 인간은 될 수 있어도 초인은 될 수 없다.

둘째, 완전한 허무주의자로서 허무주의를 철저히 극복하는 사람이다. 형이상학적인 것, 도덕적인 것, 종교적인 것에 얽매이지 않고 현재의 삶을 그대로 사랑하고 받아들이는 사람이다. 니체가 신의 죽음과 초인을 직결시킨 것은 바로 이런 모든 초월적인 것에 대한 극복이 초인의 전제가 된다는 점을 의미한다.

셋째, 영원회귀 사상을 확신하는 사람이다. 이 순간이 마치 영원히 반복하는 것처럼 순간을 충실히 살아가는 사람이다. 니체는 『자라투스트라는 이렇게 말했다』에서 정신은 모든 것을 복종하는 것만으로 받아들이는 나귀의 상태에서 모든 것을 공격만 하는 사자의 상태로, 그리고 다시 모든 것을 극복하고 자연스럽게 웃으면서 받아들이는 어린아이의 천진한 상태로 발전되어 간다고 말하고 이러한 아이의 유희하는 상태를 초인의 상태에 암시적으로 연결시킨다.

넷째, 힘에의 의지가 세계의 본질임을 깨닫는 사람이다. 니체에 있어서 삶은 힘에의 의지, 즉 스스로 강해지려는 의지이므로 삶은 비극이 아니고 넘쳐흐르는 충만이다.

니체의 초인은 여러 가지로 해석될 수 있다. 그러나 그것이 능력이나 가치에 있어서 인간을 넘어서거나 이미 인간이 아닌 어떤 신적인 속성을 가진 이념은 결코 아니다. 초인은 죽음을 선언한 종래의 신을 대신하는 새로운 신이 아니다. 왜냐하면 니체는 신의 자리 자체를 거부하고 부정하면서 초감성적 세계라는 것을 완전한 허구로 돌려버림으로써 가치 자체를 감성적 세계 속에, 즉 생생한 삶의 실재성 속에 두기 때문이다.

5) 영원회귀와 운명애

니체에게는 신의 죽음을 선언한 이후 초감성계를 향한 목표가 사라져 버렸다. 단지 전우주의 모든 존재자는 끊임없이 생멸 변천하는 만물 순환의 영원한 회귀운동을 되풀이할 뿐이다. 니체에 있어서 영원회귀는 힘에의 의지가 영원히 변함없이 회귀함을 말하는데 이 세계란 아무런 목표도 없이 그저 단순한 생성이며 의미도 없는 것의 영원한 회귀라는 허무주의의 극단적인 형식을 나타내는 말이다. 니체는 자신의 영원회귀 사상이 불교의 윤회사상에 영향을 입고 있으며 그것은 종래의 기독교적 미신적 세계관이 아니라 과학적 세계관임을 밝히고 있다.

니체에 따르면 세계는 끊임없이 새로운 것을 생성하는 것이 아니다. 긴 세월에 걸쳐서 볼 때 세계에는 동일한 과정이 반복되고 있다. 나쁜 것이거나 또는 저속한 것들도 모두 되풀이하여 일어난다. 즉 "존재의 모래시계는 되풀이하여 회전한다." 자연과 사회의 진보도 하나의 환상이다. 단지 모든 것은 영원한 변화이며 이 변화는 영원히 되돌아오는 원형의 운동으로 모든 것은 이전에 있었던 그러한 것으로 다시 돌아올 뿐이다. 그러므로 역사는 기독교에서 말하는 것처럼 종말이나 목적 또는 의도를 가지지 않은 원형의 운동이다.

영원회귀는 의미도 목표도 없는 끊임없는 생존의 원환운동이다. 그러한 것은 권태롭고 무의미하여 아무런 가치도 없다. 그러므로 영원회귀 속에서는 목표가 없으므로 삶의 의미를 상실하고 깊은 절망에 빠진다. 이것이 허무주의적 상태인데 니체는 영원회귀가 가장 극단적인 허무주의라고 한다. 이러한 상황은 초인처럼 거짓

없이 있는 것을 그대로 받아들일 수 있는 용기와 능력을 가진 자만이 이를 견디어
낼 수 있다. 이렇게 권태와 무의미로 가득한 삶을 초월하며 초인은 하나의 위대한
긍정을 내리니 이것이 바로 삶 자체의 긍정으로서의 운명애이다. 즉 끊임없는 생
멸변천의 영원한 흐름을 적극적으로 수긍하면서 사랑하고자 하는 태도가 니체의
운명애이다.

운명애는 필연성으로 인식된 세계의 원상에 소극적으로 복종함이 아니라 오히
려 운명의 필연성을 의식하는 자유로운 적극성의 표현이며 이 세계를 있는 그대로
긍정하고 그 속에 가치를 부여함으로써 그것을 적극적으로 수긍하려는 자세이다.
니체에 따르면 이러한 세계의 실상에 대한 운명애가 있어야 만이 힘에의 의지에
입각한 새로운 가치 창조가 가능하다. 그래서 새로운 가치 창조자로서의 초인은
운명애를 그 사상의 근거적 원리로서 소유한 존재이다.

6) 니체 철학과 기독교

니체의 해석자 파이힝거(Vaihinger)는 그의 저서『철학자로서의 니체』에서 니체
를 전래의 그릇된 일체의 인습적인 가치를 가차 없이 허물어 버리고 그 자리에 새
로운 가치와 이상을 수립하고자 했던 철학자하고 하면서 그를 '망치를 든 철학자'
라고 비유했다. 그리고 니체 철학을 반도덕적, 반민주적, 반사회적, 반여성적, 반주
지주의적, 반염세주의적이라 특징짓고 결론적으로 반기독교적이라고 규정했다.

사실 니체 철학의 핵심적인 내용은 가치의 전도(顚倒)라고 할 수 있다. 그가 반
기독교적인 될 수밖에 없었던 것도 기존 가치의 구심점이 바로 기독교라고 보았기
때문이며, 가치의 전도를 위해서는 바로 그 기독교적 가치관과 세계관을 무너뜨려
야 했기 때문이다. 따라서 "신은 죽었다"는 폭탄은 가치 전도를 위한 상징적인 선
언이었다. 그것은 기독교인들의 관점에서 보면 도저히 용납할 수 없는 것이다. 그
래서 오늘날도 니체는 기독교인들로부터 사신(死神)신학을 주장한 사탄의 아들로
인식되고 있다. 그러나 우리는 그런 저주스런 비판보다는 왜 니체가 그런 주장을
하게 되었는지를 생각해볼 필요가 있다. 니체는 이원론적 세계관을 붕괴시키려고
피안 중심적 가치를 전도시키고자 했음을 기억해야 한다. 니체의 눈에는 당시의
기독교가 현실적 생보다는 피안을 더 강조함으로써 생의 의미를 위축시키는 것으

로 보였던 것이다. 따라서 니체가 보기에는 기독교의 세계관은 마땅히 무너뜨려야
했다. 그리고 그런 생각을 가진 니체는 신의 죽음을 선언하게 된 것이다.

그러나 기독교는 현실의 삶을 무시하거나 무가치한 것이라고 가르치지 않는다.
오히려 이 땅 위에서의 기독자의 책임, 삶의 소중함과 가치를 매우 중요시한다. 진
정한 믿음은 하나님을 사랑하는 것만이 아니요, 하나님을 사랑하는 것과 똑같이
이웃을 사랑하는 것이라고 가르친다. 니체가 노예도덕이라고까지 비판한 그리스
도의 산상수훈은 힘이 없어서 오른편 뺨을 치면 왼편도 돌려 대고, 속옷을 가지고
자 하는 자에게 겉옷까지도 가지게 하며, 억지로 5리를 가자고 하면 10리를 동행하
라는 것이 아니다. 그렇게 사랑하고 희생하는 삶은 십자가에서 직접 보여주신 그
리스도를 따라 사는 그리스도인들의 마땅한 바이기 때문이다. 따라서 니체가 기독
교를 가리켜 인간의 현실적 삶의 의미를 억누르는 노예도덕이라고 비판한 것은 기
독교에 대한 커다란 오해요 왜곡이라 할 수 있다.

니체의 철학은 현대의 반기독교적 사상의 선봉에 섰을 뿐 아니라 절대적 기준을
거부하고 지극히 주관적인 유용성만을 추구하는 실용주의와, 강한 민족은 약한 민
족을 짓밟고 이끌어 가야 된다는 반휴머니즘적인 사상의 모태가 되기도 했다. 한
편으로는 종래의 관념적 체계로부터 혁신적인 단절을 시도함으로써 그 강렬한 삶
의 자각과 휴머니즘으로 인하여 실존철학에도 큰 영향을 끼치기도 했다.

4. 키르케고르

키르케고르(Sören Kierkegaard, 1813~1855)는 덴마크의 코펜하겐에서 태어나서
거의 일생을 거기서 보내면서 철학과 프로테스탄트 신학을 공부했다. 실존철학에
서 사용되는 기본 개념들은 거의 그에게서 유래한 것이라고 할 정도로 그는 실존
철학의 선구자였다. 그는 철학적으로는 헤겔의 사상이, 그리고 종교적으로는 세속
적인 교회 권력이 지배하던 시대를 온 몸으로 맞서며 살았다. 그는 42세라는 짧은
생애를 통해 약 20권에 이르는 저서를 쏟아 놓으면서 19세기를 지배하던 합리주의
사상에 도전했다. 그 결과 키르케고르는 그의 당대에는 철학적 가치를 인정받지
못하고 덴마크 신문의 웃음거리가 되었을 뿐이다.

하지만 키르케고르는 19세기말에서 20세기 초에 소위 키르케고르 르네상스를

거쳐 많은 사상가들에게 영향을 주게 되었을 뿐만 아니라 지금은 실존철학의 시조로 존경과 갈채를 받고 있다. 그의 영향은 특이하게도 시인들에게서 가장 강하게 나타났다고 할 수 있다. 대표적으로 릴케의 『말테의 수기』는 이러한 영향의 산물이다. 또한 철학적으로는 하이데거, 야스퍼스 등에 영향을 주었으며 신학적으로는 변증법적 신학, 대표적으로 칼 바르트(Karl Barth)의 『로마서 강해』와 같은 저작에 영향을 주었듯이 그의 전체 사상은 기독교 사상과 깊은 관련을 맺고 있다. 그런 점에서 니체와 상반된다고 할 수 있다. 그러나 그는 누구보다도 정열에 찬 열성으로 기독교의 진리를 호소하면서도 당시 코펜하겐의 교회에 참석하기를 거절했을 뿐만 아니라 적극적으로 그 당시 덴마크의 기성 교회를 가혹하게 공격했다. 기독교를 믿는다는 것, 신앙을 갖는다는 것은 외면적으로 보아 교칙이나 교리를 지키는 것에 있지 아니하고 정신적인 추구를 계속하고 회의하면서 뜨거운 내적 경험을 하는 데에서만 찾을 수 있다고 확신했기 때문이다.

1) 주체성이 진리이다

키르케고르는 먼저 그의 모든 관심을 인간에 관한 물음에 집중시킨다. 헤겔은 문자 그대로 인간을 포함한 우주 만물의 현상이 완전히 합리적으로 설명될 수 있을 뿐만 아니라 그 모든 현상들이 빈틈없이 결정적으로 되었다고 주장하면서 마치 거울에 투명하게 비친 미래의 현상까지 관조적인 입장에서 바라보기를 주장했다. 키르케고르는 이러한 헤겔의 무감정한 투명한 관조적 태도와 결정론적 형이상학에 격렬하게 반발하고 헤겔을 증오할 원수로 삼아 맹렬한 공격을 그치지 않았다. 그 이유는 키르케고르의 입장에서 볼 때 살아 있는 인간은 헤겔의 관점에서 해석될 수 없기 때문이다. 그래서 그는 헤겔의 주장에 반대하여 실존이란 "객관성이 아니고 주관성이다," "외면성이 아닌 내면성이다," "보편자가 아닌 단독자이다," "영원한 필연성이 아닌 시간적 우연성이다"고 했다.

결국 키르케고르는 "전체성이 진리이다"고 한 헤겔의 이성주의에 반대하고 구체적이고 현실적이고 개별적이고 주체적인 자기 존재를 최대의 관심사로 삼아 진리는 객관적, 합리적인 것이 아니라 주체적이고 개별적인 것이라 하여 "주체성이 진리이다"고 했다. 이 말은 어떤 것이 인간에게 진리가 될 수 있는지 없는지는 인간이 그것에 온 정열을 다 쏟아 그의 개인적인 진리로 장악할 수 있느냐의 여부에 달려 있다는 말이다. 다시 말하면 실존을 건드리거나 변화시키지 않는 진리라면 그런 진리를 얻는 것은 아무런 의미가 없다는 뜻이다. 객관적 진리 같은 것을 궁전 속에 있는 오막살이집으로 비유했던 그는, 신약성경 속의 예수님이 말씀하셨던 "나를 위해서 울지 말고 너 자신을 위해서 울어라"라든가, "비록 사람이 온 천하를 얻고도 제 목숨을 잃으면 무엇이 유익하리오"와 같은 말씀을 인용하면서 주체성을 역설하였다.

그가 말하는 주체성이란 이성주의에서의 추상적인 순수 자아나 인식론적 주관을 말하는 것이 아니라 이른바 예외자, 단독자로서의 주체를 말한다. 그것은 육체를 가지고 원죄에 허덕이는 존재로서의 그러기에 부단히 자기 자신의 존재 방식에 관심을 쏟고 어떻게 살 것인가, 어떻게 행동할 것인가를 진지하게 생각하며 살아가는 인간적 실존을 말한다. 그는 실존의 개념을 인간 존재에 국한시키고 실존으로서의 인간은 일반적, 보편적 인간이 아닌 개별적이요 구체적으로 존재할 수밖에 없고 고독한 자일 수밖에 없는 존재라고 했다.

키르케고르는 세계와 자기 자신에 대한 낯섦, 분열, 밑도 끝도 없는 불안, 절망 등과 같은 자신의 체험으로부터 인간의 개념을 얻고 있다. 그는 이 모든 것을 인간의 근본 상황으로 파악한다. 그에 따르면 인간은 피할 도리 없이 불안과 죽음에 이르는 병인 절망 속에서 살아가고 있다. 다만 인간은 이것을 전적인 성실로 감내해야 한다. 그런데 키르케고르에 따르면 인간은 불안 속에서 자유의 가능성을 자신의 근본 본질로서 경험한다.

2) 신 앞에서의 실존

키르케고르의 사상을 이해하는 데는 무엇보다도 기독교를 빠뜨릴 수 없다. 그가 말하는 자기, 정신이라는 말도 실은 기독교적인 바탕 위에 있는 말이며 그것은 신에 대한 자기, 신에 대한 정신을 뜻한다. 그러므로 그가 말하는 실존 역시 신 앞에 있는 실존이다. 그래서 그는 "실존은 하나님 앞에 있는 것이다"(Existenz ist vor Gott)고 말했다. 다시 말해서 키르케고르가 말하는 실존은 신 앞에 자기 스스로를 자각하여 자기가 진정한 자기를 회복한 존재이다. 유한자인 인간의 죄와 허무로 인한 불안과 절망을 통해서 무한자이며 영원한 자인 신 앞에 완전한 예외자, 완전한 고독자로서 혹은 외톨이로서 있는 순간을 "이것이냐 저것이냐?" 하고 결단을 내려 본래적인 자기를 회복함이 그의 실존이다. 이처럼 그의 실존은 신 앞에 있을 때 되며 거꾸로 신 앞에 있을 때만이 진정한 자기, 즉 실존이 된다. 물론 그에게의 신은 완전히 단독자, 외톨이가 된 자만이 발견할 수 있는 신이며 결코 알려진 신, 나와 대치하고 있는 대상화된 신이 아니라 내 스스로의 안에서 주체적으로 절실히 느낀 신이다. 여기서 신이 무엇이냐 하는 물음은 문제가 되지 않으며 오직 어떻게 내가 그 신과 관계하느냐가 문제일 뿐이다. 따라서 키르케고르가 말하는 신은 완전히 좌절된 자만의 신이며 예외자의 신으로서 마음이 가난하고 절망한 자만의 신인 것이다.

그에 따르면 유한자인 인간은 죽음, 무, 자유 앞에서 불안을 느끼며 이 불안을 잊기 위하여 향락에 빠지거나 일상생활의 분망 속에서 불안을 잊고 살기도 하지만 참으로 불안을 경험하는 자는 결국 신 앞에 서게 된다고 한다. 그래서 그는 '홀로 신 앞에 서는 존재,' '신 앞에 홀로 선 단독자'를 참된 실존으로 보았다. 따라서 그에 있어서 인간적 실존의 과제는 참된 자기 자신, 본래의 자기 자신으로 되는 것으로서 실존의 자기 형성의 이 과정을 그는 실존의 3단계로 표현하고 있다.

3) 실존의 3단계

키르케고르가 말하는 실존, 즉 인간의 존재 형태는 자아의식의 연속적인 행위라 할 수 있다. 실존한다 함은 타인이 아니라 자신에 의한 인간 형성의 과정이다. 이러한 과정을 통하여 인간은 단계적으로 참된 인간으로, 하나의 인격으로 배양된다. 키르케고르는 이러한 자아 형성 과정을 3단계로 구분하고 있다. 미적 실존, 윤리적 실존, 종교적 실존이 바로 그것이다.

첫 번째 단계는 어떠한 원칙이나 궁극적 목적도 없이 그 날 그 날 향락 속에서 자기를 찾는 삶이고, 두 번째 단계는 양심과 이미 세워진 윤리적 가치의 원칙을 지키며 살아가는 인생을 가리키고, 세 번째 단계는 심미적인 가치는 물론 윤리적인 가치도 초월하여 종교적 세계, 더 정확히 말해서 기독교의 가치에 따라 살면서 신앙에 의해 본래적 자기를 찾으려는 삶이다.

(1) 미적 실존

미적 실존은 삶의 자기모순에 당착하여 불안과 권태를 견딜 수 없어서 충동과 감정에 따라 자아의 향락을 추구하는, 즉 오로지 감성적 욕구인 향락과 쾌락만을 추구하는 단계이다. 한 마디로 미적 실존은 쾌락을 누리는 실존인데 그는 그 대표적인 예로 청춘의 연애를 들었다. 이는 바람둥이 '돈 주앙'의 여성편력처럼 항시 뜬구름과도 같이 유동적이고 변화를 바라는 생활이면서 한편으로는 시적이면서도 예술적인 기질을 발휘하지만 궁극적으로는 이기적 쾌락의 노예가 되어 어쩔 수 없는 권태 속에 사로잡히게 되며 현실과의 불균형 때문에 자기 부정적이 되고 만다.

이 심미적 단계에서의 생은 환상과 기분, 그리고 정취의 한낱 가능성의 유희에 불과하다. 모든 것은 극도로 세련된 자의적이고 무책임한 향락의 대상이다. 이 단계에 있는 사람은 풍부한 가능성을 가지고 있으면서도 그 가능성을 제대로 사용하지 않고 내버려둔다. 그는 단지 바라보거나 즐기기만 할 뿐 행위하지 않고 따라서 책임도 지지 않으면서 산다. 그는 구미가 당기는 것이나 오락거리만 따라 좇아다니며 가능성을 구속력이 없는 실험으로 남김없이 다 써 버린다.

그렇지만 이렇게 순전히 심미적으로만 사는 사람은 마침내 존재의 공허감에 빠지게 되고 본질적인 의미에서 비현실적으로 남게 된다. 자기의 감성적 욕구에 가장 충실한 감성적 생활은 참된 자기 발견이 아니라 오히려 자기 상실이라는 역설에 빠진다는 말이다. 이러한 점에서 키르케고르는 심미적 단계가 인간에게 최종적인 실존 가능성일 수 없다고 주장한다. 여기에 미적 실존의 한계가 있는 것이요 이 모순에서 실존은 다음의 윤리적 단계로 비약하게 된다.

그런데 실존함이란 인간이 그 앞에 놓여 있는 가능성 가운데 한 가지 가능성을 택하고 다른 가능성들은 버림을 의미한다. 달리 말하면 인간의 자유는 결단으로서 실현된다. 왜냐하면 결단을 내릴 수 있는 용기를 가진 사람만이 현실에 이르고 현존재 속에 자신의 자리를 확립할 수 있기 때문이다. 이처럼 선택과 결단은 키르케고르가 인간을 고찰하는 바로 그 본질적인 범주이다.

(2) 윤리적 실존

선택과 결단은 두 번째의 윤리적 단계의 특색을 나타낸다. 인간은 이 윤리적 단계에 들어서서 실제로 결단을 내릴 때 비로소 본래의 자기 자신에 이르고 자신의 과제가 될 수 있는 것을 발견한다. 윤리적 실존은 양심을 가지고 윤리적인 것을 의무로서 이행하는 실존의 단계이다.

미적 실존을 연애로 비유하였던 키르케고르는 윤리적 실존을 결혼으로 비유하였으며 여러 여성이 아닌 오직 한 여성의 사랑 속에 깊어지는 생활태도, 즉 동일한 것의 반복 속에 사는 생활태도로서 쾌락이 아닌 양심에 따라 사는 도덕적인 인간을 말한다. 하지만 이 모든 것으로도 여전히 불충분하다. 스스로 윤리적인 인간이 되어 보려는 노력도 결국은 절망으로 끝나 버린다. 왜냐하면 우리가 윤리적 사명에 충실하고자 노력하면 노력할수록 이상과는 너무도 멀고 부족한 자기 자신을 발견하기 때문이다.

여기서 인간은 그 혼자의 힘만으로는 진실로 자기 자신이 될 수 없음을 깨닫게 된다. 그리고 우리가 이성이 표현해 주는 행위의 규율들을 인식하고 수용하지만, 이런 규율들을 완전히 실현함이 불가능하다는 자기모순에 빠져 또다시 좌절하며 절망에 빠지게 된다. 이러한 무력감이 바로 인간이 갖는 유한성의 가장 심오한 징표라 할 수 있다. 즉 윤리적 태도는 자아에로의 귀환을 강요함으로써 결국 공허를 겨냥하고 있기 때문에 성취될 수 없고 실패하지 않을 수 없음을 절감하게 된다. 결국 윤리적 실존은 윤리적 생활 태도로는 참된 자기, 참된 윤리적 실존일 수 없음을 깨닫고 이 좌절과 절망에서 다음의 종교적 실존으로 비약한다.

(3) 종교적 실존

키르케고르는 실존의 세 번째 단계에서 철학자이면서 동시에 신학자이게 된다. 종교적 실존은 절망과 죄책감의 극한에 도달할 때 향락이나 양심이 아닌 절대적 신앙으로 사는 인간 존재로서 절대자인 신의 품에 안겨 영원한 신이 육화했다고 하는 객관적으로는 불확실하기 짝이 없는 종교상의 역설을 그대로 받아들이는 경지이다. 그는 양심이 아니라 절대적인 신앙으로 사는 종교적 실존이야말로 자신이 부단히 추구했던 진정한 실존으로 생각하였다.

그에 의하면 인간은 신의 절대적 요구, 즉 신 앞에서의 단독자로서의 선택과 결단에 처해 있다. 그래서 그는 "한 인간이 완전히 자기 자신, 한 개별적인 인간, 이 특정의 개별 인간이 되는 것을 감행함은 극히 중요하다. 이 모든 엄청난 긴장과 이 모든 엄청난 책임을 떠맡고 홀로 신 앞에 서는 것 말이다'라고 말한다. 이런 신앙을 가진다 함은 신과의 무한한 단절 앞에서 구원에 대한 아무런 보장도 없이 저 역설을 무조건 받아들임을 말한다. 참된 실존이란 바로 이런 신 앞에 홀로 선 단독자를 말한다. 따라서 "실존은 신 앞에서이다"(Existenz ist vor Gott)라는 표현에서도 알 수 있듯이 키르케고르의 실존은 신 앞에 있을 때만이 되며 또 그때만이 진정한 자기, 즉 실존이 될 수 있다.

키르케고르가 말하는 실존의 3단계란 자아 형성의 단계로서 넓게 보면 개별적, 구체적인 존재인 실존으로서의 인간이 살아가는 생활태도나 가치에 의한 생의 3단계를 가리킨다. 물론 키르케고르는 심미적 인생보다는 윤리적 인생이 윤리적 인생보다는 종교적 인생이 보람 있다고 확신한다. 즉 그는 실존은 그 비약적 발전을 통하여 더 높은 실존으로 발전해 간다고 보고 종교적 인생이 가장 진보된 참된 삶이라는 믿음으로 신 앞에서의 단독자인 종교적 실존을 부단히 추구했다.

그런데 이러한 생의 단계들은 연속적인 발전의 단계가 아니다. 각 단계는 그 자체로서 폐쇄되어 앞뒤로 연결되는 것이 아니고 하나의 영적 상태로서 그 반대 상태로의 전도도 없다. 한 단계에서 다른 단계로의 이행은 매개를 통해 이루어지는 것이 아니고 항상 오직 비약 또는 결단의 충격에 의해 이루어진다. 즉 이러한 3단계의 인생과 자아를 형성하는 데는 선택과 결단이 중요한 작용을 하며 보다 높은 단계로의 전진에는 비약이 결정적 계기가 된다. 그러므로 그것은 헤겔의 변증법에서와 같이 지양에 의한 종합의 결과가 아닌 좌절과 절망을 경험하는 가운데 '이것이냐 저것이냐' 하는 의지의 결단에 의한 선택을 통한 비약이다. 이와 같은 키르케고르의 실존 변증법을 보통 질적 변증법이라고 한다. 헤겔에서와 같은 로고스나 마르크스에서와 같은 물질의 발전 형식이 아니라 실존의 변증법인 그의 질적 변증법은 실존의 본래적 자기가 생성되어 가며 깊어 가는 주체적인 이법(理法)인 셈이다. 낮은 가능적 실존으로부터 고차적인 실존에까지 오는 것은 결코 연속적이고 양적인 옮김이 아니라 하나의 결단에 의해서 질적인 비약이 있다. 키르케고르는 이러한 생각을 토대로 헤겔의 변증법은 양적인 변증법이라 비판하면서 자신의 것은 신앙에 근거를 둔 실존 변증법, 역설 변증법 혹은 질적 변증법이라 일컬었다.

4) 기독교에의 영향

합리적 신앙보다는 실존적 신앙을 강조했던 키르케고르는 칸트주의자들의 도덕적 관념론은 물론이고 헤겔의 절대적 관념론과 같은 모든 형태의 합리적 신학에 대해서도 신랄하게 공격했다. 대신에 개인적이며 실존적인 인격적 헌신을 통한 종교적 경험을 주장했다. 따라서 키르케고르는 종교적 세계에서의 지식의 객관적인 측면을 무시하였다. 즉 신앙의 실존적 영역과 실존적 선택을 위해서 이성의 부재나 불확실성을 강조하였다. 그리하여 합리주의의 객관성에 반대하여 실존적 주관성을 강조한 키르케고르는 기독교 실존주의의 아버지가 되었다.

또한 키르케고르의 실존철학은 칼 바르트로 대변되는 소위 변증법적 신학 또는 신정통주의에 커다란 영향을 주었다. 신정통주의자들은 초월적이고 불가지적인 신과 유한하고 죄악된 인간 사이의 무한한 질적 차이에 주목하고 신을 절대적인 타자(他者)로 인식했다. 그리고 신의 내재성과 계시의 직접성을 강조하는 자유주의로부터 돌아서서 신앙의 위기와 믿음의 역설성과 부조리성을 강조했다. 나아가 신앙은 '객관적 불확실성'이요 기독교에 대한 역사적, 자연적 '증명'은 없다고 주장했다. 그러나 객관적 진리보다는 인간의 실존적 경험을 강조하는 키르케고르의 실존철학은 신정통주의자들로 하여금 "성경은 하나님의 말씀'이다'"(is)는 절대적이고 객관적인 명제에서 "성경은 인간의 실존적 경험에 의해서 하나님의 말씀이 '된다'"(become)는 성경관으로 나아가게 하는 데 결정적인 영향을 주었다.

그러나 다른 한편으로는 그가 드러낸 인간의 실존의 모습과 신 앞에서의 단독자는 성경이 말하는 죄인된 인간의 모습과 구원의 필요성을 실존적으로 잘 드러내주고 있어서 현대인들에게 복음적 접근을 할 때 매우 유용하게 사용될 수도 있다.

5. 야스퍼스

1) 시대 비판

독일 올덴부르크 출신의 칼 야스퍼스(Karl Jaspers, 1883~1969)의 철학은 먼저 다분히 니체적인 눈으로 현대를 분석한 후 자신이 위기라고 본 현대사회의 비판과 그 반항 속에서 성립되었다. 야스퍼스는 자신의 저서 『시대의 정신적 상황』(*Die geistige Situation der Zeit*)에서 현대를 기계와 기술과 대중의 시대라고 규정한다. 그에 따르면 기계 기술과 대중의 시대인 현대에 사는 인간의 개성은 기계의 부분품이 되어 버렸고 경제생활을 중시한 나머지 정신은 무력화하여 경제를 위한 수단이 되어 버렸으며 이렇게 물질의 수단이 된 정신은 자기 자신은 물론 타인도 믿지 못하게 되어 결국은 현대를 신뢰가 결여된 시대로 만들고 있다고 한다.

현대에 있어서 기계문명은 분명히 놀라운 진보를 이룩하였다. 그러나 기계의 세계에서는 인간의 개성이나 인격성은 모조리 부정되어 거의 문제시되지 않으며 인간들은 그 속에서 그저 서로 교체되기도 하고 대용되기도 하여 마치 기계의 부품들처럼 너와 나의 구별이 없게 된다. 여기서 인간의 의미는 개성보다는 비본래적인 기능만이 문제시된다. 그리고 대중의 세계는 여론과 광고의 세계로서 평등과 획일만이 문제시되며 인간은 그저 수평화되어 갈 뿐이다. 그래서 우리의 생활은 단지 기계와 기술을 통해서만 고려되며 경제적 생활만이 중시되어 정신 같은 것은 아예 경제를 위한 수단으로 전락하여 그 본래의 의미는 상실되어 간다.

이렇게 정신이 무력화되어 감에 따라 이제 현대인들은 그저 결단력 없는 타협에 빠지거나 마음속에 불만을 지니면서도 그저 이렇다 할 신념 없이 어떤 지도자에 의뢰하거나 굴종하게 된다. 이러한 정신적 상황 속에서는 진정으로 생명을 구가하려는 기쁨 같은 것은 찾을 길이 없을 뿐만 아니라 창조의 기쁨을 찾을 수 없는 형편으로 인한 공허감과 불만의 돌파구로 사람들은 모험적인 것, 스포츠 내지는 에로틱한 오락물과 유행에 사로잡히게 된다. 거기에는 또한 모험소설, 탐정소설, 기이한 엽색행각, 도박 및 사행심 같은 것들만이 판을 치게 된다. 두 말 할 것도 없이 이러한 것들은 정신의 수단화, 무력화에서 오는 인간 소외의 비극적인 현상이다. 그러한 인간들은 스스로를 믿으려 들지 않으며 나아가서는 자기뿐만 아니라 어떤 누구도 믿으려 들지 않는다. 이는 진정한 인간의 시대가 아니라 신뢰성을 상실한 무서운 허위의 시대이다. 이것이 바로 야스퍼스가 바라본 현대가 처한 위기의 모습이다. 여기서는 하나의 커다란 결단만이 문제가 된다. 이와 같은 광범한 인간상실의 시대에 인간의 자기 회복을 가능하게 하는 길로 야스퍼스는 실존철학을 제창한다. 자신의 철학을 실존철학이라 불리기를 원치 않았던 하이데거(M. Heidegger)와는 달리 그는 자신의 철학을 실존철학이라고 표방하고 나섰으며, 시대의 병을 치료하기 위한 처방이라는 뚜렷한 성격을 띠고 등장했다.

2) 철학적 세계정위

야스퍼스 철학의 요강은 좌절을 통한 초월에의 의욕이다. 이것은 세계로부터 실존에로, 실존에서 신에로의 이중의 초월로 나타난다. 그래서 그의 철학은 이중의 초월에 대응하여 세계, 실존, 신의 세 부분으로 성립되며, 이에 따라 1932년 출간된 그의 저서 『철학』(Philosophie)도 「철학적 세계 정위」, 「실존 조명」, 「형이상학」이란 부제로 한 권씩 나뉘어 3권으로 되어 있다. 그는 여기에서 실존에 대한 해명 (Existenzerhelling)을 한다.

야스퍼스가 세계정위(Weltorientierung)라고 했을 때의 세계는 객관적으로 존재하는 사물, 즉 현존재의 전체요 정위는 방향을 아는 것을 뜻한다. 그의 현존재란 객관 존재 일반을 말하는데, 그것은 물질, 생명, 마음, 정신으로 이루어져 있으며 이런 대상 영역에 대하여 물리학적, 생물학적, 심리학적, 정신과학적인 지식을 갖는다.

그가 말하는 세계정위란 세계에 관한 인식이 늘 일정한 방향에서 이루어짐을 나타내는 말인데 우리 현대인에게 가장 대표적인 것은 '과학적 세계정위'라고 한다. 그래서 대부분의 현대인들은 과학적 인식이 진정한 존재 인식이며 가장 확실한 인식이라고들 생각하기 때문에 세계의 모든 사물에 관한 과학적 지식을 통하여 행동해야 할 방향을 잡고 있지만 과학적 인식의 대상들은 결국 의식 일반의 대상으로서 의식이라는 주관에 의해 파악된 객관으로서의 존재, 즉 현상에 불과하다. 더구나 이러한 정위에 있어 우리는 세계의 통일적 인식, 즉 하나의 세계상을 요구하지만 세계에는 물질, 생명, 마음, 정신의 네 가지 현실적인 영역이 있고 세계의 규정이 분열되어 있으며 이들 사이에는 비약이 있어서 과학에 의해서는 통일적 세계상을 이룩할 수 없다.

이와 같이 과학에 의한 세계정위가 완결을 볼 수 없고 결국 넘을 수 없는 한계에 부딪힌다는 사실을 깨닫게 하여 우리의 실존으로 비약하도록 일깨우는 데에 '철학적 세계정위'의 진정한 목적이 있다. 야스퍼스의 철학적 세계정위는 과학적 세계정위에 대한 비판이 주종을 이루는데 이 비판은 과학 그 자체보다는 과학에 대한 과신을 바탕으로 하는 모든 사상에 대한 것이다.

3) 실존조명

실존조명(Exsitenzerhellung)이란 실존이 스스로 자기 자신을 밝혀 감으로써 참된 자기 존재를 파악함을 말한다. 실존은 대상이 될 수 없기 때문에 실존 인식이 아닌 실존조명으로서 그것은 실존을 대상으로 인식하는 실존철학이 아니라고 야스퍼스는 말했다. 그리고 그는 자신의 철학을 실존주의가 아닌 실존철학이라 했다. 실존을 조명한다 함은 실존이 자기 자신이 된다, 자기 자신을 의식한다는 뜻이다. 그러므로 실존조명의 과제는 실존에게 참된 자기 자신이 되고자 하는 욕구를 일깨워 주는 데에 있다.

야스퍼스는 실존이라 칭하는 자기 존재는 초월하는 비약 안에서만 도달될 수 있다고 한다. 실존은 자신의 결의에서 나온 결단에 의해 존재에로의 길 위에 서 있는 본래적인 자기 존재이다. 비약은 한계상황 속에서 준비된다. 사유는 한계상황에 부딪쳐 부서지고 자신의 무력함을 경험한다. 이 한계상황 속에서 나는 나 자신에 대한 무지와 자신의 비존재의 가능성을 생각하며 불안을 느낀다. 이 불안 속에서 나는 양심의 소리에 의해 나의 근원에로 불려진다. 나는 나 자신의 존재를 결정할 수 있는 자유에서 실존의 본질이 드러남을 안다. 자유는 선택의 비약에서 도달한 실존으로서 존재한다. 실존은 객관적 역사 전체에 내가 현사실적으로 결속되어 있는 것으로 파악되어야 한다. 나타남으로서의 나의 현존재와 나 자신의 일치가 나의 역사성이며 그것을 깨닫는 것이 역사적 의식이다. 우리는 역사 속에서 다른 존재와의 교제를 통해 나 자신이 된다. 실존은 자기 자신과 그리고 그 안에서 자기의 초월과 관계하는 그것이다. 나는 내가 나 자신이 되도록 하는 힘인 초월에 대한 앎과의 일치 속에서만 오직 실존일 뿐이다.

이러한 야스퍼스의 참된 실존을 정리하면 이렇게 말할 수 있다; 첫째, 우리는 다른 현존재와 같이 그저 존재하는 것이 아니라 오히려 있을 수 있고 있어야 하는 존재이며 본래의 자기를 선택할 수 있고 또 선택해야 한다는 의미에서 가능적 존재이며 자유 존재이다; 둘째, 실존은 다른 실존과의 상호 교제에서 비로소 가장 깊은 고독으로 돌아가고 참된 자기를 발견하게 된다는 점에서 실존은 상호간의 교제(Kommunikation)에서 성립한다; 셋째, 실존은 과거를 짊어지고 미래를 내다보는 현재의 순간의 충실인 영원한 현재란 점에서 역사성이다. 실존은 이런 역사성의 깊이에서만 다른 실존과 교제할 수 있고 또 교제의 단절에서 비로소 초월에 직면할 수 있다. 바로 이 같은 참된 실존이 어떻게 자각되고 실현될 수 있는가 하는 점을 보여주는 것이 그의 한계상황론이다.

야스퍼스에 따르면 우리가 어떤 상황 속에 있음은 다른 생물과 마찬가지이다. 그러나 우리는 역사 속에서 언제나 유일한 단독자로서, 즉 실존으로서 특정한 생활을 하고 있다. 가령 나는 내가 미리 선택하지 않은 특정한 부모 사이에 태어났다든가 남자 또는 여자라든가 바로 이 시대에 그리고 바로 이 땅에 태어났다든가 등등. 이런 특정한 규정성은 어떤 일반적이고 법칙적인 것으로부터 끄집어 낼 수 없는 우연성, 말하자면 운명과도 같은 것이다. 더구나 왜 우리가 그런 특정한 상황에 빠져 있는지 알 수도 없거니와 거기에서 빠져 나올 수도 없다. 자유 존재임을 자처하는 우리는 여기에서 자기 존재의 한계에 직면하게 된다. 이것을 야스퍼스는 한계상황(Grenzsituation)이라고 하고 이런 특수한 한계상황으로서 죽음, 고뇌, 싸움, 죄의 네 가지를 들었다.

이러한 한계상황은 실존의 유한성을 깊이 깨닫게 하고 그 좌절에서 초월자(Transzendenz)에로의 비약을 불가피하게 한다. 그러므로 실존은 한계상황에서 자기 자신에 대해 절망하고 초월자가 주재하는 현실에 눈을 돌려 존재 의식을 변혁시키면서 본래의 자기 존재에로 회생한다. 결국 한계상황은 실존을 각성케 하는 근본 계기요 실존은 한계상황을 통해 조명된다.

4) 형이상학

『철학』의 3권 「형이상학」에서는 초월자가 어떻게 실존에 개시되는가를 다루면서 초월의 최후 단계인 암호 해독에 이른다. 존재 의식의 변혁에 대응하여 모든 것은 초월자의 암호로 되어 있어 실존은 이 암호들을 해독함으로써 초월자의 현실을 확인한다. 암호는 실존이 청취하는 초월자의 언어인데 이 암호에는 세 가지가 있다. 첫째는 초월자의 직접적인 언어인데 이것은 실존의 절대적 의식에서 순간적으로 청취할 따름이다. 둘째는 신화나 계시, 예술처럼 실존 상호간에 전달 가능한 언어이다. 셋째는 철학적 전달이 가능한 사변적 언어이다. 그러나 인격적 신에로의 존재의 접촉은 암호의 상징적 존재를 통해서만 가능하다.

야스퍼스는 한계상황에서 겪는 좌절이 바로 그 결정적인 암호라고 한다. 암호는 하나인 무한한 신이 유한하게 실존하는 인간에게 세계적 존재자 안에서 감각적으로 현재하는 방식이다. 따라서 자신의 유한성을 깨닫는 좌절은 모든 암호 존재의 포괄적 근거이다. 즉 좌절할 때 비로소 초월자의 암호를 해독할 수 있다. 그러므로 그의 실존은 좌절을 통한 초월자와의 조우를 목표로 하고 있다. 다시 말해 실존은 암호를 해독함으로써 초월에 직면하게 된다.

5) 이성과 실존

야스퍼스의 철학은 실존으로부터의 철학이요 실존은 철학함의 근원이다. 그런데 그의 철학은 『철학』의 구조가 보여주듯이 매우 조직적이며 체계적이라는 점에서 키르케고르나 니체의 사색과는 아주 대조적이다. 그는 이성에 반항하고 이성적인 체계에 반대 입장을 취하지 아니하고 오히려 사유는 본성상 이미 체계적이라 하여 실존적 사색의 이성적 성격을 매우 강조한다. 실존의 각성을 목표로 하는 야스퍼스의 실존철학에서의 이성의 기능은 그의 포괄자론(包括者論)에서 잘 밝혀진다.

야스퍼스의 포괄자론은 원래 실존조명의 한계를 극복하려는 시도였다. 그에 따르면 실존은 사고의 대상도 아니요 인식될 수 있는 것도 아니기 때문에 이를 파악하려면 오로지 개인의 내면적인 체험에 호소하는 수밖에 없다. 그래서 그는 실존의 자유, 역사성, 교제, 한계상황 등의 실존적 현실에 호소하였다. 그러나 그러한 실존조명은 내면적인 체험의 언표하기 어려운 깊이에만 집중한 나머지 명석한 이성의 자기 이해의 밝음을 결여하여 유아론적 비합리적 독단에 빠질 위험이 있다. 바로 이런 위험을 극복하려는 것이 그의 포괄자 개념이다.

포괄자(Das Ungreifende)란 그가 추구한 본래적 존재 또는 존재 자체를 말한다. 이 포괄자는 특정한 관점이나 입장을 통한 한정된 파악의 대상이 아니라 오히려 그러한 모든 관점이나 입장들이 거기서부터 나오게 되는 근원이다. 따라서 존재 자체가 포괄자라는 말은 존재 자체는 인간에 의해서 인식될 수 없는 어두운 한계에 머문다는 말이다. 그렇다고 존재 자체가 우리에게 전혀 밝혀질 수 없는 것은 아니다. 오히려 야스퍼스는 대상적 사고의 한계에까지 밀고 가서 좌절시키고 초월함으로써 사유 저편의 인식 불가능한 현실로서의 존재가 간접적으로 조명될 수 있다고 한다.

존재 자체인 포괄자는 우리가 그것을 생각하자마자 원래 하나인 존재가 주객 양극으로 분열한다. 주관 쪽에서는 현존재(시간 속에 있는 우리들의 현실 존재), 의식 일반(과학적 지식이 나타나는 곳), 정신(전체로서의 결합시키고 방향을 부여하고 질서를 세우고 하는 힘)의 세 양태의 내적 포괄자와 그것들에 생명을 불어넣는 초월적 지반으로서의 실존으로 나뉜다. 또 객관 쪽에는 객관적 내재적인 포괄자로서의 세계와 본래의 포괄자 자체로서의 초월자로 나뉜다. 바로 이들 모든 양태의 포괄자를 하나인 존재 자체에 공속하는 양태들로 관련짓고 결합하는 띠와 같은 역할을 하는 것이 바로 이성이다.

따라서 야스퍼스에게는 이성은 실존과 상보적 관계에 있다. "실존은 오직 이성에 의해서만 밝혀지며 이성은 오직 실존에 의해서만 내실을 얻는다." 그러므로 만일에 실존이 이 이성을 갖지 않으면 그때그때의 감정이나 자의에 휩쓸려 맹목적이 되어 버릴 것이다. 이때 실존은 이미 실존함을 포기하는 셈이다. 따라서 야스퍼스에 있어서의 이성은 실존과의 밀접한 관계를 가지고 있는 바, 실존 이성이라고 부르는 것이 적합할 것이다. 이성은 고립적, 폐쇄적인 실존의 껍질을 타파하고 다른 실존과의 교제에서 그 독선적인 신념을 고쳐 나간다.

이처럼 실존과 이성은 그의 철학함에서의 두 축으로서 실존으로부터의 사색은 그 수직의 차원에 성립하며 이성에 의한 사고는 그 수평의 차원에 위치한다. 실존은 궁극적인 초월자를 향해서 수직의 차원에서 비약을 시도하지만 그러나 그것은 언제나 수평의 차원에서 이성의 무한한 반성을 거쳐야 한다.

6. 하이데거

20세기 인간 존재론의 최대의 철학자라 평가되는 마르틴 하이데거(Martin Heidegger, 1889~1976)는 목사가 될 목적으로 대학에서 신학을 공부했으나 철학으로 전공을 바꾸었는데 1919년부터는 후설(Husserl)의 조교로 근무했다. 그러나 그는 프라이부르크대학 총장에 취임하면서 나치 당원이 되었고 취임 시 나치즘의 위대성과 히틀러를 찬양하는 연설을 한 전력 때문에 말년에 많은 비난을 받았으나 그는 결코 자신의 잘못을 인정하지 않았다.

하이데거는 자신이 실존철학자로 불리는 것을 꺼려했지만 그 역시 실존철학자임에는 틀림없다. 그는 후설의 후계자로서 현상학적 운동의 지도자로서의 자신의 역할을 단념하고 실존철학의 주동자가 되었다. 그러나 존재 성격의 근본 문제들에 접근하는 점에서는 현상학적 방법을 활용하였다.

1) 존재론

하이데거는 자신의 철학을 인간적 실존 이상의 존재를 인정하는 존재의 철학이라고 규정한다. 그리고 그는 현대가 인간의 존재 망각의 위기에 빠져 있다고 보고 존재의 의미에, 즉 무엇이 존재를 가지적으로 만드느냐에 관심을 가졌다.

그는 존재(Sein)와 존재자(Seinde)를 엄격히 구분한다. 존재자란 나무, 하늘, 언어, 행위 등등 구체적으로 있는 것을 말하고, 존재란 있는 것들과는 다르면서 만물의 밑바닥에 있어서 만물을 있는 것으로 나타나게도 하고 없어지게도 하는 그 어떤 지평과 같은, 즉 존재자를 존재자이게 하는 것을 말한다. 이에 따라 하이데거는 존재적(ontisch)과 존재론적(ontologisch)을 구별한다. 그는 주어진 사실로서의 존재자에 관한 넓은 의미의 경험적인 태도를 존재적이라고 하고 이 경험을 성립시키는 본질적인 제약이나 근원적인 조건에 관한 선험적인 태도를 존재론적이라고 했다. 그리고 그러한 구별을 존재론적 구별이라 했다.

그런데 하이데거에 따르면 파르메니데스, 플라톤, 아리스토텔레스로부터 토마스 아퀴나스를 거쳐 근세에 이르는 모든 형이상학의 역사는 존재에 관한 존재론, 즉 존재론적인 것이 아니고 존재자에 관한 존재론, 즉 존재적인 것이었다고 한다. 이것이 하이데거가 말한 소위 존재 망각의 역사이다. 그래서 그는 그 동안 잊혀졌던 존재를 다시 되찾아야 한다고 역설하는데 근원적인 존재에의 사색의 길에는 두 가지가 있다고 한다. 첫째는 인간이 지니고 있는 존재 이해를 통해 존재에 이르는 길이고, 둘째는 존재에 직접 이르는 길이다.

하이데거는 인간을 특별히 현존재(Dasein)라 부른다. 현존재란 구체적으로 거기에(da) 있는 자(sein)란 뜻이다. 이 현존재로서의 인간은 책상과 같이 구체적인 존재자가 있음을 안다. 그리고 현존재는 존재자의 있음, 즉 존재를 이해하고 있다. 물론 인간은 존재가 무엇인지에 대해 정확히 말할 수는 없지만 그래도 불분명지만 그 자신의 존재, 즉 존재자의 존재에 대해 어렴풋이 알고 있다. 따라서 인간의 현존재 야말로 존재자의 존재를 안으로부터 밝힐 수 있는 유일한 장소이다. 그러므로 하이데거는 존재에 대한 이해는 현존재에 본질적으로 귀속되는 특징을 가지고 있으므로 현존재의 존재 이해라는 존재 방식을 분석함으로써 존재 일반의 의미를 분명히 하고자 한다.

그러므로 존재에 이르는 첫 번째의 길은 현존재, 즉 인간 존재의 분석에서 존재에 이르고자 하는 길이다. 하이데거는 존재 자체가 가장 잘 현현하는 무대라고 할 수 있는 인간 존재를 통해서 존재를 밝히려고 한다. 존재자의 존재의 의미를 파악하기 위해 이것을 다룬 것이 그의 『존재와 시간』(*Sein und Zeit*)이다. 그러나 현존재로부터 존재에 이르는 길이 후기에는 반대로 존재로부터 현존재에 이르는 길로 전환된다.

2) 현존재(Dasein)의 실존(Exsistenz)

하이데거는 『존재와 시간』을 "존경과 우정의 정으로" 스승 후설에게 바쳤는데 후설과 그의 현상학이 없었다면 이 책이 나오지 못했을 것이라고 말할 정도로 자신의 철학이 후설의 현상학에 영향을 받고 있음을 고백했다. 물론 하이데거는 존재를 해명하는 작업에서도 대개의 경우 드러나 있지 않고 가려 있는 것을 드러나게 하는 현상학적 방법을 따른다. 그는 바로 존재가 존재자의 그늘에 가려져 있다고 보았다. 그래서 그는 존재론은 오로지 현상학으로서만 가능하며, 현상학은 바로 존재자의 존재에 관한 학, 즉 존재론이라고 했다. 그리고 그가 현존재의 존재 이해를 해석하여 존재를 밝혀 보고자 한다는 점에서 그의 존재론은 현존재의 해석학에서부터 시작하는 현상학적 존재론이라고 할 수 있다.

하이데거가 존재를 밝히기 위해 이해하고자 하는 현존재란 바로 현재 거기에서 행위하고 있고 여러 가지 관계를 맺고 있는 현실 속의 인간 존재이다. 그것은 결코 단순히 생각된 현실이 아니며, 지금 이곳에 내가 절실하게 처해 있는 현실 속에 있는 인간 존재를 말한다. 그가 인간을 특히 현존재(Dasein)라고 부르는 이유는 인간을 주관과 같은 논리적, 추상적인 것이 아니라 현실적으로 거기에 있는 구체적 존재자로서 언제나 인칭을 수반하는 각자적인 것으로 보기 때문이다. 이러한 인간은 존재(Sein)가 드러나는 곳(Da)이라는 의미에서도 현존재이다. 나아가 하이데거는 인간적 존재자는 다른 존재자와는 달리 스스로 존재하면서 자기의 존재를 언제나 문제로 하고 있는 특별한 존재자라는 사실을 나타내기 위해서 인간을 현존재라 불렀다. 실로 인간은 존재는 하되 어떻게 존재하는가를 스스로 결정해 가는 존재자이다. 인간은 자기의 존재 방식에 늘 관심을 가지고 있는 존재자이다.

하이데거는 이렇게 자기의 존재를 스스로 문제 삼고 거기에 관심을 기울이는 존재를 실존(Exsistenz)이라고 부른다. 따라서 실존하는 인간에게는 여러 가지 상이한 존재 방식을 선택할 수 있게 해 주는 수많은 가능성들이 열려 있다. 이렇게 해서 존재를 찾아 나선 하이데거는 현존재의 특징이 실존이라는 데서 출발하여 현존재의 실존론적 분석을 시작한다. 이러한 실존에 관한 것, 즉 인간의 실존 해명이 이른바 그의 기초적 존재론이다. 이처럼 하이데거는 존재의 기초에 현존재를 두고 이 현존재를 해석함으로써 그것을 내면에 열어 보이려고 했다.

존재에 이르기 위한 첫 번째의 길에서 하이데거는 현존재로서의 인간의 특징을 실존으로 규정하고 염려와 시간에다 환원시켜 분석하는데, 그것을 통해 현존재가 가지고 있는 세계-내-존재(In-der-Welt-Sein), 염려(Sorge), 불안(Angst), 죽음을 향한 존재(Sein zum tode)라는 구조를 드러낸다. 그래서 그의 실존철학을 해석학적이라고 말하는 이유가 여기에 있다.

3) 세계-내-존재(In-der-Welt-Sein)

하이데거는 우선 일상성에서의 현존재 분석부터 시작하여 이것을 세계-내-존재(In-der-Welt-Sein)라고 규정한다. 이 말은 단순히 책가방 속에 책이 있다는 식으로 현존재가 세계 속에 있다는 말이 아니라 현존재는 본래부터 세계 속에 있다는 방식으로만 존재한다는 말로서 세계 없이 현존재만 있다는 것은 생각할 수 없다는 의미이다. 다시 말하면 인간과 세계는 하나의 포괄적인 구조적 얼개로서 인간이 없으면 세계도 있을 수 없고 세계가 없으면 인간도 있을 수 없다는 의미이다. 여기서 세계는 어떤 대상적으로 표상된 외연적 물체 또는 존재자의 총체가 아니며 현존재 자체의 한 성격으로서 하나의 현사실적 현존재가 현존재로서 그 안에서 살고 있는 그것이다.

세계는 공공의 우리 세계 또는 자신의 가장 가까운 주거적 주위 세계를 뜻한다. 세계-내-존재의 현존재는 이 세계 속에서 존재자와의 만남을 통해 존재를 인식한다. 이 관계는 이론적 관계가 아니라 주위 세계를 관심을 갖고 둘러봄으로 가능하다. 인간이 세계 속에 있다 함은 인간은 늘 환경에 관심을 가지고 있고 여러 방식으로 세계와 관계하고 있다는 뜻이다. 그것이 바로 염려, 심려, 우려 등으로 번역되는 마음씀, 즉 관심(Sorge)이다.

4) 염려(Sorge)

엽총을 손에 쥐고 사냥에 나선 포수가 사냥할 짐승을 찾아 놓치지 않기 위해 주위에 항상 눈을 돌려대며 나아가듯이 세계-내-존재로서의 인간도 주위 세계를 항상 둘러보면서 관심과 염려(Sorge)를 가지고 살아간다. 이것이 인간의 현실적 생존 방식이다. 세계-내-존재로서의 인간은 세계 속에서 어떤 것을 만들거나 사용하거나 잃어버리거나 관찰하는 방식으로 세계와 관계하고 있다. 따라서 이러한 현존재는 *homo faber*, 즉 공작인이요 그런 점에서 현존재는 눈으로 세계를 보는 것이 아니라 손으로 세계와 교섭한다.

우리는 우선 손 가까이에 있는 도구로 세계와 교섭한다. 그러므로 현존재가 세계 속에서 만나는 것은 그냥 사물이 아니라 무엇인가를 위한 도구이다. 그리고 이 현존재의 도구 연관의 전체가 바로 환경으로서의 세계(Umwelt)이다. 그러나 세계 속에는 도구뿐 아니라 다른 현존재, 즉 타인도 있다. 그래서 우리는 도구로서의 세계에는 배려(Besorge)하고 타인들에 대하여는 마음을 쓰면서, 즉 고려(Fürsorge)하면서 서로 하나의 공동세계(Mitwelt)를 이루면서 살고 있다. 따라서 현존재의 존재 방식이 도구에 관한 배려이건 타인에 관한 고려이건 그것은 결국은 관심, 우려 또는 염려로 환원된다. 바로 그것이 인간 존재의 본질 성격이요 구조적 전체성이다.

그런데 보통의 경우 저 공동 세계 속에서 만나는 타인, 그리고 그들과 함께 살아가는 나는 본래의 자기가 아닌 평균성과 일상성에 빠져 버린, 즉 잡담, 호기심, 애매성 속에 사는 비본래적인 세상사람으로서의 속인(das Mann)에 불과하다. 실존하는 현존재가 자기 자신으로 되돌아와 있을 때는 본래적이 되지만 분망하고 들떠 있고 아무 데나 정신이 팔려 있을 때는 바로 그러한 세상사람이 된다. 그러므로 이러한 일상적인 자기, 세상사람으로서의 현존재는 본래의 자기가 가려진 존재 방식, 즉 비본래적 존재이다.

하이데거는 그러한 세상사람으로서의 일상인의 모습을 퇴락한 상태라고 말한다. 그러므로 우리는 이 퇴락한 상태에서 벗어나 참된 실존으로서의 본래의 자기를 되찾도록 노력해야 한다. 하이데거는 이러한 작업을 불안이라는 기분과 관련하여 수행한다. 그것은 죽음의 불안이 때때로 우리에게 본래의 자기를 엿보여 주기 때문이다.

5) 불안(Angst)과 그 극복

세계-내-존재인 인간은 현사실성 속에서 세계에 피투(被投)되어 있으며 그에 따르는 공포나 불안의 기분에 젖어 있음을 깨닫게 된다. 하이데거는 이 불안(Angst)이라는 기분(Stimmungen)을 통해 현존재를 또다시 개시한다. 불안은 공포(Furcht)와 다르다. 공포에는 그 대상이 뚜렷하지만 불안은 그렇지 못하다. 까닭 없이, 막연히, 그리고 어쩐지 불안하다. 하이데거는 그것은 바로 인간이 죽음에의 존재(Sein zum Tode)요 종말에의 존재이기 때문이라고 한다. 인간은 유한한 존재이기 때문에 불안하다. 이 죽음(Tode)의 불안이 바로 인간의 유한성에 대한 증거요 본래의 자기를 때때로 우리에게 엿보여 주는 현상이다. 대상이 없는 불안은 무에의 불안이다. 이것은 인생에는 앞과 뒤가 없다는 뜻이다. 그래서 하이데거는 인간을 피투된 존재, 혹은 던져진 존재라고 했다. 우리는 누가 무엇 때문에 나를 던졌는지 모른다. 우리의 출생 이전도 죽음 이후도 우리에게는 무이다. 우리의 인생은 무 위에 떠 있다. 그래서 우리는 불안하다. 이 불안은 유한한 인간에게는 숙명적인 것으로서 거기에서 벗어날 길이 없다.

그래서 사람들은 불안과 염려를 쫓아 버리기 위해 일상생활에서 그저 무책임한 잡담을 일삼으며 끊임없이 호기심을 좇거나 애매한 것에 휘말리기를 좋아하며 스포츠나 오락 등에 몰두하여 마음을 흩트려 이 불안을 잊으려고 애쓰지만 그렇게 하는 것은 근원적 불안을 일시적으로 잊을 수 있을 따름이지 거기서 벗어나거나 그것을 극복, 초월할 수는 없다. 그리고 이것은 본래의 실존에서 퇴락한 사람들,

즉 자기 본래의 가능성을 상실하고 존재 그 자체를 망각한 퇴락된 일상성의 세상 사람의 상태이다.

염려에다 환원시켜서 인간의 실존을 해명한 그는 다시 시간(Zeit)에다 환원시켜서 인간을 해명한다. 불안이 인간의 유한함을 드러내 줄 뿐 아니라 현존재가 죽음을 향한 존재라는 사실도 드러내 주기 때문이다. 인간은 그저 과거에 던져진 존재만이 아니라 미래인 앞을 향해 기투(企投)하기도 하는 존재이다. '내던지다'는 뜻인 기투는 미래를 향하여 기획하고 계획한다는 뜻이다. 따라서 던져진 피투성이 과거적 필연성이라면 던지는 기투성은 미래적 가능성이다. 따라서 우리는 던져졌다는 이유로 아무 하는 일 없이 막연히 미래를 기다리고만 있을 것이 아니라 진지하게 나의 미래를 스스로 결정하면서 살아 나가야 한다.

하이데거에 의하면 이러한 기투적 삶은 양심의 소리에 따름으로써만 가능하다. 양심이란 세상사람의 일상성 속에 잊혀 있던 본래의 자기가 자기 자신을 되찾으려는 부르짖음이다. 이 양심의 침묵의 소리에 따라 본래의 자기가 된다는 것은 던져져 있으면서 앞으로 던지는 피투적 기투의 실존으로서 있다는 것을 의미한다. 여기서는 불가피한 죽음에 대해서도 그것을 앉아서 기다리거나 그것으로 불안에 떨지 않고 스스로 앞질러 죽음을 떠맡는 선취(先取)를 결의함으로써 죽음의 불안이 죽음에의 자유가 된다. 죽음을 피하지 않고 받아들인다 함은 현존재의 근저가 무임을 그대로 받아들인다는 말이다. 즉 자신의 가능성을 구현하기 위해 죽음을 맞는다는 뜻이다. 그것은 언젠가는 죽어야 하는 현존재가 죽음을 단순히 무로 생각지 않고 자신의 죽음에 대한 가능성의 도전이다. 이런 유한성의 자각을 토대로 하여 죽음에의 선취(先取)를 결의함으로써 인간은 참다운 자기, 본래적 자기로서의 실존으로 되돌아오며 그럼으로써 존재가 열리고 이때 비로소 자유가 된다.

결국 현존재는 죽음을 통해 과거 자신이 존재해 왔던 상태로 돌아가 끊임없이 존재한다. 시간은 현전하는 지금이라는 점들의 빈틈없는 연속일 뿐이고 현존재는 그때마다의 시간점 안에서만 현실로 존재하며 또한 탄생과 죽음이라는 비현실적인 것에 의해 둘러싸여 있는 것에 불과하다. 그러므로 현존재는 시간적이다. 따라서 하이데거에 따르면 인간의 생의 방향은 시간성과 유한성의 징표인 죽음에 관한 의식의 입각점에서부터 정해진다.

7. 사르트르

후설 현상학의 영향하에 있었던 행동주의적 실존철학자 장 폴 사르트르(Jean Paul Sartre, 1905~1980)는 무신론적 견해를 가진 프랑스 실존철학의 대표자이다. 그는 문학가로서의 업적으로 노벨상 수상자로 결정되기도 했으나 수상을 거부하기도 했고 헝가리 의거가 일어났을 때는 공산당에 마구 욕설을 퍼붓기도 했다. 그는 파리에서 태어나 일찍 아버지를 여의고 어머니와 함께 그의 외조부의 슬하에서 성장하였다. 사춘기 때의 어머니의 재혼은 그에게 정신적인 괴로움을 가져다주었고 그것이 그의 사상에도 영향을 미친 것으로 보인다. 그는 대학 시절 작가이자 철학자인 보봐르와 만나게 되고 그녀와 계약결혼까지 맺는 등 철학의 동반자, 인생의 동반자로서의 길을 걷게 된다.

사르트르는 한동안 교직 생활을 하였고 전쟁에 동원되는 바람에 1940년에는 전쟁포로가 되기도 하였다. 그는 사병으로 근무하는 동안에도 저술 활동을 계속해 그의 대표작 『존재와 무』(L'être et le néant)를 저술하였으며, 1945년에는 "실존철학은 휴머니즘이다"라는 유명한 강의를 강연했다. 그는 거기에서 실존철학을 기독교적 실존철학과 무신론 실존철학으로 이분해서, 전자에는 야스퍼스와 마르셀이 속하고 후자에는 하이데거와 자기 자신이 속한다고 함으로써 자기가 무신론자임을 선언했다. 1950년 이후에는 마르크스주의에 접근을 시도하기도 하였다.

니체가 신 문제로 한 평생 몸부림치고 하이데거는 신을 청산하려고 애썼다고 한다면, 신을 부정할 정도가 아니라 신은 아예 문제 외적인 것으로 생각할 정도로 철저한 무신론자였던 사르트르는 인간 존재에게는 그에게 선행하는 어떤 본질도 있을 수 없다고 보고 자유를 가장 소중한 가치로 받들었다.

1) 실존은 본질에 앞선다

사르트르 철학의 일관된 관심은 인간의 자유 문제였다. 그는 인간의 자유를 탐구하기 전에 그것의 존재론적 근거라 할 수 있는 인간 존재에 대한 철학적 규명이 선행되어야 한다고 보고 후설의 현상학적 방법론에서 그 출발점을 찾았다.

후설의 영향 아래 있었던 사르트르는 그로부터 "의식은 항상 무엇에 대한 의식이다"라는 지향성 개념을 받아들이고 의식에 대하여 드러내진 대상, 즉 지향적 대상을 존재라고 했다. 그리고 의식을 넘어서 그 자체에 있어서 존재하는 것을 즉자(卽自, en-soi)라고 하고 그 무엇에 대한 의식으로서만 있는 의식의 성격을 대자(對自, pour-soi)라 했다. 그런데 의식이 그 무엇에 관한 의식이라는 점에서 의식의 본성은 탈자적이요 자기 초월적이다. 그리고 인간의 의식은 대상을 의식하면서 대상을 의식하고 있다는 사실도 의식한다. 이것은 전혀 다른 것이지만 하나의 의식 현상이다. 사르트르에 따르면 이와 같은 의식의 분열은 무로 인해 생기는 것이다. 의식으로서의 대자는 무를 간직하고 있지만 자체로 존재하는 즉자는 존재의 충실이다. 그러므로 대자는 존재의 결여요 이것은 존재의 충실을 욕구한다. 즉 즉자의 무화에서 생긴 대자가 다시 즉자를 욕구한다. 인간은 즉자로서 되어 버리기를 원하는 것이 아니라 대자로 있으면서 즉자로 되기를 원한다. 그러나 그것은 이상일 뿐 실현될 수 없는 공상이다.

이런 대자로서의 인간을 사르트르는 존재한다고 말하지 않고 실존한다고 한다. 그의 실존은 탈자적이고 초월적인 존재 방식을 말한다. 인간은 끊임없이 자기 밖으로 자기를 내던져 미래를 향해서 현재를 뛰어넘는 투기(project)이다. 그러므로 "인간이란 스스로 만들어 가는 것 이외의 아무것도 아니다." 따라서 인간은 그 스스로를 행동에 의해서 만들어 나가며 그 행동이 바로 그 인간을 살리는 유일한 길이기도 하다. 이것이 실존철학의 제1원칙으로서 인간의 주체성을 이르는 말이다.

사르트르에 따르면 인간은 처음에는 아무것도 아니기 때문에 정의될 수 없다고 한다. 인간의 본질에 대한 규정은 본래부터 있었던 것이 아니다. 단지 인간은 스스로 자기를 실현해 가는 한에서 존재한다. 인간은 스스로 미리 내던진 자기의 가능태를 향하여 자기를 실현해 가는 존재이다. 결국 인간은 단지 실존하고 자신의 자유로운 선택에 의해 행동하며 그 후에야 비로소 스스로가 만들어 내는 바의 무엇, 곧 그 자신의 본질적인 자아로 된다. 그래서 사르트르는 인간은 사물 존재나 도구 존재와 같이 어떤 본질에 의해 규정되어 존재하는 것이 아니고 우선 존재하며 자기 자신과 대면하고 세계 내에 출현하며 그 뒤에야 자신을 정의한다는 의미에서 "실존은 본질에 앞선다"라고 했다.

무신론을 표방한 사르트르에게는 인간이 무한히 자유롭기 때문에 실존이 본질에 앞서는 것은 당연하다. 만일 신이 없다면 인간 본성에 대한 개념을 먼저 지니고 있는 존재도 없을 것이므로 인간 본성에 대한 주어진 개념도 존재하지 않을 것이다. 다시 말하면 신이 없다면 인간의 본성이 미리 완전하게 안출될 수 없기 때문에 인간의 본질은 미리 정의할 수 없다. 따라서 신이 없다면 적어도 본질보다 앞선 하나의 존재 또한 어떤 개념으로도 정의되기 전에 존재하는 하나의 존재가 있게 된다. 그러므로 본질보다 존재가 앞서게 된다.

사르트르는 인간을 하나의 인공물, 가령 '종이 베는 칼'과 비교하고 있는데 이러한 경우 칼은 그것을 만드는 사람에 의해 우선 착상이 되고 그런 다음에 만들어진다. 종이 베는 칼에 대한 관념이란 그것이 어떤 종류의 것이고 어떤 기능을 수행해야 한다는 것 등에 관한 것이다. 그와 같은 것이 곧 종이 베는 칼의 본질이다. 그와 같은 본질이 착상되자마자 작업을 통해 존재하게 될 그 칼이 지니게 될 실제적인 특성들이 이미 결정되어 버린다.

그 반면 인간은 먼저 착상되고, 그런 후 설계도에 제작되고 어떤 목적을 수행하도록 만들어지는 존재가 아니다. 인간은 먼저 존재하고 그들의 현재의 됨됨이나 앞으로의 됨됨이는 그들이 행하는 바에 따라 결정된다. 따라서 인간은 자신의 됨됨이에 대해 전적으로 책임이 있다. 인간은 자신의 인생의 여백을 다른 방식이 아니라 어느 한 방식으로 채우기로 작정한다. 그는 자신이 좋아하는 것이면 무엇이나 할 수 있는 완전히 자유로운 존재이다.

2) 자유와 책임

무신론자 사르트르에게는 인간의 본바탕은 본래 무이며 무로부터 나타나서 존재하게 되었기에 인간은 애초부터 자유이다. 인간이란 어떤 기성품이 아니라 당초 선인도 악인도 아닌 무로부터 시작된 것이요 삶은 단순히 자신을 만드는 과정이다. 그러므로 "인간은 자유이다." 따라서 인간은 자기 마음대로 미래를 선택할 수 있다. 그러나 이 자유는 인간이 대자태이기 때문에 갖는 근원적인 허무성에 기인한다. 그 자유는 즉자 같이 완전히 충만된 존재가 아니라 무를 간직하고 있어서 이 빈 공허를 메우려는 욕구에서 나온 자유이다. 그러나 그러한 욕구는 결코 충족될 수 없는 것이요 인간은 그 사실을 또 알고 있다. 그렇지만 인간은 미래를 선택하고 계획하지 않을 수 없다. 이러한 자유는 우연성과 불안 속에서 고독하게 시도할 수밖에 없는 선택의 자유요 무신론적 자유이다.

그러나 인간은 자유로운 존재이기도 하지만 고독하기 이를 데 없는 외로운 존재이다. 모든 행위의 마지막 결단을 내리는 것은 언제나 자기 혼자뿐이기 때문이다. 그런 의미에서 인간의 자유는 불안 속의 자유이다. 그러므로 인간의 자유는 축복된 자유가 아니라 저주된 자유요 그 자유의 무시무시한 형벌로 인간은 늘 불안하기만 하다. 그것은 신을 부정한 신이 없는 세상에서 인간은 스스로가 입법자이고 창조자라는 부담을 지니지 않을 수 없기 때문이다. 실상 신이 없다면 사람은 모든 것이 허용되는 결과로서 자신의 내부나 외부에 의지할 곳이 없어 고독하게 되지만 인간은 자유롭다. 이렇게 세상에 홀로 내던져진 고독한 자유인 실존적 자유 속에서 우리 인간은 스스로의 입법자인 동시에 스스로 무엇인가를 행동으로 선택해야만 하는 현기증 나는 존재이다. 그저 내던져진 인간은 불안하고 고독하기만 한데, 그 고독과 불안은 바로 인간이 자유 속에 있기 때문이다. 그러나 그 자유는 행동에 있어서만 실현된다.

그러므로 자기 존재를 선택, 결의할 수 있는 자유를 가진 인간은 무로부터 나타나 스스로를 한정하며 규정하여 자기에게 본질을 부여한다. 인간은 자기의 행동 방향을 스스로 선택해서 자기의 존재 방식을 선택하고 기투하고 만들어 가는 실존이다. 각 인간은 모든 순간에 자기 홀로 스스로의 존재를 선택해야만 한다. 따라서 자유로운 실존은 각자의 존재 방식에 대해 책임을 지지 않을 수 없다. 인간의 본바탕이 바로 자유이기 때문에 인간의 운명은 인간 자신에 있고 또 바로 그 때문에 모든 행동과 선택에 있어서 각자가 그 책임을 져야 한다. "실존이 본질에 앞선다"는 말도 실존한 다음에 본질이 나타난다는 뜻이 아니라 인간의 본질은 자유로운 선택에 의한 실존함에 있다는 뜻이다.

결국 사르트르는 철저한 무신론적 입장에서 인간의 본성을 무로부터 시작되는 자유로 파악하고 그 자유를 통해 각자가 책임을 지고 자기 자신을 만들어 가야 한다고 하여 자유로운 선택과 결단에 의해서 자기 운명에 스스로 책임을 지며 살아가는 행동적 실존을 강조한다. 따라서 그의 실존이란 상태가 아니라 행위이며 가능에서 현실로 옮아가는 그 자체이다. 이 행위는 곧 자유의 표현이다. 실존의 본질은 자유이다. 인간은 자유롭게 창조되었으며 끊임없는 선택의 자유를 가진다. 자유는 불안에 의해서 자기와 합치하기를 거부하고 자기로부터 거리를 두고 존재하는 존재가 된다. 그리고 자유로서 불안 속에서 기투하는 존재자는 책임을 갖게 된다.

사르트르는 "실존철학은 휴머니즘이다"라고 하면서 참여(engagement)를 부르짖기도 한다. 사르트르의 인간 해방운동, 인간 혁명의 부르짖음은 바로 자유와 책임에 연유된 것이라 볼 수 있다. 이렇게 그는 순수한 인간에다 모든 것을 두기 때문에 때로는 부르주아 비판도 서슴지 않으며 또한 프롤레타리아 비판도 동시에 제기하기도 했다.

인간 생활은 결정되어 있지 않으며 그것의 밖에 있는 어떤 것에 의해서도 정당화될 수 없다는 사상을 표현하고자 할 때 사르트르는 인간 생활을 부조리라는 말로 표현한다. 그리고 "세계의 다양성, 우연성, 무의미성 등에 대한 인식에 직면하게 될 때 의식적 존재는 '구토'를 느낀다"고 말한다. 나아가 우리가 우리의 상황을 인식할 때, 주위를 둘러싸고 있는 대상들에 관하여 느끼게 되는 구토와 관련하여 우리가 자신에 대하여 주목할 때, 체험하게 되는 것이 불안이다. 구토는 우리가 객체들을 조직하고 분류할 수 없음으로 인하여 그리고 우리가 객체에 의해 압도되고 전반적인 혼란에로 빨려 들어가는 경향으로 인하여 초래된다. 불안은 우리의 선택을 결정해 줄 것이 아무것도 없다는 반성에서 유래한다.

우리는 이러저러한 방식으로 행위함으로써 미래의 어떤 과정으로 자신을 결정해 나아간다고 생각할 수도 있다. 그러나 우리의 행위가 과거의 행위가 되는 순간에 우리 내부의 공백이 다시금 자신을 주장하고 나선다. 우리는 어쩔 수 없이 우리의 과거에 대해 생각하지만 그것이 우리를 앞으로 몰아가도록 하지는 않는다. 우리와 미래 사이에는 우리의 선택에 따라 채워질 수 있는 틈이 있으나 우리가 무엇을 선택하든 간에 우리는 그것을 결정적으로 정당화시키고자 기대할 수 없으며 분명히 그것에다 어떠한 가치도 부착시킬 수 없다. 따라서 선택을 해야 하지만 그 선택이 공연한 것이라는 인식에 접하여 우리는 불안을 느끼게 된다.

8. 마르셀

1) 소유의 세계와 존재의 세계

프랑스 실존철학의 선구자요 기독교적 실존철학의 대표적 인물인 가브리엘 마르셀(Gabriel Marcel, 1889~1973)은 현대 20세기의 세계를 그의 작품의 제목처럼 "부서진 세계"라고 본다. 마르셀은 20세기가 병든 세계, 부서진 세계로 빠지게 된 것은 현대의 기계화, 기술화, 대중화에 따른 비인간화 현상 때문이라고 보고 있다. 이처럼 기계화, 기술화, 대중화로 인해 부서진 세계를 마르셀은 소유의 세계라고 한다. 이 소유의 세계는 인간이 존재의 근원에서 멀리 동떨어져 자기 소외에 들어간 세계, 인간이 객관화된 세계, 물건화된 세계이다. 그것은 하이데거의 세상사람의 세계와 유사하다. 이러한 소유의 세계를 마르셀은 항상 문제들이 일어나고 있는 문제의 세계라고도 말한다. 그 문제의 세계에는 나와 너의 대립이 있고 주객의 대립이 있을 뿐만 아니라 불안과 절망이 얽혀 있는 긴장의 세계로서 그 세계에서는 모든 것은 객체화되고 사물화되며 또한 수단화되어 심지어 인간마저도 수단화되고 마침내는 자기 자신마저도 구체화된다고 했다.

그런데 이러한 소유의 세계가 과학적이라 한다면 존재의 세계는 철학적이며 종교적인 세계이다. 이 존재의 세계에서는 결코 문제를 다루는 것이 아니라 신비의 세계를 다룬다. 이러한 신비의 세계는 객관적이며 대상적이 아니라 주체적이고 실존적이다. 소유의 세계에 있는 존재는 존재 밖에서 분석하고 종합하는 셈이지만 존재의 세계에서는 존재 그 속에 스스로 참여해서 그 존재를 공감한다.

2) 인간과 신

마르셀에게는 "인간은 무엇인가?" 하는 물음은 바로 "나는 무엇인가?" 하는 문제이다. 따라서 그는 인간을 알기 위해서는 자기 스스로를 깊이 파고들면 된다고 한다. 마르셀은 이러한 자기 철학의 원천을 자기 자신의 내적 체험에서 구하며 거기에서 자기를 물음으로써 존재론적 신비에 육박하려 한다.

마르셀에 따르면 주체적 실존과 객체적 존재는 근본적으로 다른 존재 차원을 가지며 이 차원의 교차점이 나의 신체라고 한다. 신체는 나임과 동시에 그것이므로 우리들은 수육의 사실에서 비로소 신비를 체험하게 된다고 한다. 신비는 내가 참여하고 있는 그 무엇으로서 그 신비에 대한 인간의 태도는 정신적 사귐의 기대, 능동적인 부름, 즉 기원이며 객체화할 수 없는 너에로 향하는 것이다. 이 같은 '너'가 현현하는 영역에 따르는 실재가 인간관계의 중심에 존재하여서 그곳에서만 성실을 통하여 자타의 자유가 실현된다. 그러나 성실은 보다 근본적으로는 희망에 의해서만 지탱되므로 희망에 의해서만 인간은 죽음의 승리가 궁극적인 사실이 아니라는 사실을 깨닫게 된다.

그런데 인간의 자연적 경향은 항상 너를 그로, 우리들을 남들로 바꾸어 취급하려 하므로 타인도 또한 개체화되지 않을 수 없다. 다만 유일한 예외는 신이어서 신만은 합리적 철학이 그것으로 취급하면 항상 단순한 비실재적 혼돈에 지나지 않게 되므로 객관화되지 않는 타자, 즉 절대적 너이다. 인간은 단지 절대적인 사랑과 숭경 속에서만 그런 존재를 만날 수 있으며 진정한 존재를 나누어 갖게 된다. 따라서 마르셀의 신은 절대적인 2인칭 너로서 그저 존재의 신비라고만 말할 수 있으며 인간의 의식 속에 형성된 일정하고 고정된 신이 아닌 숨은 신이다. 그리고 존재의 신비에 이르는 길은 성실과 사랑과 신앙의 길이다. 성실을 통해서 영원성을 인식하는 자만이 진정한 희망으로서 신 앞에서 인격적, 종교적 실존이다.

3) 희망으로의 절망

마르셀에게는 절망을 경험하는 것은 단지 순수한 낙관주의를 훨씬 능가하는 하나의 확실한 희망의 전주곡과 매개체가 될 수 있다. 소외로 특징지어지는 현대의 와중에 인간은 절망적으로 진정한 인간이 된다는 것이 의미하는 바를 깨달을 필요가 있다. 절망에 대한 경험은 인간 스스로를 분석하게 하고 그의 존재 의미를 물을 것을 강요하는데 이것은 새롭고 명확한 삶의 확실한 방식에 대한 하나의 유인이 될 수 있다. 그것은 인간들 속에서 그가 상실한 것에 대한 정확한 인식을 야기하여 참된 가치와 중요성이 존재하는 것에 대해 그의 시각을 조정시킬 수 있다. 그것은 인간의 실존을 의미 있게 하는 초월자의 현존을 조우하게 하는데 마르셀에 있어서 그 길은 절망으로부터 희망으로 그리고 신에게로 인도한다. 마르셀은 부서진 세계인 현대를 구하려면 고독에서 참여를, 고민에서 신앙을, 절망에서 희망으로 나아갈 때 이루어진다고 한다. 그래서 마르셀의 철학을 희망의 철학, 사랑의 철학이라고 한다.

제8장
분석철학

분석철학은 현재 독일, 프랑스 등지에서 성행하고 있는 유럽 대륙의 철학과 함께 현대철학의 쌍벽을 이루고 있는 대표적인 철학사조이다. 분석철학은 20세기 초를 전후하여 영국에서 시작되어 근 1세기 동안 계속되면서 영국과 미국 등 영어권을 포함하여 북유럽 등지로 지역을 확대하여 오늘날에는 이들 여러 나라에서 지배적인 철학운동으로서 확고부동한 자리를 차지하고 있다.

1. 분석철학의 특징과 그 전개

분석철학은 특히 영국과 미국의 대다수 철학자들이 이에 가담하고 있어서 분석철학이라는 이름 앞에 영미라는 말을 붙여 영미분석철학으로 불리기도 한다. 또한 분석철학이 태동된 초기에는 주로 자연과학과 수학, 논리학을 대상으로 한 과학적 인식론의 문제 내지는 과학의 방법론에 관한 문제들이 논의되었기 때문에 종종 과학철학으로 불리기도 한다. 그러나 분석철학의 발전과 함께 그 연구 영역도 갈수록 확대되어 과학철학뿐만 아니라 그 이외에도 언어철학, 윤리학, 심리철학, 역사철학, 종교철학, 예술철학 등 인간의 지적인 관심사가 될 수 있는 모든 분야를 포괄하게 되었다. 따라서 분석철학은 거의 모든 철학적인 경향을 포함하고 있기 때문에 그 특징을 한 마디로 규정하기는 매우 어렵다.

　분석철학이라고 했을 때의 '분석'(analysis)이라는 수식어는 철학의 대상이 아니다. 생철학은 생을, 실존철학은 실존을 그 철학의 연구 대상으로 삼듯이 분석철학은 분석을 그 연구 대상으로 하는 것이 아니라 분석철학이라고 했을 때의 '분석'은 철학하는 방법과 태도를 가리키는 말이다. 분석철학의 대상은 인간의 모든 지적인 관심사라는 점에서 분석철학을 그 고유한 연구 영역이나 대상에 의해 다른 철학들과 구분할 수는 없다. 그것을 다른 철학과 구별할 수 있는 특징은 철학하는 태도 내지는 방법이다.

　분석철학은 철학적 작업의 성격에 대해 철학의 대상은 인간의 개념 체계로서의 언어요 그 연구 방법은 실험이나 관찰과 같은 실증적 방법이 아니라 개념 분석이나 논리 분석이라고 규정한다. 이와 같은 분석철학관을 비트겐슈타인은 "철학은 언어를 명료화하는 작업이다"라는 말로 간결하게 표현했다. 전통적인 서양의 철학은 본래 세계의 궁극적인 구조라든가 혹은 그것의 실재(reality) 내지는 참 모습에 관해 통일적이고도 포괄적인 기술을 하는 것이 철학의 가장 큰 임무인 것처럼 생각해 왔다. 그러나 분석철학자들은 세계에 관한 체계적인 이론을 수립하는 일보다는 낱낱의 철학적인 명제 내지는 개념을 엄밀하게 분석하고 그 정확한 의미를 드러내는 것을 중요한 일로 취급하고 있다. 그러한 철학적인 태도를 처음으로 분명하게 보여 준 철학자들이 바로 분석철학의 창시자라고 할 수 있는 무어(G. E. Moore, 1873~1958)와 러셀(B. A. W. Russel, 1872~1970)이다.

　무어와 러셀은 본래 학문을 철학으로부터 시작하지 않았다. 러셀은 처음에 수학과 더불어 새롭게 발전하기 시작한 논리학의 연구에 골몰했었는데 그 결과 그는 1913년 동료인 화이트헤드(Al. N. Whitehead, 1861~1946)와 기호 논리학 분야의 획기적인 저서인『프린키피아 마테마티카』(Principia Mathematica), 즉『수학의 원리』를 완성했는데 이 책은 논리학에서 고대 그리스의 아리스토텔레스의 논리학 저술 이래 서양 논리학사에서 최대의 저술로 평가되고 있다. 이 새로운 기호 논리학의 출현으로 아리스토텔레스의 전통 논리학에 의해서는 다루기가 불가능했거나 어려웠던 복잡한 구조를 가진 추론 과정의 분석이 용이해졌으며 그 결과 기호 논리학은 러셀은 물론 그 이후 대부분의 분석철학자들 사이에서 철학적인 작업을 위한 필수적인 무기가 되었다. 러셀이 수학과 논리학에서 얻은 성과를 바탕으로 철학에 뛰어든 것과는 대조적으로 무어는 본래 고전 문학에 관심이 있었다. 그는 대학에 들어오기 전에 고전문학을 현대어로 번역하고 현대문학을 고전어로 번역하는 일에 열중했다. 그러한 번역 작업에서 형성된 문장 하나하나의 의미를 면밀하게 따지는 분석적 태도가 후에 그의 철학에 뚜렷한 특징을 남기게 되었다.

전통적인 철학자들은 대부분 세계의 구조와 참 모습에 관해 심오한 철학 체계를 수립하려 노력해 왔다. 독일의 철학자 헤겔이 바로 그 전형적인 예이다. 무어와 러셀은 한 때 헤겔 철학에 쏠리기도 했으나 곧바로 헤겔식의 심오한 철학 체계를 수립하는 일을 포기했다. 그 대신에 고전문학의 번역이나 논리학에 종사하면서 몸에 익힌 세부적인 면에서의 정확성에 대한 관심을 그대로 철학적인 논의에도 적용하여 자연과학자나 수학자와 맞먹는 엄밀한 방식으로 개개의 철학적인 명제라든가 개념을 정밀하게 분해하고 그들이 함축하는 의미를 정확하게 밝혀냄은 물론이고 그 문제점을 지적하는 일에 열중했다.

그와 같은 철학적인 태도는 처음 무어가 그 모범을 보였는데 그것은 그 후 모든 분석철학자들의 철학하는 방식의 하나의 전형을 이루었다. 철학하는 방식에 대한 무어의 태도는 "통일적인 체계를 추구하는 일이 지금까지 아무리 철학자들 사이에 보편적인 관행처럼 되어 왔을지라도 진리를 희생해 가면서까지 그것을 추구한다는 것은 철학이 해야 할 본연의 임무라고는 생각되지 않는다"고 한 그의 말에서 잘 엿볼 수 있다.

분석철학 안에는 여러 분야가 포함되어 있으나 한 가지 분명한 점은 어떤 분야이건 그것이 분석철학에 속하는 것으로 간주되는 한 무어가 지적한 철학적인 태도를 지니고 있다는 사실이다. 통일적인 체계나 이론의 수립보다도 개개의 명제의 정확한 의미와 세부적인 추론 과정에서의 엄밀성에 관심을 기울이는 태도야말로 분석철학이 다른 철학과 구별되는 결정적인 특징이다.

2. 논리적 원자론

무어와 러셀은 철학에 발을 들여놓을 무렵 영국을 주도하던 영국판 관념론에 반대하여 신실재론(neo-realism)을 들고 나왔다. 러셀의 경우는 오래지 않아 신실재론에서도 벗어나 그가 확립한 수리논리 체계에 입각한 새로운 철학 이론을 제시했는데 그것이 바로 논리적 원자론(logical atomism)으로서 그 이론의 핵심적인 사상은 후에 논리실증주의에까지 이어지고 있다. 러셀의 논리적 원자론은 20세기 초를 전후하여 새로이 개발된 논리학에 힘입은 바 크다.

새로운 논리학은 17세기 독일의 합리주의 철학자 라이프니츠가 품고 있던 이상 언어의 개념과 19세기에 부울(George Boole)과 벤(John Venn)이 개척한 기호논리학, 그리고 페아노(Giuseppe Peano) 등의 수학자들이 발전시킨 공리적 방법 등이 결합되어 이루어진 작품이다. 라이프니츠는 당시 물리학만이 아니라 모든 학문에 두루 적용할 수 있는 엄밀하고도 정확한 보편언어를 인위적으로 만들어 볼 수 있지 않을까 생각했다. 라이프니츠 자신은 막상 그러한 자신의 구상을 실현하지는 못했지만 러셀이 라이프니츠의 발상을 이어받아 그의 『프린키피아』에서 정밀한 수리 논리학의 체계로 이상언어를 완성하는 데 성공했다.

1) 외연성의 이론

러셀의 수리 논리학에서 다루어지는 기본적인 대상은 명제(proposition)이다. 명제란 참이 아니면 거짓인 진술을 말한다. 그러한 진술이 하나 혹은 그 이상 주어져 있을 경우 그들을 결합하여 보다 복잡한 또 다른 명제를 만들어 낼 수가 있다. 예를 들어 "정삼각형은 세 변의 길이가 같다"라는 명제 A와 "직사각형은 네 각이 모두 직각이다"라는 명제 B를 접속사 '그리고'(and)로 연결함으로써 'A이고 B'(A and B)란 복합적인 명제, 즉 "정삼각형은 세 변의 길이가 같고, 직사각형은 네 각이 모두 직각이다"라는 명제를 만들어 낼 수가 있다. 그런데 'A이고 B'라는 명제는 다음과 같은 중요한 한 가지 특징을 지닌다. 즉 복합명제의 진위 내지는 진리치가 오직 그 명제를 구성하는 성분명제인 A와 B의 진리치에 의해 전적으로 좌우된다. 구체적으로 말한다면 복합명제는 A와 B가 어떤 내용의 명제이건 그것들이 동시에 참인 경우 즉 A도 참이고 B도 참인 경우 또 오직 그 경우에 한해서만 참이 되며 그밖의 모든 경우에는 거짓이 된다.

어떤 복합명제의 진리치가 그 성분명제의 진리치에만 좌우될 경우 다시 말해 성분명제의 진리치에 따라 일의적으로 결정될 경우 그 복합명제를 문제의 성분명제의 진리함수(truth function)라고 하며 진리함수를 만들어내는 데에 이용되는 접속사를 논리적 연결사(logical connective)라고 한다. 위의 예 이외에도 'A 이거나 B'(A or B), 'A이면 B이다,' 'A가 아니다'(not A)와 같은 명제들도 모두 진리함수이다.

하나 혹은 그 이상의 명제를 논리적 연결사를 이용하여 결합함으로써 그 이상의 복합명제를 얻을 수 있지만 거꾸로 주어진 복합명제를 분해함으로써 보다 단순한 구조를 지닌 성분명제를 얻을 수도 있다. 그러한 성분명제도 경우에 따라서는 보다 단순한 구조를 지닌 그 이하의 성분명제의 진리함수로 되어 있을 수도 있다. 그러나 명제의 구조를 계속 분해하여 보다 단순한 명제를 추구해 가면 궁극적으로는 논리적으로 절대 단순한, 즉 일체의 논리적 연결사가 등장하지 않는 명제를 얻을 수 있다. 그러한 명제를 러셀은 원자명제(atomic proposition)라고 불렀다. 그리고 원자명제로부터 시작하여 논리적 연결사를 반복적으로 사용하여 얻어지는 일체의 복합명제를 분자명제(molecular proposition)라고 불렀다.

이에 따라 러셀은 자신의 이상언어에 속하는 모든 의미 있는 명제는 논리적으로 단순한 원자명제이거나 혹은 원자명제의 진리함수 혹은 분자명제라고 주장했는데 이러한 주장이 바로 외연성의 이론(thesis of extensionality)이다. 이 외연성의 이론은 논리적 원자론을 떠받치는 주춧돌로서 오스트리아 출신의 비트겐슈타인에 의해 한층 더 구체화되었다.

2) 언어모사론

논리학의 학문적인 성격에 대해서는 전통적으로 논리적 법칙이나 원리가 사고의 법칙이라는 심리주의적인 견해가 지배적이었다. 그러나 한 때 실재론자이기도 했던 러셀로서는 논리학을 심리학의 한 부분으로 전락시키는 그러한 견해에 찬동할 수 없었다. 그는 논리법칙이 사고의 법칙이라기보다는 객관적인 세계에 관한 법칙이며 『프린키피아』에서 그가 제시한 이상언어도 객관적인 세계가 지니고 있는 구조를 그대로 반영하고 있다고 생각했다. 그러한 생각은 비트겐슈타인이 『논리철학 논고』(Tractatus Logico-Philosophicus)에서 명석하게 해주었는데, 그와 같은 입장을 언어모사론(picture theory of language)이라고 부른다.

비트겐슈타인에 의하면 언어의 가장 본질적인 기능은 세계를 있는 그대로 묘사하는 것이다. 물론 일상언어는 그러한 기능을 완벽하게 수행할 수가 없다. 그것을 완벽하게 수행하는 언어가 바로 이상적인 언어인데 러셀과 비트겐슈타인은 위에서 말한『프린키피아』에서 제시된 수리 논리학의 체계를 그러한 이상언어로 생각했다. 비트겐슈타인은 다음과 같은 두 가지 의미에서 이상언어가 세계를 그대로 묘사한다고 보았다. 첫째로 이상언어는 일상언어와는 달리 그 문법적인 구조가 바로 세계의 구조와 일치하도록 되어 있다. 또한 이상언어는 세계에 실제로 존재하는 대상을 가리키는 이름만을 포함한다. 이 두 가지 사실 덕분에 이상언어는 그 언어에 속하는 이름들이 이루는 문법적인 구조를 통해 이 세계에 존재하는 사물들이 이루는 구조를 그대로 드러내 보여준다.

3) 논리적 세계상

앞에서 말한 외연성의 이론과 언어모사론을 결합하면 논리적 원자론은 다음과 같은 논리적인 세계상을 얻어낸다. 언어를 구성하는 기본 단위가 명제라면 세계를 이루는 구성단위는 명제에 의해 표현되는 사태가 된다. 명제에 참인 명제와 거짓인 명제가 있는 것과 마찬가지로 그에 대응하여 실제로 이 세계에 존립하는 사태와 그렇지 않은 사태가 있다. 전자의 존립하는 사태들, 즉 사실(fact)들이 세계를 구성한다. 그러한 의미에서 세계는 사실들의 총체(the totality of facts)라고 할 만하다. 그러한 사실들은 하나 또는 그 이상의 개체(particular)와 속성 내지는 관계들로 이루어진 복합체로서 우리의 사고와 독립하여 존재하는 객관적인 것이다. 모든 개별적인 명제의 참과 거짓은 사실들의 전체에 의해 결정된다.

러셀에 의하면 참인 원자명제에 대응하여 원자적 사실이 존립한다. 원자적 사실이란 가장 단순한 사실로서 어떤 개체들이 하나의 속성 내지는 관계를 이룸으로 성립하며 원자명제와 원자적인 사실 사이에는 완벽한 동형적인 대응관계가 존재한다. 즉 참인 원자명제의 주어로 오는 이름들은 원자적인 사실을 이루는 개체에 대응하며 형용사는 속성에, 동사는 관계에 대응한다. 러셀은 처음에는 분자적 사실의 존재를 부인했으나 일반명제를 논의하는 과정에서 그것을 인정했다. 여하간 원자적 사실이 세계를 이루는 기본적인 구성단위이기 때문에 원자적 사실이 어떤 사실인지를 규명하게 되면 이 세계가 어떻게 되어 있는지도 규명될 것이다.

원자적 사실이 어떤 사실인가를 답변함에 있어 러셀은 로크 이래의 영국 경험론의 전통을 충실히 따르고 있다. 러셀에 의하면 우리가 감각적인 경험을 할 때 지각되는 감각 자료(sense data)가 바로 개체들이며 그에 관한 사실이 곧 원자적 사실이다. 그의 감각 자료는 로크와 흄 등의 관념(idea)에 상당하는 용어라고 할 수 있다. 감각 자료에 관한 사실이 원자적 사실이므로 그것을 표현하는 원자명제는 방금 지각된 감각 자료를 가리키는 이름과 그것들의 속성 또는 관계를 가리키는 술어들로 이루어지며 그 명제는 그에 대응하는 원자적 사실 덕분에 참이 된다.

러셀은 이것(this) 혹은 저것(that)과 같은 일상언어의 지시사들이 사실은 감각 자료를 가리키는 데에 사용할 만한 적당한 고유명사라고 주장한다. 원자명제가 감각 자료의 속성이나 그것들 사이의 관계를 기술하는 명제라는 사실 덕분에 러셀의 이상언어는 어쩔 수 없이 감각 자료 언어(sense data language)라는 성격을 지니게 된다.

4) 분석으로서의 기술이론

러셀의 논리적 원자론은 세계의 구조에 관한 일종의 형이상학이자 인식론이라고 할 수 있다. 러셀에게는 세계와 언어가 서로 동형적인 관계에 있으므로 철학에 있어 세계 못지 않게 언어가 강조된다. 그의 경우 언어의 본질적인 기능은 세계를 있는 그대로 묘사하는 데 있으며 언어가 그리는 세계가 곧 언어의 의미이다. 따라서 세계를 이해함에 있어 그 세계를 그리듯이 묘사하는 언어를 파악하는 것이 필수적이다. 그런데 여기에서 말하는 언어는 물론 우리가 실제 생활에서 사용하는 일상언어가 아니라 『프린키피아』에서 제시된 것과 같은 인공적인 이상언어이다. 일상언어는 흔히 그것이 나타내려는 세계의 논리적 구조가 그 문법적인 구조에 의해 충실하게 반영되고 있지 않다. 그러므로 일상언어가 의미하는 바를 정확하게 파악하기 위해서는 그것을 이상언어로 번역하여 일상언어에 의해 감추어진 논리적인 구조를 드러내 보여주어야 한다. 그러한 절차가 바로 러셀이 의미하는 분석이다. 이러한 의미에서 러셀에 있어 의미의 충실한 기반은 이상언어라고 말할 수 있다.

러셀이 강조하는 분석의 가장 성공적인 사례로 지목되는 것이 그의 이른바 기술이론(theory of description)이다. 기술이란 고유명사처럼 하나의 개체를 가리키는 기능을 하는 복합적인 구(句)를 의미한다. '18세기 우주비행사'와 같은 표현이 그 한 예이다. 그러한 표현을 주어로 포함하는 "18세기 우주비행사는 남자이다"와 같은 명제는 그 문법적인 구조가 그것이 표현하려는 사태의 논리적인 구조와 일치하지 않음으로써 오해와 수수께끼를 쉽게 유발하는 대표적인 예이다. 그 명제는 문법적인 형식에 의거하여 해석할 때 '18세기 우주 비행사'에 관한 진술이다. 따라서 그 명제가 참이건 거짓이건 간에 어떤 의미를 지니는 한 '18세기 우주비행사'는 의미를 지니며, 그러므로 '18세기 우주 비행사'는 존재해야 한다. 그러나 '18세기 우주비행사'는 존재하지 않는다. 또한 위의 명제는 참인 명제라고 할 수 없으며 거짓이라고 말하지 않으면 안 된다. 그러나 그 명제가 거짓이라면 그것을 부정한 "18세기 우주 비행사는 남자가 아니다"는 명제가 참이 되어야 하는데 이 후자의 명제도 사실은 거짓이다. 다시 말해 위의 명제와 그것을 부정한 명제가 동시에 거짓이 됨으로써 논리학의 기본 법칙인 배중률이 성립하지 않는다.

그러나 위와 같은 의문은 위의 명제의 구조가 그 명제가 묘사하는 사태의 구조를 충실하게 반영하고 있지 않다는 사실을 이해하는 즉시 해소된다. 우선 '18세기 우주비행사'가 그 명제의 문법적인 주어의 위치에 있지만 그것은 러셀이 말한 방금 지각된 감각 자료로서의 개체를 가리키고 있지 않다. 따라서 진정한 의미에서 그것은 주어가 될 수 없다. 위의 명제를 정밀하게 분석하면 사실은 어떤 특정한 주어를 가진 명제가 아니며 어떤 성질을 지닌 사람이 단 하나 존재함을 주장하는 존재명제(existence proposition)임이 드러난다. 구체적으로 말하자면 그 명제는 대충 "①18세기 우주비행사이며, ②그밖에 어떤 사람도 18세기 우주비행사가 아니며, ③남자인 그러한 사람이 존재한다"는 의미를 지닌 이상언어의 명제로 번역하는 것이 가능하다. 그렇게 번역해 놓고 볼 때 "18세기 우주비행사는 남자가 아니다"가 실은 "18세기 우주 비행사는 남자이다"의 부정이 되지 않음도 알 수 있다.

기술구가 야기하는 의문은 한 마디로 진정한 의미의 이름은 세계에 그것이 의미하는 개체가 존재해야 한다는 전제와 기술이 언어적으로 진정한 의미의 이름과 동일한 기능을 수행한다는 전제로부터 비롯된 것이었다. 이 두 전제는 러셀이 말한 것과 같은 문제점을 야기하므로 그 중의 하나를 포기하지 않으면 안 된다. 러셀은 위의 두 번째 전제가 잘못되었음을, 다시 말해 기술이 사실은 이름과 같은 기능을 하는 것이 아니라는 사실을 그의 기술이론을 통해 증명하고 있다. 기술이론에 의하면 기술을 포함한 명제를 논리적으로 정확한 표현으로 옮겨 놓고 볼 때 그것이 이름이기보다는 술어(predicate)라는 사실이 드러난다는 말이다.

러셀이 이러한 논리적 원자론을 통해 제시한 세계상은 논리적인 세계상인데 그것은 비엔나 학단(Wiener Kreis)에 영향을 주었다. 그들은 논리적 원자론과 함께 의미 기준이라는 요소를 도입함으로써 형이상학적인 측면을 배제한 과학적인 세계상을 확립하려 했는데, 그들이 내세운 철학을 논리실증주의(logical positivism) 또는 논리적 경험론(logical empiricism)이라고 한다.

3. 논리실증주의

논리실증주의(logical positivism)는 보통 논리적 경험론, 과학적 경험주의, 혹은 논리적 신실증주 등으로도 불리는데 그것은 비엔나의 철학자 모리쯔 슐리크(Moritz Schlick, 1882~1936)를 중심으로 1924년경에 결성되어 1929년에 정식으로 결성된 비엔나 학단(Wiener Kreis) 및 그 동조자들이 자신들의 철학적 견지에 붙인 이름이다. 그러나 1930년대에 이르러 독일 나치의 탄압으로 중심 회원들이 영국, 미국 등지로 뿔뿔이 흩어지고 회원들 상호간에도 심각한 의견 대립이 생기면서 해체 과정에 접어들어 1940년에는 완전히 종말을 맞게 되었다.

경험론 철학의 현대적 발전 형태라고 볼 수 있는 논리실증주의의 직접적 선구로는 러셀과 비트겐슈타인 등이 개척한 논리분석(logical analysis)의 방법이라고 할 수 있고 그 대표자로는 바이스만(F. Waismann, 1869~1959), 카르납(R. Carnap, 1891~1970), 노이라트(Otto Neurath, 1882~1945), 라이헨바하(Hans Reihenbach, 1891~1953), 프레게(Gottlob Frege, 1848~1925), 파이글(Herbert Feigl) 괴델(Kurt Gödel, 1906~1978), 에이어(Alfred Jules Ayer, 1910~) 등을 들 수 있다.

논리실증주의는 완성된 철학 체계의 이름이 아니고 하나의 철학적 태도 내지는 방법을 가리키는 말이다. 그 방법이란 과학이 사용하는 개념과 명제들을 분석함으로써 그 의미를 명백하게 하는 것이 철학적 탐구의 기본이라는 신념에 출발점을 둔 것이다. 이에 따르면 철학의 사명은 궁극적 실재를 밝히거나 가치 근거로서의 절대자를 파악하는 일이 아니라 사상의 의미를 논리적으로 명백히 하는 데에 있다. 그리고 이를 위한 올바른 방법은 사상의 전달에 사용되는 언어분석에 있다.

철학의 사명은 판단의 의미를 명백히 함에 있기 때문에 밝힐 만한 의미가 본래부터 없는 발언은 애당초 철학적 탐구의 대상이 될 수 없다. 오직 의미 있는 명제들만이 분석을 받을 자격이 있다. 그 의미 있는 명제는 두 가지밖에 없다. 자연과학의 명제들과 같이 그 진위를 경험적으로 증명할 수 있는 명제들과 논리학이나 수학의 명제와 같이 그 진위를 그 명제에 사용된 개념의 정의에 의거하여 분석적으로 밝힐 수 있는 동어반복적 분석명제가 그것이다.

1) 명제의 의미와 검증가능성의 원리

논리실증주의는 근본적으로 러셀과 비트겐슈타인의 사상에 그 뿌리를 두고 있으나 과학에 대한 존경심, 그리고 형이상학 위주의 전통적인 철학에 대한 반감이 보다 강했다. 그들은 형이상학을 전면적으로 배격하였으며 그 점에서 그들은 기존의 철학적인 흐름에 대한 일종의 지적인 혁명을 하고 있다고 생각했다.

물론 철학사를 통해 형이상학에 대한 반감을 지닌 철학은 현대의 논리적인 경험론이 처음은 아니었다. 중세 말기의 유명론(nominalism)과 근세의 경험론도 반형이상학적인 색채를 강하게 지닌 철학이었다. 그러나 논리실증주의는 형이상학을 배격하는 이유로서 과거의 반형이상학적인 철학과는 전혀 다른 논거를 들고 나왔다. 과거에는 형이상학적인 명제들이 경험적인 지식과 어긋나기 때문에 옳지 않다든가 혹은 지식의 한계를 넘어선 것이기 때문에 불확실하다는 이유로 형이상학을 공격했었다. 이에 반해 논리실증주의자들은 형이상학적인 명제들이 옳다거나 옳지 않음을 논하기 전에 진위(眞僞)를 따질 수 있는 전제조건이 되는 명제적인 의미를 결여했기 때문에 철학적인 논의를 할 가치도 없는 것으로서 논의 자체에서 배제해 버려야 한다는 주장을 제기했다.

한 명제의 참과 거짓은 일반적으로 그 명제가 지니고 있는 의미와 이 세계가 어떻게 되어 있는가에 좌우된다. 이를테면 "사과는 빨갛다"는 명제는 그 명제의 의미와 실제로 사과의 색깔이 어떠한가에 따라 참 혹은 거짓이 결정된다. 이 말은 다음과 같은 중요한 사실을 함축한다. 첫째, 어떤 한 명제가 참인가 거짓인가를 판정하기 위해서는 무엇보다도 먼저 그 명제가 의미하는 바가 무엇인가를 결정해야 한다. 둘째, 이 세계에서 그 명제가 의미하는, 즉 비트겐슈타인의 말을 빌려 말하자면 그 명제가 표현하는 사태가 실제로 존립하고 있는가를 확인해야 한다. "사과는 빨갛다."는 명제가 주장하고 있는 그러한 사태가 사실로 존립하고 있으면 그 명제는 참이 되며, 그렇지 않을 경우 거짓이 될 것이다. 그러나 만일 문제의 명제 자체가 의미가 없을 경우에는 이 세계가 어떻게 되어 있건 그 명제는 참이거나 거짓일 수가 없으며 따라서 문제의 명제가 참인가 거짓인가를 가리기 위한 논의마저도 무의미한 일이 될 수밖에 없다. 그러므로 명제의 진위를 가리기 이전에 그것의 유의미 여부를 가리는 작업이 우선된다.

명제의 진위는 일반적으로 그 명제의 의미만이 아니라 이 세계가 어떠한가에 좌우되지만 오직 그것이 포함하는 낱말들의 의미에 의해 참, 거짓이 결정되는 특수한 종류의 명제가 있다는 사실에 오래 전부터 철학자들이 주목해 왔다. 철학자들은 전자의 명제를 분석적인(analytic) 명제로 부르고, 그렇지 않은 종합적인(synthetic) 명제와 구분하였다.

현대의 분석철학적인 논의에서 전형적으로 드는 분석명제의 예는 "모든 총각은 미혼 남자이다"(All bachelors are unmarried men)라는 명제이다. 철학자들은 그러한 명제가 분석명제이기 때문에 이 세계의 어떤 측면도 살펴볼 필요 없이 오직 그 명제에 포함된 각 낱말의 뜻을 아는 것만으로 그것이 참인지 거짓인지를 알 수 있다는 의미에서 선험적(a priori)이라고 했다. 그러나 분석명제는 진정한 의미에서 이 세계에 관해 어떤 의미 있는 정보를 우리에게 제공해 주지 않는다는 점에서 지적으로 생산적이지는 못한 명제라고 생각했다. 프레게와 러셀을 비롯한 현대철학자들은 논리학과 수학에 속하는 모든 명제들이 사실은 이 같은 분석적인 명제에 속한다고 보았다. 그들에 의하면 수학과 논리학을 함에 있어 이 세계를 경험적으로 관찰할 필요가 없는 이유도 그것들이 지닌 분석적인 성격 때문이라고 한다.

논리실증주의자들의 의미에 대한 논의는 지적으로 생산적이지 못한 분석명제를 제외한 종합명제에 집중되어 있다. 그들은 종합명제의 진위가 이 세계의 어떤 측면을 관찰해야만 결정된다는 사실로부터 그것들이 의미가 있다는 사실과 그것이 참임을 경험적으로 확인 혹은 검증하는 것이 가능하다는 사실을 동일시할 수 있다고 주장했다. 즉 종합명제는 어떤 명제이건 검증이 가능한 경우 또 오직 그 경우에 한해서만 의미를 지닌다는 뜻이다.

이렇게 유의미성(meaningfulness)을 검증가능성(verifiability)에서 찾는 논리실증주의자들의 원리를 검증가능성의 원리(principle of verifiability)라고 하는데 이 원리를 기준으로 하여 그들은 형이상학의 명제들을 비롯한 많은 종류의 명제들을 의미 있는 명제의 영역권 밖으로 추방해 버렸다.

2) 언어 분석과 사이비 명제

명제는 그것이 참이든 거짓이든 일정한 문법적인 규칙에 따라 낱말들을 나열해 놓은 것임에는 틀림없다. 그리고 문법적인 규칙에 따라 올바르게 구성된 명제는 그 명제를 이루는 성분 낱말들의 의미와 그 낱말들이 구성된 규칙에 따라 일정한 의미를 지니게 된다. 문법적인 규칙을 위반하여 구성된 낱말들은 처음부터 명제를 이룰 수 없으며 그러한 낱말들의 나열은 원천적으로 의미를 지닐 수 없다. 또한 낱말들을 문법적인 규칙에 완전하게 부합하게 구성했다고 해서 반드시 의미 있는 명제가 되는 것은 아니다. 예를 들어 "빨간 색은 영리하다"와 같은 명제는 문법적으로는 아무 결함도 없지만 진위를 따질 수 없는 무의미한 명제이다. 아니 그것은 무의미한 명제라기보다는 명제가 될 수조차 없다. 왜냐하면 "빨간 색은 영리하다"라는 문장은 참도 거짓도 될 수 없기 때문이다.

이처럼 낱말들이 문법적인 규칙에 따라 배열되어 있기 때문에 겉으로 보아서는 구문론상 전혀 문제가 없는 명제처럼 보이지만 사실은 아무런 의미도 없는 명제가 있다. 이처럼 형식적으로는 명제처럼 보이지만 사실은 아무런 의미가 없는 (meaningless) 거짓된 가짜 명제를 논리실증주의자들은 사이비 명제(pseudo-proposition)라고 불렀다. 그들은 일단 분석적인 명제가 아닌 것으로 가려진 명제들에 대해서 유의미성의 기준(criteria of meaningfulness)으로서 검증가능성의 원리를 적용함으로써 일상언어의 문법적인 규칙으로는 가릴 수 없는 무의미한 사이비 명제를 골라낼 수 있다고 역설했다.

논리실증주의자들은 검증가능성의 원리를 형이상학의 명제에 적용할 때 그것들이 일체 무의미한 사이비 명제임이 즉각적으로 드러난다고 주장했다. 형이상학자들은 자신들이 이 세계에 관한 무엇인가 중요한 이야기를 하고 있다고 주장하므로 그들의 명제는 결코 그 안에 포함된 낱말들의 의미에 의거해서 참 혹은 거짓이 되는 분석명제가 될 수 없다. 따라서 그것들은 종합적인 명제로서 의미를 지녀야 하는데 그러나 우리는 이 세계에 관해 어떤 관찰이 이루어졌을 때 "세계사는 정신 혹은 이념의 자기실현으로서 동시에 정신의 역사로 규정된다," "절대자는 완전하다," "세계에는 궁극의 목적이 있다"와 같은 형이상학의 명제가 참 혹은 거짓인 것으로 판정이 될지 말할 수가 없다. 아니, 참 또는 거짓이라고 말할 수도 없고 검증될 수도 없다. 이것은 곧 형이상학의 명제들이 아무 의미도 없는 사이비 명제에 지나지 않는다는 사실을 보여준다.

또한 형이상학적인 질문도 유의미한 명제로 답변할 수가 없는 사이비 질문 (pseudo-question)에 불과하다. 형이상학자들은 과거 형이상학의 이론들이 경험으로서는 접근이 불가능한 초경험적인 대상에 관한 것이며 그렇기 때문에 실증적인 과학의 명제와는 달리 일반인들로서는 이해하기 어려운 심오한 의미를 지니고 있다고 주장해 왔다. 이를테면 플라톤의 이데아론이 그 대표적인 예이다. 그러나 논리실증주의자들은 유의미성의 기준인 검증원리에 의해 그것이 객관적 타당성을 가질 수 없는 무의미한 주장이라고 생각한다. 즉 구체적인 사실에 기초하지 않은 형이상학은 인식의 진위뿐만 아니라 의미의 유무조차도 가려낼 수 없다는 말이다. 그래서 논리실증주의자들은 철학에서 일어나는 논란들이 언어 사용의 모호함과 부정확함에서 발생한다 하여 언어 분석을 통한 하나의 철학적 방법을 모색했다.

러셀과 비트겐슈타인을 중심으로 시작된 이러한 경향은 논리분석의 방법, 즉 개념과 명제의 의미를 논리적으로 분석하고 이들이 참으로 의미하는 바를 명백히 하는 한편 거기에 혼입된 무의미한 비경험적이고 형이상학적인 요소를 제거하여 과학적 법칙을 그대로 철학에 사용함으로써 하나의 과학철학을 지향하려고 했다.

논리실증주의자들도 러셀과 마찬가지로 이상언어 지향적이었다. 그들의 유의미성의 기준에 비추어 볼 때 일상언어는 애매하고도 무의미한 표현이 많기 때문에 그들은 러셀의 『프린키피아』를 바탕으로 검증가능성의 원리를 완벽하게 충족시키는 이상언어를 인위적으로 만들려 했다. 일상언어를 포함한 모든 언어는 그러한 이상언어로 번역했을 때, 그 진정한 의미가 드러날 것이다. 또한 이상언어로 번역되지 않는 언어는 곧 무의미한 언어일 것이다. 이렇게 하여 러셀의 경우와 마찬가지로 논리실증주의자들에 있어서도 이상언어는 의미의 궁극적인 기반이 되었다.

3) 검증가능성의 원리의 적용과 그 결과

검증가능성의 원리를 형이상학에 적용하여 그것을 거부했던 논리실증주의자들은 거기에 그치지 않고 검증원리를 다른 분야에도 적용하여 몇 가지 중요한 결과를 초래했다.

첫째로, 유의미성의 기준인 검증가능성의 원리를 적용해 본 결과 종교적인 명제는 물론이고 윤리적인 명제도 무의미하다는 결론이 내려졌다. 종교적인 명제와 윤리적인 명제도 물론 분석적인 진리일 수는 없다. 따라서 그것들이 진리라면 종합적인 명제로서 참이어야 한다. 그런데 보통 종교인들이 말하는 신은 시간과 공간을 초월하여 존재한다고 생각된다. 신이 그러한 존재라면 신에 관한 일체의 명제는 경험적으로 검증하는 것이 현실적으로 뿐만 아니라 원리적으로도 불가능할 것이다. 따라서 논리실증주의자들은 모든 종교적인 명제는 무의미하며 모든 종교적인 지식도 형이상학과 마찬가지로 사이비 지식에 지나지 않는다고 결론을 내렸다.

이것은 종교적인 명제를 무의미한 명제의 영역으로 추방하는 데서 그치지 아니하고 윤리적인 명제에 대해서도 마찬가지였다. 어떤 행위가 옳다거나 그르다거나 혹은 도덕적으로 좋다거나 나쁘다고 진술하는 윤리적인 명제도 논리실증주의자들의 유의미성의 기준으로 볼 때 무의미하다는 판정을 피할 수가 없었다. 왜냐하면 어떤 행위를 도덕적으로 옳은 것으로 혹은 그른 것으로 판정하는 데에 충분한 사실이 과연 어떠한 사실인지 말할 수 없기 때문이다. 그 행위 및 그와 관련된 사실을 아무리 경험적으로 관찰한다고 해도 그 행위가 옳다거나 그르다는 사실은 물론이고 그러한 결론을 내릴 수 있는 근거가 되는 사실도 관찰될 수 없다. 따라서 논리실증주의자들은 윤리적인 명제가 적어도 그들이 검증가능성의 원리에 의해 분별해 내려는 그러한 종류의 인식적인 의미는 없다고 결론지었다.

윤리적인 명제에 의미가 있다면 그것은 그 명제를 발설하는 사람의 정서 내지는 감정을 표현하기 위한 정의적인 의미(emotive meaning)에 불과하다. 이렇게 윤리적인 명제에 인식적인 의미가 없다면 윤리적인 명제를 둘러싸고 진위의 논쟁을 벌이는 것은 무의미하다. 그것은 공포스런 대상을 보고 어떤 사람이 지른 비명을 놓고 참이냐 거짓이냐를 따지는 경우와 비슷하다. 윤리적인 명제는 인식적으로 무의미하며 따라서 윤리학은 진정한 의미의 학문이 될 수 없다는 논리실증주의자들의 주장은 윤리적 명제의 성격을 둘러싼 치열한 논쟁을 불러일으켰는데 그러한 논의의 결과 소위 '정서주의'라고 번역하는 이모우티비즘(emotivism)과 메타윤리학(meta-ethics)이라는 새로운 학문 분야가 탄생하였다.

둘째, 논리실증주의는 학문으로서의 철학에 대한 새로운 성격 규정이라는 또 하나의 중요한 결과를 가져왔다. 철학은 종래 형이상학이나 존재론과 거의 동일시되었다. 따라서 형이상학을 학문의 영역에서 추방해 버린 논리실증주의자들은 불가불 철학이란 어떤 종류의 작업인가 하는 의문을 불러일으켰다. 그러한 질문에 대한 논리실증주의자들의 답변은 철학은 세계의 어떤 특정한 측면을 경험적으로 탐구하여 그에 관한 과학적 이론을 수립하는 물리학이나 생물학, 사회학 등 일차적인 학문과는 본질적으로 다른 학문이라고 한다. 그러한 일차적인 학문과는 달리 철학은 그러한 학문을 대상으로 각 학문 이론의 정확한 의미와 논리적인 연관 관계를 드러내고 논리적으로 명료화하기 위한 활동이다.

셋째, 논리실증주의자들은 전통적인 철학적인 문제를 둘러싼 논쟁을 결말짓기 위한 새로운 방식을 도입했다. 종래에는 철학적인 문제를 결말지으려 할 경우 그때까지 제시된 답변의 오류를 지적하고 그에 대신할 새로운 답변을 제시하는 것이 일반적인 절차였다. 그러나 논리실증주의자들은 전통적인 철학적 문제에 대해 그들 나름의 해답을 새로이 제시한 것이 아니라 그러한 문제들이 실은 진정한 의미의 문제가 되지 못한다는 점, 즉 사이비 문제에 불과하다는 점을 보임으로써 논쟁을 완전히 불식시키려 했다. 다시 말해 과거의 철학자들이 철학적인 문제를 해결하려(solve) 시도했다면 논리실증주의자들은 그것들은 해소시켜(dissolve) 버리려했다.

철학적인 논쟁을 결말짓는 이러한 방식은 후에 일상 언어학파들에 의해서도 광범위하게 이용되었는데 과거의 철학적인 문제를 해소의 대상으로 봄은 그에 대한 지금까지의 철학자들의 답변을 비판적으로 보는 것보다는 훨씬 과격한 태도이다.

4) 검증가능성의 한계

논리실증주의의 주장은 가히 혁명적이었다. 그것이 당시의 철학계에 상당한 파문을 일으키기는 했지만 핵심적인 주장이 난관에 부딪쳐 결국 좌초하고 말았다.

논리 실증주의자들은 형이상학을 제거함에 있어 두 가지의 순서를 밟았다. 우선 수학과 물리학을 비롯한 그들이 높이 평가한 과학적인 명제들과 기타 그들이 제거하려는 명제들을 확실하게 구분할 수 있는 기준을 확립하는 것이다. 그런 다음 그 기준이 바로 진위를 가릴 수 있는 유의미성의 기준과 통한다는 점을 입증하는 것이다. 형이상학을 배격하려는 그들의 목적이 성공을 거둘 수 있기 위해서는 바로 그 두 가지 목표를 모두 달성하지 않으면 안 되었다. 왜냐하면 그들이 말하는 과학적인 명제와 형이상학과 같은 명제를 구분할 수 있는 기준을 확립할 수 없는 경우는 말할 것도 없지만 설사 그러한 기준을 확립했다고 하더라도 그 기준에 아무런 의의도 부여할 수 없다면 과학적인 명제와 형이상학을 구분하는 것으로 끝날 뿐 그 가운데 어느 한 부류의 명제에 대해 부정적인 평가를 내리는 일은 할 수가 없기 때문이다.

그렇지만 위의 두 순서 가운데 일차적인 것은 역시 첫 번째 것으로서 논리실증주의자들은 분석적이 아닌 명제들에 대해서 검증가능성은 과학적인 명제와 형이상학과 같은 사이비 명제를 분명하게 구분해 주는 기준이 될 것이라고 확신했다. 즉 과학적인 명제는 검증이 가능한 반면 형이상학과 같은 사이비 명제들은 검증이 불가능하다는 사실이 드러날 것이라고 확신했다. 그리고 그런 확신 아래 검증가능성의 개념을 면밀하게 정식화하려 했다. 그러나 그들이 정식화한 어떤 검증가능성의 개념에 의해서도 과학적인 명제와 형이상학의 명제가 산뜻하게 구분되지는 않았다. 우선 감각 경험 혹은 관찰을 통해 확인될 수 있는 것에 의거하여 검증할 수 있는 명제를 검증가능한 명제의 부류에 포함시켜야 하는 것은 말할 것도 없다. 그러나 그처럼 직접적으로 검증되는 기본적인 관찰명제(observation proposition) 이외에도 그것들과 일정한 논리적인 관계를 이루는 명제들도 기본적인 명제를 통해 간접적으로 검증이 가능한 것으로 취급해야 한다. 그렇지 않으면, 검증가능한 명제의 범위를 부당하게 축소하는 셈이 될 것이다. 왜냐하면 대부분의 고등한 과학을 이루는 대부분의 명제들, 이를테면 법칙을 기술하는 명제 등은 사실 관찰명제가 아니기 때문이다.

  그러면 예를 들어 고도로 추상적인 물리학적인 이론에 속하는 수학공식과 관찰
명제 간에 성립함으로써 그것을 검증가능하게 하는 논리적 관계들은 어떤 것인가?
논리실증주의자들은 처음 그러한 이론명제들이 하나 이상의 논리적으로 모순되지
않은 관찰명제들로부터 논리적으로 연역될 경우 검증가능한 것으로 취급해야 한
다는 강한 조건을 들고 나왔다. 그러나 과학적인 법칙 명제는 보편명제로서 어떤
유한한 수의 관찰명제로부터도 논리적으로 도출되지 않기 때문에 그와 같은 강한
의미의 검증은 원리적으로 불가능하며 그 결과 과학적인 관찰명제도 검증가능한
것이 아니라는 결론이 나온다. 또한 보편명제의 부정은 존재명제인데, 존재명제는
개별명제로부터 연역되므로 검증이 가능하다. 따라서 위와 같은 강한 의미의 검증
가능성에 의하면 어떤 명제와 그 부정의 검증가능성에 대해 서로 대립되는 판정을
내리는 모순을 범하게 된다. 또한 직접적으로 검증이 가능한 관찰명제 O와, 임의
의 사이비 명제 P에 대해, 명제 "O이거나 P이다"는 O로부터 논리적으로 연역이
되므로 검증이 가능하다. 한 마디로 이와 같은 강한 의미의 검증가능성의 정의는
한편으로 과학에서 두루 사용되는 명제를 비과학적인 것으로 분류하기 때문에 지
나치게 제한적인가 하면 다른 한편으로 명백하게 비과학적인 명제로 배제하여야
할 것을 과학적인 명제의 부류로 판정한다는 점에서 부당하게 포괄적이다.

  이러한 문제점을 해결하기 위해 에이어와 같은 논리실증주의자들이 몇 가지 보
다 온건한 검증가능성의 기준을 잇달아 제시했으나 그 어느 것도 그들이 과학적인
명제와 그렇지 않은 명제를 구분할 수 있을 만한 만족스런 기준이 되지 못한다는
사실이 드러나면서 그 한계에 부딪혔다.

5) 반증가능성의 원리

  칼 포퍼(Karl Popper)는 논리 실증주의자들의 검증가능성의 기준이 과학과 비과
학을 구분하는 데 적절한 기준이 되지 못한다는 비판을 제기하면서 그 나름의 새
로운 기준으로 반증가능성(falsifiability)을 제시했다.

  포퍼가 주목한 것은 과학적인 이론들은 보편명제들을 포함하기 때문에 개별적
인 관찰명제들을 아무리 동원한다고 하더라도 참인 것으로 증명되지는 않지만 반

대로 단 하나의 관찰명제에 의해서도 거짓임이 드러날 수는 있다는 사실이다. 과학적인 이론으로부터 문제의 관찰명제와 모순되는 결론을 도출함으로써 그러한 반증은 이루어진다.

포퍼에 의하면 한 명제가 과학적이라는 것은 그처럼 반증되는 경험적인 상황을 생각할 수 있다는 의미에서 반증가능하다는 것을 뜻한다. 이것을 뒤집어 말한다면 형이상학은 물론이고 마르크스의 역사이론이나 프로이드의 정신분석학의 경우처럼 그것이 거짓이 되는 상황을 생각할 수 없는 절대 진리임을 자부하는 이론들은 사실은 보다 우수한 과학적인 이론이 아니라 사이비 과학 내지는 신화에 불과하다고 할 수 있다. 반증이 불가능할 정도로 확실하다는 것은 이론적인 장점이 되는 것이 아니라 오히려 비과학임을 스스로 폭로하는 표징에 지나지 않는다. 한 마디로 말해서 포퍼의 반증가능성의 기준은 "어떤 명제가 분석적이 아닌 한 그로부터 어떤 관찰명제들과 논리적으로 모순되는 명제들을 이끌어 낼 수 있을 경우 또 오직 그 경우에 한해 과학적인 명제이다"라는 말로 요약할 수 있다.

그러나 이러한 기준 또한 위의 강한 의미의 검증가능성의 기준과 대칭적인 비판에 직면한다. 즉 보편명제는 포퍼가 말한 의미에서 반증이 가능하므로 과학적인 명제로 분류되지만 반대로 "어떤 시기 어떤 장소에 A가 존재한다"와 같은 존재명제는 A가 존재하는지를 확인하기 위해 모든 장소를 조사하는 것이 원칙상 불가능하므로 반증이 불가능하며 따라서 과학의 영역에서 배제된다. 더욱이 반증가능성의 기준은 보편명제와 그것의 부정인 존재명제의 과학성에 대해 서로 다른 판정을 내리는 결함을 극복할 수가 없다.

또한 포퍼의 기준에 의해 어떤 명제를 반증하는 것은 그 명제가 어떤 관찰명제와 논리적으로 모순됨을 보이는 것인데 그 관찰명제를 참이라고 전제하지 않는 한 문제의 명제가 거짓인 것으로 반증되었다고 말할 수는 없는 일이다. 그러나 관찰명제가 참이라면 반증은 불가능하며 따라서 사이비 과학 명제라고 말해야 한다.

이러한 결론을 피할 수 있는 길은 어떤 명제를 반증하는 데에 동원된 관찰명제 또한 반증가능한 명제이지만 그 명제를 반증하는 과정에서만 잠정적으로 참인 것으로 약속하는 일이다. 이렇게 해서 포퍼의 반증주의는 기초적인 관찰명제에 대한 규약주의(conventionalism)를 도입하지 않을 수가 없었다. 반증가능성의 기준이 참인 것으로 약속한 명제에 의존하지 않을 수 없다는 것은 포퍼의 이론에서 커다란 약점이 아닐 수 없다.

일부 논리실증주의자들은 과학과 사이비 과학을 구분하는 기준을 확립하는 작업이 이처럼 번번이 실패로 돌아간 이유는 그러한 구분을 자연언어에 의존했기 때문이라고 생각하고 인위적인 경험적 언어(empiricist language)를 도입함으로써 난관을 타개하고자 했다. 이러한 작업은 주로 카르납(Carnap)에 의해 수행되었는데, 그는 경험주의적인 언어를 정의한 다음 그러한 언어로 번역 가능한 명제에 대해서만 과학적 명제의 지위를 부여하는 전략을 취했다. 그러나 그러한 시도 또한 그다지 만족스러운 결과를 얻지는 못했다.

논리실증주의자들의 프로그램은 과학과 사이비 과학을 구분하는 기준을 확립하는 작업에서부터 극복하기 어려운 난관에 봉착했지만 그것이 성공했다고 하더라도 검증가능성을 (인식적으로) 유의미한 명제와 그렇지 않은 명제를 구분하는 기준으로 통할 수 있다는 그들의 검증가능성의 원리 또한 정당화하기도 어려웠다. 그렇기 때문에 포퍼는 처음부터 자신의 반증가능성의 원리가 단순히 과학과 사이비 과학을 구분하는 기준을 확립하려는 목적만을 지니고 있다는 점을 분명히 했다. 그에 의하면 설사 형이상학이나 신화와 같은 사이비 과학이라고 할지라도 무의미하다고 단정 지을 수는 없으며 역사적으로 볼 때 오히려 그러한 비과학적인 추측으로부터 과학이 발전되어 나왔다는 점에서 그 나름대로 의미 있는 지적 작업이라고 해야 한다고 했다.

6) 검증가능성의 원리에 대한 검증가능성의 문제

검증가능성의 원리의 정당성과 관련하여 그 원리가 과연 자신이 표명하고 있는 기준에 의해 유의미한 것으로 입증될 수 있는가에 대해 처음부터 강한 비판이 제기되었다. 그 원리가 의미를 지니기 위해서는 분석명제이거나 혹은 경험적인 사실을 기술하는 명제이어야 하는데 그러나 검증가능성의 원리는 그 어느 명제에도 속하지 않은 것 같다는 것이다. 말하자면 논리실증주의자들은 자신이 의지하고 있는 버팀목을 스스로 잘라 버리는 우를 범하고 있다는 비판이 강하게 제기되었다.

비트겐슈타인은 『논리철학 논고』에서 철학을 활동에 불과한 것으로 규정짓고 참이거나 거짓이라고 말할 수 있는 철학적 명제란 있을 수 없다는 점을 역설했었다. 나아가 자신이 진술하고 있는 명제들도 모두 무의미한 헛소리(nonsense)로서 일단 타고 올라간 후 내던져 버려야 하는 사다리에 불과하다고 했다. 그러나 논리실증주의자들로서는 자신들의 작업이 모두 헛소리이며 검증가능성의 원리가 그러한 헛소리 가운데 하나라는 비트겐슈타인식의 답변에 만족할 수 없었다. 카르납은 그에 대신하여 철학이 과학의 논리로서 과학의 개념과 명제, 그리고 증명과 이론을 논리적으로 분석하는 학문이라는 답변을 제시했는가 하면 에이어는 검증 가능성의 원리가 일상적인 용법과 부합하는 의미가 어떤 것인지를 정의하는 일종의 규약이라는 견해를 펼쳤다. 그러나 그 어느 해결책도 검증가능성에 반드시 그것을 받아들이지 않으면 안 될 강제력을 부여하지는 못했다. 검증가능성의 원리가 고작 일상적인 상식과 과학의 관점에서 유의미성을 어떻게 해석해야 하는가 하는 것을 정의해 주는 규약에 불과하다면 유의미함을 보다 폭넓게 해석하고자 하는 형이상학자에게는 아무 기속력을 지닐 수가 없었다.

위와 같은 여러 문제들은 모든 사람들이 받아들일 수 있는 검증가능성의 원리를 확립함으로써 철학을 자기들의 취향에 맞는 방식으로 정화하려는 논리실증주의자들의 계획에 극복할 수 없는 난관임이 점차 분명하게 드러났다. 이와 동시에 후기 비트겐슈타인과 콰인(Quine) 등에 의해 철학계의 관심의 초점이 점차 의미론과 존재론적인 성격의 문제들로 옮겨감에 따라 논리실증주의의 영향력도 점차 쇠퇴하여 1950년에 이르러 완전히 종말을 고하고 전반적인 분석철학의 흐름 속에 흡수되어 버리고 말았다.

4. 무어와 일상언어

논리실증주의가 쇠퇴한 후 영국의 옥스퍼드대학을 중심으로 일상언어학파라고 불리는 새로운 철학적인 운동이 등장하여 영미 철학계를 주도했는데 그것은 무어(George Edward Moore, 1873~1958)와 후기 비트겐슈타인의 언어관에 힘입은 바 컸다. 러셀이나 논리실증주의자들은 모든 철학적인 명제들을 이상언어로 번역함으로써 철학적인 문제들을 해결하거나 혹은 해소시켜 버리려 했다. 그러한 절차가 바로 그들이 의미하는 분석이었다.

　전통적인 형이상학의 명제를 분석함으로써 그들이 주는 역설적인 느낌을 불식시킬 필요가 있다는 점에 대해서는 무어도 의견을 같이했다. 그러나 무어가 의미하는 분석은 러셀이나 논리실증주의자들의 그것과는 달랐다. 무어는 말년에 자신이 평생에 걸쳐서 한 철학적 작업을 윤리학과 지각 이론, 그리고 철학의 방법에 관한 논의로 구분했다. 이 가운데 철학의 방법에 관한 그의 논의는 상식과 분석에 대해 상당한 비중이 주어지고 있다. 무어는 지금까지 철학적인 문제를 둘러싸고 철학자들 사이에 의견이 분분했던 이유를 고찰하는 대상에 대한 철학자들의 주의가 부족했음과 문제를 명료하고도 정확하게 진술하지 못한 탓으로 돌렸다.

　무어는 초기에는 철학의 일차적인 관심사가 우주를 객관적으로 구성하고 있는 실체들을 찾아내는 데 있다는 신념에 따라 인간의 의식(consciousness)의 대상이 되는 실체(entity)와 속성(property) 등을 규명하는 데 힘을 쏟았다. 그러나 후기에 와서는 언어적인 문제에 보다 더 큰 관심을 갖게 되었는데 그것은 언어를 잘못 사용하는 데서 비롯되는 철학적인 오류와 혼란이 당초 그가 생각했던 것보다 훨씬 뿌리가 깊고 식별해 내기 어려우며 광범위하다는 신념에서 비롯되었다. 무어는 결국 사실의 분석이 아닌 개념의 분석이 철학이 해야 할 소임이라는 결론에 도달했으며 이에 따라 낱말을 비롯한 언어적인 표현이 지니는 갖가지 의미를 규명하고 또한 그것들에 대한 철학적인 용법과 일상적인 용법 사이의 괴리를 파헤치는 언어적인 분석에 심혈을 기울였다.

　무어는 일상적인 언어가 다소 혼란되고 애매한 표현들을 포함하고 있기는 하지만 철학적인 명제가 주는 역설적인 느낌이 그것을 표현하는 데 사용된 일상언어의 의미상의 애매함이나 혼란에서 비롯된 것은 아니라고 생각했다. 그에 의하면 일상적인 언어로 표현된 견해, 즉 대부분의 상식적인 견해들은 면밀한 분석을 거칠 필요가 없이 그 자체로 의미가 파악될 뿐만 아니라 옳은 주장들이다. 이것이 바로 무어의 상식 옹호적인 입장이다. 그러나 무어가 상식을 옹호했다고 해서 상식이 자신의 철학에 있어 최후의 의지처라고 생각했다는 말은 아니다. 무어가 의미하는 바는 우리가 자연스럽게 믿는 것은 다소 얼마만큼의 확실성을 지니고 있을 뿐만 아니라 그것들이 우리의 주장에 우리도 모르는 사이에 끊임없이 끼어들기 때문에 많은 철학적인 결론에서도 상식적인 믿음이 그 바탕이 되어 있다는 사실이다. 많은 철학적인 명제가 일상적인 언어로 진술되어 있다는 점이 그것을 말해 준다. 그렇기 때문에 그러한 믿음을 부정하는 철학적인 견해는 자가당착이 되지 않을 수 없다.

철학적인 명제가 대부분 일상적인 관용구로 표현되어 있지만 문제는 철학적인 주장을 일상적인 관용구를 이용하여 진술함에 있는 것이 아니라 그러한 관용구가 철학자들에 의해 잘못된 방식으로 사용된 데 있다. 예를 들어 그들은 형이상학의 명제에 관용구를 사용하면서도 그것을 일상적인 방식으로 사용할 때 의미하는 것 이상의 복잡하고 전문적인 내용을 전달하려 하고 있다. 형이상학자들은 단순한 일상적인 관용구를 사전에 아무 양해 없이 자기 나름의 전문적인 의미로 사용할 뿐 아니라 경우에 따라서는 그들의 전문적인 의미가 그 관용구의 진정한 의미인 것처럼 주장함으로써 혼란을 야기하고 역설적인 느낌을 주게 된다. 철학자들이 그처럼 단순한 관용구를 이용하여 진정으로 의미하고자 하는 복잡하고도 전문적인 내용을 풀어 헤쳐 내자는 것이 무어가 말하는 분석이다.

이를테면 형이상학적인 명제를 분석하는 최선의 길은 그에 의해 형이상학자들이 진정으로 의미했으리라고 생각되는 복잡한 사상을 일상적이고 관용적인 표현으로 고쳐 보는 것이다. 그럴 경우 문제의 형이상학의 명제는 처음에 생각했던 것과는 달리 시시한 내용이거나 혹은 전혀 논의의 여지도 없는 황당무계한 소리이거나 혹은 너무 엄청난 주장이어서 다른 수많은 명제를 증명해야 확인될 수 있는 명제로 드러날 수도 있다. 그 결과 당초 그 명제가 불러 일으켰던 지적인 충격이나 역설적인 느낌은 상당 부분 해소될 것이다.

무어는 언어적인 분석의 중요성은 인정했으나 모든 철학적인 문제의 뿌리가 언어적인 혼란에 있으며 따라서 언어적인 명료화가 그러한 혼란을 해소할 수 있는 지름길이라는 당시 철학자들 사이에 광범위하게 퍼진 견해에는 도달하지 못했다. 그것은 비트겐슈타인의 후기 언어철학에서 비롯된다.

5. 비트겐슈타인의 언어분석철학

20세기 분석철학의 걸출한 대가로 알려진 루드비히 비트겐슈타인(Ludwig Wittgenstein, 1889~1951)은 오스트리아의 비엔나에서 부호 집안의 5남 3녀 중 막내로 태어났다. 그는 베를린 공과 대학에서 당대의 위대한 물리학자 헤르츠에게 2년 동안 수학한 후, 영국 맨체스터 공과대학에서는 항공역학을 연구했다. 여기서 그는 특히 제트엔진 설계를 연구했는데 그때 그가 만든 제트엔진 모형은 현대 헬리콥터의 선구가 되었다고 한다. 다시 그의 학문적 관심은 유체역학으로 옮겨갔으며 여기서 그는 순수수학의 문제와 수리철학의 문제에 눈을 뜨게 되었다.

1912년 그는 러셀 밑에서 수리철학을 공부하기로 결심하고 당시 러셀이 가르치고 있던 영국 케임브리지 대학교의 문을 두드렸다. 여기서 그는 러셀과 무어 밑에서 2년가량 철학을 연구했다. 또 1914년 1차 대전이 터지자 병역이 면제되어 있었으나 모국 오스트리아 군대에 자원입대하여 1차 대전에 참전했다. 1918년 이태리 군에 포로가 되어 1년 후 석방되었을 때 그의 배낭 속에는 그의 전기 사상의 결정체라 할 수 있는 『논리철학 논고』(*Tractatus Logico-Philosophicus*)의 초고가 들어 있었다.

1912년 비트겐슈타인이 케임브리지에서 공부하고 있었을 때 그의 부친이 세상을 떠났는데 엄청난 부자였던 부친은 그에게 많은 재산을 유산으로 남겨 주었다. 그가 전쟁포로 생활에서 풀려 나와 처음 착수한 일은 그에게 주어진 막대한 유산을 모두 처분하는 일이었다. 그는 평생 독신으로 지극히 단순하고 검약한 생활을 하기 위해 가진 재산을 모두 당시의 예술가들에게 익명으로 나누어주었다. 평생 그의 옷차림은 극히 소박하여 넥타이를 맨 옷차림은 상상조차 할 수 없었다. 그가 가진 가구는 고작해야 침대 하나, 그리고 몇 개의 딱딱한 나무의자가 전부였다. 어떤 종류의 장식이든 그의 생활 주변에서 배제되어 있었다.

『논리철학 논고』의 완성은 젊은 비트겐슈타인에게 모든 철학적 고뇌의 종식을 의미했다. 이제 골칫거리로 남은 철학적 문제는 더 이상 그에게 존재하지 않았다. 그에게 남은 것은 소박하고 단순하게 사는 일뿐이었다. 그리하여 그는 교사 양성 교육을 받은 후, 두메산골의 초등학교 선생이 되었다. 그는 그것이 자기가 원했던 단순한 생활을 제공해 주리라고 믿었다. 6년 동안 시골 이곳저곳으로 옮겨가며 초등학교 어린아이들을 가르쳤으나 창의성 계발을 위주로 한 그의 독특한 교육 방법은 학부모들로부터 많은 반대에 부딪혀 마침내 초등학교 선생 노릇을 청산하고 말았다. 그리고 나서 그가 다음 택한 일은 어떤 수도원의 정원사 조수로서 근육을 움직이는 일이었다. 그러는 동안 그는 몇 번이나 수도사가 되려고 했으나 끝내 소원을 이루지 못했다. 정원사 조수 생활을 한 후, 그는 고향 비엔나에 다시 돌아와 약 2년 동안 머물면서 자기 누님의 큰 저택을 설계해 주며 조각도 하면서 철학적 사색과 대화의 시간을 가졌다.

1929년 비트겐슈타인은 다시 케임브리지 대학으로 돌아갔다. 자기가 이미 출판한 자신의 전기 사상에 큰 결함이 있음을 발견하고 새로운 철학적 지평을 찾아 철학의 훈련장을 다시 찾았다. 이때부터 그의 후기 사상의 새로운 지평이 열리기 시작했다. 『청갈색본』(The Blue and Brown Books)은 바로 그의 후기 사상의 전주곡이며 『철학적 탐구』(Philosophical Investigations)는 후기 사상의 알맹이를 담은 저술이다. 1939년 드디어 그는 무어의 후임으로 임명되어 케임브리지 대학교의 명실상부한 철학의 지도자가 되었다. 그의 강의는 특유했다. 강의 장소는 그의 연구실이나 그의 친구의 방이었으며 청중은 몇 년 계속 듣는 사람에게 한정되었으며 시간은 엄수되어야만 했다. 그리고 그의 강의는 아무런 원고도 없이 진행되었으며 집중된 사고를 통해 새로운 사상이 창조되고 발전되는 그야말로 진리의 산실이었다. 강의하는 그의 모습은 집중의 화신이었다. 그러나 대학 교수의 생활은 그에게 있어서는 고통스럽고 역겨웠다. 그것은 그의 창조의 시간을 곤궁하게 하였으며 더욱이 아카데미즘의 허세는 그의 비위를 건드렸다. 참다못해 주위의 만류에도 불구하고 그는 1942년 사표를 던지고 케임브리지를 떠나 1951년 그가 62세의 나이로 세상을 떠나기까지 어디에도 매이지 않는 자유로운 몸으로 철학적 사색에 몰두하였다.

그의 후기 저작으로는 『청갈색본』과 『철학적 탐구』 이외에도 『철학적 문법』(Philosophical Grammatik), 『수학의 기초에 관한 고찰』(Remarks on the Foundations of Mathematics), 『확실성에 관하여』(On Certainty), 『비망록』(Zettel) 등이 있다. 그런데 이 모든 후기 저작들은 비트겐슈타인이 세상을 떠난 후 그의 제자들에 의해서 출판되었다.

비트겐슈타인은 과거에 철학적인 문제들이 발생했던 이유는 철학적 대상 때문이 아니라 사실은 언어의 기능을 오해하고 언어를 오용한 데서 비롯된 특수한 성격의 문제이며 따라서 언어가 기능하는 방식을 정확하게 밝힘으로써 그러한 문제들을 제거할 수 있다고 생각했다. 그는 언어가 어떻게 해서 의미를 획득하며 또한 그 의미를 인간이 어떻게 해서 이해하게 되는가를 설명하려 했다. 그러나 언어분석을 통해 의미의 명료화를 꾀했던 그의 언어에 대한 전·후기의 사상 내용은 확연히 다르다.

비트겐슈타인의 사상은 일반적으로 20대의 젊은 청년으로 전쟁터의 화염 속에서 쓴 『논리철학 논고』의 전기와 그가 40세가 넘어 케임브리지로 다시 돌아가서 제2의 철학적 사색의 결과 저술한 『철학적 탐구』의 후기로 나눈다. 전기 사상을 담은 『논리철학 논고』는 현대 분석철학의 한 줄기인 비엔나 학단의 논리실증주의 운동에 영감을 불어넣은 저서이며 후기 사상의 알맹이를 담고 있는 『철학적 탐구』는 영국의 일상언어학파를 형성케 한 동인이다. 이렇게 그의 사상은 전반기와 후반기에 나뉘어 그 내용이 서로 다르지만 모두 철학계에 압도적인 영향력을 끼쳤다. 비트겐슈타인이 제시한 두 철학사상은 모두 언어에 관한 것이다.

1) 전기 비트겐슈타인

비트겐슈타인은 『논리철학 논고』의 목적이 사고의 표현의 한계를 밝히는 데 있다고 하여 그의 전기 사상의 목표를 말해 주고 있다. 즉 말할 수 있는 것은 무엇이며 인간이 알 수 있는 것은 무엇인가 하는 인간의 인식의 한계를 밝혀 보려는 것이 그의 전기 사상의 목표이다. 칸트도 일찍이 인간이 알 수 있는 한계를 밝히려 했던 것에 반하여 비트겐슈타인은 사고의 표현의 한계, 즉 사고가 표현되는 언어의 한계를 밝히려 했다. 언어의 한계란 언어를 통해서 말할 수 있는 것의 한계를 말한다. 칸트가 사고의 한계를 밝히기 위해 인간의 사고의 주체인 이성을 비판했다면 비트겐슈타인은 사고의 구조가 드러나는 현장인 언어를 비판했다고 말할 수 있다. 그리하여 비트겐슈타인에게는 언어비판이 철학적 과제로 등장한다. 현대 분석철학에서 언어가 철학적 관심의 전면으로 부각되는 계기가 바로 여기에 있다.

비트겐슈타인의 다음의 과제는 언어의 논리적 구조가 무엇인가를 파헤치는 일이다. 즉 "언어를 언어로서 기능하도록 하는 요소는 무엇인가?"라는 물음을 해명하는 것을 목표로 하고 있다. 언어는 의미를 획득함으로써 언어로서 기능한다는 점에 비추어 볼 때 비트겐슈타인의 언어 비판의 목표는 언어가 어떻게 해서 의미를 획득하며 또한 그 의미를 인간이 어떻게 해서 이해하게 되는가를 설명하는 것이라고 말할 수 있다. 자신의 철학적인 과제를 그렇게 설정했다는 것은 그가 과거의 철학적인 문제들이 발생한 원천이 대상이 아니라 실은 언어의 기능을 오해한 데서 비롯된 것이며 따라서 언어가 기능하는 방식을 정확하게 밝힘으로써 제거될 수 있는 것으로 보았다는 사실을 의미한다. 그는 철학적인 문제들이 언어의 오용에서 비롯된 특수한 성격의 문제로서 진위를 밝힘으로써 해결할(solve) 것이 아니라 그러한 문제들이 의미 있는 언어 사용에서 벗어난 것임을 보임으로써 해소시켜야(dissolve) 할 것임을 누누이 역설하고 있다.

비트겐슈타인의 언어비판에서 문제시되고 있는 언어는 일상적인 자연언어가 아니라 언어의 본질적인 요소만을 지니고 있다고 생각되는 이상언어이다. 그리고 그는 언어의 본질을 논리적인 공간으로서의 세계를 묘사 또는 그리는(picture) 기능에서 찾았다. 그래서 비트겐슈타인은 외연적 논리가 언어의 내적 구조의 모습을 드러내며 이런 구조를 가진 언어는 세계의 꼴을 보여주는 기능을 가지고 있다고 말한다. 즉 외적 관찰의 영역에서 보면 언어는 단순한 음성학적 요소나 점과 선의 기하학적 배열에 불과하지만, 그것이 어떤 뜻을 지니게 되는 것은 그 언어가 세계의 꼴을 본떠 보여주는 기능을 수행하는 데서 가능케 된다는 뜻이다. 이것이 외연성의 이론(thesis of extensionality)이다.

외연성의 이론이란 모든 의미 있는 명제는 논리적으로 단순한 원자명제이거나 '그리고'(and), '또는'(or), '만일 …이면 ~이다'(if …, then ~) 등과 같은 논리적 연결사(logical connectives)에 의해 연결된 복합명제인데, 복합명제는 그것을 구성하고 있는 원자명제의 진리함수라는 것이다. 즉 복합명제의 진위는 그것을 구성하는 원자명제의 진리치에 의해 결정된다는 원리이다. 이것은 언어는 본질적으로 진리함수적 구조로 되어 있다는 말이다.

전기 비트겐슈타인에 의하면 외연적 논리는 언어의 구조를 보여주지만 그것으로 언어가 모두 설명되는 것은 아니다. 언어는 세계의 꼴(모습)을 본떠 보여줄 때 언어는 정보 전달의 기능을 할 수 있게 된다. 그리하여 비트겐슈타인은 "언어는 세계의 그림"이라고 한다. 즉 언어는 세계의 꼴을 본떠 보여주는 일종의 논리적 그림이라는 말이다. 이처럼 언어와 세계는 동일한 논리적 형식을 지니고 있기 때문에 우리는 언어를 통하여 세계의 모습을 읽을 수 있다. 그런데 명제와 세계가 동일한 형식 내지는 구조를 갖는다는 사실은 그 명제가 묘사하는 사태(state of affairs)를 이루는 각각의 대상들에 대해 그에 대응하는 언어적인 요소들이 그 명제에 있다는 것을 함축한다. 그러나 그림으로서의 명제는 그것이 그리는 세계와 동일한 구조를 지님으로써 세계를 묘사하기는 하지만 그 구조를 그릴 수는 없다. 다시 말해 세계가 아닌 세계의 구조 자체는 언어가 그리는 대상이 될 수 없다. 세계의 그림의 역할을 하는 언어만이 제 구실을 하는 언어이다. 그렇지 못한 언어를 사용할 때 우리는 사실 말도 안 되는 말을 내뱉고 있음에 불과하다. 여기서 언어의 한계가 무엇인가가 드러난다.

그래서 비트겐슈타인은 『논리철학 논고』의 말미에서 말할 수 없는 것과 말할 수 있는 것의 경계를 짓고 말할 수 없는 것에 대해서는 침묵할 것을 권고하고 있다. 그가 침묵할 것을 권고한 영역에는 명제의 표상 형식을 비롯하여 종교적인 진술과 윤리적인 진술, 미학적인 진술 등이 모두 포함된다. 그가 보기에는 전통적 형이상학적 저술에 나타나는 많은 언어들은 언어의 기능을 제대로 수행하지 못하는 언어로 구성되어 있기에 헛바퀴 도는 말의 집 앞에 불과하다. 그렇다고 전통적 형이상학이 다루고자 했던 그 문제를 자체가 전혀 무의미한 것은 아니다. 비트겐슈타인이 여기서 지적하고자 하는 것은 그런 문제들이 아무리 심오하고 중대하다고 하더라도 그런 문제들은 언어의 한계 밖에 놓여 있기에 언어로 표현하여 이러쿵저러쿵할 수 없는 문제라는 점이다. 그런 모든 논의는 해 보았자 헛소리에 지나지 않기 때문이요 말할 수 없는 것을 말하려는 헛된 시도에 불과하기 때문이다. 따라서 "우리가 말할 수 없는 것에 대해서는 침묵을 해야 한다."

결국 비트겐슈타인은 분명하게 언어로 표현될 수 있는 과학적 탐구의 문제로부터 분명하게 언어로 표현될 수 없는 문제를 구별하여 언어의 한계가 어디에 있는가를 밝혀 놓았다. 그리고 언어의 한계 밖에 있는 것에 대해서는 입을 다물 것을 권유하였다. 인식의 피안에 놓인 문제들을 놓고 왈가왈부하는 것도 헛된 일이요 언어의 논리에 대한 무리에서 빚어진 문제를 놓고 머리를 쥐어짜는 것은 어리석은 일이 아닐 수 없다. 그러므로 비트겐슈타인에게의 철학의 소임은 단지 세계에 관한 각종의 학문적인 진술의 의미를 논리적으로 분석하는 일이다. 그래서 그는 『논리철학 논고』에서 "철학의 목표는 사상에 대한 논리적 명료화이다. 철학은 학설

(doctrine)이 아니라 하나의 활동(activity)이다. 철학적 작업은 본질적으로 명료화 작업이다'라고 철학에 대한 새로운 정의를 내리고 있다. 명료화 작업은 논리적인 분석을 통해 수행되며 논리적 분석은 실제로 언어를 대상으로 행해지므로 곧 언어분석이라는 말과도 통하게 된다. 과거에 철학을 '학문 중의 학문'(science of sciences)이라고 했을 때는 철학이 모든 학문들 가운데 가장 포괄적이고도 기본적이라는 의미였으나, 비트겐슈타인에 와서는 일차적인 경험 과학을 대상으로 하는 이차적인 학문(secondary discipline), 즉 메타적인 학문(meta-science)이라는 새로운 의미를 획득하게 된 것이다.

2) 후기 비트겐슈타인

비트겐슈타인의 후기 사상은 자신의 전기 사상의 타당성에 대한 회의에서 시작한다. 그의 후기 사상의 대표작인 『철학적 탐구』는 『논리철학 논고』에서의 자기의 전기 사상에 깔린 기본적 사고법에 대한 철저한 비판으로부터 시작한다. 비트겐슈타인은 자신의 전기의 언어관은 오래 전부터 인간의 언어생활에 광범위하게 침투해 있는 하나의 치명적인 병폐에 오염된 결과라고 스스로 비판한다. 그 병폐란 사물들이 공통으로 지닌 어떤 본질적인 속성이 있으며 그것을 찾는 것이 사물을 이해하는 데 필수요건이라는 본질주의라는 믿음이다. 이러한 본질주의의 일반성의 추구를 극복하는 길은 일반적인 낱말에 의해 포섭되는 대상들은 반드시 어떤 공통적인 것을 공유하고 있어야 한다는 생각을 포기하고 개개의 대상들을 면밀하게 관찰하는 일이다. 언어의 기능을 살펴봄에 있어 일반성의 추구를 단념한다는 것은 우리가 일상적으로 사용하는 개개의 언어, 즉 일상언어에 관심을 기울인다는 것을 의미한다. 그 결과 그는 언어를 언어가 되게 하는 것은 초역사적인 본질적인 언어가 아니라 역사 속에서 사람들이 활용하고 사용하고 있는 언어라고 했다. 따라서 언어가 어떻게 해서 언어로서 기능하는가를 알기 위해서는 우리가 일상적으로 사용하는 개개의 언어, 즉 일상 언어에 관심을 기울이지 않으면 안 된다고 생각했다. 다시 말해 언어의 본성을 규명함에 있어서 언어를 만들어 사용하는 주체인 인간과의 연관성을 깊이 성찰하지 않으면 안 된다는 말이다.

비트겐슈타인은 인간의 언어는 인간의 정신적 움직임의 구체적 모습인데 그것은 삶의 여러 가지 양식과 밀접히 연결되어 있다고 한다. 언어는 그 언어를 사용하는 인간의 삶의 양식을 보여주며 그와 상관관계를 가진다. 그래서 그는 낱말에 의미를 부여하는 것은 이처럼 현실적인 삶의 맥락에서 그것이 어떻게 사용되는가 하는 것이며 또한 낱말의 의미를 이해(understand)한다는 것은 그 낱말을 실제로 사용할 줄 안다는 뜻이라고 했다. 이런 의미에서 후기 비트겐슈타인의 언어관을 언어 사용 이론(use theory of language)이라고 한다.

비트겐슈타인은 이와 관련하여 말을 놀이와 비유하여 말놀이 또는 언어게임(language game)이라고 했다. 그가 언어게임이라는 용어를 사용한 것은 언어를 말하는 것이 바로 행위 내지는 삶의 양식의 일부라는 사실을 부각시키기 위함이다. 비트겐슈타인은 놀이가 하나의 인간 활동이며 하나의 규칙으로서의 놀이가 인간 활동의 한 부분을 구성하는 것처럼 말하는 언어 행위는 인간의 활동의 하나이며 하나의 규칙 체계로서의 언어는 인간의 삶의 양식 속에서만 그 생명을 얻는다는 사실을 말하고 싶었다. 운동경기에서 게임의 규칙을 지키지 않으면 게임 자체가 성사되지 않음과 마찬가지로 언어 사용에서도 적절한 규칙에 따르지 않으면 언어적인 행위 자체가 이루어질 수 없다. 언어를 사용한다 함은 이러한 의미에서 언어게임에 참여함이다. 그러한 언어게임의 규칙이 비트겐슈타인이 말하는 문법(grammar)으로서 언어적인 표현은 그러한 다양한 문법에 따른 용법에 대응하여 여러 가지 다양한 종류의 의미를 지니게 된다. 비트겐슈타인이 말하는 용법은 물론 일상적인 용법이다.

이렇듯 언어의 의미의 궁극적인 원천은 인공언어가 아닌 일상언어이다. 그런데 전통적인 철학자들은 언어가 여러 가지 의미를 가질 수 있다는 사실을 빙자하여 일상적인 용법과는 전혀 어긋난 방식으로 낱말을 사용하여 대부분의 철학적인 역설과 지적인 혼란을 야기했다. 따라서 그러한 혼란을 극복하는 길은 우리 언어의 용법을 명료하게 파악하는 일이다. 그는 종전의 철학이 이룬 긍정적인 성과를 드러내기보다는 잘못된 철학적 사고가 빚은 오류의 성격을 진단하고 그 처방을 제시하는 데 보다 많은 노력을 기울였다. 비트겐슈타인은 언어를 잘못 사용함으로써 스스로 만들어 낸 철학적인 역설에 사로잡혀 빠져 나오지 못하는 전통적인 철학자들을 파리통에 빠진 파리에 비유하고 있다. 그에 의하면 그러한 철학자들은 일상

적인 언어적 용법과 전문적인 용법 사이의 부당한 유추에 의해 마치 파리가 파리
통에 빠지듯 손쉽게 철학적인 역설을 만들어 낸다. 일단 역설적인 철학적 견해에
빠져들면 지적인 경직증(cramp)에 걸려 파리통의 파리처럼 빠져나갈 길이 있는데
도 찾지 못하고 허우적거린다. 그러한 지적인 경직증을 치료할 수 있는 유일한 방
법은 철학적인 문제에 시달리는 철학자들의 지적인 과정을 더듬어 언어 사용상의
잘못을 범하게 된 경위를 드러내는 일이다. 그러기 위해 필요한 것이 언어분석을
통한 일상언어의 의미의 명료화 작업이다.

후기 비트겐슈타인에 있어 철학적인 분석은 이처럼 지적인 질병을 치료하려는
치료적인 분석(therapeutic analysis)의 성격을 지닌다. 다시 말해 일상언어를 대상으
로 한 분석을 통해 철학적인 문제를 해결하는 것이 아니라 해소함으로써 극복하려
는 것이 비트겐슈타인이 새로이 내세운 언어분석을 통한 철학적인 방법론의 특색
이다.

3) 비트겐슈타인 이후의 일상언어학파

무어에서 시작하여 후기 비트겐슈타인에서 확립된 일상 언어 위주의 언어분석
관에 영향을 받아 이른바 일상언어학파가 2차대전 이후 독자적인 이론을 전개해
갔다. 이 철학운동은 처음에는 무어와 비트겐슈타인의 영향 하에 영국의 케임브리
지 대학에서 일어났으나 후에 옥스퍼드 대학으로 그 중심이 옮겨져 흔히 옥스퍼드
일상언어학파라고도 불린다. 그들은 수많은 지적인 질병을 치유함으로써 건전한
이해에 도달하도록 하는 것이 철학자들의 소임이며 일상언어적인 용법에 대한 분
석을 통해 관련된 철학적인 개념을 둘러싼 개념 지도를 명료하게 파악하는 것이
그러한 질병에서 벗어나기 위한 첩경이라는 비트겐슈타인의 가르침을 그대로 받
아들여 일상언어의 사용의 미세한 차이에 관심을 집중했다.

일상언어학파에 속하는 대표적인 철학자인 라일(Gilbert Ryle, 1900~1976)은 『마
음의 개념』(*The Concept of Mind*)에서 잘못된 철학적인 견해를 신화(myth)라는 멸
시적인 용어로 부르면서 "신화란 물론 동화가 아니라 어떤 한 범주에 속하는 사실
들을 엉뚱한 범주에 적합한 언어로 나타냄으로써 비롯되는 것이다. 따라서 신화를
부순다는 것은 사실을 부인하는 것이 아니라 그것을 적절한 위치에 재배치하는 것

이다"라고 말하고 있다. 라일은 그러한 개념의 범주 착오의 예로서 정신을 신체와는 독립적인 실체로 본 데카르트의 심신이론을 들면서 데카르트가 말한 정신은 일종의 기계 속의 유령(the ghost in the machine)이라고 꼬집었다. 그는 사람의 정신이란 물리적인 세계에는 존재할 수 없는 대상들을 수용할 수 있는 어떤 신비한 저장고 같은 것이 아니라고 강조하고 사람의 정신에 관한 진술은 한 마디로 그 사람이 어떤 종류의 일들을 하거나 겪을 능력이나 경향에 관한 진술이라는 행동주의적인 견해를 펼쳤다.

제9장
프랑크푸르트학파의 비판이론

　현대의 고도의 산업사회의 구조를 분석하고 그 모순을 고발하는 문명비판에 관한 이론들 중에서 가장 두드러지고 많은 영향을 미치고 있는 것이 프랑크푸르트학파(Frankfurter Schule)의 비판이론이다. 그것은 비판적 사회이론, 비판적 사회철학 등으로 불리기도 하는데 1960년대 유럽에서 일어난 기술문명을 반대하는 사회운동에 이론적 기반을 제공한 마르쿠제(Herbert Marcuse, 1898~1979)의 사회철학을 통해 그 관심의 폭이 커지게 되었다.

　프랑크푸르트학파의 비판이론은 자본주의 사회에 있어서의 문화와 그 이데올로기를 연구의 대상으로 삼고 새로운 사회의 가능성을 모색하고 처방한다. 종래의 학문이 존재에 대한 서술에 그치고 당위를 주장하지 못했다는 데서 비판이론은 사실의 기술보다 사실에 대한 가치판단에 역점을 둔다. 특히 비판이론은 후기자본주의의 정치경제를 네오 마르크스적인 관점에서 비판하면서 그것의 극복을 위한 해방된 인간의 모델을 사회와 과정에서 찾으려고 한다.

　비판이론은 마르크시즘의 이론적 연구로 비판적 마르크시즘, 즉 헤겔-마르크시즘을 정초하여 권위주의를 비판하면서부터 시작되었는데 프랑크푸르트학파가 형성되던 1920년대의 독일의 정치경제적 상황은 이론과 실천의 통합을 절실히 요청하는 긴박한 위기에 있었다. 그 후 1930~40년대에 들어서서 학파의 이념적 토대를 구축했으나 나치의 집권과 동시에 미국으로의 망명생활에 들어가 나치를 겨냥한 전체주의를 비판했다. 1950~60년대에는 하버마스(Habermas)가 동참하면서 후기 자본주의 사회에 대한 비판적 연구가 활발해졌다. 1960년대 중반 미국에서는 소수민족의 인종문제와 베트남전쟁을 계기로 일어난 학생운동의 이념적 배경이 되기도 했다.

비판이론이 문제 삼는 주제는 현대 산업사회의 물질화 및 소외현상, 도구적 이성 또는 기술적 합리성, 산업사회의 억압적(지배적) 성격, 대중의 욕구조작 등이다. 그리하여 이들은 물신숭배사상(Warenfetischismus), 과학기술 지상주의, 기능적·기술적 합리성, 권위주의 및 관료주의적 행정체계, 대량생산 방식, 대중매체의 문화 산업화에 대한 신랄한 비판을 행한다. 그리고 이를 통해 오도된 학문에 관한 이해를 비판하고 과학, 즉 학문(Wissenschaft)의 사회적 책임을 강조하며 현대의 마르크시즘의 기초 정립 및 사회과학에 기여했으며, 후기 자본주의 산업사회의 도덕성 및 악에 대한 문제를 제기했다.

이들의 사상적 배경은 다양하다. 첫째, 독일 관념론의 전통, 특히 헤겔 철학의 방법, 둘째, 마르크스의 초기 저작, 특히 소외의 문제, 셋째, 프로이드의 정신분석 및 사회심리학, 넷째, 삶, 주체성, 의지, 힘에의 의지 등을 통해 시민철학의 이성지상주의를 극복하려는 탈체계적, 반체계주의라 할 수 있는 쇼펜하우어나 니체와 같은 생철학, 실존철학적 사고경향 등이 그것이다. 그 외에도 비판이론은 철학, 사회학, 정치학, 경제학, 심리학에 이르기까지 여러 분야를 종합적으로 받아들여 사회이론을 전개함으로써 일종의 종합과학적 접근을 시도했다.

또 인간을 역사적, 사회적 맥락 속에서 보려고 했다. 사회철학으로서의 비판이론은 인간의 사회적 혁명에 대한 철학적 이해이기도 하다. 인간은 분리되어 있는 개체가 아니라 사회의 성원이며 그의 사회생활은 국가, 법, 경제, 종교 등에 걸친 넓은 지평 위에서 이루어진다. 비판이론은 인간의 물질적, 정신적 삶을 이러한 전체성으로 파악하고 그 의미를 이해한다. 따라서 비판이론은 현대 자본주의의 경제생활과 개인들의 심리적 발달 및 정신적 산물뿐만 아니라 법률, 관습, 여론, 오락, 스포츠 등과 같은 문화적 소산에 있어서의 변화간의 연관성을 분석한다. 비판이론은 이 문화적 소산이 자본주의 경제구조가 인간들의 심리를 조종시킴으로써 기존

질서에 순응하고 또 이에 상응하는 현실 긍정적인 문화를 만들게 한다고 본다.

고도의 산업사회는 과학과 기술의 발달로 인해 실증주의적 사고방식이 전횡한다. 그러나 실증주의는 가치 판단과 실천을 외면한 채 사실의 기술에만 그치기 때문에 그 결과는 현실을 긍정하는 것이 되며 기존 질서의 변화에는 관심을 보이지 않는다. 호르크하이머는 이 같은 실증주의에 입각한 과학론을 전통적 이론이라 하고 이에 대한 비판 이론을 대치시켰다.

자연과학이나 실증주의적 과학론에는 학문의 사회적 근거를 자성하는 대도가 결여되어 있다. 전통적 이론은 과학의 사회적 기능을 무시하고 과학이 인간 생활에서 무엇을 의미하는지를 말하지 않는다. 예를 들어 복제인간에 관한 기술을 개발한 과학자는 그로 인해 파생되는 종교·윤리적인 문제에 대해서는 관심을 두지 않는다. 다시 말해 그들은 이론의 실천적인 원용은 과학적 사유의 밖에 있다고 여기고 지식과 행동, 연구 결과와 그 가치를 분리시키고 가치판단으로부터의 자유를 고집한다. 그리고 그렇게 하지 않으면 과학은 과학으로서 성립할 수 없다고 한다. 그러나 비판이론은 과학의 사회적 관련성을 분명히 밝힌다. 불변의 자연법칙을 탐구하는 과학도 전체적인 사회활동의 한 영역이며, 그 활동도 사회와 연관된 하나의 분업이기 때문에 과학은 과학을 낳고 과학을 이용하는 사회가 전체로서 지향하는 목적을 돌아보아야 한다고 주장한다.

과학과 기술은 굶주림과 전쟁, 억압 없는 세계의 건설을 향해 전진했지만 이성적 인간이 과학과 기술을 발달시킬수록 인간 자신의 도구화, 수단화, 예속화는 확대되었다. 비판이론은 바로 이것을 철저히 고발하고 비판적 이성의 회복을 강조한다. 비판적 이성은 자기반성이 없는 계몽적 이성이 그 한계를 인정하지 못한 결과 가져온 이성의 획일화, 조직화, 절대화를 부정하며 현존하는 것이 최고이며 불변의 진리라는 것을 부정하는 이성이다. 이렇게 비판이론은 현실을 비판하고 현실에 저항하며 그 절대화를 부정한다.

비판이론의 대표자로는 비판 이론의 창시자로 알려져 있는 호르크하이머(M. Horkheimer), 마르크스주의 이론의 재생에 관심을 보인 문화이론가 루카치(G. Lukács), 마르크스주의자이자 미학론자인 벤자민(W. Benjamin), 사회학적 예술이론을 편 아도르노(T. Adorno), 일차원적 사회이론을 주장한 마르쿠제(H. Marcuse), 사회인식론으로 잘 알려진 하버마스(J. Habermas) 등을 들 수 있다. 특히 마르쿠제는 『일차원적 인간』에서 고도산업사회에서의 인간의 사상과 행동이 체제 안에 완전히 내재화하여 변혁력을 상실하였음을 예리하게 지적했다. 나아가 절대거부의 정신에 바탕을 둔 문화사회이론은 많은 학생과 젊은이들의 공감을 얻었으며, 신좌익 운동의 정신적 지주가 되었다.

제10장
구조주의

구조주의(structuralism)는 1960년대에 들어와서 마르크스, 하이데거, 프로이트 등의 견해에 대립하여 프랑스에서 새로이 형성된 사상적 조류로서 인류학자요 사회학자인 클로드 레비스트로스(Claude Lévi-Strauss, 1908~1991), 철학자 미셸 푸코(Michel Foucault, 1926~1984), 알튀세르(Louis Althusser, 1918~1990), 그리고 정신분석학자 자크 라캉(Jacques Lacan, 1901~1981) 등이 주창했다.

구조주의는 하나의 철학적 학파를 구성하거나 철학적 체계를 가지지는 않지만, 소쉬르(Ferdinand de Saussure, 1857~1913)의 구조언어학적 방법으로 각 학문에 적용시킨 방법론적 군(群)을 형성하고 있다. 즉 바르트를 통하여 기호학에, 알튀세르를 통하여 마르크스 이론에, 라캉에 의해서 정신분석학에, 데리다를 통해서 문학평론에, 레비스트로스에 의해 문화인류학에 적용되었다.

이들은 마르크스주의나 실존주의 등 이제까지의 사상적, 사회과학적 업적을 근본적으로 재검토하여 사회 전반의 구조를 재구성하려는 총체적 이론(total theory)을 모색했으나, 그들 사이에서도 통일된 의견을 발견하기가 어려울 뿐 아니라 실존주의나 마르크스주의와 같이 명확한 형태를 갖추지도 않고 있다. 다만 이들은 마르크스주의에 대해서 논쟁을 벌이면서 인간의 주체성과 자유의 문제에 대해서 새로운 견해를 전개하려고 한다. 실제로 그들은 주로 마르크스주의의 한계성에 공격을 가하며, 실존주의, 인간주의에 대해서도 통렬한 현대적인 의문을 제기하고 있다. 그리하여 사회의 구조와 시스템에 대해서, 그리고 의미론(意味論) 등을 재구성하려고 한다. 그런 점에서 구조주의란 과학적 논리에 의해 인간을 해석하려는 하나의 학문적인 방법론이라고 할 수 있다. 요소를 전체와의 관계를 통해 파악함으로써 요소는 변하더라도 변하지 않는 관계를 인식하려는 사고 방법이다. 즉 부분의 요소는 전체의 구조 안으로 통합될 때 의미가 있고 비로소 인식이 된다고 본다.

그래서 구조주의는 어떤 문화 현상이나 활동, 산물들은 자족적인 상호 관계들의 구조로 구성되어 있는 기호체계(systeme signifiant) 혹은 사회제도로 본다. 이 세계는 사물들로 구성된 것이 아니라 관계들로 구성되어 있다는 개념이 구조주의 사고 방식의 제1원리이다. 요컨대 어떤 존재나 경험이라도 그것들이 부분을 형성하고 있는 구조 속에서 이해되지 않는 한 완전한 의미는 파악될 수 없다는 것이다.

그런데 구조주의의 열쇠인 구조 또는 체계라는 개념은 다의적(多義的)인 의미이다. 그것은 일반적으로 개개의 부분으로서의 여러 요소의 단순한 총화가 아니라 그들이 밀접하게 관련되어 있는 전체이고, 한 요소의 변화가 바로 다른 요소들 및 전체에 변화를 일으킬 수 있는 종합적인 여러 관계의 총체(總體)로 규정된다. 그러나 구조주의에서의 구조 개념의 중요한 점은 구조를 사물의 자연적, 구체적 관계가 아니라 오히려 사물이 그에 의해서 다른 것과 구별되어 나타나는 관계의 체계이고 그것은 인간의 역사적, 사회적 실천의 과정에서 무의식중에 사실적(事實的)으로 형성된다고 생각하는 점이다.

레비스트로스는 "언어학은 우리들에게 변증법적이고 전체화성(全體化性)을 갖는 의식이나 의지 밖이나 밑에 있는 존재를 보여주며, 비반성적 전체화인 언어는 독자(獨自)의 원리를 갖고 있어서 인간이 모르는 인간적 이성이다"라고 생각하여 경험적 사상(事象)으로서의 사회관계와 인간이 모르는 인간적 이성, 즉 무의식적인 문화(인위)의 규칙성으로서의 사회구조를 구별하여 사회적인 사상을 상징의 커뮤니케이션 체계로 파악하는 구조론적 탐구를 전개했다. 또한 과학의 궁극의 목적은 인간을 구성하는 것이 아니라 인간을 용해시키는 것이라고 말하여, 인간(문화)과 자연의 관계를 재음미할 것을 촉구하였다. 이러한 사고는 언어 또는 관념(주관), 물건(객관)을 그대로 베껴서 대리표현(代理表現)하는 것(표상)으로 보는 근대철학의 주관-객관 원리를 뒤집고, 그 이성주의를 근저로부터 비판하는 새로운 철학적 입장에 근거한다. 이것을 명확히 한 사람이 바로 푸코이다.

푸코는 다양한 언설 체계에 따라 다양한 세계의 상호관련 체계가 있을 뿐이지 인간에게 하나의 보편적인 세계사라는 것은 없다고 한다. 따라서 세계사는 정신(이념)이나 인간성 등의 개화 완성을 향해서 진보 발전하는 것이라고 생각하는 근대의 목적론적 발전사관은 폐기된다. 또한 그는 사람들이 자명한 것으로 여기고 있는 인간이라는 존재는 16세기 이후의 서구문화가 만들어낸 형상에 지나지 않고, 새로운 지식 밑에서는 인간은 파도치는 물가의 모래처럼 소멸할 것이라고 말하여 인간 과학의 변혁을 제창했다.

알튀세르는 목적론적 발전사관 위에서 해석되었던 종전의 마르크스주의(유물사관)를 비판했다. 그는 마르크스 사상은 사회와 역사를 경제적, 정치적, 이데올로기적 생산의 여러 구조의 중추적 결정의 역동적 체계로 파악하는 새로운 역사의 과학을 창출한 것이라고 재해석하고 구조론적인 과학인식론을 전개했다.

이렇게 하여 구조주의에 입각한 갖가지 시도는 인간의 영위(인식, 경험, 노동, 생산, 사회, 역사 등)를 파악하는 중심을 예전부터의 주관적 의식에서 무의식적 실천의 구조로 탈중심화하여 근대 서구의 관념 체계를 비판했는데, 그것은 그 집약적 기반이었던 주체적인 인간이라는 관념을 근본적으로 폐기함을 뜻했다.

제11장
포스트모더니즘

1. 포스트모던의 개념적 의미

포스트모더니즘(Post Modernism)은 본래 미국에서 시작된 20세기 후반의 새로운 시대 사조였으나, 국가 간의 경계선을 넘어 국제적 현상이 되었다. 또한 포스트모더니즘이란 용어는 처음에 건축 분야에서 사용되었지만 문학, 사진, 영화, 연극, 댄스, 비디오, 음악, 미술, 조각 등 모든 예술 형태는 물론이고, 사회과학, 자연과학 분야의 보편적 현상이 되었다.

그러나 포스트모더니즘은 어떤 단일한 운동이나 경향이라기보다 20세기 중엽부터 나타나기 시작한 여러 현상들에 대한 포괄적 명칭이라고 할 수 있다. 그것은 하나의 포스트모더니즘이 존재하는 것이 아니라 여러 형태의 포스트모더니즘이 존재한다는 말이다. 그래서 포스트모더니즘에 대한 통일된 정의가 존재하지 않는다. 심지어 합리적으로 설명할 수 없거나 모순되고 혼란스런 현상을 포스트모던 (Post Modern)으로 이해하는 경우도 적지 않다.

포스트모더니즘이 무엇을 포함하고 있는가에 대해서도 학자들의 의견이 일치하지는 않는다. 그러나 포스트모더니즘은 대체적으로 현대 정신 사조의 핵심 이념, 원리 및 가치를 문제시하는 지성적 분위기와 문화적 표현을 의미한다. 그런 점에

서 포스트모더니즘은 그 실체가 완전히 드러난 것이 아니라 아직도 형성 과정에
있다고 말해야 할 것이다.

2. 포스트모던의 시대적 의미

포스트모더니즘은 현대 세계관에 대한 반작용으로 현대성의 모순과 부작용에
대한 대응으로 시작되었다. 동시에 그것은 현대주의의 논리적 발전이요 계승이다.
따라서 포스트모더니즘은 모더니즘, 즉 현대주의와의 관계에서 이해되어야 한다.

포스트모더니즘이라 했을 때의 포스트모던은 서구 정신문화의 역사를 세 단계
로 구분하는 기준에 따른 것이다. 즉 전근대(premodern), 근대(modern), 후기 근대
(postmodern)가 그것이다.

고대, 중세, 종교개혁시대를 포함하는 전근대는 우주론과 형이상학이 사상적 중
심을 형성했다. 특히 그리스의 사변적 우주론과 기독교의 신학적 우주론이 결합되
어 세계를 하나의 유기체로 간주한 것이 전근대 세계관의 특징이다. 그리고 전근
대 세계관은 천상의 영역과 지상의 영역을 분리시키는 형이상학적 이원론, 우주
안에 있는 사물들과 질서를 기술하는 목적론적 언어, 전통을 지식의 근원으로 간
주하는 인식론, 인간을 우주의 중심으로 보는 인간관 등으로 이루어져 있다. 한 마
디로 전근대는 신적 계시가 진리의 최종 척도인 반면, 이성은 계시를 통해 주어진
진리를 이해하는 시대였다.

근대는 르네상스에서 준비되고 계몽시대에서 시작되었다. 계몽시대는 인간의
지위와 능력을 높이 끌어올려 인간을 역사의 주인공으로, 이성을 진리의 척도로
간주하는 근대정신의 길을 열었다. 계몽시대의 사상적 특징, 즉 근대성의 기본 이
념은 이성에 대한 무한한 신뢰, 기계적 세계관, 진보에 대한 신앙으로 요약된다.

첫째, 근대는 이성에 대한 무한한 신뢰에 기초한다. 근대는 이성의 시대로서 그
이념적 핵은 이성 중심주의, 즉 합리주의이다. 이러한 이성적 사고는 근대를 지배
하면서 전근대적 환상이나 선입견을 거부하고, 합리적 비판을 통한 지식의 확실한
토대를 마련하려 했다.

둘째, 근대는 기계적 세계관에 기초한다. 17세기 과학혁명과 더불어 시작된 근
대는 코페르니쿠스, 케플러, 갈릴레오, 뉴튼 등이 이룩해낸 과학적 발견들을 통해

전통적 우주관과 사유방식을 근본적으로 변화시켰다. 지구를 우주의 중심으로 가정한 중세의 천동설은 코페르니쿠스의 지동설로 대치되었고 자연을 거대한 유기체로 간주하던 중세의 자연관은 뉴튼의 기계적 자연관으로 대치되었다. 근대인은 자연을 물체들의 단순한 운동으로 이루어진 거대하고 질서 있는 기계로 이해하게 된 것이다.

셋째, 근대는 역사의 진보를 확신한다. 역사의 진행을 반복적인 것으로 해석하는 순환론이 고대의 지배적 견해였다면, 역사를 발전적인 것으로 해석하는 진보론이 근대적 사고의 특징이다. 근대 사상가들은 적당한 방법을 사용하면 우주에 대한 진정한 지식에 이를 수 있다고 확신했다. 또한 지식은 확실하며 객관적이라고 가정했다. 무엇보다 근대 과학과 기술의 발달은 삶의 질을 향상시켰으며 진보가 불가피하다는 낙관주의적 전망을 확산시켰다. 낙관주의는 평화적 분위기, 급속한 산업화, 민주적 정치구조, 역사의 진행에 대한 진화론적 해석, 과학에 대한 신뢰 등으로부터 유래했다.

그러나 근대 세계를 지탱하고 있던 자족성, 이성, 진보 그리고 낙관주의는 허물어지고 말았다. 자기 완결적인 우주 안에 살고 있다는 신념은 철학적, 과학적 탐구를 통해 더 이상 수용될 수 없었다. 이성 위에다 전통적 도덕과 사회를 세우려는 모든 계몽주의적 시도들도 실패로 끝났다. 진보가 불가피하다는 개념은 범죄, 오염, 빈곤, 인종차별, 전쟁과 같은 심각한 사회, 경제적 문제들로 퇴색되었다. 지식이란 본래 선한 것이며 학문은 선을 위한 도구라는 낙관적 신념도 유전공학의 남용, 핵무기의 위협 등으로 깨어지게 되었다.

근대를 중심으로 서구 지성사를 세 단계로 구분한다고 해도 예리하고 정확한 경계선을 그을 수 있는 것은 아니다. 전근대에 발전한 거의 모든 것이 근대에 남아 있으며, 근대의 요소들이 근대 후기의 도래에도 불구하고 쉽게 사라지지 않는다. 그래서 포스트모더니즘은 모더니즘의 관계, 즉 불연속성과 연속성의 문제가 논쟁이 된다. 어떤 이들은 포스트모더니즘을 모더니즘으로부터의 이탈과 단절 또는 그것에 대한 비판적 반작용으로 이해한다. 이 경우 포스트모더니즘은 탈(脫)모더니즘으로 번역된다. 한편 또 다른 어떤 학자들은 포스트모더니즘을 모더니즘의 계승과 발전으로 생각한다. 포스트(post)라는 접두어는 단순히 모더니즘 다음에 오는

후시성(後時性)을 가리킬 뿐 단절이나 이탈을 의미하지 않는다는 것이다. 또한 중
도적인 학자들은 포스트모더니즘과 모더니즘의 관계를 단절 또는 계승의 양자택
일적 관점이 아니라 양자 모두를 포용하는 관점에서 이해한다. 그래서 포스트모더
니즘이 근대성에 속한 것 중에 거부한 것은 개인주의, 유물론적 원자주의, 인간중
심주의, 관념론 등인 반면, 계승한 것은 자기 비판주의, 개인에 대한 관심, 인간 자
유에 대한 헌신, 탐구의 자유 등이라고 말한다. 결국 포스트모더니즘은 현대주의의
논리적 발전이며, 계승인 동시에, 현대주의에 대한 비판적 반작용이며 의식적 단절
로 정의될 수 있다.

3. 포스트모더니즘의 특징

　포스트모더니즘이 근대 이후의 탈근대적인 성격을 띠고 있다는 점에서 그 기본
적 정서는 대개 부정적 성향을 띤다. 그것은 근대성의 토대가 되는 계몽주의 정신
에 대한 거부를 의미한다. 따라서 계몽주의가 근대의 시대 개념이라고 한다면, 근
대에 대한 비판으로서 등장한 포스트모더니즘은 반(反)계몽적일 수밖에 없다. 이
러한 포스트모더니즘은 몇 가지로 그 특징을 정리할 수 있다.

　첫째, 포스트모더니즘은 근대의 이성 중심주의와 보편주의, 형이상학 전통에 대
한 반성이며 반작용이다. 그것은 근대적 이성과 합리주의에 대한 근본적 비판으로
정의된다. 포스트모던 정신은 진리를 합리적 영역에로 제한하거나 인간 지성을 진
리의 전결자로 간주하는 것을 거부한다.

　둘째, 포스트모더니즘은 세계를 보는 새로운 관점이다. 그것은 근대의 세계관,
즉 객관적 세계관의 종말을 의미한다. 근대 세계관은 실재가 정해져 있고, 인간의
이성은 그 질서를 자연의 법칙 속에서 인식할 수 있다고 가정한다. 그러나 포스트
모던 사상가들은 우리가 실재하는 세계라고 부르는 것은 실제로 항상 변하는 사회
적 창조라고 주장하며 비실재론을 선호한다. 우리의 세계는 일상 언어를 통해 건
설되는 상징적 세계요 사회적 실재라는 것이다. 기계적이요 결정적인 근대적 세계
관에 비해 근대 후기의 세계관은 관계적이며 비결정적이다. 근대 사상가들은 객관
적인 모든 것을 비인격적 기계장치로 보고 세계를 기계 부속품과 같이 외적 관계
로 연결된 독립적 부분들로 이루어진 것으로 간주했으나 포스트모더니즘은 세계

를 내적 관계를 갖고 있는 역동적 연관체계로 이해한다. 세계를 하나의 완성된 피조물로 보는 것이 아니라 끊임없이 진화하며 계속적으로 창조되는 것으로 본다는 말이다. 즉 세계의 모든 존재는 상대적이요 참여적이라 규정한다. 존재한다고 하는 것은 관계를 맺는 것이요, 따라서 스스로 존재하는 것은 있을 수 없게 된다. 그리고 인간 역시 이 계속적 창조 과정의 산물인 동시에 참여자이다.

셋째, 근대의 세계관이 이원론적인 데 반해 포스트모더니즘은 통전적(統全的)이다. 포스트모더니즘은 근대정신이 인간을 물질적 또는 객관적 세계로부터 분리한 것을 재결합하며, 인식하는 인간 주체와 인식되는 객관적 세계 사이의 존재론적 연속성을 재확인한다. 포스트모던 의식의 중심 요소는 전체에 대한 관심, 인격적이며 우주적 통합에 대한 관심이다.

넷째, 포스트모더니즘은 염세주의적이고 상대주의적인 경향을 띤다. 즉 이성의 자율성, 과학의 능력, 역사의 진보를 신뢰하는 근대의 낙관주의를 염세주의로 대체한다. 지식은 본질적으로 선하며 인간은 세계의 큰 문제를 해결할 수 있을 것이라는 낙관적 사고를 신뢰하지 않는 반면, 인간의 유한성과 한계를 인정한다. 또한 지식이 객관적이라는 계몽주의 신념을 받아들이지 않고 철저히 상대주의적인 입장을 취한다. 따라서 절대적 진리, 영원 불변적 실재, 모든 판단의 근거를 제공하는 초월적 관점이나 원리, 보편적 사실들을 거부한다.

다섯째, 포스트모더니즘은 중심성의 상실, 표준의 해체이다. 포스트모더니즘은 근대의 유일성이나 전체성을 철거하거나 교정하는 반면 다원성(多元性)을 강조하는데 그것은 문화뿐만 아니라 존재와 가치에도 적용되어 상대주의에 연결된다.

4. 해체주의적 포스트모더니즘

포스트모더니즘은 건설적 대안을 제시하는 긍정적 방향보다는 근대주의를 예리하게 비판하는 부정적 방향으로 전개되었다. 특히 해체주의는 서구의 전통 형이상학인 실재론에 대한 공격을 중심 주제로 삼고 있다.

실재론에 따르면 우리의 진리 체계 속에 존재한다고 가정되는 것은 실제로 주어진 것이다. 그것은 언어와 사유에 선행하여 존재하며 우리는 그것을 언어와 사유를 통해 적절히 파악한다. 그러나 해체주의는 언어와 개념에 선행하여 존재하는 실재에 결코 이를 수 없다고 주장한다. 또한 세계관의 필수 요소인 하나님, 자아, 목적, 의미의 제거를 통해 근대적인 세계관을 파괴하고, 신과 도덕성의 죽음 및 진리의 소멸을 가정한다. 자아는 순전히 관계적 감각 현상을 말하는 것으로 받아들이며 자유란 존재하지 않는다고 주장한다. 세계는 무의미하며 역사는 목표를 가지고 있지 않다. 절대적인 선이나 악도 없으며 공유적(公有的) 가치도 없다. 이렇게 하여 포스트모더니즘은 보편성과 실재에 대한 근대적 세계관의 해체를 통해 절대적 상대주의를 출현시킨다. 그러나 해체주의에 따르면 해체는 허무주의적 파괴를 의미하는 것이 아니라 적극적, 치료적 역할을 의미한다고 주장한다. 잘못된 개념으로부터 자유롭게 한다는 말이다.

해체주의적 포스트모더니즘의 철학적 토대는 푸코(Michel Foucault), 데리다(Jacques Derrida), 로티(Richard Rorty) 등에 의해 마련되었다.

푸코는 근대 세계관, 자아 개념, 인간론을 철저히 거부하고, 니체의 족보학(genealogy)을 도구로 서구 사상을 지배해 온 질서 개념을 비판했다. 지식과 권력의 관계를 밝히기 위해 담론의 학적 영역을 탐구했으며, 지식은 항상 권력으로부터 유래한다고 주장했다.

데리다는 플라톤, 헤겔, 니체, 후설, 하이데거와 같은 서구 철학 전통의 주요 인물들의 저서에 대한 창조적 재해석을 통해 자신의 견해를 발전시켰다. 그는 또한 로고센트리즘(logo-centrism), 즉 언어의 토대에 존재의 임재 또는 본질이 있다는 가정을 공격하고, 언어가 고정된 실재에 연결된 의미를 가지고 있다는 것을 부정했다. 나아가 언어와 외적 세계 사이에 어떤 직선적 일치가 있다는 일반적 개념을 거부하고 양자를 연결하는 분명한 선을 긋는 것은 불가능하다고 주장했다.

미국의 포스트모던 실용주의 로티는 근대 자아 개념에 대한 공격에 동조하여 보편적 인간 자아를 부정했다.

제12장
20세기의 신학적 동향

　현대의 인류는 이성의 무한한 능력에 대한 신뢰, 과학기술에 의한 자연의 정복, 그리고 이로 인한 인간생활의 진보 등을 믿었지만, 세계대전으로 인해 자신의 손으로 건설한 문명이 스스로에 의해 파괴된 후 인간 실존에 대한 새로운 충격과 인식을 갖게 되었다. 즉 인간은 유한하고 불합리하고 부조리한 존재임을 깨닫고 새로운 철학적 사고와 신학을 전개하기 시작했다. 즉 키르케고르를 위시한 실존주의 철학이 인간의 구체적인 삶을 문제시하였고, 그것은 칼 바르트에 의해 신학에 수용되어 실존신학이 시작되어 1960년대 중반까지 계속되었다.

　바르트에 의해 주도된 20세기의 신학은 19세기의 자유주의 신학에 대한 반동이었다. 19세기의 신학은 성경에서 초자연을 완전히 배제하고 인간의 내적 경험만을 강조하는 내재신학이었다. 그러나 20세기의 신학은 초자연적인 것을 부정하지 않으면서 그것을 전혀 다른 의미로 해석하여 19세기에 시작된 비신화화를 완수했다. 그래서 하나님은 초월자요 창조주로 계신 존재자가 아니라 존재 자체이고 존재의 힘이라고 하고, 또 신은 존재를 설명하고 파악할 수 없으므로 신비라고 했다. 나아가 예수 그리스도는 하나님의 성육신이 아니고 신인합일이 이루어진 인간이라고 했다.

　바르트는 성경이 하나님 말씀이라고 하면서 말씀에서 신학을 시작했지만, 전통적 신학과는 전혀 다른 것이었다. 불트만은 성경의 내용이 신화적 세계관에 의해 구성된 신앙의 산물이라고 하면서 성경을 비신화화 하였다. 틸리히와 라너도 신을 완전히 비신화화하여 존재 자체로 만듦으로써 인격적 신과 창조주 신앙을 불가능하게 했다. 몰트만은 신학은 내세와 구원을 바라는 것이 아니라 사회 체제의 개선을 위한 작업이라고 했다.

결국 20세기 신학은 기독교의 자기 해체를 성취했는데, 그 결과가 바로 종교다원주의이다. 20세기 자유주의 신학자들에 의해 예수는 한낱 사람에 불과한 존재로 전락되어 기독교의 유일성을 주장할 수 없게 되었다. 나아가 모든 종교는 다 동일하다는 결론에 이르렀고, 따라서 구원종교라든가 절대적인 종교는 더 이상 존재할 수 없게 되었다.

1.   바르트의 신정통주의

칼 바르트(K. Barth, 1886-1968)는 신학 논의의 방향과 재료를 제공하고 또 새 신학을 구성함으로써 20세기 신학을 열었다. 자유주의 신학과 윤리학에 반대하고 성경을 다시 이해하고 파악하려고 했다. 그래서 키르케고르와 칼빈, 그리고 칸트와 플라톤을 읽고 성경을 다시 보며 전통적 개혁신학에로 방향을 바꾸었다. 그는 역사적 비평방법이 설교자에게 아무런 도움이 되지 못함을 보고 역사에 대한 경외를 하나님 말씀에 대한 경외로 대치하고, 인간 의식의 신학을 신적 계시의 신학으로 대치하여 정통적 신학으로 회귀하고자 했다. 그의 신학을 신정통주의(Neo-Orthodoxy)라 부르는 이유가 여기에 있다.

1)『로마서 주석』

바르트는『로마서 주석』을 통해 전통적인 자유주의를 공격하여 큰 반향을 일으켰다. 자유주의는 내재신학이어서 신학의 모든 재료들을 인간의 종교경험에서 끌어왔다. 내재신학은 초월자이신 하나님은 경험과 지식의 대상이 될 수 없다고 한다. 그러므로 인간의 종교경험에서 모든 것을 도출하기 때문에 내재적이 될 수밖에 없다. 하나님은 그 자체로 접근할 수 없기 때문에 인간의 종교경험에서 하나님에 대한 모든 지식을 가져온다. 하나님이 인격이요 창조주임은 알 수 없다고 한다.

종교도 하나님이라는 절대자가 존재하는 것으로 믿고 그에게 의존의 감정을 가지는 것일 뿐이다. 그리고 신학은 이 인간의 종교감정 혹은 종교경험을 정확하게 분석하는 것이다. 따라서 이들에게는 성경도 밖으로부터 계시가 와서 기록되어 하나님 말씀이 된 것이 아니고 전적으로 내재적인 산물이기 때문에 다른 책들처럼 마음대로 비판할 수 있었다.

이에 대해 바르트는 하나님의 초월을 강조했다. 바르트에게 하나님의 초월은 창조주로서의 초월이 아니지만 하나님의 초월 때문에 마음대로 사람이 어거하고 조종할 수 없는 것으로 보았다. 나아가 하나님이 초월적인 존재라면 그의 말씀도 책에 붙잡혀 있는 것이 아니라 위로부터 늘 새롭게 와야 한다고 하여 성경을 하나님의 말씀으로 보는 시비를 없애려고 했다. 이렇게 바르트는『로마서 주석』을 통해 자유주의를 비판하면서 전통적인 신학도 함께 비판했다.

2) 성경관

바르트는 '인간에서 하나님으로'에서 '하나님에서 인간으로'의 신학으로 전환했다. 즉 인간에게서 시작하여 인간이 하나님에 대해서 말하고 생각하는 신학에서 하나님에게서 시작하여 하나님이 인간에 대해 말하고 생각하는 신학으로 선회했다. 그래서 그는 성경을 하나님에 대한 인간의 생각이 아니라 인간에 대한 하나님의 생각을 담고 있는 것으로 보았다. 그래서 바르트는 신학의 과제를 하나님의 말씀에 두어 "성경이 하나님 말씀이다"고 선언하고 하나님 말씀에서 그의 신학을 출발했다. 그러나 바르트가 성경이 하나님의 말씀이라고 했을 때, 그것은 정통적인 의미와는 전혀 다르다. 성경은 일어난 계시 자체가 아니라 일어난 계시의 기록이요, 교회가 일어난 계시를 회상하는 구체적인 수단이요 회상물이라는 것이다. 성경은 그 자체로 하나님의 말씀이 아니요, 하나님의 말씀 혹은 일어난 계시의 증인이다. 따라서 성경은 그 자체로 하나님의 말씀, 하나님의 계시인 것이 아니라 사건을 통해 하나님 말씀과 계시가 된다고 한다.

이 같은 성경관에 따라 바르트는 말씀을 세 종류로 구분했다. 첫째는 처음 계시로서의 하나님 말씀이요, 둘째는 기록된 하나님 말씀으로서의 성경이며, 셋째는 그 기록이 설교나 특별한 감동을 통해서 하나님 말씀과 일치되는 사건이 생길 때 되는 하나님 말씀, 즉 신언사건이다. 그런데 기록된 말씀으로서의 성경에는 많은 고대 중동의 신화와 전설이 있을 뿐 아니라 오류도 많다고 하면서 성경은 하나님의 말씀에 대한 증거이고 기록물이므로 하나님의 말씀으로 일치시킬 수 없다고 했다. 그것은 단지 말 그대로 기록된 말씀이라고 한다. 결국 바르트는 성경을 직접 계시 혹은 하나님의 말씀과 일치시킬 수 없었다. 즉 성경과 하나님의 말씀의 일치를 거부한 셈이다. 그럼에도 성경이 하나님 말씀인 이유는 처음의 하나님 말씀을 회상하게 하는 회상물이기 때문이다. 이렇게 바르트가 성경을 하나님 말씀이라고 했지만, 그것은 신언사건을 통해 하나님 말씀이 되는 것이라는 의미였다. 즉 성경은 그 자체 하나님의 말씀이 아니라 하나님의 말씀이 되는 사건을 통해 하나님의 계시가 된다(become)는 것이었다.

3) 삼위일체

바르트는 전통적인 삼위일체 교리를 전적으로 부정한다. 하나님은 한 위격적 한 하나님이므로 세 위격이 하나님 안에 있을 수 없다고 한다. 바르트는 전통적인 삼위일체를 부인하면서도 삼위일체가 본래 계시에 뿌리를 가진 것이므로 그것은 계시에 의해 생각해야 한다고 하면서 삼위일체를 계시과정으로 해석한다. 즉 계시에는 계시자, 계시작용, 계시내용이 있는데 이것은 구분되나 분리되지 않는다고 하면서 이것을 가리켜 삼위일체라고 했다. 계시자는 아버지에, 계시 작용은 아들에, 계시내용은 성령에 상응하지만, 아버지와 아들과 성령은 인격이 아니고 한 하나님의 존재방식일 뿐이라고 했다. 사람의 머리로 이해할 수 없는 신비인 삼위일체를 합리적인 해석을 통해 그것을 부정하는 자유주의처럼 바르트도 전통적인 삼위일체를 부정함으로 새로운 해석을 하여 한 위격적 한 하나님으로 유대교와 같은 신관을 전개했다.

4) 기독론

삼위일체를 부정하는 바르트에 따르면 성육신할 하나님의 위격적 존재는 없다. 바르트에 따르면 예수 그리스도는 시간 내에서 나서 살다가 죽음으로 끝난 인간으로서 창조세계에 속한 피조물이다. 즉 예수 그리스도는 하나님의 성육신도 아니요 삼위일체의 제2위격에 일치시킬 수도 없다. 그러면 왜 예수가 그리스도인가? 그것은 창조의 원형과 근거로 하나님의 경륜 속에 존재했기 때문이라고 한다. 예수 그리스도는 삼위일체의 2위격으로서 선재한 것이 아니고 하나님의 창조 목표로 하나님의 경륜 안에 선재했다는 것이다. 즉 하나님은 사람을 창조하시고 교제하신 후에 예수 그리스도로 말미암아 그의 피조물을 자기의 존재에 동참하도록 작정하셨기 때문에 예수 그리스도는 만물 전에 하나님의 생각 속에 존재했다고 한다.

그런데 바르트에 따르면 하나님은 창조 전에 이미 사람을 만드시고 그를 자기의 존재에 동참하여 연합하도록 작정했으며, 그러한 신인의 연합을 바로 예수 그리스도 안에서 이루어지게 했다. 그리고 그 신인연합의 화해가 예수 그리스도 안에서 성취되었기 때문에 그가 하나님의 유일한 말씀이고 또 참 하나님이다. 예수 그리스도로 말미암아 화해를 이루기 때문에 그가 창조에 있어서 하나님의 의지의 처음이고 그 내용이며 목표라는 의미에서 예수 그리스도는 하나님의 첫 번째이고 영원한 말씀이며 그가 비록 역사적 인물이지만 하나님의 영원한 아들이다. 이렇게 바르트는 영원한 아들을 전통신학이 말하는 제2위격과 일치시키는 것을 한사코 반대했다. 예수 그리스도는 영원부터 인격적 하나님으로 존재한 것이 아니고 하나님의 예정 안에 선재했으며, 그런 점에서 예수 그리스도를 하나님의 아들로 부를 수 있다고 했다.

그러나 전통적 기독교는 예수 그리스도가 하나님의 성육신이라는 진리 위에 세워져 있다. 예수 그리스도가 하나님의 성육신이 아니면 예수는 훌륭한 종교가의 하나요 윤리교사일 뿐이요, 그런 기독교는 더 이상 기독교가 아니다.

5) 구원론과 선택

바르트는 구원이란 사람이 하나님의 존재에 동참하여 신이 되는 것이라고 한다. 바르트에 의하면 하나님은 처음부터 사람을 창조한 후에 교제를 나누고 그 교제의 당사자인 사람을 끌어올려 자기의 존재에 동참하도록 하기 위해 창조했다고 한다. 한 마디로 사람이 하나님의 존재에 동참하는 것이 구원이다. 하나님은 창세전부터 이것을 목표하셨는데, 이러한 신인합일의 화해가 예수 그리스도 안에서 발생했다. 그래서 그가 하나님의 말씀이고 영원한 말씀이요 구원자이다. 예수 그리스도 안에서 이루어진 구원 혹은 화해는 바로 하나님과 사람이 그 안에서 연합한 것이며, 이 연합을 통해 인간이 하나님의 존재에 동참하는 것을 허락하신다. 그러나 구원이 죄와 사망에서 구출되어 영생에 이르는 것이 아니라 하나님의 존재에 동참하여 하나님과 같이 되는 것이라는 것은 모든 이교 사상의 근본이다.

그런데 바르트는 하나님이 인류를 하나님의 존재에 동참하도록 하는 것은 일부 선택된 자들에게만 국한된 것이 아니라 모든 인류에게 허락하신 것이라고 하기 때문에 전통적 개혁신학이 말하는 선택과 유기는 전혀 타당하지 않다고 한다. 모든 인류가 그리스도 안에서 유기되었고, 예수 그리스도가 선택되었기 때문에 모든 인류가 선택되었다고 한다. 단지 교회에 속한 자들은 이미 자기들의 선택을 의식하고 있지만, 교회 밖의 사람들은 그것을 의식하지 못하고 있을 따름이라고 한다. 그러므로 그들에게 필요한 것은 예수를 믿도록 전도하는 것이 아니라 그들도 선택되었음을 증거하는 것이라고 한다. 이러한 바르트의 만인구원설은 오리겐의 만유회복설과 같은 것이다. 만인이 모두 선택되어 구원에 이르게 되면 전통적 기독교회가 주장하는 인류의 구원을 위한 하나님의 성육신도, 그의 십자가의 죽음도 필요 없게 된다.

6) 창조론

개혁주의 신학에서는 창조, 언약, 타락, 구원이라는 구도에서 성경을 보지만, 바르트는 창조는 언약 때문에 발생했다고 하여 언약을 창조에 앞세운다. 그 언약은 하나님이 피조물을 향하여 나타내시는 사랑의 실현인데, 하나님은 사랑이시므로 자신의 사랑을 나타낼 대상을 만들어 그와 교제한 후 그에게 자기의 은혜를 입혀 자기의 존재에 동참하도록 하기 위해서 창조하셨다. 사랑의 교제를 나누려면 사랑의 대상이 있어야 하고 그 대상이 활동할 공간이 필요하기에 사랑의 교제를 위해 창조를 이루신 것이다.

또 바르트는 하나님의 창조는 그의 존재에 기인한다고 설명한다. 하나님은 유일한 한 신적 존재로서 자기 자신 밖에 자기에 상응하는 자기의 대칭을 가지시기 원하신다. 사랑의 교제, 곧 언약 관계를 위해 하나님은 인간을 자기의 당사자로 창조하시고 세계를 그의 거주지로 창조했다는 것이다. 그러나 바르트가 이렇게 창조를 말했다고 해서 실제적인 창조를 말하는 것은 아니다. 오히려 그는 창조기사를 사가(saga)라고 단정한다. 즉 창조역사는 사실적 역사가 아니라고 한다. 그의 창조 설명은 역사적 창조를 말하는 것이 아니라 성경의 창조 기사를 설명하는 것인데, 남녀의 창조, 낙원 기사 등 모든 창조 기사는 모두 사가이지 역사적 사실이 전혀 아니라고 한다. 이렇게 그의 신학에는 역사적 창조가 전혀 없다.

2. 불트만의 비신화화

불트만(R. Bultmann, 1884~1976)은 바르트와 함께 변증신학을 시작했지만, 자유주의적 배경을 깊이 가지고 있어서 변증신학과 분리하여 과격한 신약비판 작업을 수행했다. 불트만은 스승 헤르만 궁켈(Hermann Gunkel, 1862~1932)에게서 종교사적 방법을 배워 그것을 신약에 적용하여 양식사 비판을 완성했다.

불트만에 의하면 복음서는 예수 그리스도의 역사적 행적과 가르침을 기록한 것이 아니다. 그것은 교회가 이방 종교와의 접촉에서 그 신앙 지식이 확대되고 자라면서 교회의 신앙을 예수에게 투사하여 형성된 것이다. 그러므로 복음서에 기록된 예수의 말들과 행적은 모두 다 교회가 예수의 입에다가 넣은 것이지 예수 자신의 입에서 나온 것이 아니다. 그것들을 예수가 했다고 하는 것은 교회의 신앙이 자라가면서 교회가 점차 예수를 높이고 신격화하여 나중에는 하나님이라고까지 부르게 된 것이다. 따라서 복음서는 교회의 신앙의 투영이므로 역사적 예수에 관해 아무것도 알 수 없을 뿐 아니라 모두가 다 교회의 신앙 진술들이므로 그것을 연구하여 역사적 예수에 관한 지식을 가질 수 없다.

불트만은 교회가 이러한 신앙양식을 이루게 된 것은 이방종교들의 신화적 배경에서 왔다고 한다. 신약성경, 특히 복음서는 1세기의 세계관으로 기록되어 신화적으로 구성되었다는 것이다. 복음서에 기록된 예수의 모든 행적들은 이런 신화적 세계관에 근거해서 예수의 사건으로 구성된 것이라는 것이다. 불트만은 이런 것들은 신화적이기 때문에 받을 수 없지만 이 신화적 옷 밑에 있는 깊은 의미가 있다고 하면서 이 신화적 옷을 벗기고 그 안에 감추어져 있는 깊은 의미를 끌어내는 비신화화 작업에 착수했다. 즉 1세기 신약 저자들이 신화적 옷으로 담고 있는 깊은 인간 이해를 현대적으로 재해석하여 현대인들에게 제시하는 것이 비신화화 작업의 임무였다.

그런데 이러한 불트만의 비신화화 작업은 현대적 해석, 곧 실존 해석을 기초로 하고 있다. 불트만은 하이데거의 실존주의 철학이 신약의 복음을 잘 나타내주는 도식으로 보았다. 하이데거는 이제까지의 형이상학을 '존재망각'의 역사로 규정하고, 그와는 달리 존재자가 아닌 존재를 다루는 존재론에 관심을 가졌다. 그래서 그는 존재자의 존재, 있는 것의 있음을 다루기 위해 인간, 곧 현존재(dasein, exisitenz)에 접근했다. 그리고 현존재의 실존분석을 통해 사람의 존재 방식이 관심(sorge)임을 밝혀내고 인간은 비본래적 존재인 "일상인"(das Mann)으로 살아가다가 죽음에 직면하면 실존으로 돌아온다고 했다.

불트만은 이러한 하이데거의 실존철학을 끌어와서 신학적 메시지의 틀로 삼았다. 육으로 사는 삶은 불신앙으로 사는 삶이어서 세상의 현구조에서 일상의 관심 영역에서 자신의 안전을 구하며 산다. 일상적 삶을 위한 소유에만 관심을 갖고 그것들에 의존하여 삶을 영위한다. 그러나 불안을 통하여 혹은 죽음을 통하여 세상적 소유에 의존해서 사는 것이 바른 삶이 아님을 깨닫고 자기 실존의 본래적 자세로 돌아가는 일이 발생한다. 이 일이 바로 십자가의 선포로 이루어진다. 예수 그리스도의 십자가를 선포하여 믿음으로 받아들이면 믿음의 상태로, 곧 육으로 살던 삶에서 영으로 사는 삶에로 옮아간다. 죄인은 옛 사람으로 세상에 몰두되어 사는데 십자가의 선포를 들으면 영으로 사는 삶, 곧 새 사람의 삶의 방식에로 돌아갈 수 있다는 것이다. 부활도 마찬가지이다. 예수의 생은 십자가의 죽음으로 끝났지만 부활은 십자가의 의미라고 한다. 즉 예수가 부활했다고 선포하면 그것을 믿음으로 받아들이는 자들의 마음에 부활한다는 것이다. 즉 부활은 믿는 사람들의 마음에서 일어나는 선포가 일으킨 사건이라는 말이다.

3. 틸리히의 존재신학

바르트와 불트만과 함께 가장 영향력 있는 현대 신학자로 인정되고 있는 폴 틸리히(P. Tillich, 1886~1965)는 실존주의를 그의 신학의 기본적인 틀로 채택했다. 특히 하이데거의 존재론적 측면을 수용하여 자기 신학에 적용함으로 전통적인 기독교 전반을 재해석하여 소위 존재신학을 만들어 신존재론적 종합화를 꾀했다. 그래서 그는 신을 존재의 근거와 힘으로 보고 그리스도를 새 존재가 나타난 새 사람으로 보았다.

무엇보다 틸리히는 철학과 신학을 긴밀히 연결하고자 했다. 양자가 다 존재 자체를 문제시하기 때문이다. 그래서 그는 철학은 우리가 당면한 실존의 문제들을 제기하고, 신학은 그 제기된 문제들에 대해 계시에 의거하여 답을 줄 수 있다는 생각에서 소위 말하는 상관방법을 취하였다. 틸리히의 상관방법은 그의 전 신학 체계를 관통한다.

틸리히에 따르면 신은 우리의 실존적 문제에서 나온 것이라고 한다. 인간은 존재에 대한 물음을 제기하는 존재자인데, 인간은 자신의 존재가 비존재에 의해 삼켜지지 않을까 불안하여 존재에 대한 질문을 한다. 즉 존재의 근거와 의미를 묻는데, 그것은 궁극적 실재를 묻는 것을 의미한다. 결국 하나님은 비존재의 충격에서 생겨난 물음이라는 말이다. 그래서 틸리히는 하나님은 하이데거가 말한 존재 자체이거나 만물이 동참하는 존재의 힘이거나 존재의 지반이지 존재자는 아니라고 한다. 만약 신이 존재자이면 다른 존재자들 가운데 하나에 불과하므로 하나님이 될 수 없기 때문이라고 한다. 또 세상에 존재하는 것은 존재자들뿐이고 그것들이 존재하게 된 것은 창조에 의해서가 아니라 존재 자체에 동참함으로 존재한다고 한다. 그리고 신은 바로 그런 모든 존재자들을 존재하게 하는 존재 자체로서 존재자들의 지반이자 근거요 힘이라고 한다. 결국 틸리히는 하나님이 인격적이라는 것을 부정한다. 그는 그것을 신화적 사고일 뿐이라고 한다.

이렇게 인격적 존재로서의 하나님을 부정하는 틸리히는 창조도 하늘의 하나님이 창조한 것이 아니라 개물들이 존재에 동참한 것이라고 한다. 그리고 존재해야 할 자리에 존재하지 못하고 존재에서 분리함, 곧 소외가 타락이라고 한다. 그래서 틸리히는 예수를 새 존재의 현시라고 한다. 즉 예수는 우리처럼 실제 역사적 인간으로서 우리와 동일하게 모든 실존적 조건들에 다 종속된 사람이라고 한다. 그러나 예수는 다른 모든 인간과 달리 실존의 제약에 굴복되지 않고 신과 결합해 있었고 존재의 근원에 합치해 있었다. 그는 그의 삶에 있어서 십자가에 이르면서까지 존재의 지반 혹은 근거에 투명했다. 그러므로 그는 새 존재의 담지자이다. 그에게는 분리와 소외가 없었고 매 순간 신에 의해 규정되었다. 그리고 한 사람이 그를 그리스도라 고백함으로 예수는 그리스도가 되었다. 따라서 예수를 믿음으로 우리도 새 존재에 동참하게 되는데, 그것이 바로 구원이다. 이러한 틸리히의 신학은 그의 제자들에 의해 신 죽음의 신학으로 이어졌고, 종교다원주의로의 길을 열어놓았다.

4. 라너

로마 카톨릭 신학자인 칼 라너(K. Rahner, 1904~1984)는 하이데거에게서 실존주의 철학을 배워 교회로 하여금 전통적인 교회언어인 스콜라철학 곧 아리스토텔레스의 철학 대신 실존주의 철학을 20세기 신학의 표현과 설명의 언어로 채택하도록 교황청을 설득하여 신학표현의 자유를 얻었다. 그 결과 라너는 실존철학으로 기독교를 완전히 재해석하여 종교다원주의를 교리화하는 공을 세웠고 바티칸 공의회의 신학을 결정했다.

라너의 신학은 전통적인 로마교회의 신학사상을 바르트의 사상으로 현대화한 것이고, 불트만의 비신화화와 현대 비평적 사상들을 그대로 받아들여 로마교회 신학을 완전히 현대화하는 공을 이룩했다.

라너에 의하면 신은 존재자가 아니라 절대적 존재이고 파악 불가능한 실재로서 존재 자체이다. 따라서 하나님이 구체화되어 성육신을 한다는 것을 불가능하다. 예수는 자기 초월과 신의 자기 존재 통보가 합쳐져서 신인합일이 된 존재이다. 인간의 자기 초월과 하나님의 존재 통보가 역사 안에서 구체적으로 합쳐졌는데, 그것이 바로 예수 안에서 이루어졌다고 한다. 그러나 예수는 역사 내에서 나서 살다가 죽음으로써 끝이 난 존재이다. 그래서 그는 하나님의 존재 통보가 예수 안에서 그의 초월과 합쳐진 것이 그리스도이고 하나님의 성육신이라고 한다. 그리고 그 외의 다른 뜻으로 하나님의 성육신을 말하면 그것은 신화일 뿐이라고 한다. 라너는 현대사고의 주류를 진화론적인 세계관으로 보아 진화론적인 도식으로 모든 기독론을 설명하여 상승 기독론을 만들었다. 그래서 그는 로고스의 성육신은 전통신학이 제시하듯이 하나님 자신의 성육신이 아니라 진화의 과정에서 일어난 특별한 한 인간의 자기초월을 지시하는 것이라 했다.

라너는 신의 자기 통보와 인간의 자기 초월로 위격적 연합을 하였으므로 예수가 절대적 구주라고 하지만, 죽음으로 모든 것이 끝나버렸다고 한다. 단지 그를 따르는 자들에 의해 그의 생이 헛되지 않았다고 선포했기 때문에 구주라고 한다. 그에게는 예수란 어떤 사람들의 삶의 길잡이 외에는 아무것도 아니다. 절대적 구주가 결코 될 수 없다는 말이다.

5. 몰트만의 소망의 신학

위르겐 몰트만(Jürgen Moltmann, 1926~)은 소망의 신학을 통해 오래도록 진행되어 온 실존주의적 신학 토론을 종식시키고 교회의 문제를 사회정의의 문제로 돌려 놓았다. 실존신학에서는 실존과 결단만 강조되고 사회의 문제는 완전히 도외시되었다고 판단한 몰트만은 마르크시즘을 기독교의 종말론의 눈으로 읽어 미래에 전개될 정의로운 사회를 그렸다. 그의 소망의 신학은 일종의 정치신학으로서 흑인신학, 남미의 해방신학, 여성신학, 한국의 민중신학 등을 산출하여 사회정의를 위해 투쟁하게 했다.

몰트만은 종말세계에서 이루어질 새로운 사회를 위해 기독교의 종말도식과 예수 그리스도의 부활에 나타난 미래의 상황에서 부조리한 현대사회의 구조를 바꾸려고 하였다. 그가 말하는 미래 세계란 지금 현존의 부조리한 체계를 폭력으로 전복하고 공정한 분배가 이루어지는 사회를 말한다. 그런데 현사회는 부조리가 성행한다. 따라서 자유와 공의가 구현된 미래의 정의로운 사회를 위해서는 부조리한 현존의 체제가 극복되고 해체되어야 하며, 이를 위해 폭력의 사용이 정당화된다. 그리고 그것은 예수 그리스도의 십자가 사건에서 정당화의 근거가 마련된다고 한다. 즉 십자가는 부조리한 체제에 대한 예수의 투쟁으로 결과된 것으로서 예수 자신이 부조리한 사회체제에 도전하다가 십자가에 죽었으므로 폭력 사용은 예수의 생에서 정당성을 얻는다는 것이다. 몰트만은 이러한 폭력으로 부조리한 사회제도를 해체한 후에 모든 사람에게 공평한 몫을 분배하는 것이 화해라고 한다. 그리고 몰트만은 자유가 완전히 실현된 사회건설의 표준은 바로 예수 그리스도의 부활에 미리 나타나 있다고 한다. 역사의 완성에서 나타날 미래 세계가 부활에 이미 현시되어 있다는 것이다.

그리고 이렇게 부조리한 사회를 무너뜨리고 새 사회를 세웠을 때 그 이론이 옳은지의 여부는 새 사회가 이전 사회보다 더 나은 사회를 이루었으면 참(True)으로 결정되고 또 정당화된다고 했다. 미래사회를 위한 기존의 사회체제를 해체해야 한다는 이론의 진위의 검증은 실천이 결정한다는 말이다. 이러한 신학을 가진 몰트만은 결코 전통적인 기독교 신관과 기독론을 가지고 신학을 한 것이 아니다. 그래서 그는 부활도 신화라고 치부해버린다.

신학도를 위한 서양철학사

초   판   2004년 10월 1일
재   판   2008년 9월 15일
제 3 판   2015년 7월 30일

저   자   윤 병 운
            철학카페 http://cafe.daum.net/philosophia
            전자메일 imssg@daum.net

발 행 처   리 빙 북

값 28,000원

리빙북 온라인 계좌번호 (예금주: 윤병운)
국민은행 272502 04 023244